L'ART
DE VÉRIFIER LES DATES
DES FAITS HISTORIQUES,
DES CHARTES, DES CHRONIQUES,
ET AUTRES ANCIENS MONUMENTS,

DEPUIS LA NAISSANCE DE NOTRE-SEIGNEUR.

Cet ouvrage se trouve aussi :

Chez ARTHUS-BERTRAND, libraire, rue Hautefeuille, à Paris.

ART
DE VÉRIFIER LES DATES
DES FAITS HISTORIQUES,
DES CHARTES, DES CHRONIQUES.
ET AUTRES ANCIENS MONUMENTS,
DEPUIS LA NAISSANCE DE NOTRE-SEIGNEUR,

Par le moyen d'une Table Chronologique, où l'on trouve les Olympiades, les Années de J. C., de l'Ere Julienne ou de Jules César, des Ères d'Alexandrie et de Constantinople, de l'Ère des Séleucides, de l'Ère Césaréenne d'Antioche, de l'Ere d'Espagne, de l'Ère des Martyrs, de l'Hégire; les Indictions, le Cycle Pascal, les Cycles Solaire et Lunaire, le Terme Pascal, les Pâques, les Épactes, et la Chronologie des Éclipses;

Avec deux Calendriers Perpétuels, le Glossaire des Dates, le Catalogue des Saints; le Calendrier des Juifs; la Chronologie historique du Nouveau Testament; celle des Conciles, des Papes, des quatre Patriarches d'Orient, des Empereurs Romains, Grecs; des Rois des Huns, des Vandales, des Goths, des Lombards, des Bulgares, de Jérusalem, de Chypre; des Princes d'Antioche; des Comtes de Tripoli; des Rois des Parthes, des Perses, d'Arménie; des Califes, des Sultans d'Iconium, d'Alep, de Damas; des Empereurs Ottomans; des Schahs de Perse; des Grands-Maîtres de Malte, du Temple; de tous les Souverains de l'Europe; des Empereurs de la Chine; des grands Feudataires de France, d'Allemagne, d'Italie; des Républiques de Venise, de Gênes, des Provinces-Unies, etc., etc., etc.

PAR UN RELIGIEUX DE LA CONGRÉGATION DE SAINT-MAUR;

Réimprimé avec des corrections et annotations, et continué jusqu'à nos jours,

Par M. DE SAINT-ALLAIS, chevalier de plusieurs Ordres, auteur de l'Histoire généalogique des Maisons souveraines de l'Europe.

TOME TREIZIÈME.

A PARIS,
RUE DE LA VRILLIÈRE, N°. 10, PRÈS LA BANQUE.

VALADE, IMPRIMEUR DU ROI, RUE COQUILLIÈRE.

1818.

L'ART
DE
VÉRIFIER LES DATES.

CHRONOLOGIE HISTORIQUE
DES
DUCS DE NORMANDIE.

Cette portion de la Gaule celtique, qu'on nomme aujourd'hui Normandie, était divisée, lorsque Jules-César en fit la conquête par ses lieutenants, en onze cités, dont la dernière était composée des îles voisines. Auguste réduisit ces cités à sept, qui furent attribuées à la deuxième Lyonnaise, dans la division des Gaules qui fut faite sous l'empire d'Honorius. Les Français ayant conquis les Gaules, cette province fit partie de la Neustrie sous les rois Mérovingiens. Par le partage que firent entre eux les enfants de Louis le Débonnaire, elle tomba dans le lot de Charles le Chauve. Ce prince en donna le commandement, avec celui de tous les pays voisins situés entre la Seine et la Loire, à Robert, tige des Capétiens; c'est ce qu'on nomma pour lors le duché de France. Robert mérita le surnom de *Fort*, par ses exploits. Sa valeur toutefois, et celle de ses successeurs, fut insuffisante pour arrêter les courses d'un peuple sorti du Danemarck et de la Norwège, qu'on appela *Normands*, c'est-à-dire gens du Nord. Depuis près de cent ans, ces barbares venaient fréquemment ravager les côtes de France, puis s'en retournaient chargés de dépouilles. Mais après la bataille de Fontenai, qui moissonna tant de milliers de Français, le royaume étant épuisé et hors d'état de leur résister, ils firent des courses jusque dans le cœur de la France, portèrent le fer et le feu dans les provinces les plus reculées, et enfin s'établirent dans celle qui porte aujourd'hui leur nom.

Cette province, bornée à l'est par la Picardie et l'Ile de France, au nord par la Manche, à l'ouest par l'Océan, au sud par le Perche, le Maine et une partie de la Bretagne, a de longueur environ 60 lieues sur 32 de largeur. Elle comprend sept évêchés, Rouen, Bayeux, Avranches, Evreux, Séez, Lisieux et Coutances; et se divise en trois généralités, Rouen, Caen et Alençon. Pour ce qui concerne l'ordre judiciaire, la Normandie se partage en sept grands bailliages, chaque bailliage en vicomtés, chaque vicomté en sergenteries, et chaque sergenterie en plus ou moins de paroisses, à proportion de son étendue. Ces sergenteries sont des fiefs relevants du roi, dont les propriétaires sont tenus de rendre aveu à la chambre des comptes. Elles ne donnent point d'autre droit que celui de commettre à bail, pour un certain prix, un ou plusieurs sergents dans les paroisses qui dépendent de la sergenterie. (*Tous ces détails sont sous la date de* 1787.)

ROLLON, DIT AUSSI RAOUL, ROU ET RO, ENSUITE ROBERT, PREMIER DUC DE NORMANDIE.

L'an 876, suivant la Chronique de Bretagne, ROLLON, fils du comte Regnald, surnommé le Riche, étant sorti de Norwège après avoir eu, pendant cinq ans, de grands démêlés avec Harald, roi de Danemarck, fait une descente, par l'Escaut, dans les Pays-Bas, qu'il désole; puis étant remonté sur sa flotte, il la conduit, par l'embouchure de la Seine, dans la Neustrie, et s'avance jusqu'à Rouen. Les habitants de cette ville lui députent leur archevêque pour traiter avec lui. Rollon, ayant reçu la ville à composition, continue de remonter la Seine peut-être jusque dans la Bourgogne, pillant et saccageant toutes les villes qu'il rencontre sur sa route. Neuf ans après, il fit une nouvelle descente dans la Neustrie, et vint assiéger Paris vers la fin d'octobre 885. La brave résistance des Parisiens, commandés par Eudes, comte de Paris, et depuis roi de France, l'obligea de lever le siège le 30 novembre de l'année suivante, après avoir néanmoins fait un traité avec l'empereur Charles le Gros. De

Paris il poussa jusqu'à Auxerre, où il brûla l'abbaye de Saint-Germain. S'étant rendu ensuite maître de Meaux, de Troyes, de Toul, de Verdun, et d'autres villes qu'il livra au pillage et aux flammes, il revint devant Paris l'an 889. Eudes marcha à sa rencontre, et le défit, le 24 juin, dans le bois de Montfaucon. Cet échec ne l'empêcha pas de prendre Saint-Lo l'année suivante, Bayeux en 891, Évreux en 892, après quoi il s'embarqua, la même année, pour passer en Angleterre. On le voit, l'an 895, reparaître en France, où le succès de ses armes répand une nouvelle consternation. Il est battu, l'an 911, devant Chartres, dont il faisait le siège, et mis en fuite, le samedi 20 juillet, par Richard, duc de Bourgogne, Ebles, comte de Poitiers, et Robert, duc de France, qui lui tuent 68,000 hommes. (*Hugo Floriac.*) Habile et prompt à réparer ses pertes, il fait de nouveaux progrès qui déterminent enfin le roi Charles le Simple à lui faire des propositions de paix. Françon, archevêque de Rouen, en fut le porteur : elles furent agréées, et le traité fut conclu à Saint-Clair-sur-Epte. Le roi céda au prince normand cette partie de la Neustrie qui s'étend au nord de la Seine, depuis l'Andèle jusqu'à l'Océan, pour la posséder, lui et ses descendants, à titre de duché relevant de la couronne. Charles lui accorda de plus GISLE, ou GISÈLE, sa fille, en mariage : le tout à condition de recevoir le baptême. La condition fut remplie l'an 912. Rollon prit au baptême, qu'il reçut des mains de l'archevêque de Rouen, le nom de Robert, qui lui fut donné par Robert, duc de France, son parrain. Cette cérémonie avait été précédée de l'hommage, dont une des formalités était de baiser le pied du roi. Le fier Rollon dédaigna de faire, en personne, cet acte humiliant, et l'officier qui le fit pour lui leva si haut le pied du monarque, qu'il le fit tomber en arrière. Telle était la triste situation des affaires, qu'on feignit de prendre cette insolence pour une mal-adresse qui n'apprêta qu'à rire. Les Normands, imitant l'exemple de leur prince, s'empressèrent de recevoir le baptême. « Le moine
» de Saint-Gal, dit un moderne, rapporte qu'un jour ils
» se présentèrent en si grand nombre, qu'il ne se trouva pas
» assez d'habits, tels qu'on en donnait alors aux néophites,
» pour tant de personnes. On en fit à la hâte d'assez grossiers.
» Un seigneur normand, à qui on en donna un de cette es-
» pèce, le refusa et dit tout en colère : *Garde ta casaque pour*
» *des bouviers. Voilà, grâce au ciel, la vingtième fois que je me*
» *fais baptiser; jamais on n'avait eu l'insolence de m'offrir pareilles*
» *guenilles* » Là-dessus l'observateur n'hésite pas à dire *qu'en général, c'étaient d'étranges Chrétiens que ces Normands convertis*.

Nous ne connaissons point de logique qui autorise à conclure ainsi du particulier au général. Il y a plus, le fait dont il s'agit ne regarde point les Normands sujets de Rollon, mais d'autres Normands, qui vinrent en France sous le règne de Louis le Débonnaire. (Voy. *le moine de Saint-Gal dans Duchesne*, t. II, p. 134.) L'an 923, Rollon, voyant la couronne de France usurpée par Raoul, se jette dans le Beauvaisis qu'il dévaste. Raoul entre, par représailles, dans la Normandie, où il met tout à feu et à sang. L'année suivante, les deux princes font la paix, et Rollon y gagne le Bessin, qui lui fut cédé par Raoul, avec une partie du Maine. Rollon, épuisé de fatigues et accablé par le poids des années, abdique, l'an 927, en faveur de Guillaume, son fils. Cette abdication se fit en présence des seigneurs de Normandie, à qui Rollon dit ces paroles remarquables : « C'est à moi de mettre mon fils à ma place, et à » vous de lui garder fidélité ». (*Willelm. Gemm.*) Rollon était encore en vie l'année suivante, selon Frodoard, et vécut même un lustre, ou cinq ans, depuis son abdication, suivant Guillaume de Jumiége. C'est donc une erreur visible, dans Ordéric Vital, de placer sa mort, comme il fait, en 917. Rollon gouverna son peuple avec tant de sagesse, que son nom, invoqué contre quelqu'un, l'obligeait de se présenter devant les juges. C'est l'origine, suivant la plus commune opinion, du fameux cri de *haro*, qui est encore aujourd'hui (1787) en usage dans la Normandie. Les lois qu'il fit contre le vol furent observées si exactement, qu'on n'osait même ramasser ce qu'on rencontrait par hasard, dans la crainte de passer pour l'avoir volé ; sur quoi l'on raconte qu'un jour ce prince ayant suspendu un de ses bracelets aux branches d'un chêne, sous lequel il s'était reposé dans une partie de chasse, et l'ayant oublié, ce bracelet y resta trois ans, sans que personne eût la hardiesse de l'enlever, tant on était persuadé que rien ne pouvait échapper aux recherches et à la sévérité de Rollon. On rapporte à ce prince l'institution de l'échiquier, où parlement ambulatoire, qui fut depuis rendu sédentaire à Rouen. Rollon avait épousé, 1°. POPE, ou PAPIE, fille du comte Bérenger (et non de Waleran, comte de Vexin), qu'il répudia pour épouser la fille de Charles le Simple. Celle-ci étant morte, vers l'an 919, des mauvais traitements, dit-on, de son mari, qui ne l'aimait pas parce qu'elle était française, Rollon reprit Pope, dont il eut Guillaume et Adèle, dite aussi Héloys et Gerloc (trois noms de la même personne), femme de Guillaume, Tête-d'Etoupe, comte de Poitiers. Le cri de guerre des Normands était *Diex aix*, Dieu aide.

GUILLAUME I, DIT LONGUE-ÉPÉE.

927. GUILLAUME I, successeur de Rollon, son père, signala le commencement de son règne par divers exploits contre les Bretons, qui avaient à leur tête les comtes Bérenger et Alain. Vainqueur de l'un et de l'autre, il reçut en grâce le premier, et obligea l'autre à se réfugier en Angleterre, d'où il ne revint qu'en 936.

Guillaume, l'an 933, fait hommage au roi Raoul, qui lui donne les terres des Bretons, situées sur la côte maritime, c'est-à-dire l'Avranchin et le Cotentin. (Frodoard.) Riulfe, comte de Coutances, se révolte contre son nouveau suzerain; Guillaume vient fondre sur les rebelles, dont il massacre un grand nombre; Riulfe se sauve avec peine. Le lieu du combat s'appela depuis *le pré de la bataille*. (*Willelm. Gemmetic.*, liv. 3, ch. 2.) Guillaume, l'an 936, accompagné de Hugues le Grand et d'Herbert, comte de Vermandois, va recevoir à Boulogne le nouveau roi Louis d'Outre-mer, qu'ils avaient fait revenir d'Angleterre, le conduit à Laon, et assiste à son couronnement. Mais s'étant brouillé, l'an 939, avec ce prince, il entre dans la ligue formée contre lui par Hugues le Grand et Herbert, comptant pour rien l'excommunication prononcée contre les rebelles, par les évêques qui étaient avec le roi. Cette révolte ne fut pas durable, et la paix se fit le 1er. juillet de la même année. (Frodoard, *Chron.*) Peu de tems après, Guillaume marche au secours d'Herluin, à qui Arnoul, comte de Flandre, avait enlevé la forteresse de Montreuil. Il emporte d'emblée la place, et la rend à Herluin.

Guillaume ayant fait une nouvelle ligue, en 940, avec Hugues le Grand et le comte Herbert contre le roi, ils assiégent ensemble Reims, qu'ils prennent au bout de six jours, chassent l'archevêque Artaud, et mettent à sa place Hugues, fils de Herbert. Réconcilié avec le roi, Guillaume, l'an 942, le reçoit magnifiquement à Rouen, et s'entremet ensuite pour faire la paix de ce monarque avec Otton, roi de Germanie. Il se rend, l'année suivante, à Péquigni-sur-Somme, pour une entrevue qu'Arnoul, comte de Flandre, lui avait demandée. Ces deux princes s'y jurent une amitié inviolable. Mai, au sortir de la conférence, Arnoul fait assassiner le duc, le 17 décembre, par un nommé Balzon, ou Blazon, dit le Court, son chambrier, et cela pour se venger de la prise de Montreuil. (*Iper.*, *Chr. S. Bertin.*, part. IV, ch. 23.) Guillaume avait épousé, *à la danoise*, dit Guillaume de Jumiége, SPROTE, fille très-noble, dont il eut Richard, qui suit. Le même historien ajoute qu'il la répudia ensuite pour épouser LEUTGARDE, fille de Herbert II, comte de Vermandois, qui lui survécut, et donna sa main ensuite à Thibaut le Tricheur, comte de Blois. Un moderne confond mal à propos cette seconde femme avec la première.

RICHARD I, SURNOMMÉ SANS-PEUR.

943. RICHARD I, né l'an 933, succède à Guillaume, son père, sous la tutelle de quatre seigneurs, nommés dans une assemblée de la noblesse de Normandie et de Bretagne. Peu de jours après son inauguration, Louis d'Outre-mer, roi de France, vient à Rouen, où il est reçu avec de grands honneurs. Ayant fait venir, en sa présence, le jeune duc, il déclare à ses tuteurs le dessein où il est de l'emmener, pour le faire élever sous ses yeux avec des seigneurs de son âge. Cette nouvelle, s'étant répandue dans la ville, y jette la consternation. Les citoyens, mêlés avec des bandes de soldats, entrent avec impétuosité dans le palais l'épée à la main, pour s'opposer au dessein du roi. Mais leur fureur se calme à la vue de Richard, que le roi tient entre ses bras, comme un père tiendrait son fils, et qu'il promet de leur rendre, après lui avoir donné une éducation convenable à sa naissance et à sa destination. Pour leur ôter toute défiance, il donne à cet enfant l'investiture de la Normandie, après avoir reçu de lui l'hommage et le serment de fidélité. Les Normands alors consentent, sans défiance, qu'il parte avec le roi pour Laon. Arrivé dans cette ville, Louis reçoit d'Arnoul, comte de Flandre, un présent de dix mille livres en or, avec une lettre, par laquelle il lui conseille d'enfermer le jeune duc dans une étroite prison, de lui brûler les jarrets, et de faire ensuite la guerre aux Normands, pour les contraindre à retourner dans le pays d'où ils étaient venus. Richard, voyant l'esprit du roi changé à son égard, contrefait le malade par le conseil d'Osmond, son gouverneur. Profitant ensuite de la négligence des gardes de son maître, ce fidèle serviteur, après l'avoir tiré de son lit, et l'avoir soigneusement enveloppé dans un paquet de hardes, l'emporte sur ses épaules hors de la ville, puis, l'ayant mis sur un cheval, le mène en diligence à Couci, et de là à Senlis. (*Willelm. Gemmet.*) Louis, se voyant ainsi dupé, se concerte avec Hugues le Grand pour dépouiller le jeune duc à force ouverte. Il entre en Normandie par le pays de Caux, tandis que Hugues y pénètre par l'Evressin. Mais, au milieu des conquêtes rapides qu'ils font de part et d'autre, Bernard le Danois, l'un des tuteurs de Richard, sème adroitement la discorde entre eux. Hugues, mécontent du roi, se retire avec ses troupes, et le laisse dans un embarras qui augmenta bientôt par

l'arrivée d'Aigrold, roi de Danemarck. C'était encore Bernard le Danois qui avait engagé ce prince à venir au secours de Richard. Aigrold aborde, l'an 945, avec une flotte nombreuse, sur les côtes de Normandie. Louis, qui ne s'attendait pas à cette descente, part de Rouen, où il était alors, pour aller s'aboucher avec le prince danois au gué d'Herluin, sur la Dive. Dans l'entrevue, on se prend de paroles; les troupes des deux côtés en viennent aux mains; le roi de France se sauve à Rouen, où il est arrêté et fait prisonnier. Hugues le rachète, et le remet entre les mains de Thibaut I, comte de Blois, qui lui fait essuyer encore un an de captivité. La paix se fait, l'an 946, à Saint-Clair-sur-Epte, entre Louis et Richard, qui rend un nouvel hommage au monarque, et reçoit ensuite celui de ses vassaux. Un historien du treizième siècle (*inter Script. Norman.*, page 316), parlant de cette paix, dit « qu'elle procura aux
» Normands une augmentation de territoire depuis l'Andelle
» jusqu'à l'Epte, ou même, selon d'autres, ajoute-t-il, jus-
» qu'à l'Oise. Il fut aussi réglé pour lors, continue-t-il, que
» le duc de Normandie ne devait au roi de France aucun ser-
» vice militaire, et qu'il ne lui en rendrait point, à moins que
» ce monarque ne lui donnât en France un fief qui l'exigeât.
» C'est pourquoi le duc de Normandie se contente de faire
» hommage de son duché au roi de France et de lui promettre
» fidélité sur sa vie et sur le fief qu'il possède ; de même aussi
» le roi de France promet au duc fidélité sur sa vie et sur tout
» ce qui lui appartient : ainsi toute la différence qui est entre
» eux, c'est que le roi ne fait pas hommage au duc comme le
» duc le fait au roi. » La paix dont nous venons de parler fut de courte durée. Hugues ayant fiancé sa fille à Richard, cette alliance donna de l'ombrage au roi de France, et réveilla les inquiétudes du comte de Flandre, en lui faisant craindre que Richard ne lui redemandât le sang de son père. Louis et Arnoul, s'étant communiqué leurs soupçons, formèrent contre Richard et Hugues une confédération, dans laquelle ils firent entrer Otton I, roi de Germanie, beau-frère de Louis. Tandis qu'ils ravagent les terres de Hugues, Conrad, roi de Bourgogne, vient se joindre à eux, et ces quatre alliés vont faire le siége de Paris, dont le comté appartenait à Hugues. Ayant échoué dans cette entreprise, le comte de Flandre les mène devant Rouen, où ils essuient un nouveau revers. Après divers assauts soutenus vigoureusement, la rigueur de l'hiver où l'on était alors les oblige à décamper. Richard les poursuit dans leur retraite, et taille en pièces une partie de leur arrière-garde. Ceci est du commencement de l'an 954, puisque Guil. de Jumiége termine le récit qu'il en fait par ces paroles : *Hic Ludovici Regis*

finis non multò pòst hominem, post multos mœrores, exuentis. Lothaire, successeur de Louis, hérita de la haine de son père contre les Normands. Mais les preuves de valeur que Richard avait données, et qui lui avaient déjà valu le surnom de *Sans-peur*, tenaient en suspens les mauvaises dispositions du roi. Thibaut le Tricheur, comte de Chartres, vint à bout de les mettre en exercice par le canal de la reine Gerberge, qu'il avait gagnée. Cette princesse, vivement persuadée par ses discours que la sûreté du roi son fils et la tranquillité du royaume dépendaient de la ruine du duc de Normandie, engagea Brunon, son frère, archevêque de Cologne, à se rendre auprès d'elle pour concerter avec lui des moyens sûrs de se saisir de Richard. Brunon, se donnant pour médiateur entre le roi et le duc, fait proposer à celui-ci une conférence à Amiens, pour y conclure un traité de paix solide. Le duc, s'étant mis en marche pour le rendez-vous, est arrêté sur la route par deux chevaliers qui l'avertissent du danger qu'il court. Il revint sur ses pas ; et Brunon, dit le même, voyant son artifice découvert, s'en retourne confus à Cologne. Ce mauvais succès n'empêcha pas le roi de tendre un nouveau piége au duc en lui faisant proposer une autre entrevue pour le même objet sur la rivière d'Eaune. Richard promet de s'y rendre ; mais, craignant la surprise, au lieu d'un simple cortége il y mène son armée avec lui. La précaution était sage. Le roi l'attendait en effet avec le comte de Chartres, le comte de Flandre (c'était Arnoul le Jeune, et non pas Baudouin, comme le marque Guil. de Jum.) et Geoffroi, comte d'Anjou, chacun à la tête d'un corps de troupes, pour s'assurer de sa personne. Dès qu'ils l'aperçoivent de l'autre côté de la rivière, ils se mettent en mouvement pour la passer, afin d'exécuter leur dessein. Le duc, inférieur en forces, se bat en retraite, et retourne en diligence avec son armée, par des chemins détournés, à Rouen. Lothaire et Thibaut, furieux d'avoir manqué leur coup, se séparent ; et, quelque tems après, étant rentrés en Normandie, ils se rendent maîtres d'Evreux par la trahison de Gilbert Machel. Le duc rend la pareille au comte par une irruption qu'il fait dans le Chartrain, où il commet de grands dégâts. Thibaut, ayant levé une armée, vint camper jusqu'aux portes de Rouen. Le duc, irrité de cette bravade, lui livre bataille et le met en fuite. Cependant Harald, prince danois, que Richard avait secrètement appelé à son secours, arrivait avec sa flotte. Ayant débarqué par la Seine, il va porter la désolation sur les terres de France. Lothaire, alors, et Thibaut vont trouver le duc de Normandie et lui font satisfaction. Il restait à congédier les Danois. Richard donna des terres en Normandie à ceux qui voulurent se faire baptiser, et fit conduire les autres, par mer, en Espagne, où ils firent d'horribles ravages.

L'an 987, après la mort du roi Louis V, le duc Richard fut un de ceux qui contribuèrent le plus à faire placer sur le trône de France Hugues Capet, qui avait été son pupille et dont il était beau-frère. Depuis cette élection, Richard fut tranquille, et ne s'occupa plus que de bonnes œuvres. Il mourut le 20 novembre 996 à Fécamp, dont il avait fait bâtir l'église. Ce prince avait épousé, 1°., l'an 956, EMME, fille de Hugues le Grand, duc de France et de Bourgogne, dont il n'eut point d'enfants; 2°. GONNOR, qui fut long-tems sa concubine, et dont il eut Richard, qui suit; Robert, archevêque de Rouen; un autre Robert, mort peu de jours après son baptême, et enterré à Fécamp; Geoffroi, comte d'Eu et de Brionne; Guillaume, comte d'Hiéme, puis d'Eu, avec quatre filles; Mahaut, qu'Eudes II, comte de Champagne, épousa, en premières noces, Emme, mariée, 1°., l'an 1002, à Ethelred II, roi d'Angleterre; 2°., en 1027, à Canut, roi d'Angleterre et de Danemarck; Havoise, femme de Geoffroi I, duc de Bretagne; et Béatrix, femme d'Ebles, vicomte de Turenne, comme le prouve Baluze (*Hist. Tutel.*, liv. 2, c. 13), contre Geoffroi du Vigeois, qui la donne pour l'épouse d'Archambaud, père d'Ebles. La duchesse Gonnor finit ses jours en 1031.

RICHARD II, DIT LE BON.

996. RICHARD II, surnommé LE BON, succède à Richard I, son père. Au commencement de son règne, il y eut un soulèvement dans ses états, occasionné par la trop grande autorité qu'il avait donnée à la noblesse, qui en abusa, en opprimant le peuple. Après avoir calmé les esprits, il fut obligé, l'an 997, de prendre les armes pour mettre à la raison le comte d'Hiéme, son frère, qui refusait de lui rendre hommage. Le comte est arrêté et mis en prison, d'où il s'échappa par le moyen d'une corde qu'on lui avait mise dans une bouteille. (*Willelm. Gemmet.*, liv. 5.)

Richard avait du zèle pour la religion. L'an 1001, à force de prières, il engage Guillaume, abbé de Saint-Benigne de Dijon, à lui amener des religieux de son monastère, pour les mettre à la place des chanoines qui desservaient alors l'église de Fécamp. Tandis qu'il travaille à la construction des lieux réguliers, il convoque Robert, archevêque de Rouen, avec ses six suffragants et les principaux seigneurs de Normandie, pour leur communiquer le dessein qu'il a d'exempter ce monastère de la juridiction épiscopale. Toute l'assemblée non-seulement donna son consentement à cette exemption, mais elle y ajouta douze églises de la dépendance de l'abbaye ; et ce privilége fut confirmé par un diplôme auquel tous les assistants souscrivirent pour le mettre à l'abri de toute contradiction : le duc le fit ratifier, le 4 mai 1006, par le roi Robert, puis quelques années après par le pape Benoît VIII. (*Gall. Christ.* tome XI, col. 202 et 203.)

Ethelred II, roi d'Angleterre, ayant formé le dessein d'exterminer les Danois qui opprimaient son pays, résolut de porter en même-tems la guerre en Normandie, dans la crainte que le duc son beau-frère, leur allié naturel, ne vînt à leur secours. Ce fut le motif qui le porta, l'an 1003, à faire partir une flotte pour ravager la Normandie. Elle débarque à Harfleur ; mais Néel de Saint-Sauveur, vicomte du Cotentin, épargne aux Anglais la peine d'avancer plus loin. Ayant assemblé les habitants du pays, il marche à l'ennemi, et en taille en pièces une partie. Le reste, s'étant jeté avec précipitation dans les vaisseaux de leur flotte, se retire en Angleterre. (*Willelm. Gemm.* liv. 5, chap. 4.) Richard eut ensuite un démêlé avec Eudes, comte de Chartres et de Blois. Pour le réduire, il fit venir à son secours Lagman, roi de Suède, et Olaüs, roi de Norwège, sur l'avis qu'il eut que Robert, roi de France favorisait le comte de Chartres. Mais Robert ne voulant point s'attirer sur les bras ces princes étrangers, engagea le comte à s'accommoder avec le duc de Normandie. (Voy. *les comtes de Dreux.*) Le fruit de cette expédition fut dans l'ordre de la Providence, le salut éternel d'Olaüs, qui embrassa le christianisme, et qui de retour dans son royaume, fut martyrisé par ses sujets, ayant mieux aimé mourir que de renoncer à la religion chrétienne. (*Willelm. Gemmet.* liv. 5.) La paix faite entre le duc Richard et le comte de Blois ne fut pas de longue durée. Richard ayant construit le château de Tillières, près de Verneuil ; Eudes, l'an 1006, vint avec Hugues, comte du Maine, se présenter devant cette place pour la détruire. Mais ils furent battus, et obligés de prendre honteusement la fuite. Richard fut d'un grand secours à Robert, roi de France, en différentes expéditions où il l'accompagna. Plusieurs monuments attestent que ce duc mourut le 23 août 1027, dans son palais à Fécamp. Guillaume de Jumiége (*ibid.*) met sa mort en 1026, ainsi qu'un historien un peu plus ancien. (*Acta SS. Bened.* sec. 3, pag. 370.) A l'égard du jour, il est marqué au 22 août dans le Nécrologe de Saint-Germain-des-Prés. Richard avait épousé, 1°. JUDITH, fille de Conan le Tort, comte de Rennes, morte l'an 1017, dont il eut Richard, qui suit ; Robert, comte d'Hiême ; Guillaume, moine de Fécamp ; Alix, mariée à Renaud I, comte de Bourgogne; et Eléonore, femme de Beaudoin IV, comte de Flandre. 2°. L'an 1017, il prit en secondes noces ESTRITE, ou MARGUERITE, fille de Suénon, roi de Danemarck, qu'il répudia ensuite, et qui épousa depuis le comte Ulph, Anglais. (De ce second mariage d'Estrite descendent les rois de Danemarck de la moyenne race.) 3°. Il fit un dernier mariage avec POPIE, ou PAPIE, qui lui donna Guillaume, comte d'Arques, et Mauger, archevêque de Rouen. Quelques-uns donnent encore à Richard pour fille, mais sans nommer sa mère, Adèle, femme d'Etienne II, comte de Champagne. Albéric de Trois Fontaines rapporte que le duc Richard, lorsqu'il était à Fécamp, se dérobait la nuit à ses courtisans, pour assister aux matines de l'abbaye; sur quoi il raconte que ce prince ayant une nuit trouvé les portes de l'église fermées, et les ayant ouvertes de force, le sacristain, que le bruit éveilla, vint sur lui, le prit par les cheveux, sans le connaître, et lui donna plusieurs coups de poing, qu'il reçut sans mot dire. Le lendemain, ajoute l'historien, le duc ayant fait venir le sacristain, le loua de sa vigilance, et donna à la sacristie une terre produisant du bon vin pour les messes. Ce même duc, suivant Glabert (liv. 1, chap. 4), à l'exemple de ses prédécesseurs, facilitait les pélerinages de ses sujets à la Terre-Sainte, et tous les ans il arrivait des moines de l'Orient, qui s'en retournaient chargés d'aumônes considérables qu'il leur faisait. Il envoya une fois jusqu'à cent livres d'or au Saint-Sépulcre.

RICHARD III.

1026 ou 1027. RICHARD III, fils de Richard II et de Judith, succéda à son père dans le duché de Normandie. Il y eut d'abord de la mésintelligence entre lui et Robert, son frère; mais, par l'entremise des seigneurs, ils se réconcilièrent. La mort subite de Richard, qui suivit de près cette réconciliation, fit juger qu'elle n'avait pas été sincère, parce qu'on crut (peut-être faussement) que Robert l'avait fait empoisonner. Richard mourut, suivant D. Mabillon, le 6 août de la première année de son règne, ou la seconde selon Ordéric Vital, laissant un fils naturel, Nicolas, que son oncle Robert obligea de se faire moine à Fécamp, où son père fut enterré, et qui, en 1042, devint abbé de Saint-Ouen, étant encore fort jeune. ADÈLE ou ADÉLAÏDE, fille du roi Robert, que l'ancienne édition dit femme de Richard, en 1026, paraît ne lui avoir été que fiancée, attendu qu'elle est dite encore *enfant*, par Hériman de Tournai, lorsqu'après la mort de Richard, elle épousa, l'an 1028, Baudouin V, comte de Flandre.

ROBERT I, dit LE MAGNIFIQUE et LE DIABLE.

1027 ou 1028. ROBERT, comte d'Hiêmes, successeur de Richard III, son frère, au duché de Normandie, et déjà fameux par ses exploits, mérita par sa libéralité le surnom de MAGNIFIQUE, et celui de DIABLE, par sa manière de faire la guerre. Sa maxime était qu'il fallait la pousser à toute outrance pour la terminer promptement, ou ne point la déclarer. La première qu'il eut fut contre Robert, son oncle, archevêque de Rouen, qu'il obligea, l'an 1028, de se retirer en France, après lui avoir enlevé la ville d'Evreux, dont il était comte. (Voy. *les comtes d'Evreux.*) Cette guerre fut suivie d'une autre contre l'évêque de Bayeux, soutenu des comtes du Perche et d'Alençon. Le duc força ces rebelles à venir lui demander pardon. L'an 1030, après les plus beaux exploits, il rétablit Baudouin IV, comte de Flandre, son beau-frère, que son propre fils avait dépouillé de ses états. Il ne fut pas moins utile, l'année suivante, au nouveau roi de France, Henri I, que la reine Constance, sa mère, voulait renverser du trône où il était à peine monté, pour y placer Robert, son second fils, comme plus docile à ses volontés. Elle disait, pour justifier cette injuste préférence, que tel avait été le vœu du monarque, son époux, en mourant. Le parti formé contre Henri était si violent, qu'il fut contraint de se sauver, lui douzième, en Normandie, et là, d'implorer le secours du duc Robert, son véritable ami. Le duc le reçut à Fécamp; et après l'avoir équipé d'armes et de chevaux, il l'envoya à son oncle Mauger, comte de Corbeil, qu'il chargea d'entrer à main armée sur les terres des ennemis du monarque, et d'y mettre tout à feu et à sang. Il écrivit, en même tems aux commandants des places de Normandie, voisines de la France, avec ordre de faire des courses jusqu'aux portes des villes révoltées, de ravager les campagnes, et de faire main-basse sur tout ce qu'ils rencontreraient. Henri, avec ces secours et ceux que lui amenèrent ses vassaux fidèles, fit des progrès si éclatants et si rapides, que la reine se vit réduite à lui demander la paix. *Quod cernens Constantia*, dit un auteur du tems, *mox ab eo dextram expetiit, et deinceps quoad vixit tempore sibi fidelis extitit.* (Duchesne, tom. IV, pag. 148.) Henri, pour reconnaître les services que lui avait rendus le duc de Normandie, lui céda Chaumont, Pontoise, et tout le Vexin français : source de haine et de guerre pour la suite. (Bouquet, tom. X, pag. 276.) Robert, la même année ou la suivante, marche contre Alain, comte de Bretagne, qui refusait de lui rendre hommage. Le succès de ses armes réduisit le comte, dans la seconde campagne, à prendre le parti de la soumission.

Le roi de France ne fut pas le seul monarque persécuté, dont Robert prit la défense. L'an 1034, il s'embarqua sur une flotte considérable, pour aller replacer sur le trône d'Angleterre ses deux cousins, Alfred et Édouard, chassés par le roi Canut. La flotte fut battue par la tempête, et obligée de se retirer près de l'île de Jersei. Canut, malgré cet échec des Normands, ne laissa pas de négocier la paix avec Robert, et lui fit offrir la moitié de l'Angleterre pour les deux princes qu'il protégeait. (Voy. *les rois d'Angleterre.*) Une vie passée dans le tumulte des armes et les désordres qu'elle entraîne, causa des remords à Robert le Diable sur le retour de l'âge. Pour expier ses crimes, il ne jugea point de moyen plus sûr, que le pélerinage de Jérusalem. C'était la dévotion à la mode. Il l'entreprit en 1035, et le fit en partie nud-pieds. Ayant pris sa route par l'Italie, il fit une entrée magnifique à Rome. Les anciennes chroniques racontent qu'avant d'arriver en cette ville, il fit ferrer d'or sa mule, avec défense à ses gens de ramasser les fers s'ils venaient à tomber, *comme il avint*, disent-elles. Le pape lui donna la croix, selon Jean Bromton, avec des lettres de recommandation pour l'empereur de Constantinople. N'ayant point trouvé de siéges pour s'asseoir à l'audience de ce prince, Robert et ses gens, après l'avoir salué profondément, laissèrent tomber leurs manteaux et s'assirent dessus. Mais ils refusèrent, en se retirant, de les reprendre, disant au chambellan, qui voulait les leur rendre, que l'usage des Normands n'était pas d'emporter leurs siéges avec eux. (*Joan. Bromton.*, pag. 913.) Ce fut à Constantinople que le duc rencontra Foulques Nerra, comte d'Anjou, qui faisait le même pélerinage que lui, si l'on s'en rapporte à l'auteur du *Gesta Cons. Andegav.* Ils continuèrent la route de compagnie, suivant le même écrivain, conduits par des marchands d'Antioche, qui s'étaient offerts de leur servir de guides. Mais, au bout de quelques journées, Robert, accablé de fatigues, fut obligé de se faire porter en litière par quatre maures. Un pélerin normand, qui revenait de la Terre-Sainte, l'ayant rencontré en cet équipage, lui demanda s'il n'avait rien à mander au pays. *Tu diras*, répond le duc, *que tu m'as vu porter en paradis par quatre diables.* Au retour de Jérusalem, Robert se trouve exposé à plusieurs embûches, et meurt empoisonné à Nicée, en Bithynie, le 2 juillet de la même année 1035. On l'enterra honorablement dans la basilique de Sainte-Marie de la même ville, ou jamais on n'avait accordé la sépulture à aucun homme. Avant son départ, il avait désigné pour son successeur, dans une assemblée des états de Normandie, Guillaume, son fils, qui lui était né d'Harlette, sa concubine; et, l'ayant mené ensuite à la cour du roi Henri, il l'avait laissé sous la garde et protection de ce monarque, et sous la conduite du comte Gilbert. Robert eut aussi une fille bâtarde, Adélaïde, femme d'Eudes de Champagne, fils du comte Etienne II et tige des comtes d'Aumale. Harlette, fille d'un pelletier de Falaise et concubine du duc Robert, se maria du vivant de ce prince, avec Harlevin, seigneur de Conteville, dont elle eut Odon, ou Eudes, depuis évêque de Bayeux, et Robert, comte de Mortain. Celui-ci, ayant épousé Mathilde de Montgomeri, eut de ce mariage un fils nommé Guillaume, lequel, ayant été pris à la bataille de Tinchebrai, l'an 1106, fut emmené prisonnier en Angleterre, où il mourut; et trois filles, dont Emme, la dernière, devint femme de Guillaume IV, comte de Toulouse. (Robert du Mont.) On voit, dans le Cartulaire de Saint-Amand de Rouen, une charte du duc Robert; où il appelle la Normandie son royaume : *Notum esse volumus cunctis regni nostri fidelibus.* (Fol. 57, vol.)

GUILLAUME II, DIT LE BATARD ET LE CONQUÉRANT.

1035. GUILLAUME II, fils naturel du duc Robert I, et d'Harlette, né à Falaise sur la fin de 1027, fut envoyé, après la mort de son père, par le roi Henri I, en Normandie, pour prendre possession de ce duché, à l'exception du Vexin français, que ce monarque retint. Le défaut de sa naissance et son extrême jeunesse donnèrent lieu à plusieurs conspirations qui se formèrent pour le dépouiller. Roger de Toéni, qui tirait son origine d'un oncle du duc Rollon, fut un des premiers qui s'élevèrent contre lui. Il avait un assez grand nombre de partisans; mais avant qu'il les eût rassemblés, il fut tué par un autre Roger, seigneur de Beaumont. Le sang de ce rebelle n'éteignit pas le feu de la révolte : il demeura caché sous la cendre, et éclata par des éruptions fréquentes, dont la plus dangereuse fut excitée par Gui, comte de Brione et de Vernon, cousin du duc Guillaume, et fils de Renaud I, comte de Bourgogne. Guillaume, avec lequel il avait été élevé, l'avait lui-même gratifié des terres dont il jouissait en Normandie ; mais l'ambition étouffa tellement dans son cœur les sentimens de reconnaissance, qu'il attenta, non-seulement au trône, mais à la vie de son bienfaiteur. Ayant échappé avec peine au danger, le duc se réfugie auprès du roi Henri, qui se met lui-même à la tête d'une armée pour le rétablir. Il y réussit par la victoire qu'il remporta, l'an 1047, sur les factieux au Val des Dunes, entre Caen et Argentan. Les services du monarque français n'étaient pas gratuits : il avait exigé d'avance que le duc lui cédât pour son dédommagement le château de Tillières, qui l'incommodait. Maître de la place, il la fit raser, et ensuite la réédifia contre la parole qu'il avait donnée. Ce fut la cause d'un refroidissement entre ces deux princes, qui dégénéra en une guerre ouverte.

L'an 1053, Guillaume, comte d'Arques, sollicité par Mauger, son frère, archevêque de Rouen, et appuyé de la France, se révolte contre le duc de Normandie, prétendant qu'étant fils légitime de Richard II, ce duché lui devait appartenir plutôt qu'au bâtard de Robert II. Bataille devant le château d'Arques, assiégé par le duc et le comte d'Eu. Enguerand II, comte de Ponthieu, allié du rebelle, y périt avec plusieurs seigneurs du même parti ; d'autres sont faits prisonniers. Le roi de France, campé à Saint-Aubin, s'en retourne dès qu'il apprend la défaite des alliés. L'an 1054 (v. st.), nouvelle irruption du monarque français, assisté du comte d'Anjou, dans la Normandie. Il entre en février dans le comté d'Evreux, tandis qu'Eudes, son frère, pénètre dans le Caux par le Beauvoisis. Mais ce dernier est défait par le comte d'Eu, près de Mortemer, et prend la fuite après avoir perdu Raoul le Chambrier, général de ses troupes, et plusieurs autres seigneurs. Le duc de Normandie mande aussitôt cette nouvelle au roi, qui prend une seconde fois le parti de la retraite. (Bouquet, t. XI, pag. 620.) Rebuté par cet échec, Henri se détermine à faire la paix avec le duc ; et pour lui donner un gage assuré du retour de son amitié, il consent à lui rendre le château de Tillières. Guillaume, se voyant affermi dans ses états, pense à se marier, et épouse, l'an 1056, suivant la Chronique de Tours (d'autres disent l'an 1054), MATHILDE, fille de Baudouin V, comte de Flandre. Une ancienne Chronique manuscrite (*Bib. de Saint-Germain-des-Prés*, n°. 139) nous apprend sur les préliminaires de cette alliance une anecdote singulière, que nous rapporterons sans la garantir. *Guillaume*, dit-elle, *envoya au comte Bauduin de Flandres, et li requist sa fille en mariage. Cette chose plot bien au comte Bauduin, si en parla à sa fille ; mais elle respondit qu'elle n'averait ja bastard à mari. Donc renvoya li Quens au duc, et s'excusa du mariage plus courtoisement que il pot. Une pièce après sot il duc comment la demoiselle avait respondu ; si en ot grant dépit. Pour ce prinst de ses gens avecques lui, et s'en alla à Lille, et entra en la salle, et passa outre, jusques en la chambre de la comtesse. Il trouva la fille au comte, si la prist par les trèces, si la traisna parmi la chambre et défoula à ses piés. Puis issi de layens et monta sur son palefroi... puis s'en rala en son pays. De cette chose fut li Quens Bauduins mout coureciés ; mais, par le conseil de prudhommes, s'accorda li duc à li, et furent bons amis.*

Bref, Mathilde, oubliant l'affront qu'elle avait reçu, consentit à donner sa main à Guillaume. Cette alliance, le cours des prospérités de ce prince, et la donation que lui fit du comté du Maine le comte Herbert II, irritèrent la jalousie de ses voisins, et lui attirèrent plusieurs guerres dont il sortit avec gloire. Il assista, l'an 1059, suivant les Chroniques françaises de Normandie, au sacre du roi Philippe I, avec une suite nombreuse et magnifique.

Informé, l'an 1062, qu'Harald, fils de Godwin, comte de Kent, et proche parent d'Édouard, roi d'Angleterre, vient d'être pris sur les côtes de Ponthieu, par le comte Gui, le duc Guillaume oblige celui-ci par ses menaces à lui remettre entre les mains son prisonnier. Maître de la personne d'Harald, il le comble de caresses, lui fait part de ses prétentions sur la couronne d'Angleterre, s'efforce de le mettre dans ses intérêts, lui offre même sa fille en mariage, et exige de lui un serment de seconder son projet de tout son pouvoir. Puis, l'ayant mené à Bayeux, il lui fait renouveler ses promesses dans une grande assemblée de prélats et de barons, qu'il y tient à ce sujet. Un trait remarquable de la superstition de ces tems-là, c'est que Guillaume fit cacher des reliques sous la table où le serment d'Harald devait se répéter, et les lui montra ensuite, après la chose faite, comptant par-là rendre à ses yeux ses engagements plus solennels et plus sacrés.

Après la mort d'Édouard, décédé sans enfants, l'an 1066, Guillaume entreprend la conquête de l'Angleterre, dont Harald s'était emparé au mepris de son serment, au mépris même, dit-on, du testament qu'Édouard avait fait en faveur de Guillaume, son cousin, son ami, son bienfaiteur. Ayant équipé une flotte de trois mille voiles, Guillaume s'embarque, le 22 septembre 1066, à Saint-Valeri, avec une armée de soixante mille hommes, accoutumés à combattre et à vaincre, et aborde, le 28, sur les côtes de Sussex. « Si comme il mist pied à terre, le pied
» lui failly, et convint qu'il mesit ses deux mains à terre,
» dont aulcuns distrent que c'étoit mauvais signe; et il dist
» tout haut: Sachiez que c'est la saisine de ceste terre que
» Dieu m'a fait prendre à deux mains, et qu'à l'ayde Dieu
» et de vous, mes amys, je la conquerray; et qui le me con-
» tretendra, par la resplendeur Dieu il y aura bataille. »
(*Chron. de Norm.*) Il y en eut en effet une des plus mémorables et des plus décisives. Ce fut celle d'Hastings, dite par d'autres de Senlac, qu'il gagna sur son rival, le 14 octobre suivant, fête de Saint-Calixte. Elle coûta la vie à cinquante mille anglais, à Harald et à ses deux frères, et la liberté à Ulfon son fils, qui fut emmené en Normandie, où il resta prisonnier

jusqu'à la mort de Guillaume. (*Siméon Dunelm.*) Le fruit de cette victoire fut la couronne d'Angleterre, qui fut déférée sans contradiction au vainqueur. Guillaume après avoir assuré sa nouvelle conquête, repasse en France. Mais il est bientôt obligé de retourner en Angleterre pour tenir en respect une nation qui, nouvellement subjuguée, se voyait à regret sous une domination étrangère. Il lui fallut remporter encore bien des victoires et répandre bien du sang pour rendre les Anglais dociles à son joug.

La réputation de Guillaume vole dans toute l'Europe, qu'elle remplit d'admiration. Alfonse le Vaillant, roi de Castille, lui fait demander pour épouse, l'an 1068, par une ambassade solennelle, Agathe, sa fille, nommée Aguède par les Espagnols, qui avait auparavant été fiancée au prince Harald, qu'elle regrettait. La princesse s'embarque malgré elle pour aller joindre un époux qu'elle ne connaissait pas, et succombe dans la traversée, comme elle l'avait désiré, aux incommodités de la mer. (*Ordéric. Vit. apud* Bouquet, tom. XII, pag. 605.) Guillaume, lorsqu'il méditait la conquête de l'Angleterre, avait promis au roi Philippe, pour obtenir son agrément, de céder, s'il réussissait dans son entreprise, ses états de terre ferme à Robert, son fils aîné. En conséquence il lui en avait donné l'investiture, et lui avait fait rendre hommage par les barons du pays. Mais il refusait toujours, quelques instances que lui fît Robert, de s'en dessaisir, disant qu'il n'était point assez fou de se déshabiller avant l'heure de se coucher. Ne pouvant donc obtenir justice de son père, Robert, l'an 1073, prit le parti de se la faire par la voie des armes. Mais la diligence et l'activité de Guillaume rompit ses mesures, et déconcerta ses partisans. Après les avoir poursuivis de poste en poste, il vint les assiéger dans le château de Remalard, où ils s'étaient renfermés. Roger de Montgomeri se rendit alors médiateur entre le père et le fils, et parvint à les réconcilier au moyen d'un désistement simulé que fit ce dernier.

L'an 1075, et non 1076, comme le marque D. Lobineau, Guillaume, voulant soumettre la Bretagne, entre à main armée dans ce pays, et va mettre le siège devant Dol. Le prétexte de cette guerre était la retraite que le comte Hoël avait donnée à Ralph de Gael, l'un des seigneurs du pays les plus opposés à ce monarque. Ralph et Alain Fergent, fils du comte, s'étant jetés dans Dol, soutiennent le siége avec vigueur. Mais, craignant d'être forcés à la fin de se rendre, ils appellent à leur secours le roi Philippe I. Ce prince, y étant accouru en personne, oblige Guillaume de se retirer avec une perte considérable d'hommes et de chevaux. Les deux rois, dit Mathieu Paris que nous suivons, firent ensuite la paix. Guillaume après cela s'embarque en diligence pour se rendre en Angleterre, où de nouveaux troubles rendaient sa présence nécessaire. Pendant son absence, Robert, après avoir erré en différentes cours, vient en France, se retire dans le château de Gerberoi, avec la permission des vidames (car il y en avait originairement deux à la fois, suivant Ordéric Vital), et de-là fait des courses sur les terres de Normandie, à la tête d'un parti qu'il s'était formé. Guillaume à ces nouvelles étant revenu dans ce duché, ramasse en diligence des troupes qu'il mène devant Gerberoi, sur la fin de l'an 1078, la dix-neuvième année du règne de Philippe I. Robert, après avoir soutenu un siège de trois semaines, fait une sortie, dans laquelle il attaque personnellement son père sans le connaître, le blesse au bras, et le renverse de cheval. L'ayant reconnu alors à sa voix, il se jette à ses pieds, lui demande pardon les larmes aux yeux, et ne peut cependant le fléchir pour le moment. Mais, quelque tems après, il rentre en grâce par la médiation des seigneurs les plus estimés de son père. Les écrivains anglais disent que ce fut le roi Philippe qui donna retraite à Robert dans le château de Gerberoi. Cela est si peu vrai, que le monarque français vint lui-même en personne pour aider Guillaume à faire le siége de cette place. Nous en avons la preuve dans une charte où le premier confirme la fondation de Saint-Quentin de Beauvais : *Factum publicè*, y est-il dit, *in obsidione prædictorum Regum, videlicet Philippi regis Francorum et Guillelmi Anglorum regis, prope Geberodum, anno Incarnat. Verbi* 1078 (*veteri stylo*), *anno verò Philippi regis Francorum* 19. (Louvet, *Antiq. de Beauvais*, p. 472.)

Guillaume, l'an 1083, perd Mathilde, son épouse, le 2 novembre ; elle fut enterrée à l'abbaye de la Trinité de Caen qu'elle avait fondée. Le duc Robert souffrait toujours impatiemment de n'être point en possession de la Normandie. Le roi son père, l'an 1084, apprenant qu'il s'est de nouveau révolté, passe dans ce duché pour le dompter. Mais, s'étant présenté devant Mortemer où Robert s'était enfermé, il fut repoussé par les Normands, qui l'obligèrent à repasser la mer après lui avoir tué beaucoup de monde. L'an 1085, Guillaume, voulant obliger Alain Fergent, comte de Bretagne, à lui rendre hommage, entre en Bretagne à la tête d'une armée, et va mettre pour la seconde fois le siége devant Dol. Alain vole au secours de la place ; et Guillaume, apprenant qu'il approche, se retire avec tant de précipitation, qu'il abandonne la meilleure partie de son bagage, estimée 15,000 mille livres sterlings, somme immense pour le tems. Cet événement donne tant d'estime à Guillaume pour Alain, qu'il lui fait offrir quelque tems après sa fille Constance en mariage. L'offre est acceptée avec joie, et les noces furent célébrées à Caen l'année suivante. (*Willem. Malmesb. ad annum* 1085.)

L'an 1087, Guillaume demande au roi Philippe le Vexin français, que le roi Henri I avait promis au duc Robert, son père, pour récompense des services qu'il lui avait rendus, contre la reine Constance, sa mère, qui voulait lui ôter la couronne. Philippe élude la demande, et Guillaume demeure dans le repos. Mais quelque tems après, une raillerie du premier irrite le second et le tire de son inaction. Il gardait le lit, et pratiquait des remèdes pour diminuer le volume de sa graisse qui l'incommodait. On lui rapporta que Philippe demandait quand il releverait de ses couches. « Je ne tarderai pas, répondit-il, et au jour de mes relevailles j'irai le visiter avec » dix mille lances en guise de chandelles. » Il ne tint que trop exactement parole. Dès qu'il put monter à cheval, il alla ravager le Vexin français, prit Mantes qu'il brûla, sans épargner les églises, où périt dans les flammes beaucoup de monde qui s'y était réfugié; et de là il envoya porter le fer et le feu jusqu'aux portes de Paris. Ce fut sa dernière expédition. Etant tombé malade, à Mantes, des efforts qu'il avait faits à la prise et à l'incendie de cette ville, il se fit porter à Rouen, d'où il fut ensuite transporté, pour être moins interrompu, à un village voisin nommé Hermentruville, où il mourut le 8 ou le 9 septembre 1087, âgé de 60 ans, après avoir possédé la Normandie près de cinquante-deux ans, le Maine environ vingt-cinq, et l'Angleterre vingt et un ans. Il faut voir dans Ordéric Vital (l. 7, p. 556) les frayeurs dont ce prince si terrible fut agité aux approches de la mort, et le discours pathétique où il les exposa, en mourant, à ses courtisans. Son corps fut conduit à Caen, et inhumé dans l'église du monastère de Saint-Etienne, qu'il avait fondé. Le même écrivain nous apprend que pendant la messe des obsèques, Gilbert, évêque d'Evreux, étant monté en chaire, prononça son oraison funèbre. On sait ce qui arriva lorsqu'il fallut mettre le corps en terre, et le cri de haro que fit un nommé Ascelin pour s'opposer à sa sépulture, disant que le terrein où l'on était lui avait été enlevé de force par Guillaume : opposition qui ne fut levée qu'au moyen d'une indemnité qu'on promit à l'intéressé. Guillaume laissa de Mathilde trois fils : Robert, qui eut pour partage la Normandie avec le Maine; Guillaume, à qui il donna l'Angleterre; et Henri, qui hérita de ses trésors avec une pension de cent mille livres à prendre sur ses frères. Il laissa de même trois filles : Adèle, femme d'Etienne, comte de Blois et mère d'Etienne, roi d'Angleterre ; Cécile, abbesse de la Trinité de Caen ; et Constance, femme d'Alain Fergent, comte de Bretagne. Guillaume, père de ces enfants, avait un frère utérin, Odon, évêque de Bayeux, mort en 1097. (*Voyez* Guillaume, *comte du Maine.*) D. Mabillon cite dans sa Diplomatique une charte où Guillaume prend lui-même le titre de Bâtard : *Ego Guillelmus cognomento Bastardus, rex Angliæ* ; ce qui est d'autant plus surprenant, qu'il n'entendait point du tout raillerie sur sa naissance, jusques là que des soldats du comte d'Anjou qui gardaient un fort près d'Alençon, qu'il assiégeait, ayant osé l'appeler Bâtard, et battre des peaux devant lui pour lui reprocher que sa mère était fille d'un pelletier, il fit couper les pieds et les mains à trente-deux d'entr'eux, après avoir pris la place. (*Willelm. Gemmet.* L. 7, c. 3.) Ce prince donnait la préférence au titre de duc de Normandie sur celui de roi d'Angleterre. C'est pour cela qu'il n'avait mis le dernier que dans le revers de son sceau. Sur l'autre côté il était représenté à cheval, armé de toutes pièces, avec cette inscription : *Hoc Normannum Willelmum cognosce patronum.* Et sur le revers, il était debout, tenant de la main droite une épée nue, et de la gauche un globe orné d'une croix, avec cette autre épigraphe : *Hoc Angle regem signo fatearis eumdem.* Les Normands, sous le règne de Guillaume, se rasaient entièrement la barbe, et avaient les cheveux courts, à la manière des ecclésiastiques ; ce qui fit que les espions envoyés par Harald pour reconnaître leur armée, après qu'elle eut fait sa descente en Angleterre, les prirent tous pour des prêtres, et affirmèrent sérieusement qu'ils étaient tels, dans le rapport qu'ils firent à leur maître. Leurs habits étaient longs, serrés et à larges manches. Les armoiries n'étaient pas encore en usage parmi les Normands au tems de la bataille d'Hastings : car, avant de la donner, ils convinrent entr'eux de certains signes, suivant le roman du Rou, pour se reconnaître sous leur armure, et ne pas s'entretuer :

> Et tuit orent fait convenance
> Que Norman autre cogneust.....
> Que Norman autre ne ferist,
> Ne François autre n'occist.

Précaution qui eût été superflue s'ils eussent eu des armoiries.

On attribue à Guillaume le Conquérant l'établissement de la fameuse foire de Guibrai, qui se tient dans un faubourg de Falaise, où il avait un palais.

ROBERT II,
SURNOMMÉ COUTE-HEUSE ET GAMBARON.

1087. ROBERT II, l'aîné des fils de Guillaume, ayant appris la mort de son père, revient d'Abbeville, où il était retiré, à Rouen, et y est proclamé solennellement duc de Normandie. Peu content de son partage, il entreprend d'enlever le trône d'Angleterre à Guillaume son frère, et ne peut y réussir. Celui-ci, pour se venger, lui débauche, l'an 1090, plusieurs de ses vassaux. De ce nombre sont les comtes d'Aumale et de Saint-Valeri, dans les châteaux desquels il envoie des garnisons qui désolent la Normandie par leurs excursions. Le roi de France vient au secours de Robert. Mais Guillaume, par les présents qu'il lui fait tenir, l'engage à s'en retourner. Le prince Henri, frère de Robert, contenait cependant la ville de Rouen, l'empêchait de se joindre aux révoltés. Pour sa récompense, Robert, sur de fausses délations, après lui avoir enlevé le Cotentin et l'Avranchin qu'il lui avait vendus pour trois mille marcs, le fait mettre en prison. Guillaume fait, au mois de février 1091, une descente en Normandie. Tandis qu'il fait des courses dans cette province, Henri, sorti de sa prison, reprend le Cotentin et le pays d'Avranche. La même année, Guillaume et Robert, sur le point d'en venir à une bataille, s'accommodent ensemble. Le second cède au premier le comté d'Eu avec la ville de Cherbourg et quelques autres places qui s'étaient soustraites à son obéissance, et tous deux se font une substitution réciproque en cas de mort sans enfants. La paix ainsi faite, les deux frères vont assiéger Henri, qui s'était fortifié dans le mont Saint-Michel. Pendant ce siége, qui dura tout le carême, le roi d'Angleterre et le duc de Normandie donnèrent deux exemples, l'un d'une grande magnanimité, l'autre d'une singulière bonté. Dans une sortie des assiégés, Guillaume ayant eu un cheval tué sous lui, le chevalier qui avait fait le coup s'approche pour l'égorger lui-même, comme il avait le pied embarrassé dans l'étrier. Guillaume s'écrie : *Que vas-tu faire? Je suis le roi d'Angleterre.* La foule accourt aussitôt pour le relever. On lui présente un autre cheval. Ayant sauté dessus, il demande qui l'a démonté : *C'est moi, dit celui dont il s'agissait. Je vous ai pris pour un chevalier, et non pour le roi.* — *Par le saint voult de Lucques*, dit Guillaume (c'est ainsi qu'il jurait), *tu seras désormais à moi, et j'aurai soin de t'avancer.* Cependant la place souffrait beaucoup par la disette d'eau. Robert, craignant pour la vie de Henri, son frère, défend à ses gens d'empêcher les assiégés de venir puiser de l'eau. Guillaume l'ayant blâmé de cette condescendance, *Quoi !* dit-il, *je souffrirais que notre frère pérît de soif ! Et qui nous en donnerait un autre si nous venions à le perdre ?* (*Willel. Malmes.*) Henri, à la fin, rendit la place et toutes celles qui étaient en son pouvoir, après quoi il se retira en Bretagne, et de là en France, où il mena une vie pauvre et errante l'espace de près de deux ans. Mais, sur la fin de l'an 1092, ce prince étant rentré en Normandie, les habitants de Domfront se donnèrent à lui, pour se soustraire à la tyrannie de Robert, seigneur de Bellême. Henri fit de là des courses sur les terres du duc son frère. (*Ordéric Vital*, page 697.)

L'an 1094, nouvelles brouilleries entre le roi Guillaume et le duc Robert. Celui-ci appelle encore à son secours le roi de France. On prend quelques places de part et d'autre. La paix se fait, l'an 1096, entre les deux frères. Peu de tems après, le duc Robert se croise avec ce grand nombre de princes chrétiens qui entreprirent, à la sollicitation du pape Urbain II, la conquête de la Terre-Sainte, et engage son duché, au roi son frère, moyennant la somme de dix mille marcs d'argent pour les frais de cette expédition. Il part au mois de septembre avec les comtes de Blois, du Perche, de Flandre et de Bretagne, et prend sa route par l'Italie, où ils aident le pape à triompher de Guibert, son rival pour la papauté. Robert et le comte de Blois passèrent l'hiver en ce pays, et s'embarquèrent au printems suivant pour aller joindre aux environs de Constantinople les autres croisés. Arrivés dans cette ville, ils y firent hommage à l'empereur Alexis des terres dont ils feraient la conquête en Palestine. (*Willelm. Malmesb.*) Le duc de Normandie se distingua dans tous les combats qui se donnèrent sur la route ; et l'armée chrétienne lui fut redevable en grande partie des batailles qu'elle gagna sur les infidèles, surtout de celle qui fut donnée dans les plaines de Dorylée, le 1er. juillet 1097, après la prise de Nicée, et de celle qui suivit la prise d'Antioche, le 28 juin 1098, où les infidèles perdirent cent mille cavaliers. Au siége de Jérusalem, il monta des premiers à l'assaut avec les seigneurs de sa suite. Il fit encore des prodiges de valeur dans la bataille livrée aux Sarrasins quelque tems après la prise de cette ville. (*Voy.* Mostali, *calife d'Egypte*, tom. I, p. 478, col. 2.) Un moderne dit de lui qu'il était plus qu'homme dans les combats, et moins qu'homme dans la conduite ordinaire. Robert, l'an 1099, après avoir refusé la couronne de Jérusalem, qui lui avait été offerte en considération de sa valeur et de sa naissance, quitte la Palestine en septembre pour revenir en Europe. Ayant pris sa route par l'Italie, les charmes de ce pays l'y retinrent près d'un an. Il y épousa la fille de Geoffroi, duc de Conversano, nommée SIBYLLE, et passa tout le tems de son séjour en divertissements. S'étant remis en route pour la France, au mois de juillet 1100, il rencontre, en passant par Lyon, saint Anselme, qui lui apprend, s'il n'en était déjà instruit, la révolution nouvellement arrivée en Angleterre par la mort du roi Guillaume, et l'intronisation de Henri, son frère puîné. Honteux de se voir enlever, pour la seconde fois, la couronne d'Angleterre, il s'occupe, à son arrivée en Normandie, des moyens de réparer le tort qui lui est fait. Une flotte, qu'il équipe en diligence, le conduit, dans l'automne de l'année suivante, à Portsmouth. Il y est accueilli par un grand nombre de seigneurs qui l'amènent en triomphe à Winchester. Henri étant venu avec ses troupes au-devant de lui, les deux frères, sur le point d'en venir à une bataille, se séparent de leurs armées pour conférer ensemble. L'éloquence de Henri triomphe de la résolution de Robert. Il le désarme et l'engage à se désister de ses prétentions par l'offre qu'il lui fait d'une pension de trois mille livres sterlings et l'abandon de tout ce qu'il possédait en Normandie, excepté la ville de Domfront. Robert s'en retourne; mais, l'année suivante, pressé par Guillaume de Warenne, il repasse en Angleterre pour faire la paix de ce seigneur avec le roi, qui lui avait retiré le comté de Surrei pour le punir de son attachement à Robert. Henri témoigne sa surprise à son frère de ce qu'il est entré dans ce royaume sans l'avoir prévenu, et son mécontentement de ce qu'à son exemple il n'a point fait justice des brouillons qui ne cherchaient qu'à semer la discorde entre eux. Le duc, intimidé par ce discours, et craignant d'être arrêté, cherche à fléchir son frère. La reine, se portant pour médiatrice, obtient de Robert, par ses caresses, la remise de la pension de trois mille livres que le roi lui avait promise par le dernier traité de paix. Les Normands, instruits des mauvais succès de ce voyage, ne revirent leur duc qu'avec mépris. Il acheva de se déshonorer, l'an 1103, dans la guerre qu'il fit à Robert, seigneur de Bellême. Ce ne fut point de son propre mouvement qu'il l'entreprit, mais à la sollicitation du roi d'Angleterre, qui avait chassé ce seigneur de ses états, comme un traître, après l'avoir dépouillé des domaines qu'il y possédait.

Le duc étant venu faire le siége du château de Vignaz, appartenant au seigneur de Bellême, échoua devant cette place, dont la garnison, mécontente, n'attendait qu'une attaque vigoureuse pour se rendre sans ignominie. Ce furent les chefs de son armée, que son indolence avait soulevés, qui firent manquer le coup. La confusion qu'ils mirent dans le camp, fut telle, dit Ordéric Vital, que les soldats, après avoir brûlé leurs tentes, se débandèrent et s'en retournèrent chacun dans leurs foyers. Ce revers ne corrigea point le duc de Normandie; plongé dans la mollesse; il laissa les brigands piller impunément la province, tandis que lui-même se laissait piller par ses maîtresses et ses bouffons. Souvent, dit Ordéric, ils lui dérobaient pendant la nuit ses habits, et jusqu'à ses hauts-de-chausses; ce qui l'obligeait à rester au lit tout le jour, et même les dimanches, faute d'avoir de quoi se vêtir. Ces vols ne le rendaient que ridicule, sans faire une brèche considérable à sa fortune : mais il s'appauvrissait lui-même réellement et ses successeurs par les libéralités inconsidérées qu'il faisait des plus belles parties de son domaine à ses favoris. Cette nonchalance et cette prodigalité de Robert, jointes à une clémence déplacée envers les criminels, furent la source de ses malheurs et de ceux de son duché. Semblable, dit le même écrivain, à un vaisseau sans pilote, la Normandie, sous son gouvernement, devint un théâtre de guerres civiles et de brigandages. Henri, plusieurs fois invité par les prélats et les seigneurs normands à venir s'emparer d'une province si mal administrée, hésita long-tems, dit le même auteur, à se rendre à leurs vœux, par la répugnance qu'il sentait à dépouiller un frère. Mais des lettres du pape Pascal II, sollicitées vraisemblablement par les mécontents, lettres où il lui représentait cette entreprise comme le salut de la Normandie, achevèrent de le déterminer. Il arrive, l'an 1105, au printems en Normandie, prend de force Bayeux qu'il réduit en cendres, s'empare de Caen et de plusieurs autres places sans coup férir, et répand la terreur partout. Robert lui-même, effrayé de ces progrès, obtient une conférence de son frère. Ils s'assemblent avec leurs amis dans un lieu qu'Ordéric appelle *Sanctellæ*, et que nous croyons être Sens, au diocèse de Séez. Henri demande à son frère qu'il lui cède le gouvernement et les places fortes de Normandie, dont il promet de lui laisser les revenus. La demande est rejetée, et l'on se sépare plus aigri de part et d'autre qu'auparavant. Robert, l'an 1106, va trouver son frère en Angleterre avant le carême, et se plaint inutilement de sa trahison. Vers le mois d'août suivant, Henri retourne en Normandie; et le 27 septembre, tandis qu'il fait le siége de Tinchebrai, Robert survient à la tête d'une armée, lui livre bataille le lendemain, et après s'être vigoureusement défendu, il est pris et conduit à son frère. Henri l'envoie prisonnier au château de Cardiff, dans le Glamorghan, bâti par leur père en 1081, où il mourut au mois de février 1134, après vingt-huit ans de prison. Mathieu de Westminster et Mathieu Paris disent que s'étant échappé l'an 1107, il fut repris et privé de la vue avec un bassin de cuivre ardent qu'on lui passa devant les yeux : mais le silence des auteurs contemporains sur ce fait donne pour le moins lieu d'en douter. On peut dire avec plus d'assurance, d'après Henri d'Huntington (*Spicil.*, tome VIII, page 188), que Henri fit crever les yeux à quelques-unes de ses nièces, on ne sait pour quelle raison. C'étaient des filles naturelles de Robert ; car sa femme ne laissa de lui qu'un fils, nommé Guillaume, et surnommé Cliton, né l'an 1101. Ce jeune prince ayant été amené, du château de Falaise, au roi son oncle, après la bataille de Tinchebrai, fut confié à Hélie de Saint-Saën, beau-frère de cet enfant par une des filles naturelles de Robert, pour l'élever. Henri, l'an 1108, le redemanda. Mais Hélie, craignant pour la liberté de son élève, le conduisit chez ses amis de château en château, et l'amena enfin chez le comte d'Anjou, qui lui donna retraite, et le destina pour être son gendre. Les grandes qualités de ce jeune prince, se développant avec l'âge, semblaient lui promettre un sort heureux ; mais il ne put jamais parvenir à recouvrer la Normandie, quoique protégé de plusieurs seigneurs, spécialement de Louis le Gros, roi de France, qui fit plusieurs tentatives pour le rétablir sans pouvoir y réussir. Sensible aux malheurs du jeune Guillaume, ce monarque les adoucit autant qu'il put. L'an 1126, il lui donna le Vexin français, compris entre l'Epte et l'Oise. Charles, comte de Flandre, étant mort l'an 1127, sans enfants, Louis déclara Guillaume héritier de ce comté, et l'en mit en possession. (Voyez *les comtes de Flandre*.) La mère de ce prince était morte de poison, suivant Ordéric Vital et le continuateur de Guillaume de Jumiége, l'an 1103 (v. st.), pendant le Carême. Un moderne donne de cet empoisonnement une cause qui fait également l'éloge du duc Robert et de sa femme. « Robert, » dit-il, ayant été blessé d'une flèche empoisonnée, les méde- » cins déclarèrent qu'il ne pouvait guérir qu'en faisant promp- » tement sucer sa blessure. *Mourons donc,* dit-il, *je ne serai* » *jamais assez cruel et assez injuste pour souffrir que quelqu'un* » *s'expose à mourir pour moi.* La princesse Sibylle, sa femme, » prit le tems de son sommeil, suça sa plaie, et perdit la vie en » la sauvant à son mari. » (Saint-Foix, *Essai sur Paris*, t. III, p. 19.) C'est dommage qu'une si belle anecdote ne se rencontre dans aucun écrivain du tems. Guillaume de Malmesburi, dans Bouquet, tome XIII, page 8, attribue la mort de Sibylle à une autre cause que le poison, en disant qu'après ses couches, la sage-femme, voyant qu'elle avait une trop grande abondance de lait, lui serra, pour arrêter cet excès, les mamelles si étroitement avec des bandelettes, qu'il s'ensuivit une maladie qui l'emporta. Quoi qu'il en soit, la duchesse fut inhumée dans la cathédrale de Rouen. « C'était, dit Ordéric, » une princesse qui joignait aux grâces extérieures une conduite » irréprochable et beaucoup de sagesse. Il arrivait même, ajoute- » t-il, qu'en l'absence du duc elle gouvernait beaucoup mieux » son domestique et l'état qu'il n'eût fait s'il eût été présent. » Robert, outre le fils dont on vient de parler, eut, avant son mariage, de la concubine d'un vieux prêtre, trois enfants naturels : Richard, qui, étant revenu à la cour du roi Guillaume son oncle, fut tué à la chasse au mois de mai de l'an 1100, dans le parc, dit alors *Newforest*, aujourd'hui le parc de Southampton, d'un coup de flèche tiré sur une bête, au même parc où deux mois après ce monarque périt de la même manière ; Guillaume, qui, après la bataille de Tinchebrai, passa en Palestine, et y mourut peu de tems après dans une bataille ; et une fille, mariée à Hélie de Saint-Saën, à qui elle apporta en dot le comté d'Arques. C'est ce même Hélie qui fut chargé, comme on l'a dit, de l'éducation de Guillaume Cliton, fils légitime de Robert. D'autres maîtresses donnèrent à Robert d'autres enfants.

GUILLAUME, DIT LE ROUX,
DUC OU RÉGENT DE NORMANDIE.

1096. Le roi GUILLAUME, surnommé LE ROUX, fils de Guillaume le Conquérant, et frère de Robert, est placé par quelques-uns parmi les ducs de Normandie ; d'autres ne le regardent que comme régent de cette province, que son frère Robert lui avait engagée, comme on l'a dit, l'an 1096, avant son voyage à la Terre-Sainte. Il la posséda, soit comme duc, soit comme régent, jusqu'à sa mort arrivée le 2 août de l'an 1100. Robert à son retour y rentra. (*Voyez* Guillaume II, roi d'Angleterre.)

HENRI I.

HENRI I, troisième fils du roi Guillaume I, ayant dépouillé, l'an 1106, Robert, son frère, du duché de Normandie, en jouit jusqu'en 1135, époque de sa mort arrivée le 1 ou le 2 décembre, après un règne de trente-cinq ans. La Normandie souffrit beaucoup sous ce prince, et fut presque toujours le théâtre d'une sanglante guerre. La race masculine des ducs de Normandie finit en lui. Il avait eu un fils unique nommé Guillaume, et surnommé Adelin ou Atheling, marié, l'an 1119, avec Mathilde, fille de Foulques, comte d'Anjou ; mais comme

Henri s'en retournait triomphant en Angleterre, l'an 1120, après l'avoir investi du duché, le vaisseau que le jeune prince montait, précédé par celui de son père, se brisa, le 25 novembre, contre un rocher. Guillaume périt dans ce naufrage, et avec lui plus de deux cents personnes. « Voici, dit » Raoul *de Diceto*, les noms des châteaux que Henri fit construire à neuf sur les frontières de Normandie : Driencourt, » Neufmarché, Verneuil, Nonancourt, Bonmoulin, Colmenil, Pontorson. Il fonda aussi, ajoute-t-il, le monastère de » Notre-Dame du Pré (aujourd'hui de Bonne-Nouvelle) à » Rouen, et celui de Mortemer. » (*Voyez* Henri I, *roi d'Angleterre.*)

ETIENNE DE BLOIS.

1135. ETIENNE DE BLOIS, comte de Boulogne, succède à Henri I, son oncle maternel, tant au duché de Normandie qu'au royaume d'Angleterre. Le roi Louis le Gros lui donna l'investiture de la Normandie au mois de mai de l'an 1137, conformément au droit, dit Ordéric Vital; ce qui montre qu'on regardait, en France, la Normandie comme un fief masculin, auquel par conséquent l'impératrice Mathilde, fille du roi Henri, ne pouvait prétendre. Mais ni Mathilde, ni Geoffroi son époux, comte d'Anjou, ne l'entendaient ainsi. Tandis que Mathilde fait la guerre à Etienne en Angleterre, Geoffroi passe en Normandie, dont il se rend maître après une guerre de six ans. (Voyez *les rois d'Angleterre.*)

GEOFFROI.

L'an 1144, le 19 ou le 20 janvier, GEOFFROI fut reçu dans Rouen, dont il ne prit néanmoins la grosse tour que le 23 avril suivant. Il fut aidé dans ce siège, suivant Robert du Mont, par le roi de France et le comte de Flandre; et ce fut alors qu'il fut reconnu duc de Normandie. L'an 1145, il retourne en Anjou, pour réprimer un nouveau soulèvement de la noblesse, excité par Robert de Sablé. Le roi Etienne conservait toujours un parti dans la Normandie. Geoffroi, l'an 1149, engage le roi Louis le Jeune, nouvellement revenu de la croisade, à lui prêter secours pour achever la réduction de ce duché, sous la promesse de céder au monarque, le Vexin normand. Cette expédition ayant réussi, Louis le Jeune donna l'investiture de la Normandie au jeune Henri, fils de Geoffroi, après avoir reçu de lui non l'hommage simple, comme quelques modernes l'assurent, mais l'hommage plein et lige : *Normaniam Henrico filio comitis tradidit, et eum pro eadem terra in hominem ligium accepit.* (*Hist. Ludov. VII*, apud Duchesne, tom. IV, pag. 414.) Cependant Geoffroi tenait assiégé, depuis trois ans, dans le château de Montreuil, en Anjou, Girard de Berlai, ou Bellai, pour se venger des dégâts qu'il avait faits à Loudun, à Saumur et dans le territoire d'Angers. Etant venu à bout, l'an 1150, d'emporter la place, il la fit raser et mit dans une étroite prison Girard, qui était tombé entre ses mains. Le pape et le roi s'intéressèrent pour la délivrance du prisonnier, le premier, parce qu'il avait réclamé sa protection, le second, parce que Girard, selon Jean de Marmoutier, était son sénéchal dans le duché d'Aquitaine. Sur le refus que fit Geoffroi de le rendre, le pape frappa ce comte d'excommunication. Le roi Louis le Jeune, de son côté, se mit en devoir de l'y contraindre par la voie des armes. Il entre en Normandie, accompagné du prince Eustache, son beau-frère, pour le remettre en possession de ce duché. Le jeune Henri accourt avec des troupes pour l'arrêter. Les deux armées se rencontrent devant le château d'Arques. Mais comme on était sur le point d'en venir aux mains, les plus sages de l'armée de Henri, dit Robert du Mont, engagèrent ce prince à faire au roi quelque satisfaction, au moyen de quoi les deux armées se séparèrent. Mais à peine le monarque est-il de retour à Paris, qu'il apprend que Geoffroi vient de reprendre sur Rotrou, comte du Perche, le château de Neuil, *de Nube*, que Jean, fils de Guillaume Talvas, comte d'Alençon, lui avait livré l'année précédente par trahison. Toute l'animosité de Louis contre le comte d'Anjou, se rallume à cette occasion. Il lève une nouvelle armée, qu'il envoie sous les ordres de Robert, son frère, dans le Vexin, en attendant qu'il vienne la joindre. Geoffroi et son fils, non moins diligents que lui, épargnèrent aux Français une partie du chemin. S'étant présentés à eux sur les bords de la Seine, près de Meulent, ils se disposaient à les charger, lorsqu'on apprit que le roi était retenu par la fièvre à Paris. Cette nouvelle suspendit les hostilités. Le comte amena à Paris Girard de Bellai, qui faisait le sujet de la guerre, et le remit au roi. Il lui restait à se faire absoudre des censures, et les prélats qui assistèrent à la conférence, lui offrirent, pour cela, leurs bons offices auprès du pape; mais il prétendit qu'elles étaient nulles, et protesta qu'il ne se donnerait aucun mouvement pour les faire lever. Sur quoi, saint Bernard, qui était de l'assemblée, prédit, suivant un de ses biographes, qu'avant la fin de l'année, le comte mourrait ou éprouverait quelque grande affliction en punition de son entêtement. (*Gaufrid. vita S. Bernardi.*, l. 4, c. 3.) On était alors vers la fin d'août de l'an 1151, selon les chroniques d'Anjou, et non pas 1150, comme Mathieu Paris le marque, ainsi que Robert du Mont. Le comte d'Anjou mourut, en effet, au Château-du-Loir, le 7 du mois suivant, d'une pleurésie qu'il avait gagnée en se baignant dans la rivière du Loir. Son corps fut inhumé dans la cathédrale du Mans, et il fut le premier, suivant le continuateur de Guillaume de Jumiége, qui eut sa sépulture dans l'enceinte de cette ville. On voit encore aujourd'hui sur un des piliers de cette église, vis à-vis de la chapelle du Crucifix, une table de cuivre émaillé, où il est représenté, son épée nue de la main droite, et de l'autre son écu, dont le champ est d'azur, à quatre lionceaux d'or, lampassés de gueules. On lit au bas ce distique :

> Ense tuo, princeps, prædonum turba fugatur ;
> Ecclesiisque quies, pace vigente, datur.

Ce monument lui fut érigé peu de tems après sa mort, par Guillaume, évêque du Mans. Jean de Marmoutier et l'auteur du *Gesta Consul. Andeg.*, font un magnifique éloge du comte Geoffroi, qu'ils représentent comme un prince rempli de valeur, zélé pour la justice, habile au métier des armes, versé dans la connaissance des lettres, éloquent par-dessus tous les clercs et les laïques de son tems, et doué de toutes les qualités politiques et morales. Le premier de ces deux historiens nous apprend de plus que sa chevelure était d'un blond ardent, qu'il avait les yeux étincelants, la taille haute, le corps maigre et nerveux. Des politiques modernes lui reprochent comme une lâcheté de n'être point passé en Angleterre, pour aider sa femme à s'opposer à l'usurpation du roi Etienne. Mais ils ne font pas attention, qu'en prenant ce parti, Geoffroi se serait exposé à perdre ses propres états, ayant affaire à des vassaux qui le tenaient sans cesse en haleine par leurs révoltes, et ne cherchaient que l'occasion de s'affranchir de sa domination. M. Hume met sur le compte de ce prince, une atrocité dont nous croyons devoir le décharger. Les chanoines de Séez ayant élu, l'an 1144, Géraud, pour leur évêque, sans la participation du comte Geoffroi, les officiers de ce prince, à son insu, se saisirent de l'élu, et lui firent subir à lui seul (et non pas, comme le dit M. Hume, à tout le chapitre) une opération aussi cruelle que honteuse, afin de le rendre inhabile aux fonctions de l'épiscopat. Mais le comte, loin d'avoir commandé une action aussi détestable, ainsi que cet historien le prétend, loin même de l'approuver, livra les coupables au tribunal ecclésiastique, et permit aux évêques de la province, de disposer du siège de Séez, comme ils jugeraient à propos. Voilà le fait dans son exactitude. (Voy. *Gallia Christiana*, tom. XI, col. 687.) De MATHILDE, sa femme, décédée à Rouen, le 10 septembre 1167, et inhumée à l'abbaye du Bec, le comte Geoffroi laissa Henri, qui suit; Geoffroi, qui, ayant eu pour sa part, trois places en Anjou, devint ensuite comte de Nantes; et Guillaume, décédé à Rouen, le 30 janvier 1164; avec une fille, nommée Emme, mariée, suivant Ménage (*Hist. de Sablé*, pag. 350) à Gui V, comte de Laval, après avoir été inutilement recherchée par David, prince de Galles. Mais Jean, moine de Marmoutier, historien de Geoffroi, et Raoul *de Diceto*, la font bâtarde, et réalisent son mariage avec le prince de Galles. Sur le premier point, on peut leur opposer le témoignage de Thomas Pactius, également contemporain, comme eux, de Geoffroi. *Gaufridus pulcher*, dit cet auteur, *Andegavensium, Cenomanensium, Turoniarumque comes, Normanorum dux, ex Mathilda uxore tres filios, unamque filiam genuerat Emmam nomine, formosissimam, ingenuamque præ omnibus natu minimam puellam*. A l'égard du mariage d'Emme avec David, on pourrait l'accorder, en disant qu'elle n'épousa le comte de Laval qu'en secondes noces. Une ancienne chronique française donne encore une fille naturelle à Geoffroi, qu'elle nomme Adewis, et fait épouse de Raoul le Jeune, prince de Déols. (Bouquet, tom. XII, p. 457.) L'ancien auteur de la vie de Henri II, roi d'Angleterre, et Robert du Mont (*ibid.*, tom. XIII, pp. 165-308), donnent de plus à Geoffroi un fils naturel, nommé Hamelin, marié, selon le dernier, à la comtesse de Varenne, veuve de Guillaume, comte de Mortain, fils du roi Étienne.

Guillaume de Newbridge, Jean Bromton et Walter Hemmingford assurent qu'en mourant, Geoffroi fit un testament par lequel il déclarait que sa succession, excepté Chinon, Loudun et Mirebeau, qu'il laissait à Geoffroi, son deuxième fils, demeurerait entre les mains de Henri, son fils aîné, pour retourner à ce même Geoffroi, lorsque Henri se serait mis en possession de l'héritage de sa mère, c'est-à-dire de l'Angleterre et de la Normandie. Henri, ajoutent-ils, étant pour lors absent, le comte fit jurer les prélats et les seigneurs qui étaient présents, de ne point inhumer son corps, que ce prince n'eût juré de se conformer à ces dispositions. Henri, à son arrivée, hésita, selon eux, quelque tems, s'il ferait le serment; mais la honte de laisser son père sans sépulture, et la crainte d'aliéner l'esprit de ses vassaux, lui arrachèrent enfin cette soumission. M. Hume regarde ce récit comme une fiction, parce que Jean de Marmoutier, dans l'histoire du comte Geoffroi, ne dit rien de son testament ; comme si cet historien, qui écrivait du vivant et sous la domination de Henri, eût été libre d'avancer une vérité si flétrissante, ainsi qu'on va le voir, pour l'honneur de son maître.

Geoffroi Plantagenet exerça le droit de régale en Normandie, sur les évêchés comme sur les abbayes. Nous en avons la preuve dans une lettre d'Arnould de Lisieux, au pape Luce II, rapportée au second tome du Spicilège, dans laquelle il dit que ce prince jouit deux ans et plus du revenu de l'évêché de Lisieux, en vertu du droit de régale : *Bona omnia episcopalia redimere de manu comitis Andegavensis angebar, quæ ipse mihi per duos annos et tres menses abstulerat, quia electus canonicè sine ipsius designatione fueram consecratus.*

HENRI II, DUC DE NORMANDIE, COMTE D'ANJOU ET DU MAINE, ET ROI D'ANGLETERRE.

1151. HENRI, investi du duché de Normandie, en 1150, succéda, l'an 1151, à Geoffroi le Bel, son père, dans les comtés d'Anjou et du Maine. A ces deux provinces, il joignit, l'an 1152, le duché d'Aquitaine, par son mariage avec ELEONORE, femme répudiée du roi Louis le Jeune. Ce dernier, irrité de voir les deux filles qu'il avait eues d'Eléonore, frustrées par là de l'espérance de succéder au riche patrimoine de leur mère, devint alors l'ennemi de Henri. Pour se venger, il fait une ligue avec Geoffroi, frère de Henri, mécontent lui-même du peu de part qu'il avait eu à la succession de son père, avec Eustache, fils du roi Étienne, et les comtes de Blois et du Perche, pour enlever à son rival, non-seulement l'Aquitaine, mais la Normandie et l'Anjou. Tandis que Geoffroi va soulever les barons angevins, les quatre autres princes confédérés entrent en Normandie, et débutent par le siège de Neufmarché, dont ils se rendent maîtres par les intelligences qu'ils avaient dans la place. Mais la valeur et l'activité de Henri ne leur permettent pas de faire de plus grands progrès : ils le rencontrent partout où ils dirigent leur marche, et toujours sont obligés de reculer. Henri, se trouvant supérieur en Normandie, laisse de bonnes garnisons dans ses places, et vole en Anjou, contre son frère, qu'il mène battant avec les barons de son parti, jusqu'à ce qu'il les ait réduits à demander la paix. Il l'accorde ; et ayant gagné son frère, il l'engage à marcher contre le comte de Blois, qui lui retenait le fief de Fréteval. La garnison de la place, à leur approche, fait une sortie si vive sur eux, qu'elle met en déroute leurs troupes, et fait prisonnier Geoffroi. Pour le racheter, Henri fut obligé de consentir à la destruction de la tour de Chaumont-sur-Loire, qui incommodait le comte de Blois. (Bouquet, tom. XII, pag. 517.) Etant repassé ensuite en Normandie, il fait une trêve avec le roi de France, après quoi il s'embarque pour l'Angleterre. (Robert du Mont.) Henri ayant succédé, l'an 1154, au roi Etienne, Geoffroi, son frère lui redemande l'Anjou et le Maine, en vertu du testament de leur père et du serment qu'il avait fait de s'y conformer. Henri se fait absoudre de son serment par le pape, et prétend ensuite n'être plus tenu à rien vis-à-vis de son frère. Geoffroi en appelle à son épée, et fait le dégât dans l'Anjou. Mais Henri, plus habile que lui, non content de réprimer ses courses, lui enlève ses terres, dont il lui rend ensuite le domaine utile en retenant les châteaux, afin qu'il ne soit plus désormais en état de lui nuire. Pour lui prouver même que cette retenue n'était pas l'effet de l'avarice, Henri lui assure, en dédommagement de ses châteaux, une pension de deux mille livres angevines. Cet accommodement, suivant Robert du Mont, est du mois de juillet 1156. Geoffroi, vers le même tems, eut lieu de se consoler du mauvais succès de ses armes, par le choix que les Nantais firent de lui pour leur comte. (Voy. *les comtes de Bretagne.*)

La passion d'augmenter ses états agitait sans cesse Henri et ne lui laissait point de repos. L'an 1158, il obligea Thibaut V, comte de Blois, avec lequel il était en guerre depuis quatre ans, à lui céder Amboise et Fréteval. (Voy. *les comtes de Blois.*) L'an 1159, il fait une expédition dans le comté de Toulouse, à dessein de s'en emparer, comme d'un bien, selon lui, appartenant à Eléonore, sa femme. (Voy. *les comtes de Toulouse.*) L'année suivante, il célèbre à Neubourg le mariage de Henri, son fils, âgé de trois ans, dit au Court-Mantel, et de Marguerite, fille du roi Louis le Jeune, âgée de sept ans, qui avaient été fiancés sur la fin de l'année précédente, et s'empare aussitôt de Gisors, de Neuchâtel et de Néaufle, trois places qui avaient été promises en dot à la princesse. Comme ces deux époux étaient trop jeunes pour consommer le mariage, le roi d'Angleterre avait obtenu sourdement une dispense de Rome pour le faire célébrer. Louis le Jeune, indigné de cette supercherie, recommence la guerre. Elle fut terminée en 1162, par le pape Alexandre III, à son arrivée en France.

Henri, l'an 1168, cède à son fils aîné la Normandie, le

Maine et l'Anjou. Le jeune prince rend hommage de ces provinces au roi de France, et l'année suivante (n. st.), le jour de la Chandeleur, il fait les fonctions de sénéchal à la cour de ce monarque, en le servant à table. (Robert du Mont.) Le vieux Henri refusa néanmoins, tant qu'il vécut, de mettre son fils en jouissance des provinces qu'il lui avait cédées, et ce fut l'occasion des guerres que celui-ci eut avec son père.

L'an 1169, Henri II fait bâtir en Normandie le château de Beauvoir-en-Lions. Il établit en Anjou des pêcheries sur la Mayenne, et fait faire des levées sur la rive septentrionale de la Loire pour contenir cette rivière dans son canal. Les domaines de ce prince ne dépérissaient pas entre ses mains. Les seigneurs normands, à la faveur des troubles qui suivirent la mort de Henri, son aïeul, s'étaient emparés de la plupart des terres du fisc ducal. S'étant aperçu de ces usurpations, l'an 1171, il en ordonna la recherche, et doubla le revenu de son duché par la réunion des fonds qui en avaient été furtivement aliénés. (Nic. Trivet.) Le jeune Henri au Court-Mantel n'imitait point l'économie de son père. Etant venu, la même année 1171, en Normandie, il tint, pour étaler son faste, au château de Bures, près de Bayeux, vers les fêtes de Noël, une cour plénière des plus somptueuses et des plus brillantes. Elle fut si nombreuse, dit Robert du Mont, que tous les gentilshommes du nom de Guillaume s'étant rassemblés à une même table, ils se trouvèrent au nombre de cent dix. Ce prince s'étant depuis révolté contre son père, concerte, l'an 1174, avec le comte de Flandre, une descente en Angleterre. Mais, prêts à s'embarquer à Gravelines, ils abandonnent l'entreprise, apprenant que les rebelles d'Angleterre, sur lesquels ils comptaient, étaient rentrés dans le devoir. Alors ils vont rejoindre le roi de France, qui, pendant l'absence du vieil Henri, avait fait irruption en Normandie, et assiégeait Rouen, dont les habitants se défendaient avec courage. On était alors au commencement d'août. La fête de saint Laurent étant proche, le roi fait publier un armistice pour ce jour-là, afin de se livrer plus librement à la dévotion particulière qu'il avait à ce saint. Les habitants, comptant sur sa parole, portent la sécurité jusqu'à sortir de la ville pour se réjouir, danser et jouter sur le bord de la rivière. Le comte de Flandre voulut engager le monarque à profiter de cette imprudence pour donner l'assaut à la ville avant que le peuple eût le loisir d'y rentrer.

« A Dieu ne plaise, répondit Louis, que j'en agisse ainsi! Ne
» savez-vous pas que c'est en l'honneur de saint Laurent que
» j'ai accordé ce jour de repos à la ville? » Mais tous les grands,

de concert, ayant taxé cette réponse de faiblesse et de vain scrupule, et lui ayant représenté que la fraude ou la valeur étaient égales vis-à-vis d'un ennemi, que l'occasion enfin était trop belle pour la manquer, le bon roi se rendit. L'armée se mit donc en marche, non pas au bruit de la trompette, mais aux bruits sourds des ordres secrets des chefs. Il arriva dans ce moment que des clercs, étant montés dans la tour du tocsin, aperçurent du mouvement dans le camp des Français. Aussitôt l'un d'entr'eux sonne la cloche. A ce signal tous les bourgeois courent à leurs postes, et ceux qui étaient dehors firent tant de diligence, qu'ils eurent le tems de rentrer. Les Français, de leur côté, s'étant avancés d'une vitesse égale vers les murs, les escaladèrent en plusieurs endroits. Mais les assiégés les repoussèrent avec tant de force, qu'ils se retirèrent avec une perte considérable. Le lendemain arriva le roi d'Angleterre avec ses Brabançons et ses Gallois, qui entrèrent avec lui dans la ville à la vue des Français. Le siége continua. Mais les Gallois, dans une sortie, s'étant répandus secrètement dans les bois, enlevèrent les convois des assiégeants; ce qui mit bientôt la disette dans leur camp. Louis, dans cette détresse, fait demander au roi d'Angleterre une trêve, pour se retirer librement avec son armée à Malaunai, où il invite ce prince à une conférence pour la veille de l'Assomption. Le monarque anglais y consent. Mais, la nuit qui précéda le jour convenu, Louis décampe en diligence pour regagner ses états. Enfin, le 8 septembre suivant, les deux rois se virent à Gisors, et, le 30 du même mois, ils eurent à Mont-Louis, entre Tours et Amboise, une nouvelle entrevue, où tous leurs différents furent terminés. Voilà ce que nous avons tiré presque mot à mot de la chronique de Jean Bromton.

L'an 1176, une grande disette étant survenue en Touraine, fournit au vieil Henri l'occasion de faire éclater sa libéralité. Depuis le 1er. avril jusqu'à la récolte, il nourrit, par jour, dix mille hommes, sans compter les aumônes qu'il fit aux maisons religieuses. Ce fut à peu près vers ce tems qu'il fonda la chartreuse du Liget, près de Loches, pour expier la part indirecte qu'il avait eue au meurtre de saint Thomas, comme le témoignent ces deux vers qu'on lit sur la porte d'entrée de ce monastère :

ANGLORUM HENRICUS REX, THOMÆ CÆDE CRUENTUS,
LIGETICOS FUNDAT CARTHUSIÆ MONACHOS.

Ce prince envoya, l'an 1179, son fils aîné au sacre de Philippe-Auguste, où il fit les fonctions de premier pair de

France, et porta la couronne royale devant le monarque, en qualité de duc de Normandie. Sensible aux intérêts de la Terre-Sainte, le roi père rendit, en 1188, dans la ville du Mans, une ordonnance portant que tous ses sujets paieraient, cette année, la dîme de leurs revenus et de leurs meubles, pour le secours de ce pays.

Les querelles renaissaient toujours entre la France et l'Angleterre. Le roi Philippe-Auguste ayant eu, l'an 1189, une conférence inutile avec Henri à la Ferté-Bernard, pour terminer leurs différents, fait irruption dans le Maine. Il était accompagné du prince Richard, qui, par mécontentement du roi d'Angleterre, son père, s'était retiré à la cour du roi de France. Le succès de leurs armes fut rapide. Ils prennent la Ferté-Bernard, Montfort, Malestable, qu'on nomme aujourd'hui Bonnestable, Bâlon, et s'avancent vers le Mans. Henri, qui était alors en cette ville, lieu de sa naissance, ne jugea pas à propos de les y attendre, et prit le parti de la retraite. Mais avant son départ, il donna ordre à Étienne de Tours, son sénéchal, de mettre le feu aux faubourgs. L'incendie alla plus loin qu'il n'avait compté, les flammes ayant été portées par le vent dans la ville, dont elles consumèrent une grande partie. Sur ces entrefaites, les Français, s'étant approchés, tentent de pénétrer dans la place à la faveur du trouble : mais ils sont repoussés à la première attaque par les troupes anglaises. Plus heureux à la seconde, les portes s'ouvrent à eux comme d'elles-mêmes, la garnison ayant abandonné la ville, dès qu'elle eut appris que le roi Henri s'était retiré. Philippe et Richard, sans perdre de tems, se mettent à la poursuite du roi d'Angleterre, qui avait pris la route de Chinon. Mais n'ayant pu l'atteindre, après une course de plus de deux lieues, ils viennent assiéger le château du Mans, qui se rend par composition au bout de trois jours. De là, s'étant acheminés en Touraine, ils prennent, en passant, Château-du-Loir, la Chartre, Tro, Montoire, la Roche-l'Évêque, et d'autres places sur le Loir, d'où étant descendus sur la Loire, ils se rendent maîtres de Chaumont, d'Amboise, de la Roche-Corbon ; puis, ayant repassé le Loir à Saint-Cyr, le 30 juin, ils arrivent à Tours, qu'ils emportent par escalade, le 3 juillet. Le lendemain, les deux rois et le prince Richard ont une entrevue à Colombiers, près de Villandry, sur le Cher, à deux lieues de Tours, où la paix se fait à des conditions désavantageuses pour Henri. Ce prince étant retourné à Chinon, y meurt de chagrin le 6 juillet, un jeudi, jour de l'octave de saint Pierre et saint Paul, deux jours après le traité de paix, à l'âge de cinquante-six ans,

quatre mois et un jour, étant né au Mans, le 5 mars 1133.
Ce prince avait conservé toute sa vie le goût des lettres, qu'il
devait aux leçons d'un certain maître Pierre de Saintes, son
précepteur, que Richard de Cluni, dans sa chronique, donne
pour le premier versificateur de son tems. Ce savant n'est
point connu d'ailleurs, et nul bibliographe n'en fait mention.
(*Voy.* Henri, *comte de Poitou*, et Henri II, *roi d'Angleterre.*)

RICHARD CŒUR-DE-LION, ROI D'ANGLETERRE, IVe. DU
NOM, DUC DE NORMANDIE ET PREMIER DU NOM, COMTE
D'ANJOU ET DU MAINE.

1189. RICHARD, deuxième fils de Henri II, roi d'Angleterre, après avoir rendu les derniers devoirs à son père, partit pour aller à Rouen prendre possession de la Normandie, dont il avait fait hommage à Philippe-Auguste, l'année précédente. Il reçut dans cette ville l'épée et la couronne ducale, le 20 juillet : *Accinctus est gladio Ducatûs Normanniæ in matrici Ecclesia per manum Walteri Rotomagensis Archiepiscopi : et prædictus archiepiscopus posuit in capite ducis circulum aureum habentem in summitate per circuitum rosas aureas.* (Hoveden, p. 792.) De là, Richard envoya ses ambassadeurs au roi de France, pour l'inviter à régler, dans une entrevue, tous leurs différents. Elle se fit près de Gisors, le samedi 22 juillet, jour de la Madelaine, et la paix y fut conclue. Philippe rendit à Richard les villes de Tours, du Mans, de Tro, de Montoire, et du Château-du-Loir, qu'il avait comme en otage. De son côté, Richard lui abandonna Cressac, avec tout ce qu'il prétendait en Berri, s'obligeant de lui payer quatre mille marcs sterlings pour les frais de la guerre, outre vingt mille autres que son père s'était engagé de payer par le traité de Colombiers. Ayant ainsi pourvu à la sûreté des états qu'il possédait en France, il s'embarque pour aller prendre possession du trône d'Angleterre. Ce prince mourut le 6 avril 1199, d'un coup de flèche reçu, le 26 mars précédent, devant le château de Chalus, en Limosin, dont il faisait le siége. (*Voy.* Richard, *comte de Poitou.*)

JEAN SANS-TERRE, ET ARTUR.

1199. JEAN SANS-TERRE, quatrième fils de Henri II, et ARTUR, petit-fils de ce prince, par Geoffroi, son père, comte de Bretagne : se disputent la succession de Richard, après sa mort. Jean s'empare sans difficulté de la Normandie, dont il prend possession le 18 avril, jour de Pâques, à Rouen. (*Henric.*

Knighton.) Voici de quelle manière Jean Bromton décrit son couronnement ducal : l'archevêque de Rouen, après lui avoir fait promettre par serment, sur les saints évangiles et les saintes reliques de conserver de bonne foi les priviléges de l'église, de la protéger, d'honorer ses ministres, d'abroger les mauvaises lois, s'il y en avait, et de leur en substituer de bonnes, le ceignit de l'épée ducale, qu'il prit sur l'autel, puis il lui mit sur la tête une couronne d'or, ornée de roses de même matière ; après quoi, le prince reçut de son côté le serment de fidélité du clergé et du peuple. Une chronique d'Anjou met cette cérémonie dans l'octave de Pâques. Les Angevins et les Manseaux, après l'avoir reconnu pour souverain, se déclarent ensuite pour Artur. Les troupes de celui-ci, conduites par Guillaume des Roches, suivant Raoul de Coggeshall, le rendirent maître du Maine et de l'Anjou. Il prit possession en personne du Mans et d'Angers. Cette dernière ville ne fut pas long-tems sous la domination de ce prince. Jean-sans-Terre y arriva peu après, et y mit le feu pour se venger. Mais dans la suite, il répara amplement ce désastre. La Mayenne jusqu'alors baignait les murs de la ville sans y entrer ; il étendit son enceinte au-delà de cette rivière qui la traverse aujourd'hui, et la fit enclore de murs, dont elle manquait avant lui, suivant Guillaume le Breton.

Le roi Philippe-Auguste parut d'abord affligé de la désunion qui régnait entre le roi d'Angleterre et son neveu. Voulant les avoir tous les deux pour amis en les réconciliant, il fit avec le premier, le 22 mai de l'an 1200, entre Andeli et Gaillon, un traité de paix ; après quoi il obligea le jeune Artur, qui était présent, à faire hommage à son oncle de la Bretagne, du Poitou, du Maine et de l'Anjou : mais ce traité ne fut pas de longue durée. La guerre s'étant renouvelée, l'an 1202, entre l'Angleterre et la France, Artur fait alliance avec le roi Philippe. Ce monarque le fiança, la même année, avec Marie, sa fille, et lui donna du secours pour recouvrer ses états. Artur entre dans le Poitou ; et, en passant auprès de Mirebeau, il apprend que la reine Eléonore, son aïeule, qui avait toujours été contraire à ses prétentions, se trouvait dans cette place, dont la garnison était très-faible et les fortifications ruinées. Il prend le parti de l'assiéger sur-le-champ, et de se rendre maître de sa personne. Mais le roi Jean étant accouru à la délivrance de sa mère, surprend Artur dans son camp, le premier août, disperse son armée, le fait prisonnier, et l'envoie au château de Falaise ; puis, l'ayant fait transférer à la tour de Rouen, il l'égorge de ses propres mains, la nuit du jeudi-saint,

3 avril 1203, et le jette ensuite dans la Seine. Ainsi termina sa fortune et ses jours, le prince Artur, dans la seizième année de son âge. C'est en vain que quelques écrivains anglais ont voulu nier ou déguiser l'horreur de ce crime. (*Voy. les ducs de Bretagne.*) L'auteur en est bientôt puni, et perd tout le fruit qu'il se proposait d'en tirer. Philippe, en qualité de suzerain, l'ayant fait condamner, pour cette atrocité, dans l'assemblée des pairs, saisit toutes les terres qu'il tenait à hommage de la couronne de France, puis entre en Normandie à la tête d'une belle armée, pour la réduire sous son obéissance. Cette conquête fut prompte et facile ; la plupart des villes ouvrirent leurs portes, et secouèrent avec joie le joug des Anglais. Rouen fut presque la seule ville qui fit une vigoureuse résistance ; mais, au bout de deux mois, ne recevant point de secours du roi Jean, qui s'était retiré en Angleterre, elle se rendit au roi de France. Verneuil et Arques, qui tenaient encore pour le roi Jean, suivirent cet exemple, de manière qu'en 1204, la Normandie fut entièrement délivrée des Anglais. C'est ainsi qu'après avoir été pendant deux cent quatre-vingt-douze ans sous une domination étrangère, cette province revint à la couronne de France, dont elle n'a pas été démembrée depuis ce tems-là. Ce ne fut cependant que par l'édit de Jean, roi de France, daté du mois de novembre 1361, qu'elle y fut réunie à perpétuité. (*Voy.* Artur, *duc de Bretagne.*) Il est remarquable que jusqu'à Philippe-Auguste, les seigneurs n'avaient point en Normandie de haute justice nommée Plait de l'épée, *Placitum spadæ*. Il paraît même que jusqu'au roi Etienne, ils n'eurent aucune sorte de justice dans leurs terres, comme ils n'en ont point en Angleterre.

Les ducs de Normandie avaient établi un tribunal souverain pour toute la province, connu sous le nom d'Echiquier, *Scacarium*, dont la juridiction et les fonctions sont ainsi décrites dans la coutume de Normandie : *L'en apele Eschequier asemblée de hautes-justices auxquiex il appartient à corrigier et amender ou à faire amender tout cen que les baillis et les autres meneurs justiciers ont malement jugié, et doivent rendre à chacuns son droit sans délai, et tient à bien poi aussi grande fermeté comme de la bouche du prince, etc. Nous appelons solempnel jugement cen qui est jugié par acort en plein Eschequier.* L'Echiquier se tenait deux fois l'année, à Pâques et à la Saint-Michel. D'ambulatoire il fut rendu sédentaire et fixé à Rouen, l'an 1302, par le roi Philippe le Bel. L'an 1499 ou 1500, suivant Chopin, le roi Louis XII, à la demande des trois ordres de la province, convertit l'Echiquier en parlement par lettres du 1er. octobre; ce qui fut confirmé, l'an 1515, par le roi François 1er.

En 1331 (v. st.), le roi Phillippe de Valois donna le duché à JEAN, son fils, qui monta sur le trône en 1350.

En 1351, CHARLES, fils du roi Jean, reçut de son père, en apanage, la Normandie. Devenu roi de France, en 1364, sous le nom de Charles V, il conserva la Normandie, qui passa avec tout le royaume à Charles VI, son fils, et ensuite à Charles VII.

En 1465, Charles, quatrième fils du roi Charles VII, fut pourvu, par le roi Louis XI, son frère, du duché de Normandie. Mais ce monarque l'ayant contraint, l'an 1469, de l'échanger contre la Guienne, le réunit de nouveau à la couronne, dont il n'a plus été séparé.

Le dauphin, fils de l'infortuné Louis XVI, avait le titre de duc de Normandie, qu'il porta jusqu'en 1789, époque de la mort de son frère aîné, auquel il succéda dans la dignité de dauphin.

CHRONOLOGIE HISTORIQUE

DES

COMTES D'ANJOU.

L'Anjou, *Pagus Andegavensis*, ou *Adicavensis*, situé entre le Maine, la Bretagne, le Poitou et la Touraine, a pour capitale la ville d'*Angers*, appelée sous les Romains, *Juliomagus*. La petite rivière de Layon, *Ladis*, qui tombe dans la Loire au-dessous de Glonne, ou Saint-Florent-le-Vieux, terminait autrefois l'Anjou ; par conséquent le canton de Mauges, *Pagus Medalgiensis*, n'était pas encore compris, comme il l'est aujourd'hui (1785), dans le diocèse d'Angers. C'est la remarque de M. de Valois contre le géographe Sanson. Les Angevins, subjugués par César, voulurent secouer le joug des Romains, presque aussitôt qu'ils l'eurent pris. Leur chef osa faire le siége de Poitiers ; mais, obligé de le lever, il reprit la route de l'Anjou. Fabius, lieutenant-général de César, le poursuivit dans sa retraite, et, l'ayant atteint au passage de la Loire, il défit entièrement son armée. Depuis ce tems, l'Anjou resta soumis aux Romains, jusqu'au règne d'Honorius, époque d'un bouleversement universel dans l'empire d'Occident, et de l'irruption des barbares dans ses différentes provinces. Les Visigoths envahirent une partie de l'Anjou. Les Francs, qui vinrent ensuite, voulurent s'emparer de l'autre. Ægidius, ou Gilles, maître de la milice des Romains, fit venir Odoacre, roi des Saxons, pour l'aider à défendre l'Anjou. Tandis que ce renfort arrive, Ægidius meurt, et Paul, son successeur, cède au roi des Saxons la ville d'Angers, avec les îles de la Loire, où il se cantonne. Mais Childéric, roi des

Francs, enlève aux Saxons la ville d'Angers, l'an 464, après avoir tué le comte Paul de sa main. Le vainqueur, par cette double défaite, incorpore l'Anjou à ses autres conquêtes. Cette province fut, sous la seconde race de nos rois, divisée en deux comtés, l'un au-delà de la rivière de Maine ou Mayenne, dont Château-Neuf était la capitale, l'autre en-deça de la même rivière, ayant pour capitale Angers. Le comté d'Outre-Maine, qu'on nomma aussi la Marche Angevine, fut donné, l'an 850, par le roi Charles le Chauve, à Robert le Fort, époux d'Adélaïde, veuve de Conrad I d'Auxerre, pour le défendre contre les Bretons et les Normands. Robert ayant été tué dans un combat livré, l'an 866, à Brisserte contre ces derniers, Eudes, son fils, lui succéda dans ce département, ainsi que dans le duché de France, dont il faisait partie, et devint ensuite roi de France. A l'égard de l'Anjou, en-deça de la Maine, il resta uni au domaine royal. Quelques modernes prétendent que Charles le Chauve donna ce pays, avec le Gâtinais, à Tertulle, fils de Torquat, citoyen de Rennes. Mais, suivant l'auteur du *Gesta consulum Andegavensium*, Tertulle, fils d'un paysan qui vivait de fruits sauvages et de la chasse, *rusticanus..... de copia silvestri et venatico exercitio victitans*, ne fut que sénéchal du Gâtinais, et n'eut aucune part à l'Anjou. C'est à son fils qu'on doit faire remonter l'origine des comtes d'Anjou, d'après Foulques le Rechin, comte d'Anjou lui même. Ces princes furent appelés tantôt marquis, tantôt consuls, et plus ordinairement comtes.

INGELGER.

870 ou environ. Ingelger, fils de Tertulle, sénéchal du Gâtinais, et petit-fils de Torquat, eut pour mère Pétronille, fille de Hugues-l'Abbé, fils de Conrad, comte d'Auxerre. Le roi Charles le Chauve, auquel il était attaché, lui donna, vers l'an 870, le comté d'Anjou, de deça la Maine. Ingelger défendit vaillamment cette province contre les Normands, avec l'aide d'Eudes, comte d'Outre-Maine. Le roi Louis le Bègue, pour récompenser les services qu'Ingelger lui avait rendus, lui fit épouser, l'an 878, ADELE, fille et héritière de Geoffroi I, comte de Gâtinais, que son père, en mourant, avait laissée sous la garde du monarque. Ce mariage rendit Ingelger un des seigneurs les plus puissants de France. Le Gâtinais (*Pagus Wastiniensis*), avait alors pour chef-lieu Château Landon, et pour borne le comté de Sens, les territoires de Melun et d'Etampes, le comté d'Orléans et le Nivernais, enveloppant dans son étendue Courtenai, Saint-Fargeau, Moret, Puiseaux, Milli, Gien, Lorris, et les territoires où sont aujourd'hui situés Montargis, Nemours,

Fontainebleau. Les barons du Gatinais ne virent pas sans peine cette alliance, et hésitèrent à reconnaître pour leur seigneur suzerain, celui qui avait été leur égal, et même inférieur à quelques-uns d'entre eux. Mais enfin ils lui rendirent hommage par respect pour l'autorité du roi : *Barones Wastiniensis pagi, præcipiente rege, homagium et ligentiam Ingelgero fecerunt, et terram suam de manu ejus susceperunt.* (*Gesta consul. Andeg.*) La femme d'Ingelger lui apporta de plus un hôtel dans la ville d'Auxerre, avec d'excellentes vignes, et d'autres domaines dans l'Auxerrois. *In Autissiodorensi etiam urbe curtem propriam, et vineas vini superlativi bajulas et prædia suburbana possidebat.* (*Ibid.*) L'archevêque de Tours, Adalaude, et son frère Aimon, évêque d'Orléans, oncle d'Adèle, ajoutèrent encore à la dot de leur nièce les terres d'Amboise, de Buzançai et de Châtillon, qui faisaient partie de leur patrimoine, en sorte qu'Ingelger devint un des plus riches seigneurs de France. Il inféoda par la suite Amboise à un de ses vassaux, nommé Hamon, qui en possédait déjà une partie par droit d'hérédité. On ignore la conduite que tint ce comte envers les enfants du roi Louis le Bègue. L'an 887, il rapporta à Tours, le 13 décembre, de Chablis, et non d'Auxerre, le corps de saint Martin, qu'on y avait transféré, par la crainte des Normands, vers l'an 853. En reconnaissance de cet important service, les chanoines de Saint-Martin lui accordèrent, et à ses successeurs au comté d'Anjou, la trésorerie de leur église. (*Voy. sur ce trait la seconde lettre de D. Jourdain à M. Mille, sur son abrégé de l'Histoire de Bourgogne.*) La Chronique de Tours place la mort d'Ingelger en 888, dans la dix-huitième année, dit-elle, de son gouvernement. Il laissa de son mariage un fils, qui suit. Au reste, dans ce que nous venons de rapporter d'Ingelger, nous avons suivi l'auteur du *Gesta consulum Andegavensium*, autant qu'il peut se concilier avec Foulques le Rechin, et les autres historiens de l'Anjou. Mais nous l'avons abandonné sur la distinction qu'il fait de deux Ingelger, dont le premier, selon lui, fut seulement comte de Gatinais par sa femme Adèle. Celle-ci ayant été accusée, dit-il, par un seigneur nommé Gontran, d'avoir étouffé son époux, qu'on trouva mort dans son lit, fut justifiée par un autre Ingelger, fils de Tortulfe, qui tua en duel Gontran, en présence de Louis le Bègue, et épousa ensuite Adelinde, nièce des évêques de Tours et d'Orléans. Ces particularités, outre qu'elles ont été inconnues à Foulques le Rechin, se démentent par les contradictions qu'elles renferment. L'auteur dit en effet que le premier Ingelger, marié par le roi Louis le Bègue avec la comtesse de Gatinais, mourut après dix ans de mariage. C'est donc au plutôt en 887. Il dit ensuite que ce même monarque, décédé l'an 879, investit du comté de Gatinais le deuxième Ingelger, à qui Adèle en avait fait donation, pour reconnaître le service qu'il lui avait rendu. Assurément M. de Saint-Foix s'est trop livré au goût du merveilleux, en adoptant une pareille fable.

FOULQUES I, DIT LE ROUX.

888. FOULQUES I, dit LE ROUX, successeur d'Ingelger, son père, réunit en sa main les deux comtés de deçà et de delà le Maine, par la faveur de ceux qui gouvernaient la France sous la minorité de Charles le Simple. Foulques est représenté, par les historiens, comme un prince hardi, actif et entreprenant, mais en même-tems d'un esprit souple et dissimulé. Il eut, contre les Bretons et les Normands, plusieurs guerres dont il se tira avec avantage. L'an 903, il fit enfermer de murs ce qu'on nommait, à Tours, le Château-neuf de saint Martin. C'était une petite ville, que la dévotion pour ce saint avait fait construire autour de son tombeau. Elle fut unie à la ville de Tours par lettres-patentes du roi Jean II, de l'an 1354. (La Sauvagère, *Rech. crit. et hist.*) Foulques mourut l'an 938. Il avait épousé ROSCILLE, fille de Garnier, seigneur de Loches, de Villandri et de la Haie, trois terres qu'elle apporta en dot à son mari. (*Gesta Cons. Andeg.*) Foulques eut d'elle trois fils: Ingelger, qui fut tué, l'an 935, dans un combat contre les Normands; Gui, évêque de Soissons en 937, et Foulques, qui suit; avec une fille nommée Roseille, comme sa mère, et femme d'Alain II, comte de Nantes.

Par une charte, transcrite au Cartulaire de Saint-Aubin d'Angers, Foulques, se qualifiant abbé de ce monastère, lui fit donation, dans la septième année du règne de Raoul (929 ou 930 de J. C.), d'une terre voisine de la Loire, qu'il nomme *curtim Chiriaci*. Une autre charte, rapportée par Galand, lui donne la qualité d'archi-abbé, parce qu'il possédait d'autres abbayes.

FOULQUES II, DIT LE BON.

938. FOULQUES II succéda, l'an 938, à Foulques I, son père. Sa piété, son amour pour ses sujets, la protection qu'il accorda à leurs travaux et à leur industrie, le soin qu'il eut d'entretenir la paix avec ses voisins, lui méritèrent le surnom de BON. Tel était le genre de sa dévotion, qu'il assistait à l'église en habit clérical, et chantait l'office avec le clergé; sur quoi le roi Louis d'Outremer l'ayant raillé, le comte lui fit dire *qu'un roi sans lettres est un âne couronné*. Et remarquez

que chanter au lutrin était encore un mérite au seizième siècle: car Brantôme ne dédaigne pas de nous apprendre que nos rois Henri II, Charles IX, et Henri III, étaient aussi dans cet usage. Foulques mourut, l'an 958, le jour et dans l'église de Saint-Martin, à Tours, où il fut enterré. (Bouquet, tom. IX, pag. 31.) De GERBERGE, son épouse, qu'on fait, sans preuve, fille de Hugues le Grand, duc de France, il eut Geoffroi, qui suit; Burchard, ou Bouchard, dit le Vieux, comte de Paris, de Corbeil et de Vendôme; Gui, abbé de Cormeri, ensuite évêque du Puy; Drogon, successeur de Gui au même évêché; Humbert, surnommé le Veneur, à qui son père donna, par une charte datée de la troisième année du roi Lothaire (957 de J. C.), les terres de Champagne, en Anjou, et de Sablé, dans le Maine; Arsinde, appelée Blanche par Ives de Chartres, dans une lettre au légat Conon, qui se trouve au Cartulaire de Saint-Bertin, et par Albéric de Trois-Fontaines, qui la disent, l'un et l'autre, sœur de Geoffroi Grisegonelle, et non sa fille, comme le conjecture D. Vaissète, mariée à Guillaume III, dit Taillefer, comte de Toulouse; et Adélaïde, femme d'Etienne, comte de Gévaudan. Ménage ajoute à ces enfants une autre fille, nommée Mathilde, qu'il dit avoir épousé le vicomte de Châteaudun. Cependant Foulques le Rechin ne donne que deux filles à Foulques le Bon. Il ne lui donne aussi que quatre fils, en quoi il se trompe : car les cinq qui viennent d'être nommés le sont également dans la charte de leur père, donnée, l'an 957, en faveur d'Humbert, le dernier d'entre ses fils. Foulques le Bon est qualifié *totius bonitatis amator* par Jean de Marmoutier. Cet écrivain rapporte que, toutes les fois qu'il venait à Tours, d'aussi loin qu'il apercevait l'église de Saint-Martin, il descendait de cheval, se prosternait à terre, et demandait à ce saint qu'il lui obtînt le pardon de ses péchés. Nous avons une lettre de lui à saint Odon, abbé de Cluni, où il témoigne qu'ils étaient frères de lait.

GEOFFROI I, DIT GRISEGONELLE.

958. GEOFFROI I, dit GRISEGONELLE, de la couleur de sa casaque, appelée *gonella* dans la basse latinité (1), succéda,

---

(1) L'auteur du *Gesta Consulum Andegav.* (*Spicil.* in-4°., tome X, page 443 *et seq*). écrivain peu digne de foi, donne pour l'origine de ce surnom une aventure de Geoffroi, plus propre à orner un roman qu'une histoire. Comme elle serait trop longue à rapporter, nous renvoyons le lecteur à cet écrit, persuadés qu'au premier coup-d'œil il y apercevra la fiction.

l'an 958, à Foulques le Bon, son père. L'an 962, il fit le voyage de Rome, et à son retour, il fonda la collégiale de Loches, en Touraine. Il substitua, l'an 966, des moines aux chanoines de Saint-Aubin d'Angers. L'an 978, il marcha au secours du roi Lothaire, contre Otton II, roi de Germanie, qui s'était avancé jusqu'à Montmorenci, dont il faisait le siége, et menaçait Paris. Geoffroi poursuivit Otton jusques dans la forêt d'Ardenne, et lui proposa, suivant les règles de la chevalerie, de vider la querelle par un duel. L'empereur refusa le défi, soit qu'il manquât de courage, soit qu'il crût au-dessous de sa dignité d'entrer en lice avec un comte d'Anjou. Lothaire, en reconnaissance de ce service et d'autres que Geoffroi lui avait rendus, le gratifia, lui et ses successeurs dans le comté d'Anjou, de la charge de sénéchal de France : la preuve de ce don se tire d'un écrit du comte Foulques, arrière-petit-fils de Geoffroi, rapporté par Hugues de Cléers. (*Spicil.*, tome X, pag. 441.) Il est vrai que le récit de Foulques est mêlé d'anachronismes qui en font suspecter la sincérité ; mais il est certain d'ailleurs que les comtes d'Anjou, comme on le verra ci-après, ont exercé depuis les fonctions de sénéchal à la cour de nos rois.

L'an 980, Conan le Tort, comte de Rennes et gendre de Geoffroi Grisegonelle depuis dix ans, entreprend de faire revivre les prétentions de ses ancêtres sur cette partie de l'Anjou qui est entre le Maine et la Bretagne. Quatre de ses fils, qu'il avait eus d'un premier lit, se chargèrent de l'exécution de ce dessein ; et, pour mieux réussir, ils choisirent le tems où le comte d'Anjou et son gendre, leur père, étaient partis ensemble pour Orléans, où le roi devait se rendre. Mais une indiscrétion de Conan fit avorter le complot. L'appartement où il logeait, à Orléans, n'était séparé que par une cloison de celui de son beau-père. Un jour, le comte d'Anjou lui entendit dire à ses confidents : *Mes enfants, dans quatre jours, seront maîtres de tout le terrain depuis la Bretagne jusqu'à Angers.* Comme le roi tardait à venir, Geoffroi dit, qu'en attendant, il allait passer quelques jours dans l'une de ses terres. Il part incontinent, et se rend en diligence à Angers, où il entre secrètement. Ayant aussitôt armé les bourgeois et la garnison, il les range en bataille hors de la ville, du côté de la Bretagne. Les enfants de Conan, après avoir fait le dégât dans la campagne, ne manquèrent pas, au jour marqué, de venir se présenter devant Angers. Mais quelle fut leur surprise, en voyant le comte d'Anjou à la tête de ses troupes ! Ils rebroussent chemin aussitôt. Geoffroi les poursuit dans leur retraite, en tue deux, fait prisonniers les deux autres avec plusieurs seigneurs bretons,

et revint à Orléans monté sur le cheval du fils aîné de Conan.
Le roi négocie un accommodement entre les deux comtes.
Conan renonce à ses prétentions sur le domaine contesté, et
Geoffroi lui rend ses enfants avec les autres prisonniers qu'il
avait faits. (*Gesta Cons. Andeg.*; Morice, *Hist. de Bret.*, tom. I,
page 64.) L'année suivante, Guerech, qui se portait pour
comte de Nantes, ayant déclaré la guerre à Conan, qu'il soupçonnait d'avoir tué le comte Hoël, son frère, Geoffroi vint
au secours du premier. Les armées entrent en campagne et
se rencontrent dans la lande de Conquereux. Conan a d'abord
tout l'avantage dans cette action ; mais il est contraint ensuite
de laisser le champ de bataille à son ennemi, après avoir été
grièvement blessé à une main. (*Chr. Nannet.*)

Geoffroi, l'an 985, ou l'année suivante, s'étant brouillé
avec Guillaume Fier-à-Bras, comte de Poitiers, le battit près
d'un château nommé les Roches, le poursuivit de là jusqu'à
Mirebeau, et l'obligea de lui céder, pour avoir la paix, Loudun
avec quelques autres terres, à la charge de l'hommage envers
les comtes de Poitiers. Geoffroi mourut en assiégeant le château
de Marson, contre Eudes Rufin, son vassal, qui s'était révolté.
On n'est pas d'accord sur l'année de sa mort. La chronique de
Tours la met en 985, celle de Maillezais en 986, celle de Saint-
Aubin d'Angers en 987, celle de Saumur en 988, et toutes les
quatre au 21 juillet. Nous préférons la troisième époque comme
la plus accréditée, étant d'ailleurs certain, comme le prouve
D. Mabillon, que Geoffroi mourut la même année que Hugues
Capet monta sur le trône. Geoffroi fut inhumé à Saint-Martin
de Tours. Il avait fait construire, dit Foulques le Rechin, l'un
de ses successeurs, un grand nombre de châteaux pour mettre
son pays à l'abri des incursions des Normands, dont la terreur
l'avait rendu presque désert.

Geoffroi Grisegonelle avait épousé ADÉLAÏDE DE VERMAN-
DOIS, veuve de Lambert, comte de Châlons-sur-Saône, mort
en 978. C'est la seule femme qu'on donne au comte d'Anjou.
Mais il est incontestable qu'elle n'était que la seconde, et qu'il
eut d'une première femme, nommée aussi ADÉLAÏDE, dont on
ignore la naissance, trois enfants, savoir, 1°. Foulques, son
successeur, qui certainement était majeur à la mort de son père,
et que nous verrons se rendre formidable par ses armes dès
l'an 992, tems auquel il n'aurait commencé que sa treizième
année, s'il fût né d'Adélaïde de Vermandois ; 2°. Ermengarde,
mariée, suivant la chronique du mont Saint-Michel, en 970,
à Conan le Tort, duc de Bretagne ; 3°. Adèle, ou Arsinde, dite
aussi Blanche, femme de Guillaume I, comte de Provence,
mort en 992, après avoir eu d'elle le fils qui lui succéda. Ainsi,

des cinq enfants que tous les historiens attribuent à Geoffroi, deux seulement lui vinrent d'Adélaïde de Vermandois, savoir, Maurice, qui disparaît après l'an 994, et Gerberge, mariée à Guillaume II, comte d'Angoulême. Il est remarquable que, dans ses Chartes, Geoffroi Grisegonelle se dit comte d'Anjou par la grâce de Dieu et la faveur de Hugues le Grand, son seigneur, et de Gerberge sa mère : *Gratiâ Dei et senioris Hugonis largitione, Andegavensis comes, matris quoque meæ Gerbergæ.* Voulait-il dire par-là qu'il n'était pas comte d'Anjou par droit d'hérédité, mais par la concession du duc de France?

FOULQUES III, DIT NERRA OU LE NOIR, ET LE JEROSOLYMITAIN.

987. FOULQUES III, dit NERRA OU LE NOIR, LE JÉROSO-LYMITAIN et LE PALMIER, à cause des voyages qu'il fit à la Terre-Sainte, succéda, l'an 987, à Geoffroi son père, et non pas à Maurice son frère, dont les chroniques de Tours et d'Anjou le disent fils mal-à-propos. Ce fut un prince belliqueux, violent et fourbe. Vers l'an 990, Adelbert, comte de Périgord, son allié, lui fit présent de la ville de Tours, qu'il avait enlevée à Eudes I, comte de Blois ; mais Eudes y rentra bientôt au moyen des intelligences qu'il avait dans la place. Il entreprit aussi de se rendre maître d'Amboise, excité à cela par un nommé Landri, qui possédait une maison forte dans cette place. Mais Foulques étant venu au secours des assiégés, repoussa les ennemis, et les poursuivit jusqu'à Châteaudun, où l'on en vint à une bataille dont il sortit victorieux, emmenant plusieurs prisonniers avec lui. (*Gesta Cons. Andeg.* c. 8.) De retour en Touraine, il fit des courses fréquentes aux environs de Saumur, de Montsoreau et de l'Ile-Bouchard, qui appartenaient au comte de Blois. Pendant cette guerre, il en eut une autre contre Conan le Tort, comte de Rennes, son beau-frère. Ayant assiégé Nantes au mois de juin 992, il livra bataille, le 27 du même mois, dans la lande de Conquereux, à Conan, qui fut blessé à mort dans l'action. (Voyez *les comtes* ou *ducs de Bretagne.*)

Gilduin, vicomte de Blois et de Saumur, et seigneur de Pontlevoi, qu'il tenait de la libéralité d'Eudes le Champenois, comte de Blois, inquiétait par de fréquentes courses les terres que Foulques possédait sur les bords du Cher. Le comte d'Anjou, pour le tenir en échec, fit construire, l'an 1005, près de cette rivière, à deux lieues de Pontlevoi, le château de Montrichard, et confia la garde de cette place à Roger, seigneur de Montrésor (nommé aujourd'hui Beaumont), sur l'Indrois, à trois lieues de Loches. Foulques, vers le même tems, acquit un partisan qui lui fut très-utile, dans la personne de Lisoie de Bazougers dans le Maine, près de la Flèche. Le comte d'Anjou, pour se l'attacher, le nomma châtelain d'Amboise et de Loches. Lisoie, aidé de ses frères non moins braves que lui, et appuyé du comte du Maine, porta la désolation dans les terres du comte de Blois, situées en Touraine, ou dans le voisinage. Foulques, cependant, désirant recouvrer la ville de Tours, fit élever près cette place, entre les rivières de Loire et de Choisille, un fort, nommé dans les *Gestes* des seigneurs d'Amboise *Mons Budelli*, afin de la serrer de près. Eudes ne tarda pas de venir, accompagné de Gilduin, attaquer ce fort. Foulques, accourant au secours des assiégés qui se défendaient avec valeur, change d'avis sur la route, tourne vers Saumur qu'il savait être dépourvu de garnison, et s'en rend maître sans peine. De-là, il conduit son armée vers Montbason, qu'Eudes lui avait enlevé; ce qui oblige le comte de Blois à quitter le siège du Mont-Budel, pour aller à la défense de l'autre place. Foulques, à son approche, s'étant retiré, profita dans la suite, de l'éloignement d'Eudes, pour reprendre le siége de Montbason, qu'il fit rentrer à la fin sous ses lois. (*Gesta Domin. Ambas. et Gesta cons. Andeg.*)

La reine Constance, femme du roi Robert, était nièce de Foulques par Arsinde, sa mère. Cette princesse, capricieuse et méchante, ayant pris en aversion Hugues, de Beauvais, favori du roi, se plaignit, à son oncle, qu'il mettait la division entre elle et son époux. Foulques aussitôt fait partir, pour la France, douze chevaliers des plus déterminés, avec ordre d'assassiner Hugues partout où ils le rencontreront. L'ayant atteint, comme il était à la chasse avec le roi, ils le poignardèrent sous les yeux du monarque, et s'en retournèrent. Robert, ne pouvant tirer vengeance par lui-même de cet attentat, en porta ses plaintes aux évêques. Nous avons une lettre de Fulbert, évêque de Chartres, au comte d'Anjou, dans laquelle, après lui avoir reproché l'énormité de ce crime, il l'exhorte à prévenir par une satisfaction prompte et éclatante les foudres de l'église, dont il est menacé. Pour détourner l'orage qui grondait sur sa tête, Foulques alla trouver le pape Sergius IV, et lui fit sa confession. Le pontife lui enjoignit, pour pénitence, de fonder un monastère. De Rome, il se rendit à la Terre-Sainte, et à son retour il exécuta l'ordre du Pape. Telle est l'origine de l'abbaye de Beaulieu, près de Loches, dont la fondation se rapporte, suivant D. Mabillon, à l'an 1007. (Maan la met en 1004.) Quand l'église fut achevée, le comte envoya prier l'archevêque de Tours de venir en faire la dédicace. Le prélat répondit qu'il ne pouvait offrir à Dieu les vœux d'un homme qui avait enlevé plusieurs terres à l'église. Foulques, indigné de cette réponse, prend avec lui de grosses sommes d'argent, avec lesquelles il retourne à Rome. Le pape Jean XVIII, gagné par ses présents, fit partir avec le comte un cardinal, nommé Pierre, qu'il chargea de faire la dédicace qu'il désirait. Les évêques de France trouvèrent fort étrange que le pape donnât ainsi l'exemple de violer les canons, qui défendent à un évêque de rien entreprendre dans le diocèse d'un autre sans son consentement. La dédicace se fit néanmoins dans le mois de mai, au milieu d'un grand concours de peuple. Mais le même jour il s'éleva un orage si furieux, qu'après avoir ébranlé quelque tems la nouvelle église, il en emporta le toît et la charpente ; ce qui fut regardé comme une punition de l'attentat commis contre la discipline ecclésiastique. (*Radulph. Glaber*, liv. 3, ch. 4.)

Quelques années auparavant, Foulques s'était rendu vassal du comte de Poitiers, Guillaume le Grand, en recevant de lui la ville de Loudun (1), à la charge de l'hommage et du service militaire. (Adémar.) C'est à raison de ce don que Foulques, dans une lettre au roi Robert (*inter Epist. Fulberti*), appelle le comte de Poitiers son maître : *Guillelmus, comes Pictavorum, herus est mihi nuper.* Un moderne. (*Hist. des comtes de Champ.*, tom. I, pag. 38), place en 1015 un second voyage de Foulques à la Terre-Sainte, sans en donner de preuves. Ce qui est plus certain, c'est que, l'année suivante, Eudes II, comte de Blois, Gilduin son vicomte, et Geoffroi, seigneur de Saint-Aignan, formèrent ensemble une ligue pour envahir les terres du comte d'Anjou. Le motif, ou le prétexte qu'ils alléguaient, était le château de Montrichard, qu'Eudes, ou plutôt Gilduin, prétendait avoir été bâti (dix ans auparavant), sur ses terres. Les alliés firent des courses funestes dans la Touraine. Mais Foulques ayant atteint Eudes le 6 juillet 1016, lui livra bataille dans la plaine de Pontlevoi. Le comte d'Anjou, dans le premier choc, eut du désavantage, et prit la fuite après avoir été renversé de

---

(1) Foulques le Rechin, dans le fragment qui nous reste de son histoire d'Anjou, dit que le comte Geoffroi Grisegonelle, après avoir vaincu, en bataille rangée, à la Roche-sur-Yon (vers l'an 987), Guillaume (I), comte de Poitiers, et l'avoir poursuivi jusqu'à Mirebeau, lui enleva Loudun. *Gaufridus Grisagonella pater avi mei Fulconis... excussit Londunum de manu Pictaviensis Comitis, et in prælio campestri superavit eum super Rupes, et persecutus est eum usque Mirebellum.* (*Spicil.*, in-fol., tome III, page 232.) Il faut donc que le comte de Poitiers ait recouvré Loudun peu de tems après la mort de Grisegonelle.

son cheval, et blessé. Mais Geoffroi Martel, son fils, et Herbert Eveille-Chien, comte du Maine, étant revenus à la charge, défirent en entier le comte de Blois, lui ayant tué ou pris environ six mille hommes, et pillé tout son bagage. (Bouquet, tom. XI, pag. 631.) C'est depuis ce tems que le cri de guerre des comtes d'Anjou fut le mot *rallie*, en mémoire du ralliement fait par Herbert. Jean de Marmoutier dit qu'Eudes fut fait prisonnier par le vainqueur, et cela sans marquer comment il se racheta. Mais s'il fut pris, il fut presque aussitôt relâché. Après cette victoire, Foulques se va rendre maître de Saumur, où commandait Gilduin pour le comte de Blois, qui ne tarda pas à y rentrer. L'année précédente, Foulques, pour serrer la ville de Tours, avait fait construire, dans le voisinage, un fort sur le Mont-Budel.

L'an 1028, Foulques, excité par l'exemple de Guillaume, comte d'Angoulême, qui était revenu l'année précédente de la Terre-Sainte, entreprend le même pèlerinage, accompagné des évêques de Poitiers, de Limoges, et de plusieurs seigneurs d'Aquitaine et d'Anjou. (Adémar.) (1) De retour l'année suivante, il attire à Saintes, que Guillaume, duc d'Aquitaine, lui avait vendu, ou cédé depuis quelque tems, ce même Herbert, comte du Maine, qui lui avait rendu de si grands services à la guerre; et, l'ayant en son pouvoir, il le fait enfermer dans le capitole de cette ville, tandis que la comtesse d'Anjou entretient sa femme. Herbert demeura prisonnier deux ans entiers, au bout desquels il fut relâché, on ne sait à quelles conditions. Un moderne dit faussement (*Antiq. de Saintes*) que Foulques le fit tuer contre le droit des gens.

Foulques, après la mort du roi Robert, se rendit médiateur, l'an 1031, entre la reine Constance et le roi Henri son fils, à qui elle faisait la guerre dans la vue de le détrôner et de lui substituer Robert son frère. (*Glaber.*) Il échoua, l'an 1032, au siége de Sens, où il avait accompagné ce monarque. (Voy.

---

(1) C'est vraisemblablement le même voyage de Foulques que la chronique de Tours rapporte à la vingt-troisième année du roi Robert (1020 de Jésus-Christ). et dont elle raconte les particularités suivantes. Pour obtenir des Sarrasins la permission d'entrer dans le Saint-Sépulcre, il fut contraint à promettre de souiller de son urine ce saint lieu. Mais, ayant eu soin de se munir d'une vessie remplie de bon vin blanc, il la mit entre ses cuisses et la répandit en guise de l'ordure qu'on voulait qu'il lâchât. S'étant ensuite prosterné pour faire sa prière, il arracha avec ses dents, à l'insu des infidèles, une grosse pierre du Sépulcre, et l'emporta. (*Chr. Turon. apud* Bouquet, tome X, page 283.) Le même trait se rencontre dans la chronique de Saint-Florent et dans le *Gesta Cons. Andeg.*, *ibid.*, pp. 256-264.

les comtes de Sens.) Il fait un second voyage, l'an 1035, à la Terre-Sainte, et rencontre sur sa route, à Constantinople, Robert, duc de Normandie, avec lequel il continua le voyage, si l'on en croit l'auteur du *Gesta Cons. Andeg.* qui ne mérite pas beaucoup de créance. Il assiégea, l'an 1039, le château de Montbason, dont il se rendit maître; et peu de tems après il donna celui d'Amboise avec ses dépendances à Lisoie son sénéchal, en le mariant à la nièce du trésorier Sulpice. (*Gesta domin. Ambas.*) La même année, pour apaiser les remords de sa conscience, il reprend pour la seconde fois, suivant Foulques le Rechin, l'un de ses successeurs (ou la troisième, comme d'autres le disent), la route de la Terre-Sainte. Ce fut alors qu'on vit ce comte d'Anjou, si terrible dans les combats, si superbe, si altier, se faire traîner sur une claie par les rues de Jérusalem, nu, la corde au cou, fouetté par deux de ses valets, et criant de toutes ses forces : *Seigneur, ayez pitié du traître et parjure Foulques.* (*Willelm. Malmesb. L. 3.*) Sans doute le ciel exauça ses vœux en le mettant hors d'état de retomber dans ses anciennes fautes : car étant revenu à pied, il fut attaqué à Metz d'une maladie dont il mourut dans cette ville le 21 juin 1040. Ses entrailles y furent enterrées, et son corps fut transporté dans l'église de Beaulieu de Loches. (*Gesta Cons. Andeg.*) D'ADÈLE, ou ÉLISABETH, fille de Bouchard le Vieux, comte de Vendôme, sa première femme, Foulques laissa une fille, nommée Adèle, mariée à Bodon, ou Eudes de Nevers; alliance dont sont sortis les anciens comtes de Vendôme, et Gerberge, femme d'un comte nommé Guillaume. Foulques eut d'HILDEGARDE, ou HERMENGARDE, sa seconde femme, morte le 1er. avril 1046 à Jérusalem (Mabillon), Geoffroi, qui suit, avec Hermengarde, femme de Geoffroi Ferréol, dit aussi Albéric, fils de Geoffroi Forole, et comte, ainsi que lui, de Château-Landon, ou de Gâtinais, qui devint la tige de la seconde race des comtes d'Anjou. « Ce Geoffroi de Châ-
» teau-Landon, dit Ménage (*Hist. de Sablé*, p. 118), était
» fils de Geoffroi, comte de Gâtinais, et de Béatrix, fille
» d'Albéric II, comte de Mâcon, et d'Ermentrude, fille de
» Létalde, comte de Bourgogne, et de Richilde. » Il y a ici une méprise, en ce que Ménage fait Ermentrude fille de Létalde, au lieu qu'elle n'était que sa bru. (Voyez *les comtes de Mâcon.*) Revenons à Foulques. Ce comte était fort mauvais mari. Il fit brûler, suivant plusieurs écrivains, sa première femme, l'an 1000, sur un soupçon d'adultère. (Quelques-uns, néanmoins, disent qu'elle périt dans un incendie fortuit, qui consuma en partie la ville d'Angers; d'autres, qu'il la poignarda de sa main, après qu'elle se fut sauvée d'un précipice

où son mari l'avait fait jeter.) Foulques contraignit sa seconde femme, par ses mauvais traitements, à se retirer à la Terre-Sainte. Ce comte bâtit, outre Montrichard, plusieurs autres châteaux, dont les principaux sont Montbazon, Mirebeau, construits avant l'an 1000, et Château-Gonthier (1), com-

---

(1) Le terrain sur lequel fut édifié Château-Gonthier s'appelait *Basilica*. Basoche. Cette terre fut érigée en marquisat, par lettres de juillet 1656, en faveur de Nicolas de Bailleul, président à mortier au parlement de Paris, et chancelier de la reine, avec la mouvance de deux baronnies et de trente-six paroisses. Telle est, suivant Ménage (*Hist. de Sablé*), combiné avec le P. Anselme (tom. III, pag. 317-320), la suite généalogique des seigneurs de Château-Gonthier :

IVES, ou IVON, 3ᵉ. fils d'Ives I, comte d'Alençon et de Bellême.

RENAUD I, seigneur de Château-Gontier, tué l'an 1066, le jeudi-saint (13 avril), par la populace d'Angers, armée pour la défense du comte Geoffroi le Barbu. BÉATRIX sa femme.

ALARD I, seigneur de Château-Gonthier, mari, 1°. d'ELISABETH, fille, à ce qu'on prétend, du seigneur de Mathefelon ; 2°. de MATHILDE, fille de Robert le Bourguignon. Alard mourut à la Terre-Sainte en 1101.   RENAUD, seigneur de Château-Renaud.

RENAUD II, mort à la Terre-Sainte, en 1101, comme son père.   ELISABETH, femme de Geoffroi, seigneur de Durtal.   HERSENDE, épouse d'Hubert de Champagne.

ALARD II, seigʳ. de Château-Gonthier, vivait en 1123. MAHAUT DE CRAON sa femme.   GEOFFROI vivait en 1096.

ALARD III, seigneur de Château-Gonthier, vivait en 1145. EULIE, ou EULATE, sa femme, dame de Briolé.   LAURENCE, mariée à N..Turpin, dont sortent les seigneurs de Crissé.

RENAUD III, seigneur de Château-Gonthier. On lui donne pour femme BÉATRIX, fille de Rotrou III, comte du Perche.

ALARD IV, seigneur de Château-Gonthier, épousa EMME, fille d'André II, seigneur de Vitré. Il fonda, suivant Ménage, en 1206, l'hôpital de Château-Gonthier.

JACQUES, seigneur de Château-Gonthier, fut un des seigneurs qui prétendirent, après la mort de Guillaume, évêque de Châlons et

mencé en 1037 on 1007), qu'il appela ainsi du nom de
son concierge, en fut le châtelain, et auquel succéda, du
vivant du mêm ulques, un nommé Ives ou Ivon. Foulques
Nerra est aussi ateur de l'abbaye de Beaulieu, comme on
l'a dit de celle aint-Nicolas d'Angers, en 1020, et de celle
de Roncerai la même ville, en 1028. (*Voy.* Alain III,
duc de Bretag t Herbert I, *comte du Maine.*)

OFFROI II, DIT MARTEL.

1040. GEOFFROI II, surnommé MARTEL, comte de Vendôme, fils de Foulques Nerra, né le 14 octobre 1006, succéda à son père dans le comté d'Anjou, qu'il avait administré pendant la dernière absence de ce prince. Eudes, comte de Poitiers, ayant alors tenté, à la faveur de l'éloignement de Foulques, une invasion dans l'Anjou, Geoffroi marcha contre lui, le poursuivit, et le tua, le 10 mars 1039, devant le château de Mauzé, dans l'Aunis. L'an 1043, Henri I, roi de France, fit présent à Geoffroi de la ville de Tours, dont il avait dépouillé Thibaut III, comte de Blois, pour crime de félonie. Geoffroi s'étant mis en devoir de prendre possession de cette ville, fut obligé, par la résistance des habitants, de l'assiéger. Thibaut accourut à leur secours; mais il fut battu près de Saint-Martin le Beau ou de la Guerre (*de Bello*), sur le Cher, et fait prisonnier par Geoffroi, le 21 août de l'an 1044, et non 1042, comme quelques-uns le prétendent. Pour sa rançon,

---

comte du Perche, arrivée en 1226, avoir part au comté du Perche. Par le partage qui s'en fit en 1230, le comte de Champagne lui céda Nogent-le-Rotrou, avec une part du bois Perchet, et les domaines de Longvillier et de Montigni. Jacques mourut avant 1263. Il avait épousé, l'an 1239, HAVOISE, fille de Mathieu II, sire de Montmorenci et connétable de France, dont il eut un fils mort en bas âge, et deux filles, Emme, qui suit, et Philippette, dame d'Hérouville.

EMME, ou EMMETTE, fille aînée de Jacques de Château-Gonthier, et sa principale héritière, épousa fort jeune, du vivant de son père, GEOFFROI III, seigneur de la Guerche, de Poancé, de Martigné, etc. Ménage lui donne pour second époux Girard Chabot. Elle mourut vers l'an 1270, laissant de son premier époux une fille unique, JEANNE DE LA GUERCHE, qui porta l'héritage de ses père et mère en mariage à JEAN DE BRIENNE, vicomte de Beaumont, qui par là devint seigneur de Château-Gonthier. Cette seigneurie subsista dans cette maison, d'où elle entra, par une fille, dans celle de Chamaillard-d'Antenaise, et passa ensuite dans celle des comtes, depuis ducs, d'Alençon, et enfin dans la maison de Bourbon.

il lui en coûta les villes de Tours, excep...   baye de Marmoutier, qu'il retint, de Langei et de Chi...   avec leurs dépendances, et la réserve de la mouvance   s le comte de
Chartres, ou de Blois : circonstance que l...   istoriens modernes n'ont pas connue, mais prouvée par...   es articles du
premier livre, fol. 58, des vassaux de Cham...   e. Maître de
presque toute la Touraine, Geoffroi porta ses...   s sur le Maine.
Gervais, évêque du Mans, l'amorça lui-mê...   en lui faisant
accorder, par le roi Henri I, le droit de rec...   mander l'évêché de cette ville, c'est-à-dire d'y présenter. L'intention du
prélat était d'engager par-là Geoffroi à prendre la défense du
jeune comte Hugues II, contre Herbert Baccon, son oncle et
son oppresseur. Mais Gervais eut lieu de se repentir de lui
avoir obtenu cette faveur dont il se prévalut, et contre lui-
même en le persécutant à outrance (Voy. *les comtes du Maine*),
et contre Hugues, en faisant tous ses efforts pour lui enlever
son comté. A la fin, il vint à bout, l'an 1051, de se faire
déclarer administrateur du Maine pendant la minorité du jeune
comte Herbert II, fils et successeur de Hugues II. Avant que
d'obtenir ce point, et tandis qu'il tenait l'évêque du Mans
dans les liens, il se rendit à Goslar, en juin 1047, avec Agnès
sa femme, auprès de l'empereur Henri III, gendre de la comtesse, et du duc d'Aquitaine, son premier mari, d'où il accompagna ce monarque dans son expédition d'Italie. Nous
avons la preuve de ce voyage et de son époque dans une charte
de Geoffroi et d'Agnès pour le monastère de Ronceroi, dont
la date porte : *Actum publicè in ecclesia S. Albini, regnante rege
Henrico, Archiepiscopo Turonis Arnulfo, et transactâ antè qua-
dragesimâ defuncto Huberto, Pontifice Andegavensi, cùm redissent
comes et comitissa de Apulia.* (Mabil. Annal. L. 59, n. 17.) A
leur retour et dans la même année, le comte et la comtesse
d'Anjou fondèrent l'abbaye de Notre-Dame à Saintes, pour des
filles.

Geoffroi Martel n'était pas de caractère à souffrir que ses
vassaux manquassent impunément à la foi qu'ils lui devaient.
Guérin, l'un d'entre eux, sire de Craon, s'étant avisé, vers
l'an 1051, de porter son hommage à Conan, comte ou duc,
de Bretagne, le comte d'Anjou, irrité de cette félonie, confis-
qua dans une assemblée de ses barons, la terre de Craon.
Guérin, assuré de la protection du duc de Bretagne, et du
secours de Robert de Vitré, son gendre, reçut avec mépris la
nouvelle de sa condamnation. Pour faire savoir à Geoffroi ses
dispositions, il élargit deux prisonniers qu'il avait faits en
Anjou, avec charge de dire au comte, que son jugement était
faux, et qu'il était prêt à le soutenir, la lance à la main, au

promoteur de ce jugement, Robert le Bourguignon, baron de Sablé, troisième fils de Renaud I, comte de Neyers. Voulant effectuer cette bravade, il entre à la tête de ses troupes sur les terres du comte, et s'avance jusqu'aux portes d'Angers. Mais apprenant que Geoffroi Martel accourt au secours de la place, Guérin se retire dans un poste avantageux, entre la Maine et la Sarte. Le comte l'ayant atteint, le combat s'engage. Guérin va droit la lance baissée, à Robert le Bourguignon qu'il avait remarqué. Sa lance se rompt dans les armes de Robert sans le blesser. Celle du bourguignon le perce de part en part, et le renverse presque mort. Il expire tandis qu'on l'emporte à Craon. Arrivé dans cette ville, Geoffroi Martel en donne la seigneurie au vainqueur de Guérin, se réservant le prieuré de Saint-Clément de Craon. Mais Guérin laissait une fille unique, nommée Berthe, veuve de Robert de Vitré. Robert le Bourguignon venait aussi de perdre Havoise de Sablé, sa femme. Pour lui assurer la possession tranquille de la terre de Craon, Geoffroi Martel lui fit épouser la fille de Guérin, et par là le rendit l'un des seigneurs les plus puissants de l'Anjou. (Ménage, *Hist. de Sablé*, pp. 120-123. Morice, *Hist. de Bret.*, tom. I, pp. 73-74.)

Continuons l'histoire de Geoffroi Martel. Quelqu'habile qu'il fût au métier de la guerre, la victoire ne couronna pas toujours ses expéditions. Ayant osé prendre les armes contre le roi Henri, son souverain, ce monarque le contraignit par ses victoires et ses conquêtes à lui demander la paix. Le comte d'Anjou voulut se venger de ses pertes sur Guillaume, duc de Normandie, qui avait servi le roi contre lui; mais il n'y trouva pas son avantage. La prise de Domfront et d'Alençon, qui ne lui coûta que la peine de corrompre les principaux habitants de ces deux places, lui fit naître, à la vérité, l'espérance de faire de grandes conquêtes en ce pays. Mais ce fut une illusion dont le duc ne tarda pas à le faire revenir. Guillaume vint mettre le siége devant Alençon, et pressa si vivement la place, que les assiégés furent bientôt aux abois. Le comte d'Anjou ne manqua pas d'accourir à leur secours, et dans sa route il dépêcha au duc deux seigneurs de son parti, pour lui annoncer que, dans trois jours, il lui livrerait bataille, monté sur un cheval de tel poil, et avec telles armoiries: *Simul eximiâ arrogantiâ colorem equi sui, et armorum insignia quæ habiturus sit, insinuat.* Il nous paraît que, sur l'article des armoiries, l'historien (c'est le continuateur de l'histoire de Bède) fait parler Geoffroi Martel suivant l'usage du tems où il écrivait: car il y a des preuves certaines que ces marques de distinction n'étaient pas encore en usage du tems de ce prince. Guillaume rendit au comte rodomontade pour

rodomontade. Mais lorsque les deux armées furent en présence, Geoffroi Martel tourna le dos et se retira. La ville d'Alençon ouvrit alors ses portes au duc ; et Domfront (1), devant lequel il vint ensuite se présenter, imita cet exemple. Le duc, après cela, s'étant mis en devoir de fortifier Ambières, sur les confins de la Normandie et du Maine, Geoffroi surprit son armée dans un bois, où il lui avait tendu une embuscade. Guillaume perdit, en cette occasion, plusieurs chevaliers de marque, « dont
» il fut si iré, dit une ancienne Chronique, qu'il courut sus de
» si grant force audit Geoffroi, et le férit de son épée tellement,
» qu'il lui froissa le heaulme, et lui coupa la coiffe, et lui
» trancha l'oreille, et de ce coup l'abattit par terre. Mais il
» fut relevé et remonté, et le comte Helye (lisez Herbert) du
» Mans fut prins. Lors les Angevins et Manseaux furent dé-
» confis, et s'enfuy Geoffroi Martel ; puis revint ledit duc
» devant Ambières et Néel, fit faire un châtel qu'il garny de
» gens et de vivres pour contraindre Geoffroi Martel et ses
» gens. »

La paix entre le roi de France et le duc de Normandie ayant été rompue, en 1054, Geoffroi se joignit au premier, et lui amena des troupes, avec lesquelles il entra sur les terres du duc. Mais une victoire remportée par celui-ci sur une partie des troupes du roi, l'obligea de se retirer ainsi que ses alliés.

L'an 1057, guerre entre Geoffroi et Thibaut, comte de Blois. Elle fut longue et sanglante. C'est tout ce que nous apprend là-dessus une charte de l'abbaye de Vendôme, dans l'extrait qu'en rapporte D. Bouquet, tom. XI, pag. 430. On a parlé sur Guillaume IV, Eudes et Guillaume V, comte de Poitiers, des démêlés que Geoffroi Martel eut avec ces princes, et des avantages qu'il remporta sur eux. Voyant approcher le terme de ses jours, il se retira au monastère de Saint-Nicolas d'Angers, où il mourut le 14 novembre 1060, sans laisser d'enfants de ses trois femmes, dont la première fut AGNÈS, veuve de Guillaume le Grand, comte de Poitiers, et fille d'Otte-Guillaume, comte de Bourgogne, avec laquelle il vivait encore l'an 1047, époque de la fondation qu'ils firent ensemble de l'abbaye de Notre-Dame de Saintes. Mais il la répudia depuis, pour épouser GRÆCIA, veuve de Berlai I, seigneur de Montreuil, en Anjou, qu'elle avait fait père de Renaud, qui fut archevêque de Reims, et d'autres enfants, de l'un desquels sortit Berlai II de Montreuil,

---

(1) Domfront, ville du Passais, était alors une frontière du Maine, dont elle fait partie encore aujourd'hui pour le spirituel, ainsi que tout le Passais (1785).

suivant le Cartulaire de Saint-Nicolas d'Angers (fol. 55.) ADÉ-
LAÏDE, princesse étrangère, fut la troisième femme de Geoffroi.
Græcia, qui mourut religieuse, en 1068, aimait la lecture.
On rapporte que, pour avoir le recueil des Homélies d'Haimon
d'Halberstadt, elle donna deux cents brebis ou moutons, cinq
quartiers de froment, et autant de seigle et de millet; tant les
livres étaient rares alors. Dans la personne de Geoffroi Martel,
finit la première branche des comtes d'Anjou. (Voy. *les comtes
de Vendôme et les comtes de Poitiers*.)

GEOFFROI III, DIT LE BARBU; FOULQUES IV, DIT LE RECHIN; ET GEOFFROI IV, DIT MARTEL.

1060. GEOFFROI III, dit *le Barbu*, et FOULQUES IV, surnommé *le Rechin*, ou *le Querelleur*, tous deux fils de Geoffroi
Ferréol, ou Férole, nommé par quelques-uns Albéric, comte
de Château-Landon, ou de Gatinais, et d'Ermengarde, fille
de Foulques Nerra, succédèrent, l'an 1060, à Geoffroi Martel,
leur oncle maternel, suivant le partage qu'il leur avait fait de
ses états par son testament, c'est-à-dire que Geoffroi le Barbu,
outre le Gatinais, qu'il tenait de son père, eut la Touraine, et
Foulques, l'Anjou avec la Saintonge, dont son oncle, peu de
tems avant sa mort, lui avait confié la défense, après l'avoir fait
chevalier à Angers, le jour de la Pentecôte. Les deux frères vécurent d'abord en bonne intelligence; et, l'an 1061, ayant réuni
leurs forces, ils gagnèrent à Chef-Boutonne, le 20 mars, une
grande bataille contre Guillaume VIII, duc d'Aquitaine, qui
voulait leur enlever la ville de Saintes, faisant partie de la succession de leur oncle (1). Mais Geoffroi et Foulques s'étant
brouillés ensuite, Guillaume profita de leur division pour se
rendre maître de Saintes en 1066. Cette perte ne leur ouvrit pas
les yeux sur la nécessité de se réconcilier pour être en état de
faire face à l'ennemi commun. Leur animosité réciproque ne fit
même que s'accroître, et enfin elle éclata par une guerre ouverte.
Le 5 avril 1067, jour du jeudi-saint, Foulques prit son frère
dans Angers, par la trahison de Geoffroi de Preuilli, le législa-
teur des tournois, et de trois autres seigneurs, qui périrent tous
quatre en cette occasion. (L'auteur du *Gesta Consul. Andeg.*,
met la scène à Saumur, le 25 février, premier dimanche de
carême; ce qui se rapporte à la même année.) Foulques ayant

---

(1) La chronique de Maillezais met cette bataille un mardi, fête de
Saint-Benoît. Mais la Saint-Benoît, en 1061, tombait un mercredi 21
mars.

en sa puissance Geoffroi, le mit en prison ; mais il le relâcha peu de tems après, comme il le dit lui-même, par ordre du pape Alexandre II. Geoffroi délivré, recommence presque aussitôt la guerre. L'an 1068, il vient mettre le siége devant le château de Brissac, appartenant à Foulques. Celui-ci vole au secours de la place, livre bataille à Geoffroi, le fait de nouveau prisonnier, et l'enferme au château de Chinon, où il resta jusqu'à la fin de ses jours, suivant Guillaume de Malmesburi, Hildebert, archevêque de Tours, et la Chronique de Saint-Maixent. Mais Ordéric Vital dit que, l'an 1096, le pape Urbain II, dans le concile qu'il tint à Tours au carême, obligea Foulques à mettre son frère en liberté. La Chronique de Tours fait honneur de cette délivrance au fils aîné de Foulques, et la met avant l'arrivée du pape à Tours. Elle ajoute que Geoffroi, à qui sa longue captivité avait affaibli le cerveau, survécut peu de tems à son élargissement. L'auteur du *Gesta Cons. Andeg.* dit de lui, qu'il fut avare, cruel, sans crainte de Dieu ni des hommes, s'élevant contre tous, et, par son insolence, armant les mains de tous contre lui-même ; ce qui est confirmé par une lettre de Hugues, de Die, archevêque de Lyon, et légat du saint-siége, qui atteste que, lorsqu'il fut pris la seconde fois, il était excommunié par le légat Étienne, pour des violences qu'il avait exercées contre l'église de Tours et l'abbaye de Marmoutier. (Bouquet, t. XII, p. 664.) Son second emprisonnement lui fit d'abord des partisans, ou plutôt fournit à plusieurs princes le prétexte de déclarer la guerre à son frère. Le duc d'Aquitaine vint assiéger Saumur, qu'il prit et brûla en partie, le 27 juin 1069. Le roi de France et le comte de Blois, se concertèrent aussi pour entrer à main armée sur les terres de Foulques. Il vint à bout de gagner l'un et l'autre, le comte, en lui faisant hommage du comté de Tours, le monarque, en lui cédant le Gatinais, dont Château-Landon, comme on l'a dit, était la capitale. Mais, dans le contrat de la donation, Foulques obligea le roi de promettre qu'il conserverait les coutumes de ce pays, sans quoi les nobles du Gatinais eussent refusé de lui faire hommage. (*Aim. Contin.*, liv. 5, ch. 47.) On ignore si le comte Geoffroi laissa des enfants de JULIENNE, sa femme.

L'an 1069, Foulques prend la forteresse (*arcem*), d'Amboise sur un nommé Ernulfe, qui possédait en tiers cette ville avec deux autres seigneurs. (*Chron. Turon.*) Instruit, l'an 1078, des intelligences que les barons angevins, mécontents de la dureté de son gouvernement, pratiquaient avec les Normands, il marche contre les premiers, à dessein de les punir. Ceux-ci appellent à leur secours Guillaume le Conquérant. Foulques, de son côté, s'étaie de l'alliance de Hoël, duc de Bretagne, qu'il engage à venir le joindre. Les deux armées se rencontrent dans la lande de la Brière, près de la Flèche. Mais un cardinal et quelques moines s'étant jetés entre elles, disposent les chefs à un accommodement. L'année suivante, Foulques entre en guerre avec le comte de Poitiers ; et voici ce que nous trouvons à ce sujet dans le cartulaire de l'abbaye de Vendôme (fol. 79, 1°.) Eudes de Blazon avait enlevé de force, à ce monastère, l'église de Cheviré, dans l'Anjou. L'abbé s'étant plaint inutilement de cette usurpation au comte d'Anjou, fit descendre le crucifix de son église, l'étendit à terre sur des épines au milieu de la nef, et fit prier nuit et jour ses religieux devant cette image, afin d'obtenir du ciel la justice, que les hommes lui refusaient. Or, il arriva que Foulques, ayant pris les armes contre le comte de Poitiers, se trouva plutôt qu'il ne s'y attendait en présence de l'ennemi, et dans la nécessité de combattre. Alors se souvenant du déni de justice qu'il avait fait à l'abbaye de Vendôme, il promit à Dieu que, s'il remportait la victoire, il ferait rendre à ce monastère l'église qu'il redemandait. Il fut exaucé ; et de retour chez lui, il contraignit le seigneur de Blazon à satisfaire l'abbé de Vendôme. L'an 1081, il chassa de son siége, à l'instigation de Philippe I, roi de France, Raoul, archevêque de Tours, parce qu'il s'entendait avec le légat Amé, pour enlever les investitures ecclésiastiques à ce monarque. Cet acte de violence, joint à un mariage illicite que Foulques avait contracté, lui attira, de la part du prélat, une excommunication qui fut confirmée par Grégoire VII. Foulques, la même année, surprend le château de la Flèche, que le duc de Normandie lui avait enlevé, et le livre aux flammes. Le duc étant accouru pour reprendre la place, est obligé de faire la paix avec Foulques, et lui donne pour ôtages un de ses fils avec Robert, comte de Mortain, son frère utérin. (*Chron. Raynaldi Andeg.*)

Foulques fut très-mal récompensé du zèle qu'il avait témoigné pour les intérêts du roi de France. L'an 1092, Bertrade, sa quatrième femme, qu'il avait épousée l'an 1089, du vivant de la seconde et de la troisième, apprenant que ce monarque vient de répudier la reine Berthe, lui fait offrir secrètement sa main. (Bertrade regardait comme nul son mariage avec Foulques, et il l'était en effet. Mais il n'en était pas de même de celui de Philippe avec Berthe.) Ce prince, étouffant les scrupules, se rend à Tours, où le comte d'Anjou, qui ne se doutait de rien, avait amené sa femme. Philippe et Bertrade se voient avec une passion réciproque, et la veille de la Pentecôte ils se jurent une fidélité inviolable dans l'église de Saint-Jean, pendant qu'on bénissait les fonts baptismaux. Le roi part ; et quelques jours après (le 4 juin), Bertrade s'étant laissé enlever

par des gens qu'il avait apostés, va le joindre à Orléans. Foulques témoigna un vif regret de ce rapt, et délibéra long-tems s'il ferait la guerre à Philippe, pour recouvrer sa femme qu'il aimait éperdument. Le cartulaire de Saint-Serge fournit une preuve de son dépit, dans la date suivante d'une de ses chartes : *Facta est autem hæc donatio anno ab Incarn. Domini* 1095, *Indict. III, die Sabbati, lunâ* 25, *Urbâno apostolico, Franciâ ex adulterio Philippi indigni regis fœdatâ.* Mais à la fin, ne voyant point de jour à se faire rendre sa femme, il sacrifia son amour à son ambition, et fut un des plus assidus à faire la cour à Bertrade, dont il employa souvent le crédit pour obtenir des grâces du monarque. « On le voyait souvent, dit Suger, à ses pieds,
» recevant ses ordres avec tout le respect d'un mortel pour une
» déesse : tant ce sexe a le pouvoir de séduire ceux même qu'il
» a le plus cruellement outragés ».

Guillaume II, roi d'Angleterre, s'étant rendu maître du Maine par l'emprisonnement du comte Hélie, les Manseaux souffraient impatiemment la domination de ce prince. L'an 1098, à la sollicitation des principaux d'entre eux, Foulques s'empare de la ville du Mans. Mais le roi d'Angleterre étant venu l'assiéger dans cette place, il fut obligé de la lui remettre, après une défense de trois mois. Foulques, la même année, s'associe dans le gouvernement Geoffroi, son fils aîné, à qui ses exploits militaires, tout jeune qu'il était, avaient déjà mérité le surnom de MARTEL. Mais, l'an 1103, excité par la reine Bertrade, marâtre de Geoffroi, il veut le déshériter pour avantager le fils qu'il avait eu de cette princesse. Geoffroi prend les armes contre son père, pour défendre le droit de sa naissance, assiège le château de Mazon, dont il se rend maître, et le livre aux flammes. Il marche de-là contre Guillaume, comte de Poitiers, que Foulques avait appelé à son secours, et l'oblige à s'en retourner. Il va prendre ensuite le château de Briolai, dans l'Anjou, et menace la ville d'Angers, qui n'en est qu'à deux lieues. Foulques, étonné des succès de son fils, révoque les dispositions qu'il avait faites à son désavantage, et lui accorde la paix. (*Chron. Andeg.*) Le premier fruit de leur réconciliation fut la prise du château de la Chartre-sur-Loire, qu'ils firent en commun; après quoi ils allèrent surprendre le château de Thouars, qu'ils réduisirent en cendres. (*Ibid.*) Une ancienne notice conservée en original dans les archives du château de Thouars, et transcrite dans le cartulaire de Saint-Maixent, date ce dernier événement du 28 août 1104, et le met sur le compte du seul Geoffroi Martel.

Foulques était lié d'amitié avec Henri I, roi d'Angleterre. L'an 1105, il entre à main armée dans la Normandie, pour aider ce prince à faire la conquête de ce pays sur le duc Robert son frère. Il y revient l'année suivante, ou du moins il y envoie ses troupes, qui combattent à la fameuse journée de Tinchebrai, où l'infortuné duc perd ses états et sa liberté. (*Henric. Huntind.*) Plusieurs barons d'Anjou s'étant révoltés dans le même tems, Geoffroi Martel, accompagné d'Alain, duc de Bretagne, et d'Hélie, comte du Maine, vient les assiéger dans le château de Candé, où ils s'étaient retranchés. Près de se voir forcés, ils demandent une conférence au prince angevin, et l'obtiennent. Mais, tandis qu'on traite de la capitulation, un archer décoche un trait qui blesse le prince mortellement au bras, un vendredi 18 mai 1106. Il mourut la nuit suivante, et fut inhumé à Saint-Nicolas, auprès de son grand oncle, dont il portait le nom et le surnom. Ordéric n'hésite point à charger Bertrade de la mort de ce prince. Foulques n'avait pas les mêmes soupçons sur elle, car, le 26 septembre de la même année, il la reçut honorablement dans Angers avec le roi Philippe, et ce fut elle-même qui les servit à table. (*Ordér. Vit.*) Tel était alors l'usage des femmes en France, même les plus qualifiées. Bertrade avait amené le roi, son époux, à Angers pour terminer à l'amiable certains différents qu'il avait avec Foulques.

L'an 1107, l'arrivée du pape Pascal II à Tours, dans le carême, fournit à Foulques une nouvelle occasion d'étaler sa magnificence. Hugues de Chaumont ayant détruit vers le même tems la forteresse que Foulques avait à Amboise, celui-ci excite les enfants de Hugues de Sainte-Maure à lui faire la guerre, et leur fournit des secours. (*Gesta Dom. Ambas.*) Ce comte mourut le 14 avril 1109, à l'âge de soixante-six ans, et fut enterré au prieuré de Livière près d'Angers. (*Chr. Turon.*) L'auteur déjà cité du *Gesta Cons. Andeg.*, fait un portrait très-désavantageux de Foulques le Rechin. « Quoique dans sa première jeunesse,
» il eût montré, dit-il, d'heureuses dispositions, cependant,
» lorsqu'il fut parvenu à l'âge viril, il donna dans plusieurs
» vices, tels que la gourmandise, l'ivrognerie, la luxure,
» l'inapplication et l'oisiveté ; ce qui fut cause que ni lui ni ses
» officiers ne rendirent la justice, et qu'ils se livraient même à
» des injustices criantes. On vit de son tems s'élever, dans la
» Touraine et dans l'Anjou, des bandes de voleurs qui cou-
» raient impunément le pays, et troublaient le commerce en
» détroussant les marchands par les chemins. Semblable à son
» frère le Barbu, il alla toujours en empirant, du commence-
» ment jusqu'à la fin de sa carrière » : *Qui, sicut frater ejus Barbatus, malè incœpit, pejus vixit, pessimè finivit.* Ordéric Vital dit la même chose, et ajoute qu'il partageait avec les voleurs les prises qu'ils avaient faites. Il avait épousé 1°. HILDEGARDE, fille de Lancelin II, seigneur de Baugenci, nommée LANCE-

LOTTE dans quelques chartes; 2°. l'an 1070, ERMENGARDE, fille d'Archambaud IV, sire de Bourbon, de laquelle il se sépara, l'an 1081, par ordre du pape Grégoire VIII pour cause de parenté (elle prit une seconde alliance, suivant Raoul *de Diceto*, avec Guillaume, seigneur de Chauvigni, ou, selon d'autres, de Jaligni); 3°. l'an 1087, le 21 janvier, fête de Saint-Agnès, un jeudi, suivant D. de Huines (*Hist. manuscrite de l'abb. de Saint-Florent de Saumur*), il épousa ARENGARDE, fille d'Isambert, seigneur de Châtel-Aillon, laquelle, ayant été depuis répudiée, se fit religieuse à Beaumont-lez-Tours (Imhof ne la regarde que comme une concubine); 4°. l'an 1089, suivant Ordéric Vital, ou l'an 1091, suivant la Chronique de Tours, il donna sa main à BERTRADE, fille de Simon I, seigneur de Montfort l'Amauri, qui fut enlevée à son époux, comme on l'a dit, par Philippe I, roi de France. (Elle se convertit, après la mort de Philippe, à la prédication du B. H. Bobert d'Arbrisselles, et alla se faire religieuse à Fontevrault.) Ménage donne à Foulques une cinquième femme qu'il met au troisième rang, savoir N..., fille de Gauthier, comte de Brienne, et d'Eustachie de Tonnerre; mais ce mariage n'est nullement prouvé. Du premier lit Foulques eut Ermengarde, femme 1°. de Guillaume IX, duc d'Aquitaine, 2°. d'Alain Fergent, duc de Bretagne. Du second naquit Géoffroi Martel, dont on vient de parler. Le troisième mariage de Foulques le Rechin fut stérile. Le quatrième produisit, avant l'enlèvement de Bertrade, Foulques, qui devint le successeur de son père. Foulques le Rechin avait écrit, comme on l'a dit, l'histoire des comtes d'Anjou, dont il reste un fragment. C'est à lui qu'Ordéric Vital rapporte l'invention d'une espèce de souliers, dont la pointe était plus ou moins longue, suivant la qualité de ceux qui les portaient, d'un pied et demi au moins pour les riches, et de deux ou trois pour les princes. Le bec en était recourbé et orné de cornes, de griffes, ou de quelque autre figure grotesque. On les appellait des souliers à la Poulaine. Cette chaussure, que Foulques imagina, suivant plusieurs écrivains, pour couvrir la difformité de ses pieds, et qu'on remarque dans plusieurs vignettes des anciens manuscrits, dura, malgré les déclamations des prédicateurs, jusqu'au règne de Charles V.

FOULQUES V, DIT LE JEUNE.

1109. FOULQUES V, fils de Foulques le Rechin et de Bertrade, né l'an 1092, succéda, l'an 1109, à son père dans le comté d'Anjou, dont le roi Philippe I l'avait investi, dès l'an 1106, après la mort de Geoffroi son aîné. A l'époque de cette investiture, il résidait encore à la cour de France, où il avait été envoyé dès son enfance pour y être élevé. Le duc d'Aquitaine, chargé par Philippe de ramener le jeune comte auprès de son père, le conduisit en Poitou par une perfidie insigne, l'y retint prisonnier un an entier, et ne le relâcha qu'après avoir obligé Foulques le Rechin à lui céder certains châteaux qui étaient en litige entre eux. (*Ordéric Vital*, l. II, p. 818.) Foulques le Jeune hérita du Maine, l'an 1110, par la mort du comte Hélie, son beau-père. La même année, il vole au secours de Hugues de Chaumont, qui assiégeait Montrichard, qu'il revendiquait comme un bien patrimonial dont on l'avait injustement dépouillé. Sa présence détermina les assiégeants à se rendre. Mais Foulques confia la garde de la place à Archambaud de Brézé jusqu'à ce qu'on lui eût payé la somme qui avait été promise. (*Gesta Domin. Ambas.*, c. 25.)

L'an 1111, suivant Robert du Mont, Henri I, roi d'Angleterre, entre à main armée dans le Maine, pour contraindre Foulques à lui faire hommage de ce comté. Foulques, vers le même tems, avait donné retraite à Guillaume Cliton, fils de l'infortuné Robert, duc de Normandie, et, à l'instigation d'Amauri de Monfort, son oncle, cherchait de tout son pouvoir à nuire au roi d'Angleterre. Mais voyant depuis Robert de Bellême, son principal appui, entre les mains du roi, il songe à faire la paix, et va le trouver, l'an 1113, la première semaine de carême, près d'Alençon, dans un lieu appelé par Ordéric Vital *Petra peculata*, où il lui fait hommage de son comté, et, pour cimenter la paix, promet sa fille Mathilde en mariage à Guillaume Adelin, fils de Henri.

De tout tems on s'était trouvé mal d'avoir attaqué Saint-Martin dans ses domaines. Foulques lui-même en fit l'expérience. Ayant fait abattre, l'an 1112 ou 1113, les fortifications que le cellérier de Saint-Martin de Tours avait fait élever dans sa maison, le chapitre aussitôt prend le parti du confrère offensé. En conséquence l'office divin cesse; on descend le crucifix, que l'on couche par terre, ainsi que les reliques des saints, qu'on entoure d'épines; on ferme les portes de l'église, dont on ne permet l'entrée qu'aux pèlerins. Le comte, effrayé de cet appareil, vient nu-pieds se prosterner devant le tombeau de saint Martin, et ensuite devant les reliques des saints, demandant pardon avec promesse de ne plus récidiver. (*Arch. de Saint-Martin.*)

L'an 1118, sollicité par Louis le Gros de venir à son secours contre l'Anglais avec lequel il était en guerre, Foulques y consent; mais il exige pour préalable qu'on lui fasse raison de la charge de sénéchal de France, dont, par la négligence de ses prédécesseurs, d'autres que les comtes d'Anjou faisaient l'exercice depuis Geoffroi Grisegonelle, à qui elle avait été accordée, comme on l'a dit. Il députe à ce sujet le chevalier Hugues de Cléers au roi de France. L'envoyé plaida sa cause de manière qu'il obtint que le comte fût rétabli dans ses droits sur la charge dont il s'agissait. Guillaume de Garlande, qui en était revêtu, fut en conséquence obligé de lui en faire hommage. Foulques, ainsi satisfait, entre en Normandie, où il prend sans coup férir la ville d'Alençon, par la connivence des habitants, en l'absence d'Etienne de Blois, leur nouveau comte ; il assiége ensuite la citadelle, qu'il force à se rendre, malgré les efforts du roi d'Angleterre, d'Etienne, et de Thibaut, comte de Blois, son frère, qui étaient accourus pour la délivrer : et pour comble de succès, il les défait dans une bataille livrée sous les murs d'Alençon (et non de Séez) au mois de décembre de la même année. (*Ordéric. Vital.*; et *Gesta Cons. Andeg.*) Foulques ne demeura pas long-tems fidèle au roi de France. Henri, pour l'attirer dans son parti et le détacher de celui de la France, presse l'accomplissement du mariage de Guillaume-Adelin avec Mathilde. Le comte se rend, et les noces furent célébrées à Lisieux dans le mois de juin 1119, la princesse n'ayant encore que onze ans. Henri, cependant, ne tira pas de ce coup de politique tout l'avantage qu'il s'en était promis. La Providence trompa ses vues : Mathilde devint veuve sans enfants, le 25 novembre de l'année suivante, par un événement tragique. (V. *Henri I, duc de Normandie.*)

Foulques partit, le 26 mai de l'an 1120, avec Renaud de Martigné, évêque d'Angers, pour la Terre-Sainte, où il se distingua par sa libéralité. Guillaume de Tyr dit qu'il y entretint, pendant un an, cent chevaliers à ses frais. A son retour, il fonda, le 4 septembre 1121, l'abbaye cistercienne de Loroux, au diocèse d'Angers. Il accompagna, la même année, le roi Louis le Gros dans son expédition contre le comte d'Auvergne, et commanda l'avant-garde de l'armée française en qualité de sénéchal de France. L'an 1123, irrité contre le roi d'Angleterre, qui refusait de lui rendre la dot de Mathilde, il prend le parti de donner en mariage à Guillaume Cliton, sa seconde fille, à laquelle il assigne pour dot le comté du Maine. Le légat du pape, Calliste, à la sollicitation de Henri, casse cette alliance pour cause de parenté ; ce qui est confirmé par les lettres de ce pape, datées du 26 août 1124. (*Spicil.*, tome 3 pag. 149.) Cette affaire eut de fâcheuses suites par la résistance de Cliton. Une lettre d'Honorius II, successeur de Calliste, au chapitre métropolitain de Tours, en date du 12 avril 1125 (*Spicileg. ibid.*), nous apprend que, le légat ayant envoyé des messagers à Cliton pour lui annoncer la dissolution de son mariage, le comte Foulques les mit en prison, où il les retint pendant deux semaines, et qu'entr'autres mauvais traitements qu'il leur fit essuyer, il leur brûla la barbe et les cheveux, et en fit autant des lettres qu'ils lui avaient présentées ; en conséquence de quoi le pape déclara ce prince excommunié, et confirma l'interdit que son légat avait jeté sur les terres du comté d'Anjou. Cliton, à la fin, ainsi que son beau-père, plia sous l'autorité pontificale, et consentit à la rupture de son mariage. Dans le cours de cette affaire, le comte d'Anjou, au mois d'août 1124, avait amené des troupes au roi Louis le Gros, pour l'aider à chasser les Impériaux qui menaçaient la Champagne d'une invasion. Il retourna, l'an 1126, avec ce monarque, en Auvergne, pour achever de réduire le comte Guillaume.

L'an 1129, Foulques, deux ans après le mariage de Geoffroi, son fils, part de nouveau pour la Terre-Sainte, avec Hugues des Païens, grand-maître du Temple, Hugues d'Amboise, et beaucoup d'autres seigneurs. (*Roger de Hoveden.*) Il y est couronné roi le 14 septembre 1131, règne onze ans et deux mois, et meurt le 13 novembre 1142. Foulques avait épousé, 1°. l'an 1110, EREMBRUGE, ou ERMENTRUDE, dite aussi GUIBURGE, fille et héritière d'Hélie, comte du Maine, morte en 1126, après lui avoir donné Geoffroi, qui suit ; Hélie, qui, en 1145, ayant voulu s'emparer du Maine, fut pris dans un combat par Geoffroi, son frère, et enfermé dans le château de Tours, où il mourut, suivant la Chronique de Tours et d'Angers, le 15 janvier 1151. (L'auteur du *Gesta Consul. Andeg.* dit qu'ayant été tiré de prison, une maladie, peu de tems après, le mit au tombeau ; ce qui est d'autant plus vraisemblable, que son corps fut inhumé à Saint-Serge d'Angers.) De Philippette, son épouse, fille de Rotrou II, comte du Perche, et de Mathilde d'Angleterre, Hélie laissa Béatrix, femme de Jean I, comte d'Alençon. Guillaume de Tyr (liv. 14, c. 1) rapporte qu'en donnant sa fille à Hélie, Rotrou, veuf alors et n'ayant point d'autre enfants, lui avait promis de ne point se remarier, mais qu'il lui manqua de parole. (*Voy. les comtes du Perche.*) Les filles de Foulques sont Mathilde, laquelle ayant perdu, comme on l'a dit, Guillaume-Adelin, son époux, au bout d'un an ou environ de mariage, demeura encore quelque tems en Angleterre, suivant Ordéric Vital ; après quoi, étant revenue en Anjou, elle se fit religieuse, la dixième année de sa viduité, à Fontevrault, dont elle devint la seconde abbesse ; et Sibylle, mariée à Thierri d'Alsace, comte de Flandre, après avoir été séparée de Guillaume

Cliton, son premier époux. De MÉLISSENDE, sa deuxième femme, fille de Baudouin II, roi de Jérusalem, Foulques eut Baudouin et Amauri, ses successeurs dans la royauté. Mélissende mourut le 12 septembre 1160. (*Voy.* Foulques, *roi de Jérusalem.*)

GEOFFROI V.

1129. GEOFFROI, dit LE BEL, et plus communément PLANTAGENET, parce qu'il mettait d'ordinaire un genêt sur son bonnet, né le 24 août 1113 (*Chr. S. Albini*), devint comte d'Anjou et du Maine, par la cession que Foulques, son père, lui fit de ses états avant de partir pour la Terre-Sainte. Il était marié pour lors avec MATHILDE, veuve de l'empereur Henri V, et fille de Henri I, roi d'Angleterre, que Foulques lui avait fait épouser, en présence de ce monarque, le jour de la Pentecôte, 22 mai de l'an 1127 (et non pas 1129, comme on l'a dit ci-devant). On peut voir la preuve que nous avons donnée de cette époque à la page xij de la préface de notre XIIIe volume du recueil des Historiens de France. Nous n'emploierons ici que la suivante : elle est tirée de la souscription que le roi Henri I mit au bas d'un accord passé, l'an 1127, entre l'évêque de Séez et l'abbaye de Marmoutier : *Signum*, y est-il dit, *Henrici regis Angliæ, quando dedit filiam suam Gaufredo comiti Andegavensi juniori* : ce qui prouve en même-tems que Geoffroi, dès l'an 1127, était associé à son père. (Bry, *Hist. des comtes d'Alençon et du Perche*, pag. 106.) C'était malgré elle, et par déférence pour le roi, son père, que Mathilde avait donné sa main à Geoffroi, se croyant dégradée en passant du lit d'un empereur dans celui d'un comte. Aussi à peine deux ans se furent écoulés depuis leur mariage, qu'elle obligea son époux, par ses hauteurs, à la répudier. Mathilde, sur la fin de juillet, se retira, suivant Siméon de Durham, avec peu de suite, à Rouen, d'où Henri était parti, le 15 du même mois, pour repasser la mer. Etant revenu, l'année suivante, en Normandie, il emmena sa fille avec lui en Angleterre, et quelque tems après il vint à bout de réconcilier les deux époux. Geoffroi cependant avait d'autres embarras qui donnaient de l'exercice à sa valeur. Presqu'aussitôt après le départ de son père, il se vit menacé par une ligue de seigneurs poitevins, dont les chefs étaient le vicomte de Thouars et les seigneurs de Parthenai et de Mirebeau. Geoffroi, dont la grande jeunesse et l'inexpérience leur faisaient espérer une victoire aisée, les prévient avant qu'ils aient le loisir de se réunir, marche d'abord contre le château de Thouars, qu'il force après quelques jours de siége, et dont il fait raser la principale tour, prend ensuite Parthenai, et de là va se présenter devant Mirebeau, qui fait une plus longue résistance. S'en étant rendu maître, à la fin, par la vivacité et la continuité de ses attaques, il garde cette place qu'il trouve à sa convenance, et rend les deux autres à leurs propriétaires, après avoir accordé la paix à leurs humbles prières. Tandis que ses armes étaient ainsi occupées au-dehors, il se formait, au-dedans de ses domaines, une conjuration de ses grands vassaux, à la tête de laquelle Hélie, son frère, s'était mis. Geoffroi, par sa valeur, réussit à dissiper ce nouvel orage. Ayant surpris son frère, il l'envoya prisonnier à Tours, et s'empara de son comté qu'il réunit au sien. Ce coup de vigueur imposa aux rebelles, dont la plupart mirent bas les armes. Robert, seigneur de Sablé, le plus puissant d'entr'eux, fut le dernier à se rendre, et le fit de mauvaise foi, comme ses fréquentes révoltes le prouvèrent dans la suite.

Le roi d'Angleterre, en mariant sa fille à Geoffroi, lui avait promis en dot la Normandie. Mais il hésitait toujours à s'en dessaisir; ce qui occasionna une rupture entr'eux. Le comte acheva d'irriter son beau-père en faisant la guerre à Roscelin, vicomte de Beaumont, dans le Maine, et gendre également de Henri. Sans égard pour les remontrances de ce prince, il assiége, l'an 1135, le château de Beaumont et le réduit en cendres. (Ord. Vit.) Henri étant mort, le premier décembre de la même année, Geoffroi se dispose à recueillir sa succession. Mais il est prévenu, d'un côté, par Etienne, comte de Boulogne, qui s'empare de l'Angleterre sans coup férir; et de l'autre, par Thibaut, comte de Blois, que les Normands, également ennemis d'Etienne et de Geoffroi, avaient appelé pour les gouverner. Cependant Mathilde, sa femme, s'étant rendue dans ce même mois de décembre en Normandie, ne laissa pas d'y trouver des partisans, et d'y faire, à leur aide, quelques progrès. Geoffroi vient la joindre avec de bonnes troupes, et imprime, sur sa route, des traces de cruauté qui soulèvent les Normands contre lui. S'étant attroupés, ils fondent sur les Angevins, les poursuivent, dit Ordéric Vital, par les villages et les forêts, et les obligent, après leur avoir tué beaucoup de monde, à vider le pays. Dans le même tems, la noblesse angevine, excitée de nouveau par Robert de Sablé, prend les armes pour maintenir ses priviléges violés, suivant elle, par Geoffroi, et fournit un nouvel exercice à ses armes. Après avoir réduit ces rebelles, il rentre en Normandie l'an 1136, au mois de septembre, accompagné des comtes de Poitiers, de Ponthieu, de Vendôme et de Nevers, qui lui avaient amené chacun leurs troupes. Etienne, pour satisfaire aux désirs des Normands, et les réunir en sa faveur, transporte, l'an 1137, à son fils Eustache, ses prétentions sur la Normandie. Ce parti est agréé par le roi Louis le Gros, qui donne au jeune prince l'investiture de ce duché. (*Order. Vital, Radulf. de Diceto, Walter Hemmingford.*) Thibaut s'accommode alors avec son frère, et se départ de ses prétentions, moyennant une pension annuelle de 2000 marcs d'argent. La ligue de Geoffroi se dissipe, et quelque tems après il fait, avec Etienne, une trève de deux ans, qui fut mal observée. Le roi Louis le Jeune, marchant sur les traces de son père, confirma l'investiture qu'il avait donnée au prince Eustache. Il fit plus : pour resserrer leur amitié par les liens du sang, il lui fit épouser, au mois de février 1140, Constance, sa sœur. L'an 1141, à la nouvelle de l'emprisonnement du roi Etienne, Geoffroi entre en Normandie, et y fait des progrès rapides, sans que le roi de France, dont l'affection pour Eustache s'était refroidie, fasse aucun mouvement pour l'arrêter. (*Voy.* Etienne, *roi d'Angleterre.*) Geoffroi mourut, l'an 1151, après s'être emparé de la Normandie. (*Voyez son article aux ducs de Normandie.*)

HENRI II.

1151. HENRI II, duc de Normandie en 1150, par l'investiture que lui en avait donnée Louis le Jeune, succéda, l'an 1151, à Geoffroi, son père, dans les comtés d'Anjou et du Maine, et est couronné roi d'Angleterre le 19 décembre 1154. Il mourut le 6 juillet 1189. (*Voyez* Henri II, *duc de Normandie.*)

RICHARD CŒUR-DE-LION.

1189. RICHARD CŒUR-DE-LION, deuxième fils de Henri II, roi d'Angleterre, lui succéda à la couronne et dans ses autres domaines. Il mourut au mois d'avril 1199. (*Voy.* Richard, *duc de Normandie.*)

JEAN SANS-TERRE ET ARTUR.

1199. JEAN SANS-TERRE, frère de Richard Cœur-de-Lion, et ARTUR DE BRETAGNE, petit-fils de Henri II, duc de Normandie, par Geoffroi, son père, se disputent la succession de Richard. La possession de l'Anjou et du Maine, dont Artur s'empara, lui fut confirmée par un traité de paix qu'il fit avec le roi Jean l'an 1200, mais la guerre s'étant rallumée deux ans après, ce dernier fut fait prisonnier, dans son camp, le premier août, puis transféré à la tour de Rouen, où le roi Jean le tua de sa main. Ce crime ne resta pas impuni. Le roi de France saisit, en qualité de suzerain, toutes les terres que Jean tenait à hommage de la couronne. (*Voyez les ducs de Normandie.*)

CHARLES I.

1246. CHARLES, Ier. du nom, comte de Provence, fut investi, le 27 mai, des comtés d'Anjou et du Maine, par le roi saint Louis, son frère, étant à Melun; ce que le monarque confirma dans le mois d'août suivant, à Orléans. Il accompagna, l'an 1248, le roi, son frère, à la croisade. Charles eut part à ses infortunes, ainsi qu'à ses victoires en Egypte, et fut pris, avec lui et son frère Alfonse, par les infidèles, le 4 avril 1250. Le monarque ayant obtenu, le 5 mai suivant, leur délivrance et la sienne, jugea à propos de les renvoyer en France, pour consoler la reine, leur mère.

Charles, en 1254 ou environ, eut un différent avec Geoffroi de Lodon, évêque du Mans, au sujet du serment de fidélité qu'il exigeait, et que l'évêque prétendait ne devoir qu'au roi. La mort de Geoffroi, arrivée le 2 août 1255, laissa cette affaire indécise ; mais elle recommença sous l'épiscopat de Guillaume Roland, son successeur. Le roi, par ses lettres, déclara enfin l'évêque du Mans, exempt du serment de fidélité envers le comte du Maine. Charles, devenu roi de Naples et de Sicile, par la victoire qu'il remporta, l'an 1266, près de Bénévent, sur Mainfroi, son rival, dépouillé ensuite de la Sicile, l'an 1282, après les vêpres siciliennes, mourut à Foggia, dans la Capitanate, le 7 janvier 1285 (n. st.), laissant de BÉATRIX DE PROVENCE, sa femme, quatre fils, dont l'aîné fut Charles, qui suit. Ce prince n'avait pas, à beaucoup près, la conscience aussi délicate que le roi, son frère. Un particulier de l'Anjou possédait en cette province un domaine, que Charles désirait acquérir, parce qu'il se trouvait à sa bienséance. Le propriétaire refusant de s'en défaire, les officiers du comte s'en emparèrent pour lui, en payant le prix de la chose. Mais le roi saint Louis, instruit de cette violence, ordonna que le bien serait rendu à ce particulier, puisqu'il ne voulait ni le vendre ni l'échanger, sans qu'à l'avenir, il pût être troublé dans sa possession. (*Vie de saint Louis, par le conf. de la reine Marg.*, pag. 380.) Charles fut encore redressé par saint Louis, dans une autre occasion. Il avait gagné un procès contre un chevalier, qui était oncle du comte de Vendôme. Le chevalier ayant appelé de ce jugement, Charles le fit mettre en prison, et refusa de le relâcher, malgré les pressantes sollicitations des amis du chevalier. Un écuyer de celui-ci trouva moyen de faire passer à saint Louis un placet, où il détailla toute cette affaire. Le roi tança rudement son frère sur la conduite qu'il avait tenue envers ce chevalier, lui ordonna de le délivrer, et voulut revoir l'affaire dans son conseil. Mais Charles s'était rendu si redoutable, que nul jurisconsulte n'osa plaider pour le chevalier. Le roi lui nomma lui-même un conseil, composé d'avocats, qu'il obligea de jurer qu'ils le conseilleraient loyalement. Ils tinrent parole, et conduisirent si bien l'affaire du chevalier, qu'il la gagna. Les créanciers de Charles eurent également à s'applaudir de la justice du monarque. Plusieurs marchands de Paris avaient fait à Charles des avances considérables, dont ils ne pouvaient obtenir le remboursement. Ils s'adressèrent au roi, qui obligea son frère de les satisfaire, en le menaçant de lui ôter ses apanages s'il y manquait. (*Ibid.*) Quel contraste entre les deux frères! (*Voy.* Charles I, *roi de Sicile et comte de Provence.*)

CHARLES II, DIT LE BOITEUX.

L'an 1285, CHARLES II, dit LE BOITEUX, succéda, étant en prison, à Charles I, son père, dans les comtés d'Anjou et du Maine, comme dans le reste de ses états. Ayant marié, le 16 août de l'an 1290, Marguerite, sa fille, à Charles de Valois, fils du roi Philippe le Hardi, il investit son gendre des comtés d'Anjou et du Maine, qu'il lui céda pour la dot de sa femme. Charles mourut le 5 ou le 6 mai 1309. (Voy. *les rois de Sicile et les comtes de Provence.*)

CHARLES III.

L'an 1290, CHARLES, comte de Valois, fils puîné du roi Philippe le Hardi et d'Isabelle d'Aragon, devint comte d'Anjou et du Maine, IIIe. du nom, par son mariage avec MARGUERITE, fille de Charles II. L'an 1297, au mois de septembre, par lettres données à Courtrai, le roi Philippe le Bel, frère de Charles de Valois, érigea en comté-pairie l'Anjou qui, jusqu'alors, n'avait été que simple comté. (*Anecd.*, tom. I, pag. 1301.) Charles, en 1301, voulant marier sa fille aînée, demande un aide à ses vassaux, et se met en devoir de le faire lever. Les barons d'Anjou et du Maine s'opposent à cet impôt, disant, *que tout droit haineux est à restraindre, que leurs vassaux ne doivent au comte l'aide requis, mais qu'ils le doivent chacun à leurs seigneurs, les cas avenants; et quant à eux; ils ne doivent à cause de leurs baronnies ne tailles ne devoirs, mais seulement services de corps et d'armes, et qu'il n'en a été usé aultrement aux temps passez.* À la tête des opposants, étaient le comte de Vendôme, et les sires de Mayenne, de Craon, de Laval, de Lassai, de Mathefelon et de Sillé. Ce fut la matière d'un procès qui fut jugé à l'avantage de Charles par le bailli d'Anjou. Les opposants appelèrent de ce jugement à la cour du roi ; mais, voyant ce tribunal disposé à le confirmer, ils firent la paix avec le comte, en se soumettant à sa volonté. (*Mss. d'Hérouval.*) Charles céda, l'an 1317, le Maine à PHILIPPE, son fils, qui parvint, l'an 1328, au trône de France. Charles mourut à Nogent-le-Roi, le 16 novembre 1325. (Voy. *les comtes de Valois.*)

JEAN.

L'an 1332 (n. st.), JEAN, fils du roi Philippe de Valois, fut investi des comtés d'Anjou et du Maine, ainsi que du duché de Normandie, pour les tenir en pairie, par lettres du roi, son père, datées du 17 février. Ce prince, étant monté sur le trône en 1350, réunit ces domaines à la couronne.

LOUIS I.

L'an 1356, LOUIS I, 2e. fils du roi Jean, né le 23 juillet 1339, à Vincennes, reçut en apanage les comtés d'Anjou et du Maine, avec la baronnie de Château-du-Loir et la seigneurie de Chantoceaux. Il combattit, le 19 septembre de la même année, à la funeste journée de Poitiers, où le roi, son père fut fait prisonnier. Ce monarque ayant recouvré sa liberté, le 25 octobre 1360, par le traité de Bretigni, érigea, par lettres-patentes, données à Boulogne, dans le même mois, l'Anjou en duché-pairie. Cette faveur accordée à Louis, eut son revers; car il fut un de ceux que le roi désigna pour aller tenir sa place à Londres, en qualité d'ôtage. Mais, l'an 1363, ennuyé de sa captivité, il s'évada et revint furtivement à Paris, alléguant pour excuse que, quand on saurait la raison de son retour, on l'approuverait. Le public ne l'a jamais sue, et le roi ne l'approuva pas.

Le duc Louis fut envoyé, l'an 1365, par le nouveau roi Charles V, son frère, en Bretagne, pour ménager la paix entre le duc Jean de Montfort et la princesse Jeanne, veuve de Charles de Blois. Créé, depuis, lieutenant de roi dans le Languedoc et la Guienne, il réduisit plusieurs villes de Querci, de Languedoc et de Poitou, sous l'obéissance du roi. Il ne réprima pas, avec moins de succès, les séditions qu'excitèrent les nouveaux impôts dans son département; mais les châtiments qu'il fit subir aux coupables, ne firent pas l'éloge de son humanité. Il fut encore nommé, par lettres du 30 avril 1370, lieutenant de roi du Dauphiné. (*Rec. de Colbert*, vol. 20, fol. 339.) Il se démit, la même année, du comté du Maine entre les mains du roi, qui lui donna en échange, pour sa vie seulement, le duché de Touraine, par lettres du 16 mars 1370 (v. st.) (Martenne, *Anecd.*, tome I, col. 251.) Mais il les conserva tous les deux par une concession subséquente du roi, datée du 17 mai suivant. (*Cartul. du Chancel. du Prat.*) Ce prince entendait la guerre. Il défit, l'an 1377, une armée anglaise, commandée par Thomas Felton, qu'il fit prisonnier. Après la mort de Charles V, il fut nommé régent du royaume, puis chef du conseil, pendant la minorité de son neveu Charles VI. Toute son occupation, dans l'un et l'autre emploi, fut d'amasser des fonds par toutes sortes de voies, pour aller se mettre en possession du royaume de Naples, que la reine Jeanne première lui avait transmis en l'adoptant, par ses lettres du 29 juin 1380. Lorsqu'il eut épuisé le trésor de l'épargne, le conseil, qui ne cherchait qu'à hâter son éloignement, arrêta qu'il lui serait délivré jusqu'à la somme de 50 à 60 mille livres sur les aides du royaume. La noblesse murmura, le peuple se révolta. Le duc d'Anjou couvrait son ambition du prétexte de la cause de l'église, parce que le pape Clément VII protégeait la reine de Naples, attaquée par Charles de Duras, compétiteur de Louis. Celui-ci, pour servir le pape, osant tout exiger de ses sujets, ne fut pas timide pour demander tout ce que l'autorité du saint siége pouvait lui concéder : dîmes, terres de l'église, tout lui fut accordé. Le Journal du chancelier du duc d'Anjou rend compte de toutes les vicissitudes qu'essuyait l'entreprise, et fait voir que ce prince, pour tout fruit de l'adoption de Jeanne, se serait contenté de la Provence, sans vouloir s'emparer du surplus, si le pape lui eût permis de céder à ses pressentiments qui ne furent que trop vérifiés. Il balança surtout lorsqu'il apprit que Charles de Duras tenait Jeanne assiégée dans le château de l'Œuf. Enfin, le 22 février 1382, il se rendit à Avignon auprès du pape Clément VII, qui fixa ses irrésolutions, par les belles espérances dont il le leurra. Il part de Provence, le 13 juin, avec une florissante armée qu'il avait amenée de France, et arrive, au mois d'octobre suivant, dans le royaume de Naples. Il y éprouva les malheurs qu'il avait appréhendés : son armée se fondit par les maladies sans avoir pu livrer aucun combat ; ses trésors se dissipèrent sans lui avoir acquis aucun ami capable de le servir avec fruit. Privé de toute ressource, et prêt à tomber entre les mains de son rival, il mourut de chagrin à Biseglia, près de Bari, le 20 septembre 1384, laissant de MARIE DE BLOIS, fille de Charles de Blois, duc de Bretagne, qu'il avait épousée le 9 juillet 1360 (morte à Angers, le 12 novembre 1404), deux fils : Louis, qui suit; et Charles, qui porta le titre de duc de Calabre. Le corps du duc Louis I, fut rapporté à Angers par ordre de Charles de Duras, qui prit même le deuil à sa mort; et son inhumation se fit à la cathédrale, dans un tombeau où les cendres de sa femme vinrent dans la suite se réunir aux siennes.

Le duc Louis I eut pour principal favori Pierre d'Avoir, sire de Château-Frémont, chevalier angevin, son grand-chambellan et sénéchal d'Anjou. En quittant cette province, il le mit à la tête du conseil qu'il avait composé pour la duchesse son épouse. Il lui enjoignit même de se qualifier *lieutenant-général de monseigneur le duc et de madame la duchesse*. Ainsi, la principale autorité, pendant son absence, résida dans ce seigneur. A la mort de Louis, sa veuve fit éclater le ressentiment que lui avait causé le pouvoir accordé par son époux à Pierre d'Avoir. Celui-ci en prévint les effets en se dépouillant de tous les titres dont le duc l'avait revêtu. Cette démission, qu'il fit dans les formes, est du 17 novembre 1384. Le lendemain il prit congé de la princesse, et se retira dans ses terres, où il mourut l'an 1390, laissant une riche succession aux enfants de Jean, sire de Beuil, et d'Anne d'Avoir, sa sœur. C'est en mémoire de cette grande fortune, et pour conserver des traces de cette ancienne et illustre maison d'Avoir, que les de Beuil écartelèrent de ses armes; savoir, aux 1 et 4 d'azur, au croissant d'argent, accompagné de six croisettes recroisetées et fichées d'or, qui est de *Beuil*; aux 2 et 3 de gueules, à la croix ancrée d'or, qui est d'*Avoir*. Leurs descendants, devenus comtes de Sancerre, y ajoutèrent un sur le tout écartelé de *Dauphiné* et de *Champagne*.

LOUIS II.

LOUIS II, fils aîné de Louis I, né à Toulouse le 7 octobre 1377, succéda, l'an 1384, à son père, dans le duché d'Anjou ainsi que dans le comté du Maine, le royaume de Naples et le

DUCS DE TOURAINE.

Le roi Jean, par ses lettres données au mois d'octobre 1360, à Boulogne, avait érigé la Touraine en duché pour en faire l'apanage de Philippe, dit le Hardi, son quatrième fils, né à Pontoise, le 15 janvier 1341 (v. st.). Mais, le lui ayant ensuite retiré, il lui accorda en échange, par ses lettres données, le 6 septembre 1363, à Germigni-sur-Marne, le duché de Bour-

comté de Provence, et à Marie, sa mère, en 1404, dans le comté de Guise, qu'elle avait apporté en dot à son époux. Au retour d'une expédition infructueuse qu'il avait faite en Italie pour se mettre en possession du royaume de Naples, il se rendit, l'an 1412, à la cour du roi Charles VI, dont il était chéri et estimé. Le comte d'Alençon étant entré vers le même tems dans la ligue du duc de Berri et des princes orléanais, le roi chargea le duc d'Anjou de conduire une armée sur les terres du premier, en lui assurant le don de toutes les conquêtes qu'il y ferait. Louis exécuta l'ordre avec succès. S'étant joint au connétable de Saint-Pol, il se rendit maître de Châteauneuf, de Saint-Remi, de Bellême, de Domfront, et d'autres places appartenantes au comte. Mais ces conquêtes ne furent pas de longue durée. Les Anglais ayant fait une descente en Normandie, tandis que le duc était allé joindre le monarque au siége de Bourges, reprirent tout ce qu'il avait enlevé au comte, passèrent dans l'Anjou, qu'ils désolèrent, et s'en retournèrent chargés de butin. Ce revers servit à réconcilier le duc d'Anjou avec le comte d'Alençon.

Après la mort de Martin, roi d'Aragon, Louis forma, l'an 1410, des prétentions sur cette couronne, du chef d'Yolande, sa femme, nièce du roi défunt, et sa plus proche héritière. Mais le parti de Ferdinand de Castille, après deux ans d'anarchie, prévalut; et tout ce qu'Yolande put obtenir, ce fut la

---

DUCS DE TOURAINE.

gogne, avec le titre de premier pair de France. (Voy. *les ducs de Bourgogne.*)

L'an 1370, LOUIS, deuxième fils du roi Jean, fut investi, comme on l'a dit, du duché de Touraine, qu'il garda jusqu'à sa mort arrivée l'an 1384.

L'an 1386, LOUIS, deuxième fils du roi Charles V, créé comte de Valois, dès l'an 1372, époque de sa naissance, reçut du roi Charles VI, son frère, le duché de Touraine, en augmentation d'apanage, par lettres datées de Lille, au mois de novembre; mais il le rendit en 1392, pour celui d'Orléans. (Voy. *les comtes et ducs de Valois.*)

L'an 1401, JEAN, quatrième fils du roi Charles VI, né le 31 août 1398, reçut en apanage du roi, son père, le duché de Touraine, par lettres du 16 juillet. Le jeune prince, l'année suivante, ou plutôt l'an 1403 (n. st.), après avoir été émancipé par son père, lui fit hommage, le 28 février, dans l'hôtel de Saint-Paul, en présence des ducs de Bourgogne, de Berri et d'Orléans, et d'un grand nombre de prélats et de seigneurs.

promesse d'une somme d'argent, qui peut-être ne fut jamais payée.

Louis, au mois de mars 1413, reçut dans son palais d'Angers, au retour des états-généraux, les ducs d'Orléans et de Bretagne avec le comte d'Alençon. Ce congrès fit craindre à la cour qu'ils ne voulussent donner atteinte au traité de paix conclu le 13 juillet de l'année précédente à Auxerre. Mais le chancelier du duc d'Orléans assura le roi que son maître était résolu d'observer le traité dans tous ses points. Les autres princes donnèrent de pareilles assurances au monarque. Cependant, quelque tems après, l'intimité qui régnait entre le duc de Bretagne et le duc d'Anjou fit commettre au second un manque de parole qui eut de fâcheuses suites. Depuis trois ans, il élevait dans sa maison la princesse Catherine, fille du duc de Bourgogne, fiancée par contrat avec son fils le prince Louis, en attendant l'âge nubile des deux partis. Malgré cet engagement, qui devait être inviolable entre des princes, il traita du mariage de son fils avec la fille du duc de Bretagne, et renvoya la princesse de Bourgogne, avec un cortége nombreux, à Beauvais, d'où elle fut amenée à Lille par les seigneurs et dames que le duc son père avait envoyés au-devant d'elle. Le duc de Bourgogne ne pardonna point au duc d'Anjou l'affront qu'il avait fait à sa fille, et de là l'inimitié des deux maisons. Les fiançailles que le duc d'Anjou fit, l'an 1413, de sa fille Marie avec Charles, cinquième

DUCS DE TOURAINE.

Mais, il y a toute apparence, que malgré ces formalités, la donation n'eut point son effet, puisqu'en 1414, par de nouvelles lettres données le 24 mai à Saint-Jean-des-Vignes, près de Soissons, le roi conféra à ce prince le même duché. Jean fut marié, par contrat du 30 juin 1406, à JACQUELINE DE BAVIÈRE, fille et unique héritière de Guillaume, comte de Hollande et de Hainaut, et de Marguerite de Bourgogne. Le roi, son père, s'obligea dès-lors à lui donner le duché de Berri et le comté de Poitou en augmentation d'apanage ; et en attendant l'exécution de cette promesse, il lui assigna six mille livres de rente sur la recette de Noyon. Jean devint dauphin, l'an 1415, par la mort de Louis, son frère aîné, arrivée le 25 décembre de cette année. Ce nouveau titre augmenta son autorité. Il s'en servit pour faire mettre bas les armes aux deux partis des Armagnacs et des Bourguignons. Mais ayant été gagné par son beau-père, il se déclara ensuite pour la faction de Bourgogne, et se lia étroitement avec le duc Jean Sans-Peur, dont il était neveu par sa femme. Ce prince mourut de poison à Compiègne, le 5 avril 1416, sans laisser de postérité. Sa femme

fils du roi Charles VI, depuis dauphin et ensuite roi de France, furent plus heureuses. Le mariage s'accomplit l'an 1422 (et non 1416, comme le marque un célèbre moderne.) Cette même année, le consentement que donna le duc d'Anjou à l'imposition d'une taille sur les Parisiens, pensa lui coûter la vie ainsi qu'au duc de Berri. Le duc de Bourgogne, à cette occasion souleva le peuple de la capitale par ses émissaires. Déjà le jour était pris pour mettre à mort le duc et la duchesse d'Anjou, et le duc de Berri, qui gouvernaient le royaume et le roi. Heureusement la conspiration fut découverte par une femme. Les chefs des conjurés furent arrêtés et subirent la peine due au forfait qu'ils avaient préparé. Alméric d'Orgemont, archidiacre d'Amiens et président de la chambre des comptes, l'un des complices, en fut quitte pour une prison perpétuelle avec le jeûne au pain et à l'eau : pénitence à laquelle il fut condamné par l'évêque devant lequel il avait été renvoyé. (Le Laboureur, *Histoire de Charles VI*, page 99.) Le duc Louis mourut à Angers le 29 avril 1417, laissant d'YOLANDE, fille de Jean I, roi d'Aragon, qu'il avait épousée le 2 décembre 1400, trois fils : Louis, qui suit ; René, qui vient après, et Charles, comte du Maine ; avec deux filles, Marie, femme du roi Charles VII, et Yolande, mariée, 1°. à Jean d'Alençon, 2°. à François I, duc de Bretagne. La mère de ces enfants conserva

DUCS DE TOURAINE.

se remaria depuis à Jean, duc de Brabant. (Voy. *l'article de ce dernier.*)

L'an 1416, CHARLES, cinquième fils du roi Charles VI, succéda au dauphin Jean dans cette qualité et dans le duché de Touraine, que le roi son père lui conféra. Au mois de mai de l'année suivante, il fit son entrée solennelle à Tours, où il fut reçu avec la pompe convenable à sa dignité ainsi qu'à sa naissance. Ce prince, devenu roi l'an 1423, accorda le même duché à la reine, son épouse, en avancement de douaire, pour soutenir son état, et fournir à l'entretien de son argenterie et de son écurie, avec pouvoir d'y instituer des officiers tant de justice que de finances, sa majesté ne se réservant que les hommages dus à cause de ce duché, avec le ressort et la souveraineté. Pour exercer ses droits, le roi déclara avoir établi siège à Tours, à Chinon, et en d'autres lieux. Mais la princesse ne jouit pas long-tems de ce duché ; le roi le donna, par lettres expédiées à Bourges, le 19 avril 1424 (n. st.), à Archambaud, comte de Douglas, pour lui et ses descendants mâles à perpétuité. Il est important de reprendre de plus haut l'histoire de ce comte. Son vrai nom

pour son douaire le comté du Maine jusqu'à sa mort arrivée à Tucé, près de Saumur, le 4 novembre 1442. Elle eut sa sépulture à Saint-Martin d'Angers auprès de son époux. L'université d'Angers est l'ouvrage de ce prince, qui la fonda l'an 1398. (Voyez *les comtes de Provence et les rois de Naples.*)

LOUIS III.

L'an 1417, LOUIS III, fils aîné de Louis II, né le 25 septembre 1403, lui succéda au duché d'Anjou et aux comtés du Maine et de Provence, ainsi qu'à ses prétentions sur le royaume de Naples, sous la tutelle d'Yolande, sa mère. L'an 1424, le roi Charles VII, étant à Angers, lui donna, par lettres du 21 octobre, le duché de Touraine, se réservant les droits royaux avec la ville et le château de Chinon. Mais il perdit, en 1425, la ville du Mans, que le comte de Salisbéri lui enleva. Les Anglais durent cette conquête à leurs canons; invention nouvelle, dont le bruit et les effets causèrent une telle épouvante aux habitants, qu'ils ne tardèrent pas à capituler. Honteux de cette faiblesse, ils cherchèrent, l'année suivante, à la réparer. Ayant pris langue avec les fameux capitaines Ambroise Loré, Guillaume d'Orval, la Hire, et d'autres seigneurs français, ils les introduisirent de nuit dans la ville, dont ces braves se rendirent

DUCS DE TOURAINE.

était Archbald du Glas. Il était Écossais, comte de Wighton, fils d'Archbald, deuxième du nom, comte du Glas, et d'une fille d'André de Murrai, gouverneur d'Ecosse. Un acte, conservé à l'hôtel-de-ville de Tours, le qualifie comte du Glas, et seigneur de Gallowai. Avant de venir en France, il avait défendu le château d'Edimbourg, contre Henri IV, roi d'Angleterre, qui l'assiégeait avec une puissante armée, et l'avait contraint, au bout de six semaines, de lever honteusement le siége avec une perte considérable. On remarque que depuis ce tems il fut malheureux dans toutes ses entreprises, ce qui lui fit donner le triste nom d'*Infortuné*. A la bataille d'Hamilton en 1401, Archambaud de Douglas fut fait prisonnier, après avoir combattu avec tant de valeur, qu'il mérita l'estime particulière de Persil, lieutenant-général des ennemis, qui rechercha son amitié. S'étant donc lié avec Persil, il le suivit dans sa rébellion contre Henri IV, et l'accompagna à la bataille de Shrewsburi, où il eut le même sort qu'à celle d'Hamilton. Mais le vainqueur ayant loué publiquement la valeur de Douglas et sa fidélité pour son ami qu'il n'avait jamais voulu abandonner, le renvoya sans rançon. Ce seigneur, plein d'estime et d'atta-

maîtres après avoir massacré tout ce qui leur résista. Le comte de Suffolck, gouverneur de la place, n'eut que le tems de se retirer dans le château. Mais le lendemain le général Talbot, étant accouru d'Alençon à son secours, surprend la ville à son tour pendant la nuit, et fait trancher la tête aux plus notables bourgeois.

Le duc Louis III ne dégénéra point de la valeur de ses ancêtres. Il poursuivit ses droits sur le royaume de Naples, et il était sur le point de s'en rendre maître lorsqu'il mourut, à Cosence, le 15 novembre 1434, à l'âge de trente et un ans, sans laisser d'enfants de MARGUERITE, fille d'Amédée VIII, duc de Savoie, qu'il avait épousée le 22 juillet 1431. Elle lui survécut, et épousa en secondes noces, l'an 1444, Louis *le Paisible*, électeur Palatin, après la mort duquel elle eut pour troisième époux Ulric VII, comte de Wurtemberg. (Voyez *les comtes de Provence et les rois de Naples.*)

RENÉ.

1434. RENÉ, duc de Bar et de Lorraine, deuxième fils du roi Louis II, succéda, l'an 1434, à Louis III, son frère, dans le duché d'Anjou, comme dans le comté de Provence, et dans ses droits sur le royaume de Naples. Ce prince éprouva tour à

DUCS DE TOURAINE.

chement pour le dauphin Charles, lui envoya, l'an 1418, Archambaud, son fils aîné, avec Jean Stuart, comte de Boucham, son gendre, qui défirent les Anglais au grand Beaugé, le 22 mars, veille de Pâques 1421. Charles étant monté sur le trône, il vint lui-même en France avec son fils puîné, Jacques de Douglas, à la tête d'un grand nombre de gentilshommes écossais, et cinq à six cents hommes de troupes réglées. Ils abordèrent à la Rochelle, d'où Archambaud vint trouver le roi à Châtillon-sur-Indre, et de-là, il le suivit à Bourges. Sa majesté, par reconnaissance des services qu'il venait de lui rendre dans un tems si critique, le créa lieutenant-général de ses armées, et, pour se l'attacher encore plus étroitement, lui donna, comme on l'a dit, le duché de Touraine, pour lui et ses hoirs mâles, avec la réserve des droits royaux et des châteaux de Chinon et de Loches. La chambre des comptes, qui se tenait à Bourges, fit difficulté d'enregistrer ces lettres. Mais le roi l'ayant mandée, lui enjoignit de procéder à cette vérification, ce qui fut exécuté le 25 avril 1424. Il fit son entrée solennelle à Tours le 27 mai suivant. Tandis qu'il était en cette

tour la bonne et la mauvaise fortune. Ayant obtenu du cardinal Édouard, son oncle, le duché de Bar, il avait encore eu le bonheur d'épouser ISABELLE, fille et héritière de Charles II, duc de Lorraine. Antoine, comte de Vaudemont, lui disputa ce duché, le défit et le fit prisonnier à la bataille de Bullégneville en 1431. Il était encore détenu au château de Dijon lorsque Louis III, son frère, mourut. La reine sa femme étant alors passée à Naples, s'y conduisit avec beaucoup de sagesse. René ayant obtenu sa liberté, l'an 1436, en donnant une grosse rançon, se rendit, l'année suivante, à Naples, d'où, après quelques succès heureux, il fut chassé par Alfonse, son compétiteur. De retour en France, il renonça à tout projet d'agrandissement, et ne s'occupa plus que des beaux arts et du bonheur de ses peuples. L'an 1440, il cède à Charles, son frère, le comté du Maine, qui devait lui revenir après la mort de leur mère, suivant l'usage établi dans la maison des ducs d'Anjou, qu'un des jeunes enfants mâles étant mort, l'aîné de ses frères héritât de ses biens; et de cette sorte, dit Chopin, toute la succession restait dans la souche, et revenait au chef unique de la maison. (*De Doman. Gall.*, l. 2, c. 11, p. 187, édit. de 1588.)

L'an 1444, le comte de Sommerset, après avoir parcouru l'Anjou en pillant le plat pays, à la tête de six mille Anglais,

---

DUCS DE TOURAINE.

ville, les Anglais continuaient en France leurs conquêtes. Archambaud, apprenant qu'ils venaient de se rendre maîtres d'Ivri, partit en diligence pour aller à leur rencontre, et prit en passant Châteaudun, où le duc d'Alençon, le maréchal de la Fayette, le vicomte de Narbonne, et d'autres seigneurs, vinrent le joindre. Le duc de Bedford ayant su que le duc de Touraine était à Verneuil, qu'il venait de reprendre, lui manda, par un héraut, qu'il désirait de boire avec lui, et qu'il le priait de l'attendre. Le duc répondit qu'il était venu exprès pour cela d'Écosse. Les deux armées se trouvèrent en présence, auprès de la Justice de Verneuil, le 17 août 1424. Les Français ayant été mis en déroute, le duc de Touraine, Jacques, son fils puîné, et Jean Stuart, comte de Bouchan, connétable de France, perdirent la vie dans cette malheureuse journée. Leurs corps furent rachetés des Anglais, transportés à Tours, et enterrés sans pompe au milieu du chœur de la cathédrale. Archambaud de Douglas avait épousé MARGUERITE STUART, fille de Robert III, roi d'Écosse, et de Marie Brus, dont il eut quatre enfants : Archambaud, qui porta le titre de duc de Touraine ; James ou Jacques, tué avec son père, comme on vient de le voir ; Marguerite, femme de Guillaume Sainclair ; et Elisabeth,

vint camper, au mois d'avril, à l'abbaye Saint-Nicolas, près d'Angers, dans le dessein de surprendre cette ville et de l'emporter d'emblée. Mais un soir qu'il était assis à table, un canonnier du château pointe un fauconneau, et le mire au moyen de la lumière qu'il voyait à travers les fenêtres de l'appartement. Le coup porta juste, et tua un des convives qui était auprès du comte. Il s'appelait le sire de Froyfort, et passait pour le plus grand capitaine de la troupe. Ce coup épouvanta les Anglais, on éteignit les lumières, et le lendemain ils décampèrent de bon matin. De là, Sommerset alla faire le siége de Pouancé, qu'il fut obligé de lever aux approches du connétable et du maréchal de Lohéac; après quoi il quitta l'Anjou et passa en Normandie. (*Hist. Chron. de Charles VII*, p. 424; Bourdigné, p. 148.) L'an 1446, au mois de mai, se fit l'*Emprise* (la joute) *de la gueule du dragon et celle du château de la Joyeuse-Garde*, près de Saumur, où le pas fut maintenu par le duc René. A cette fête, qui dura quarante jours et fut une des

DUCS DE TOURAINE.

femme de Jean Stuart, comte de Bouchan et connétable de France. Après la mort d'Archambaud de Douglas, on s'imagina qu'il ne laissait point de postérité mâle, parce qu'on supposa mort son fils aîné, qu'il avait laissé malade en Ecosse, lorsqu'il passa en France. Dans ce préjugé, le roi Charles VII disposa du duché de Touraine en faveur de Louis III, duc d'Anjou.

Le comte de Wighton (c'est ainsi qu'on nommait le fils aîné d'Archambaud de Douglas) ayant appris le don qui avait été fait de la Touraine au duc d'Anjou, réclama ses droits, et fit supplier le roi de lui rendre justice. Charles VII reconnut son erreur; promit au comte de Wighton de le dédommager, et lui permit de porter le titre de duc de Touraine, mais sans déroger à ce qu'avait obtenu le duc d'Anjou. Le comte de Wighton mourut en Ecosse, le 26 juin 1438, laissant de Mathilde, sa femme, trois enfants; Guillaume, qui porta aussi le titre de duc de Touraine, David, et Béatrix. Les deux frères furent tués, l'an 1444, au château d'Edimbourg. Enfin, jusqu'à JAMES VI, comte de Douglas, les aînés de cette maison ne cessèrent de se qualifier ducs de Touraine. (Carreau, *Hist. manuscrite de Tours.*) Nous ne parlons point ici du don que le roi d'Angleterre, Henri VI, soi-disant roi de France, fit de la Touraine et de ses dépendances à son cousin Jean, comte d'Arundel, par lettre du 8 septembre 1434, n'exceptant que le château et la châtellenie de Loudun. (*Rec. de Colbert*, vol. 52, fol. 331.) Il paraît que ce don fut sans effet: les Anglais ne possédaient rien alors en Touraine.

plus brillantes, concourut toute la haute noblesse de l'Anjou et du Maine. Elle se donna sous les yeux de la duchesse Isabelle et d'Yolande, sa mère, en l'honneur de toutes les dames et en particulier de mademoiselle de Laval, que René, huit ans après, épousa. Le duc y remporta le prix, et présenta depuis ce tournoi, peint en miniature, de sa main, au roi Charles VII. (La Colombière, tom. I p. 81.)

L'an 1448, le duc René institue, dans la ville d'Angers, l'ordre de chevalerie *du Croissant*, dont le symbole était un croissant d'or, avec ces mots en lettres bleues : *Loz en croissant*. Il eût été à souhaiter que cette devise lui eût mieux convenu. Il se démit, l'an 1453, du duché de Lorraine en faveur de Jean, son fils unique : mais la mort lui enleva ce fils le 6 décembre de l'an 1470 ; et, l'an 1473, il perdit encore son petit-fils, Nicolas, décédé sans postérité. Le roi Louis XI, l'année suivante, craignant qu'après la mort de René, l'Anjou ne lui échappât, le défère au parlement comme suspect d'intelligence avec ses ennemis, et propose de lui faire son procès. Le parlement fit des difficultés sur la manière de procéder, qui arrêtèrent les poursuites du roi. Les voies de fait paraissant plus courtes et plus sûres à ce monarque, il se saisit du duché, et mit garnison dans le château d'Angers. René, dissimulant sa douleur en se voyant dépouillé si injustement, se retira en Provence, où il mourut à Aix, le 10 juillet 1480. Son corps fut apporté à Angers, que le roi lui avait rendu, et inhumé dans la cathédrale. (Voy. *les ducs de Lorraine et les comtes de Provence*.)

Charles II, comte du Maine, comptait succéder au duc René, son oncle, dans l'Anjou. Mais le roi Louis XI s'en empara de nouveau, prétendant (avec raison) que, faute d'hoirs mâles en ligne directe, il devait, comme apanage, revenir à la couronne, et il l'y réunit en effet. Charles ne fit aucune démarche pour s'opposer à cette réunion. Mais René II, duc de Lorraine, et petit-fils, par Yolande, sa mère, de René, duc d'Anjou, prétendit à la succession de ce dernier, et intenta à ce sujet un procès, qui fut terminé à son désavantage, par arrêt du conseil, l'an 1484, sous le règne de Charles VIII. Pendant le cours de ce procès, Louis XI, par lettres données au Plessis du Parc-lez-Tours, dans le mois d'octobre 1481, confirma la chambre des comptes établie à Angers par les ducs d'Anjou, *pour plusieurs causes et raisons, dit-il, et mesmement que les ducs d'Anjou, qui par ci-devant y ont esté, estoient gens de bon et haut couraige ; tellement que en leur tems ils ont traité grandes et hautes affaires tant en nostre royaume que aultres pays, lesquelles, comme dignes de mémoire, ont esté rédigées et escriptes* dans ladicte chambre, qui nous est une chose moult plaisante et agréable : et pour rien ne vouldrions iceux escripts déplacer et mettre ailleurs en confusion et aultres escripts, et ne nous seroit proufit ne agréable chose d'y faire mutation ; car en ladicte chambre promptement se peuvent à toute heure trouver plusieurs lettres, chartres, inscriptions et beaux faits, par les gens de ladicte chambre, rédigés, comme dict est, par escript, et mis en très bon ordre et à nous proufitable.... et pour ces causes et aultres à ce nous mouvant, avons de nostre autorité et puissance, par édict royal, délibéré, conclu, et ordonné.... que ladict chambre à Angers sera et demourera. (*Trésor des chartes*, tom. II, p. 61.) L'Anjou, irrévocablement réuni à la couronne, ne fut plus qu'un titre d'apanage, réservé aux fils puînés de nos rois. C'est à ce titre que Charles VIII le possédait du vivant de son père. François Ier. donna, depuis, l'Anjou à sa mère ; mais ce ne fut point à titre d'apanage. La définition même de ce mot en interdit l'idée, par rapport à cette donation. Les quatre fils de Henri II ont porté successivement le titre de ducs d'Anjou. Louis XIV fit porter ce titre à deux de ses fils, morts en bas âge. Philippe V, roi d'Espagne, et Louis XV, l'ont porté de même avant de monter sur le trône, ainsi qu'un fils de ce dernier.

CHRONOLOGIE HISTORIQUE

DES

COMTES DU MAINE.

LE Maine, province située entre la Bretagne, l'Anjou, la Touraine, le Vendômois, le Perche et la Normandie, était originairement occupé par trois peuples, les *Aulerci Cenomani*, qui étaient les plus nombreux, les *Aulerci Diablintes*, et les *Arvii*. (D'Anville.) Mais le nom des premiers a prévalu dans le pays, qui n'est presque plus connu, depuis le quatrième siècle, que sous le nom de *Cenomania*. Les Manseaux furent du nombre de ceux qui par leurs colonies se rendirent maîtres, sous Bellovèse, leur chef, de la partie de l'Italie que les Romains appelèrent depuis Gaule Cisalpine. Ils y bâtirent en particulier les villes de Trente, de Crême, de Bergame, de Bresse, de Crémone, de Mantoue et de Vérone, dont les peuples continuèrent d'être appelés de leur ancien nom, *Cenomani*. Ceci arriva vers l'an 164 de Rome, 590 ans avant Jésus-Christ. Les Manseaux, lorsque César entra dans les Gaules, se confédérèrent avec les Auvergnats et d'autres peuples, pour défendre leur liberté. Apprenant qu'ils faisaient le siége d'Alise, ils accoururent au secours de la place; mais l'habileté du général romain rendit leurs efforts inutiles. Marchant de conquête en conquête, il arriva enfin sur leurs terres, et les contraignit de subir le joug. Les Francs, dans la suite, eurent moins de peine à les réduire sous leurs lois. Fatigués et excédés par les exactions des officiers romains, ils s'offrirent d'eux-mêmes à ces nouveaux conquérants. On ne sait pas la date précise de cette révolution; mais on voit que, du tems de Clovis, Rigomer, prince du sang de Mérovée, [...]e Maine à titre de royaume, comme Ragnacaire, son [frère, le Cam]bresis. Tous deux furent les victimes [de l']ambition de Clovis, qui les fit massacrer pour envahir [leurs éta]ts. Il paraît que les [Manceaux] ne se donnèrent pas sans r[ésistanc]e au meurtrier de leur roi. On voit en effet que Clovis [...] a dans le Maine une armée qui dévasta ce pays. Saint Princi[n], alors évêque du Mans, où la religion chrétienne s'était établie par le ministère de l'évêque Saint-Julien au troisième siècle de l'église, obtint, par l'entremise de Saint-Remi, dont il était parent, la liberté de ses clercs et la cessation du carnage. Ceci arriva l'an 510. Les successeurs de Clovis établirent des comtes pour gouverner cette province. Mais Childebert III, à l'exemple de Clotaire III, laissa, par une ordonnance datée de la quatrième année de son règne (698 de J. C.) le choix de ces gouverneurs à l'évêque diocésain (c'était alors Berlemond), aux abbés et aux notables du pays. (Mabill. *Ann. Ben.*, t. I, p. 616.) Cette ordonnance ne fut point fidèlement exécutée. Plusieurs s'emparèrent successivement de ce gouvernement, et furent dépouillés par d'autres usurpateurs. Tels furent Rotgaire, Hunold, Hatton, Roger, Milon, et Grippon, fils de Charles Martel, à qui ses frères, Carloman et Pepin, enlevèrent le Maine avec ce qui devait lui revenir de la succession de leur père. Le Maine, par la suite, fut compris dans le département du duché de France, qui commença à se former sous le règne de Charles le Chauve. Robert le Fort, tué par les Normands en 866, Eudes, son fils aîné, depuis roi de France, Robert, frère d'Eudes, mort en 923, Hugues le Grand et Hugues Capet, son fils, possédèrent le Maine comme ducs de France. Ils avaient sous eux des comtes particuliers pour gouverner en leur nom les provinces de leur département. Mais il paraît que le Maine avait un comte avant l'érection du duché de France. On trouve en effet sous le règne de Louis le Débonnaire, un RORICON, comte du Maine, frère de Gauzbert, abbé de Saint-Maur-des-Fossés, puis de Saint-Maur-sur-Loire, fils, l'un et l'autre, de Goslin et d'Adeltrude. D. Vaissète, (t. I, p. 719) place, vers l'an 841, la mort de Roricon, quatre ans ou environ, avant celle de l'abbé Gauzbert, son frère. Ce comte avait épousé, 1°. ROTRUDE, fille aînée de Charlemagne, dont il laissa Louis, abbé de Saint-Denis et chancelier de France, mort en 867 ; 2°. BLICHILDE, qui le fit père de Roricon II, l'un de ses successeurs; de Gotfrid, qui remplaça son frère; de Gozlin, moine et abbé de Saint-Maur-sur-Loire, en 845, successivement abbé de Saint-Germain-des-Prés et de Saint-Denis, chancelier de France et évêque de Paris, mort, l'an 886, en défendant cette ville contre les Normands qui en faisaient le siége. Du second mariage de Roricon I, sortit encore une fille nommée Blichilde comme sa mère, et femme de Bernard, frère d'Emenon, comte de Poitiers.

Les comtes, à leur établissement, surtout ceux qui avaient un grand district, eurent soin de se donner des lieutenants pour exercer leurs fonctions, soit en cas d'absence, soit en cas de maladie ou d'autre empêchement. On nommait ces lieutenants vicomtes. Ce fut sur ceux-ci que les comtes, lorsqu'ils eurent rendu leurs gouvernements héréditaires, se déchargèrent de leurs fonctions les plus pénibles, et surtout de l'exercice de la justice. Pour se les attacher plus étroitement, ils unirent au titre de vicomte, des fiefs considérables avec différents droits. On vit ces vicomtés, devenues héréditaires, rentrer dans le partage des successions et se diviser entre les différentes branches de la même famille. De là les vicomtes de Frênai, les vicomtes de Sainte-Suzanne, les vicomtes du Lude, etc. Lorsque plusieurs terres, à l'une desquelles était attaché le titre de vicomté, portaient le même nom, on distinguait celle-ci par cet attribut, en disant, par exemple, Beaumont-le-Vicomte, Frênai-le-Vicomte, etc. Ceux mêmes qui ne tenaient que le nom de la famille vicomtale, y ajoutèrent le titre de vicomte, et cet usage a long-tems persévéré.

GAUZBERT.

841 ou environ. GAUZBERT, dont on ignore l'origine, fut le successeur de Roricon I, dans le comté du Maine par la nomination du roi Charles le Chauve. Ce monarque, ayant été obligé, l'an 849, d'évacuer les villes de Nantes et de Rennes, qu'il venait de conquérir sur les comtes Noménoé et Lambert, chargea Gauzbert de continuer la guerre contre ces deux comtes. Gauzbert fit prisonnier Garnier, frère de Lambert, et le livra entre les mains de Charles le Chauve. Mais Lambert, l'an 850, aidé par Noménoé, vengea la captivité de son frère en faisant le siége du Mans, où Gauzbert ne l'attendit pas. (*Chron. Ademari*, et Morice, *Hist. de Bretagne*, t. I, p. 42.) Gauzbert eut sa revanche deux ans après. Ayant surpris Lambert dans une embuscade, il le mit à mort le 1er. mai 852. (Morice, *ibid.* p. 43.) Les Nantais vengèrent la mort de leur comte dans une pareille surprise, où périt Gauzbert au mois de mars de l'année suivante. (Bouquet, t. VII, p. 226.)

RORICON II.

853. RORICON II, fils de Roricon I, et successeur de Gauz-

bert au Maine, eut de plus, une partie de l'Anjou dans son département, comme on le voit par une charte de Saint-Maur-sur-Loire, où il est qualifié comte d'Anjou. Il fut tué, l'an 866, en combattant contre les Normands. (Vaissète, *ibid.*)

GOTFRID, ou GOSFRID.

866. GOTFRID fut nommé par le roi Charles le Chauve, pour succéder à Roricon II, son frère. Il servit avec fidélité son bienfaiteur : mais après la mort de ce prince, arrivée l'an 877, il se révolta contre Louis le Bègue ; on ignore par quel motif. Il y a bien de l'apparence que cette levée de boucliers occasiona sa destitution. C'est à-peu-près tout ce que nous savons des comtes du Maine avant le milieu du xe. siècle.

HUGUES I.

955 ou environ. HUGUES I, fils de David, seigneur puissant dans le Maine, et même issu de Charlemagne, suivant l'opinion qui avait cours du tems d'Ordéric Vital (l. 4, p. 532), fut établi comte de cette province, l'an 955 au plus tard, par Hugues le Grand, duc de France. Il confirma, cette année, la fondation faite par son père, d'une église collégiale, qui subsiste encore de nos jours (1785) au Mans, sous le titre de Saint-Pierre de la Cour. C'est donc une erreur dans quelques modernes de ne faire commencer son gouvernement qu'en l'an 970. Hugues eut des démêlés fort vifs avec Sigenfroi, de la maison de Bellême, évêque du Mans. Bouchard, comte de Vendôme, auprès duquel le prélat s'était réfugié, prit son parti, et fit la guerre à Hugues avec assez peu de succès ; ce qui engagea Sigenfroi à se réconcilier avec Hugues. Ce comte fut du nombre de ceux qui vinrent au secours d'Eudes II, comte de Champagne, dans la guerre qu'il eut avec Richard II, duc de Normandie. Les troupes du Champenois ayant été fort maltraitées l'an 1006, devant le château de Tillières, Hugues fut obligé de se réfugier dans une étable de moutons, d'où il regagna le Mans avec peine, déguisé en berger. (Bouquet, t. X, p. 187 ; Morice, *Hist. de Bretagne*, t. I.) Foulques Nerra, comte d'Anjou, trouvant le Maine à sa bienséance, entreprit de l'envahir. *Il subjugua par violence le comte Hugues*, dit Ordéric Vital ; ce qui signifie au moins qu'il le força de se reconnaître son vassal. Hugues avait enlevé auparavant, à Ives de Bellême, une partie du Sonnois, enclavé dans le Maine, et donné, en présence de Sigenfroi, évêque du Mans (décédé en 994), plusieurs terres de ce canton, à l'abbaye de la Couture : *Dedi et concessi*,

dit-il dans la charte de donation, *prædicta nostra propria quæ in terra Sagonensi sunt sita*. (Le Courvaisier, *Hist. des évêques du Mans*, p. 326.) Hugues signa, l'an 1015, une charte en faveur de l'abbaye de Tuffé. (Martenne, *Ampl. coll.* t. I, p. 973.) C'est le dernier trait connu de sa vie, qu'il peut avoir terminée cette année. Il laissa de son mariage, Herbert, qui suit. Il avait eu deux autres fils, Hugues et Foulques, qui moururent avant lui. (Bouquet, t. XI, p. 631.)

HERBERT I, DIT ÉVEILLE-CHIEN.

1015. HERBERT I, fils de Hugues I, lui succéda étant fort jeune, *admodùm juvenis* (*Spicil.*, tom. X, pag. 538), dans le comté du Maine, en 1015 au plutôt. Il eut le surnom d'ÉVEILLE-CHIEN, *Evigilans-Canem*, parce que, dans ses expéditions militaires, il prenait ordinairement le tems de la nuit pour surprendre ses ennemis. Foulques Nerra, toujours jaloux de joindre le Maine à ses états, profita de la jeunesse d'Herbert, pour tâcher de consommer son projet; mais il trouva dans le comte adolescent, une résistance à laquelle il ne s'attendait pas. Foulques, après avoir éprouvé la valeur d'Herbert, aima mieux l'avoir pour ami que pour ennemi : ils firent la paix, et marchèrent ensemble contre Eudes II, comte de Blois, qu'ils battirent, le 6 juillet 1016, près de Pontlevoi. Herbert avait dans sa capitale un antagoniste avec lequel il eut des démêlés, qui furent longs et produisirent de très-fâcheux effets. C'était l'évêque Avesgaud de Bellême. Leur querelle éclata à l'occasion d'un fort, que le prélat avait fait bâtir à Duneau, près de Connerai. Herbert, jugeant cette entreprise préjudiciable à ses intérêts, part à l'entrée de la nuit, surprend le fort, et le rase avant le jour. Avesgaud n'étant pas en force pour se venger, se retire à Bellême, auprès du comte Guillaume, son frère, et lance de là une excommunication contre le comte du Maine. Mais, voyant qu'elle ne faisait nul effet sur l'esprit de son adversaire, il lève des troupes et marche contre lui, avec son frère. Guillaume de Jumiège dit qu'il y eut une bataille, où d'abord, Herbert fut vainqueur, mais ensuite battu et mis en fuite par Gerric, fils d'Ernaut le Gros, lieutenant du comte du Perche. Un accord, ménagé par des amis communs, mit fin à ces hostilités.

Herbert, dont le père avait enlevé à Ives, seigneur de Bellême, une partie du Sonnois, enclavé dans le Maine, jalousait fort l'autre portion de ce canton. Ce fut l'occasion d'une guerre qu'il eut avec Guillaume I, fils d'Ives, et comte du Perche. Celui-ci la soutint valeureusement, encouragé par Richard II, duc de Normandie, et secondé par un des plus braves chevaliers de son tems. C'était Géroie, *de Curte Sedaldi*, qui de Bretagne était venu s'établir dans le Perche. Géroie fit tête long-tems au comte du Maine; mais enfin il fut défait dans un combat et obligé de prendre la fuite. Il répara néanmoins ce revers ; et, ayant rassemblé les débris de l'armée de Guillaume, il battit Herbert à son tour, et l'obligea d'évacuer le Sonnois (Bouq., tom. XI, pag. 632, *ex Will. Gemm. et Orderico*.)

L'an 1026, Foulques Nerra, toujours ami, en apparence, d'Herbert, l'attire à Saintes, dont il était maître, sous prétexte de lui donner cette ville en fief. L'ayant en son pouvoir, il le promène, le 4 mars, dans toutes les parties du château, et l'enferme dans la plus reculée, tandis que la comtesse d'Anjou amuse la femme d'Herbert. Celle-ci trouva le moyen de s'échapper; et sa fuite sauva la vie à son époux, parce que Foulques craignit que les Manseaux, par elle excités, ne cherchassent à venger la mort de leur comte. Herbert en fut quitte pour environ deux ans de prison, au bout desquels il fut relâché moyennant une très-forte rançon. (*Wilelm. Malmesb.*, liv. 3.) A son retour, les hostilités recommencèrent entre lui et l'évêque Avesgaud. L'historien des évêques du Mans prétend que ce fut Herbert qui viola les conditions du traité qu'ils avaient fait ensemble. Quoi qu'il en soit, le prélat ne se croyant pas en sûreté dans sa ville épiscopale, en sortit pour se retirer à la Ferté-sur-Huigne, autrement la Ferté-Bernard, place assez forte pour ne pouvoir être emportée que par un siége dans les formes. Herbert, ayant appelé à son secours Alain III, duc de Bretagne, vint se présenter devant la Ferté, qu'ils assiégèrent, et dont ils se rendirent maîtres par composition. Chassé de cette retraite, Avesgaud employa la médiation de Fulbert, évêque de Chartres, pour ramener Herbert à des sentimens de paix. Fulbert écrivit au comte une lettre très-forte qui fit son effet. Herbert l'engagea par sa réponse à venir au Mans, et là, en sa présence, il rendit la Ferté à son évêque, avec lequel il se réconcilia. Cependant le duc de Bretagne, après la prise de la Ferté, avait été faire le siége du Lude, en Anjou. Foulques Nerra, étonné de cette incartade, lui en envoya demander la raison. Il répondit que c'était pour venger le comte Herbert du traitement perfide et barbare qu'il lui avait fait, protestant et jurant qu'il ne se retirerait point, que Foulques ne lui eût remis sa rançon et rendu les otages qu'il avait reçus de lui. Foulques aima mieux le satisfaire, que de s'exposer au risque de perdre une de ses meilleures places. Herbert, en faisant la paix avec Avesgaud, s'était raccommodé en même tems avec toute la maison du prélat. Guillaume, seigneur de Bellême, voulut, en vertu de cette réunion, l'engager dans une guerre qu'il avait avec Richard III, duc de Normandie. Mais Herbert ayant refusé d'y entrer, Guillaume envoya ses deux fils faire le dégât dans le Maine. Le duc étant venu au secours d'Herbert, livra bataille aux deux fils de Guillaume, dont l'un périt dans l'action, et l'autre y fut dangereusement blessé : double événement qui causa la mort au père par le chagrin qu'il en eut. Son troisième fils et son successeur, Robert, voulut continuer la guerre, et n'eut pas un meilleur sort. Il tomba, l'an 1031, entre les mains des Manseaux, qui le retinrent prisonnier pendant deux ans au château de Bâlon. Ses vassaux entreprirent de le délivrer; mais, ayant battu les Manseaux, ils usèrent si mal de leur victoire, que ceux-ci, pour se venger, assommèrent Robert dans sa prison. Les brouilleries entre Herbert et l'évêque Avesgaud s'étant renouvelées, le prélat, poussé à bout par ce comte, l'avait excommunié pour la deuxième fois, après quoi il partit, l'an 1032, pour la Terre-Sainte. Il ne revit plus son diocèse, et mourut à son retour, l'an 1036, à Verdun. Herbert finit ses jours la même année, le 13 avril suivant le Nécrologe de la Couture du Mans. Il laissa de son mariage un fils en bas âge, qui suit, avec trois filles ; Gersende ou Hersende, femme de Thibaut III, comte de Blois, puis d'Azzon, marquis de Ligurie; Biote, mariée à Gauthier, comte d'Amiens ; et Paule, femme de Lancelin, sire de Baugenci (*Voyez* Alain III, *comte de Bretagne.*)

HUGUES II.

1036. HUGUES II, fils d'Herbert Eveille-Chien, lui succéda en bas âge, l'an 1036, sous la tutelle d'Herbert Baccon, son grand-oncle. Ce tuteur infidèle entreprit de dépouiller son pupille. Mais il fut traversé dans ses vues ambitieuses par l'évêque Gervais de Château-du-Loir, qui était parrain du jeune comte. Les Manseaux se joignirent au prélat. Mais Baccon, étant plus fort, le chassa du Mans, où il ne rentra qu'après deux ans d'exil. Les querelles s'étant depuis renouvelées entre lui et l'usurpateur, il eut recours à Geoffroi Martel, comte d'Anjou, dont il obtint la protection en s'engageant à lui faire avoir du roi, pour sa vie, la garde de l'évêché du Mans (1).

---

(1) *Videns verò præsul suum episcopatum nec per regem nec per se ipsum à Baccone posse defendi, petivit quiddam à rege Henrico quod utinam non petisset; scilicet ut daret episcopatum Gaufrido Andegavorum Comiti, scilicet dum viveret ut liberiùs à Comite Cenomanico illum defen-*

Avec ce secours les Manseaux vinrent à bout de chasser Baccon, et de mettre Hugues en jouissance du comté du Maine. Mais Gervais, n'ayant plus besoin du comte d'Anjou, négligea l'engagement qu'il avait pris avec lui. Geoffroi Martel n'était pas un prince à qui l'on pût manquer impunément. Pour se venger de la mauvaise foi du prélat, il vint l'assiéger dans le château du Loir. On donne encore une autre raison de cet acte d'hostilité; c'est, dit-on, parce que Gervais avait fait épouser à Hugues, l'an 1040, BERTHE, fille d'Eudes II, comte de Blois, et veuve d'Alain III, duc de Bretagne, malgré le comte d'Anjou, qui désapprouvait ce mariage, et peut-être toute autre alliance du jeune comte, dans l'espérance de lui succéder. (Bouquet, tom. XI, pag. 136.) Quoi qu'il en soit, le comte d'Anjou, trouvant dans les assiégés plus de résistance qu'il n'avait espéré, substitua la ruse à la force. Ayant donc attiré Gervais dans son camp, sous prétexte d'une conférence amiable, il se rendit maître de sa personne, et le retint prisonnier pendant l'espace de sept ans, comme on le voit par les actes du concile de Reims, tenu en 1049, où il est menacé d'excommunication, s'il ne rend la liberté au prélat. Geoffroi déféra à cette menace; mais pour prix de sa liberté, il obligea Gervais

---

deret: illo etenim mortuo, in regiam manum rediret. Quod factum versum est in malum. (*Mabill. Analect.*, tome III, page 305.) Les comtes d'Anjou, successeurs de Geoffroi Martel, se maintinrent dans la possession de ce droit de régale, dont ils abusèrent pour vexer l'église du Mans, ainsi que celle d'Angers, sur laquelle ils avaient acquis le même droit. Mais quand nos rois, successeurs de Philippe Auguste, dans la main duquel étaient rentrés l'Anjou et le Maine, donnèrent en apanage ces comtés, ils eurent soin de se réserver la régale de leurs évêchés. C'est ce que fit le roi Philippe le Bel dans ses lettres-patentes du mois d'avril 1392, par lesquelles il donne à Charles, son frère, comte de Valois, d'Alençon et du Maine, la garde de toutes les églises d'Anjou et du Maine; car il en excepta la garde des églises cathédrales d'Angers et du Mans, comme aussi des autres églises qui étaient en la garde spéciale du roi par un privilége particulier, et il en excepta encore son droit de régale durant la vacance desdites églises cathédrales, en la manière que lui et les rois ses prédécesseurs l'avaient eu depuis que les comtés d'Anjou et du Maine avaient commencé d'être possédés par Charles I, roi de Sicile et comte desdits comtés. Toutefois, Philippe de Valois, qui, par son avénement à la couronne, avait réuni au domaine royal l'Anjou et le Maine, donnant à Jean, son fils aîné, ces deux comtés avec le duché de Normandie, lui abandonna la régale de leurs évêchés, ne s'en réservant que le service du fief, le ressort et la souveraineté royale. Mais cet exemple ne peut être tiré à conséquence, parce que Jean était héritier présomptif de la couronne. (Brussel, pp. 299 *et seq.*)

à lui céder le château du Loir, avec d'autres places qui étaient à sa bienséance, et à promettre de ne point rentrer au Mans, tant que lui Geoffroi vivrait. Le prélat se retira en Normandie auprès du duc Guillaume, qui le retint à sa cour, où il fut traité avec distinction. Mais, l'an 1055, il fut pleinement dédommagé de ses infortunes, en montant sur le siége de Reims, et par la dignité de chancelier du royaume, qui était comme annexée à ce siége, dont elle fut néanmoins séparée après la mort de Gervais. A l'égard du comte Hugues, il resta sous la tutelle de Geoffroi, qui commanda en souverain dans le Maine. Une mort prématurée termina cette espèce de captivité. Hugues finit ses jours le 7 avril 1051, laissant de son mariage Herbert, qui suit, et N., mariée à Geoffroi, seigneur de Mayenne. Après la mort de Hugues, les Manseaux, découragés, se rendirent à Geoffroi Martel, qui entra par une porte de leur ville, tandis que la comtesse Berthe sortait par une autre avec ses enfants.

HERBERT II.

1051. HERBERT II était en bas âge, c'est-à-dire au-dessous de vingt et un ans, à la mort de Hugues II, son père, suivant Guillaume de Malmesburi, et non pas son frère, comme le prétend M. de Saint-Marc. Geoffroi Martel, se portant pour administrateur du Maine pendant sa minorité, continua d'exercer dans ce pays toute l'autorité comtale jusqu'à la fin de ses jours. Herbert y était cependant reconnu pour le vrai propriétaire du comté, ainsi que plusieurs actes, faits du vivant de Geoffroi, le justifient. Il ne survécut à celui-ci que deux ans, étant mort l'an 1062 (v. st.) suivant la chronique de Quimperlé, où il est appelé frère utérin de Conan, duc de Bretagne, ils étaient en effet enfants de la même mère. Tous les modernes font mourir Herbert sans alliance; mais il est certain qu'il fut marié, quoiqu'on ignore le nom de sa femme, et qu'il eut une fille nommée Marguerite, qu'on fait mal-à-propos sa sœur, laquelle, ayant été fiancée en bas âge, à Robert, fils aîné de Guillaume le Bâtard, duc de Normandie, mourut avant l'accomplissement du mariage, le 12 décembre 1063, et fut inhumée à Fécamp. Ce fut en considération de ces fiançailles qu'Herbert transmit en mourant le comté du Maine à Guillaume, recommandant aux Manseaux de le reconnaître pour leur seigneur, s'ils voulaient vivre en paix. (*Ordéric Vital*, p. 488.) Après sa mort, Berthe, sa mère, retourna en Bretagne, où elle finit ses jours au mois de juin 1085, suivant la même chronique de Quimperlé.

GAUTHIER.

1062. GAUTHIER, comte du Vexin et non de Meulent, époux de Biote, fille d'Herbert Eveille-Chien, se mit en possession du comté du Maine après la mort d'Herbert II, par le droit prétendu de sa femme. L'année suivante, comme le marque Ordéric Vital, Guillaume le Bâtard, duc de Normandie, dont le fils aîné, Robert, avait été fiancé, ainsi qu'on l'a dit, à la fille d'Herbert II, encore vivante alors, vint dans le Maine, s'empara de la capitale après en avoir ravagé les environs, et emmena Gauthier avec sa femme à Falaise, où ils moururent de poison l'un et l'autre, peu de tems après, sans laisser d'enfants. (*Ordéric Vital*, l. 4, p. 534.)

GUILLAUME LE BÂTARD.

1063. GUILLAUME LE BÂTARD, duc de Normandie, après s'être rendu maître du Mans, ne le fut pas aussitôt de tout le Maine. Il trouva dans Geoffroi, seigneur de Mayenne, un rival qui lui fit acheter un peu chèrement la conquête de ce pays. A la fin, il réduisit Geoffroi à lui demander la paix; et dèslors les Manseaux, abandonnés de leur chef, se soumirent au duc. Mais bientôt la noblesse du Maine, à la tête de laquelle était le vicomte Herbert, lasse de la domination normande, fit alliance avec Geoffroi le Barbu, comte d'Anjou, pour secouer un joug qu'elle trouvait insupportable. Guillaume, pour prévenir les effets de cette ligue, céda au comte d'Anjou la supériorité territoriale du Maine, s'en réservant l'utile et le réel. De cette sorte les Manseaux eurent deux maîtres au lieu d'un. Guillaume, afin de tenir en respect la ville du Mans, y fit construire, par la veuve d'un ingénieur anglais, un fort qu'on appelait encore du nom de cette femme, la tour de Ribandelle ou Orbandelle, dans les derniers actes de féodalité, pour en désigner la mouvance, quoique ce fort n'existât plus. Cette précaution ne réprima pas les dispositions des Manseaux à la révolte. L'an 1069, ou environ, tandis que Guillaume est occupé à réduire les Anglais rebelles, ils font venir d'Italie, Atton ou Azzon, marquis de Ligurie, avec sa femme Gersende, fille d'Herbert Eveille-Chien, et son fils Hugues, le reconnaissent pour leur comte; et ayant fait main basse sur les Normands, ils en délivrent le pays. Mais Atton, après avoir épuisé en largesses indiscrètes, l'argent qu'il avait apporté, s'apercevant qu'il était méprisé des Manseaux, prend le parti de retourner en Italie, laissant sa femme et son fils sous la garde de Geoffroi, seigneur de Mayenne. Les Manseaux, reconnaissant dans le jeune Hugues l'héritier du Maine, obéissent d'abord assez docilement au tuteur du jeune prince, et à sa mère; mais, le seigneur de Mayenne les ayant irrités par de nouvelles exactions, ils le chassent de leur ville, persécutent à outrance ses partisans, et ne connaissent plus ni lois, ni maître, ni subordination. Geoffroi prend alors le parti d'envoyer en Italie son pupille, après quoi il se retire dans son château de la Chartre-sur-Loir. Gersende reste au Mans; et ne pouvant se passer de ce seigneur, elle le rappelle et l'introduit secrètement dans la citadelle. Les Manseaux, pour le déloger, appellent à leur secours Foulques le Rechin, comte d'Anjou, qui, n'ayant pas approuvé l'accommodement fait entre Geoffroi le Barbu, son frère, et Guillaume le Bâtard, prétendait toujours que le Maine lui appartenait. La ville du Mans est assiégée, et Geoffroi de Mayenne obligé de l'abandonner. Le roi d'Angleterre étant arrivé dans le Maine peu de tems après sa retraite, fait rentrer sans beaucoup d'efforts ce pays sous sa domination. (*Gesta Cenoman. Episcop.*) Mais Foulques le Rechin ne laissa pas long-tems Guillaume paisible possesseur de ce pays, dont il s'était retiré à son approche. Par ses pratiques secrètes, il se fit une révolution générale dans le Maine en sa faveur, après le départ du roi d'Angleterre. Jean, seigneur de la Flèche, vassal du comte d'Anjou, fut presque le seul qui demeura fidèle aux Normands. Foulques, l'an 1078, marche contre lui avec le duc de Bretagne, son allié, et vient l'assiéger dans sa ville. Guillaume vole à son secours. Foulques, instruit de la marche du roi d'Angleterre, lève le siége pour aller au-devant de lui. Les deux armées se rencontrent dans la lande de la Brière, près de la Flèche. Mais, sur le point de combattre, un cardinal et quelques moines, auxquels se joignirent les comtes d'Evreux et de Bellême, ayant fait leur remontrance aux chefs des deux armées, les engagèrent à faire un traité qui confirma au comte d'Anjou la suzeraineté du Maine, dont Robert, fils aîné de Guillaume, lui fit hommage en même tems. (*Ordér.* l. 4, p. 533.) Les historiens modernes se trompent d'après Duchêne, en rapportant cette expédition à l'an 1073. (*Voyez* Bouquet, t. XII, p. 592, n.) La réconciliation de Foulques avec le seigneur de la Flèche, ne fut pas sincère, ou du moins ne fut pas durable; car nous voyons qu'en 1081 il vint assiéger cette place, la prit et la brûla. (Bouquet, *ibid.* pp. 478-479.) Gersende était morte alors, et même dès l'an 1072 au plus tard, selon Muratori. L'an 1083, Hubert, vicomte du Mans, et gendre de Guillaume I, comte de Nevers, s'étant brouillé avec le roi Guillaume, se met en garde contre son ressentiment. Ne pouvant défendre ses châteaux de Beaumont et de Frênai sur la Sarte, il les abandonne, va se cantonner dans celui de Sainte-Suzanne, sur les confins de l'Anjou et du Maine, et de là fait des courses sur les Normands, chargés de garder la dernière de ces deux provinces. C'était, dit Ordéric Vital, un seigneur d'une haute extraction, d'un grand courage, d'une valeur à toute épreuve, et d'une hardiesse que rien n'étonnait. Guillaume étant venu pour l'assiéger dans Sainte-Susanne, ne put y réussir : des rochers escarpés, qui environnaient la place, en défendaient l'approche. Le monarque se contenta de faire construire un fort dans le Val-Beugi pour la tenir en bride, et partit ensuite pour la Normandie, où l'appelait une nouvelle révolte de Robert son fils. En quittant le Maine, il y laissa Guillaume et Henri, ses deux autres fils, pour continuer la guerre sous la conduite du duc de Bretagne. Elle dura l'espace de trois ans, pendant lesquels Hubert soutint si vaillamment les efforts de ses ennemis, et leur fit essuyer de si grandes pertes avec les secours qui lui étaient venus d'Aquitaine, de Bourgogne et d'autres provinces, que désespérant de pouvoir le réduire, le roi Guillaume, malgré toute sa fierté, prit le parti de lui offrir la paix. Elle se fit en rétablissant le vicomte dans tous les biens et honneurs dont il avait été privé. (*Ordéric*, l. VII.) Le roi Guillaume ne survécut guère plus d'une année à cet événement, étant mort le 8 ou le 9 septembre 1087 (Voy. *les ducs de Normandie.*) Le vicomte Hubert paraît l'avoir suivi de près au tombeau. Il avait épousé, l'an 1067, Ermengarde, fille de Guillaume I, comte de Nevers, après la mort de laquelle il se remaria, vers l'an 1086, à Godechilde. Du premier lit il eut Raoul III, son successeur ; Godechilde, abbesse d'Estival ; et d'autres enfants. (Martenne, *Ampliss. Coll.*, t. I, c. 518.)

ROBERT COURTE-HEUSE ET HUGUES D'EST.

1087. ROBERT, dit COURTE-HEUSE, fils aîné de Guillaume le Bâtard, et son successeur au duché de Normandie, le fut de même au comté du Maine, dont il avait dès l'an 1078, comme on l'a dit, fait hommage à Foulques le Rechin, comte d'Anjou. Délivrés du joug de la domination du roi Guillaume, les Manseaux étaient disposés, pour la plupart, à se soustraire entièrement à l'obéissance des Normands. La nonchalance de Robert, qui demeurait oisif en Normandie, fortifiait ces dispositions. Mais, excité par Odon, son oncle, évêque de Bayeux, il lève une armée dont il donna le commandement, sous ses ordres, à ce même Odon, à Guillaume, comte d'Evreux, à Raoul de

Conches, à Guillaume de Breteuil, neveu de ce dernier, et à d'autres braves seigneurs. Arrivé au Mans avec cet appareil formidable, il y est reçu avec de grandes démonstrations de joie, plus apparentes que sincères. Geoffroi de Mayenne, Robert le Bourguignon, Hélie, fils de Jean de la Flèche, et grand nombre d'autres seigneurs, viennent, sur sa citation, lui rendre hommage. Cependant une partie des rebelles, à la tête desquels était Payen de Montdoubleau, se tenait retranchée dans le château de Bâlon. Robert va faire le siége de cette place, qui fit une vigoureuse résistance, et ne se rendit qu'à des conditions avantageuses. De là il marcha contre le château de Saint-Célerin, où était renfermée toute la famille de Robert de Bellême, sous la protection de Robert Quarrel, chevalier plein de valeur, qui ne se démentit point à la défense de cette place : mais la famine triompha de son héroïsme. Forcé par là d'ouvrir les portes aux assiégeants, il fut pris et amené au duc, qui lui fit crever les yeux. Plusieurs autres des assiégés furent, par sentence du conseil de guerre, condamnés à perdre une partie de leurs membres; après quoi le duc, sur les remontrances de Geoffroi de Mayenne, donna le château de Saint-Célerin à Robert Giroie, qui était venu le réclamer comme lui appartenant par droit d'héritage. (*Ordéric Vit.*, l. 8, p. 673.) La terreur s'étant dissipée après le départ du duc, les Manseaux revinrent à leur ancienne aversion contre les Normands, et la firent éclater en 1089 par un soulèvement presque universel. Le duc Robert, qu'une maladie retenait pour lors, engagea Foulques le Rechin à donner ses soins pour calmer la sédition. Foulques y réussit pour le moment, et Robert en reconnaissance lui fit avoir en mariage Bertrade de Montfort, nièce de Simon, comte d'Evreux. Mais les troubles recommencèrent bientôt dans le Maine. Hélie, seigneur de la Flèche, dont nous marquerons plus bas l'origine, les entretenait sous prétexte de défendre les intérêts du duc Robert, mais dans le vrai pour se rendre maître du comté. S'étant emparé du château de Bâlon, l'an 1089, il ravage le pays, s'introduit par surprise dans le Mans, dont il maltraite les citoyens qui lui étaient le plus opposés; et s'étant saisi de la personne de l'évêque Hoël, il l'envoie prisonnier au château de la Flèche. (*Gesta Cenoman. Episc. apud*, Bouq., tome XII, page 542.) Irrités de cette persécution, plusieurs barons, à la persuasion de Geoffroi de Mayenne, rappellent, par une députation, Hugues, fils du marquis Atton, qui d'Italie était venu s'établir à Langres, suivant le roman de Rou, et le proclament comte du Maine, à la Chartre sur-Loir. Hélie, apprenant l'arrivée de Hugues, remet en liberté l'évêque Hoël après lui avoir fait satisfaction. (*Acta*

Cenoman. Episcop., *ibid.*) Le prélat se rend peu de tems après en Normandie pour faire part au duc de ce qui se passe au Maine. Robert lui conseille de laisser faire les Manseaux, pourvu qu'ils ne le contraignent pas lui-même de faire hommage au nouveau comte. (S. Marc, *Abr. de l'Hist. d'Ital.*, tome IV.) Pendant l'absence du prélat, Hugues fait son entrée au Mans, et s'empare de la maison épiscopale, dont il s'approprie tous les effets. L'évêque, à son retour, n'osant rentrer dans la ville, s'arrête à l'abbaye de Saint-Vincent, dans le faubourg, d'où il envoie des députés pour traiter avec Hugues. Celui-ci exige, pour le recevoir, qu'il reconnaisse tenir de lui son évêché. Le prélat ne pouvant s'y résoudre, va trouver en Angleterre le roi Guillaume II, pour l'engager à venir faire la conquête du Maine. De retour au bout de quatre mois, sans avoir rien obtenu, il se retire au monastère de Solême, près de Sablé. (Bouquet, *ibid.*) Hugues, cependant, se comportait en tyran dans la ville du Mans, pillant les biens de l'évêque et de tous ceux qui lui étaient attachés. Quelques chanoines, craignant qu'il ne fît main-basse sur le trésor et les vases sacrés de la cathédrale, les transportent dans l'asile de leur évêque. A la fin, le peuple du Mans, ennuyé de l'exil de son pasteur, et de l'interdit qu'il avait jeté sur la ville, en vint des murmures à la sédition. Hugues, pour apaiser le tumulte, se hâta de faire sa paix avec le prélat. Hoël rentra dans le Mans, comme en triomphe, le 28 juin, veille des Saints Apôtres, l'an 1090. (*Ibid.*) Le mépris que les Manseaux témoignèrent dès-lors pour leur comte, lui fit prendre le parti d'abdiquer. Dans cette disposition il vendit son comté pour la somme de dix mille sous d'or à Hélie de la Flèche, son cousin, et abandonna le pays pour retourner en Italie. Voici la suite de son histoire.

M. Muratori (*Antich. Est.*, c. 27) rapporte une convention qu'il y fit, le 6 avril 1095, avec Foulques, son frère, par laquelle il lui vend ses prétentions sur divers états que le marquis Azzon, leur père, avait cédés au même Foulques. L'an 1097, Foulques et Hugues, suivant Berthold de Constance, eurent la guerre avec Welphe, duc de Bavière, leur frère consanguin, touchant la succession de leur père. M. Muratori dit que depuis ce tems on ne voit point ce que Hugues devint; mais il est probable qu'il quitta de nouveau l'Italie pour revenir en France, et qu'il est le même que cet Hugues le Manseau, qui, s'étant fixé dans l'Auxerrois, y acquit plusieurs terres, nommément celle de Saint-Vrain, en épousant la fille du seigneur, nommée Béatrix, et travailla à en envahir d'autres. L'histoire contemporaine des évêques d'Auxerre rapporte plusieurs entreprises que Hugues le Manseau fit sur cette église. Il lui enleva les dîmes d'Oisi, qu'il faisait valoir comme son propre bien; et ce ne fut pas sans de grandes peines que l'évêque Humbaud vint à bout de l'engager à s'en dessaisir. A Cône, où il avait un domaine, il usurpa la seigneurie qui appartenait à la même église, et s'y maintint avec le secours des comtes de Blois et d'Anjou contre les armées du roi de France (Louis le Gros), du comte de Nevers et de l'évêque d'Autun, qui étaient venus l'y assiéger. L'abbaye de Saint-Germain d'Auxerre eut aussi à se plaindre d'un château qu'il avait bâti sur la terre d'Annai, à une lieue de la Loire, dont elle était propriétaire. (Le Beuf, *Mém. sur l'Histoire d'Aux.*, tome II, page 71.) Nous parlons, à l'article de Guillaume II, comte de Nevers, de la querelle que Hugues eut avec lui pour une terre qui relevait du comte de Blois. Hugues le Manseau vivait encore l'an 1131, comme le prouve son seing, apposé à la charte d'une donation faite cette année à l'abbaye de Villegondon. (D. Violé, *Mém. mss. sur l'Auxerrois.*) Il avait épousé (en premières noces), suivant le P. Sébastiano-Paoli (*Cod. Diplom. di Malta*, t. I, p. 382), HERIA, fille de Robert Guiscard, duc de Pouille et de Calabre. Ordéric Vital (l. 8, p. 684) dit que l'ayant répudiée, il fut pour ce sujet excommunié par le pape Urbain II.

HÉLIE I, DIT DE LA FLÈCHE.

1090. HÉLIE, fils de Jean de Baugenci, seigneur de la Flèche, et arrière-petit-fils d'Herbert Eveille Chien par Paule, son aïeule paternelle, femme de Lancelin I, sire de Baugenci, prend possession du Maine après le départ de Hugues, et comme l'ayant acquis de lui, et comme descendant des anciens propriétaires de ce comté. Robert, duc de Normandie, se mit d'abord en devoir de le déposséder. Mais, soit indolence, soit amour de l'équité, bientôt il consentit à lui accorder la paix. Leur réconciliation fut si sincère de part et d'autre, que Robert étant sur le point de partir, l'an 1096, pour la croisade, Hélie s'offrit de l'accompagner. Mais comme le premier avait engagé son duché au roi d'Angleterre, Guillaume le Roux, son frère, pour avoir de quoi subvenir aux frais de son expédition, Hélie crut devoir préalablement aller trouver le monarque pour savoir s'il laisserait le Maine en repos durant son absence. Guillaume répond qu'il peut aller où il voudra, mais que pour lui il est déterminé à reprendre une province dont son père était en jouissance à sa mort. Sur cette réponse, Hélie change d'avis, renonce à la croisade, et tourne toute son application à mettre son pays en état de défense. Guillaume, dit Ordéric, que nous abrégeons, occupé à faire la guerre aux Bretons et aux Flamands, différa pendant deux ans l'effet de ses menaces. Mais, au commencement de 1098, pressé par les sollicitations de Robert, seigneur de Bellême, qui lui représentait comme très-facile la conquête du Maine, il se met en marche pour entrer dans ce pays. Le seigneur de Bellême était depuis plusieurs années en état de guerre avec Hélie, qui l'avait provoqué par divers actes d'hostilités qui ne furent point sans retour. (Voyez *les seigneurs de Bellême.*) Hélie avait si bien muni ses frontières, qu'il fut impossible aux Normands de les franchir. En vain attaquèrent-ils le château de Dangueuil, qu'il venait de bâtir. Guillaume, obligé de s'en retourner, laisse des troupes au comte de Bellême pour continuer la guerre. Celui-ci, substituant la ruse à la force, attire Hélie dans une embuscade, où il est pris, le 28 avril 1098, après s'être vigoureusement défendu. Robert le mène aussitôt à Rouen, où était le roi d'Angleterre. Ravi de cette capture, Guillaume le fait enfermer dans la grosse tour de Rouen, et part au mois de juin pour aller se rendre maître du Mans. Mais Foulques, comte d'Anjou, à la sollicitation des Manseaux, l'avait prévenu et était entré le 1er. mai dans la ville avec ses troupes. Guillaume arrive à la tête de cinquante mille hommes devant la place, dont il forme aussitôt le siège. Mais après avoir ravagé la campagne, et brûlé le village de Coulaines, voyant le tems de la moisson approcher, il licencie une partie de son armée pour aller faire la récolte, laisse trois cents chevaliers à Robert de Bellême, avec ordre de reprendre le siège après la moisson, et s'en retourne en Normandie. Pendant son absence, le comte d'Anjou va faire le siège de Bâlon, que Payen de Montdoubleau, qui en était seigneur, avait livré au roi d'Angleterre. Mais Foulques est surpris dans une sortie des assiégés qui le mettent en fuite, et lui font beaucoup de prisonniers. De ce nombre les plus distingués furent Gauthier de Montsoreau, Geoffroi de Briolai, Jean de Blazon et Berlai de Montreuil. Le roi d'Angleterre ayant levé une nouvelle armée en Normandie, arrive à Bâlon dans la troisième semaine du mois de juillet, et de là va recommencer le siège du Mans. Effrayé à la vue de la multitude et de la belle ordonnance de ses troupes, Foulques et ses principaux officiers délibèrent, dans un conseil avec l'évêque Hildebert, de lui abandonner la place, à condition de remettre Hélie et les autres prisonniers en liberté. Le roi d'Angleterre accepte la proposition qui lui fut portée par le prélat. Hélie, amené au monarque, de Bayeux, où il avait été transféré, à Rouen, noir et couvert de crasse, dit Ordéric Vital, lui fait le sacrifice de son héritage, et demande pour toute grâce d'être admis au nombre de ses courtisans. Guillaume était prêt à y consentir; mais il en fut détourné par le comte de Meulent, qui craignait d'être supplanté par Hélie dans la faveur du prince, en la partageant avec lui. Sensiblement affecté de ce refus, Hélie déclare au roi que, ne pouvant acquérir ses bonnes grâces, il fera ses efforts pour recouvrer son patrimoine. « Faites ce que vous pourrez, » lui répond généreusement Guillaume; et sur cela il lui fait expédier un sauf-conduit pour aller où il voudra. A son retour dans le Maine, vers le commencement du mois d'août, Hélie est reçu avec joie au château du Loir, et dans cinq ou six autres petites villes, où il fait réparer, ainsi que dans les villages d'alentour, les dommages que les Normands y avaient causés. Il gagna par-là les cœurs des Manseaux, et se fit sourdement une armée considérable de volontaires, avec laquelle il se mit en campagne après Pâques de l'an 1099. S'étant avancé jusqu'aux portes du Mans dans le mois de juin, la garnison de la place, commandée par le comte d'Evreux, fait sur lui une sortie où elle est repoussée. Les vainqueurs poursuivent les fuyards, entrent pêle-mêle avec eux dans la ville; et, favorisés des bourgeois, ils les contraignent de se retirer dans la citadelle. Hélie les y ayant assiégés, ils se vengent sur la ville en lançant avec leurs engins des feux qui en réduisirent la plus grande partie en cendres. Hélie emploie sans succès toutes ses machines pour les forcer à se rendre : leur résistance opiniâtre surmonte tous ses efforts et le fait penser à la retraite. Guillaume était pourtant en Angleterre. Instruit de ce qui se passait au Mans par un messager que Robert de Bellême lui avait dépêché, il pique aussitôt son cheval vers la mer (c'était à la chasse qu'il avait reçu cette nouvelle), et s'embarque sur un mauvais navire qu'il rencontre. En vain on lui représente le danger auquel il s'expose. « Je n'ai » jamais ouï dire ni lu, répondit-il froidement, qu'un roi se » soit noyé. » (*Willem. Gemmet.*, l. 8, c. 8.) Ayant heureusement abordé au port de Touques, il rassemble en diligence un corps de troupes, à la tête duquel il vole dans le Maine, et arrive dans la capitale, où il ne trouve que des ruines et point d'ennemis. Ils n'avaient pas attendu son arrivée pour déloger. S'étant rendu maître de diverses places, non sans beaucoup de peines, il va chercher Hélie dans le château du Loir, où il s'était retranché après avoir abandonné le Mans. Mais il échoua devant cette place, et rappelé en Angleterre par des affaires pressantes, il laissa à ses lieutenans le soin de s'opposer aux progrès de l'ennemi. (*Ordéric Vital*, l. 10.) En partant du Maine, il emmena avec lui l'évêque Hildebert, successeur d'Hoël, sur le refus que lui fit ce prélat d'abattre les tours de son église, qui avaient servi aux Manseaux dans leur révolte, et pouvaient encore leur servir dans un nouveau soulèvement pour se défendre contre lui. Guillaume avait ce point fort à cœur, et ne cessait, lorsqu'il fut en Angleterre, de presser Hildebert, par promesses et par menaces, d'y consentir. Le prélat ne pouvant se résoudre à faire ce tort à son église, demandait toujours du tems pour délibérer. (*Acta Cenom. Ep.*) Cependant les troupes que Guillaume avait laissées dans le Maine tenaient en échec Hélie, et les Manseaux en respect. Mais sa mort, arrivée le 2 août de l'an 1100, changea la face des affaires. A la nouvelle de cet événement, les Manseaux ouvrent leurs portes à Hélie. La forteresse, après quelque résistance, et toutes les autres places du Maine occupées par les Normands, furent évacuées du consentement de Henri, frère et successeur de Guillaume le Roux. Depuis ce tems, Hélie ne fut plus inquiété dans la possession de son comté.

L'an 1106, Hélie accompagna Geoffroi Martel, fils de Foulques le Rechin, au siége de Candé, où ce jeune prince fut blessé mortellement, le 19 mai, dans le tems qu'il capitulait avec les assiégés. Il combattit la même année pour le roi Henri, avec ses Manseaux, contre le duc Robert, son frère, à la bataille de Tinchebrai, donnée le 27 septembre, et tua pour sa part vingt-cinq fantassins des ennemis. Il mourut, l'an 1110 (1), entre les mains d'Hildebert, son évêque, le 11 juillet, universellement regretté de ses sujets, et fut inhumé à l'abbaye de la Couture du Mans, où l'on voit son tombeau, sur lequel il est représenté en habit de guerre, maillé jusqu'à la plante des pieds, le casque ou pot de fer en tête, avec son écu de forme triangulaire, chargé d'une croix ancrée, la hache d'armes pendante à la ceinture dans un large fourreau. D. Montfaucon veut que le blason ait été ajouté à l'écu long-tems après la mort d'Hélie. Ce qu'il y a de certain, c'est que ce monument fut rétabli, l'an 1641, par les soins de don Michel l'Aigneau, prieur de la Couture, comme porte l'épitaphe de ce comte, qu'il fit graver en lettres d'or capitales sur une table de marbre noir, enchâssée dans un cadre d'architecture de pierre, orné de deux colonnes de marbre jaspé. Mais Rapin de Thoyras se trompe lourdement en disant que le roi d'Angleterre fit mourir Hélie. Ce comte avait épousé, 1°. vers l'an 1090, MATHILDE, fille et héritière de Gervais, seigneur de Château-du-Loir, du Mayet, Lucé et d'Oisé, dont il eut Eremburge, ou Ermentrude, dite aussi GUIBURGE, et Sibylle, femme de Foulques V,

---

(1) La date que nous assignons à la mort d'Hélie est fondée sur les deux chroniques de Saint-Aubin d'Angers.

comte d'Anjou, puis roi de Jérusalem; 2°. l'an 1109, AGNÈS, fille de Gui Geoffroi, comte de Poitiers, répudiée par Alfonse, roi de Castille et de Léon. Ordéric Vital fait un beau portrait du comte Hélie. « C'était, dit-il, un seigneur brave, rempli
» d'honneur, et aimable par ses vertus sociales. Il était d'une
» haute taille, d'une force extraordinaire, nerveux sans em-
» bonpoint. Il avait le visage basané, la barbe hérissée, et les
» cheveux tondus comme un prêtre. Il parlait avec agrément
» et facilité. Les personnes tranquilles et soumises n'avaient
» qu'à se louer de sa douceur; mais il traitait rudement les
» brouillons et les rebelles. Il observait et faisait observer rigou-
» reusement les lois de la justice. Pénétré de la crainte de Dieu,
» il pratiquait avec ferveur tous les exercices de la religion. Sa
» piété tendre et affective lui faisait souvent verser des larmes
» dans la prière. Il jeûnait fréquemment, et passait régulière-
» ment tous les vendredis sans manger. Les églises trouvèrent
» en lui un zélé défenseur, et les pauvres un père charitable. »
Le comte Hélie avait un frère nommé Henoch, qui se fit moine à la Couture du Mans sous l'abbé Juhel, et en faveur duquel il fit donation à ce monastère, vers l'an 1092, de la terre de Limnaire (*de Liminario*) et de la moitié du domaine de Boifart. (*Spic.* tom. VII, p. 190.)

FOULQUES, DIT LE JEUNE.

1110. FOULQUES, dit LE JEUNE, comte d'Anjou, fils de Foulques le Rechin, succède au comte du Maine après la mort d'Hélie de la Flèche, son beau-père. L'an 1129, il part pour la Terre-Sainte, faisant cession de ses comtés d'Anjou et du Maine à Geoffroi, son fils aîné, qui suit. Il fut couronné roi de Jérusalem, le 14 septembre 1131, et mourut le 13 novembre 1142. (Voy. *Foulques V, comte d'Anjou.*)

GEOFFROY PLANTAGENET.

1129. GEOFFROI PLANTAGENET, comte d'Anjou et du Maine, en 1129, duc de Normandie, l'an 1149, par la réduction qu'il fit de cette province. Il mourut l'an 1151. (Voy. *Geoffroi V, comte d'Anjou, et les ducs de Normandie.*)

HENRI.

1151. HENRI, duc de Normandie, comte d'Anjou et du Maine, et roi d'Angleterre, fils aîné de Geoffroi et de Mathilde, lui succède, en 1151, et meurt en 1189. (Voy. *Henri II, duc de Normandie.*)

RICHARD, CŒUR-DE-LION.

1189. RICHARD, second fils de Henri II, roi d'Angleterre, lui succède à la couronne, et dans les comtés d'Anjou et du Maine. Il mourut le 1 avril 1199. (Voy. *Richard, roi d'Angleterre, et les ducs de Normandie.*)

JEAN SANS-TERRE ET ARTUR.

1199. JEAN SANS-TERRE, quatrième fils de Henri et d'Eléonore de Guienne, et ARTUR, petit-fils de ce prince par Geoffroi, son père, comte de Bretagne, se disputent la succession de Richard. Artur, se rend maître du Maine et de l'Anjou, dont il fit hommage à Jean Sans-Terre, ensuite de la paix qu'il fit avec lui l'an 1200, par la médiation du roi Philippe Auguste. Mais cette réconciliation ne dura pas long-tems; la guerre recommença en 1202; et le roi Jean ayant fait prisonnier Artur, le 1er. août, il le fait transférer à Rouen, où il l'égorge de sa main la nuit du jeudi-saint, 3 avril 1203. (Voy. *Jean Sans-Terre, duc de Normandie, et les rois d'Angleterre.*)

BERENGÈRE.

1204. BÉRENGÈRE, veuve de Richard I, roi d'Angleterre, ne pouvant compter sur la bonne-foi du roi Jean, son beau-frère, pour son douaire, s'adressa au roi Philippe Auguste, l'an 1204, après la confiscation des provinces anglaises en deçà de la mer, ce prince lui accorda la seigneurie du Maine. Il est certain, par plusieurs actes, que Bérengère jouissait, dans cette province, non-seulement de l'utile, mais de tous les droits honorifiques attachés à la dignité de comte du Maine. L'an 1216, elle présida, un mardi, veille de Saint-Barthélemi (23 août) à un duel qui eut lieu entre deux champions, dont l'un défendait l'honneur d'une demoiselle, et l'autre, qui était le frère de l'accusée, soutenait qu'elle était coupable, dans la vue de se faire adjuger son héritage. (Courvaissier, pag. 476.) Bérengère vivait encore en 1230, et n'était plus en 1234.

MARGUERITE DE PROVENCE.

1234. MARGUERITE de Provence, en épousant le roi saint Louis, reçut en don, le 27 mai 1234, la ville du Mans avec toutes ses dépendances pour en jouir de la même manière que Bérengère en avait joui. Marguerite posséda ce comté jusqu'en 1246, que saint Louis, en le lui retirant, lui donna Orléans et d'autres terres en échange.

CHARLES Ier.

1246. CHARLES Ier., comte de Provence, fut investi, le 27 mai, des comtés d'Anjou et du Maine, par le roi saint Louis, son frère. Il mourut le 7 janvier 1285. (Voyez *les comtes d'Anjou.*)

CHARLES II.

1285. CHARLES II, dit *le Boiteux*, succéda à son père dans les comtés d'Anjou et du Maine. (*Voyez* son article *aux comtes d'Anjou.*

CHARLES III.

1290. CHARLES, comte de Valois, devint comte d'Anjou et du Maine par son mariage avec MARGUERITE, fille de Charles II. (*Voyez* son article *aux comtes d'Anjou et aux comtes de Valois.*) Il fut père de Philippe, qui suit.

PHILIPPE.

1317. PHILIPPE DE VALOIS, fils aîné de Charles, devint comte du Maine par la cession que lui en fit son père en 1317. Il parvint au trône l'an 1328, et fut sacré l'an 1318. Il investit, l'an 1332, Jean, son fils aîné, des comtés d'Anjou et du Maine.

JEAN.

1332. JEAN, fils du roi Philippe de Valois, fut investi des comtés d'Anjou et du Maine. Ce prince, l'an 1350, étant monté sur le trône, réunit ces domaines à la couronne.

LOUIS Ier.

1356. LOUIS, second fils du roi Jean, reçut en apanage les comtés d'Anjou et du Maine. Il mourut le 20 septembre 1384.

LOUIS II.

1384. LOUIS II, fils de Louis Ier. et de Marie de Blois, succéda à son père dans le duché d'Anjou, ainsi que dans le comté du Maine, le royaume de Naples et le comté de Provence. Il mourut le 29 avril 1417. (Voy. *les ducs d'Anjou.*)

LOUIS III.

1417. LOUIS III, fils aîné de Louis II et d'Yolande, lui succède au duché d'Anjou, aux comtés du Maine et de Provence, ainsi qu'à ses prétentions sur le royaume de Naples. Il mourut sans enfants le 18 novembre 1434. (Voy. *les ducs d'Anjou.*)

RENÉ.

1434. RENÉ, duc de Lorraine et de Bar, second fils de Louis II, succéda, l'an 1434, à Louis III, son frère, dans le duché d'Anjou, les comtés du Maine et de Provence, et dans ses droits sur le royaume de Naples. L'an 1440, il céda le comté du Maine à Charles, son frère, qui suit, et mourut le 10 juillet 1480. (Voy. *les ducs d'Anjou.*)

CHARLES IV.

L'an 1440, CHARLES IV, comte de Mortain, troisième fils de Louis II, né l'an 1414, obtint du duc René, son frère, par convention arrêtée et signée, le 4 août, avec Isabelle, femme de ce dernier, et munie de sa procuration, le comté du Maine avec les seigneuries de Château-du-Loir, de la Ferté-Bernard, de Mayenne et de Sablé, pour les posséder après la mort d'Yolande, sa mère, qui avait le comté du Maine pour son douaire, et les transmettre à ses héritiers, tant directs que collatéraux. On excepta néanmoins la baronnie de Sablé, laquelle, au décès de Charles, devait retourner aux héritiers de René. Mais alors ceux de Charles devaient recevoir en dédommagement la Châtellenie de la Roche-sur-Yon. Il était dit encore que si Charles ne laissait que des filles, le comté du Maine reviendrait à René ou à ses hoirs, en comptant à celles-là quarante mille écus d'or. Mais, l'an 1442, Yolande ayant cessé de vivre, les autres princes et les seigneurs de la cour de France s'élevèrent contre ce traité, soutenant que les deux provinces d'Anjou et du Maine avaient été unies sous une même foi et un même hommage pour faire un domaine indivisible, et que dans l'hérédité de l'apanage d'Anjou la succession latérale ne pouvait avoir lieu. Ainsi, disaient-ils, Louis III, héritier de Louis II, son père, et de Louis Ier, son aïeul, n'avait fait qu'un même chef suivant la loi du royaume. On confirmait ceci par l'exemple du comté d'Angoulême, qui n'avait jamais été divisé. Le roi Charles VII fut plus indulgent pour les princes d'Anjou. Soit par la faveur de la reine, son épouse, soit à cause de la guerre de Bretagne, il dérogea à la loi. (Chopin, *de Doman. Gall.*, l. 2, c. II, page 287, édit. de 1588.) Ce n'était point la première grâce que Charles d'Anjou eût reçue du monarque. Dès l'an 1432, après l'enlèvement de Georges de la Trémoille, il avait été chargé de l'administration des finances : emploi dont il s'acquitta avec beaucoup moins de lumières que son prédécesseur. Ce prince assista, l'an 1440, avec le roi Charles VII, à l'assemblée qui fut tenue à Bourges pour la pragmatique sanction. Mais il n'est pas vrai qu'il y parut, comme le prétend un moderne, en qualité de connétable : jamais il ne fut revêtu de cette dignité. Le roi, l'an 1443, lui donna le gouvernement de Languedoc. La capitale du Maine était cependant entre les mains des Anglais. Dans le traité de Nanci, où le mariage de Marguerite, fille de René, duc d'Anjou, avec Henri VI, roi d'Angleterre, avait été conclu, il y avait un article qui portait que ce monarque rendrait la ville du Mans à Charles d'Anjou. On lui en demanda plusieurs fois l'exécution, mais il l'éludait toujours sous divers prétextes. Enfin, l'an 1448 (n. st.), le roi de France, non moins intéressé que le comte du Maine à la restitution de cette place, fit partir le comte de Dunois pour en faire le siége. Lui-même vint se poster à Lavardin, dans le Vendomois, pour couvrir le siége. Mais la garnison du Mans, où commandait François Surienne, dit l'Aragonois, était si faible, qu'à la vue de notre armée, elle négocia par la médiation de l'évêque de Glocester, *maître du scel privé d'Angleterre*, pour avoir la permission de se retirer. Cette demande fut accordée à condition que les Anglais rendraient aussi Mayenne, Beaumont-le-Vicomte, et toutes les autres places du Maine qu'ils occupaient : ce qui fut exécuté (1). Par-là Charles d'Anjou fut mis en pleine possession de son comté. Ceci dut arriver avant Pâques; car nous voyons que le roi Charles VII alla, du Maine, célébrer cette fête à Tours. (*Hist. Chron. de Charles VII*, page 430.) Nous pensons même que la reddition du Mans se fit le 16 mars, jour consacré, pour en perpétuer la mémoire, par une procession générale qui se renouvela chaque année pendant plus d'un siècle. Charles d'Anjou fut presque le seul des favoris de Charles VII que le roi Louis XI regarda de bon œil à son avénement au trône. Ce comte sut gagner la bienveillance de l'ombrageux monarque par des protestations d'attachement dont ses premières démarches semblèrent justifier la sincérité. Lorsque la *Ligue du bien public* commença d'éclater, il la condamna hautement, et se déclara pour le parti du roi. Persuadé de son attachement, Louis, en 1465, l'envoya en Normandie pour défendre ce pays menacé d'une invasion par le duc de Bretagne. Il commanda la même année, le 16 juillet, à la bataille de Montlhéri, un corps des troupes royales, avec lequel il prit honteusement la fuite au commencement de l'action. Cette lâche désertion piqua vivement le roi; mais l'embarras où le jetait la multitude des affaires l'obligea de dissimuler son ressentiment. Devenu libre l'année suivante, il le manifesta en ôtant le gou-

---

(1) Ils se maintinrent néanmoins à Frénai jusqu'en 1449.

vernement du Languedoc au comte du Maine, qui fut convaincu d'avoir trahi le monarque pendant tout le cours de la guerre. Sa disgrâce aurait peut-être eu des suites plus fâcheuses sans l'entremise du duc René, son frère, qui s'engagea pour lui, et se rendit caution de sa fidélité à l'avenir. Charles ne démentit point cette garantie, et passa le reste de ses jours dans le repos et la tranquillité. Il avait suivi à Naples Louis III, son frère, et y avait épousé CAMBELLA RUFO, dont il n'eut point d'enfants. Après la mort de cette princesse, il se maria en secondes noces avec ISABELLE, fille de Pierre I, comte de Saint-Pol, qui lui donna Charles, qui suit, et Louise, femme de Jacques d'Armagnac, duc de Nemours. Charles I finit ses jours à Aix, le 10 avril de l'an 1472. Son corps, déposé dans l'église de Saint-Sauveur d'Aix, fut transporté dans la cathédrale du Mans, où l'on voit encore son tombeau dans le mur qui fait la séparation de l'aile droite et du chœur, du côté de la sacristie.

CHARLES II, (ou V).

1472. CHARLES II (ou V), successeur de Charles I, son père, au comté du Maine, épousa, le 21 janvier 1473, JEANNE DE LORRAINE, fille de Ferri II, comte de Vaudémont. Lorsqu'il fit son entrée au Mans, le 18 avril 1475, la ville lui fit présent de cent pipes de vin et d'une haquenée à sa femme. Il succéda, l'an 1480, au roi René, son oncle, dans le comté de Provence. Charles mourut sans enfants le 12 décembre 1481, après avoir institué, la veille de sa mort, le roi Louis XI son héritier universel. Il fut inhumé auprès de son épouse, morte l'année précédente, dans l'église de Saint-Sauveur, où l'on voit son mausolée, qui est très-beau, à côté du grand autel. (*V.* Charles III, *comte de Provence.*) Par sa mort, le comté du Maine fut réuni à la couronne.

LOUISE DE SAVOIE.

L'an 1516, le roi François Ier. donna le duché d'Anjou et le comté du Maine à LOUISE DE SAVOIE, sa mère, qu'il créa en même tems duchesse d'Angoulême. Cette princesse établit la même année, dans les villes d'Angers et du Mans, la juridiction nommée *les Grands Jours*. Des conseillers, nommés commissaires en cette partie, composaient ce tribunal, où l'on portait par appel les causes jugées par les sénéchaux des deux provinces. On croyait apparemment par-là abréger la procédure et soulager les plaideurs ; mais ce nouveau tribunal ne jugeant point souverainement, et la voie d'appel au parlement étant toujours ouverte, tout le bien qui en pouvait résulter se réduisait à l'examen des sentences des sénéchaussées, fait par d'habiles magistrats. (*Voyez* Louise de Savoie, *duchesse d'Angoulême.*)

ALEXANDRE-EDOUARD.

L'an 1566, ALEXANDRE-EDOUARD, nommé Henri à la confirmation, troisième fils du roi Henri II, et de Catherine de Médicis, né le 19 septembre 1551, à Fontainebleau, fut pourvu par le roi Charles IX, son frère, du duché d'Anjou avec celui de Bourbonnais, le comté de Forez et la terre de Chenonceaux, pour jouir du tout en pairie et à titre d'apanage. Les lettres de cette donation, expédiées à Moulins, le 8 février 1566, furent enregistrées le 21 mars suivant, que cette cour comptait encore 1565, selon l'ancien style. Henri prit dès-lors le titre de duc d'Anjou. Ce fut des enfants de Catherine de Médicis celui qu'elle affectionnait le plus. Le roi Charles, à la recommandation de cette princesse, le nomma lieutenant-général de ses armées dans la guerre civile contre les Huguenots. Les avantages qu'il y remporta, justifièrent ce choix. Il gagna les batailles de Jarnac et de Montcontour, en 1569, fit lever le siége de Poitiers, le 5 septembre de la même année, et entreprit celui de la Rochelle, en 1573. Pendant qu'il était devant cette place, la reine, sa mère, travaillait avec ardeur à lui faire avoir une couronne étrangère. Catherine de Médicis croyait, comme presque tout son siècle, à l'astrologie judiciaire et aux devins. Plusieurs de ces faiseurs d'horoscopes, et entr'autres le fameux Nostradamus, lui avaient prédit que ses quatre fils seraient rois. Le public en avait conclu qu'ils mourraient sans postérité; elle avait peur de cet accomplissement. C'est par cette raison et par l'amour de prédilection qu'elle eut toujours pour Henri, qu'elle voulut lui procurer d'abord la couronne d'Angleterre, secondement celle de Tunis et d'Alger, enfin celle de Pologne. Il obtint en effet la dernière. La première idée de son élection fut fournie par un nain polonais qui avait été quelque tems à la cour de France. Elle fut suivie avec beaucoup de zèle, par Montluc, évêque de Valence; et Henri fut élu roi de Pologne, le 9 mai 1573. Il partit le 28 septembre suivant, pour aller prendre possession de ce royaume. Mais l'année suivante, ayant appris la mort du roi Charles IX son frère, arrivée le 30 mai, il revint en France pour lui succéder. (*Voyez* Henri, *roi de Pologne*, et Henri III, *roi de France.*)

CHRONOLOGIE HISTORIQUE

DES SIRES,

PUIS COMTES DE LAVAL.

LAVAL, ou LAVAL-GUION, *Vallis-Guidonis*, ville considérable du bas Maine, située dans un vallon sur l'un et l'autre bords de la Mayenne, ou Maine, et postérieure au neuvième siècle, quoiqu'en dise M. de Valois, est le chef-lieu d'un comté, auparavant baronnie, dont relevaient autrefois plus de cent quarante terres nobles. La chronologie que nous allons donner des seigneurs qui l'ont possédé, est tirée en grande partie d'une histoire manuscrite des sires et comtes de Laval, composée avec soin, d'après les titres, dans le dix-septième siècle, en deux volumes in-4°, que feu M. l'abbé Foucher, de l'académie des inscriptions et belles-lettres, avait eu la bonté de nous communiquer.

GEOFFROI-GUI.

GEOFFROI-GUI est le premier seigneur de Laval dont on soit bien assuré. Il est qualifié d'*homme très-puissant* dans une charte d'Avesgaud, évêque du Mans, qui contient les conventions matrimoniales de Mathilde, fille d'Herbert, seigneur de Mont-Jean : *Ita quod nos*, y est-il dit, *et potentissimum virum Gaufridum Guidonem, dominum de Valle de præfato conventu tenendo plegios posuerunt.* La date de cet acte porte : *anno quinto regnante glorioso rege Roberto, indictione XV*; ce qui revient à l'an 1002. C'est tout ce qu'on sait de la personne de Geoffroi-Gui.

GUI II.

Gui II, fils, selon toute apparence, de Geoffroi-Gui, fonda, l'an 1040, à la prière de Richilde, première abbesse de Ronceraï, douze ans après la fondation de ce monastère, faite en 1028, le prieuré d'Avenières pour quatre religieuses, auxquelles il donna les dîmes de Bonchamp avec plusieurs franchises et coutumes. Quelque tems après, ou peut-être auparavant, il fonda celui de Saint-Martin de Laval, du consentement de ses enfants, Hamon, Gui, Gervais, Hildelingue, Agnès et Hildeburge, tous nommés dans l'acte de fondation. Il avait encore un fils nommé Jean, qui se fit religieux à Marmoutier, à l'âge de 29 ans, et donna la portion des biens de ses père et mère qui lui revenait, à cette abbaye; ce qui fut confirmé par Gui, l'an 1066. La charte de cette confirmation porte que Gui était alors fort avancé en âge, *erat valde senex*. Le Baud dit qu'il fit rebâtir son château que les Normands avaient démoli; et en effet, dans les cartulaires de Marmoutier, il est appelé *castri Vallis conditor et possessor*. Ces mêmes monuments semblent aussi lui attribuer la construction des murs de Laval. Il eut des démêlés avec Robert, seigneur de Vitré, qu'il fit prisonnier lorsqu'il revenait du pèlerinage de la Terre-Sainte. Ynogen de Fougères, mère de celui-ci, obtint sa délivrance en payant sa rançon. Gui mourut, à ce qu'on présume, l'an 1067, et fut inhumé à Marmoutier. Il avait épousé, 1°. BERTHE, qui lui donna Jean, religieux, comme on l'a dit, de Marmoutier; Hamon, qui suit; et Hildelingue. ROTRUDE, fille d'Hamelin, seigneur de Château-du-Loir, et sœur de Gervais, évêque du Mans, seconde femme de Gui, le fit père de Gui, de Gervais, d'Agnès, prieure d'Avenières, et d'Hildeburge. Elle survécut à son époux.

HAMON.

1067. HAMON, fils de Gui et de Berthe, succéda à son père dans la terre de Laval. Il était marié pour lors avec HERSENDE, dont la maison n'est point connue, et servait en Angleterre sous Guillaume le Bâtard, qu'il avait suivi lorsqu'il s'embarqua pour la conquête de ce royaume. Les services qu'il rendit à Guillaume, ne furent point sans récompense; car il obtint de belles terres en Angleterre, dont ses descendants ont joui jusqu'au règne du roi Jean. Hamon finit ses jours en 1080, et fut enterré à Marmoutier suivant un des cartulaires de cette maison. De son mariage il laissa deux fils, Gui, qui suit, et Hugues, qui, après la mort d'Agnès de Mayenne, sa femme, fut chanoine du Mans, sous l'évêque Hoël.

GUI III.

1080. GUI III, dit LE JEUNE et LE CHAUVE, fils aîné d'Hamon et son successeur en la terre de Laval, avait accompagné son père en Angleterre, et mérité par sa valeur l'estime de Guillaume le Conquérant. Ce monarque lui en donna une preuve bien marquée, en lui faisant épouser, l'an 1078, DENYSE, sa nièce, fille de Robert, son frère utérin, comte de Mortain, et de Mahaut de Bellême. L'an 1085, il eut guerre, on ne sait pour quel sujet, avec le seigneur de Château-Gontier; ou du moins leurs vassaux respectifs se la firent. *Fuit bellum*, dit sur cette année la chronique de Saint-Aubin, *inter Castro-Gontherianos et Lavallenses*. Gui fit à divers monastères, et surtout à celui de Marmoutier et à ceux de Saint-Serge et de Roncerai d'Angers, des libéralités consignées dans les cartulaires de ces maisons. On y remarque qu'il avait épousé en secondes noces CECILE, que quelques-uns font sortir de la maison de Mayenne. Gui mourut l'an 1095, et fut enterré à Marmoutier auprès de sa première femme. De ses deux mariages il laissa un grand nombre d'enfants, dont les principaux furent Gui, qui suit, Gervais, Bonnor, Hamon, et Jean, avec une fille, Agnès, femme de Hugues, sire de Craon. Les fils de Gui III prirent parti dans la première croisade, d'où il ne paraît pas qu'ils soient revenus, à l'exception de l'aîné, soit qu'ils aient péri dans cette expédition, soit qu'ils se soient établis en Palestine.

GUI IV.

1095. GUI IV, fils aîné de Gui III et son successeur, était à peine en jouissance de la terre de Laval, lorsque la première croisade fut publiée. Ayant pris la croix avec cinq de ses frères dans l'église de Saint-Julien du Mans, il partit, l'année suivante, dans leur compagnie pour la Terre-Sainte à la tête d'un grand nombre de ses vassaux. L'histoire ne marque point les exploits qu'il fit dans cette expédition. Mais il est certain qu'il se signala dans toutes les entreprises des croisés jusqu'à la prise inclusivement de Jérusalem. Après cette opération, il reprit la route de France, et vit, en passant à Rome, le pape Pascal, qui, sur la réputation qu'il s'était acquise, lui fit un accueil distingué. Robert dans son *Gallia Christiana*, à l'article de Pierre de Laval, archevêque de Reims, dit que Pascal ordonna que le nom de Gui serait désormais affecté au possesseur de la terre de Laval. Jusqu'alors les habitants de Laval n'avaient point encore d'église dans l'enceinte de leurs murs. Las d'être obligés d'aller entendre le service divin dans celle de Notre-Dame des Périls, aujourd'hui le prieuré de Saint-Prix, ils demandèrent, l'an 1110, à leur seigneur, un emplacement dans la ville pour y construire une église. Gui leur accorda le Mont-Jupiter, dont le fonds était presque désert. Ce fut là qu'ils élevèrent l'édifice sacré qui fut dédié à la Trinité.

Gui fut attaché à Foulques le jeune, comte d'Anjou, et prit son parti contre Henri 1, roi d'Angleterre. L'an 1118, lui ayant amené ses vassaux bien armés, il eut part à la victoire que Foulques remporta sur le monarque anglais, entre Séez et Alençon. (*Gesta Cons. Andegav.*)

Gui se ligua, l'an 1129, avec le vicomte de Thouars, les seigneurs de Mirebeau, de Parthenai, de Sablé, d'Amboise, et d'autres vassaux de l'Anjou, contre Geoffroi Plantagenet, qui venait de succéder à Foulques le Jeune, son père, au comté d'Anjou. Geoffroi vient subitement l'assiéger dans son château de Menlais, renverse les murs de la place, enfonce les portes, et étant parvenu jusqu'au donjon, le détruit, puis rase entièrement le château. Cependant, par un mouvement d'humanité, il sauva la vie aux chevaliers qui l'avaient défendu, et les tira des mains du soldat victorieux, prêt à les égorger. Gui alors s'étant venu jeter aux pieds du comte, vint à bout de le fléchir et d'obtenir son pardon. Tel est le récit de Jean, moine de Marmoutier, dont nous ne garantissons point toutes les circonstances. Voici quelque chose de plus certain. Robert de Vitré, fils d'André de Vitré et d'Agnès de Mortain, ayant été chassé par Conan le Gros, comte de Bretagne, trouva un asile chez le seigneur de Laval, son cousin germain, qui lui prêta ses châteaux et forteresses de la Gravelle et de Launai, pour être en état de faire de-là des tentatives sur Vitré, dont le comte s'était emparé. Mais Conan vint à bout d'enlever à Robert la protection du sire de Laval, en donnant à celui-ci ce qu'on nommait le fief de Vitré à Rennes, qui est la même chose que la vicomté de Rennes. Robert, en perdant cet allié, en trouva un autre plus puissant et plus fidèle dans la personne du comte d'Anjou. Le seigneur de la Guerche, son beau-frère, et Thibaut de Mathefelon, son gendre, l'aidèrent aussi de leurs personnes et de leurs troupes; et avec ces secours, il termina, l'an 1143, une guerre de huit ans par une victoire, dont le recouvrement de sa terre de Vitré fut le fruit. Gui de Laval finit ses jours vers l'an 1146, et fut inhumé à Marmoutier. D'Emme, sa femme, qui lui survécut plusieurs années, et eut sa sépulture à l'abbaye de Clairmont, il laissa Gui, qui suit ; Hamon, qui se rendit, l'an 1158, à la Terre-Sainte, où il fit des choses dont le détail eût mérité de passer à la postérité, et Emme, abbesse de Roncerai.

GUI V.

1146 ou environ. GUI V, fils aîné de Gui IV et son successeur, était marié depuis l'an 1144, suivant le Baud, avec EMME, fille de Geoffroi Plantagenet, comte d'Anjou, et de Mathilde, sa femme, selon le témoignage de Thomas Pactius, écrivain du tems, et non pas bâtarde du premier, comme le prétend le P. Anselme. (Voyez *les Comtes d'Anjou.*) Dans les chartes émanées de lui et dans celles qu'il souscrivit, il se dit le cinquième seigneur de Laval de son nom, et non le septième, comme le marque Blondel, ni le quatrième, comme on le voit dans le P. Anselme : *Ego Guido quintus, dominus de Lavalle.* Les vexations qu'il exerça contre l'abbaye de Marmoutier, dans les domaines qu'elle possédait au district de Laval, ayant été déférées au pape Eugène III, ce pontife, sur le refus qu'il fit de réparer le mal qu'il avait fait, donna ordre à Guillaume Passavant, évêque du Mans, de l'excommunier et d'interdire sa terre; ce qui fut exécuté l'an 1150. (Chopin, *de Doman.*, liv. 4, *tit. ultimo.*) Gui, s'étant fait relever, l'an 1152, des censures, fonda la même année, de concert avec sa mère et sa femme, l'abbaye de Clairmont, à deux lieues et demie de Laval, pour des hommes de l'ordre de Cîteaux, et la dota de mille arpens en prés, en terres labourables, et en bois. Henri, son beau-frère, duc de Normandie et d'Aquitaine, et comte d'Anjou et du Maine, étant parvenu, l'an 1154, au trône d'Angleterre, le nomma régent et lieutenant-général des provinces d'Anjou et du Maine. Il fonda, l'an 1170, dans la chapelle de son château douze prébendes, et fit confirmer cet établissement par l'évêque Guillaume; ce qui fut ensuite ratifié, l'an 1185, par le pape Lucius III. Ce chapitre, en 1208, fut transféré à Saint Thugal, et augmenté de six prébendes. Aucun monument ancien ne nous apprend l'année de la mort du comte Gui V. Sa femme, qui lui survécut, le fit père de Gui, qui suit; de Geoffroi, évêque du Mans; et d'Agnès, femme d'Emeric, vicomte de Thouars.

GUI VI, DIT LE JEUNE.

Après l'an 1170. GUI VI, dit LE JEUNE, fils aîné de Gui V, et son successeur dans la terre de Laval, épousa, vers l'an 1190, HAVOISE, fille de Maurice II, sire de Craon, et d'Isabelle de Meulent. Ce fut un des braves de son tems. Il suivit le roi Richard, son suzerain, dans toutes les guerres qu'il eut en deçà de la mer; mais on n'a pas de preuve positive qu'il l'ait accompagné à la Terre-Sainte. Ce prince ayant déclaré la guerre, l'an 1196, à Constance, veuve de Geoffroi, son frère, duc de Bretagne, et femme séparée de Ranulfe, comte de Chester, Marcadé, son lieutenant-général, se jeta sur la terre de Vitré, dont le seigneur André était un des plus zélés partisans de la duchesse. Les habitants de cette terre, se voyant exposés au pillage, se réfugièrent sur celle de Laval. Mais ils ne trouvèrent point la sûreté qu'ils y étaient venus chercher. Sur les plaintes qu'ils portèrent à leur seigneur des mauvais traitements qu'ils y avaient éprouvés, celui-ci en demanda raison, les armes à la main, au seigneur de Laval. Après quelques hostilités réciproques, on fit, l'an 1197, un accommodement, par lequel il fut dit que les vassaux de l'un et de l'autre seigneurs auraient sauf-conduit réciproquement sur leurs terres, et qu'ils se prêteraient un secours mutuel contre tous leurs ennemis. Gui amortit, la même année, dans toute sa terre le droit de main-morte établi par son père, qu'il nomme une mauvaise coutume, *pravam consuetudinem*; ce qu'il fit confirmer par Barthelemi, archevêque de Tours, et Hamelin, évêque du Mans, en présence de tous les nobles ses vassaux, se soumettant à l'excommunication s'il entreprenait de rétablir ce droit. (*Arch. de Laval.*) Dans la charte de cette remise, il se nomme lui-même Gui VI. On conserve dans les archives de Vitré un traité d'alliance entre Guillaume de Fougères et André de Vitré, envers et contre tous, excepté le seigneur de Laval, traité passé l'an que le seigneur Artus fut reçu par l'évêque de Rennes, *anno quo dominus Artusius ab episcopo Rhedonensi receptus est*, c'est-à-dire l'an 1200. Gui VI était attaché à ce jeune prince, dont il défendit les droits contre son oncle le roi Jean. Après le meurtre d'Artus, il se joignit avec les barons d'Anjou et du Maine au roi Philippe Auguste, pour tirer vengeance de cet attentat. Le censier de Laval met la mort de Gui VI en 1210. Il fut inhumé à l'abbaye de Clairmont. D'Havoise, sa femme, qui lui survécut, et se remaria avec Ives le Franc, son gentilhomme, il laissa un fils, qui suit, deux filles; Emme, femme, 1°. de Robert III, comte d'Alençon; 2°. de Mathieu de Montmorenci, connétable de France; 3°. de Jean, baron de Choisi et de Toci, seigneur de Puisaie; et Isabelle, femme de Bouchard VI, baron de Montmorenci.

GUIONNET.

1210. GUIONNET, dont le censier de Laval met la naissance en 1198, succéda dans la terre de Laval à Gui VI, son père, sous la garde d'Havoise, sa mère, et de ses oncles maternels Juhel de Mayenne, et de Maurice de Craon. Mais le roi Philippe Auguste, nouveau conquérant de l'Anjou et du Maine, donna le bail de la terre de Laval à Raoul, vicomte de Beaumont, parent, du côté paternel, de Guionnet. C'est ce que l'on voit par une charte de l'an 1213 de ce même Raoul, où, attestant et confirmant les dernières dispositions de Gui VI, il prend le titre de Bailliste de Laval : *Ego Radulfus tunc Bajulus terræ Lavallis.* Guionnet mourut en bas âge, et ne passa pas vraisemblablement l'an 1213.

EMME, ROBERT D'ALENÇON, MATHIEU DE MONTMORENCI, ET JEAN DE CHOISI.

1213 ou environ. EMME, sœur de Guionnet, lui succéda dans la terre de Laval. Le roi Philippe Auguste, dont cette succession importante attirait l'attention, voulut savoir quels étaient sur cette matière les usages de la province. Guillaume des Roches, sénéchal du Maine et de l'Anjou, que le monarque chargea de s'en enquérir, lui répondit dans les termes suivants : *Sicut per litteras vestras mihi mendastis, excellentiæ vestræ significo super affario de Lavalle, quod, quando contingit in comitatu Andegavensi, Cenomanensi, Turonensi, quod terra accidit Domicellæ, quod vos potestis et debetis illam maritare de consensu gentis, et ille, qui domicellam habuit, debet finire vobiscum de rachato.* (*Manusc. d'Hérouval.*) Le monarque, en conséquence de cette réponse, permit, l'an 1214, à Emme d'épouser ROBERT III, comte d'Alençon, lequel, avant de prendre possession de la terre de Laval, lui paya le droit de rachat. Havoise, mère d'Emme, vivait toujours, et demandait qu'on lui assignât son douaire. Cet article fut réglé, l'an 1215, à la cour de Philippe Auguste, comme on le voit par les lettres de Robert, auxquelles sont attachées celles du roi, qui les confirment. (*Archives de Laval.*) Robert mourut, l'an 1217, à Morteville, près de Laval, laissant sa femme enceinte d'un fils qui eut le même nom que lui. Ce fils, successeur de son père au comté d'Alençon, étant mort sur la fin de l'an 1219, sa mère se remaria, l'an 1221 (et non 1218), à MATHIEU II DE MONTMORENCI, connétable de France, veuf de Gertrude, fille de Raoul III, comte de Soissons, morte le 26 septembre 1220, après lui avoir donné trois fils, Bouchard, Mathieu et Jean. Emme, après la mort de ce second époux, arrivée le 24 novembre 1230, ne pouvant rester dans le veuvage sans exposer ses terres aux entreprises de ses voisins, convola, par le conseil du roi saint Louis, l'an 1231, en troisièmes noces avec le baron JEAN DE CHOISI et de TOCI, seigneur de

Puisaie, allié aux maisons de Bourbon, de Dampierre et de Mello. On conserve aux archives de Laval son contrat de mariage, dans lequel son nouvel époux lui assigne son douaire, et s'engage à la faire jouir de celui que lui avait assigné Mathieu de Montmorenci.

Jean de Choisi et de Toci fut, l'an 1235, du nombre des barons qui souscrivirent avec les princes du sang la plainte adressée par eux au pape Grégoire IX, contre les entreprises du clergé. (Du Tillet, *des rangs*, pag. 33.) Le roi saint Louis (on ne sait par quel motif), voulut, en 1238, pour s'assurer de la ville et du château de Laval, y mettre garnison. Pour l'empêcher, le baron de Toci promit de garder lui-même la place; et pour sûreté de sa parole, il engagea son château de Saint-Fargeau et ses terres de Bourgogne. Vers le même tems, André de Vitré, favori du monarque, employa Ives de Saint-Berthevin pour procurer le mariage de sa seconde fille avec Gui de Laval, s'obligeant à donner autant de biens à celle-ci qu'à son aînée, promise alors au seigneur de la Guerche. Mais, l'année suivante, le baron de Vitré, relevé par le pape de ses engagements avec le seigneur de la Guerche, conclut le mariage de Philippette, sa fille aînée, avec Gui de Laval. (*Archi. de Vitré*.) Emme, l'an 1256, dans une charte datée du dimanche avant la fête de Saint-Thomas, apôtre (17 décembre), promit à Charles, comte de Provence et d'Anjou, de lui livrer, à grande et petite force, son château de Laval. L'acte est scellé d'un sceau de forme ovale, portant la figure d'un léopard. Emme finit ses jours, suivant l'historien de Laval, l'an 1265, et fut inhumée à l'abbaye de Clairmont. Elle eut de son premier mariage un fils posthume, nommé Robert, comte d'Alençon, mort l'an 1219; du second, Gui, qui suit, et Havoise, femme de Jacques, seigneur de Château-Gonthier et de Nogent-le-Rotrou; du troisième, Jeanne, mariée à Thibaut II, comte de Bar-le-Duc. (*Voy*. Mathieu II, *sire de Montmorenci*.)

GUI VII DE MONTMORENCI.

GUI, fils de Mathieu de Montmorenci et d'Emme, tige de la branche de Laval-Montmorenci, succéda, l'an 1230, à son père, dans une partie indéterminée de ses terres, et fit, l'an 1247, avec le sire de Montmorenci, son frère consanguin, un partage, au moyen duquel il eut celles d'Aquigni, en Normandie, d'Hérouville près Pontoise, de l'Ile Saint-Denis, d'Epinolet, d'Andeli, etc. Il partit, l'an 1248, pour la croisade, avec André de Vitré, son beau-père, qui mourut, l'an 1250, devant Damiète, laissant un fils nommé comme lui, qui finit ses jours, l'année suivante, sans laisser de lignée. Par-là, Gui, au nom de sa femme, hérita de la baronnie de Vitré, de la vicomté de Rennes, attachée à cette maison, et de la terre de Marcilli. Il perdit, l'an 1254, PHILIPPETTE DE VITRÉ, sa femme, qui mourut de phthisie. L'année suivante, il donna sa main à THOMASSETTE DE MATHEFELON, veuve d'André de Vitré, son beau-frère. Gui succéda, l'an 1265, dans la terre de Laval à sa mère. Le pape, la même année, ayant fait publier une croisade contre Mainfroi, usurpateur du trône de Sicile, Gui de Laval fut du nombre des seigneurs français qui se rendirent en Italie pour cette expédition. Il se distingua, le 26 février de l'année suivante, à la bataille où Mainfroi périt. Pour récompenser la valeur singulière qu'il y fit paraître, le pape Urbain IV lui accorda, dit-on, le privilége, de présenter de plein droit, *pleno jure*, les prébendes de la collégiale de Saint-Thugal; droit singulier, dont effectivement les seigneurs de Laval furent en possession de tems immémorial. Gui mourut peu de tems après son retour, au commencement de l'an 1267 (v. st.), suivant un arrêt du parlement, de la chandeleur de cette année. Il eut des enfants des deux lits (Voy. *les barons de Montmorenci*.) L'aîné fut Gui VIII, qui suit.

Gui VII, en prenant le nom de Laval, conserva les armes de Montmorenci, qu'il chargea de cinq coquilles d'argent sur la croix, comme puîné (1).

GUI VIII.

1267. GUI, fils de Gui VII et de Philippette de Vitré, succéda à ses père et mère dans les terres de Laval, de Vitré, d'Aquigni, etc. et dans la vicomté de Rennes. Il était marié, depuis l'an 1260, avec ISABELLE, fille et héritière présomptive de Guillaume de Beaumont, seigneur de Paci et de Villemouble, et comte de Caserte dans la terre de Labour, à quatre lieues de Naples, par le don que Charles d'Anjou, roi de Sicile, lui en avait fait. Il accompagna, l'an 1270, le roi saint Louis dans son expédition d'Afrique. L'année suivante, il fut encore de celle du roi Philippe le Hardi contre Roger-Bernard, comte de Foix. Il perdit, l'an 1272, presqu'en même tems son beau-père et sa femme, qui fut inhumée à Clairmont. L'an 1275 ou environ, il alla prendre possession du comté de Caserte, qui lui était échu par la mort de son beau-père.

---

(1) Les armes de la branche aînée de la Maison de Montmorenci sont d'or, à la croix de gueules, cantonnée de seize alérions d'azur.

On ignore la durée du séjour qu'il fit en ce pays. Mais il en était sûrement de retour vers la fin de l'an 1284 ; car, au printems de l'année suivante, s'étant mis à la tête de ses vassaux, il alla joindre l'armée que le roi Philippe le Hardi menait contre le roi d'Aragon. L'an 1286, il prit une seconde alliance avec JEANNE DE BEAUMONT. Il partit, l'an 1294, à la suite de Charles, comte de Valois, pour la guerre que ce prince porta en Auvergne, et eut part à la prise de Riom. De là s'étant rendu au siége de Saint-Sever, il y tomba malade ; et s'étant fait porter à l'Ile-Jourdain, il y mourut le lundi après l'Assomption (22 août) de l'an 1295. Son corps fut rapporté en France et déposé auprès de celui d'Isabelle, sa première femme. Elle lui avait donné deux fils, dont l'aîné Gui, IX, suit, et Guillaume, seigneur de Pacy, mort en 1283. Jeanne de Beaumont, sa seconde femme, qui lui survécut jusqu'en 1333, le fit père de huit enfants. (Voy. *les barons de Montmorenci.*)

GUI IX.

1295. GUI IX, fils aîné de Gui VIII et d'Isabelle de Beaumont, succéda, l'an 1295, à son père, dans la seigneurie de Laval. Il fit, la même année, avec Jeanne, sa belle-mère, un accord pour ses reprises et son douaire, qui fut confirmé l'année suivante par le roi. Il est dit par cet acte, que madame de Laval, veuve, aura la moitié de tous les *mesnages*, savoir, *soixante écuelles d'argent, trente grandes et trente petites, trois pots d'argent à vin et deux à eau, deux plats d'argent à entremets, deux bassins d'argent à mains laver, et toutes les couronnes, chapeaux, anneaux, fermaux, ceintures et attreims pour son corps ; la moitié de toutes les bêtes et haras, sept chevaux, savoir cinq pour son char, un palefroi et un roussin pour André de Laval ; et aura ledit André une épée de guerre de trois qui sont. Et le sire de Laval aura l'autre moitié de tous les mesnages, la coupe qui fut à saint Thomas de Cantorberri, la coupe fleurctée, et autres joyaux ; un écu d'or qui fut anciennement au seigneur de Laval, et le cheval qui fut acheté de Thibaut de Bar, avec toutes les armures et attiremens ; deux épées de guerre, et tous les autres chevaux. Aura de plus ladite dame son douaire dans toute la terre de Laval.* Gui, après s'être accommodé avec sa belle-mère, assista au mariage accordé le jour des Brandons entre Jean de Bretagne, fils aîné du duc Artur, et Isabelle, fille de Charles, comte de Valois. Héritier de la valeur de ses ancêtres, il servit dans toutes les guerres de la France jusqu'à la paix conclue en 1320. Il se distingua surtout à la bataille de Mons-en-Puelle, gagnée par les Français, le 18 août 1304, sur les Flamands.

Charles, comte d'Anjou et du Maine, ayant établi, l'an 1301, un droit d'aide pour le mariage de sa fille aînée, le sire de Laval fut du nombre des barons qui s'opposèrent à cette imposition. Mais les sires de Craon et de Mayenne s'étant désistés, peu de tems après, de leur opposition, la confédération fut dissoute, et bientôt il ne resta plus d'opposant que le sire de Laval. Il se trouva mal de son obstination. Nous avons un premier arrêt rendu contre lui au parlement de Pontoise en ces termes : *Philippus, D. gr. Francorum rex ; dilectis filiis nostris Subdecano S. Martini Turon. et Scholastico Andegavensi salutem. Requirimus nos quatenus vocatis vocandis constiterit quod charissimus germanus et fidelis noster Andegavi et Cenomaniæ Comes esset in possessione terræ dilecti et fidelis nostri Guidonis domini de Lavalle militis, et explectandi eam, antequàm dictus Guido ab audientia Curiæ dicti comitis ad nostram Curiam appellasset, et per Ballivum Turonensem et dictum comitem et ejus gentes pro eo, amoto impedimento et turbatione, prædictâ possessione gaudere et terram explectare prædictam faciat. Actum Pontisaræ die Jovis post festum Sancti-Dionysii* 1302. Ce jugement provisoire fut suivi d'un arrêt définitif rendu au parlement tenu à Paris, qui le confirma, et contraignit enfin le sire de Laval à se soumettre, (*Mss. d'Hérouval.*) Le sire de Laval en usait mal envers les habitants de Vitré. C'est ce que nous apprenons des lettres d'Artur, duc de Bretagne, datées du vendredi après la décolation de saint Jean (30 août) de l'an 1308, par lesquelles il enjoint *à noble homme et féal le sire de Laval et de Vitré* de ne préjudicier aux droits, honneurs et franchises de la baronnie et de ses sujets de Vitré. (*Arch. de Vitré.*) Gui IX finit ses jours au château de Landavran, près de Vitré, l'an 1333, et fut inhumé à l'abbaye de Clairmont. Il avait épousé, l'an 1298, BÉATRIX DE GAURE, comtesse de Faukemberg, en Flandre (morte en 1316) dont il eut, entr'autres enfants, Gui, qui suit. C'est à Béatrix que la ville de Laval a l'obligation de ses manufactures de toiles. En partant pour Laval, elle se fit accompagner par des tisserands de Bruges qu'elle fixa dans cette ville, qu'ils rendirent aussi fameuse que leur patrie pour l'objet de leur art.

GUI X.

1333. GUI X, fils et successeur de Gui IX dans la terre de Laval, la baronnie de Vitré et la vicomté de Rennes, avait épousé, dès le 2 mars 1315, BÉATRIX, deuxième fille d'Artur II, duc de Bretagne. Gui X accompagna, l'an 1328, le roi Philippe de Valois dans ses guerres de Flandre, où il soutint la gloire de ses ancêtres, à la tête d'une compagnie d'hommes d'armes. La guerre ayant recommencé en Flandre, l'an 1340, par le siége de Tournai, que firent les Anglais appelés par les Flamands, Jean, duc de Normandie, fut envoyé au secours de la place, accompagné du duc de Bretagne et du sire de Laval. Voici la lettre que le monarque écrivit au dernier quelque tems avant l'ouverture de la campagne: *Sire de Laval, nous sçavons et sommes certains que vous amez l'honneur et profit de nous et de nos besognes. Et pour ce que premièrement pour la défension de nostre royaulme nous convient faire frais et missions innombrables, nous avons faict parler à aucuns nobles de nos pays des comtés d'Anjou et du Maine, comme le vicomte de Beaumont, le sire de Mathefelon, Geoffroi de Beaumont, et aucuns aultres nobles, que pour ce nous veuillent octroyer une composition de quatre deniers pour livre à estre levée pour un an pour le faict de la guerre, ainsy comme aultrefois nous fut octroyé; laquelle imposition ils nous ont gracieusement octroyé; et ainsy ont faict les bonnes villes. Si vous prions cherement et à certe que ludicte imposition vous veuilliez gracieusement estre levée pour un an en vostre terre que vous avez esdictes comtés; et de ce vous veuille faillir, et nous écrivez sur ce vostre volonté. Et aussi tenez-vous prest et garni toutefois que nous le ferons sçavoir. Donné à la Suze au Maine, le 18 juillet.* Tel était le ton que nos rois prenaient alors avec leurs grands vassaux lorsqu'ils avaient besoin de leurs services. Au retour de la guerre de Flandre, Gui entra dans celle qui s'éleva, l'an 1341, entre Charles de Blois et Jean de Montfort, pour la succession au duché de Bretagne. Quoique beau-frère du second, il embrassa le parti du premier, parce que ce parti lui parut le plus juste. Il contribua par sa valeur et son habileté à plusieurs victoires que Charles remporta sur son rival. Mais la bataille de la Roche-Derien, qui fut donnée le 18 juin 1347, et dans laquelle il eut le principal commandement, termina le cours de ses exploits avec celui de sa vie: il y fut tué après avoir vu deux fois la victoire échapper de ses mains. Son corps ayant été apporté à Vitré, y fut inhumé dans l'église collégiale de la Madeleine, où l'on voit son tombeau élevé dans le chœur avec cette inscription: *Cy gist noble et puissant seigneur Gui, sire de Laval et de Vitré, qui trépassa à la bataille de la Roche-Derien le 18 juin 1347. Priez Dieu pour luy.* On ne peut omettre ici un trait du ressentiment de la duchesse Anne, reine de France, contre la mémoire de ce seigneur, trait rapporté par d'Argentré et certifié encore aujourd'hui par les chanoines de Vitré. Cette princesse, passant à Vitré et étant allée entendre la messe à la Madeleine, examina ce tombeau, et, en ayant lu l'épitaphe, elle commanda qu'on crevât un œil à la statue de Gui, disant qu'il avait été le plus cruel ennemi de sa maison. Mais on ajoute que, bientôt après, elle eut honte de cette basse vengeance, et s'en repentit. Toujours est-il vrai qu'il manque un œil à la statue. Gui laissa de Béatrix (morte le 7 décembre 1384), Gui, qui suit ; Jean, qui vient ensuite ; et Catherine, femme du connétable Olivier de Clisson.

GUI XI.

1347. GUI XI, fils aîné de Gui X et de Béatrix de Bretagne, ne survécut qu'un an à son père, dont il fut le successeur dans les seigneuries de Laval, de Vitré, etc. Il avait combattu à côté de lui à la bataille de la Roche-Derien, y avait été fait prisonnier, et avait été racheté par sa mère. Dès l'an 1338 (v. st.), son père l'avait marié, par contrat du jeudi après la mi-Carême (11 mars), avec ISABEAU, fille de Maurice, sire de Craon, et sœur d'Amauri IV, auquel elle succéda dans la terre de Craon. Le douaire d'Isabeau fut assigné sur les terres d'Aquigni, de Sainte-Marguerite, de Crevecœur et de Frego, en Normandie. Gui XI était à peine en jouissance, qu'il fut sommé, le 25 juillet 1347, par Jean de France, duc de Normandie et comte d'Anjou et du Maine, de venir lui rendre hommage de sa terre de Laval. Il mourut le jour de Saint-Maurice (22 septembre) 1348 dans son château de Vitré, sans laisser de postérité, et fut inhumé près de son père à la Madeleine de Vitré. On croit que sa mort fut la suite des blessures qu'il avait reçues à la bataille de la Roche-Derien, et dont il ne fut jamais bien guéri. Sa veuve épousa, depuis, Louis, sire de Sulli, finit ses jours le 11 février 1384 (v. st.), et fut inhumée aux Cordeliers d'Angers, où reposent les corps de ses ancêtres.

GUI XII.

1348. JEAN, second fils de Gui X, ainsi nommé au baptême par Jean III, duc de Bretagne, son oncle, prit, en succédant à son frère aîné, le nom de GUI suivant la loi de sa maison. Peu de tems après, il épousa LOUISE, fille de Geoffroi VII, sire de Château-Briant, et de Jeanne de Belleville, et sœur de Geoffroi VIII, lequel, étant mort sans enfants, la laissa héritière de la terre de Château-Briant, la cinquième des neuf grandes baronnies de Bretagne. Jeanne de Belleville, mère de Louise, se remaria avec Olivier de Clisson, qu'elle fit père du fameux connétable de ce nom. Celui-ci ayant épousé, comme on l'a dit, Catherine de Laval, devint par-là doublement beau-frère du sire de Laval; et de là l'étroite liaison qui fut entre eux, et qui fut encore cimentée par une fraternité d'armes. Cependant, quoique les guerres continuassent en Bretagne, il ne paraît pas que le sire de Laval y ait pris beaucoup de part jusqu'à la bataille d'Aurai. Nous voyons seulement qu'en 1356, il se jeta dans Rennes avec le vicomte de Rohan et d'autres seigneurs, pour défendre cette place assiégée par le duc de Lancastre. (Morice, *Hist de Bret*. tom. I, p. 287.) Mais, l'an 1370, comme les Anglais couraient la France sous la conduite de Robert Knoles, le roi Charles V lui donna commission de lever deux compagnies d'hommes d'armes pour s'opposer aux passage et ravages de ces ennemis. La défaite que ce général essuya cette même année au lieu dit Pontvalain, fut due en grande partie à la valeur du sire de Laval; et le roi Charles V le reconnut lui-même par le don qu'il lui fit de quatre mille livres d'or avec une pension de trois cents livres par mois pour son état. (*Arch. de Laval, et chambre des comptes de Paris.*) Il suivit, l'an 1371, le connétable du Guesclin en Poitou, et eut part aux conquêtes qu'il y fit sur les Anglais.

L'an 1373, Louis, duc d'Anjou, gendre de Jeanne, duchesse de Bretagne, et du Guesclin, rentrent en Bretagne avec de grandes forces, dans la vue de punir le duc Jean le Vaillant de ses pratiques secrètes avec l'Angleterre. Le sire de Laval se joignit aux seigneurs bretons soulevés contre leur prince; et, tandis que le vicomte de Rohan s'emparait de Vannes, et Clisson d'autres villes, il marcha contre Rennes dont il se rendit maître. Ces échecs obligèrent le duc de Bretagne à se retirer en Angleterre. Si ce n'était pas l'intention de la plupart de ses vassaux qui servaient la France contre lui, de le dépouiller de ses états, c'était bien à la vérité celle du roi Charles V. En effet, ayant mandé les trois seigneurs de Rohan, de Clisson et de Laval, ce prince leur déclara en confidence la disposition où il était de garder le duché de Bretagne, et de le réunir à la couronne comme un moyen assuré d'établir la tranquillité du royaume, avec promesse de leur en faire bonne part; et, pour cela, il leur demanda les places et forteresses qu'ils y possédaient. L'histoire dit que le vicomte de Rohan et Clisson commençaient à prêter l'oreille à ces offres, mais que le sire de Laval répondit qu'il ne consentirait jamais au dépouillement du duc de Bretagne, son cousin germain; qu'il garderait bien ses places, et qu'il n'en arriverait aucun inconvénient; que lui et ses ancêtres n'avaient jamais varié dans leur attachement au service de la couronne et de l'état; qu'il supplierait le roi de rendre au duc ses bonnes grâces, et qu'ils demeureraient tous pleiges de sa fidélité à l'avenir, et l'empêcheraient bien de faire du mal. Charles V, mortifié de cette réponse, dissimula son chagrin, et ne cessa de travailler sous main à gagner les esprits des seigneurs bretons. Mais le sire de Laval, dans une conférence qu'il tint en son hôtel avec les deux seigneurs qui viennent d'être nommés, leur remontra la conséquence de la prétention du roi. « Vous êtes » princes leur dit-il, en Bretagne, et vous ne serez plus rien » en France. Bientôt sa majesté vous suscitera des querelles » pour vous rabaisser. Le roi commande, le duc prie. Quand » le duc refuse de vous faire justice, vous êtes assez forts pour » le ranger à la raison. » Et en effet ils appelaient de ses ordonnances et procédures de ses officiers au parlement de Paris ou au conseil du roi, et souvent ils étaient maintenus dans leurs prétentions ; le duc ne faisait aucune levée sans leur consentement et sans qu'ils y eussent leur part; ils participaient aux fouages et aux droits de la souveraineté : tous avantages dont ils seraient privés par la réduction de la Bretagne en simple province du royaume de France. L'effet de la harangue du sire de Laval fut que les trois seigneurs quittèrent la cour sans dire adieu, et se retirèrent dans leurs places, sous prétexte de les garder et de pourvoir aux besoins de la Bretagne menacée par les Anglais. A leur retour, les autres seigneurs bretons, ayant à leur tête Montfort et Montafilant, firent une association pour rappeler leur duc ; elle eut son effet sous la condition qu'on imposa au duc de ne point confier ses places aux étrangers. (Froissart, d'Argentré, du Tillet.) Ce rappel fut suivi du traité de Guerande, conclu en forme d'amnistie le 15 janvier 1381. (n. st.) Les députés qui le négocièrent furent, de la part du roi, le sire de Couci ; le sire de Raineval ; Arnaud de Corbie, premier président au parlement de Paris; Anseau de Plaisans, sire de Montferrand et messire Jean de Raiz : de la part du duc, Gui, sire de Laval; Charles de Dinan, sire de Montafilant; Gui de Rochefort, sire d'Acerac ; et messire Guillaume l'Evêque. (*Arch. de Laval.*)

Le duc étant réconcilié avec la France, accompagna le roi Charles VI, l'an 1382, dans son expédition de Flandre. Avant son départ, il donna commission au sire de Laval, par lettres scellées le 22 juillet de la même année, de gouverner la Bretagne en qualité de son lieutenant-général, avec pouvoir d'agir comme sa propre personne, de donner des grâces, d'établir des gouverneurs et des capitaines dans toutes les places, d'accorder des trêves. Gui, l'année précédente, avait fait lui-même la campagne de Flandre avec le vicomte de Rohan et le sire de Clisson. Tous trois y avaient combattu avec distinction, le 17 novembre, à la journée de Rosebeque, où l'oriflamme fut portée par le sire de la Trémoille. (André Favin, *Théât. d'honneur*, pag. 249.) Froissart, parlant de cette campagne, nous apprend que la maison de Laval avait pour cri de guerre *Saint-Py-Laval*. Le sire de Laval était avec Beaumanoir et le connétable de Clisson, l'an 1387, au château de l'Hermine, lorsque le duc de Bretagne (Jean de Montfort), y fit arrêter secrètement le dernier, dans le dessein de le faire périr. S'étant aperçu de la trahison, à l'altération qu'il remarqua sur les traits du duc, le sire de Laval s'écria : *Haa, monseigneur, par Dieu, que voulez-vous faire? N'ayez nulle male voulenté sur beau-frère le connétable*. Le duc, irrité, pour toute réponse, lui ordonna de se retirer. Mais Laval, qui voulait à quelque prix que ce fût, sauver la vie à son beau-frère, et épargner un crime à son prince, resta au château. Instruit le soir par Bazvalen, de l'ordre que celui-ci avait reçu de noyer Clisson pendant la nuit, il l'engage à en suspendre l'exécution. Ce fut le salut de Clisson. Le duc, qui avait passé la nuit dans de grandes agitations, ayant appris de Bazvalen, à son lever, que Clisson était encore vivant, l'embrasse et le remercie de lui avoir sauvé à lui-même l'honneur et la vie. Laval étant rentré quelques moments après, il veut se faire un mérite auprès de ce seigneur, de n'avoir pas attenté sur les jours du connétable, et l'assure que c'est en sa considération qu'il laisse la vie à son beau-frère. (Voy. *les ducs de Bretagne*.)

La duchesse Jeanne de Navarre, veuve de Jean le Vaillant, ayant accordé son mariage avec Henri IV, roi d'Angletere, et se disposant à l'aller joindre, invite, l'an 1402, le duc de Bourgogne, Philippe le Hardi, à venir la trouver. Le duc se rend le 1er. octobre à Nantes, où la duchesse, du consentement de sa cabale, lui remet, le 19 du même mois, la tutelle de ses enfants et la régence du duché pendant la minorité de l'aîné. Plusieurs seigneurs bretons, le comte de Penthièvre à leur tête, s'opposent à cette disposition. Le duc de Bourgogne, voyant les esprits ainsi divisés, quitte la Bretagne le 3 décembre, emmenant avec lui le jeune duc Jean et son frère Artur. Les seigneurs, après sa retraite, défèrent l'administration du duché au sire de Laval.

L'an 1404 (v. st.), par lettres-patentes du 14 janvier, le jeune duc Jean le Bon, devenu majeur, donne au sire de Laval décharge de l'administration du duché, confirme les officiers qu'il a institués, et le met à l'abri de toute recherche. Gui XII mourut, l'an 1412, dans son château de Laval, le 24 avril, âgé de plus de quatre-vingts ans. Son corps fut inhumé à l'abbaye de Clairmont, à côté du grand autel, vis-à-vis de

Béatrix de Bretagne, sa mère, et non pas aux Cordeliers de Laval, comme le marque Duchêne, d'après Chopin. Ayant perdu, l'an 1383, Louise de Château-Briant, sa première femme, dont il resta héritier, en vertu d'une donation mutuelle qu'ils s'étaient faite en 1379, il s'était remarié au mois de mai de l'année suivante, avec dispense du pape, à JEANNE DE LAVAL, sa parente au troisième degré, veuve pour lors du connétable du Guesclin. De ce second mariage sortirent deux fils et une fille. L'aîné, qui survécut plusieurs années à Louis, son cadet, mort dans l'enfance, s'appelait Gui, et portait le titre de sire de Gaure. La mort l'enleva à l'âge d'environ seize ans, par un événement tragique. En jouant à la paume dans la grande rue de Laval, il tomba dans un puits et s'y noya. La fille, nommée Anne, devenue par-là l'héritière de sa maison, fut mariée, par contrat du 22 janvier 1404 (v. st.), à Jean de Montfort, sire de Kergorlai, fils de Raoul, sire de Montfort, à condition qu'il quitterait le nom et les armes de Montfort, pour prendre le nom de Gui de Laval, avec le cri et les armes de Montmorenci-Laval. Gui XII fonda, l'an 1397, avec sa femme, le couvent des Cordeliers de Laval. Froissart dit de lui, *qu'il aima souverainement l'honneur de la France*, et Pierre le Baud, *qu'il fut moult prudhomme vers Dieu et les hommes, dévot aux églises, aumônier aux pauvres, qu'il entretenoit des musiciens, aima le bien du peuple, qu'il défendit d'oppression de tout son pouvoir, et n'avoit d'autres serment que* SI DIEU ME DONNE BONNE VIE. Jeanne, sa femme, lui survécut vingt et un ans, étant morte le 27 décembre 1433, et fut enterrée aux Cordeliers de Laval.

GUI XIII.

1412. GUI XIII, auparavant nommé Jean de Montfort, succéda, avec ANNE DE LAVAL, sa femme, à Gui XII, son beau-père, dans les sireries de Laval et de Vitré, et dans les autres terres et domaines dont il avait joui. Depuis son mariage, il servait dans les armées de France, sous le nom de sire de Gaure, avec titre d'écuyer banneret, à la tête de sept bacheliers, et de cent quatre-vingts écuyers qui formaient sa compagnie. L'an 1413, il prit la résolution d'aller visiter la Terre-Sainte. Avant son départ, il déclara, par lettres du 31 août, qu'allant au voyage d'outremer, il laissait au sire de Montfort, son père, et à la dame de Laval, son épouse, plein pouvoir de garder et gouverner ses terres situées Bretagne, en Anjou, dans le Maine, en Normandie, France, en Picardie, en Flandre, dans le Hainaut et Artois. On voit par-là combien ses domaines étaient breux et répandus. S'étant mis en route bien accompagné, il alla droit en Palestine, et après y avoir satisfait sa dévotion, il fit voile, en s'en revenant, vers l'île de Chypre, où il visita la reine Charlotte de Bourbon, sa parente. De là, il se rendit à Rhodes, ignorant que la peste y régnait. Il en fut attaqué et y mourut le 12 août 1414, après avoir fait son testament, trois jours auparavant, dans une vigne, près d'un bourg de Rhodes. Les chevaliers de Saint-Jean lui firent des obsèques magnifiques, dont sa veuve leur marqua sa reconnaissance, par des priviléges qu'elle accorda dans Laval au commandeur de Thévalle. De son mariage il laissa cinq enfants : Gui, sire de Gaure, et depuis comte de Laval ; André, seigneur de Loheac, qui devint par la suite amiral et maréchal de France ; Louis, seigneur de Châtillon, grand-maître des eaux et forêts sous Louis XI et Charles VIII ; Jeanne, mariée à Louis de Bourbon, comte de Vendôme, et Catherine, dame de Chauvigni et de Châteauroux. Comme tous ces enfants, à la mort de leur père, étaient mineurs, il y eut procès pour leur tutelle entre Raoul de Montfort, leur aïeul, et Anne, leur mère. Elle fut adjugée à celle-ci, par sentence de la justice du Mans, dont il y eut appel au parlement, qui confirma ce jugement par un arrêt de l'an 1417. Raoul étant mort l'an 1419, la dame de Laval envoya Thibaut de Laval, son cousin, se saisir des châteaux de Montfort et Gaël. Charles et Guillaume de Montfort, frères de Gui XIII, s'opposèrent à cette prise de possession, et se mirent en devoir de venir assiéger Thibaut. Pour éviter une guerre, on convint de mettre ces places entre les mains du duc de Bretagne. Ce prince les remit à la dame de Laval.

L'an 1420, les Anglais, maîtres de la Normandie, entrèrent dans le Maine, où ils firent d'étranges ravages. La dame de Laval, ayant mis des troupes sur pied, défit, l'an 1422, un de leurs partis, composé de quatorze cents hommes, au lieu dit la Brossinière. Les principales places de la province se mirent en état de défense ; mais la plupart furent contraintes de subir le joug des Anglais. Le Mans fut pris deux fois ; Mayenne, Sainte-Susanne, Saint-Célerin, et d'autres, eurent le même sort : Laval resta la dernière. La dame de Laval se voyant menacée, d'un siége, l'an 1424, manda tous les nobles qui devaient garde à sa ville, de venir faire le service. Mais, nonobstant leur résistance et leurs efforts, la ville fut emportée le 9 mars 1428 (n. st.), et, six jours après, le château fut rendu par capitulation. Anne de Laval, retirée alors avec Jeanne, sa mère, au château de Vitré, s'obligea de payer une somme très-considérable pour la rançon de la garnison. Cette conquête ne resta pas long-tems entre les mains des Anglais. L'an 1429, les sieurs de la Ferrière et du Bouchet, reprirent sur eux la ville de Laval, le 25 septembre, jour consacré depuis à une procession annuelle, pour perpétuer la mémoire de cet événement.

GUI XIV, PREMIER COMTE DE LAVAL.

1429. GUI XIV, fils aîné de Gui XIII, et d'Anne de Laval, né l'an 1406, fut élevé, dans sa minorité, à la cour de Jean le Sage, duc de Bretagne, dont il devait épouser la fille, Marguerite, qui mourut en 1427. Ayant pris congé de ce prince, il vint avec ses frères, trouver à Loches le roi Charles VII, pour lui offrir leurs services. Il écrivit de là, le 8 juin, à sa mère, une lettre publiée par le P. Labbe dans ses mélanges historiques, pour lui faire part du bon accueil que le roi leur avait fait, et lui annoncer la disposition où ils étaient de suivre la célèbre Pucelle, qu'ils virent à Loches, dans toutes ses expéditions. Ils tinrent parole, et firent la plus fidelle compagnie à cette héroïne, jusqu'à Reims, où elle amena le roi pour le faire sacrer. Le jour même de cette cérémonie (17 juillet 1429), Charles VII, dans un conseil nombreux qu'il tint, érigea la baronnie de Laval en comté, relevant nûment du roi, par lettres qui furent vérifiées au parlement le 17 mai 1431. Ces lettres sont fondées sur les motifs les plus honorables qu'elles énoncent, la grandeur et l'ancienneté de la maison de Laval, son immuable fidélité envers la couronne, les services importants qu'elle lui a rendus, les armées levées à ses dépens pour le besoin de l'état, les pertes qu'elles a essuyées de ses villes et de ses châteaux, etc. (Les comtes étaient rares en ce tems-là ; et leurs prérogatives étaient telles, suivant du Tillet, qu'ils précédaient le connétable.) Pour plus grande distinction, le roi, dans ces mêmes lettres, donna le titre de *cousin* au comte de Laval, et lui accorda le même rang et les mêmes honneurs dont jouissaient alors les comtes d'Armagnac, de Foix et de Soissons, auxquels il n'était guère inférieur en puissance, ayant dans la dépendance de son comté cent cinquante hommages, parmi lesquels se trouvaient quatre terres titrées, trente-six châtellenies, et en tout cent douze paroisses. Enfin, le roi, dans le même tems, fit chevaliers le nouveau comte et le sire de Loheac, son frère. De Reims, Gui accompagna le roi jusqu'au mois de septembre 1430, qu'il prit congé de lui pour retourner dans ses terres. Pour le sire de Loheac, il ne revint de long-tems chez lui, et fut bientôt élevé à la dignité d'amiral, puis honoré du bâton de maréchal.

De retour à Laval, le comte Gui alla saluer, au mois d'octobre 1430, le duc de Bretagne (Jean le Bon), qui lui fit épouser ISABEAU, sa fille unique. Elle avait été accordée, par traité du 3 juillet 1424, à Louis, duc d'Anjou, roi de Sicile. Mais le duc de Bretagne, voyant que ce prince, occupé alors à faire la guerre dans la Pouille, tardait d'exécuter ses promesses, rompit les siennes, et s'en fit relever par dispense du pape Martin V, datée du 15 des calendes de novembre, la treizième année de son pontificat. Cette alliance n'empêcha pas que le comte Gui n'eût un différent avec le duc François I, son beau-frère, à l'occasion de certaine levée que celui-ci voulait faire dans la baronnie de Vitré. Gui s'y opposa, soutenant qu'elle ne pouvait se faire sans son consentement, et gagna sa cause au parlement, par arrêt du 28 juillet 1447. Il était veuf alors d'Isabeau, décédée au château d'Auraï, le 14 janvier 1443, et inhumée aux Dominicains de Nantes. Il épousa en secondes noces, le 1er octobre 1450, FRANÇOISE, fille unique de Jacques de Dinan, et veuve de Gilles de Bretagne, troisième fils du duc Jean le Sage, mort tragiquement, comme on le dira ailleurs, et sans lignée, au château de la Hardouinaie, le 24 avril précédent. Françoise, dont le père était décédé le 30 avril 1444, apporta au comte de Laval, entr'autres terres, l'importante baronnie de Château-Briant, celle de Montafilant, et celle de Beaumanoir.

Le comte de Laval étant aux états assemblés, l'an 1451, à Vannes, disputa la préséance au vicomte de Rohan. Les deux partis, après quelques contestations, convinrent de s'en rapporter au jugement du duc Pierre II. Ce prince, après l'examen des pièces qui lui furent apportées de la chambre des comtes et du trésor des chartes, décida que le comte de Laval n'étant encore que présomptif héritier de la baronnie de Vitré, le vicomte de Rohan aurait la première place à gauche le premier jour; que le second, elle serait occupée par le comte de Laval, et ainsi à l'alternative, dans ce parlement et les suivants, jusqu'à la mort de la comtesse de Laval, propriétaire actuelle de la baronnie de Vitré; qu'alors Laval précéderait Rohan sans alternative. Mais le vicomte de Rohan protesta contre cette décision, et fut reçu à produire ses moyens de nullité le 29 mai 1460, par sentence du duc François II, *séant en son général parlement*. Le comte de Laval appela de cette sentence au parlement de Paris, qui la confirma en 1471, et condamna le comte à l'amende. La querelle ne se termina point là. Elle fut renouvelée aux états de 1476, où le procureur-général disputa au vicomte de Rohan la qualité de vicomte de Léon, et reprise enfin l'an 1478, aux états de

Vannes, dont on ne voit point qu'il ait émané de jugement. (Morice, *hist. de Bret.* tom. II, pag. 42 et 130.)

L'an 1464, les princes français, ligués contre le roi Louis XI, sollicitèrent le comte de Laval de se joindre à eux ; mais ce fut en vain. Il demeura fidèle au monarque, et lui envoya le sire de Gaure, son fils aîné, pour combattre sous ses drapeaux. Anne de Laval, mère du comte, vivait toujours et continuait d'exercer avec son fils, dans ses terres, l'autorité seigneuriale, partageant même avec lui la dignité comtale. La mort l'enleva, le 28 janvier 1466 (n. st.), dans un âge avancé. L'église de Saint-Thugal, dont elle avait enrichi le chapitre, fut le lieu de sa sépulture. C'était une femme de tête. Elle eut, l'an 1454, avec Jacques d'Epinai, évêque de Rennes, un démêlé, où elle déploya toute la fermeté de son âme, et le prélat tout l'emportement et toute la violence de son caractère. Après cinq ans de contestations, elle obtint du pape Pie II, une bulle, datée de Mantoue, au mois de janvier 1459, par laquelle ce pontife, pour raison des vexations exercées par l'évêque de Rennes, contre madame Anne, comtesse de Laval, l'exempte, elle, le comte de Laval son fils, et ses autres enfants, leurs serviteurs, domestiques et officiers, de la juridiction dudit évêque, tant qu'il vivra, et les met sous la juridiction immédiate de l'archevêque de Tours. Tel était le sujet de la querelle : c'était une ancienne coutume qu'à son entrée solennelle dans sa ville épiscopale, l'évêque de Rennes fût porté par quatre barons ; savoir, ceux de Vitré, de la Guerche, de Château-Giron et d'Aubigné, lesquels, après le festin, avaient droit de prendre son cheval, avec sa vaisselle de cuivre et d'étain. A l'entrée de Jacques d'Epinai, qui se fit le 10 avril 1454, Anne de Laval, comme dame de Vitré et d'Aubigné, avait envoyé deux gentilshommes, pour lui rendre en son nom le devoir accoutumé en pareille cérémonie. Le repas fini, ils voulurent s'emparer du cheval et de la vaisselle de l'évêque. Les gens du prélat s'y opposèrent, et l'on en vint aux coups de part et d'autre : *Inde mali labes*.

Le comte Gui, l'an 1458, assista au parlement assemblé à Vendôme pour juger le duc d'Alençon. Il y fut assis sur le même banc que les princes du sang, et immédiatement après le comte de Vendôme. Il survécut près de vingt et un ans à sa mère, et mourut, le 2 septembre 1486, dans son château de Château-Briant, d'où il fut transporté à Saint-Thugal, pour y être inhumé. Ce comte mérite une place distinguée dans l'histoire par ses vertus politiques, militaires et chrétiennes. Sans avoir jamais eu de commandement en chef, il servit avec gloire le roi Charles VII dans ses guerres contre les Anglais. Ce prince l'admit dans ses conseils; et le roi Louis XI, quoique peu favorable à ceux qui avaient été en faveur auprès de son père, lui fit le même honneur. Françoise de Dinan, sa veuve, se remaria secrètement à Jean de Proesi, et finit ses jours le 3 janvier 1500 (n. st.), à l'âge de soixante-trois ans (1). Du premier lit, Gui XIV eut François, qui lui succéda sous le nom de Gui XV; Jean, sire de la Roche, né à Redon, l'an 1437, et mort en 1476; Pierre, né à Montfort, le 17 juillet 1442, mort archevêque de Reims en 1493; Yolande, née à Nantes, le 1er. octobre 1421, mariée, 1°. l'an 1443, à Alain de Rohan, comte de Porhoët; 2°. à Guillaume d'Harcourt, comte de Tancarville; Françoise, née et morte en 1432; Jeanne, née le 10 novembre 1433, et mariée, comme on l'a dit, à René, duc d'Anjou; Anne, née et morte en 1434; Arthuse, née au mois de février 1437, morte sans alliance, l'an 1461, à Marseille, où elle avait accompagné la duchesse Jeanne, sa sœur; Hélène, née à Ploërmel, le 17 juin 1439, et alliée à Jean de Malestroit, sire de Derval; Louise, née le 13 janvier 1440, mariée, par contrat du 15 mai 1468, à Jean de Brosse, dit de Bretagne, comte de Penthièvre. Du second lit, il eut Pierre, mort sans alliance l'an 1476; François, sire de Château-Briant, tige de la branche de ce nom; et Jacques, sire de Beaumanoir, mort le 23 avril 1502, laissant un fils nommé François, mort sans lignée en 1522.

C'est vraisemblablement sous Gui XIV que fut établie la chambre des comptes de Laval; du moins on ne voit pas de comptes rendus à cette chambre par les fermiers et les trésoriers de ce comté avant lui. Elle était composée d'un président, qui est à présent le juge ordinaire, de quatre auditeurs et d'un greffier. Ce privilége accordé par Charles VII ou par Louis XI, est une preuve de la grandeur de la maison de Laval. Chopin, *de Doman.*, l. 2, c. 15, ne comptait que sept maisons de son tems qui jouissaient d'une semblable prérogative, savoir : celles des ducs de Bourbon, de Vendôme, de Penthièvre, de Nevers, de Bar, et celles des comtes de Dunois et de Laval.

---

(1) Cette dame, non moins respectable par ses qualités personnelles que par son rang, avait inspiré une si juste confiance au duc de Bretagne, François II, qu'il la chargea par son testament de la garde de ses deux filles. Elle s'acquitta en femme d'esprit de cette importante commission. Convaincue, par la suite, que le bien de sa patrie exigeait le mariage de la jeune duchesse Anne avec Charles VIII, elle en donna le conseil à cette princesse, malgré les nœuds de la parenté qui l'unissaient au sire d'Albret, son frère utérin. (*Observation sur les mémoires de Louis de la Trémoille.*)

GUI XV.

1486. GUI XV, nommé François au baptême par François II, duc de Bretagne, son parrain, né à Montcontour, le 18 novembre 1435, de Gui XIV et d'Isabelle de Bretagne, appelé le sire de Gaure pendant la vie de son père, lui succéda dans les comtés de Laval et de Montfort, la vicomté de Rennes, la baronnie de Vitré et autres terres affectées à l'aîné de sa maison. Il avait été élevé avec le dauphin Louis, fils de Charles VII, et vécut toujours dans une grande intimité avec lui. Ce prince, étant monté sur le trône, lui fit épouser, en 1461 (v. st.), CATHERINE, fille de Jean le Beau, duc d'Alençon, avec dispense du pape Pie II, donnée au mois de mars de la même année, où il est dit qu'ils étaient parents *in duplici tertio et duplici quarto consanguinitutis gradibus.* (*Arch. de Laval.*) Louis XI, en considération de cette alliance, lui donna, l'an 1463, le gouvernement de Melun, et lui permit d'écarteler dans son écu des armes de France. L'an 1467, par lettres du 19 novembre, pour l'égaler aux princes du sang, il lui accorda le privilége de précéder le chancelier et les prélats du royaume, comme il l'avait accordé aux comtes d'Armagnac, de Foix et de Vendôme (1). A cette faveur, ce monarque ajouta dans la suite, par lettres de janvier 1481 (v. st.), celle de distraire le comté de Laval du comté du Maine pour être dans la mouvance immédiate de la couronne, avec pouvoir de nommer à tous les offices royaux qui se trouvaient dans son district. Le roi Charles VIII, fils et successeur de Louis XI, ne se contenta pas de confirmer, par lettres données à Blois, au mois de novembre 1483, toutes les grâces que la maison de Laval avait obtenues de son père, il y en ajouta de nouvelles. Il donna, l'an 1488, au comte Gui, le gouvernement et la jouissance de la ville de Dreux; et l'année suivante, par lettres datées du 3 février 1488 (v. st.), il lui conféra l'office de grand-maître de l'hôtel, vacant par la mort d'Antoine de Chabannes. C'étaient des récompenses de la fidé-

---

(1) Ces lettres portent : *Considérant la proximité de lignage en quoi il nous atteint, icelui nostre neveu et cousin, avons ottroyé et ottroyons par ces présentes et par privilége spécial et à ses hoirs comtes de Laval, que doresnavant ils soyent en tels honneurs, lieu de prééminence, soit en nostre grand conseil et en nostre parlement, en ambassades, et en tous autres lieux où il se trouvera, qu'il précède nostre chancelier et tous les prélats de nostre royaume, tout ainsi qu'ont fait et font nos très-chers et amés cousins les comtes d'Armagnac, de Foix et de Vendosme. Donné au Mans, le* 19 *novembre* 1467. (Du Tillet.)

lité que Gui XV avait montrée à ce prince dans la guerre de Bretagne, commencée au mois de juin 1487, et terminée au mois d'août de l'année suivante. Gui l'avait reçu au château de Laval, où il fit même un assez long séjour, lorsqu'il vint dans cette province. Après la bataille de Saint-Aubin, gagnée le 28 juillet 1488 par la Trémoille sur le duc de Bretagne, le comte Gui avait fait entrer les Français dans la ville de Vitré par une poterne de son château. François de Laval, son frère, sire de Château-Briant, n'avait pas suivi le même parti. Entraîné par le maréchal de Rieux, son beau-père, il s'était déclaré pour le duc de Bretagne, et avait commandé l'arrière-garde bretonne à la bataille dont on vient de parler. Le comte de Laval vint à bout de le réconcilier avec le roi de France. Gui XV tint, l'an 1495, les états de Bretagne comme député du roi. L'an 1499, il eut une attaque de paralysie, dont il demeura perclus d'esprit et de corps jusqu'à sa mort, arrivée le 20 janvier 1501 (n. st.), et non le 15 mai 1500, comme le prétend Moréri. Sa sépulture est à Saint-Thugal. De son épouse, Catherine d'Alençon, morte le 17 juillet 1505, il n'eut qu'un fils, décédé en bas âge avant son père.

GUI XVI.

1501. GUI XVI, né, l'an 1473, de Jean de Laval, sire de la Roche-Bernard, deuxième fils de Gui XIV et d'Isabelle de Bretagne, nommé au baptême Nicolas, succéda à son oncle Gui XV dans les comtés de Laval et de Montfort, la baronnie de Vitré, la vicomté de Rennes, mais non dans la seigneurie de Gaure, en Flandre. Celle-ci échut à François de Laval, sire de Château-Briant, son oncle, parce que la représentation n'a point lieu dans ce pays-là, et que le frère exclut le neveu. Ayant perdu son père l'an 1476, il tomba successivement sous la garde de Gui XIV, son aïeul, et sous celle de Gui XV, son oncle, qui, l'an 1494, par acte du 8 novembre, lui laissa l'administration et la jouissance de ses terres. Son père avait été constamment attaché au service de François II, duc de Bretagne. Ce fut ce qui mérita au fils l'affection de la duchesse-reine Anne, fille de François, qui, l'ayant fait venir auprès d'elle, le considérait et le distinguait entre tous ses parents. Ayant accompagné cette princesse et le roi Louis XII, son époux, l'an 1500, au voyage de Lyon, il fut du tournoi qui s'y donna, en l'honneur de leurs majestés, et fut le chef du parti de la reine, qui, dans ce même voyage, lui fit épouser CHARLOTTE D'ARAGON, princesse de Tarente, fille de Frédéric III, roi de Sicile, et petite-fille, par Anne de Savoie sa mère, d'Amédée IX, duc de Savoie, et d'Yolande, sa femme, fille du roi Charles VII. Cette alliance mêlait le sang de Montfort-Laval avec celui des maisons de France, d'Espagne, d'Aragon et de Savoie. Charlotte ne vécut que six ans avec son mari, étant morte à Vitré, le 6 octobre 1506, en couches d'Anne de Laval, qui depuis épousa François, sire de la Trémoille et vicomte de Thouars. (C'est du chef de Charlotte que la maison de la Trémoille prétend au royaume de Naples.)

L'an 1507, Gui XVI fut de l'expédition du roi Louis XII, en Italie. Il assista, le 2 mars 1515, au couronnement de la reine Claude, femme du nouveau roi François Ier, où il tint les premiers rangs après les princes du sang. Il revint de cette cérémonie avec le gouvernement de Bretagne que le roi lui conféra. Il défendit cette province contre les Anglais, qu'il battit sur mer l'an 1517, et qu'il obligea, au mois de juillet 1522, de remonter en désordre leurs vaisseaux, après leur avoir tué, près de Morlaix, où ils avaient fait une descente, environ mille sept cents hommes. La mort lui enleva, l'an 1525, le 30 juin, ANNE DE MONTMORENCI, sœur du connétable et premier duc de ce nom, qu'il avait épousée l'an 1516. Il répara cette perte l'année suivante par le troisième mariage qu'il fit, le 3 mars, avec ANTOINETTE, fille de Jacques de Daillon, seigneur de Lude. L'an 1531, étant allé dans sa terre de la Gravelle pour y chasser au vol, il y reçut un coup de pied de cheval dont il mourut le 30 mai. Son corps fut rapporté à Laval, où il fut inhumé avec une pompe extraordinaire dans l'église de Saint-Thugal. Les curieux conservent encore dans leur cabinet la relation qui fut imprimée de ces obsèques, en 1531, à Angers, chez Baudouin, sous ce titre : *L'ordre funèbre triomphant, et pompe pitoyable tenue à l'enterrement de feu M. le comte de Laval, amiral de Bretagne et lieutenant de roi*, etc. Cette pompe n'avait rien au-dessus de son mérite. Il avait paru en France dans toutes les occasions éclatantes de son tems, et y avait brillé. L'auteur de l'histoire manuscrite de Laval dit de lui : *Nous le nommons par excellence le Grand Guion ; ainsi nos aïeux l'ont qualifié.* Du premier lit, il eut Louis, mort au berceau ; François, né le 30 avril 1503, et tué, le 27 avril 1522, à la journée de la Bicoque, près de Milan ; Catherine, mariée, en 1518, à Claude, sire de Rieux, appelé communément dans l'histoire *le maréchal de Rieux*, parce qu'il avait fait les fonctions de maréchal de bataille à celle de Pavie ; Anne, qui épousa, l'an 1521, François de la Trémoille, prince de Talmont. Du second lit sortirent Claude, qui suit ; Marguerite, femme de Louis de Rohan-Guémené ; Anne, mariée à Louis de Silli, seigneur de la Roche-Guion. Du troisième lit, outre deux enfants morts jeunes, sortit Charlotte, qui épousa, l'an 1547, Gaspard de Coligni, seigneur de Châtillon-sur-Loing, amiral de France.

GUI XVII.

1531. GUI XVII, né, au mois de janvier 1521 (v. st.), de Gui XVI et d'Anne de Montmorenci, nommé Claude au baptême, succéda à son père dans le comté de Laval, la vicomté de Rennes, la baronnie de Vitré, et d'autres terres sous la conduite de Jean de Laval, seigneur de Château-Briant, et d'Anne de Montmorenci, grand-maître et maréchal de France, et depuis connétable, que le roi François Ier. lui donna pour curateurs. Il fut élevé dans la maison du premier, dont l'épouse, Françoise de Foix, avait déjà auprès d'elle Claude de Foix, sa nièce, fille d'Odet de Foix, vicomte de Lautrec, mort devant Naples, le 15 août 1528. Claude et Gui étaient à peu près de même âge. La dame de Château-Briant proposa le mariage de ses deux pupilles au roi et aux parents respectifs, et le fit agréer. Les noces, en conséquence, furent célébrées le 23 octobre 1535. Après la mort de Henri de Foix, frère unique de Claude, décédé, l'an 1540, sans enfants, cette alliance fit entrer dans la maison de Laval tous les biens de celle de Lautrec, savoir : le comté de Réthel, les baronnies de Donzi, de Rosoi, de Saint-Verain, d'Arval, de Montrond, de Château-Meillan, d'Epineuil, de Lesparre, de Coulommiers en Brie, de Beaufort en Champagne, et d'autres grandes seigneuries en Périgord, en Béarn et en Guienne. Mais cette immense succession, qui rendait la maison de Laval l'une des plus opulentes du royaume, en sortit au bout de sept ans par la mort de Gui XVII, arrivée, le 25 mai 1547, à Saint-Germain-en-Laye, sans qu'il laissât de postérité. Ce fut une pleurésie qui emporta ce jeune seigneur à l'âge de vingt-six ans, malgré le bruit qui courut alors qu'il avait été tué d'un coup de dague par le roi Henri II, dans une querelle qu'ils eurent ensemble, disait-on, en jouant à la paume. Son corps, après avoir reposé quelque tems dans l'église de Saint-André-des-Arcs, à Paris, fut conduit aux Dominicains de Laval, où il resta jusqu'au 18 août 1551. Ses héritiers s'étant alors tous rassemblés à Laval, le firent transporter dans l'église de Saint-Thugal, où il fut inhumé dans le chœur. Gui XVII, formé aux exercices militaires par Anne de Montmorenci, son oncle, le suivit dans toutes ses expéditions. Après la paix, il alla trouver en grand cortège l'empereur Charles-Quint, à Bruxelles, pour solliciter la restitution des terres d'outre-Meuse, qui appartenaient à sa femme. Ces places étaient Mézières, Charleville et le Mont-Olympe. Quoique muni d'une lettre du dauphin qui appuyait sa demande, il ne put rien obtenir. C'est à quoi il devait s'attendre : les princes ne se dessaisissent guère de ce qu'ils ont pris, que lorsque la force les y contraint. On rapporte que, pendant le séjour qu'il fit à Bruxelles, un marchand flamand vint offrir à l'empereur une riche tapisserie qui représentait, en plusieurs pièces, l'histoire de David. Charles-Quint n'ayant pas voulu donner soixante mille livres qu'on en demandait, le comte de Laval l'acheta le lendemain, et la fit porter à son logis. On la voyait long-tems après, dit-on, au château de Nantes, chez le duc de Mercœur. Ce fut en 1542, qu'il fut armé chevalier par le roi François I, qui lui conféra en même tems le collier de l'ordre de Saint-Michel. La cérémonie se fit avec une pompe, dont il manda le détail à sa femme, ajoutant dans sa lettre, qu'elle pouvait désormais se qualifier madame. C'est qu'anciennement cette qualité n'appartenait qu'aux femmes de chevaliers : les autres, quelque nobles qu'elles fussent, n'étaient qualifiées que demoiselles. Cependant on voit des actes et des états de la maison de Laval, postérieurs à la chevalerie de Gui XVII, où Claude, sa femme, est encore appelée mademoiselle. La magnificence avec laquelle ce comte vivait fut telle, que ses revenus, tout grands qu'ils étaient, ne purent y suffire. Il laissa, en mourant, des dettes considérables, dont l'acquittement absorba le prix de ses meubles et joyaux qui furent vendus après sa mort. Claude, sa veuve, étant retournée en Guienne, fut recherchée par Charles de Luxembourg, vicomte de Martigues, qui obtint sa main. On prétend, dit D. Vaissète, que Claude de Foix mourut en couches l'an 1553; mais il est certain qu'elle était déjà morte le 23 février 1549 (n. st.).

GUI XVIII.

1547. GUI XVIII, nommé auparavant Louis de Sainte-Maure, chef des nom et armes de cette illustre maison, marquis de Nêle, comte de Joigni, succéda, l'an 1547, aux comté de Laval, baronnie de Vitré, vicomté de Rennes, du chef de sa femme, Renée de Rieux, petite-fille de Gui XVI, par Catherine, sa mère, femme de Claude de Rieux, comte d'Harcourt, qu'il avait épousée l'an 1546. (v. st.). Renée, devenue comtesse de Laval, changea de nom comme son mari, et prit celui de GUIONNE XVIII. Elle recueillit encore, l'an 1548, la succession de Claude de Rieux, son frère unique, mort cette année sans enfants. Tant de richesses ne la rendirent pas plus heureuse. Enflée de sa haute fortune, elle commença à mépriser son époux, et voulut avoir l'administration de ses terres. Gui, de son côté, ne pouvant souffrir l'empire que sa femme s'arrogeait, et voulant user de ses droits, obtint contre elle plusieurs arrêts qui n'eurent pas grand effet, par l'appui qu'elle trouva dans ses sujets, retirée dans ses châteaux et forteresses, où elle entretenait de bonnes garnisons. A la fin, il se fit entre les deux époux une espèce de réconciliation pendant laquelle Gui trouva moyen d'arrêter sa femme, qu'il amena prisonnière au château de Joigni, où il la retint assez longtems. S'étant échappée, l'an 1557, avec le secours d'un de ses gardes, elle retourna dans ses terres, dont les habitants la reçurent avec joie. Gui la somma de revenir auprès de lui, et fit rendre un arrêt au parlement pour l'y contraindre. Sur le refus qu'elle fit d'obéir, il s'adressa au pape Paul IV, qui, d'après son exposé, donna contre elle une bulle d'excommunication que les officiaux de Paris et de Meaux furent chargés de fulminer. Cette sentence, qui lui fut signifiée au château de Meriais, près de Vitré, le 20 février 1557 (v. st.), la porta à se jeter dans le parti des Protestants, et à embrasser la nouvelle religion. François d'Andelot, son beau-frère, voyant qu'elle n'avait point d'enfants, la prit sous sa protection et la défendit contre les poursuites de son mari. L'an 1567, elle fut accusée d'avoir fomenté et fait éclore par ses intrigues la conspiration formée par les Huguenots d'enlever le roi Charles IX, lorsqu'il revenait de Meaux à Paris. Son procès lui ayant été fait au parlement de Paris, elle fut condamnée par arrêt, à être décapitée, avec confiscation de ses biens au profit du roi : jugement d'où les procureurs-généraux du parlement ont souvent pris occasion de soutenir que le comté de Laval appartenait au roi, sans faire attention que tout avait été aboli par les édits de pacification. L'arrêt portait outre cela, que les armes de la comtesse de Laval seraient renversées et traînées par les rues de Paris, à la queue d'un cheval. Ce fut le seul article qui eut son exécution. La comtesse, retirée à Laval, y mourut paisiblement le 13 décembre de la même année 1567, et fut inhumée à petit bruit dans l'église de Saint-Thugal, où l'on mis l'épitaphe suivante, gravée sur son tombeau : *Cy repose le corps de très-illustre et excellente Guionne, comtesse de Laval, auparavant nommée Renée de Rieux, femme de très-haut et très-puissant seigneur messire Louis de Sainte-Maure, marquis de Nesle, comte de Joigni, chevalier de l'ordre du roi, et fille de feu illustre et excellent seigneur messire Claude de Rieux, comte d'Harcourt, et d'excellente Catherine de Laval, laquelle décéda au château de Laval, le 13e. jour de décembre l'an 1567, en l'année des troubles de France, pour la religion réformée....* Les Catholiques, depuis qu'elle eut embrassé le Calvinisme, la nommaient

Guionnne la folle. Il faut néanmoins convenir qu'elle avait de grandes qualités, et que, dans ses démêlés avec son mari, tout le tort n'était pas de son côté. Le comte Gui XVIII n'était pas fait pour plaire à une femme d'esprit et de goût : outre qu'il avait le cou tordu et la figure ignoble, il était d'un caractère bizarre, et manquait de lumières et de conduite dans les affaires. Il mourut à Paris, le 9 septembre 1572, après avoir épousé en secondes noces MADELEINE, fille du chancelier Olivier de Leuville. (*Voy*. Louis de Sainte-Maure, *comte de Joigni*.)

GUI XIX.

1567. GUI XIX fut le nom que prit, en succédant à Guionne, sa tante, dans le comté de Laval, Paul de Coligni, né, le 11 août 1555, de François de Coligni, seigneur d'Andelot, colonel-général de l'infanterie française, dit *le chevalier Sans-Peur*, et de Claude de Rieux, fille de Claude de Rieux, comte d'Harcourt, et de Catherine de Laval, fille aînée de Gui XVI, comte de Laval, et de Charlotte d'Aragon, sa première femme. Toute la succession de sa tante ne lui échut point ; les terres qu'elle avait en Normandie furent divisées entre Gui XIX et le marquis d'Elbeuf, suivant la coutume du pays ; mais, pour les domaines situés en d'autres provinces, ils demeurèrent entièrement au premier, lequel, dans les actes, est qualifié comte de Laval, de Montfort, de Quintin, d'Harcourt, dont il n'avait que la moitié, vicomte de Rennes et de Donges, baron de Vitré, de la Roche-Bernard, sire de Rieux, de Rochefort, de l'Argouest, de Lillebonne, d'Aubigné, de Bécherel, etc. Son père, qui le premier de sa maison, avait embrassé les nouvelles opinions et y avait entraîné ses frères, l'éleva dans les mêmes principes. La mort ayant enlevé François d'Andelot, le 28 juin 1569, ne lui permit pas d'achever l'éducation de son fils. Elle le fut par l'amiral de Coligni, son oncle, qu'il perdit, en 1572, à la funeste nuit de Saint-Barthélemi. L'an 1578, il se rendit, accompagné de 1700 gentilshommes, aux états de Rennes, pour y disputer, en qualité de baron de Vitré, la préséance au vicomte de Rohan. Les évêques et les seigneurs des états accommodèrent le différent par une convention qui portait, que M. de Rohan ferait l'ouverture de l'assemblée, et signerait le cahier du premier jour, séance à laquelle M. de Laval ne se trouverait pas, et que celui-ci présiderait les autres jours, et signerait la clôture des états.

L'an 1581, le comte de Laval se rendit à l'armée que le duc d'Alençon assembla vers Château-Thierri, pour aller au secours de Cambrai, dont les Espagnols faisaient le siège. La place fut délivrée aux approches de nos troupes, par la retraite précipitée des assiégeants. Le comte de Laval accompagna, l'an 1582, le même duc dans son voyage d'Angleterre, d'où ce prince repartit au mois de février, pour aller se faire reconnaître et inaugurer duc de Brabant, à Anvers. Il le suivit en cette ville, et fut témoin de la cérémonie. L'an 1583, arriva ce qu'on nomma *la folie d'Anvers*; entreprise mal concertée du duc d'Alençon, pour surprendre cette ville et s'en rendre absolument le maître. Le comte de Laval, qui se trouvait à cette expédition, qu'il n'approuvait pas, sauva la vie à plusieurs français, qui se rangèrent autour de lui, et cela par le respect que les habitants d'Anvers conservaient pour la mémoire de son père et de son oncle. Il se rendit, l'an 1586, en Saintonge, avec ses deux frères, les sires de Rieux et de Sailli, auprès du prince de Condé, qui faisait la guerre en ce pays-là. Un jour, le prince fut averti que le mestre de camp Tiercelin, dit la Roche du Maine, passait avec quatre cents hommes de son régiment, tous à pied, pour aller à Saintes. Aussitôt il monta à cheval, avec environ quatre-vingts soldats, et ayant atteint la troupe de Tiercelin, il l'attaque, et lui tue près de quarante hommes. Tiercelin, ayant soutenu cette première charge, se servit de l'avantage du terrein, où il y avait beaucoup de haies et de fossés, derrière lesquels il se posta. Le prince, dans le moment, reçut un renfort du comte de Laval, qui arriva avec sa compagnie d'hommes d'armes. Excité par ce seigneur, il fit une seconde charge malgré le désavantage du terrain. Les chevaux franchirent les fossés, et le comte de Laval, poussant jusqu'à l'enseigne colonelle, l'arracha de la main de celui qui la portait. Tiercelin, voyant la déroute de ses gens, et lui-même blessé, en rallia une partie, et secouru d'un détachement de la garnison de Saintes, il gagna les faubourgs de la ville. Ce combat, qui se donna le 7 avril, fut très-sanglant. La Trémoille, duc de Thouars, beau-frère du prince, y courut risque de la vie, ayant eu son cheval tué sous lui. Les sires de Rieux et de Sailli, frères du comte de Laval, y furent blessés à mort; l'un mourut le lendemain, et l'autre deux jours après. Ils venaient de perdre, peu de tems auparavant, le sire de Tanlai, leur autre frère, mort de maladie à Saint-Jean-d'Angeli. Le comte de Laval ressentit une si vive douleur de ces trois pertes, qu'il en mourut lui-même au bout de quelques jours dans le château de Taillebourg. On éleva aux quatre frères un même tombeau dans la chapelle de ce château. Le comte de Laval avait épousé, le premier septembre 1583, ANNE, fille aînée de Christophe, marquis d'Alègre, dont il laissa un fils, qui suit. Le comte

Gui XIX, dit un auteur du tems, était né pour de grandes choses, si la mort ne l'eût pas sitôt mis au tombeau.

GUI XX.

1586. Gui XX, né, le 5 mai 1585, au comté d'Harcourt, fut emmené, après la mort de Gui XIX, son père, à Sedan, par Anne d'Alègre, sa mère, pour le soustraire aux fureurs de la guerre civile qui embrasait alors le royaume de France. Ses précepteurs et ses écuyers donnèrent tous leurs soins pour le former, les uns aux lettres, les autres aux exercices militaires, et y réussirent également. Il apprit, sous eux, le grec, le latin, l'espagnol, l'italien, l'allemand, et devint l'un des seigneurs les plus adroits au maniement des armes. A l'âge de dix-huit ans, s'étant dérobé à la vigilance de sa mère, il se rendit à l'armée du comte Maurice, et se trouva, dans le mois de janvier 1604, à la prise de l'Ecluse, où il entra au milieu des comtes Jean et Henri de Nassau. Le roi Henri IV, auquel il fut présenté quelque tems après, le prit en affection, et lui donna des lettres de conseiller d'état. On parlait, dès-lors, de le marier avec la comtesse de Chemillé, riche héritière. Mais comme il ne respirait que les armes et les voyages, il partit sur la fin de 1604, pour l'Italie, et vint à Rome par permission du pape Paul V, qui lui fit un accueil distingué, comme à un seigneur, dont les aïeux avaient bien mérité du saint siége. Sollicité par sa sainteté de rentrer dans la religion qu'ils avaient professée, il se rendit et promit de faire abjuration à son retour en France. Il tint parole malgré les oppositions de sa mère et les vives remontrances des Protestants, qui publièrent, dans la suite, que son changement de religion n'avait pas été libre. La guerre était allumée alors en Hongrie, entre l'empereur et le turc. Le comte de Laval, ayant obtenu permission du roi d'aller servir dans l'armée chrétienne, partit, le 29 août 1605, en équipage assorti à sa qualité, ayant pour mentor le sieur de Marolles, officier distingué, que le roi lui avait donné pour modérer l'impétuosité de son âge. Sur sa route, il visita le duc de Lorraine et les princes d'Allemagne, qu'il laissa aussi enchantés de ses belles qualités, que lui-même l'était de la bonne réception qu'ils lui firent. Il arriva le 3 octobre en Hongrie, et, le 30 décembre suivant, il y fut tué sans qu'on sache comment ni en quelle occasion. Il courut même à Paris, sur sa mort, un bruit fort désavantageux, que nous nous dispenserons de répéter, parce que nous ne voyons pas sur quoi il était fondé.

Par sa mort, la ligne de Catherine de Laval, fille aînée de

Gui XVI et de Charlotte d'Aragon, ayant manqué, il fallut retourner à la représentation d'Anne de Laval, sœur cadette de Catherine, et femme de François de la Trémoille, duc de Thouars. De ce mariage était sorti Louis de la Trémoille, qui fut père de Claude de la Trémoille, dont le fils aîné, Henri, cousin de Gui XX au quatrième degré, se trouvait son plus proche héritier. Mais il fut obligé, 1°. de donner de grandes récompenses à messieurs d'Olonne-Noirmoutier, descendus, comme lui, de François de la Trémoille et d'Anne de Laval; 2°. au prince de Condé, fils de Charlotte, sœur de Claude de la Trémoille. De plus, il y eut procès entre mesdames les duchesses d'Elbeuf et de la Trémoille, comme ayant la garde-noble de leurs enfants, la première, prétendant que le comté de Montfort avait été acquis par M. d'Andelot et Claude de Rieux, sa femme; à quoi elle ajoutait, que le comté de Laval était l'acquêt de Gui XIX, parce qu'il avait été confisqué sur Renée de Rieux, comtesse de Laval, décédée après sa condamnation. Mais comme M. d'Andelot avait eu Montfort pour son partage, en payant les dettes de Gui XVII, et que, par les édits de pacification, toutes choses avaient été remises en leur premier état, toutes condamnations et confiscations annulées, les comtés de Montfort et de Laval furent jugés être de l'ancien patrimoine de la maison de Laval. Les deux duchesses transigèrent en conséquence pardevant Bontems, notaire au châtelet, le 7 juin 1607, par l'avis du duc de Bouillon, du président de Thou, de du Plessis-Mornai, et de Daniel Hay, juge de Laval. Les comtés de Laval, de Montfort, de Quintin, avec la vicomté de Rennes et les baronnies de Vitré, de la Roche, etc., furent abandonnés au duc de la Trémoille; mais la Roche-Bernard, l'une des neuf anciennes baronnies de Bretagne, fut cédée avec d'autres terres à la veuve de Gui XIX, pour tenir lieu de son douaire.

GUI XXI.

1605. GUI XXI (Henri de la Trémoille, duc de Thouars, pair de France, prince de Talmond), né, le 21 décembre 1598, de Claude de la Trémoille, duc de Thouars, mort le 25 octobre 1604, succéda dans le comté de Laval à Gui XX, du chef de sa bisaïeule, Anne de Laval, seconde fille de Gui XVI, sous la garde-noble de Charlotte-Brabantine de Nassau, sa mère. Il assista, l'an 1628, au siége de la Rochelle, pendant lequel il fit abjuration du Calvinisme entre les mains du cardinal de Richelieu. Le roi l'honora, incontinent après, de la charge de mestre de camp de la cavalerie légère française, et en 1633 il le revêtit des colliers de Saint-Michel et du Saint-Esprit. S'étant trouvé, l'an 1629, à l'attaque du Pas-de-Suze, il y avait fait preuve de valeur, et l'année suivante il avait été blessé au genou à la prise de Carignan. Il servit ensuite, l'an 1636, au siége de Corbie. Aux obsèques du roi Louis XIII, en 1643, il fit la charge de grand-maître, et mourut le 21 janvier 1674, âgé de soixante-quinze ans. Son corps fut inhumé à la collégiale de Thouars. De MARIE, sa cousine, fille de Henri de la Tour, duc de Bouillon et prince de Sedan, qu'il avait épousée le 19 janvier 1619, il laissa Henri-Charles, duc de Thouars; Louis-Maurice, qui suit; et Marie-Charlotte, mariée à Paris, le 18 juillet 1662, à Bernard de Saxe-Weimar, sixième fils de Guillaume, duc de Saxe-Weimar, dont elle resta veuve le 3 mai 1678, morte le 24 août 1682.

GUI XXII.

1674. Louis-Maurice de la Trémoille, deuxième fils de Gui XXI, lui succéda au comté de Laval, sous le nom de GUI XXII. En 1642, il avait servi en Italie avec un régiment d'infanterie, sous le duc de Longueville et le prince de Carignan. Ayant embrassé depuis l'état ecclésiastique, il fut abbé de Charroux et de Sainte-Croix de Talmond. Il mourut en 1681.

GUI XXIII.

1681. GUI XXIII (Charles-Belgique-Hollande de la Trémoille), né l'an 1655, fils aîné de Henri-Charles de la Trémoille et son successeur au duché de Thouars, le fut de Gui XXII au duché de Laval. Il mourut le 1er. juin 1709, et fut inhumé à Thouars. De MADELEINE DE CRÉQUI, fille de Charles, duc de Créqui, qu'il avait épousée le 3 avril 1675. (morte le 12 août 1707), il laissa Charles-Louis-Bretagne, duc de Thouars, et Marie-Armande-Victoire, mariée, en 1696, à Emmanuel-Théodose, duc de Bouillon.

GUI XXIV.

1709. GUI XXIV (Charles-Louis-Bretagne, fils de Charles-Belgique-Hollande), né l'an 1683, succéda à son père dans le comté de Laval, comme dans le duché de Thouars et autres domaines de sa maison. Il mourut le 9 octobre 1719, laissant de MARIE-MADELEINE DE LA FAYETTE, un fils unique qui suit.

GUI XXV.

1719. GUI XXV (Charles-Armand-René), né le 14 janvier 1708, succéda à Gui XXIV, son père, dans le comté de Laval et les autres biens de la branche aînée de la Trémoille. Il servit avec distinction dans nos guerres d'Italie, en 1733 et 1734. Il mourut à Paris, le 23 mai 1741, laissant un fils, qui suit, de MARIE-HORTENSE-VICTOIRE, sa cousine germaine, fille d'Emmanuel-Théodose, duc de Bouillon, sa femme, née le 27 septembre 1704, et mariée le 29 janvier 1725.

GUI XXVI.

1741. JEAN-BRETAGNE-CHARLES-GODEFROI DE LA TRÉMOILLE, prince de Tarente, duc de Thouars, pair de France, président héréditaire des états de Bretagne, né le 5 février 1737, fils unique de Charles-Armand-René, ou GUI XXV, épousa, le 18 février 1751, MARIE-GENEVIEVE DE DURFORT, fille unique du duc de Randan, morte en 1762, sans avoir eu d'enfants. Le duc de la Trémoille a épousé en secondes noces, l'an 1763, MARIE-MAXIMILIENNE-EMMANUELLE DE SALM-KIRBOURG, née le 19 mai 1744, dont il a quatre enfants, savoir: Charles-Bretagne-Marie-Joseph, prince de Tarente, né le 24 mars 1764, marié, le 20 juillet 1781, à Louise-Emmanuelle de Châtillon, née en 1763; N., prince de Talmond, marié, l'an 1785, à Henriette d'Argouges; Charles-Godefroi-Auguste, prince, abbé de la Trémoille, et grand doyen du chapitre de Strasbourg; et Louis-Stanislas-Kotska, né le 11 juillet 1767, prince de la Trémoille, lieutenant-général des armées du roi, marié, le 1er avril 1802, avec Geneviève Andrault de Langeron, fille du marquis de Langeron, lieutenant-général des armées du roi, chevalier de ses ordres.

CHRONOLOGIE HISTORIQUE.

DES

COMTES D'ALENÇON.

ALENÇON, nommé en latin *Alencium*, *Alencio*, *Alencionium*, *Alencisium*, était un ancien château bâti sur le Sourche, au diocèse de Séez, et dont l'église paroissiale était du diocèse du Mans. Dès le huitième siècle, il était le chef-lieu d'une *centaine*, ou petit pays qui comprenait cent lieux. Le ressort de son bailliage, qui est un des sept grands bailliages de Normandie, s'étend (1785) sur les sièges royaux particuliers d'Essai, de Moulins en Bois-Moulins, de l'Aigle, de Domfront, d'Argentan, d'Hiême, de Toun, de Saint-Silvain, de Verneuil, et d'Alençon en Cotantin. La rivière d'Huigne, qui prend sa source à deux lieues de Bellême et va se jeter dans la Sarte, au-dessous du Mans, sépare l'Alençonnois du Perche.

YVES I.

YVES, ou IVES DE CREIL, plus connu sous le surnom de BELLÊME, fils de Fulcoin et de Rothaïs, qualifié homme sage et prudent, par Guillaume de Jumiège, était en possession, vers l'an 940, de la ville de Bellême, mais non pas du comté du Perche, qu'il ne paraît pas avoir jamais possédé, du moins en entier. On est mieux fondé à le dire possesseur du canton de Sonnois (1). Yves était frère de Sigenfroi, évêque du Mans.

---

(1) Le Sonnois ou Saonois, *Pagus Sagonensis vel Sonnensis*, petit canton dont on a déjà parlé ci-devant, situé dans la partie septentrio-

Ce fut par le conseil d'Yves, qu'Osmond, l'an 942, sauva, des mains du roi Louis d'Outremer, le jeune Richard, duc de Normandie, que ce prince retenait prisonnier à Laon. Plusieurs modernes placent sa mort, en 980; mais il est certain qu'il vivait encore sous le règne du roi Robert, comme il paraît par une donation qu'il fit au mont Saint-Michel, le 12 octobre, *regnante Roberto rege* (*Tabul. Montis S. Michael.*) Il mourut, par conséquent, au plutôt vers la fin de l'an 997. Quelques années avant sa mort, et l'an 994 au plus tard, il avait perdu une partie du Sonnois, que Hugues I, comte du Maine, lui avait enlevée. Il avait épousé GODECHILDE, dont il eut Guillaume, qui suit; Avesgaud, qui succéda, vers la fin de l'an 994, à Sigenfroi, son oncle, dans l'évêché du Mans, et, suivant Ménage (*Hist. de Sablé*, l. 3, c. 17), Yves ou Ivon, seigneur de Château-Gonthier; avec deux filles, Hildeburge et Godechilde. La première épousa Aimoin de Château-du-Loir, dont elle eut Gervais, évêque du Mans, puis archevêque de Reims.

GUILLAUME I.

997 au plutôt. GUILLAUME I, fils d'Yves, lui succéda dans la seigneurie de Bellême, à laquelle il joignit le comté du Perche. Il avait déjà rendu à Hugues Capet, de grands services contre Charles de Lorraine, son compétiteur pour la couronne de France. Il ne fut pas moins utile au roi Robert. Guillaume eut de fréquentes guerres avec Herbert Eveille-Chien, comte du Maine, dont il était le vassal pour le Sonnois. Le duc de Normandie, Richard II, dont il servait dans ses hostilités, la haine particulière contre Herbert, l'encouragea par le don qu'il lui fit du château d'Alençon et de ses dépendances. Depuis ce tems, les seigneurs de Bellême se qualifièrent le plus souvent comtes d'Alençon. On croit que le pays de Domfront lui fut aussi donné, puisqu'il fit bâtir le château de ce nom, et fonda, vers l'an 1025, dans la forêt voisine, l'abbaye de Lonlai. Il avait aussi augmenté la fondation faite par Yves, son père, d'une collégiale au château de Bellême. Malgré ces actes

---

nale du Maine, était anciennement une forêt où les Saxons, chassés d'Angers par les Français, sous la première race de nos rois, vinrent s'établir et bâtirent une forteresse appelée d'abord Sonne, et depuis Sogne, suivant M. de Valois. (*Notit. Gall.*, p. 494.) Yves ayant fondé, conjointement avec sa femme, une collégiale dans son château de Bellême, la dota des revenus de plusieurs églises situées dans la viguerie de Sonnois, *in Pago Cenomanico, in Vicaria Sagonensi*. (Bry, *comtes du Perche*, p. 34.)

de piété, Guillaume n'était pas plus réglé dans ses mœurs. Envieux et sanguinaire, ce caractère lui avait fait commettre de grands désordres. Touché de repentir dans ses dernières années, il fit le voyage de Rome, confessa ses péchés au pape, et lui demanda pénitence. Dans le récit que Guillaume fait lui-même de sa conversion (Bry, p. 45), il nomme le pape Léon. Mais il n'y en eut pas de ce nom depuis 965, époque de la mort de Léon VIII, jusqu'en 1048, que Léon IX monta sur le saint siége. Peut-être dira-t-on que ce trait regarde Guillaume II, fils et successeur de Guillaume I, après Robert, son frère. Mais les personnages nommés comme vivants dans l'acte dont il s'agit, tels que le roi Robert, Richard, duc de Normandie, Avesgaud, évêque du Mans, Arnoul, archevêque de Tours, n'étaient contemporains, ni du comte Guillaume II, ni du pape Léon IX. Il y a donc une méprise ici, comme l'observe D. Mabillon, sur le nom du souverain pontife. Quel qu'il fût alors, ayant égard aux infirmités du comte Guillaume, il lui ordonna de bâtir une église sous la dépendance immédiate du saint siége, et de la doter suffisamment pour y faire avec décence le service divin. Telle est l'origine de l'église de Saint-Léonard de Bellême, qui fut d'abord une collégiale, et qui, ayant été donnée ensuite à l'abbaye de Marmoutier, devint un prieuré conventuel où la piété fut long-tems florissante. Ce monastère fut, depuis, transféré à Saint-Martin du vieux Bellême.

L'an 1024, mécontent de la conduite violente et perfide de l'un de ses fils (c'est, à ce qu'on croit, l'aîné), Guillaume le fait mettre en prison avec promesse à l'évêque de Chartres diocésain (Fulbert) de ne point le relâcher sans son consentement. C'est ce que nous apprend une lettre de ce prélat au roi Robert. (*Duchêne*, tom. IV, p. 185 ; *Bouquet*, tom. X, p. 474.) Du reste, nous devons avertir que la leçon de cette lettre de Fulbert, sur le point dont il s'agit, n'est pas la même dans toutes les éditions. Celles qui se trouvent dans les bibliothèques des Pères portent : *Noverit tua prudentia quòd Guillelmus de Bellismo ultus perfidiam filii tui, conjecit eum in carcerem;* ce qui donne à entendre que c'est l'un des fils du roi Robert que cette lettre désigne, au lieu que dans D. Bouquet il y a *filii sui*, qui fait le sens que nous avons suivi. Guillaume, l'an 1025, comme on l'a dit, fonda l'abbaye de Lonlai, *Longiledum*, dans le Passais. Il accompagna, l'an 1027, le duc Richard III au siége de Falaise, dont Robert, son frère, s'était emparé. Celui-ci, étant parvenu, l'année suivante, au duché, par la mort de Richard, fait sommer Guillaume de venir lui rendre hommage pour le château d'Alençon. Sur son refus, le duc vient l'assiéger dans cette place. Le comte, près de s'y voir forcé, sort pieds nus, une selle de cheval sur le dos, et vient en cette équipage demander pardon au duc, qui se laisse fléchir. (*Guill. Gemmet.* liv. V, c. 4.) Mais son repentir ne fut pas sincère. Bientôt, s'étant soulevé de nouveau, il assembla des troupes et les envoya, sous la conduite de ses deux fils, Foulques et Robert, faire le dégât sur les terres de Normandie et du Maine. Celles du duc ne tardèrent pas à venir à leur rencontre. Foulques périt dans un combat livré près de Blavon; et Robert, après avoir été blessé dangereusement, y fut fait prisonnier. Guillaume, apprenant ce revers, en mourut de chagrin l'an 1028. Outre les deux fils qu'on vient de nommer, il eut encore de MATHILDE, sa femme, Warin ou Guerin, (Voy. *les comtes du Perche*); Yves, qui viendra ci-après, et Guillaume, qui le précédera.

ROBERT I.

1028. ROBERT, fils aîné de Guillaume I, devint son successeur dans la seigneurie de Bellême et le comté d'Alençon. A la mort de son père, il était prisonnier et grièvement blessé, comme on l'a dit; mais bientôt après, il recouvra sa liberté. Dès qu'il fut guéri de ses blessures, il continua la guerre commencée par son père contre Herbert, comte du Maine, et la fit d'abord avec succès; car, ayant assiégé le château de Bâlon, il s'en rendit maître. Mais cette conquête bientôt lui échappa par la valeur d'Herbert, qui reprit Bâlon l'an 1031, et y fit renfermer Robert à la suite d'une bataille où il l'avait fait prisonnier avec plusieurs autres. Les vassaux du seigneur de Bellême sollicitèrent vainement, l'espace de deux ans, sa délivrance. Voyant le comte du Maine inflexible, ils prirent à la fin les armes sous la conduite de Guillaume Giroye, seigneur d'Echaufour, et lui livrèrent un combat où ils le défirent. Mais cette victoire devint funeste à celui dont la liberté devait en être le prix : car les vainqueurs ayant fait pendre, malgré leur général, le chevalier Gauthier Sore ou de Sardene, et deux de ses fils, qu'ils avaient pris dans l'action, trois autres enfants de ce chevalier, irrités de cette barbarie, entrèrent dans la prison de Robert, dont ils avaient la garde, et lui fendirent la tête à coups de hache, l'an 1033 ou 1034. (*Chron. de Norm.*) Il mourut sans lignée, et l'on ignore même s'il fut marié.

GUILLAUME II, SURNOMMÉ TALVAS.

1633 ou 1034. GUILLAUME II succéda au comte Robert, son frère, l'an 1033 ou 1034. Sa férocité lui mérita le surnom de TALVAS ou TALVAT, *qui pro duritia jure Talvatius vocabatur,* dit Odéric Vital. Un comte de Ponthieu, nommé aussi Guillaume, son petit-fils, lui donne le même surnom dans une de ses chartes, rapportée par le P. H. *a Jesu Maria* (Samson) dans son histoire de Ponthieu, et le portait lui-même. Ce n'était donc pas un sobriquet aussi injurieux que le fait entendre le passage cité. Ducange (*Glossar.*) et Ménage (*Dict. étym.*) en donnent une explication plus vraisemblable en disant qu'il venait d'une espèce de bouclier nommé talvas, dont Guillaume se servait. On raconte de lui que, passant à Falaise, et y ayant vu le jeune Guillaume, fils naturel du duc Robert, il dit en l'envisageant : *Hélas ! je prévois que toi et tes descendants porterez de rudes atteintes à mon fief et à ma puissance.* Un de ses premiers soins fut de travailler à venger la mort de son frère. Avec l'aide de Guillaume Giroye, seigneur d'Echaufour, il reconquit ce que les Manseaux lui avaient enlevé dans le Sonnois et le Perche ; mais il paya de la plus noire ingratitude les services de Giroye. L'ayant invité à ses noces avec HANEBURGE, sa seconde femme, fille de Raoul, vicomte de Beaumont, et veuve de Tescelin, seigneur de Monrevau, il lui fit crever les yeux, et le fit mutiler d'une manière barbare. L'histoire ne dit point ce qui le porta à commettre une action si détestable. Quoi qu'il en soit du motif, les frères de Giroye ne la laissèrent pas impunie. Ils se jetèrent sur les terres du comte, et y firent de grands dégâts. Ses sujets et son fils même, qu'il avait soulevés par d'autres atrocités, se joignirent à ses ennemis, et le chassèrent vers l'an 1048, suivant Guillaume de Jumiège. Il se retira chez Roger de Montgommeri, comte d'Hiême, à qui il donna Mabile, sa fille, en mariage, et passa le reste de ses jours auprès de son gendre. Guillaume avait épousé, en premières noces, HILDEBURGE, fille d'un chevalier nommé Arnoul, que Guillaume de Jumiège qualifie homme très-noble. Cette épouse n'ayant point voulu consentir à ses cruautés, et les condamnant même ouvertement, il la fit étrangler après avoir eu d'elle Arnoul, qui suit, et Mabile, qui viendra ci-après. Son deuxième mariage fut stérile. On ignore l'année précise de sa mort. (La Clergerie, p. 55.)

ARNOUL.

1048 ou environ. ARNOUL, fils de Guillaume II, ne jouit pas long-tems de la succession de son père après l'avoir chassé. La même année, on le trouva étranglé dans son lit. Un de ses parents, nommé Olivier, fut accusé d'avoir commis ce meurtre, qu'il alla expier à l'abbaye du Bec, où il se fit moine. (*Willelm. Gemmet.* liv. 7.)

YVES II.

1048. YVES ou IVES, fils de Guillaume I, et évêque de Séez depuis environ l'an 1035, succéda, dans les seigneuries de Bellême et du Sonnois dans le Maine, à son neveu Arnoul *par droit héréditaire*, dit Ordéric Vital (p. 469). Guillaume de Jumiège, plus ancien qu'Ordéric, atteste la même chose. *Arnulfo*, dit-il (p. 273), *nequiter perempto, Ivo, patruus ejus, sagiensis episcopus, Belesmiæ castrum, et quæ ad ipsum jure pertinebant, accepit, et legitimè, quandiù vixit, tenuit.* Sa conduite, en qualité de seigneur temporel et en qualité d'évêque, fut également sage. L'an 1049, dans un voyage qu'il fit à la cour de Normandie, les fils de Guillaume Sorenge, connus par leurs crimes, s'emparèrent de la cathédrale de Séez, dont ils firent une place d'armes, et d'où ils sortaient pour exercer dans le pays toutes sortes de brigandages. Yves, à son retour, implora le secours de Hugues de Grant-Mesnil et d'autres barons, pour l'aider à chasser ces usurpateurs. Il vint à bout de les déloger de ce retranchement; mais ce fut aux dépens de l'édifice même, qui fut réduit en cendres par le feu que l'on mit à une pile de bois qui avoisinait le clocher où ils s'étaient retirés. L'an 1053, Yves commença à rebâtir son église des aumônes qu'il avait été recueillir dans la Pouille et jusqu'en Orient. L'an 1054 ou environ, Geoffroi Martel, comte d'Anjou, se rend maître d'Alençon et de Domfront par les intelligences qu'il avait dans ces deux places; mais le duc de Normandie ne tarda pas à les reprendre, et remit à Yves le château d'Alençon. (Duchêne, *Scrip. Norm.* pag. 183.) Ce prélat mourut en 1070. (*Gallia Chr.* tom. XI, Bouquet, tom. XI.)

ROGER DE MONTGOMMERI ET MABILE.

1070. ROGER, fils de Hugues, seigneur de Montgommeri en Normandie, petit-fils, par Josceline sa mère, de Seufrie, sœur de Gonnor, femme de Richard II, duc de Normandie, succéda, l'an 1070, dans les seigneuries de Bellême et d'Alençon, à l'évêque Yves, par le droit de Mabile, son épouse, nièce du prélat. Mabile était une femme méchante, artificieuse et cruelle: elle employa le poison, pour se défaire de plusieurs personnes qu'elle haïssait. Hugues, seigneur de la Roche d'Igé, dont elle avait enlevé le château, la tua dans son lit, au château de Bures, dans les premiers jours de décembre 1082. (*Ordéric Vital*, liv. 5, page, 578.) Roger, son époux, était d'un caractère bien différent ; il ne se distingua que par de belles actions. Cousin de Guillaume II, duc de Normandie, par sa mère, il fut laissé par ce prince auprès de la duchessse Mathilde, son épouse, pour l'aider de ses conseils, lorsqu'il partit pour la conquête d'Angleterre. (*Will. Gemmet. Order. Vitalis.*) Il est donc faux que ce fut lui, comme l'avancent des chroniques modernes, qui commanda l'avant-garde à la bataille d'Hastings, Guillaume ne lui tint pas moins compte de son attachement, il lui donna, l'an 1070, le comté de Shrewsburi, où il fonda une abhaye, et bâtit un château qui prit le nom de Montgommeri, qu'il communiqua au comté dont cette place devint le chef-lieu. Roger, l'an 1077, accompagna le duc de Normandie dans son expédition contre le comte d'Anjou qui assiégeait le château de la Flèche et fut médiateur de la paix qui suivit sans combat. (*Ordéric Vital*, liv. 4, pag. 533.) Il mourut le 27 juillet 1094, et fut inhumé dans le monastère qu'il avait fondé. Roger, après la mort de Mabile, avait épousé ADÉLAÏDE, fille de Hugues du Puiset. Il eut du premier lit, cinq fils et quatre filles. Les fils sont Robert, qui suit ; Hugues, comte de Shrewsburi ; Roger, dit le Poitevin, comte de Lancastre et mari d'Almodis, comtesse de la Marche ; Philippe, mort au siège d'Antioche en 1098 ; et Arnoul, comte de Pembrock, lequel épousa Lafracote, fille d'un roi d'Irlande. Les filles de Roger et de Mabile sont Emme, abbesse d'Almenesche ; Mathilde, femme de Robert, comte de Mortain ; Mabile, alliée à Hugues de Châteauneuf en Thimarais ; et Sibylle, femme de Robert Hamon, baron de Thorigni et seigneur de Glocester. (On ne doit pas confondre ce dernier, à l'exemple de quelques modernes, avec Robert de Kent, son gendre, en faveur duquel le roi d'Angleterre, Henri I, dont il était fils naturel, érigea la seigneurie de Glocester en comté.) Le second mariage de Roger produisit un fils nommé Evrard. Roger, du vivant de sa première femme, fit construire dans le Passais une forteresse qu'il nomma la Roche-Mabile, au bas de laquelle il se forma une ville dont on voit encore les portes, ainsi que les ruines de la forteresse. Ce fut du tems de Roger que les seigneurs de Bellême commencèrent à relever des ducs de Normandie, en vertu du don ou de la vente que le roi Philippe en fit à Guillaume le Conquérant. (*Willelm. Gemmet. apud* Bouquet, t. XI, pag. 52.)

ROBERT II, SURNOMMÉ DE BELLÊME.

1082. ROBERT II, fils de Roger de Montgommeri et de Mabile, succéda, l'an 1082, à sa mère dans les seigneuries de Bellême et d'Alençon. Il avait été élevé dans sa jeunesse auprès de Guillaume le Conquérant, qui le fit chevalier en 1073. Robert, dans la suite, embrassa le parti de Robert Courte-Heuse, son fils, dans toutes ses révoltes. Le roi, pour l'en punir, mit des garnisons normandes dans tous ses châteaux. Mais aussitôt après la mort de Guillaume, le comte Robert chassa ses troupes, et fit des excursions sur les terres de ses voisins, dont il envahit plusieurs places. Dans le même tems, il conspira avec Odon ou Eudes, évêque de Bayeux, comte de Kent, frère de Guillaume le Conquérant, et plusieurs autres seigneurs, pour élever Robert Courte-Heuse sur le trône d'Angleterre, qui avait été donné à Guillaume, son frère puîné. Leur motif était qu'ayant des domaines en Angleterre et en Normandie, et par conséquent deux maîtres qu'il était impossible de servir à la fois, attendu leurs dissensions, il fallait nécessairement opter entre l'un ou l'autre ; que le duc de Normandie étant le plus traitable des deux, il convenait de lui donner la préférence et de faire tous leurs efforts pour réunir dans sa main le royaume d'Angleterre au duché de Normandie. D'après cette résolution, les conjurés ayant passé la mer au commencement de 1088, s'emparèrent de plusieurs forteresses en Angleterre. Mais Guillaume étant survenu en diligence avec de bonnes troupes, les assiégea successivement dans toutes les places dont ils s'étaient rendus maîtres et les en chassa. Alors voyant que le duc Robert négligeait de venir à leur secours comme il l'avait promis, ils firent la paix avec son rival. Le seigneur de Bellême, qui s'était renfermé dans Rochester, fut des premiers à se soumettre. Il le fit de si bonne grâce, qu'il réussit à gagner l'estime et l'amitié du roi. Mais, à son retour en Normandie, il fut arrêté par ordre du duc avec le prince Henri, sur ce qu'on les accusait d'avoir fait serment de fidélité l'un et l'autre au roi d'Angleterre. C'était Odon, évêque de Bayeux, qui avait formé l'accusation. Le seigneur de Bellême fut enfermé au château de Neuilli, et Henri dans celui de Bayeux. Le premier recouvra, l'an 1090, sa liberté par la médiation de son père. Mais il n'en demeura pas moins irrité contre le duc pour lui avoir enlevé, durant sa captivité, ses châteaux de Bâlon et de Saint-Célérin, malgré la longue et vigoureuse défense de Payen de Montdoubleau, chargé de la garde du premier, et l'habileté de Robert Quadrel qui commandait dans le second. Son ressentiment fut tel, que pendant plusieurs années il fit sur les terres de Normandie des excursions dont le roi d'Angleterre lui sut gré. Il s'attacha entièrement à ce prince, et le servit utilement dans ses guerres contre la France et dans ses démêlés avec le duc son frère. Celui-ci ayant donné le château d'Hiême à Gilbert de l'Aigle, fils d'Engenulfe, le seigneur de Bellême entreprit d'enlever cette place au nouveau possesseur, et vint dans ce dessein en faire le siége, la première nuit de janvier 1091, dit Ordéric Vital. Mais elle fut si bien défendue, suivant le même historien, qu'après avoir fait les plus furieux efforts, il fut obligé de se retirer. Cet échec ne servit qu'à enflammer la haine du seigneur de Bellême contre Gilbert. Ne pouvant le vaincre par la force, il le fit assassiner par treize chevaliers du Perche, comme il venait de Sainte-Scholasse pour aller à Moulins (à trois lieues de Mortagne) visiter la dame du lieu. Ordéric Vital met cet événement au jour bissextile (25 février) de l'an 1092. Robert bâtit, l'an 1097, dit le même auteur, le château de Gisors. Suger, néanmoins, attribue la construction de cette forteresse à un chevalier nommé Payen.

L'an 1098, Robert, ennemi d'Hélie, comte du Maine, que le roi Guillaume voulait dépouiller, engage ce monarque à venir surprendre, au mois de février, le château de Dangeul, à six lieues du Mans, dans le Sonnois. Guillaume ayant échoué dans cette entreprise, laisse, en se retirant, des troupes et de l'argent à Robert pour continuer les hostilités contre Hélie. Robert commence par fortifier les neuf places qu'il avait dans le Maine, et fait élever de nouveaux forts sur les terres des églises de Saint-Julien et de Saint-Vincent du Mans. Le comte du Maine ne lui donna pas le tems d'achever ces ouvrages. Etant venu contre lui à la tête de ses gens, il lui livra plusieurs combats dans lesquels il eut presque toujours l'avantage, et à la fin il l'obligea de prendre la fuite : mais ce triomphe fut de courte durée. Robert lui ayant dressé une embuscade comme il s'en retournait à Dangeul, le 28 avril de la même année 1098, le prit et le conduisit à Rouen, où il le présenta au roi d'Angleterre. Hugues, comte de Shrewsburi, frère de Robert, ayant été tué vers la fin de juillet suivant, en voulant s'opposer à une descende de Norvégiens en Anglererre (1), il obtint du roi ce comté, moyennant une somme de trois mille livres sterlings, qu'il lui offrit. « Ce fut un malheur pour le pays, dit Ordéric
» Vital. Les Anglais et les Gallois, ajoute-t-il, qui jusqu'alors
» avaient regardé comme des fables le récit qu'on leur faisait de
» ses funestes prouesses et s'en étaient moqués, en reconnurent
» la vérité par l'expérience qu'ils firent de sa cruauté ; car plus
» il augmentait en puissance et en richesses, plus il était entre-
» prenant pour dépouiller ses voisins. » Après la mort du roi Guillaume, arrivée le 2 août de l'an 1100, il fit hommage au

---

(1) Mathieu Paris et les Annales de Waverlei mettent en l'an 1100 la mort de Hugues et disent qu'il périt dans un combat contre les Irlandais.

roi Henri, son successeur; mais il revint l'année suivante au parti de Robert Courte-Heuse, qui lui donna, pour se l'attacher, l'évêché de Séez, la seigneurie d'Argentan et la forêt de Gouffier. Etant repassé en Angleterre, l'an 1102, il fut cité à la cour du roi, qui lui objecta, dit Ordéric Vital, quarante-cinq chefs d'accusation. Robert demanda du tems pour répondre; mais, au lieu de travailler à sa justification, il se retira dans son château de Shrewsburi, où il se mit en état de défense. Le roi marcha contre lui, et le contraignit, ainsi qu'Arnoul son frère, qui l'aidait dans sa révolte, à vider l'Angleterre, après leur avoir enlevé toutes leurs places en moins d'un mois, suivant Siméon de Durham. Cependant Ordéric Vital et la chronique anglo-saxone disent que le seul château d'Arondel occupa ce prince l'espace de trois mois. De retour en Normandie, Robert fut mal accueilli du duc, à qui le roi son frère avait persuadé de le dépouiller, comme un traître, des terres qu'il possédait dans son duché. Le duc, avant l'arrivée du comte, s'était déjà mis en devoir d'exécuter ce conseil, et lui avait retiré l'évêché de Séez avec la ville d'Argentan et d'autres places que Guillaume le Roux avait ajoutées à son comté. Mais la présence du comte Robert releva tellement le courage des siens, qu'il obligea son suzerain à cesser ses hostilités, et tous les Normands, qu'il avait pour ennemis, à plier sous lui. (*Voyez ci-dessus*, Robert Courte-Heuse, *duc de Normandie*.) Ayant eu depuis une conférence avec le duc, il recouvra ses bonnes grâces et redevint un de ses partisans. Le duc eut même la faiblesse de lui rendre l'évêché de Séez et tout ce qu'il lui avait enlevé. Ce fut un malheur pour ceux qui rentrèrent sous sa domination, qu'on pourrait qualifier une véritable tyrannie. Serlon, évêque de Séez, et l'abbé de Saint-Martin de la même ville, poussés à bout par ses vexations, abandonnèrent la Normandie pour se retirer en Angleterre, où d'autres seigneurs, également opprimés par le seigneur de Bellême, allèrent aussi se réfugier, tandis que d'autres passèrent au service de la France. En vain le roi d'Angleterre, sur les plaintes qui lui revenaient de toutes parts, s'efforça-t-il, par ses remontrances et ses menaces, de détacher son frère de ce dangereux favori; le seigneur de Bellême, par son esprit souple et insinuant, avait tellement captivé celui du duc, que rien ne fut capable de le faire revenir sur son compte. L'an 1105, effrayé des progrès que le roi d'Angleterre avait faits en Normandie, il passe la mer au mois de décembre pour aller faire la paix du duc avec lui. N'ayant pu rien obtenir, il s'en revient aux fêtes de Noël, ne respirant que la vengeance. (*Chr. anglo-sax.*) Il commanda l'année suivante l'arrière-garde du duc Robert à la bataille de Tinchebrai : mais il s'y comporta fort mal ; et, soit lâcheté, soit trahison, il causa, par sa retraite, la perte de la bataille. Voyant le duc en captivé, il tâche de réunir ses forces à celles d'Hélie, comte du Maine, pour le mettre en liberté; mais, ne trouvant pas le comte disposé à le seconder, il fait sa paix avec le roi d'Angleterre, qui lui rendit Argentan, la vicomté de Falaise, et tout ce que son père avait possédé en Normandie, à condition qu'il raserait tous les châteaux qu'il avait fortifiés. Malgré cet accommodement, le seigneur de Bellême se jeta ensuite dans le parti de la France contre l'Angleterre. L'an 1112, le roi Louis le Gros, après une bataille donnée contre Henri, député Robert pour lui porter des propositions de paix à Bonneville. Henri, contre le droit des gens, fait arrêter l'ambassadeur le 4 novembre, et l'envoie prisonnier à Cherbourg, d'où il le fait transporter, l'année suivante, au château de Warham, en Angleterre. Pendant sa prison, il perdit la seigneurie de Bellême, que le roi Louis le Gros, par traité fait à Gisors sur la fin de mars 1113, céda au roi d'Angleterre, qui en fit don à Rotrou II, son gendre, comte du Perche. Mais le donataire fut obligé de prendre les armes pour se rendre maître de la capitale défendue par Aimeri de Villerei, à qui Guillaume Talvas, fils de Robert de Bellême, en avait confié la garde, tandis que lui-même était occupé à défendre le Ponthieu contre ceux qui voulaient l'envahir. Rotrou fut aidé pour assiéger Bellême par les comtes de Blois et d'Anjou, et par divers seigneurs de Normandie, que le roi Henri fit marcher à son secours. La ville, en trois jours, fut forcée, le 3 de mai, fête de l'invention de Sainte-Croix. La citadelle ne laissa pas de faire encore une vigoureuse résistance. Pour l'emporter, on fut obligé d'y jeter des matières enflammées qui la réduisirent en cendres ainsi que la ville. (*Ordér. Vital*, p. 841.)

L'an 1118, le roi d'Angleterre disposa encore du comte d'Alençon en faveur de Thibaut, comte de Blois. Celui-ci, avec l'agrément du monarque, transporta ce don à Etienne, son frère, comte de Mortain. Mais bientôt la conduite tyrannique d'Etienne, jeune homme sans expérience, souleva les Alençonnois contre lui. S'étant concertés avec Arnoul de Montgommeri, frère du comte Robert, ils appelèrent secrètement à leur secours, par son entremise, Foulques le Jeune, comte d'Anjou, avec promesse de le mettre en possession de leur ville. Foulques, étant parti en diligence, arrive de nuit, en l'absence d'Etienne, à Alençon, dont il trouve les portes ouvertes, et dès le lendemain il commence le siège du château. Le roi d'Angleterre, à cette nouvelle, se prépare à secourir la place, et envoie devant lui le comte de Blois avec Etienne, son frère. Foulques

se défend dans la ville, fait plusieurs sorties heureuses sur les deux comtes, et les oblige à se retirer. On était alors dans le mois de décembre 1118. Ayant repris le siége de la citadelle, Foulques l'oblige à se rendre, après avoir coupé l'aqueduc qui lui fournissait de l'eau. Ordéric Vital, parlant des désordres qu'occasiona cette expédition, dit qu'elle fit violer à plusieurs l'observance de l'Avent. Cette conquête fut suivie d'un traité de paix conclu au mois de mai 1119. Par cet acte, le comte d'Anjou consent de remettre au roi d'Angleterre le comté d'Alençon pour en investir Guillaume, fils du comte Robert; ce qui s'exécuta dans le mois suivant. Robert était toujours en prison. Voici comme Henri d'Huntington parle de lui dans sa lettre à son ami Wautier. « Vous avez connu, dit-il, Robert
» de Bellême, ce prince de Normandie, qui était, à l'égard
» de ceux qu'il retenait dans ses prisons, un Pluton, une
» Mégère, un Cerbère, et tout ce qu'on peut dire de plus
» cruel. Il ne se souciait nullement de la rançon de ses pri-
» sonniers ; il aimait mieux les tourmenter et les faire mourir.
» Il eut la cruauté d'arracher un jour les yeux avec ses ongles
» à son filleul, en le tenant sous son manteau. On con-
» naît même des personnes, de l'un et de l'autre sexe, qu'il fit
» empaler. Le carnage était un mets délicieux pour son âme.
» On ne parlait en tous lieux que de lui, et sa barbarie était
» passée en proverbe. Mais venons à sa fin, chose que tout lec-
» teur désire d'apprendre. Cet homme, qui traitait si cruelle-
» ment ses prisonniers, fut pris lui-même, et passa le reste
» de ses jours dans le long supplice d'une prison perpétuelle à
» laquelle le roi Henri l'avait condamné. Tel fut l'oubli de ce
» monarque pour ce favori qu'il avait tant aimé, que jamais il
» ne daigna s'informer s'il était mort ou vivant, et qu'il ignora
» même, ou feignit d'ignorer, le jour auquel il avait cessé de
» vivre. » (*Spicil.*, tom. VIII, pag. 187.) Le portrait qu'Ordéric Vital fait du même Robert ne dément point celui-ci. Mais à ces mauvaises qualités il ajoute les bonnes, en disant que Robert était d'une taille avantageuse, d'une force extraordinaire, brave, habile dans la profession des armes, ingénieux à inventer de nouvelles machines de guerre, beau parleur et séduisant dans ses discours. Il laissa un fils, qui suit, d'AGNÈS DE PONTHIEU, sa femme, qui éprouva aussi les effets de sa cruauté. (Voy. *les comtes de Ponthieu*.)

GUILLAUME III.

GUILLAUME III, dit TALVAS, fils de Robert et comte de Ponthieu, du chef d'Agnès, sa mère, se mit à la tête des affaires de sa maison pendant la détention de son père. Après avoir confié la garde de Bellême au chevalier Aimeri de Villerei, il se rendit en Ponthieu, où sa présence était nécessaire. L'an 1119, conformément au traité conclu avec le comte d'Anjou, le roi Henri lui rendit les terres de son père, à la réserve des citadelles qu'il retint. Mais ayant pris, l'an 1135, le parti de Geoffroi Plantagenet, comte d'Anjou, dans les brouilleries de ce prince avec le monarque anglais, son beau-père, il se vit de nouveau dépouillé de ses domaines de Normandie par ce dernier au mois de septembre, et obligé de se retirer de Mamers et à Prai, qui appartenaient à Geoffroi. Cette disgrâce ne fut pas de longue durée. Henri étant mort le 1er. décembre de cette année, Geoffroi rétablit Guillaume dans la pleine jouissance du comté d'Alençon. Il n'obligea pas un ingrat. Guillaume fut un de ceux qui travaillèrent avec le plus d'ardeur et de succès à réduire sous ses lois la Normandie, qui lui était disputée par le roi Étienne de Blois, son rival. Mais les profanations et les cruautés qu'il commit dans l'évêché de Séez attirèrent sur ses terres un interdit qui fut observé, suivant Ordéric, avec la dernière rigueur.

Guillaume, l'an 1146, prit la croix pour la Terre Sainte, avec Gui, son fils, dans la grande assemblée qui se tint le jour de Pâques à Vezelai. Mais il n'est pas sûr qu'il ait accompli son vœu, comme Gui, qui mourut en chemin. Jean, son autre fils, ayant livré, l'an 1151, à Geoffroi Plantagenet le château de la Nue, *de Nube*, dont Robert, régent du Perche, lui avait confié la garde, le roi Louis le Jeune, frère de Robert, se met en marche avec une armée pour venger cette trahison. Henri, duc de Normandie, fils de Geoffroi, vient au-devant du monarque pour lui faire tête. On met l'affaire en négociation, et on se retire de part et d'autre. (Voy *les comtes d'Anjou*.) Guillaume, l'an 1166 ou 1167, céda par force ses châteaux d'Alençon et de la Roche-Mabile, au même Henri devenu roi d'Angleterre, qui ne les eut pas plutôt, dit Robert du Mont, qu'il réforma les mauvaises coutumes qu'on y avait établies. Guillaume mourut le 29 juin 1171. Il avait fondé, l'an 1130, l'abbaye de Saint-André en Goufern, au diocèse de Séez, près de Falaise; l'an 1138, celle de Valoire, au diocèse d'Amiens; l'an 1145, celle de Perseigne en Sonnois; et, l'an 1159, celle de Saint-Josse-aux-Bois. Il eut d'Hélène, ou Alix, dite aussi Elute, sa femme, fille d'Eudes Borel, duc de Bourgogne, et veuve de Bertrand, comte de Tripoli, morte le 28 février 1191, Gui II, comte de Ponthieu; Jean, qui suit; et deux filles: Adèle, femme de Juhel I, seigneur de Mayenne; et Hèle, mariée 1°. à Guillaume III, comte de Varenne et de Surrei; 2°. à Patrice d'Evreux, comte de Salisberi. Bry de la Clergerie, d'après Robert du Mont, donne à Guillaume pour seconde femme, du vivant de la première, qu'il avait répudiée, N. comtesse de Varenne, de laquelle il eut, dit-il, deux fils : N., qui devint héritier de Patrice, comte de Salisberi, et fut tué à Poitiers en 1163, et Jean de Bellême, dit *aux belles mains*, évêque de Poitiers, puis archevêque de Lyon. Mais il se trompe à l'égard de ce dernier. (Voyez *les comtes de Ponthieu*.)

JEAN I.

1171. JEAN I, fils de Guillaume III, lui succéda, l'an 1171, dans la seigneurie d'Alençon. Quelques-uns prétendent qu'il est le premier qui soit qualifié comte de ce nom dans des actes non contestés. L'an 1174, il se joignit à Henri au Court-Mantel, dans sa révolte contre Henri II, son père, roi d'Angleterre. Il mourut le 24 février 1191 (n. st.), et fut enterré à Perseigne. Il devait être fort âgé pour lors, puisque nous avons vu plus haut qu'en 1151, il avait la garde du château de la Nue, qu'on n'avait pas confiée sans doute à un enfant. De BÉATRIX, son épouse, fille d'Hélie d'Anjou, frère de Geoffroi Plantagenet, il laissa trois fils, Jean et Robert, qui suivent, et Guillaume, sire de la Roche-Mabile.

JEAN II.

1191. JEAN II, fils et successeur de Jean I, ne lui survécut que deux mois et demi, étant mort, le 6 mai 1191, sans enfants et peut-être sans avoir été marié.

ROBERT III.

1191. ROBERT III succéda à Jean II, son frère, dans le comté d'Alençon. L'an 1203, il fut du nombre des seigneurs qui excitèrent et aidèrent le roi Philippe Auguste à venger la mort d'Arthur, duc de Bretagne, égorgé par le roi Jean, son oncle. Ce dernier étant venu l'assiéger dans Alençon, Robert eut recours au roi de France; mais les forces de ce monarque se trouvaient alors tellement dispersées, qu'elles ne pouvaient se réunir assez tôt pour secourir la place. Le génie actif et fertile de Philippe lui suggéra un expédient pour remédier à ce contre-tems. On tenait dans ces entrefaites un tournoi à Moret, dans le Gâtinais, où toute la noblesse de France et des provinces voisines était accourue pour signaler sa valeur et son adresse. Philippe s'y rendit lui-même, demanda le secours de ces braves champions dans la conjoncture pressante où il se trouvait, et leur marqua les plaines d'Alençon comme le champ le plus honorable où ils pussent déployer leur bravoure et leur générosité Ces semonces firent leur effet : les valeureux chevaliers, animés par l'honneur, se dévouèrent à punir le lâche parricide ; et, s'étant rangés avec leur suite sous les ordres de Philippe, ils se mirent en marche incontinent pour aller faire lever le siége d'Alençon. Jean, instruit de leur approche, prit la fuite si précipitamment, qu'il abandonna ses tentes, ses machines et son bagage à l'ennemi. L'an 1214, le comte Robert fut employé par le roi de France pour conclure une trêve à Chinon avec ce même roi Jean. Il porta ses armes, l'année suivante, en Languedoc, contre les Albigeois. Il mourut, le 8 septembre 1217, à Morteville, près de Laval, et fut enterré à l'abbaye de Perseigne, où l'on voit sa représentation sur sa tombe. Robert eut de JEANNE DE LA GUERCHE, sa première femme, Jean, mort le 8 janvier 1212; Mahaut, première femme de Thibaut VI, comte de Blois, et Hèle ou Alix, mariée, 1°. avant l'an 1205, à Robert Malet, sire de Graville ; 2°. avant l'an 1220, à Aimeri, vicomte de Châtelleraud. EMME, héritière de la terre de Laval, sa seconde femme, lui donna Robert, qui suit. Elle se remaria ensuite à Mathieu II de Montmorenci, connétable de France, et tige de la branche de Montmorenci-Laval. (Voyez *les sires de Laval.*) Robert avait fait un voyage à la Terre-Sainte, d'où il rapporta des reliques, qu'il déposa à l'abbaye de Perseigne.

ROBERT IV.

1217. ROBERT IV, fils posthume de Robert III, fut son successeur dans le comté d'Alençon. A la mort de son père, on avait nommé des sages-femmes pour constater la grossesse de sa mère, et on l'avait confiée à leur garde pour s'assurer de l'enfant qu'elle mettrait au monde. Le jeune prince ne vécut qu'environ deux ans, étant mort vers la fin de l'an 1219. En lui finirent les anciens comtes d'Alençon. Le roi Philippe Auguste, ayant conquis la Normandie, réunit à son domaine le comté d'Alençon (à l'exception de la Roche-Mabile) par cession d'Aimeri, vicomte de Châtelleraud, et d'Alix ou Hèle, sa femme, héritière de Robert IV, son frère consanguin. M. Dupuy parle de cet acte, ainsi que Bry de la Clergerie, sans l'avoir vu, et comme doutant même de son existence. Mais il existe au trésor des chartes, dans le registre côté 31, acte 33, et dans le recueil de Colbert, vol. 3, fol. 747. Sa date est du mois de janvier 1220, c'est-à-dire 1221, suivant le nouveau style.

Il restait néanmoins encore un autre rejeton de la maison d'Alençon, qui avait des droits sur ce comté. C'était Marie, comtesse de Ponthieu, descendante de Guillaume Talvas en ligne directe. Mais ses domaines étant alors entre les mains du roi par la saisie qu'il en avait faite à cause de la révolte de Simon de Dammartin, son époux, elle n'était occupée qu'à calmer le ressentiment du monarque, bien loin de songer à élever quelques prétentions contre lui. Philippe Auguste jouit donc sans contradiction du comté d'Alençon. Mais Louis VIII, son successeur, dans le traité d'accommodement qu'il fit, l'an 1225, avec Marie, l'obligea de lui abandonner, par une clause expresse, ses droits sur ce comté. (*Voyez* Marie, *comtesse de Ponthieu*.)

COMTES D'ALENÇON ET DU PERCHE,

DE LA MAISON DE FRANCE.

PIERRE.

L'an 1268 (v. st.), au mois de mars, le roi saint Louis donna les comtés d'Alençon et du Perche en apanage et en pairie, avec le droit d'échiquier, ou de cour souveraine (1), à PIERRE, son cinquième fils. Pierre accompagna, l'an 1270, son père au voyage d'Afrique, et devint, l'an 1272, par son mariage contracté avec JEANNE DE CHATILLON, comte de Blois, de Chartres et de Dunois, seigneur de Guise et d'Avênes. Etant allé, l'an 1282, après les Vêpres Siciliennes, au secours de Charles I, roi de Naples, son oncle, il mourut à Salerne, le 6 avril (jour du jeudi-saint) de l'an 1284 (n. st.), sans laisser de postérité, ses deux fils, Louis et Philippe, étant morts en bas âge. Les comtés d'Alençon et du Perche, après sa mort, revinrent à la couronne de France. Jeanne, son épouse, lui survécut jusqu'au 19 janvier 1291. (Voy. *les comtes de Blois.*)

CHARLES I DE VALOIS.

En 1293, le roi Philippe le Bel donna ces deux comtés,

---

(1) Le droit d'échiquier, *jus scaccarii*, ne doit point être confondu avec le *plait de l'épée*, dont on a parlé ci-devant, et qui n'était autre chose que la haute justice, au lieu que l'échiquier était un tribunal souverain. Celui d'Alençon était comme un démembrement de l'échiquier de Normandie, que le roi Philippe le Bel rendit sédentaire en 1304 ou 1305.

au même titre, à Charles Ier de Valois, son frère. On trouve
sous ce comte plusieurs arrêts de l'échiquier d'Alençon, dont
le plus ancien, qui est de l'an 1302, confirme les priviléges
des habitants de Falaise. La Clergerie (pag. 281) nous apprend
qu'il en fit tenir un autre en 1410, où les hommes de la Roche-
Mabile furent maintenus dans le droit d'usage dans la forêt
d'Ecouve. Bar prétend que la ville de Mortagne y fut déclarée
capitale du Perche. Ce droit d'échiquier ne fut point héréditaire dans le comté d'Alençon, et chacun des successeurs de
Charles I fut obligé de prendre des lettres particulières pour
l'obtenir. Ce prince termina ses jours à Nogent, le 16 décembre 1325. (Voy. *les comtes de Valois.*)

CHARLES II DE VALOIS.

L'an 1325, Charles II de Valois, surnommé le Magna-
nime, second fils de Charles I, lui succéda, ou plutôt devait
lui succéder, aux comtés d'Alençon et du Perche, en vertu du
partage qu'il avait fait de ses domaines, entre ses enfants, au
mois de janvier 1322 (v. st.). Mais nous voyons que, par un
autre partage, fait le 3 avril 1326, Philippe de Valois, depuis
roi de France, donna à ce même Charles II, son frère, le
comté d'Alençon, dont il jouissait, avec les châtellenies de
Moulins et de Bons-Moulins, de Mortagne et de Manues; ce
qui montre, suivant la remarque de la Clergerie, qu'après la
mort de Charles I de Valois il y eut du changement fait aux
dispositions du partage de l'an 1322. Charles II assista, l'an
1328, au sacre du roi Philippe, son frère; et, la même année,
ayant accompagné ce monarque dans la guerre de Flandre, il
fut blessé dangereusement à la bataille de Cassel, gagnée par
les Français, le 24 août, sur les Flamands. A son retour, il
fut récompensé de sa valeur par le don que le roi lui fit de la
seigneurie de Fougères et du comté de Porhoet, par lettres du
mois de mars 1328 (v. st.). (*Mss. de Coislin*, n°. 155.) Envoyé,
l'an 1330, contre les Anglais en Guienne, il leur enleva plusieurs places, et fit avec eux une trêve d'un an. Il assista,
l'année suivante, comme pair de France, au jugement de Robert d'Artois; et, ce qui est remarquable, il eut dans cette assemblée la préséance sur Louis I, duc de Bourbon, quoique
celui-ci fût petit-fils du roi saint Louis. Il l'eut de même, en
d'autres rencontres, et ses descendants après lui, sur ce prince
et ses successeurs au duché de Bourbon, jusqu'à ce que le duc
Louis II fût devenu beau-frère du roi Charles V, et oncle maternel de Charles VI. L'an 1333, par traité passé à Maubuisson
au mois de mai, le roi Philippe de Valois céda à Charles, pour

la part qui revenait à celui-ci dans la succession de Louis, leur frère, les terres de Verneuil, de Château-Neuf en Thimerais, de Champrond, de Sainte-Scholasse et de Nogent-le-Rotrou. (*Chamb. des Compt.*, *regist.* DON. CAROLI PULCHRI ET PHILIPPI VALES.) Charles ajouta, l'an 1345, à ses domaines la terre de l'Aigle, dont le gratifia le roi, son frère, après l'avoir confisquée sur Jean de Bretagne, comte de Montfort. (*Mss. de Coislin*, n°. 155.) A la bataille de Créci, donnée le 26 août 1346, Charles commanda l'avant-garde ; il y périt, et fut peu regretté, parce qu'il l'avait engagée témérairement. Son corps fut rapporté à Paris et enterré aux Jacobins. Il avait épousé, l'an 1314, JEANNE, comtesse de Joigni, morte sans enfants, le 21 novembre 1336. Au mois de décembre suivant, il donna sa main à MARIE D'ESPAGNE, fille de Ferdinand II, seigneur de Lara, et veuve de Charles d'Evreux, comte d'Étampes, dont il eut Charles, qui suit ; Philippe, évêque de Beauvais, puis archevêque de Rouen, et enfin cardinal ; Pierre et Robert, qui viendront ci-après. Leur mère finit ses jours le 19 novembre 1369, suivant le P. Fleureau, ou dix ans plus tard, selon d'autres. M. Brussel a publié deux lettres du roi Philippe de Valois, sans date, par lesquelles on voit que le comte Charles, son frère, lui avait vendu *héritablement* tous les Juifs de ses terres, pour une somme de 20 mille livres petits tournois ; en conséquence de quoi Philippe envoya aussitôt un *justicier* et un sergent de par lui, pour garder, exploiter et juger ces Juifs. (*Nouv. exem. des Fiefs*, pag. 604.)

CHARLES III.

En 1346, CHARLES III, fils de Charles II, devint, après la mort de son père, comte du Perche et d'Alençon. Il était seigneur de Domfront depuis l'an 1344, par la donation que le roi Philippe de Valois, son oncle et son parrain, lui en avait faite. L'an 1361 au plutôt, et non 1359, comme le marque Sponde, il se fit dominicain au couvent de Saint-Jacques de Paris, où son père était inhumé. Le roi Charles V lui ayant fait accepter l'archevêché de Lyon, il fut sacré le 13 juillet 1365. Le zèle qu'il eut pour la juridiction temporelle de son siége causa de grands troubles. Le roi fit saisir ses revenus ; et le prélat, pour se venger, jeta sur la ville de Lyon un interdit, durant lequel il mourut le 5 juillet 1375. (*Gall. Christ. no.*, tome IV.)

En 1361, après la retraite de Charle III, Pierre et Robert, ses frères, partagèrent entre eux sa succession.

PIERRE II,
COMTE D'ALENÇON.

PIERRE II, troisième fils de Charles II, eut pour son lot le comté d'Alençon. Il fut surnommé LE NOBLE, et mérita ce titre par ses exploits. Il avait été, l'an 1360, un des otages donnés aux Anglais pour la délivrance du roi Jean. A son retour, il servit dans la guerre de Bretagne et dans celle que les ducs de Berri et de Bourbon firent aux Anglais en Guienne. Pierre était bon économe. Il acquit de Jean de Châtillon et de Marie de Montmorenci, par lettres du 3 février 1362 (v. st.), la terre et seigneurie d'Argentan, pour la somme de six mille livres. L'an 1367, la châtellenie de Domfront, qui avait été, en divers tems, possédée séparément par des seigneurs particuliers, fut réunie en sa faveur, par lettres-patentes du 13 septembre, au comté d'Alençon. Pierre, l'an 1370, par un acte du 20 septembre, fait avec Jean du Pont-Audemer et Philippette de Dreux, sa femme, réunit à ses domaines, pour la somme de 1140 *francs d'or*, tous les droits qu'ils avaient dans les châtel, ville et châtellenie de Château-Neuf, en Thimerais. Depuis cette époque, dit M. du Radier, je ne trouve plus d'autres seigneurs de Château-Neuf, que les princes de la maison d'Alençon. L'an 1377, Pierre hérita du comté du Perche par la mort de Robert, son

ROBERT V,
COMTE DU PERCHE.

ROBERT V, quatrième fils de Charles II, devint comte du Perche et de Porhoet, par le partage fait avec Pierre, son frère. Il se distingua dans les guerres contre les Anglais et les Navarrais. Il accompagna, l'an 1364, Philippe le Hardi, duc de Bourgogne, au siége de la Charité-sur-Loire, et le duc de Berri à celui de Limoges. L'an 1370, de concert avec Pierre, son frère, il vendit, par acte passé, le 21 juillet, à Paris, le comté de Porhoet à Olivier de Clisson, qui leur donna, en échange, la baronnie de Thuit, en Normandie, avec deux mille livres de rente sur les foires de Champagne. (*Morice*, tom. I, note 45.) Robert, la même année, suivit le connétable du Guesclin dans son expédition contre les Anglais. Ce fut lui qui, avec le maréchal de Blainville, rangea les troupes à Pontvalain, dans le Maine, à mesure qu'elles arrivaient pour surprendre les Anglais campés dans le voisinage : ceux-ci ne les attendaient pas sitôt, quoiqu'ils eussent défié le connétable au combat. On était alors au mois de novembre. L'historien de du Guesclin rapporte qu'avant la bataille, nos soldats *se dejeûnerent de pain et de vin qu'ils avoyent apporté avecques eux, et prenoient les aucuns d'iceux du pain, et saignoyent au nom du saint sacrement, et après ce qu'ils*

frère, décédé sans enfants. Il accompagna, l'an 1388, le roi Charles VI dans son expédition de Flandre. Pierre était frère utérin de Louis II, comte d'Etampes, et en cette qualité, il avait droit comme lui à la seigneurie de Lara, qui avait appartenu à Marie d'Espagne, leur mère. L'an 1391, ils firent un traité par lequel Pierre accorda l'usufruit de cette terre à Louis, après la mort duquel elle devait revenir aux comtes d'Alençon. (*Mss. de Coislin*, n°. 155.) Pierre mourut l'an 1404, le 20 septembre, dans son château d'Argentan. Ce prince avait épousé, le 20 octobre 1371, MARIE CHAMAILLARD, fille de Guillaume, seigneur d'Antenaise, vicomte de Beaumont et de la Flèche, et de Marie de Beaumont, laquelle descendait de Jean de Brienne, roi de Jérusalem. Il laissa d'elle, *estoyent confessez l'un à l'aultre de leurs péchiez, le usoyent en lieu de communichement* (communion.) *Après dirent maint oraison en dépriant à Dieu qu'il les gardast de mort, de mahaing* (mutilation) *et de prison*. La bataille, qui se donna incontinent après, fut une déroute pour les Anglais, dont le chef, Granson, ayant été terrassé par du Guesclin, demeura son prisonnier. Les suites de cette action furent aussi heureuses que le succès en avait été brillant. Le connétable, toujours accompagné du comte du Perche, chassa successivement les Anglais de tous les postes qu'ils occupaient dans l'Anjou, le Maine et la Normandie. Le comte Robert mourut en 1377, sans laisser d'enfants de JEANNE DE ROHAN, sa femme.

outre deux fils morts dans l'enfance, Jean, qui suit; Marie, qui épousa, l'an 1389 (v. st.), Jean VII, comte d'Harcourt et d'Aumale; et Catherine, mariée, 1°. à Pierre de Navarre, comte de Mortain; 2°. à Louis le Barbu, duc de Bavière-Ingolstadt, et frère de la reine Isabeau. Marie Chamaillard survécut au comte Pierre, son époux, et mourut le 18 novembre 1425. Elle eut sa sépulture à l'hôpital de Saint-Thomas d'Argentan.

COMTES DU PERCHE ET DUCS D'ALENÇON.

JEAN IV, ou I.

En 1404, JEAN IV, ou I, dit LE SAGE, fils aîné de Pierre II, né le 9 mai 1385, au château d'Essei, comte du Perche dès l'an 1396 au plus tard, réunit à ce domaine le comté-pairie d'Alençon, après la mort de son père. Il tint le parti de la maison d'Orléans contre celle de Bourgogne. Par une suite de cet engagement, il se laissa entraîner, l'an 1411, dans la ligue formée par les ducs d'Orléans et de Bourbon, et plusieurs autres grands du royaume, pour mettre le roi d'Angleterre en possession des provinces qui lui avaient été cédées par le traité de Bretigni. Le roi Charles VI, irrité de cette perfidie, les déclara, par ses lettres du 3 octobre, coupables de rebellion et de lèse-majesté. (*Ordonn. du Louv.*, tome X, pag. 167.) Pour compléter cette espèce de proscription, le roi permit au duc d'Anjou, qui lui était demeuré fidèle, de leur faire la guerre, lui abandonnant d'avance tout ce qu'il pourrait conquérir sur eux. Le duc, s'étant mis en marche, alla joindre, avec les troupes qu'il amenait de Paris, le connétable de Saint-Pol, pour faire ensemble les conquêtes qu'il méditait. Le comte d'Alençon, qui les observait, leur fit dresser, par ses gens, une embuscade dans un défilé où ils devaient passer. Mais le stratagème retourna sur son auteur; le duc et le connétable, qui l'avaient prévu, tombèrent sur le parti qui les attendait, le taillèrent en pièces, et obligèrent ce qui put s'échapper à se sauver en Berri. Maîtres de la campagne par cette déroute, il prirent, non sans peine toutefois, les villes et forteresses de Château-Neuf, de Saint-Remi et de Bellême, et d'autres places appartenantes au comte d'Alençon. On était convenu, par la capitulation, que ces places demeureraient immédiatement soumises au roi : mais le duc d'Anjou les retint pour lui, en vertu du don que le roi lui en avait fait, et s'en mit en possession, après quoi il se rendit auprès du monarque, qui assiégeait Bourges, où les princes s'étaient retirés. Tandis qu'il secondait cette expédition, les Anglais, commandés par Thomas, duc de Lancastre, font une descente en Normandie, au nombre de quinze cents hommes d'armes, trois mille archers et deux mille hommes de pied. Le roi, leur maître, les envoyait au secours du duc de Berri, chef de la ligue. Après avoir pillé le Cotentin, ils entrent dans le comté d'Alençon, et reprennent toutes les places dont le duc d'Anjou s'était emparé. De là ils passent dans l'Anjou et la Touraine, où ils rendent au duc, avec usure, tout le mal qu'il avait fait au comte d'Alençon. Les progrès de l'Anglais accélérèrent le traité de Bourges, qui rompit celui que les princes avaient fait avec l'ennemi de la nation. (Le Laboureur, *Hist. de Charles VI*, tome II, pag. 818.) L'an 1413, le 5 septembre, ils obtinrent des lettres-patentes qui révoquaient celles du 3 octobre 1411. (*Ordon. ibid.*) Le roi Charles VI, l'an 1414 (v. st.), érigea le comté d'Alençon, par lettres du 1er janvier, en duché-pairie, pour terminer le différent que Jean avait avec le duc de Bourbon, qui prétendait, en sa qualité de duc, avoir la préséance sur lui, quoique plus éloigné de la branche royale. Ce furent ces deux princes qui, l'an 1415, déterminèrent contre l'avis des autres chefs de l'armée française, la funeste bataille d'Azincourt, que le roi d'Angleterre ne cherchait qu'à éviter en offrant les conditions les plus avantageuses. Nous la perdîmes le 25 octobre, et le duc Jean y périt, après avoir tué de sa main le duc d'Yorck, et abattu d'un coup de sabre la couronne que le roi d'Angleterre portait sur son casque. MARIE, fille de Jean le Vaillant, duc de Bretagne, qu'il avait épousée par contrat du 26 juin 1396, morte le 18 décembre 1446, lui donna, entr'autres enfants, Jean, qui suit. Jean le Sage était bien fait, magnifique et plein de valeur.

JEAN V, ou II.

En 1415, JEAN V, ou II, surnommé LE BEAU, né au château d'Argentan, un samedi 2 mars 1409 (et non pas 1411, comme le marque la Clergerie), devint le successeur de Jean le Sage, son père, sous la tutelle de Marie de Bretagne, sa mère. L'an 1417, le général Talbot lui enleva Domfront, au mois de septembre, après environ six mois de siége. Il demeura prisonnier des Anglais, le 17 août 1424, à la bataille de Verneuil, où il fit ses premières armes, et fut transporté au Crotoi. Le duc de Bedford lui ayant proposé de faire serment de fidélité au roi d'Angleterre, il rejeta cette proposition, ce qui fit prolonger sa captivité: elle dura près de trois ans, pendant lesquels le duc de Bedford prit le titre de duc d'Alençon et perçut les revenus du duché. Pour obtenir sa liberté, il en coûta la somme de deux cent mille écus au duc Jean. (*Chron. manuscrite des ducs d'Alençon.*) Cette énorme rançon l'obligea de mettre en vente, pour la rassembler, ses plus beaux domaines, entr'autres sa baronnie de Fougères, que le duc de Bretagne, profitant de l'occasion, acquit à vil prix; encore en différa-t-il le paiement au point de mettre à bout la patience du duc d'Alençon. Celui-ci, en effet, après avoir inutilement sollicité son remboursement, prit le parti d'enlever le chancelier de Bretagne. La guerre fut alors déclarée entre les deux princes. Le duc de Bretagne vint avec une armée faire le siége de Pouancé. Pour lui faire face, le duc d'Alençon implora la protection du roi, dont il obtint du secours par la faveur de la Trémoille. Le duc de Bretagne fut assisté, de son côté, par le connétable de Richemont, son frère, qui vint le joindre au siége. La duchesse d'Alençon s'était renfermée dans la place avec sa famille. La vigoureuse défense qu'elle fit donna lieu au connétable de craindre que le duc n'appelât l'anglais à son aide. Pour prévenir le coup, il se rendit médiateur, et termina par l'expédient le plus simple, une querelle qui n'était pas à l'honneur de son frère. Le duc d'Alençon eut, en 1429, le commandement général des troupes, à la place de ce même connétable, qui était tombé dans la disgrâce. Peu de tems après, il fut présent à l'entretien secret que le roi Charles VII eut avec la célèbre pucelle Jeanne d'Arc, lorsqu'elle se présenta pour la première fois à ce monarque. Il fut accompagné de cette héroïne, qui ne l'appelait que le beau duc, au siége de Jargeau, ou Gergeau, dont il se rendit maître après un rude assaut ; il fit ensuite, avec elle, le siége de Baugenci, qui fut également heureux ; ils battirent ensemble les Anglais, le 18 juin, à Patai, où Talbot, leur général, fut pris par Xaintrailles et amené au roi. La pucelle et le duc, au mois suivant, conduisirent Charles VII à Reims, où le duc, assistant à son sacre, représenta l'un des douze pairs. L'an 1440 fut le terme de la haute faveur dont jouissait le comte d'Alençon. Cette année, le roi lui ôta la lieutenance-générale de ses armées. Il méritait cette disgrâce pour avoir excité le dauphin Louis à la révolte, et l'avoir emmené du château de Loches à Niort. Mais, étant rentré en grâce quelque tems après, il reprit le service et donna de nouvelles preuves de valeur, de zèle pour la patrie, et de fidélité envers le roi. Elles ne purent cependant jamais le rétablir dans la parfaite intimité de Charles VII, dont il était déchu. L'an 1449, il recouvra la ville d'Alençon, par la bonne volonté des principaux habitants, qui lui ouvrirent pendant la nuit une des portes. La ville et le château de Verneuil lui furent ensuite livrés par l'industrie d'un menuisier, nommé Bertin, à l'exception de la grosse tour, appelée la tour grise. Elle soutint un siége et ne se rendit qu'au bout d'un an. (*Chron. manuscrite des ducs d'Alençon.*) Le duc Jean n'attendit pas ce terme pour aller faire le siége de Bellême, où commandait un anglais, nommé Matagot. *Il y a*, dit la Clergerie, *à Bellême et és environs plusieurs choses qui retiennent ce nom de Matagot, et est demeuré, jusqu'à présent, en la bouche des petits enfants.* Les ennemis firent de vains efforts pour secourir la place : elle fut obligée de se rendre le 20 décembre de la même année 1449. Le siége de Caen ayant été commencé le 5 juin 1450, le duc d'Alençon s'y rendit et signala sa valeur dans cette expédition, sous les yeux du roi, qui animait les assiégeants par sa présence. La place fut rendue par composition le premier juillet suivant ; et celle de Falaise, assiégée ensuite par les mêmes généraux, subit un pareil sort le 21 du même mois. Celle-ci fit une capitulation honorable, dont une des conditions fut la délivrance du général Talbot, à qui le roi d'Angleterre avait donné cette ville en propre. Le duc d'Alençon, deux jours après, accompagna Charles de Culant, grand-maître de l'hôtel, au siége de Domfront, qu'ils firent rentrer sous les lois de la France, le 22 août suivant. Pour trancher court, il n'y eut presque aucune expédition en Normandie et dans les pays voisins, pour en chasser les Anglais, où le duc d'Alençon n'ait eu part. Ce prince, après tant de services rendus à l'état, se crut autorisé à demander au roi des dédommagements pour les pertes qu'il avait essuyées. On lui donna des espérances dont il attendit long-tems l'effet. Enfin, voyant qu'on lui manquait de parole, il se détermina, par le conseil de son perfide confesseur, à rappeler les Anglais en Normandie. (La Clergerie.) Charles VII, instruit de ses intelligences avec le roi d'Angleterre, le fit arrêter, l'an 1456, et conduire à Melun, où le connétable Artur de Richemont fut chargé d'aller l'interroger. Mais quand il voulut procéder à cet interrogatoire, le duc fit cette réponse hardie, qu'il dirait son fait au roi et non à d'autres. Quoique le connétable (depuis duc de Bretagne) fût prince du sang, puisqu'il était de la maison de Dreux, le duc d'Alençon pensa qu'un prince du sang ne devait répondre qu'au chef de sa maison. On le conduisit au roi lui-même, qui le questionna, mais qui, n'ayant point été satisfait de ses réponses, assembla un conseil des pairs pour le juger. L'affaire traîna en longueur l'espace d'environ deux ans. Enfin, par arrêt rendu à Vendôme, le mardi 10 octobre 1458, par la cour des pairs, le roi séant, le duc d'Alençon fut condamné à mort. Le monarque commua sa peine en une prison perpétuelle, d'où il fut tiré par Louis XI, qui lui accorda des lettres d'abolition, datées du 11 octobre 1461. Le duc Jean reconnut mal cette grâce. Il se joignit aux princes mécontents, et fut un des chefs de la guerre du *bien public*. Il reprit ses intelligences avec les Anglais, fit un traité avec le duc de Bourgogne, fabriqua de la fausse monnaie, commit divers meurtres, et, par toutes ces actions indignes de sa naissance, força le roi de s'assurer de sa personne une seconde fois. Il fut pris et arrêté le 8 mai 1472, et condamné à mort de nouveau le 14 juillet (et non le 18) 1474. Le roi voulut bien encore lui faire grâce de la vie : il fut remis dans la prison de Loches, où il avait été la première fois ; de là tranféré à la tour du Louvre, d'où étant sorti l'an 1476, il mourut peu de tems après, laissant de MARIE, fille de Jean IV, comte d'Armagnac, sa seconde femme, qu'il avait épousée l'an 1451 (décédée le 24 juillet 1473, en odeur de sainteté), René, qui suit, et Catherine, femme de Gui XV, comte de Laval. Le duc Jean avait épousé en premières noces, l'an 1424, à Blois, JEANNE, fille de Charles, duc d'Orléans, (morte le 19 mai 1432), de laquelle il ne laissa point d'enfants.

RENÉ.

En 1476, RENÉ, fils de Jean le Beau, appelé comte du Perche et vicomte de Beaumont-au-Maine, du vivant de son père, lui succéda au duché d'Alençon, par la clémence du roi, sous les enseignes duquel il avait combattu à la guerre du *bien public*, et qu'il avait ensuite accompagné à l'entrevue qu'il eut avec le duc de Bourgogne, à Péronne, puis l'avait suivi au siége de Liége. A cette grâce, Louis XI ajouta d'autres faveurs, qui excitèrent la jalousie des grands. La vie dissolue que René menait, et sur laquelle ses domestiques enchérissaient, servit de matière à ses ennemis pour le noircir auprès du roi, qui commençait déjà à se refroidir à son égard. Les soupçons qu'on eut soin de jeter en même tems sur sa fidélité, dans l'esprit ombrageux de Louis, déterminèrent ce monarque à sévir contre lui. Par son ordre, les gens du duc furent arrêtés, comme coupables de rapt et de viol, jusque dans sa propre maison. On supprima ses pensions, et les terres qu'on avait promis de lui restituer, furent données à d'autres. René, craignant pour sa propre personne, se laissa persuader par de faux amis d'aller se réfugier auprès du duc de Bretagne. Il était en route pour s'y rendre, l'an 1481, lorsqu'il fut arrêté, près de la Roche-Talbot, par Jean de Daillon, seigneur de Lude, qui le conduisit à la Flèche, puis à Chinon, où il fut enfermé dans une cage de fer d'un pas et demi de long ; c'était là qu'on lui donnait à manger à travers les barreaux, au bout d'une fourche, sans l'en tirer qu'une fois en huit jours, pour donner de l'air à la cage. Après y être resté douze semaines, il fut transféré à Vincennes, pour être jugé par une commission que le roi nomma. René demanda d'être jugé par la cour des pairs, suivant le privilége de sa naissance et de son rang. Mais il en était exclus par les lettres d'abolition accordées au duc Jean, son père ; lettres où le roi, comprenant aussi le fils, quoiqu'innocent alors, les faisait renoncer l'un et l'autre au privilége de la pairie, s'il arrivait qu'ils retombassent dans le crime de félonie. Tout ce que René put obtenir, fut d'être jugé par le parlement, mais sans l'adjonction des pairs. L'arrêt de cette compagnie, rendu le 22 mars 1482 (n. st.), condamna, par politique, le duc René a implorer la clémence du monarque, et à recevoir garnison royale dans ses châteaux. Le roi Charles VIII, ayant depuis reconnu son innocence à plusieurs égards, l'admit parmi les princes du sang à son sacre, où il représenta le duc de Normandie. Mais il lui donna ensuite un témoignage plus authentique de son affection, en le rétablissant dans tous ses droits, par ses lettres patentes du mois de mai 1487. René vécut paisible depuis ce tems, et mourut, le premier novembre 1492, laissant de MARGUERITE DE LORRAINE, fille de Ferri II, comte de Vaudemont, qu'il avait épousée le 14 mai 1488, Charles, qui suit, et deux filles; Françoise, mariée, 1°., en 1505, à François II, duc de Longueville ; 2°., le 18 mai 1513, à Charles de Bourbon, duc de Vendôme; et Anne, qui épousa, le 31 août 1508, Guillaume Paléologue VI, marquis de Montferrat. La duchesse Marguerite, après la mort de son époux, se fit religieuse au monastère de Sainte-Claire d'Argentan, où elle mourut le premier novembre 1521.

CHARLES IV.

En 1492, CHARLES IV, né le 2 septembre 1489, succéda à René, son père, dans le duché d'Alençon, n'étant âgé que de trois ans. Ce ne fut pas la seule succession qui lui échut. Il hérita, l'an 1497, de Charles d'Armagnac, les comtés d'Armagnac et de Rouergue. Dès qu'il fut en état de porter les armes, il suivit ce parti. Il accompagna, l'an 1507, le roi Louis XII dans son expédition contre les Génois, et combattit, l'an 1509, à la journée d'Agnadel, en Milanez. Il avait été fiancé, lorsqu'il fut parvenu à l'âge de puberté, avec Suzanne, fille unique et héritière de Pierre II, duc de Bourbon. Mais la duchesse Anne de France, mère de la princesse, rompit cette alliance, pour faire épouser à sa fille Charles III, comte de Montpensier, plus connu sous le nom de connétable de Bourbon. Il lui en coûta cent mille livres pour raison du dédit, qu'elle paya volontiers au duc d'Alençon. C'était un dédommagement bien peu proportionné à la perte que ce prince faisait de la main de la plus riche héritière de l'Europe, après les têtes couronnées. Mais il devint complet ensuite, ce dédommagement, par le mariage qu'il contracta, le 3 octobre 1509, avec MARGUERITE DE VALOIS, princesse accomplie, qu'on décora du titre de dixième muse. François I, frère de Marguerite, étant monté sur le trône en 1515, débuta par reconnaître le duc d'Alençon, son beau-frère, pour le premier prince du sang. Une autre faveur, ou pour mieux dire une justice qu'il lui accorda la même année, ce fut la délivrance des biens de la maison d'Armagnac, qui avaient été légués au duc René, son père, en 1484, par Charles, dernier comte d'Armagnac. (*Invent. de Galand*, fol. 302.) Il s'en fallait beaucoup que la figure et les talents du duc Charles répondissent au mérite de son épouse: aussi n'eut-elle jamais pour lui que du mépris. Il se comporta, néanmoins, avec beaucoup de valeur à la bataille de Marignan. Le roi, deux ans après, par lettres-patentes du 11 octobre 1517, le gratifia du duché de Berri. L'an 1521, il commanda l'avant-garde de l'armée, que le roi menait dans les Pays-Bas, pour livrer bataille à l'empereur, campé sous Valenciennes. Le connétable de Bourbon, qui était dans l'armée et à qui ce commandement appartenait en vertu de sa charge, souffrit impatiemment ce passe-droit. Mais la retraite précipitée de l'empereur prévint la bataille qui n'eut point lieu.

Le duc Charles, ayant passé les monts, l'an 1525, avec le roi, pour la quatrième fois, eut encore la conduite de l'avant-garde, le 24 février, à la funeste journée de Pavie, où il commanda l'aile gauche de notre armée. Il n'y fit pas preuve de valeur. Voyant la défaite de l'aile droite, le désordre du corps de bataille, et le roi prisonnier, la tête lui tourna, il ne songea plus qu'à mettre sa personne en sûreté; et, sans écouter la Roche-du-Maine, son lieutenant, qui voulait le retenir, il courut, à bride abattue, jusqu'en France. Mais lorsqu'il y fut rentré, sentant toutes les conséquences de la faute qu'il avait commise, il en mourut de regret, à Lyon, le mardi-saint, 11 d'avril, sans laisser de postérité. MM. de Sainte-Marthe (*Hist. généal. de la M. de France*, tom. I, p. 977) disent qu'il fut enterré avec pompe dans l'église de Saint-Just de Lyon. Mais il est certain que son corps fut transporté à Alençon, et inhumé dans le caveau des ducs, la veille de l'Ascension de la même année. La duchesse Marguerite, qui lui survécut vingt-quatre ans (morte le 21 décembre 1549), fut employée, la même année, pour aller traiter en Espagne de la délivrance du roi, son frère. Elle ne réussit pas à la vérité dans sa négociation; mais sa présence fut un grand sujet de consolation pour le roi, malade, alors, de l'ennui que lui causait la durée de sa captivité. Ce monarque, en la quittant, lui remit un acte signé de sa main, par lequel il permettait au dauphin de prendre la couronne. Que cela fût sérieux ou non, Charles-Quint en fut si ébranlé, qu'il renoua la négociation après le départ de la duchesse. A son retour, Marguerite se remaria, dans le mois de janvier 1526 (v. st.) avec Henri II, roi de Navarre. Cependant, après la mort de Charles, les officiers du roi François I, saisirent le duché d'Alençon, le comté du Perche, et les autres terres de sa succession, prétendant que le tout était réuni de droit à la couronne, par défaut d'hoirs mâles. Charles de Bourbon, duc de Vendôme, et le marquis de Montferrat, beaux-frères de Charles, formèrent leur complainte et leur opposition à cette saisie, soutenant de leur chef, que les duché d'Alençon et comté du Perche n'avaient point été tenus en apanage, mais en pleine propriété. Cette contestation, long-tems discutée, selon les formes ordinaires, fut enfin terminée par notre roi Henri II, au moyen de la cession qu'il fit d'autres terres aux héritiers. Mais pendant cette discussion, Marguerite et le roi de Navarre, son époux, jouirent, malgré la saisie, du comté du Perche, et ce ne fut qu'après leur mort, que le tout se trouva réuni de droit et de fait à la couronne. (*Voy.* Charles II, *comte d'Armagnac.*)

Le roi Charles IX céda les duché d'Alençon et comté du Perche à la reine Catherine de Médicis, sa mère, soit par assignat de dot et de douaire, soit par bienfait. Elle jouit de ces domaines jusqu'en 1566, qu'elle les remit au roi.

L'an 1566, le roi Charles IX donna le duché d'Alençon à FRANÇOIS, son frère, par lettres du 8 février. François était né le 18 mars 1554, et avait reçu au baptême le nom d'Hercule, qu'il changea depuis à la confirmation en celui de François. Il eut la petite vérole fort jeune et en demeura entièrement gâté. Dès son enfance, il montra pour Henri, duc d'Anjou, son autre frère, une grande antipathie que l'âge n'affaiblit point. Ces deux princes furent envoyés, l'an 1573, au siège de la Rochelle. L'année suivante, le duc d'Alençon, par légéreté d'esprit et dans la vue de monter sur le trône après la mort du roi Charles, se déclara le chef du parti qu'on nommait des *Mécontents* et des *Politiques*. La reine-mère le fit arrêter avec le roi de Navarre: mais Henri III les remit en liberté à son avènement à la couronne. Cet acte de générosité ne réconcilia pas le duc avec son frère. Peu de tems après, on découvrit une conjuration, où il était entré, contre la personne de ce monarque. Henri voulut bien admettre ses excuses, et ne le rendit pas plus reconnaissant. Le refus qu'on lui fit de la lieutenance-générale du royaume le jeta de nouveau dans le parti des mécontents. Le 15 septembre de la même année, il s'échappa de la cour, et se rendit en Bourbonnais, pour se mettre à la tête des Reîtres, que le palatin Jean Casimir avait amenés en France. Il y fut joint, le 11 mars suivant, par le roi de Navarre, avec lequel il concerta les opérations de la campagne. L'armée de ces deux princes était forte de trente mille hommes, bien aguerris, dont le roi de Navarre céda le commandement au duc d'Alençon. Toutefois avec de si grandes forces il ne fut rien entrepris de grand : *car les merveilleuses adresses de la reine, que les Huguenots appelaient des enchantements, les desseins bizarres et changeants du duc d'Alençon, et les bourasques ordinaires des Reîtres, les arrêtaient à chaque pas.* (Mézerai.) Enfin la reine ayant été trouver, l'année suivante (1576), à l'abbaye de Beaulieu, près de Loches, le duc d'Alençon, elle vint à bout de le ramener, en lui assurant, par un traité signé le 10 mai, les duchés d'Anjou et de Berri, pour supplément d'apanage. Depuis ce tems, il ne fut plus appelé que le duc d'Anjou. Dans la même année, François obtint la lieutenance-générale des armées du roi. Il commanda en cette qualité, l'an 1577, au siége de la Charité-sur-Loire et à celui d'Issoire en Auvergne : ces deux places étaient défendues par les Calvinistes. L'an 1578, appelé par les confédérés des Pays-Bas, il les prit sous sa protection, et promit de leur porter du secours. Mais le roi, son frère, jaloux de son avancement, et craignant de se compromettre avec l'Espagne, le fit arrêter dans le Louvre comme il se disposait à partir. Le duc d'Anjou trouva moyen de tromper ses gardes. Aidé par son favori, Bussi-d'Amboise, il descend par la fenêtre de sa chambre avec une corde de soie, se sauve à Angers, et de là passe à Mons, en Hainaut, où il conclut son traité avec les confédérés. Sa première expédition dans les Pays-Bas, fut le siége de Binche, dont il se rendit maître le 6 septembre. Maubeuge lui ouvrit ses portes; mais l'insolence de ses gens lui fit fermer celles de Landrecies et du Quesnoi. Piqué de cet affront, il reprend la route de France, et se retire en Anjou. Ayant fait sa paix, l'an 1579, avec le roi, son frère, il reparaît à la cour au mois de mai. Il en part au mois de juillet suivant pour se rendre à la cour de Londres, dans l'espérance d'épouser la reine Elisabeth. Cette princesse feint de répondre à ses vœux, et lui fait tout l'accueil qu'il pouvait désirer. Le mariage est remis à un autre tems. Le duc, de retour en France, renoue ses liaisons avec les confédérés des Pays-Bas. S'étant rendu, l'an 1581, sur les lieux, à la tête de quatre mille chevaux et de dix mille hommes de pied, il délivre Cambrai assiégé par le duc de Parme, et y fait son entrée le 18 août; il chasse ensuite les ennemis de l'Ecluse et d'Arleux, et oblige Cateau-Cambresis de se rendre à discrétion. Le 23 novembre suivant, il met à la voile pour l'Angleterre ; la reine vient au-devant de lui jusqu'à Cantorberi, et, le 29 du même mois, ils font leur entrée à Londres dans un même carrosse. Mais après deux mois de séjour, voyant qu'Elisabeth le jouait, et ne voulait point conclure son mariage, il se retire de Londres, le 3 février 1582, et retourne dans les Pays-Bas, où il est couronné duc de Brabant à Anvers, le 19 février, et comte de Flandre à Gand, le 15 juillet. S'étant brouillé, l'année suivante, 1583, avec le prince d'Orange, il veut surprendre Angers, où ce prince avait plus d'autorité que lui. Cette entreprise eut une issue funeste pour le duc et pour ceux qui l'accompagnaient. Les habitants d'Anvers prirent les armes; il en coûta la vie à plus de deux cent cinquante gentilshommes français, et à plus de douze cents soldats. Le duc fut obligé de se sauver à Dendermonde, d'où, après quelque séjour, il revint en France. Il y prenait de nouvelles mesures pour rentrer dans les Pays-Bas, lorsqu'une fâcheuse maladie arrêta ses desseins. Après avoir langui près de deux mois à Château-Thierri, il y mourut de phthisie, le 10 juin 1584, âgé de vingt-neuf ans deux mois vingt-deux jours. Son corps fut porté à Saint-Denis, et son cœur aux Célestins de Paris. Le duc François, mal fait de corps et d'esprit, ruina ses affaires et troubla celles du royaume par son inconstance, son inquiétude et son indiscrétion. Il ne manquait pas au reste de valeur, et cette vertu, avec de la prudence, aurait servi utilement son ambition. Ce prince n'ayant point laissé de lignage, le duché d'Alençon fut de nouveau réuni au domaine. Il fut depuis compris dans l'apanage de GASTON, duc d'Orléans, deuxième fils de Henri IV. Il passsa, l'an 1660, à ISABELLE, sa seconde fille, mariée, le 15 mai 1667, à Joseph de Lorraine, duc de Guise, mort sans lignée le 30 juillet 1671. La ville d'Alençon n'oubliera jamais les exemples de vertu que cette princesse lui donna, ni les abondantes aumônes que sa charité lui fit verser dans le sein des indigents. Elle mourut à Versailles, pleine de bonnes œuvres, le 17 mars 1696, et fut inhumée aux Carmélites du faubourg Saint-Jacques, à Paris. Le duché d'Alençon, après la mort de cette princesse, fut donné à Charles de France, fils de Louis, dauphin, et de Marie-Christine-Victoire de Bavière, né le 31 août 1686, et mort le 4 mai 1714. Il fait partie aujourd'hui de l'apanage de monsieur, frère du roi Louis XVI. (1785.)

CHRONOLOGIE HISTORIQUE

DES

COMTES DU PERCHE.

Le Perche, anciennement habité par les *Aulerci Cenomani*, est une petite province, longue de douze lieues sur treize de largeur, située entre le Vendomois, le Dunois, le Maine et la Normandie. Dès le tems de Grégoire de Tours, il portait le nom de *Pagus Pertensis* ou *Perticensis*. Il était alors entièrement couvert de bois, dont il reste une portion assez considérable, nommée la forêt du Perche, *Saltus Pertioensis*, qui forme une étendue d'environ quatre mille arpens. Ce n'est pas la seule néanmoins qui subsiste dans le Perche : on y en compte encore deux autres, celle de Bellême et celle de Reno, où est la Chartreuse de Val-Dieu. Le Perche, à mesure qu'il a été défriché, s'est trouvé partagé en divers cantons. Le principal est celui d'Hiême ou d'Exme, *Pagus Oximensis*, compris avec le Bellemois et le Corbonnois dans le diocèse de Séez, dont les évêques ont été quelquefois appelés *Episcopi Oximenses*, à cause de la résidence qu'ils faisaient au chef-lieu de ce canton, nommé *Oximum*. Le Sonnois, faisant partie du diocèse du Mans, et le Thimerais, appartenant au diocèse de Chartres, sont deux autres cantons du Perche, sans parler du Perche-Gouet, dont nous aurons occasion de faire mention plus bas. Le Perche a eu ses comtes particuliers, dont le plus ancien que l'on connaisse est AGOMBERT ou ALBERT, qui vivait sous le règne de Louis le Débonnaire. Les seigneurs de Bellême possédèrent depuis une partie du Perche, avec Alençon et ses dépendances, que renfermait l'évêché de Séez. Il est à remarquer que le Bellemois, dont la capitale, nommée en latin *Bellismus* ou *Bellismum*, située aujourd'hui sur une espèce de rocher, était originairement à un quart de lieue plus loin, dans la plaine où l'on voit encore l'ancien Bellême, ne fut point cédé à Rollon par le roi Charles le Simple, et resta uni au domaine de la couronne de France. On en a la preuve, dit D. Boudier, dans une charte du roi Philippe I.", donnée en faveur de l'église de Sain-Léonard de Bellême, où Robert de Bellême est nommé comme vassal du roi.

GUILLAUME I.

997. GUILLAUME, fils d'Yves de Bellême, comte d'Anjou, devint la tige des comtes du Perche. Il mourut en 1028, laissant trois fils, entr'autres Warin ou Guérin, qui suit. (*Voyez* Guillaume 1, comte d'Anjou.)

WARIN ou GUÉRIN.

WARIN ou GUÉRIN, seigneur de Domfront, fils de Guillaume I, seigneur de Bellême, et comte d'Alençon, est appelé *Bâtard* dans un acte de l'abbaye de Marmoutier. Cependant il consentit, comme le second des fils de Guillaume, en 1025, à la fondation de l'abbaye de Lonlai. Warin avait épousé MÉLISENDE ou MATHILDE, sœur, à ce qu'il paraît, de Hugues, archevêque de Tours, du chef de laquelle il fut vicomte de Châteaudun. Il prenait aussi les titres de seigneur de Domfront, de Nogent et de Mortagne. Warin mourut avant son père, vers l'an 1026. Guillaume de Jumiège, qui le représente comme un méchant homme, dit qu'il fut étouffé par le diable, pour avoir tué en trahison un brave chevalier, nommé Gonthier de Bellême, qui avait été de ses amis intimes. Il laissa de son mariage un fils, qui suit. (Bouquet, t. X, p. 191.)

GEOFFROI I.

1026. GEOFFROI, fils de Warin et de Mélisende, ne prenait dans ses actes que le titre de vicomte de Châteaudun ; mais il est certain qu'il possédait au moins une partie du Perche, comme on le voit par la fondation qu'il fit en 1031 ou 1032 (la première année du règne de Henri I) du monastère de Saint-Denis à Nogent, surnommé depuis le Rotrou. Dans la charte de cet établissement, il a la modestie de se dire également illustre par sa haute noblesse et par les grandes richesses dont il jouissait. *Ego.... tam nobilitate superbi sanguinis quàm viribus mundanarum opum famosissimus.* (Bry de la Clergerie, p. 141.) S'il faut en croire Hugues de Cléers, et l'auteur de l'origine des comtes d'Anjou, Geoffroi s'étant concerté avec David, comte du Maine, tous deux refusèrent de reconnaître Robert pour roi de France, protestant qu'ils ne se soumettraient jamais à un prince de la race des Bourguignons. Robert, ajoutent ces écrivains, dompta cette arrogance, en se rendant maître, par force, du château de Mortagne, avec le secours de Geoffroi Grisegonelle, comte d'Anjou. Mais 1°. David ne fut point comte du Maine; 2°. Geoffroi Grisegonelle n'a jamais vu Robert sur le trône, étant mort l'an 987. Ce qui est plus certain, ce sont les démêlés que Geoffroi du Perche eut avec Fulbert, évêque de Chartres, pour les vexations qu'il exerçait sur les terres de son église. L'excommunication lancée contre lui par le prélat, ne l'effraya point. Fulbert écrivit différentes lettres au roi Robert, à la reine Constance, au jeune roi Henri, leur fils, au duc de Normandie et au comte de Chartres, suzerain de Geoffroi, pour les engager à réprimer par la force ces entreprises. Dans ses lettres au roi, il se plaint de ce que Geoffroi a non-seulement rétabli sur les terres de son église le château de Gallardon, que sa majesté l'avait obligé de détruire, mais qu'à l'autre extrémité de son diocèse il a bâti à neuf celui d'Illiers; ce qui tient en échec, dit-il, l'église de Chartres au levant et au couchant. Fulbert avait tellement à cœur cette affaire, qu'il menaçait de faire cesser le service divin dans tout son diocèse, si on ne lui rendait pas justice : mais il paraît que ce prélat et Geoffroi s'étaient réconciliés dès l'an 1028. Geoffroi, néanmoins, eut dans la suite d'autres querelles avec les Chartrains, qui, l'ayant surpris vers l'an 1040, comme il sortait de la cathédrale, le poignardèrent au milieu de ses chevaliers qui l'environnaient en grand nombre, *suorum militum longo ordine circumdatum*, comme porte une charte manuscrite de son successeur. (*Arch. de Cluni.*) De sa femme HELVISE, il eut deux fils, Hugues, mort avant lui, et Rotrou, qui suit.

ROTROU I.

1040 ou environ. ROTROU I, fils de Geoffroi, lui succéda fort jeune, et prit les titres de vicomte de Châteaudun et de comte de Mortagne. Albéric de Trois-Fontaines lui donne celui de comte du Perche. Rotrou voulut venger la mort de son père sur l'évêque et les habitants de Chartres. Le prélat repoussa ces attaques par une excommunication qui produisit dans le corps du coupable, dit Ordéric Vital, une surdité pareille à celle de son âme ; double maladie, ajoute-t-il, qu'il porta jusqu'à la fin de ses jours. Vers 1078, le roi Guillaume l'engagea dans ses intérêts contre Robert, son fils, qui s'était révolté. Rotrou suivit le père au siége du château de Remalard, défendu par les partisans de Robert. On ignore l'année précise de la mort de Rotrou. Ce qu'il y a de certain, c'est qu'il vivait encore en 1079. En voici la preuve. Geoffroi, son père, ayant commencé, avec la permission d'Eudes II, comte de Blois (mort l'an 1037), la fondation du prieuré de Saint-Denis de Nogent, que la mort ne lui permit pas d'achever, il se fit un devoir d'y mettre la dernière main ; et après y avoir mis des religieux tirés de Saint-Père de Chartres, il en fit dédier solennellement l'église par Geoffroi, évêque de Chartres (qui monta sur ce siege l'an 1077, mais ne commença d'en jouir, suivant le *Gallia Christ.* t. VIII, col. 1125, qu'en 1079), par Arnaud, évêque du Mans, et par Gauzelin, abbé de Saint-Calais. C'est ce que nous apprend la charte qu'il fit expédier à ce sujet, laquelle, quoique sans date, ne peut être placée avant l'an 1079, par la raison qu'on vient de voir. (Bry de la Clergerie, *Hist. du Perche*, p. 147.) ADELINE, femme du comte Robert, lui donna quatre fils dénommés dans la charte dont on vient de rendre compte, savoir : Geoffroi, qui suit ; Hugues, tige des vicomtes de Châteaudun ; Rotrou, seigneur de Montfort ; et Foulquois ; avec une fille, nommée Hedvise, dont le sort n'est point connu.

GEOFFROI II.

1079 au plutôt. GEOFFROI II, seigneur de Mortagne, succéda dans le comté du Perche à Rotrou son père. Il avait accompagné Guillaume le Bâtard à la conquête d'Angleterre. Geoffroi devait être fort jeune alors. Ordéric Vital (p. 676) nous le représente comme un seigneur plein de valeur et de générosité, réglé dans ses mœurs, craignant Dieu, respectant l'église, protecteur zélé des pauvres et du clergé, doux et aimable en tems de paix, terrible et heureux à la guerre. « Aussi
» puissant qu'illustre, dit-il, par sa naissance et par celle de
» sa femme, il avait pour vassaux plusieurs barons d'un rang
» distingué, et pour soldats un grand nombre de bourgeois
» qui ne respiraient que la guerre et la faisaient avec ardeur.
» Ayant pris les armes, ajoute-t-il, contre Robert de Bellême,
» il lui enleva le bourg d'Echaufour, brûla plusieurs villages
» aux environs, et s'en revint chez lui, traînant à sa suite un
» grand nombre de prisonniers avec un riche butin. La guerre

» de Geoffroi contre Robert ne se termina point à cette expédition. Il n'oublia rien pour arracher de ses mains le château
» de Domfront et d'autres fonds sur lesquels il avait des prétentions légitimes. Mais ce qui l'animait davantage contre
» lui, ajoute Ordéric, c'était la tyrannie qu'il exerçait sur des
» innocents qui étaient sans défense. Toutefois, il n'y avait
» pas moyen d'attirer en campagne cet ennemi public, dont il
» cherchait à tirer vengeance; car ce méchant homme, qui
» foulait et opprimait tous les autres, les redoutait cependant
» tous. C'est la raison pourquoi il n'osait hasarder de combats
» en règle. Sa ruse était de se tenir caché dans ses forts, et de
» lâcher, de tems en tems, ses gens pour aller faire le pillage,
» craignant que, s'il se mettait à leur tête, ils ne le trahissent
» et le laissassent entre les mains de ses ennemis. Cette manière
» de guerroyer entre ces deux seigneurs puissants dura long-
» tems, et causa, de part et d'autre, des pertes inestimables
» d'hommes et de biens à leurs vassaux. » Le comte Geoffroi
mourut au mois d'octobre 1100 (et non pas 1110, comme il
est marqué dans Bry de la Clergerie, par une faute d'impression), laissant de sa femme BÉATRIX, fille, non pas d'un
comte de Rochefort, comme le marque Ordéric Vital (liv. 13,
pag. 890), mais d'Hilduin, comte de Rouci, comme le prouve
Bry de la Clergerie (pag. 183), Rotrou, qui suit ; Julienne,
mariée à Gilbert, seigneur de l'Aigle, neveu de Gilbert de
l'Aigle, qui fut tué par les soldats de Geoffroï ; Marguerite,
femme de Henri de Beaumont, comte de Warwick; et Mahaut
ou Mathilde, alliée, 1°. à Raymond I, vicomte de Turenne;
2°. à Gui de las Tours.(*de Turribus*), en Limosin. Le comte
Geoffroi II confirma et augmenta, par une charte, les donations faites par ses prédécesseurs au prieuré de Nogent, qu'il
soumit à l'abbaye de Cluni.

ROTROU II.

1100. ROTROU II fut le successeur de Geoffroi II, son père,
dans le Perche, dont le père Anselme prétend qu'il fut le premier comte. Il était déjà célèbre par ses exploits. L'an 1096, il
fit le voyage de la Terre-Sainte avec Robert, duc de Normandie, et commanda un corps de troupes au siége d'Antioche.
L'an 1105 (et non 1089, comme le marque le père Anselme,
ni 1114, comme le dit M. de Marca), il marcha au secours
d'Alfonse le Batailleur, roi d'Aragon, son parent, contre les
Sarrasins. Rotrou revint de cette expédition la même année,
fort mécontent des Espagnols, qui avaient cherché à le faire
périr avec sa suite pour récompense des services qu'il leur avait

fendus. (*Ordéric Vital*, l. 13, page 890.) Si Rotrou était vaillant, il n'en était pas moins attentif à augmenter son domaine et à étendre ses droits. Dans une certaine paroisse du diocèse de Chartres, il y avait deux maisons seigneuriales possédées par deux personnes différentes, dont les fiefs relevaient également de la vicomté de Chartres. Hugues du Puiset, qui possédait alors cette vicomté, avait cédé le relief de l'un de ces deux fiefs à Hugues de Courville. Rotrou, comte du Perche, ayant acheté le fief dont le relief avait été donné à Courville, voulut, après son achat, fortifier la maison féodale. Hugues du Puiset, qui se disposait à partir pour la Terre-Sainte avec Boémond, prince d'Antioche, forma opposition, de concert avec Courville, à cette entreprise. Rotrou prétendit que l'opposition était mal fondée, attendu que le fief, selon lui, relevait du comté du Perche, et non de la vicomté de Chartres. L'affaire ayant été portée devant Ives, évêque de Chartres, le prélat, après avoir ouï les parties, déclara qu'à raison de son obscurité, elle devait se décider par le duel, et en conséquence les renvoya à la cour du comté de Chartres. L'affaire y fut plaidée de nouveau, et Courville y perdit sa cause. Mais, regardant le jugement comme injuste, il en appela à son épée, et se mit à faire le dégât sur les terres du comte du Perche. Ces actes d'hostilité ne restèrent pas impunis. Il fut pris par Rotrou, qui l'enferma dans une étroite prison. Hugues du Puiset était alors en route pour la croisade. Gui, son frère, qui gérait ses domaines en son absence, eut recours à Rome, et en obtint des lettres adressées à l'archevêque de Sens, par lesquelles il lui était enjoint de faire élargir Courville, et de surseoir la fortification commencée, et cela en vertu des priviléges des croisés. Rotrou comparait à la cour du prélat, et soutient que Courville, n'étant point croisé, n'est pas recevable à s'aider de ces lettres. Gui du Puiset répond au nom de Hugues, son frère, qu'il est la principale partie dans cette cause comme y ayant le plus grand intérêt. L'archevêque, embarrassé pour juger, ordonne que par provision Courville sortira de prison en donnant caution, et que la fortification sera interrompue jusqu'au jugement définitif. Le comte du Perche appela de cette sentence à Rome, où il perdit son procès. Voilà ce qu'on recueille des lettres 168, 169 et 170 d'Ives de Chartres. Dans ces entrefaites, le comte du Perche eut la guerre avec Robert de Bellême, son parent, touchant les limites de leurs terres. Rotrou fut vainqueur, mit Robert en fuite, et lui fit beaucoup de prisonniers. L'an 1110, après la mort d'Hélie, comte du Maine, Foulques le Jeune, comte d'Anjou, son gendre, et le roi d'Angleterre, se disputant sa succession, Rotrou se déclara pour le second. Il s'en trouva mal. Foulques, l'ayant pris dans une rencontre, le mit entre les mains de Robert de Bellême, son ennemi, qui l'enferma dans la grosse tour de la citadelle du Mans, où il lui fit souffrir une dure captivité. Craignant d'y mourir, il appela le célèbre Hildebert, évêque du Mans, auquel il fit une confession générale; après quoi, il lui remit son testament pour le porter à la comtesse sa mère. Mais, tandis que le prélat était à Nogent auprès de cette dame, il fut arrêté le lendemain de son arrivée, et mis en prison avec le doyen Hugues et le chantre Fulchard, qui l'avaient accompagné, par Humbert Chevreau, sénéchal du Perche, qui soupçonnait ces deux chanoines d'être cause de l'emprisonnement du comte. Ives, évêque de Chartres, qui se trouvait alors sur les lieux, employa inutilement les prières, les menaces, et l'excommunication même, pour obtenir la liberté de son collègue : Humbert fut inflexible. On envoya au comte pour l'informer de cette perfidie qui le déshonorait. Il en témoigna son mécontentement, et manda à sa mère ainsi qu'à Humbert qu'on élargît le prélat, et qu'on fît satisfaction à l'église. Pour faire voir qu'il agissait sincèrement, il coupa une partie de ses cheveux, qu'il envoya à sa mère, en lui faisant dire que le sénéchal lui avait fait une aussi grande injure que s'il l'avait entièrement tondu. C'est ce que nous apprennent les actes des évêques du Mans (ch. 35) et les lettres 17 et 18 du deuxième livre de celles d'Hildebert. On ne sait pas combien dura la captivité du prélat, non plus que celle du comte; mais il y a tout lieu de croire qu'elle finit au plus tard en 1113, par le traité de paix que firent cette année les rois Louis le Gros et Henri I, l'une de leurs conventions portant que les prisonniers seraient rendus de part et d'autre. La même année, Rotrou reçut en présent du monarque anglais la ville de Bellême qu'il l'avait aidé à reconquérir, mais non pas le château que Henri se réserva. Depuis ce tems, il se qualifia comte du Perche. Vers l'an 1122, il retourna en Espagne pour faire la guerre aux Sarrasins. Dans cette expédition, le comte Rotrou avec les Français, l'évêque de Saragosse avec les chevaliers des Palmes ou du Saint-Sépulcre, et Gaston de Béarn avec les Gascons, fortifièrent le lieu de Pennacadel, où il y avait deux tours imprenables, et tinrent cette place durant six semaines. Enfin, combattant contre Amorgan, roi de Valence, ils s'avancèrent jusqu'à Xativa; mais les infidèles prirent la fuite avant le combat, de sorte que les nôtres se retirèrent après avoir laissé soixante soldats dans le fort de Pennacadel. (*Ordér. Vit.*, l. 13, p. 891.) Le comte, victorieux, va prendre possession de Tudèle, dont le roi Alfonse lui avait accordé la propriété. Rotrou la donna ensuite à Marguerite, sa nièce, fille de Julienne, sa sœur, et de Gilbert de l'Aigle, en la mariant à Garcias Ramire, roi de Navarre.

L'an 1135, après la mort du roi Henri I, dont il fut témoin, Rotrou se déclara pour Etienne de Blois, qui s'empara du trône d'Angleterre. Il fut, l'an 1137, du cortége du roi Louis le Jeune lorsqu'il alla épouser l'héritière d'Aquitaine à Bordeaux. Il abandonna, l'an 1140, le parti d'Etienne, roi d'Angleterre, à l'occasion suivante. Richer de l'Aigle, son neveu, s'étant mis en route pour l'Angleterre avec cinquante chevaliers, le 8 septembre, jour de la Nativité de la Vierge, fut surpris dans une embuscade, près de Lyre, par Robert de Bellême, surnommé Poard, dont il se défiait d'autant moins qu'il le croyait son ami, et fut envoyé prisonnier à Breteuil; après quoi, Robert se mit à piller ses terres avec la dernière inhumanité. Rotrou demanda justice au roi Etienne de cette perfidie; mais, ne pouvant l'obtenir, il résolut de la faire par lui-même. Il leva des troupes; et sur la fin d'octobre, ayant rencontré Robert et Maurice, son frère, à la tête des leurs, il les attaque, les bat, et se rend maître de leurs personnes. Cet événement ne rendit pas néanmoins la liberté à Richer. Ce ne fut qu'au bout de six mois, lorsque le roi d'Angleterre eut été pris à la bataille de Lincoln, que le comte du Perche obtint de Geoffroi, comte d'Anjou, victorieux alors en Normandie, la liberté de Richer. (*Ordér. Vit.*, l. 13.) Rotrou perdit la vie au service de ce prince au mois d'avril 1144, en faisant avec lui le siége de la tour de Rouen. Il avait épousé, 1°. l'an 1102, MATHILDE, fille naturelle du roi d'Angleterre, Henri I, laquelle périt en mer, le 25 novembre 1120, avec les deux fils de ce prince; 2°. HARVISE, ou HAVOISE, fille aînée d'Édouard de Salisberi et petite-fille de Gauthier d'Evreux. De la première, il eut Philippette, femme d'Hélie, frère puîné de Geoffroi Plantagenet: de la seconde, il laissa Rotrou, qui suit; Geoffroi, baron de Neubourg, qui vivait encore en 1169, comme le témoigne Hugues Falcand (*Hist. Sicil.*), et Etienne, que la reine Marguerite du Perche, veuve de Guillaume I, roi de Sicile, appelle dans ce royaume, où elle le fit chancelier, puis archevêque de Palerme, dignité qu'il fut obligé, pendant les troubles qui s'élevèrent dans cette île, d'abandonner pour se sauver en Palestine, où il mourut. Rotrou II fonda, en 1109, l'abbaye de Tiron, et celle de la Trappe en 1140. Quant à sa seconde épouse, devenue veuve, elle épousa Robert, troisième fils de Louis le Gros, roi de France, qui porta le titre de comte du Perche pendant la minorité des enfants de Rotrou, et même jusqu'à la fin de ses jours. (*Voyez* Robert I, *comte de Dreux*.)

ROTROU III.

1144. ROTROU III, fils du comte Rotrou II, lui succéda en bas âge, sous la tutelle d'Harvise, sa mère, et de Robert de France, son beau-père. Il fit, l'an 1158, avec Henri II, roi d'Angleterre, un traité par lequel il lui remettait les châteaux de Moulineau et de Bons-Moulins, que son père avait usurpés du tems du roi Etienne sur le duché de Normandie; en échange de quoi le roi Henri lui céda, sous la condition de l'hommage, le château de Bellême. (*Rob. du Mont et Nic. Trivet.*) Rotrou fonda, l'an 1170, la Chartreuse de Val-Dieu dans la forêt de Reno. S'étant déclaré, l'an 1174, pour le jeune Henri contre le roi son père, il se mit en marche avec lui et le comte de Champagne pour s'emparer de la ville de Séez. Mais la résistance des habitants fit échouer l'entreprise. (*Radulf. de Diceto.*) Le comte du Perche accompagna, l'an 1183, le roi Henri II, qui marchait au secours de Richard, son fils, duc d'Aquitaine, attaqué par ses frères, Henri et Geoffroi. Un historien contemporain dit qu'il fit dans cette expédition moins la fonction de guerrier que celle de négociateur, portant continuellement au jeune Henri des paroles de paix, qui malheureusement ne furent écoutées que lorsque ce prince se vit sur le point d'aller rendre comte à Dieu de ses fréquentes rebellions. (*Gaufr. Vos.*, page 337.)

L'an 1189, Rotrou fut du nombre des ambassadeurs que Philippe Auguste envoya dans le mois de novembre au roi Richard pour lui faire part du vœu qu'il avait fait de se croiser, et l'engager à se rendre à Vézelai dans Pâques clos prochain, afin de prendre la croix ensemble. (*Roger de Hoveden.*) Rotrou assista lui-même au rendez-vous, partit ensuite avec le roi de France pour la Terre-Sainte, et mourut, l'an 1191, au siége d'Acre. De MAHAUT, sa femme, fille de Thibaut II, comte de Champagne, il laissa Geoffroi, qui suit; Rotrou, évêque de Châlons-sur-Marne en 1190; Guillaume, aussi évêque de Châlons après son frère (Gérard entre deux) en 1215; et Etienne, duc de Philadelphie en Orient; avec une fille, Béatrix, femme, suivant Ménage, de Renaud III, seigneur de Château-Gonthier.

GEOFFROI III.

1191. GEOFFROI III, fils et successeur de Rotrou III, était au siége d'Acre avec son père. De retour en France, il embrassa le parti de Philippe Auguste contre le roi Richard, et se réconcilia ensuite avec ce dernier. L'an 1202, il mourut au Carême, étant sur le point de retourner à la croisade. C'était, selon Villehardouin (page 18), *un seigneur puissant et riche, et en grande réputation, et au reste bon chevalier.* C'est d'après le témoignage irrécusable de cet auteur, qui fut un des croisés et cessa d'écrire en 1207, que nous venons de fixer l'époque de sa mort. Ainsi l'on ne peut douter qu'il n'y ait erreur dans la date du 28 avril 1205, apposée à une charte de ce comte en faveur de l'abbaye de Tiron, que l'historien du Perche a transcrite en entier (pp. 208-213). En mourant, il chargea son frère Etienne de conduire ses troupes à la croisade. Etienne lui tint parole. Mais s'étant rendu à Venise, il suivit les croisés au siége de Zara, et, après la prise de cette place, il alla faire avec eux la conquête de Constantinople. La principauté de Philadelphie fut le prix de la valeur qu'il fit paraître dans cette expédition. Le comte Geoffroi, son frère, avait épousé, l'an 1189, suivant Imhoff, MATHILDE, fille de Henri le Lion, duc de Bavière (et non de Thibaut II, comte de Champagne, comme le marque M. Groslei), dont il laissa un fils, qui suit. Mathilde, après la mort de Geoffroi, se remaria avec Enguérand III, sire de Couci, qui prit le titre de comte du Perche pendant la minorité de son beau-fils. Ce fut elle qui commença la fondation de l'abbaye cistercienne des filles des Clérets, pour accomplir un vœu qu'avait fait son premier mari.

THOMAS.

1202. THOMAS, fils du comte Geoffroi III, lui succéda en bas âge, l'an 1202, dans le comté du Perche. L'an 1214, il donne à ses vassaux de la châtellenie de Bellême une déclaration, par laquelle il leur notifie qu'ils lui doivent la taille de leurs fiefs et de leurs hommes pour les quatre cas suivants : savoir, pour sa première campagne, pour sa première rançon s'il est fait prisonnier, pour la chevalerie de son fils aîné, et pour le mariage de sa fille aînée. (Marten., *Ampl. coll.*, t. I, col. 1117.) Dans la suite, étant passé en Angleterre avec le prince Louis, fils du roi Philippe Auguste, il fut tué à la bataille de Lincoln, le 20 mai 1217, sans laisser d'enfants d'HELISENDE DE RETHEL, sa femme. Il acheva la fondation commencée, par sa mère, de l'abbaye des Clérets, maison de filles de l'ordre de Cîteaux, près de Nogent-le-Rotrou.

GUILLAUME.

1217. GUILLAUME, évêque de Châlons-sur-Marne, et oncle

de Thomas, lui succéda dans le comté du Perche, dont il fit hommage, dans le mois de juin 1217, au roi Philippe Auguste. Il fut le dernier mâle de sa maison. Après sa mort, arrivée le 18 janvier 1226 (n. st.), Blanche, comtesse de Champagne, et Jacques, seigneur de Château-Gonthier, qui descendaient l'un et l'autre des comtes du Perche, se disputèrent vivement sa succession. Le roi Louis VIII, qui avait aussi des prétentions sur le Perche, le mit sous sa main par provision, et confia la garde de Bellême à Pierre de Dreux, comte de Bretagne, en allant faire la guerre aux Albigeois. Ce monarque étant mort la même année, Pierre cabala contre la reine Blanche, régente du royaume, et fit fortifier Bellême pour servir de place forte à la ligue. Obligé de se soumettre, la garde de Bellême lui fut conservée par le traité de Vendôme, conclu l'an 1227. Mais bientôt il renoua ses intrigues ; ce que le roi saint Louis ayant appris, il partit, avec sa mère, pendant l'hiver de l'an 1229 (n. st.), et vint assiéger Bellême, qui se rendit par capitulation après une vigoureuse résistance. L'an 1257, au mois de juin, Jacques de Château-Gonthier fit cession au roi saint Louis de ses prétentions sur le Perche, à la réserve de Nogent-le-Rotrou, qu'il retint et qui passa à sa postérité. (*Voyez les comtes d'Alençon, pour la suite des comtes du Perche.*)

CHRONOLOGIE HISTORIQUE

DES

COMTES ET DUCS DE BRETAGNE.

La province de Bretagne, ou la petite Bretagne, *Britannia minor*, dont la plus grande étendue en longueur est d'environ soixante lieues, et la plus grande largeur de quarante-cinq, depuis Nantes jusqu'à Saint-Malo, a pour bornes l'Océan de toute part, excepté à l'Orient, où elle confine avec l'Anjou. Les plus anciens de ses habitants que l'on connaisse furent les Osismiens, qui en occupèrent la partie la plus occidentale ; les Venètes, ou le peuple de Vannes ; les Nannètes, ou les Nantais ; les Rhédons, aujourd'hui les Rennois ; les Diablintes, ou Diaulites, voisins du pays d'Avranches ; et les Curiosolites, répandus sur la côte maritime depuis Guimgamp, ou Guincamp, jusqu'à Dol. Tous ces peuples formaient une république connue sous le nom d'Armorique, ou de Cités armoriques. Leur valeur les défendit long-tems contre leurs voisins ; mais, après la plus vigoureuse résistance, ils furent contraints de plier sous les armes de Jules-César et de se soumettre à la domination de Rome. Un nouveau peuple vint se mêler parmi eux vers l'an 284 ; ce furent des habitants de la Grande-Bretagne, qui, forcés, par l'invasion des Saxons, de s'expatrier, abordèrent dans l'Armorique sous la protection du césar Constance. Le nombre de ces nouveaux hôtes augmenta lorsque Constantin leur associa une autre colonie de Bretons insulaires. Leur condition devint celle des Lètes, ce qui fit donner à leur territoire le nom de Létavie. A ces Bretons fugitifs et transplantés dans les Gaules vinrent se joindre de pareils transfuges toutes les fois que l'île fut attaquée par les Barbares. Le tyran Maxime, étant dans la Grande-Bretagne vers l'an 384, transporta dans l'Armorique la troisième partie de la jeunesse bretonne, non pour la punir, mais au contraire pour la récompenser des travaux militaires qu'elle avait essuyés sous sa conduite. Les Bretons armoricains, renforcés par ces nouveaux venus, se rendirent bientôt maîtres du pays. La ville de Vannes fut la seule qui leur résista. Ce fut vraisemblablement alors, ou peu de tems après, que l'Armorique prit le nom de Bretagne. Il faut néanmoins avouer que l'Armorique s'étendait autrefois beaucoup plus loin que la province de Bretagne. Nous voyons, par la notice des Gaules, qu'elle comprenait la seconde et la troisième Lyonnaise, la seconde et la troisième Aquitaine, avec la province de Sens ; ce qui forme une grande partie de la Gaule celtique.

Les Bretons établis dans l'Armorique y fondèrent un état presque monarchique sur les ruines du gouvernement républicain qu'ils y avaient trouvé. Mais les Francs, lorsqu'ils eurent conquis ce pays avec les armes des Frisons, le réduisirent en comté. La Bretagne fut depuis érigée en duché, et enfin réunie à la couronne de France, l'an 1532, après avoir été dans sa mouvance l'espace d'environ onze cents ans.

Saint Clair, évêque de Nantes au troisième ou quatrième siècle, que plusieurs identifient avec saint Clair d'Aquitaine, est regardé par plusieurs critiques comme l'apôtre de l'Armorique.

CONIS ou CONAN, surnommé MÉRIADEC.

383 ou 384. CONIS, ou CONAN, prince d'Albanie, comme on nommait alors une partie de l'Ecosse, fut mis par Maxime à la tête de la colonie qu'il fit passer dans l'Armorique. Ce choix fut le prix des grands services que Conis avait rendus à ce tyran, en s'exposant à tous les dangers que courent ceux qui se révoltent contre leurs souverains légitimes. Maxime l'établit duc des frontières armoricaines sous la dépendance de l'empire. Mais la valeur et l'habileté de Conis ne purent empêcher les Barbares, dont les Gaules étaient inondées, de pénétrer dans son gouvernement et d'y commettre les plus affreux ravages. En vain il implora le secours des Romains. Les Bretons et les Armoricains, se voyant abandonnés de ceux qui devaient les défendre, chassent les magistrats, l'an 409, et défèrent à Conis la royauté. Il maintint ces rebelles dans un état si respectable, que dix ans après, les Romains se virent obligés de traiter avec eux et de les reconnaître pour leurs alliés. Ce prince termina ses jours avec gloire vers l'an 421. Il avait épousé, l'an 388, en secondes noces, DAREREA, fille de Calphurnius, son cousin et son successeur dans la principauté d'Al-

banie, que son père lui avait amenée en Armorique. Elle était sœur de saint Patrice, qu'elle suivit en Irlande après la mort de son époux. De ses deux mariages, Conan avait eut un grand nombre d'enfants, dont les principaux sont Guil ou Huclin, Riuclin et Urbien. Les deux premiers furent successivement comtes de Cornouaille. Le troisième laissa un fils, qui viendra ci-après. (Morice, *Hist. de Bret.* t. 1, p. 6, 8, 9, 888.)

Conan, que l'on peut regarder comme le plus ancien roi chrétien de l'Europe, était zélé pour la religion qu'il professait, comme on le voit par la fondation qu'il fit en 399 des évêchés de Dol, de Vannes et de Quimper, de concert avec Grallon, comte de Cornouaille.

SALOMON I.

421 ou environ. SALOMON I, appelé autrement GUITOL, GICQUEL, et VICTRIG, petit-fils, par Urbien, son père, de Conan, devint le successeur de son aïeul au trône de Bretagne. Son règne fut d'environ treize ans. Son zèle pour la reformation des mœurs lui coûta la couronne et la vie, qu'il perdit, en 434, dans une émeute de ses sujets. S'il y eut un Salomon, roi de Bretagne, qu'on doive placer au nombre des saints, c'est assurément lui plutôt que Salomon III, qui fut un meurtrier et un usurpateur. Le lieu où Salomon I fut tué porte encore le nom de *Merzer Salaun*, c'est-à-dire martyre de Salomon. Il est dans la paroisse de Ploudiri au diocèse de Léon. De quatre enfants qu'il laissa de N. son épouse, fille du patrice Flavius, Audren monta sur le trône armonique en 446; Constantin fut roi de la Grande-Bretagne vers l'an 447 (il fut père d'Aurèle-Ambroise, et celui-ci d'Artur, roi de la Grande-Bretagne); et Kebius passa une grande partie de ses jours sous la discipline de saint Hilaire, et fut lui-même honoré comme saint. Renguilide, fille de Salomon, fut mariée à Bican, chevalier de la Grande-Bretagne, et père du célèbre Hiltute, maître d'un grand nombre de saints personnages. (Morice, *Hist. de Bret.* tom. I, pag. 10, 64, 624.)

GRALLON.

434. GRALLON, le même que GOLLIT ou GALLON, créé comte de Cornouaille par Salomon, vers l'an 422, lui succéda au trône de Bretagne à l'âge de soixante-neuf ans environ. Ce prince était originaire de l'île de Bretagne (Grande-Bretagne), et avait suivi le tyran Maxime dans les Gaules. Litorius, général de la milice romaine sous les ordres d'Aétius, déclara la guerre, en 436, aux Bretons armoricains pour venger la mort

de leur roi Salomon, allié des Romains. Grallon, qu'on suppose avoir eu part à la mort de son prédécesseur, s'il n'en fut pas le principal auteur, prit leur défense. Litorius remporta sur eux, l'an 439, une victoire qui ne les assujettit pas. Après la retraite de ce général, ils pensent à de nouvelles conquêtes ; et, l'an 445, Grallon les ayant menés devant Tours, se rend maître de cette ville. Mais Aétius la reprend la même année, et charge Eocharic, roi des Alains, de continuer la guerre. Grallon meurt dans ces entrefaites. Il avait épousé AGRIS ou TIGRIDE, sœur de Darerea ; ce qui le rendit beau-frère, et non frère, comme l'a dit le P. Toussaint de Saint-Luc, de Conan ou Conis. On ajoute qu'il en eut une nombreuse postérité. Il est du moins certain qu'il fut père de Rivelen ou Ruclen, qui mourut avant lui. Ce dernier, de Ruantis, sa femme, laissa Hepunon, qui ne succéda point aux états usurpés par son aïeul. (*D. Morice*, *Hist. de Bret.*, pp. 10, 11, 627, 628, 630, 631, 632.

AUDREN.

445 ou 446. AUDREN, fils de Salomon, fut le successeur de Grallon. Ce que l'on raconte de plus remarquable de son règne, c'est qu'il envoya Constantin, son frère, avec deux mille hommes au secours des Bretons insulaires, tyrannisés par les Alains. A son arrivée, Constantin fut élu roi des Bretons. Mais le général Aétius, plus ennemi des Bretons armoricains que des Alains, donna ordre à Eocharic, roi de ceux-ci, de faire la guerre aux premiers. Ils étaient près de succomber lorsque saint Germain, évêque d'Auxerre, négocia leur paix avec Eocharic, et leur obtint le loisir de respirer. Audren mourut l'an 464, et laissa quatre fils : Erech, qui suit ; Budic et Maxent, comtes de Cornouaille l'un après l'autre ; et Juthaël, comte de Rennes.

ERECH.

464. ERECH ou RIOTHIME, successeur d'Audren, son père, portait, dès l'an 458, le titre de duc de la petite Bretagne. C'est ainsi qu'il est qualifié dans une donation de Sainte-Ninnoch (Morice, *pr.* tom. I, col. 181); et c'est la première fois qu'on trouve ce titre donné à un chef de l'Armorique bretonne.

Euric, roi des Visigoths, excité par Arvand, préfet du Prétoire, déclara la guerre, en 470, à l'empereur Anthème. Erech, apprenant par une lettre d'Anthème que le dessein d'Euric était de commencer son invasion dans les Gaules d'outre-Loire par s'emparer de la Bretagne armorique, marche à la tête de douze mille hommes au secours de l'empereur. Il rencontre à Bourg-Deols, en Berri, l'armée des Visigoths, qui le défait dans une bataille et l'oblige d'aller chercher une retraite chez les Bourguignons. (*Sidon. Apollin.* liv. 7, ép. 1.) De là il retourne dans ses états, abandonnant les Romains à leur faiblesse. Il meurt l'an 478, avec la réputation d'un prince doux et équitable envers ses sujets. » Nous estimons, dit dom » Morice, que le pays de Bro-Erech et le château d'Erech doi- » vent leurs noms à Erech, roi des Bretons armoricains, plutôt » qu'à Guerech, comte de Vannes, qui ne vivait que cent ans » après. »

EUSEBE.

478. EUSÈBE, dont on ignore l'origine, mais vraisemblablement proche parent d'Erech, lui succéda. Ce fut un prince sévère jusqu'à la cruauté. Il était mort en 490.

BUDIC.

490 au plus tard. BUDIC ou DEBROCK, frère puîné d'Erech, fut appelé de la Grande-Bretagne, où il était passé, pour lui succéder. Son premier exploit fut la conquête du territoire occupé par les Alains, et nommé par cette raison *Alania*. Il délivra ensuite la ville de Nantes assiégée par une troupe de barbares, sous la conduite de Marchillon ou Chillon. Les Francs, toujours animés du désir d'étendre leur domination dans les Gaules, firent plusieurs tentatives du tems de Budic pour se rendre maîtres de la Bretagne. A la fin, las de la résistance opiniâtre qu'ils éprouvaient, ils traitèrent, l'an 497, avec les Bretons, et les admirent au nombre de leurs alliés. Dans le même tems, les garnisons romaines, distribuées dans les places voisines de la Loire, se donnèrent aux Francs et aux Bretons, sans renoncer à leurs mœurs et à leurs usages. Clovis, roi des Français, s'étant défait, par le massacre, de plusieurs princes des Gaules qui lui faisaient ombrage, on croit que Budic, l'an 509, fut une des victimes immolées à l'ambition de ce monarque. Après sa mort, les Frisons, conduits par Corsolde, se jetèrent sur la Bretagne armorique, dont ils obligèrent les seigneurs à se retirer. Clovis, profitant de cette invasion concertée avec eux, établit des lieutenants dans le pays, y fit battre monnaie, et s'en fit reconnaître pour souverain. On voit, en effet, que son autorité dès-lors ne souffrit plus de contradiction dans toute l'Armorique bretonne. Au concile d'Orléans, tenu l'an 511, les évêques de Rennes, de Nantes et de Vannes, s'y étant trouvés, déclarèrent qu'ils étaient sujets de Clovis, et l'appelèrent, avec les autres prélats, leur seigneur et leur maître. Saint Melaine, le premier des trois, depuis ce concile, et

même auparavant, parut avec distinction à la cour de ce prince. (Morice, *Hist. de Br.*, tom. I, pag. 70p.) Ce fut donc alors que la Bretagne devint une province de France. Elle tomba la même année, après la mort de Clovis, dans le partage de Childebert, son fils aîné, roi de Paris. La royauté fut alors éteinte dans la Bretagne, et ce pays n'eut plus désormais que des comtes sous la mouvance des rois de France. C'est Grégoire de Tours qui l'assure formellement par ces paroles : *Nam semper Britanni sub Francorum potestate, post obitum regis Chlodovecchi, fuerunt, et comites non reges appellati sunt.* (*Hist.* liv. 4, ch. 4.) Quelques-uns néanmoins de ces princes bretons se donnèrent encore le titre de roi ; mais ils ne furent point reconnus pour tels en France. Childebert, la première ou la seconde année de son règne, érigea un nouvel évêché en Bretagne dans la ville d'Occismor ou de Léon, dont le premier évêque fut Paul, surnommé Aurélien, qui était venu de la Grande-Bretagne. D'ANAUMÈDE, sa femme, Budic laissa plusieurs enfants, entr'autres Hoël, qui suit ; Ismaël, qui succéda à saint David, évêque ; Menevie, mort vers l'an 544 ; Tyfei, qui prit aussi le parti de l'église, et repose à Pennalun avec le titre de matyr ; et saint Oudocée, qui fut sacré évêque vers l'an 544, par saint Theliave, son oncle.

HOEL I.

513. HOEL, ou RIOVAL, retiré depuis quatre ans à la cour d'Artur, roi de la Grande-Bretagne, arrive avec des troupes que ce prince lui avait fournies, pour revendiquer les états de Budic, son père. Les Bretons armoricains se déclarent pour lui, et l'appellent Rioval, ou Reith, c'est-à-dire le roi Hoël. Il fait avec eux la guerre aux Frisons qui étaient restés maîtres du pays, et vient à bout de les chasser. Le roi Clotaire, apprenant ses succès, témoigne le désir de le voir. Hoël vient le trouver à Paris. Ils se lient ensemble d'amitié ; mais Hoël n'est traité qu'en qualité de comte à la cour de France. Il fonde à son retour, vers l'an 541, dans la ville d'Aleth, un évêché dont il établit premier évêque saint Malo, qui donna depuis son nom à ce lieu. Il fut libéral envers d'autres églises, et fit part de ses conquêtes à ses parents et à ses amis. Comblé de gloire et de bonnes œuvres, il meurt vers l'an 545, laissant d'ALMA POMPA, sa femme, un fils de même nom que lui, et d'autres enfants, dont les principaux sont Léonor, vulgairement dit saint Lunaire ; Tudgual, ou Pabutal, que l'église de Tréguier révère comme son premier évêque ; Canao, dit aussi Cunibert ; Waroc, comte de Vannes ; Macliau, successeur de Waroc ; Budic et Soëne.

HOEL II.

545 ou environ. HOEL II, fils aîné de Hoël I, qu'il avait aidé dans ses conquêtes, lui succéda au comté de Bretagne. Mais la valeur fut la seule vertu qu'il hérita de lui : il fut inhumain et presque sans religion. Il persécuta saint Malo, et l'obligea, l'an 546, d'abandonner son église. Il fut puni de cette impiété l'année suivante par Canao, son frère, qui le tua dans une partie de chasse. RIMO, son épouse, fille de Malgo, roi dans la Grande-Bretagne, le fit père de Judual, qui viendra ci-après.

CANAO.

547. CANAO, dit aussi CONOBRE, frère et meurtrier d'Hoël II, se mit à sa place; et pour n'avoir point de rival, il attenta à la vie de ses autres frères. Waroc et Budic furent les victimes de son caractère ambitieux et dénaturé. Macliau, le quatrième de ses frères, n'évita la mort qu'il lui préparait qu'en se sauvant chez un prince voisin, nommé Conamer. Canao l'ayant envoyé redemander avec menaces, Conamer l'enferma dans un tombeau de pierre, et dit aux envoyés, en leur montrant ce monument : *Macliau n'est plus, voilà le lieu de sa sépulture : dites à Canao qu'il n'a plus rien à craindre.* Ils s'en retournèrent après avoir bu et mangé sur le tombeau. Pour se mettre à l'abri des poursuites de ce barbare frère, Macliau feint de renoncer au monde, et se fait couper les cheveux. Canao, délivré de tout ce qui lui faisait ombrage, épousa la veuve de Hoël, son frère. Mais ayant donné retraite, l'an 558, au prince Chramne, révolté contre Clotaire I, roi de France, son père, il se vit attaqué, l'an 560, par les Français; et périt la même année dans une bataille qu'ils lui livrèrent près de Saint-Malo. Chramne n'eut pas un meilleur sort : s'étant réfugié dans une cabane, il y fut brûlé avec sa femme et ses deux filles. Clotaire, après la victoire remportée sur Canao, s'empara des comtés de Rennes, de Vannes et de Nantes, et abandonna le reste du pays aux Bretons, qui restèrent dans une espèce d'anarchie l'espace de huit ans.

MACLIAU.

568. MACLIAU, cinquième fils de Hoël I, n'avait pas renoncé à toute vue d'ambition dans sa retraite. Etant parvenu à l'évêché de Vannes, il se dégoûta de son état, reprit sa femme, s'empara du comté de Vannes, et enleva celui de Cornouaille à Théodoric, son neveu, qu'il obligea de prendre la fuite. Il jouit tranquillement de son usurpation l'espace d'environ neuf ans. Mais, l'an 577, Théodoric, soutenu de quelques amis,

le mit à mort avec son fils Jacob; et recouvra le comté de Cornouaille.

JUDUAL ou ALAIN I, WAROC ou GUERECH, et THÉODORIC.

577. JUDUAL, fils de Hoël II, né l'an 535, avait été contraint de se réfugier à la cour de Childebert, roi de France, après la mort de son père. Il rentra en Bretagne avant celle de Canao, son oncle, et remporta sur lui deux victoires qui le remirent en possession d'une partie du comté de Cornouaille, dont l'autre partie lui revint après la mort de Macliau. Alors ce pays fut soumis à trois comtes, savoir, JUDUAL, WAROC, ou GUERECH, fils de Macliau, et THÉODORIC, fils de Budic. Waroc fut le plus puissant des trois. N'ayant pu obtenir du roi Chilpéric le gouvernement de Vannes, il s'empara de cette ville, et refusa de payer au monarque les tributs qu'il avait coutume d'en tirer. Il y eut guerre entre eux à cette occasion. Waroc embrassa néanmoins, après la mort de Chilpéric, le parti de Frédegonde et de son fils Clotaire. Il se joignit, l'an 587, à Judual pour attaquer le comté de Nantes, qu'ils dévastèrent durant plusieurs années. Le roi Gontran envoya contre eux, l'an 590, les ducs Beppolen et Ebracaire, dont le premier perdit la vie dans un combat, et l'autre fut battu. Une nouvelle armée, envoyée, l'an 594, en Bretagne par Childebert, neveu de Gontran, fut encore défaite, entre Rennes et Vitré, par Waroc et Canao, son fils. C'est la dernière action connue de ces deux princes. Leur postérité depuis cette époque disparaît dans l'histoire, ainsi que celle de Théodoric, comte de Cornouaille. Il n'en est pas de même de Judual. Il avait épousé une princesse nommée AZENOR, dont il laissa Hoël, qui suit; Grallon, comte de Cornouaille; Hailon, différent de celui dont il est parlé dans les actes de Saint-Malo; Deroch, ou Budoc, évêque de Dol; Théodual, comte de Nantes; et Archuel.

HOEL III, ou JUTHAEL.

594 ou environ. HOEL, successeur de Judual, son père, fut d'abord comte de Cornouaille. Maître ensuite de Rennes et de la plus grande partie de la Bretagne, il régna en souverain sans concurrents parmi les princes bretons; il osa même prendre le titre de roi, sans opposition de la part des princes français, à qui leurs propres divisions firent oublier les affaires de la Bretagne. Hoël mourut l'an 612, à l'âge de cinquante-deux ans. (*Breve Chron. armoric.*) PRATELLE, son épouse, fille d'un

seigneur nommé Osoche, le fit père de Salomon et de Judicaël, qui suivent; de Josse et de Winnoc, honorés comme saints, et d'autres enfants.

SALOMON II, ou GOZLUN.

612. SALOMON II, fils de Hoël III, fut son successeur immédiat au préjudice de Judicaël, son aîné, qu'il supplanta. Celui-ci se retira dans le monastère de Gaël dont était abbé saint Méen. Salomon conserva le titre de roi que son père avait usurpé. Il mourut après l'an 630 et avant 635, et fut inhumé à l'abbaye de Saint-Melain de Rennes, dont il était comme le nouveau fondateur par le soin qu'il eut de la réparer. (*Mem. crit. de Gallet.*)

JUDICAEL.

632 ou environ. JUDICAEL, après la mort de Salomon, son frère, décédé sans enfants, quitta son cloître et prit les rênes du gouvernement de la Bretagne avec le titre de roi. Ce fut vers l'an 636, selon D. Bouquet, que le roi Dagobert lui envoya saint Eloi, depuis évêque de Noyon, pour demander raison des ravages que les Bretons avaient faits sur les terres de France. Judicaël vint avec le député trouver le monarque à Creil-sur-Oise, et le satisfit pleinement sur l'objet de ses plaintes. De retour en Bretagne, il céda au remords que saint Eloi et saint Ouen, alors grand référendaire de la cour, lui avaient inspirés d'avoir abandonné son monastère : il y retourna l'an 638, et y mourut après vingt ans de pénitence, le 17 décembre 658, en odeur de sainteté. De MORONE, sa femme, il laissa plusieurs enfants, dont deux, Winnoc et Arnoc, embrassèrent la vie monastique; Alain, leur aîné, lui succéda, suivant l'auteur de la dissertation sur l'origine des Bretons ; et ce qu'il y a de certain, c'est que dès-lors la Bretagne ne fut plus sous la domination d'un seul prince.

ALAIN II, DIT LE LONG.

638. ALAIN II, fils de Judicaël, lui succéda, de son vivant, en bas âge, sous la tutelle de Rivalon, son oncle, qui eut la conduite des affaires jusqu'en 645, et même jusqu'à la mort de Judicaël. Celle d'Alain arriva l'an 690, après un règne de cinquante-deux ans. Il laissa des enfants; mais on ne les voit à la tête des Bretons qu'en concurrence avec les descendants d'Urbien, fils du roi Budic. Depuis le règne d'Alain II, ce n'est qu'obscurité et confusion dans l'histoire de Bretagne jusqu'à Noménoé, sous le règne de Louis le Débonnaire.

GRALLON II, COMTE DE CORNOUAILLE.

690. GRALLON II, fils d'Alain, fut dépouillé d'une partie de ses états par les Français, et réduit au comté de Cornouaille qu'il fut même obligé de partager avec les enfants d'Urbien, son oncle. Ce partage fut une source de divisions entre les princes bretons, et donna lieu aux Français d'envahir leurs petits états.

DANIEL, BUDIC, MELIAU, RIVOD, JARNITHIN, MORVAN, VIOMARCH, SUCCESSIVEMENT COMTES DE CORNOUAILLE.

DANIEL, successeur de Grallon, son oncle, fut remplacé par BUDIC, son fils, à qui l'on donne le titre de Grand, que ses actions, restées dans l'oubli, lui avaient probablement mérité. Vient ensuite MELIAU, qualifié roi de Bretagne dans les actes de saint Meliar, son fils. Il eut pour concurrent ARGAUT, surnommé ARASTAGNE. Andulphe, lieutenant de Charlemagne, soumit l'un et l'autre à l'empire des Français, l'an 786.

RIVOD tua Meliau, son frère, et s'empara de ses états l'an 792. Après en avoir joui l'espace de sept ans, il fut défait, l'an 799, par le comte Gui. Toute la Bretagne fut alors soumise à Charlemagne.

JARNITHIN commença de régner en Bretagne l'an 814, et vraisemblablement après la mort de Charlemagne. Il eut pour successeur, en 818, MORVAN, qui fut tué la même année par les écuyers de Louis le Débonnaire.

VIOMARCH souleva les Bretons en 822, contre Louis le Débonnaire, et fut soumis avec eux en 824. Il fut tué l'année suivante par Lambert, comte de Nantes.

NOMÉNOÉ.

824 ou 825. NOMÉNOÉ fut établi gouverneur ou duc de Bretagne par Louis le Débonnaire, auquel il demeura fidèle. Mais, l'an 840, après la mort de ce monarque, se croyant dégagé des serments qu'il lui avait faits, il prit le titre de roi de Bretagne, et se maintint dans son indépendance, contre les efforts de Charles le Chauve, jusqu'à sa mort, arrivée l'an 851. Renaud, que ce prince envoya, l'an 842, pour le réduire, fut battu et mis en fuite. Il défit, en 845, Charles lui-même, près de la ville du Mans. Mais, l'an 843, ayant voulu chasser les Normands, qui avaient fait une invasion en Bretagne, il essuya trois déroutes consécutives. Il se releva néanmoins de ses pertes après leur retraite. Dans la vue de se rendre indépendant, il forma le dessein de déposer tous les évêques bretons que l'archevêque de Tours avait ordonnés, parce qu'étant attachés au roi de France,

ils pouvaient s'opposer à ses prétentions. Il convoqua pour cet effet, l'an 848, à Coetlon, près de Vannes, une assemblée des évêques et des seigneurs, dans laquelle, sous prétexte de zèle, il destitua les évêques comme simoniaques, en fit ordonner d'autres à leur place, et érigea une métropole à Dol, où il se fit couronner roi de Bretagne. Actard, évêque de Nantes, s'étant élevé contre ces changements, Noménoé le fit destituer, et rappela à Nantes le comte Lambert, qui, s'étant retiré dans le bas Anjou, y avait bâti le château de Craon. Il y eut depuis ce tems des contestations, entre les archevêques de Tours et les évêques de Dol pour la juridiction, jusqu'à la fin du douzième siècle. Les premiers l'emportèrent enfin l'an 1199, comme on le verra ci-après, par jugement du saint-siége. Ce fut en vain que vingt-deux évêques, assemblés à Tours, l'an 849, écrivirent à Noménoé pour le faire rentrer en lui-même. Loin d'écouter leurs remontrances, il entre sur les terres de France, prend Angers et s'avance dans le Maine. Mais, pendant cette expédition, Charles le Chauve en fait une autre en Bretagne, où il se rend maître de Rennes et de Nantes. A cette nouvelle, Noménoé revient sur ses pas. Mais son retour est prévenu par le timide Charles, qui n'avait pas osé l'attendre. S'étant ligué, l'année suivante, avec Lambert, comte de Nantes, il se rend maître du Mans. (Voy. *les comtes du Maine*.) Il reprend les armes avec le même allié, l'an 851, et s'avance jusqu'à Vendôme, où la mort le surprend. D'ARGANTAEL, son épouse, il laissa un fils, qui suit.

ERISPOÉ.

851. ERISPOÉ, fils et successeur de Noménoé, signala le commencement de son règne par une grande victoire, qu'il remporta sur Charles le Chauve. Etant venu trouver ensuite ce monarque à Angers, il fait la paix avec lui, de manière qu'il obtient tout ce qu'il pouvait desirer, l'investiture du comté de Nantes, la confirmation de la propriété des conquêtes faites par son père, et la permission de porter en public les marques de la royauté.

Les ravages des Normands, conduits par Godefroi, s'étendirent, en 853, jusqu'à Nantes. Ils entrèrent, l'année suivante, dans la Vilaine, et dévastèrent le diocèse de Vannes. N'ayant plus rien à piller, ils quittent la Bretagne en 855, et sont battus par Erispoé dans leur retraite. Ce prince n'ayant qu'une fille, Charles le Chauve, projette de la marier avec Louis, son fils, et fait dans cette vue Erispoé duc du Maine. Le dessein du monarque alarme Salomon, cousin d'Erispoé, auquel il comptait succéder. Transporté de fureur, il assassine Erispoé, l'an 857, dans une église, et sur l'autel même où il s'était réfugié.

SALOMON III.

857. SALOMON III, fils de Rivallon, frère aîné de Noménoé, s'empare de la Bretagne après avoir souillé ses mains du sang d'Erispoé. Telle était la faiblesse de Charles le Chauve, qu'il ne put ou n'osa venger la mort d'un prince, dont il avait destiné la fille pour épouse à Louis son fils. Ce fils, révolté contre son père, vint lui-même, en 862, chercher une retraite chez l'assassin de celui dont il devait être le gendre, et se joignit à lui pour ravager l'Anjou et les provinces voisines. Mais, deux fois battu par Robert le Fort, duc de France, il rentra dans le devoir l'année suivante, selon les Annales de Saint-Bertin, et fut imité par Salomon, qui prêta serment de fidélité au roi de France. Il envoya, l'an 864, des députés à la cour plénière, que Charles tint à Pistes, avec cinquante livres d'argent pour le cens, ou tribut que la Bretagne payait à la couronne de France. Les évêques de Dol, quoiqu'ils se prétendissent métropolitains de la Bretagne, n'avaient point encore osé demander à Rome le *pallium*. Salomon le demanda lui-même, en 865, au pape Nicolas I, pour Festinien, qui occupait alors ce siége. Sa lettre au pontife avait plusieurs défauts de forme : elle n'était ni signée, ni scellée, et de plus, dans l'inscription, il avait mis son nom avant celui du pape. Nicolas trouva tout cela fort mauvais, et récrivit à Salomon, qu'il avait différé de le corriger pour une action aussi présomptueuse, *pro tam præsumptiva factione*, celle d'avoir mis son nom le premier dans sa lettre, parce que cela venait peut-être de la négligence du secrétaire. Telle était la délicatesse de ce pape sur le cérémonial. A l'égard de l'objet de la lettre du prince breton, Nicolas refusa ce qu'on lui demandait, de peur de préjudicier aux droits de l'archevêque de Tours.

Les Normands s'étant rendus, cette année, maîtres d'Angers, infestaient de-là, par leurs courses, la Bretagne et les autres pays voisins. Charles le Chauve excite Salomon à se joindre à lui pour les repousser ; et, afin de l'y déterminer, il lui donne, l'an 868, le comté de Coutnscea, avec une partie du diocèse d'Avranches. Le prince Carloman lui amène un corps de cavalerie, qui fait plus de mal à la Bretagne qu'à l'ennemi. Les Normands, après avoir fait un traité avec Salomon, s'en retournent à Angers, qui était devenu comme leur place d'armes, et le dépôt de leurs brigandages. Salomon s'étant ligué de nouveau, l'an 872, avec Charles le Chauve, va faire le siége d'Angers, et acquiert dans cette expédition beaucoup plus de gloire que son allié. Il ne tint qu'à Charles que les Normands fussent contraints d'évacuer entièrement l'Anjou; mais il aima mieux composer avec eux. Avant de quitter le prince breton, il reconnut le prix de ses services en lui permettant de porter les ornements royaux, et de faire battre de la monnaie d'or à son coin. Salomon, peu sensible à cette faveur, était dès-lors dans le dessein d'abdiquer en faveur de Wigon, son fils. Deux seigneurs, Pasquiten, son gendre, et Gurvand, gendre d'Érispoé, s'étant saisis du père et du fils, ils ôtent la vie à celui-ci, et crèvent les yeux au père, qui, deux jours après, meurt de ce supplice. La femme de Salomon se nommait GRYMBERTE, suivant la lettre du pape Nicolas à ce prince.

Salomon avait eu dessein, l'an 870, de faire le voyage de Rome. Mais en ayant été détourné par ses sujets, il envoya au pape Adrien une statue d'or de sa grandeur, avec une lettre imprimée dans le premier volume des Mémoires de D. Morice, col. 252.

PASQUITEN ET GURVAND.

874. PASQUITEN et GURVAND partagèrent entre eux la Bretagne après la mort de Salomon. Le premier prend le titre de comte de Vannes, et le second celui de comte de Rennes. Bientôt après, la division se met entre eux, et Gurvand défait Pasquiten. Celui-ci apprenant, l'an 877, que son collègue est dangereusement malade, fait une invasion dans ses états. Gurvand s'étant fait porter dans une litière à la tête de ses troupes, le bat une seconde fois : mais il meurt au sein de la victoire, épuisé par les mouvements qu'il s'était donnés pour l'obtenir. Des assassins mirent à mort Pasquiten la même année...

ALAIN III, DIT LE GRAND, ET JUDICAEL II.

877. ALAIN III, frère de Pasquiten, lui succède au comté de Vannes, et JUDICAEL, fils de Gurvand, succède à son père au comté de Rennes. Alain et Judicaël eurent entre eux les mêmes différents que ceux qui les avaient précédés. Pendant ces divisions, les Normands ravagent la Bretagne depuis la Loire jusqu'à la rivière de Blavet. Judicaël et Alain, s'étant réconciliés, marchent contre ces barbares, et les défont, l'an 888, dans un combat, où le premier perd la vie en poursuivant les fuyards. Alain, peu de tems après, et dans la même année, ayant attaqué de nouveau les Normands à Quintanberg, les taille en pièces, et oblige ceux qui avaient échappé du combat à sortir du pays. Après cette victoire, qui lui mérita le surnom de

Grand, toute la Bretagne se réunit sous son gouvernement, et le qualifia tantôt duc, tantôt roi. Alain fit preuve de générosité envers les enfants de Judicaël, en leur laissant le comté de Rennes. Il mourut, l'an 907, après un règne d'environ trente ans. Il laissa plusieurs enfants qui n'héritèrent point de ses états.

GURMHAILLON.

907. GURMHAILLON, ou WRMEALON, comte de Cornouaille, devint le successeur d'Alain. On ignore le tems de sa mort. Il paraît que ce fut sous son règne que les Normands, étant rentrés dans la Loire, prirent, l'an 908, la ville de Nantes, et renversèrent le mur que les évêques y avaient élevé autour de leur église. Ils firent bien d'autres ravages, l'an 912, en Bretagne, d'où ils enlevèrent une partie des habitants, tandis que l'autre prenait la fuite et se retirait, les uns en France, les autres en Angleterre.

JUHEL-BÉRENGER, COMTE DE RENNES.

Vers l'an 930, JUHEL-BÉRENGER, fils du comte Judicaël, ayant joint ses troupes à celles d'Alain Barbe-torte, comte de Vannes, défait les Normands conduits par Félecan, qui depuis quelques années vexaient les Bretons. Ceux-ci entrent dans le Bessin, et de-là vont attaquer les Normands de la Seine. Le duc Guillaume I marche contre eux, les dompte et les force d'implorer sa clémence; il pardonne au comte de Rennes, et oblige le comte de Vannes à s'expatrier. Incon, autre chef des Normands, parcourt la Bretagne pour venger la mort de Félecan, et se rend maître de la plus grande partie du pays. Juhel-Bérenger vécut jusques vers la fin du règne d'Alain, qui suit.

ALAIN IV, DIT BARBE-TORTE, COMTE DE VANNES, PUIS DE NANTES.

Vers l'an 937, ALAIN IV, surnommé BARBE-TORTE, fils du comte Mathuédoi, et d'une fille d'Alain le Grand, étant revenu d'Angleterre où il s'était réfugié, fit la guerre avec succès contre les Normands, les chassa de Nantes et de toute la Bretagne, et prit le titre de comte de Nantes. L'an 943, Alain règle avec Guillaume I, comte de Poitiers, les limites de leurs seigneuries. Mauge, Tifauge et Herbauge, par ce réglement, sont compris dans le comté de Nantes. La même année, au mois de décembre, Alain et Juhel-Bérenger accompagnent Guillaume Longue-Epée, duc de Normandie, à l'entrevue qu'il eut avec

Arnoul, comte de Flandre, et à l'issue de laquelle il fut assassiné par ordre de ce dernier. Alain mourut l'an 952. Il avait épousé, 1°. l'an 943, ROSCILLE, fille de Foulques le Roux, comte d'Anjou, dont il n'eut point d'enfants, 2°. GERBERGE, qu'on fait sans preuve fille de Hugues le Grand, mais plus vraisemblablement sœur de Thibaut I, comte de Blois, laquelle fit Alain père de Drogon, qui suit. Gerberge, après la mort d'Alain, se remaria à Foulques le Bon, comte d'Anjou. Alain eut aussi d'une concubine, nommé Judith, deux fils, Hoël et Guérech.

DROGON.

952. DROGON, fils d'Alain, lui succéda en bas-âge, d'abord sous la tutelle de Thibaut, comte de Blois, lequel, ayant remarié la mère de Drogon à Foulques, comte d'Anjou, remit à celui-ci la garde de Drogon, avec la moitié des revenus de la Bretagne, se réservant les droits royaux sur l'autre moitié, qu'il avait cédée au comte de Rennes et à l'évêque de Dol. Drogon mourut, l'année suivante, dans un bain que sa nourrice lui avait préparé.

HOEL IV, COMTE DE NANTES.

953. HOEL, fils naturel d'Alain Barbe-torte, succéda à Drogon, et eut bientôt la guerre avec Conan. Il fut tué dans une partie de chasse par un gentilhomme nommé Galuron, vers l'an 980. Il laissa deux fils en bas âge, dont l'aîné se nommait Judicaël.

GUÉRECH, COMTE DE NANTES.

980. GUÉRECH, fils d'Alain Barbe-torte, et évêque de Nantes, quitta le bâton pastoral, pour prendre la place d'Hoël, son frère, et fit autant d'honneur aux armes qu'il en eût fait à l'état ecclésiastique. L'an 981, il fut blessé dans une bataille qu'il livra, dans la lande de Conquéreux, à Conan, comte de Rennes, soutenu par Geoffroi Grisegonelle, comte d'Anjou. Cette journée, dit D. Morice, paraît avoir terminé les différents des comtes de Rennes et de Nantes. Guérech meurt, l'an 987, laissant d'AREMBERGE, sa femme, Alain, qui lui survécut peu.

CONAN I, DIT LE TORT, COMTE DE RENNES.

987. CONAN I, dit LE TORT, comte de Rennes, commença, après la mort d'Alain, à régner sans concurrent. Mais à peine était-il en jouissance paisible, qu'il commença à se former un

orage qui renversa toute sa fortune. Le vicomte Hamon, frère utérin d'Hoël, comte de Nantes, et oncle des deux enfants qu'il avait laissés, implora le secours de Foulques Nerra, comte d'Anjou, pour les faire rétablir dans leur patrimoine. Foulques, prince entreprenant et hardi, saisit l'occasion de se rendre maître du comté de Nantes, sous le titre de protecteur des princes mineurs. S'étant mis à la tête de leurs troupes, il va faire le siège de Nantes. Conan, son beau-frère, ayant de son côté assemblé les siennes, le défie au combat. Les deux armées se rencontrent dans la plaine de Conquéreux. Conan, y étant arrivé le premier, avait fait creuser devant la sienne un large et profond fossé, qu'il avait recouvert de branchages et de terre. L'ennemi, en commençant l'action, donne dans le piége, et une partie de sa cavalerie est culbutée dans le fossé. Mais la présence d'esprit de Foulques et son intrépidité réparent aussitôt cet échec. Après avoir ranimé ses troupes, il fond sur les Bretons et les défait entièrement. Conan fut du nombre des morts. Après cette victoire, Foulques retourne au siége de Nantes, qui ne tarda pas à lui ouvrir ses portes. Il prend possession de cette ville au nom de Judicaël, fils aîné de Hoël, et en donne le gouvernement à Aimeri, vicomte de Thouars, qui prit aussitôt le titre de comte de Nantes et le garda le reste de sa vie. Le corps de Conan fut porté à l'abbaye du mont Saint-Michel. Il avait été marié deux fois. Le nom et la naissance de sa première femme sont ignorés. Il épousa en secondes noces, l'an 970, ERMENGARDE, fille de Geoffroi Grisegonelle, comte d'Anjou. Du premier mariage il laissa Geoffroi qui suit, et quatre autres fils. Du second il eut Judith, femme de Richard II, duc de Normandie. Il laissa de plus un fils naturel, nommé Judicaël.

GEOFFROI I, DUC DE BRETAGNE.

992. GEOFFROI I, l'aîné des fils de Conan, lui succède et prend le titre de duc de Bretagne. Depuis lui les comte de Rennes ont toujours pris ce titre, et les vicomtes de la même ville se sont donné celui de comte de Bretagne; mais à la cour de France on n'a point connu de ducs en Bretagne, avant que ce pays ait été érigé en duché-pairie.

Geoffroi, l'an 1008, fait le voyage de Rome. Cette année est la dernière de sa vie. On prétend qu'il fut tué en Italie d'un coup de pierre que lui jeta une femme, pour se venger de ce que l'épervier de ce prince avait tué une de ses poules. (Bouquet.) Il laissa de son épouse, HAVOISE, sœur de Richard II, duc de Normandie, qu'il avait épousée l'an 996, deux fils, Alain, qui lui succéda, et Eudon, comte de Penthievre, avec une fille nommée Adèle, qui fut religieuse.

L'abbaye de Redon eut part aux libéralités de Geoffroi, qui lui fit don de l'île de Guedel, ou de Belle-Ile. Cette île, sous le régne suivant, fut donnée par Alain Cagnart, comte de Cornouaille, à l'abbaye de Quimperlé, qu'il avait fondée. Les religieux de ce monastère la gouvernèrent jusqu'en 1572 avec si peu de profit, qu'ils la céderent au roi Charles IX, comme un domaine qui leur était à charge. Ce monarque la donna au maréchal de Retz, à condition d'y faire bâtir un château, pour la défendre contre les pirates qui jusqu'alors l'avaient désolée.

ALAIN III, ou V.

1008. ALAIN III succéda en bas âge au duc Geoffroi, son père, sous la tutelle d'Havoise, sa mère. Sa minorité fut troublée par des événements fâcheux. L'évêque et le comte de Nantes s'étant brouillés pour des violences que le second avait commises, pendant le voyage du premier à Rome, en vinrent aux armes, et la duchesse embrassa le parti du prélat avec l'évêque de Vannes. Le comte de Nantes implora de son côté le secours de Foulques Nerra, comte d'Anjou, son ancien allié, qui ne lui manqua pas. Après divers combats, les parties s'accommodèrent, par les soins de Junkeneus, archevêque de Dol. (*Chron. Nannet.*) Ces troubles pacifiés furent suivis, vers l'an 1010, d'une sédition des paysans, excités par des esprits brouillons contre la noblesse. Quoique le jeune duc ne fût pas encore en âge de porter les armes, le danger était si pressant, que la duchesse sa mère le fit monter à cheval et le mit à la tête des nobles. Sa présence releva leur courage abattu, et les paysans, abandonnés de leurs chefs, furent contraints de rentrer dans la soumission.

La Bretagne jouissait de la paix depuis plusieurs années, lorsque Judicaël, ou Judhaël, fils naturel de Conan-le-Tort, se souleva contre le gouvernement. Le duc Alain, son neveu, marcha promptement contre lui, et l'ayant forcé, l'an 1024, dans le château de Malestroit où il s'était renfermé, il l'obligea de reconnaître son autorité. (Morice, *hist. de Bret.* tome I, pag. 67.)

Alain était ami d'Herbert, comte du Maine. Sensible au traitement perfide et inhumain que Foulques Nerra lui avait fait, il va, l'an 1027, faire par surprise le siége du château de Lude en Anjou, et déclare à Foulques, qui n'était point préparé à cette attaque, qu'il ne se retirera pas qu'il n'ait rendu au comte du Maine les ôtages qu'il avait exigés de lui, et ne l'ait dégagé des promesses onéreuses qu'il avait été obligé de lui faire dans sa captivité. Le fier Angevin fut contraint de plier et d'accorder la justice qu'on lui demandait. Alain Cagnart, comte de Cornouaille, avait accompagné le duc dans cette expédition. Avant de s'en retourer, il lui rendit un autre service : ce fut de lui amener pour épouse la princesse BERTHE, après l'avoir enlevée à son père Eudes II, comte de Blois.

Le duc Alain perdit sa mère, la duchesse Havoise, en 1034. Elle ne s'était pas dessaisie du gouvernement de la Bretagne, et avait toujours tenu ses enfants dans la subordination. Après sa mort, Alain et Eudon son frère firent un partage qui, bien qu'avantageux au second, ne le satisfit pas. Les deux frères en vinrent à une guerre qui fut promptement terminée par la médiation de Robert, duc de Normandie. Ce dernier, en partant peu de tems après pour la Terre-Sainte, laissa la tutelle de Guillaume, son fils naturel, et le gouvernement de la Normandie, au duc de Bretagne, comme à son plus proche parent et son plus fidèle ami. Robert étant mort, le 2 juillet 1035, à Nicée, le duc Alain se déclare pour Guillaume contre ses compétiteurs, et marche en Normandie, l'an 1036, à la tête d'une armée, pour soutenir ses droits. Alain réduisit les rebelles au bout de quatre ans, après avoir pris Roger de Montgommeri leur chef, dans une de ses places. Mais, aussitôt après cette expédition, il fut empoisonné, et mourut le 1 octobre 1040. Son corps fut inhumé dans le chapitre de Fécamp. Son épitaphe nous apprend qu'il était beau, bien fait, très-libéral, plein de valeur et de piété. Il laissa de Berthe un fils âgé seulement de trois mois, ou d'un an tout au plus, et une fille nommée Havoise, femme d'Hoël, qui devint duc de Bretagne. Il eut de plus un fils naturel, nommé Geoffroi, qui fut comte de Rennes. Berthe se remaria, peu après la mort d'Alain, avec Hugues II, comte du Maine, fils du fameux Eveille-Chien.

CONAN II.

1040. CONAN II, fils d'Alain III, ou V, lui succéda dans sa première enfance. Le comte Eudon, son oncle, s'étant emparé de sa personne et du gouvernement, tint le jeune prince, pendant sept ans, dans une espèce de captivité. Les seigneurs bretons, craignant pour les jours de Conan, font irruption dans le palais en 1047, et le délivre des mains de cet usurpateur. L'année suivante, il est reconnu solennellement à Rennes souverain de Bretagne. Eudon néanmoins, après avoir donné des assurances de sa fidélité, fut continué dans la régence pour huit ans. Conan, devenu majeur, en 1057, se brouille avec son oncle (on ne sait pour quel sujet), lui livre bataille et le fait prisonnier. Geoffroi, fils aîné d'Eudon, continue la guerre pendant cinq ans, soutenu dans ses actes d'hostilité par Hoël, comte de Nantes. Enfin la paix fut conclue en 1062. D'autres vassaux de Conan s'élevèrent ensuite contre lui, et mirent dans leurs intérêts Guillaume le Bâtard, duc de Normandie. Il y eut des défis donnés entre ces deux princes, et des places assiégées de part et d'autre. L'an 1066, Conan, voyant Guillaume prêt à passer la mer pour aller à la conquête de l'Angleterre, rassemble toutes ses forces, pour fondre sur la Normandie, à laquelle il prétendait comme descendant du duc Richard I. Ce contre-tems met Guillaume hors de mesures. Un chambellan du duc de Bretagne qui avait des terres en Normandie, tire Guillaume d'embarras par un expédient abominable : il empoisonne les gants et le cornet de Conan. Ce prince les ayant approché de sa bouche, fut saisi de la violence du poison, dont il expira peu de tems après. Son épitaphe met sa mort au 11 décembre 1066 ; mais si elle a précédé le départ de Guillaume pour l'Angleterre, elle doit être arrivée au mois de septembre. Quoi qu'il en soit, il fut enterré à Saint-Mélaine de Rennes. On ignore s'il fut marié. Il ne laissa qu'un fils naturel, nommé Alain. (Morice, *hist. de Bret*, t. I, pag. 75 et 76.)

HOEL V, DUC DE BRETAGNE.

1066. HOEL, fils d'Alain Cagnart, comte de Cornouaille, est reconnu duc de Bretagne, après la mort de Conan. L'an 1074, il donne retraite à Ralph de Gael, seigneur breton, établi en Angleterre, et révolté contre Guillaume le Conquérant. Guillaume étant venu, l'année suivante, mettre le siége devant Dol, Alain Fergent, fils d'Hoël, et Ralph, se jettent dans la place, et la défendent avec vigueur. Mais, vraisemblablement, ils eussent été forcés de la rendre à la fin, si Philippe I, roi de France, ne fût venu à leur secours. Guillaume, à l'approche de ce monarque, se retire avec perte. C'est ainsi que les historiens anglais du tems parlent de ce siège. Ceux de Bretagne, racontent la chose d'une manière un peu différente. Hoël, disent-ils, ayant obtenu le duché de Bretagne, contre le vœu de plusieurs seigneurs du pays, qui aspiraient au même honneur, engagea le roi Guillaume à se joindre à lui pour les assiéger dans le château de Dol, où ils s'étaient retranchés. Mais Philippe, roi de France, étant venu au secours de la place, les obligea de se retirer. Quoi qu'il en soit, il est certain que ce fut le roi de France qui fit lever le siège, bien qu'Ordéric Vital ne fasse point mention de ce prince dans le récit de cette expédition. Sans parler de Siméon de

Durham, de Bromton, de Mathieu Paris et d'autres chroniqueurs anglais, qui attestent cette circonstance; nous avons un acte de Barthelemi, abbé de Marmoutier, daté *in anno et in ipsis diebus quando ibat rex Franciæ Philippus in Britanniam contra regem Anglorum, qui ibi obsidebat Dolum castrum.* (Mabil. *Ann. Bened.* tom. V, pag. 96.) Peu de tems après le siége de Dol, Hoël va faire le dégât sur les terres d'Eudon, fils du vicomte de Porhoet, qui le fait prisonnier; mais Alain, son fils, ayant ranimé le courage des soldats, a l'avantage de rendre la liberté à son père. Hoël mourut le 13 avril 1084, laissant d'HAVOISE, son épouse, fille d'Alain III, morte en 1072, cinq enfants: Alain Fergent, son successeur; Mathias, qui fut comte de Nantes; Eudon; Adèle, qui fut abbesse de Saint-Georges de Rennes, et une autre fille, nommée Havoise. (Morice, *hist. de Bret.* tom. I, pag. 81.)

ALAIN FERGENT, DUC DE BRETAGNE.

1084. ALAIN FERGENT, dit aussi LE ROUX, fils et successeur de Hoël, ayant commencé son règne par déclarer la guerre à Geoffroi le Bâtard, comte de Rennes, le fait prisonnier, et l'envoie à Quimper, où il mourut la même année. Peu de tems après cette expédition, Guillaume le Conquérant exigé d'Alain, comme il avait fait de son prédécesseur, l'hommage de la Bretagne; et sur son refus, il va faire une seconde fois, pour l'y contraindre, le siége de Dol. Repoussé avec une perte considérable, il fait la paix avec Alain, et devient son ami. (Voy. *les ducs de Normandie.*) Alain, à la sollicitation de Guillaume, marche contre Herbert, vicomte du Maine, qui de son château de Sainte-Suzanne, faisait des courses fréquentes et heureuses sur les Normands répandus dans le pays. Cette guerre, où les enfants de Guillaume combattirent sous Alain, dura trois ans, et fut terminée à l'avantage du vicomte. Alain avait épousé, peu de tems après sa réconciliation avec Guillaume, CONSTANCE, sa fille, qui mourut sans enfants, le 13 août 1090. Ordéric Vital, met par erreur, ce mariage en 1075. Le continuateur de l'histoire ecclésiastique de Bede, Guillaume de Malmesburi, dit, ainsi qu'Albéric de Trois-Fontaines, que cette princesse fut empoisonnée par ses domestiques. Alain se remaria, l'an 1093, avec ERMENGARDE, fille de Foulques le Rechin, et femme répudiée de Guillaume IX, duc d'Aquitaine, dont il eut deux fils et une fille : Conan, qui suit; Geoffroi le Roux, qui finit ses jours à Jérusalem, l'an 1116; et Agnès, dite Havoise dans la chronique de Saint-Brieux, femme de Beaudoin VII, comte de Flandre, dont elle fut ensuite séparée pour cause de parenté. Alain se croisa, l'an 1096, et fit le voyage de la Terre-Sainte, où il passa cinq ans. Il fournit, l'an 1106, des troupes à Henri I, roi d'Angleterre, pour achever la conquête de la Normandie. (*Henric. Huntind.*) Frappé, vers l'an 1112, d'une dangereuse maladie, il forma le dessein d'embrasser la vie religieuse, et l'exécuta en se retirant dans le monastère de Redon. Il y passa le reste de ses jours, et mourut le 13 octobre 1119. Ermengarde renonça au monde à l'imitation de son mari, et se mit sous la conduite de Robert d'Arbrissel. Mais quoique retirée à Fontevrault, elle n'y embrassa pas la profession religieuse : il est même certain qu'elle rentra dans le monde ; ce qui lui attira les reproches de Geoffroi, abbé de Vendôme. Elle y renonça de nouveau, l'an 1134, ou au commencement de l'année suivante, pour aller s'enfermer dans le prieuré de Larrei-sous-Dijon, où elle reçut le voile des mains de Saint-Bernard, comme le témoigne Conan, son fils, dans une charte du 28 juin 1135. (Bouquet, tom. XII, pag. 566.) Elle n'y persévéra néanmoins pas ; car nous la voyons assister, en 1146, à une assemblée de barons qui se tint à l'abbaye de Saint-Sulpice en Bretagne. Elle mourut quelques mois après, et fut inhumée à l'abbaye de Redon. (Morice, *hist. de Bret.* tom. I, pag. 99.) (*Voy.* Guillaume le Bâtard, *duc de Normandie.*)

CONAN III, DIT LE GROS.

1112. CONAN III, surnommé LE GROS, fils d'Alain et d'Ermengarde, devint duc de Bretagne par la retraite de son père. Il prouva son zèle pour les intérêts de la France, l'an 1124, en marchant au secours du roi Louis le Gros, contre l'empereur, qui ne les attendit pas, et se retira honteusement. L'amour de la justice le porta, l'an 1126, à faire arrêter et enfermer dans la tour de Nantes, Olivier, seigneur de Pont-Château, sur les plaintes qu'il recevait de ses déprédations. Il punit de même quelques autres seigneurs coupables de pareils crimes, ce qui excita un soulèvement des barons contre lui. On en vint aux armes, et il fut battu, suivant la chronique de Nantes, dans un combat qu'ils lui livrèrent. Ce prince mourut le 17 septembre 1148, âgé de cinquante-neuf ans, après avoir désavoué publiquement Hoël, fils de MATHILDE, son épouse, fille naturelle de Henri I, roi d'Angleterre. Il laissa de plus une fille, nommée Berthe, qu'il avait mariée, vers l'an 1137, à Alain II, dit le Noir, comte de Richemont, fils d'Etienne, comte de Penthièvre. Cette princesse, devenue veuve d'Alain, épousa Eudes, comte de Porhoet, qui suit.

EUDES, HOEL VI, ET GEOFFROI I.

1148. EUDES, ou EUDON, comte de Porhoet, fut reconnu duc de Bretagne, par ceux de Rennes, après la mort de Conan, et HOEL le fut par ceux de Nantes et de Quimper. Les deux concurrents se livrèrent, l'an 1154, une bataille, dans laquelle Eudes a l'avantage. L'an 1156, Hoël est chassé par les Nantais, qui se donnent à GEOFFROI, frère de Henri II, roi d'Angleterre. Geoffroi mourut sans alliance, le 27 juillet de l'an 1158, et fut enterré dans la cathédrale de Nantes.

CONAN IV, DIT LE PETIT.

1156. CONAN IV, surnommé LE PETIT, fils d'Alain, dit le Noir, comte de Richemont, et de Berthe, fille du duc Conan III, revient d'Angleterre, où il s'était retiré, s'empare de la ville de Rennes, dépouille Eudes, son beau-père, et le fait prisonnier. Eudes, s'étant échappé de sa prison, se réfugie auprès de Louis VII, roi de France. L'an 1158, après la mort de Geoffroi, Conan se rend maître du comté de Nantes, qui lui est enlevé, au mois de septembre de la même année, par Henri II, roi d'Angleterre. Il épouse, l'an 1160, MARGUERITE, sœur de Malcolme, roi d'Ecosse. La duchesse Berthe étant morte, Eudes revient en Bretagne, et prend le titre de comte de Vannes et de Cornouaille, soit que par un traité Conan lui eût cédé ces deux comtés, soit qu'il s'en fût emparé de force. Il n'en demeura pas-là, s'étant ligué avec Hervé, vicomte de Léon, Guiomarch, son fils, et d'autres seigneurs, il fit en leur compagnie des courses sur les terres du duc, qu'ils ravagèrent. Tout plia sous l'effort de leurs armes. Conan, pour se mettre en état de défense, appelle à son secours, l'an 1167, Henri II, roi d'Angleterre; et pour mériter sa protection, non-seulement il fiance Constance, sa fille, âgée pour lors de cinq ans, avec Geoffroi, fils de ce monarque, qui n'en avait que huit; mais il a la bassesse, quelque tems après, de lui abandonner la souveraineté de la Bretagne, ne se réservant que le comté de Guingamp. Tel fut le prix de la conquête que Henri fit pour lui du château de Fougères, dont le seigneur était l'un des confédérés. (Voy. *les seigneurs de Fougères.*) Henri était à peine sorti de Bretagne, que la ligue se renouvela. Ce monarque avait en ôtage Alix, fille d'Eudes, sa cousine-germaine, Henri et Berthe, mère d'Alix, étant enfants des deux sœurs. Sans respecter ni le droit des gens, ni la liaison du sang, ni la religion, Henri se venge du père en ravissant l'honneur à la fille.

Eudes fait à ce sujet retentir la Bretagne de ses plaintes. Un grand nombre de seigneurs en sont émus, et jurent de s'unir à lui pour tirer une vengeance éclatante d'un outrage aussi criant. Henri les prévient avant qu'ils soient préparés à la guerre, et enlève rapidement à Eudes le comté de Vannes avec la moitié de celui de Cornouaille. Il triomphe également des autres confédérés, et fait couronner à Rennes, l'an 1169, son fils Geoffroi, duc de Bretagne. (*Robertus de Monte*, *Gervasii Chron.*) Conan IV ne survécut pas long-tems à cet événement qui achevait de le déshonorer. Il mourut le 20 février 1171, n'étant plus alors considéré que comme simple comte de Richemont et de Guingamp. Il fut inhumé à l'abbaye de Bégar, au diocèse de Tréguier. Constance, dont on vient de parler, fut l'unique fruit de son mariage. Une tante de cette princesse, sœur de son père, et nommée comme elle, ayant été destinée par sa mère au roi d'Ecosse, avait refusé sa main dans l'espérance d'obtenir celle du roi de France, Louis le Jeune. On voit en effet qu'elle la sollicita par la lettre suivante, rapportée par Duchêne (tom. IV, pag. 725), et dont la date appartient à l'an 1160, avant le mariage de Louis avec Alix de Champagne. « Je ne puis, dit la princesse bretonne, laisser
» ignorer à votre excellence (*dignitati vestræ*), qu'elle occupe
» depuis long-tems mon esprit, et que d'un grand nombre de
» présents que l'amour a porté divers princes à m'offrir, je
» n'en ai jamais voulu recevoir aucun. Mais je fais une excep-
» tion en votre faveur; et si, touché de l'amour extrême que
» je vous porte, vous voulez-bien m'envoyer quelque gage de
» votre retour (*aliquod amoris insigne*), soit anneau, soit quel-
» que autre présent, j'en ferai plus d'estime que de la chose
» la plus précieuse du monde. Je vous rends grâces du bon
» accueil que vous avez fait à celui que je vous avais envoyé.
» S'il y a dans ce pays quelque chose qui puisse vous faire
» plaisir, oiseaux de proie, chiens, chevaux, ou quelque
» autre chose que ce soit, je vous prie de me le faire savoir par
» le porteur; je vous l'enverrai avec toute la joie que peut
» avoir à vous obliger une personne qui préférerait à l'honneur,
» qui n'a dépendu que d'elle, d'être reine d'Ecosse (en épou-
» sant le roi Malcolme IV), celui d'être alliée au dernier des
» vôtres, si la fortune ne veut pas à mon égard pousser plus
» loin ses faveurs. Vous verrez, aussitôt que mon frère Conan
» sera revenu d'Angleterre, qu'il n'y a rien de plus vrai que
» ce que je vous dis. J'irai à Saint-Denis en dévotion et pour
» jouir du bonheur de votre présence. Ayez soin de votre santé
» si la mienne vous est chère ». Des raisons d'état, ou quelque motif inconnu, empêchèrent le monarque français de répondre

aux vœux de Constance de Bretagne, et déterminèrent son choix pour la princesse de Champagne. Au reste, dans la traduction que nous donnons de cette singulière lettre, nous nous sommes écartés de celle qu'en a donnée l'historien moderne de Bretagne, parce qu'elle ne nous a point paru assez littérale. La princesse Constance épousa depuis Alain III, vicomte de Rohan. (*Voy.* Raoul II, *baron de Fougères.*)

GEOFFROI II.

1171. GEOFFROI, II, fils de Henri II, roi d'Angleterre, né le 23 septembre 1158, fut universellement reconnu duc de Bretagne, quoiqu'il n'eût pas encore épousé CONSTANCE, fille et héritière de Conan IV. Il fit preuve de valeur, l'an 1179, contre Guiomarch, vicomte de Léon, qui, à l'assassinat qu'il avait commis, l'an 1171, sur la personne d'Hamon, son frère, évêque de Léon, joignait des brigandages qu'il ne cessait d'exercer avec ses fils dans le pays. Geoffroi le poursuivit si vivement, qu'il le réduisit à deux paroisses, dont il ne lui laissa même la jouissance que jusqu'à Noël suivant, terme auquel il se proposait de partir avec sa femme pour la Terre-Sainte. Mais Guiomarch mourut, suivant dom Morice, au mois de septembre de la même année 1179. Le mariage de Geoffroi avec Constance, fut enfin célébré, l'an 1181, au retour d'une expédition qu'il avait faite avec ses deux frères, pour la défense du roi Philippe Auguste, contre le duc de Bourgogne, les comtes de Sancerre et de Flandre, et la comtesse de Champagne. (Morice, *Hist. de Bret.*, tom. I, pag. 114.) Peu de tems après, il marche avec ses frères au secours du même monarque dans la guerre qu'il avait avec le roi, leur père. La paix ayant été faite, l'an 1182, entre ce dernier et ses enfants, Geoffroi, par son ordre, se soumit à rendre hommage de son duché au prince Henri, dit au Court-Mantel, son frère aîné. Ce dernier étant mort l'an 1183, Geoffroi, qui avait pris part à sa dernière révolte, continuait de faire la guerre en Aquitaine. Pour le contraindre à quitter ce pays, son père fait passer en Bretagne des troupes, qui font le siége de la tour de Rennes, quelles réduisent en cendres, et rebâtissent aussitôt. Mais Geoffroi ne les laissa point tranquilles dans ce poste. Etant revenu promptement en Bretagne, il les assiége à son tour, et les oblige de se rendre à discrétion. L'abbaye de Saint-Georges et une partie de la ville furent la proie des flammes dans ce second siége. Geoffroi traita de même la ville et le château de Bechérel, pour se venger de Roland de Dinan, seigneur de ces lieux, qui s'était déclaré contre lui. S'étant réconcilié avec son père, l'an 1184, il le suivit en Angleterre. (*Ibid.*)

En Bretagne, de tems immémorial, les baronnies et chevaleries se partageaient entre tous les mâles de la même maison. Geoffroi, l'an 1185, tient une assise, appelée l'*assise du comte Geoffroi*, dans laquelle il règle, du consentement des barons, qu'elles appartiendront désormais en entier aux aînés, lesquels seront tenus seulement de faire une provision sortable à leurs cadets. L'assise laissa néanmoins au pouvoir des aînés, quand il y aurait dans la succession plusieurs terres, outre les baronnies et les chevaleries, de donner quelques-unes de ces terres aux puînés au lieu d'une provision.

La Bretagne, après de fréquentes altercations de ses principaux seigneurs avec Geoffroi, subjuguée et pacifiée par ce prince, ne remplissait pas l'étendue de son ambition. Il convoitait encore l'Anjou. En ayant fait la demande au roi, son père, il essuya un refus, qui lui fit prendre la résolution de se rendre maître de cette province par la voie des armes. Dans ce dessein, il va trouver, au commencement de l'an 1186, le roi Philippe Auguste, à Paris, afin d'en obtenir du secours. Le monarque, ravi de le voir de nouveau brouillé avec son père, le reçut avec toutes les marques de joie, d'estime et de cordialité. Aucun des plaisirs qui peuvent flatter un jeune prince, ne fut oublié pour lui. Le plus bruyant fut un tournoi dans lequel, ayant voulu s'exercer, il fut renversé par terre et foulé aux pieds des chevaux. Il mourut peu de jours après de cet accident, le 19 août 1186, à l'âge de vingt-huit ans. Son corps fut inhumé, par ordre du roi, dans la cathédrale de Paris, et ce fut le premier qu'on y enterra. (Martenne, *Ampliss. Coll.*, tom. V, col. 811.) Constance, sa femme, dont il laissait une fille, Éléonore, était enceinte lorsqu'il mourut, et accoucha, le 30 avril 1187, d'un fils qui fut nommé Artur. Elle épousa, la même année, Ranulphe, comte de Chester. Mais les Bretons le chassèrent après la mort du roi Henri II, son protecteur, arrivée l'an 1189. Constance le regretta peu; et dans la suite, prétendant que son mariage avec Ranulphe était nul, elle épousa, l'an 1199, Gui de Thouars, dont elle eut deux filles, Alix et Catherine. La chronique de Saint-Martin de Tours dit de Geoffroi qu'il était beau de visage, habile au métier de la guerre, et si libéral que, lorsque l'on retenait dans ses arsenaux, faute de paiement, les armes que ses chevaliers y avaient commandées, il les payait lui-même sans qu'ils l'en priassent, et les leur faisait remettre. Mais ses fréquentes révoltes contre son père, ont imprimé à sa mémoire une tache que ses bonnes qualités n'ont pu effacer.

ARTUR ET CONSTANCE.

1196. ARTUR, fils posthume de Geoffroi et de Constance, né, comme on l'a dit, le 30 avril de l'an 1187, est reconnu comte de Bretagne dans une assemblée des états, tenue à Rennes l'an 1196. Richard, roi d'Angleterre, piqué de cette démarche, fait arrêter Constance par Ranulphe, son second mari, et l'a fait conduire au château de Saint-Jacques de Beuvron, où elle resta prisonnière. Les seigneurs bretons députent à Richard, pour se plaindre de cette conduite. Le monarque, loin de les satisfaire, envoie des troupes en Bretagne pour y faire le dégât. Il arrive lui-même l'année suivante sur les lieux, et y met tout à feu et à sang. Ce fut dans la semaine sainte qu'il exerça les plus horribles ravages. Les barons ayant assemblé leurs forces, marchent contre Richard, et le mettent en déroute près de Carhais. Sûrs qu'il n'en demeurera point là, ils soustraient le jeune Artur à sa fureur, et l'envoient à la cour de Philippe Auguste. Bientôt la Bretagne est de nouveau dévastée par les Brabançons, que Richard y avait fait venir. Les Bretons en portent leurs plaintes, mais vainement, au roi de France; il reste dans l'inaction. Artur, alors bien conseillé, traite, par ses députés, avec le roi, son oncle, et procure la liberté de la comtesse, ou duchesse, sa mère. Richard, l'an 1198, gagne les seigneurs bretons et les met dans son parti. Artur, à cette nouvelle, quitte furtivement la France, et va trouver le roi, son oncle. Richard meurt le 6 avril de l'année suivante, et Jean, son frère, s'empare du trône d'Angleterre, au préjudice d'Artur, le légitime héritier par le droit de représentation, comme fils de Geoffroi, deuxième fils de Henri II. Les Tourangeaux, les Angevins, les Manseaux, se déclarent pour Artur, qui fait son entrée solennelle le lendemain de Pâques de cette année, dans la ville d'Angers, au milieu des applaudissements. Constance s'étant remariée dans ces entrefaites avec Gui de Thouars, remet son fils entre les mains du roi de France. Artur rend à ce prince hommage-lige de la Bretagne, du Poitou, de la Touraine, de l'Anjou, et du Maine. Cet acte de soumission ne peut néanmoins attacher Philippe Auguste à ses intérêts. Il oblige Artur, l'an 1200, à faire hommage de la Bretagne au roi Jean. Constance ayant fini ses jours sur la fin de l'an 1201, Artur aussitôt se rend en Bretagne, fait son entrée à Rennes, et y reçoit solennellement la couronne ducale. Les rois de France et d'Angleterre s'étant brouillés l'année suivante, Artur va joindre le premier au siége de Gournai, eu Normandie. Philippe lui fournit deux cents hommes d'armes, et l'envoya faire la guerre en Poitou. Plusieurs barons viennent se ranger sous sa bannière. Il attaque Mirebeau, où la reine Eléonore, son aïeule, s'était renfermée. Il prend la ville, mais le château lui résiste. Le roi Jean survient lorsqu'on l'attendait le moins. Artur est surpris dans son lit au milieu de la nuit du 31 juillet au premier août, fait prisonnier avec presque tous les siens, et conduit à Falaise. Le roi, son oncle, l'étant venu trouver dans le château de cette ville, où il était enfermé, n'oublie rien pour l'engager à rompre avec le roi de France, et à se désister de ses prétentions. Artur, si l'on en croit Mathieu Paris, répondit à ce prince, qu'il ne renoncerait jamais aux droits que sa naissance lui donnait sur l'Anjou, la Touraine, le Maine, la Guienne, et l'Angleterre. De Falaise, Jean le fait conduire à la Tour de Rouen. Ce fut au pied ou peu loin de cette tour, que le roi, son oncle, l'égorgea de ses propres mains, dans un bateau sur la Seine, le jeudi-saint, 3 avril 1203 (n. st.), puis le fit jeter dans la rivière, où il fut pêché le lendemain, et ensuite inhumé secrètement au prieuré de Notre-Dame du Pré, aujourd'hui Notre-Dame de Bonne-Nouvelle. (*Guil. Brit. apud Duchêne*, T. V., p. 167; *Annal. Marg. Henr. Krypt.*, p. 2414; *Matth. Paris ad an.* 1207.) Les barons et les évêques de Bretagne, indignés de cet attentat, s'assemblent à Vannes et députent au roi Philippe, Gui de Thouars, qui avait pris le titre de duc de Bretagne, pour lui porter leurs plaintes touchant le meurtre d'Artur. L'an 1206, Philippe, craignant que le roi Jean, qui avait en sa puissance Eléonore, fille d'Artur, ne vînt à s'emparer de la Bretagne, voulut le prévenir. S'étant présenté devant Nantes, les portes lui en furent ouvertes par ordre de Gui de Thouars, qui n'osa lui résister, quoiqu'il eût formé de mauvais desseins contre ce prince. Philippe fut alors reconnu pour seigneur par les Bretons, pendant la minorité de leur princesse, et Gui de Thouars ne fut plus regardé que comme régent, en attendant qu'Alix, sa fille aînée, fût en état de gouverner. Il mourut, le 13 avril 1213, à Chemillé, et fut inhumé à Ville-Neuve, auprès de Constance, son épouse, laissant de son mariage une seconde fille, Catherine, qui épousa, l'an 1212, André de Vitré. A l'égard d'Eléonore, fille d'Artur, elle finit ses jours, l'an 1241, dans le château de Brissol, où le roi Jean, son oncle, l'avait fait enfermer, et fut enterrée, comme elle l'avait désiré, dans l'abbaye des religieuses d'Ambresburi. Sa mort calma les inquiétudes du duc de Bretagne, Jean I, régnant alors, qui craignait toujours qu'Eléonore ne fût mariée à quelque prince qui voulût faire valoir ses droits. Comme elle était l'aînée de la duchesse Alix, ses droits étaient incontestables sur la Bretagne. (Morice, tom. I, pag. 174.)

PIERRE MAUCLERC,

TIGE DES DERNIERS DUCS DE BRETAGNE.

1213. PIERRE (surnommé MAUCLERC, parce qu'ayant été destiné à la cléricature, il avait embrassé le parti des armes, ou, selon d'autres, parce que, de concert avec Henri, duc de Bourgogne, il avait travaillé à diminuer la juridiction ecclésiastique), fils de Robert II, comte de Dreux, qui était petit-fils de Louis le Gros, roi de France, fut choisi par Philippe Auguste, l'an 1212, pour épouser ALIX, fille aînée de Gui de Thouars et de la duchesse Constance. Avant le mariage, Philippe exigea de Pierre, qu'il lui ferait *hommage-lige*, et qu'il recevrait les hommages des Bretons, avec cette clause : *Sauf la fidélité due au roi de France, notre sire*. Pierre fit cet hommage le 27 janvier 1213, et fut dès-lors regardé comme duc de Bretagne. Outre ce duché, sa femme lui apporta le comté de Richemont, en Angleterre. Il avait, de son côté, les seigneuries de Fere en Tardenois, de Longjumeau, de Brie-Comte-Robert, de Pontarci et de Chailli. Ce prince était le plus spirituel et le plus habile de son tems, mais il avait plus de penchant au mal qu'au bien ; et dans ce qu'il avait de bon, il se glissait toujours quelque vice qui en effaçait le mérite. Inquiet et turbulent, il eut presque toujours les armes à la main, et les employa tour à tour contre les ennemis de l'état, contre ses sujets, contre son roi, et contre les infidèles. Son premier adversaire fut Jean-sans-Terre, roi d'Angleterre. Ce monarque ayant débarqué, l'an 1214, à la Rochelle, avec une puissante armée, traverse le Poitou, passe la Loire, se rend maître d'Angers, et vient se présenter devant Nantes, que le duc était occupé pour lors à fortifier. Le duc, après avoir considéré le nombre et la disposition des ennemis, marche à eux en bon ordre, et les charge avec tant de vigueur, qu'il les oblige à prendre la fuite. Content de cet avantage, il ramène ses troupes, et rentre dans la ville. Robert, son frère, moins prudent que lui, se laisse emporter à son courage, poursuit les fuyards l'épée à la main, et en tue un grand nombre ; mais, s'étant trop avancé, il est pris par les ennemis, avec dix chevaliers. Ce fut tout l'avantage que les Anglais remportèrent de l'attaque de cette ville.

Pierre Mauclerc, résolu de régner sur la Bretagne avec une autorité absolue, entreprit d'abattre également la puissance du clergé et celle de la noblesse de ses états. Il commença par le clergé, dont il attaqua la juridiction et les priviléges. La résistance qu'il trouva dans les évêques ne servit qu'à l'irriter. Celui de Nantes, qui était le moins disposé à céder, éprouva les plus grandes marques de son courroux. Ce fut en vain que ce prélat fulmina contre lui, l'an 1217, une sentence d'excommunication, confirmée par l'archevêque de Tours : le duc sut la faire lever par le pape à des conditions qu'il se mit peu en peine de remplir.

L'an 1221, on vit éclater la division dont le duc avait jeté les semences parmi la noblesse. Les vicomtes de Léon, qu'il avait chassés de leurs terres sous prétexte qu'ils empiétaient sur ses droits, formèrent une ligue considérable pour se défendre. Le duc trouve moyen d'en détacher le vicomte de Rohan, avec ses vassaux, qui étaient en très-grand nombre. Il se réconcilie avec l'évêque de Nantes, et rassemble une grande armée, avec laquelle il va chercher les ennemis, occupés à faire le siége de Château-Briant. Leur ayant livré bataille le 3 mars 1222, il en met une partie en fuite, et taille en pièces le reste. Les vicomtes de Léon ne furent point découragés par cette victoire, et continuèrent la guerre avec le duc pendant quelque tems.

L'an 1223, Pierre Mauclerc jette les fondements de la ville et du château de Saint-Aubin-du-Cormier. Il prend la croix, l'an 1226, et va joindre l'armée que le roi Louis VIII avait assemblée à Bourges pour faire la guerre aux Albigeois. Ce monarque étant mort dans cette expédition, le 29 octobre de la même année, Pierre Mauclerc cabale avec plusieurs princes, contre la reine Blanche, régente du royaume. Ce prince et le comte de la Marche, abandonnés de leurs partisans, sont contraints, l'an 1227, de venir faire hommage au roi dans le château de Vendôme. De retour en Bretagne, le duc recommence à persécuter le clergé. Les évêques l'ayant excommunié, il saisit leur temporel, et en chasse trois de leurs siéges. Etant entré, l'an 1228, dans une nouvelle ligue contre la régente, il entreprend d'enlever le roi sur la route d'Orléans ; mais son dessein est découvert, et le coup est manqué. (Voy. *les rois de France.*) Craignant les suites de cet attentat, il va se jetter aux pieds du roi, et lui demande pardon. Le roi lui fait grace, et ne le rend pas plus soumis. Résolus de se venger du comte de Champagne qui les avait trahis, le duc et ses confédérés entrent l'année suivante dans la Champagne, qu'ils dévastent. Le roi marche contre eux, les oblige d'évacuer le pays, et les poursuit jusqu'au fond du Tonnerrois. (Voy. *les comtes de Champagne.*) Le duc alors a recours au roi d'Angleterre, et l'excite à faire une descente en France. Il arrive lui-même, le 9 octobre, à Portsmouth, et y fait hommage au roi Henri III. Saint Louis tient, l'an 1230, une assemblée des pairs et des barons, dans laquelle il fait déclarer Pierre de Dreux, coupable de félonie, et par-là, déchu du duché de Bretagne. La même année, le roi d'Angleterre ayant débarqué, le 3 mai, avec une armée formidable, à Saint-Malo, le duc lui livre ses meilleures places, et oblige une partie de ses barons à lui faire hommage. Mais plusieurs ne voulurent jamais y consentir, et fortifièrent leurs châteaux, dans la résolution de s'opposer de toutes leurs forces aux Anglais. Le roi saint Louis s'acheminait cependant vers la Bretagne ; après avoir enlevé au duc, Bellême, dont il lui avait laissé la garde, il vient faire le siége d'Ancenis. Henri III, n'osant se mesurer avec le monarque français, se rembarque, l'an 1231, avec la meilleure partie de ses troupes, et bientôt après, on conclut une trève de trois ans, entre le roi de France, le roi d'Angleterre, et le duc de Bretagne. Ce traité ne garantit pas ce dernier de nouveaux troubles dans ses états. L'an 1232, les barons de Bretagne, soulevés par Amauri de Craon, sénéchal d'Anjou, prennent les armes contre le duc, qui marche en diligence à leur rencontre. Il bat leur armée, le 3 mars, et fait un grand nombre de prisonniers. C'est tout ce que nous apprend sur cette guerre intestine, la chronique manuscrite de Bretagne ; mais la suite fait voir que les esprits demeurèrent également irrités de part et d'autre.

La trève dont on vient de parler étant expirée l'an 1234, Pierre Mauclerc repasse en Angleterre pour solliciter de nouveaux secours. N'ayant pu rien obtenir, et se voyant pressé, d'un côté, par le roi de France, prêt à l'écraser, de l'autre, abandonné de ses barons, il prend le parti de venir s'humilier devant le monarque à Paris. L'accueil que lui fit saint Louis fut terrible, si l'on s'en rapporte à Matthieu Paris. Le voyant à ses pieds la corde au cou, « Mauvais traître, lui dit-il, encore « que tu aies mérité une mort infâme, cependant je te par- » donne en considération de la noblesse de ton sang : mais je » ne laisserai la Bretagne à ton fils que pour sa vie seulement, » et je veux qu'après sa mort les rois de France soient les maî- » tres de ta terre. » L'historien, au reste, ne garantit pas le fait, et déclare qu'il ne le rapporte que d'après un ouï-dire. Ce qui est certain, c'est que Pierre Mauclerc se soumit à tout ce que le roi et la reine sa mère voudraient ordonner ; qu'il promit de les servir envers et contre tous ; que, pour sûreté de sa parole, il remit entre les mains du roi, pour trois ans, les châteaux de Saint-Aubin, de Châteauceaux et de Mareuil ; qu'il s'engagea de plus, dès que son fils serait majeur, d'aller servir cinq ans à ses frais en Palestine ; et qu'enfin il s'obligea de rétablir la noblesse bretonne dans tous ses priviléges. Pierre Mauclerc tint parole ; et dès que le traité fut conclu, il envoya déclarer au roi d'Angleterre qu'il renonçait à l'hommage qu'il lui avait fait pendant sa révolte. L'Anglais se vengea par la saisie du comté de Richemont et des autres terres que le prince breton possédait dans les états d'outre-mer. Celui-ci ne laissa pas ce traitement impuni. Ayant équipé quelques vaisseaux, il se mit à courir la mer, troubla partout le commerce des Anglais, et pilla tous ceux qu'il put joindre. Enfin, l'an 1237, Pierre remit son duché à Jean, son fils aîné, et ne se qualifia plus depuis que Pierre de Braine, *chevalier*. N'ayant alors plus rien à faire en France, il se croisa, comme il l'avait promis, pour la Terre-Sainte, avec plusieurs princes et seigneurs français, dont il fut nommé le chef par le pape Grégoire IX, et partit, l'an 1239, pour Lyon, où ils devaient se rassembler. Mais ils reçurent en cette ville un contre-ordre du pape, qui leur enjoignait de s'en retourner. Pierre, et la plupart d'entre eux, n'en continuèrent pas moins leur route ; mais elle fut si lente, qu'ils ne s'embarquèrent à Marseille qu'au mois d'août de l'année suivante. Plusieurs, néanmoins, avaient pris les devants pour aller les attendre en Sicile. Enfin, tous les croisés se réunirent à la ville d'Acre, dans le mois de janvier 1240. Ayant résolu de faire le siége de Damas, ils allèrent camper à Jaffa, où ils s'arrêtèrent quelque tems. Pendant qu'ils y séjournaient, Pierre Mauclerc enleva un convoi considérable des infidèles, destiné pour Damas, et passa au fil de l'épée la troupe qui l'escortait. Cette action, qui le couvrit de gloire, excita l'émulation des autres croisés. Ils se mirent en marche, contre la défense du roi de Navarre, pour aller surprendre les Turcs, et furent eux-mêmes surpris par la garnison de Gaza, laquelle, étant tombée sur eux, en tua plusieurs, parmi lesquels se trouva le comte de Bar, et en fit un plus grand nombre prisonniers. Pierre Mauclerc obtint leur délivrance au moyen d'une trève qu'il conclut en 1241 avec les infidèles ; après quoi il s'embarqua, au mois d'avril, pour revenir en France. Il se croisa de nouveau, l'an 1248, et accompagna saint Louis dans son expédition d'Egypte. Son avis, en débarquant en ce pays, était que l'on assiégeât Alexandrie, et cet avis était sans contredit le meilleur : mais il ne fut pas suivi, et celui du comte d'Artois, qui était pour aller droit au Caire, prévalut. (*Joinv. du L.* p. 39.) Pierre, ayant accompagné ce prince à la malheureuse affaire de la Massoure, en réchappa, non sans blessures, et retourna joindre le roi. *A nous tout droit*, dit Joinville qui était resté avec le roi, *vint le conte Pierre de Bretaigne, qui venoit tout droit de vers la Massoure, et estoit navré d'une espée parmi le visage, si que le sanc li cheoit en la bouche. Sur un bas cheval bien fourni seoit ; ses rênes avoit getées sur l'arçon de sa selle, et les tenoit à ses deux mains, pour ce que sa gent qui estaient dariere qui moult le pressoient, ne le getassent du pas. Bien sembloit que il le prisast pou ; car quant il crachoit le sanc de sa bouche, il disoit : Voi pour le chief Dieu, avez-veu de ces ribaus?* (*Ibid.* p. 51.) Il fut pris quelque tems après avec le saint roi, le 5 avril 1250, et emmené à Damiette. Ayant été remis en liberté après avoir payé sa rançon, le lendemain de l'Ascension, il partit aussitôt avec les comtes de Flandre et de Soissons, pour retourner en France. Mais il n'eut pas la satisfaction de revoir sa patrie, étant mort sur mer trois semaines après son départ, sur la fin de mai, comme le marque D. Morice, et non le 22 juin, comme le prétend l'historien de Valois. Son corps fut rapporté en France, et inhumé, non à Ville-Neuve, près de Nantes, ainsi que le marque le P. Anselme, mais à Saint-Ived de Braine, où l'on voit encore sa tombe, avec son épitaphe rapportée par D. Martenne. (Voy. *Litt.* p. 27.) Il eut d'ALIX, sa première femme, morte le 21 octobre 1221, deux fils, Jean, qui lui succéda, et Artur, mort jeune, avec une fille nommée Yolande, qu'il maria avec Hugues XI de Lusignan, fils aîné du comte de la Marche. Pierre avait épousé en secondes noces MARGUERITE DE MONTAGU, veuve de Hugues, vicomte de Thouars, dont il eut Olivier, dit de Braine, seigneur de Montagu.

Ce prince est le premier duc de Bretagne qui ait fait mettre des armoiries à son écu. Elles consistaient dans un échiqueté tel que les portait Robert de Dreux, son père, et dans un quartier d'hermines pour brisure.

JEAN I, DIT LE ROUX.

1237. JEAN, dit LE ROUX, né l'an 1217, fils aîné de Pierre Mauclerc et d'Alix, ayant atteint l'âge de vingt ans, est reconnu duc de Bretagne par les états. S'étant rendu ensuite à Paris, il fait hommage-lige au roi saint Louis, puis revient en Bretagne, et se fait couronner à Rennes, dans le mois de novembre 1237. Le nouveau duc, après cette cérémonie, reçoit les hommages des barons, et promet de maintenir leurs libertés ; mais il refuse la même sûreté au clergé. Ce prince avait épousé, l'année précédente (n. st.), au mois de janvier, BLANCHE, fille de Thibaut IV, dit le Posthume, comte de Champagne, et d'Agnès, sa seconde femme. Marchant sur les traces de son père, il s'attira, comme lui, des excommunications ; et, malgré sa fierté, il fut obligé, l'an 1256, d'aller à Rome pour se faire absoudre. Mais les conditions de son absolution le brouillèrent avec ses barons. (Morice.) L'an 1257, Jean cède les droits qu'il avait, par sa femme, sur le royaume de Navarre.

Le roi d'Angleterre, Henri III, retenait toujours le comté

de Richemont, qu'il avait saisi sur Pierre Mauclerc. Le duc Jean s'était flatté qu'en considération du mariage de son fils aîné, contracté, l'an 1259, avec la fille de ce monarque, cette seigneurie lui serait rendue. Mais Henri se contenta d'en payer la valeur, et retint le fonds. Pressé néanmoins par les importunités de son gendre, il lui en céda enfin la propriété, le 15 juillet 1268: et lui permit d'en prendre le titre. Saint Louis ayant entrepris, l'an 1270, une nouvelle croisade, le duc et la duchesse de Bretagne, le comte et la comtesse de Richemont, leurs fils et bru, voulurent être de cette expédition. Arrivés en Afrique, ils y furent témoins de la mort du roi de France, arrivée le 25 août de la même année. La plus grande partie des croisés s'étant alors déterminée à repasser en Europe, le comte de Richemont fait voile vers la Syrie, avec le prince Edouard d'Angleterre, cinq cents Frisons et d'autres troupes, auxquelles vint se joindre sur la route le roi de Chypre avec les siennes. Leur dessein était de forcer le fameux Bondochar à lever le siège de Ptolémaïde ou Saint-Jean-d'Acre, auquel il s'obstinait depuis long-tems. Cette expédition n'eut aucun succès. Le prince Edouard partit de Palestine le 22 septembre 1272, et ramena, comme on ne peut en douter, le comte de Richemont avec lui.

Le duc Jean le Roux eut de fréquentes altercations avec les évêques de ses états au sujet de la régale et de leurs droits temporels. Celui qui lui résista avec plus de force et de persévérance fut l'évêque de Nantes, avec lequel il fit enfin une paix solide. Son caractère entreprenant le compromit aussi avec ses barons. Il augmenta ses domaines par l'acquisition qu'il fit, en 1276, du comté de Léon. Il changea, la même année, le droit de bail pour les mineurs, qui leur était fort onéreux, en celui de rachat, et déclara que la succession des *Juveigneurs*, morts sans enfants, doit retourner aux aînés, nonobstant l'hommage fait au suzerain. Ce prince termina ses jours, le 8 octobre 1286, à l'âge de soixante et dix ans, et fut inhumé à l'abbaye des Prières. La duchesse, son épouse, était morte, le 12 août 1283, et avait eu sa sépulture à l'abbaye de la Joie, qu'elle avait fondée. De leur mariage sortirent six fils : Jean, qui suit ; Pierre, né l'an 1241, décédé le 19 octobre 1268 ; et quatre autres fils, morts en bas âge : avec deux filles ; Alix, ou Alpaïs, mariée en 1264 (n. st.) à Jean de Châtillon, comte de Blois, morte, le 2 août 1288, au retour d'un voyage à la Terre-Sainte ; et Aliénor, décédée dans un âge tendre.

Le duc Jean I quitta les armes de Dreux sur la fin de son règne, et prit les hermines, telles que les ont portées ses successeurs. (*Nouv. Tr. de Diplom.*, tom. IV, pag. 180.)

JEAN II.

1286. JEAN II (comte de Richemont), fils aîné de Jean I et de Blanche de Champagne, né le 4 janvier 1239 (n. st.), et veuf, depuis l'an 1275, de BÉATRIX D'ANGLETERRE, fut le successeur du duc, son père, en 1286. Il avait accompagné, l'année précédente, le roi Philippe le Hardi dans son expédition d'Aragon ; mais, l'an 1294, en qualité de comte de Richemont, il prit le parti de l'Angleterre contre la France. Après avoir tenu ses *osts* à Ploërmel, le 19 août, il s'embarqua dans le mois d'octobre pour aller commander l'armée anglaise en Gascogne. Il changea bientôt d'intérêts ; et, l'année suivante, ayant reçu des Anglais plusieurs sujets de mécontentement, il quitta leur parti pour rentrer dans celui de la France. L'an 1297, il arrête le mariage de son petit-fils Jean, fils d'Artur, avec Isabeau, fille aînée de Charles de Valois, frère de Philippe le Bel, âgée seulement de trois ans. En considération de cette alliance, Jean II est créé duc et pair de France au mois de septembre par le roi Philippe le Bel. C'est le premier exemple qu'on ait de ces sortes de créations. La Bretagne n'avait eu proprement jusqu'alors que des comtes. Pierre Mauclerc est toujours appelé *comes Britannus* par les auteurs du tems, et Jean I, son fils, n'a point d'autre titre dans Guillaume de Nangis. Il est vrai que d'autres historiens lui donnent celui de duc, ainsi qu'à quelques-uns de ses prédécesseurs. Mais la Bretagne ne fut reconnue pour duché que lorsque Philippe le Bel, par son autorité royale, eut donné le titre de duc à Jean II : *Et, ne possit in dubium revocari*, dit le roi dans ses lettres d'érection, *ducem ipsum, qui comes aliquando nostris in litteris fuit vocatus, ducem fore, et terram Britanniæ ducatum existere, ipsumque ducem in posterum debere vocari, auctoritate regiâ et ex certa scientia declaramus*. Ces lettres, données à Courtrai, sont datées du mois de septembre 1297. Elles ont servi de modèle pour les érections qui se firent dans la suite de terres en duché-pairie.

Le duc Jean tient, l'an 1300, une assise, où il interprète celle du comte Geoffroi, et y ajoute de nouveaux réglements. L'an 1305, voulant terminer le différent qui subsistait toujours entre le clergé et la noblesse, il alla trouver à Lyon le pape Clément V. Mais un funeste sort l'y attendait. A la procession qui se fit pour le couronnement de ce pontife, il fut malheureusement écrasé sous les ruines d'un mur, le 14 novembre, et mourut de cet accident quelques jours après. Son corps fut porté à Ploërmel, en Bretagne, et inhumé dans l'église des Carmes. De Béatrix, fille de Henri III, roi d'Angleterre, qu'il avait épousée en 1269, morte, comme on l'a dit, l'an 1275, le duc Jean II eut six enfants : Artur, son successeur ; Jean, comte de Richemont, né en 1266, décédé l'an 1334 prisonnier en Ecosse ; Pierre, vicomte de Léon ; Blanche, mariée à Philippe d'Artois ; Marie, qui épousa, l'an 1292, Gui de Châtillon ; et Aliénor, qui fut religieuse.

ARTUR II.

1305. Artur II, fils de Jean II et de Béatrix d'Angleterre, né le 25 juillet 1262, succède à son père, règne huit ans, et meurt, le 27 août de l'an 1312, au château de l'Isle, près de la Roche-Bernard, laissant trois fils de Marie, sa première femme, fille et héritière de Gui IV, vicomte de Limoges, qu'il avait épousée l'an 1275, savoir, Jean III, son successeur ; Gui, comte de Penthièvre et vicomte de Limoges ; et Pierre, mort sans postérité. Après le décès de la duchesse Marie, arrivé l'an 1291, Artur avait épousé en secondes noces, en mai 1294, Yolande, fille de Robert IV, comte de Dreux, et de Béatrix, comtesse de Montfort-l'Amauri, dont elle fut héritière, veuve d'Alexandre III, roi d'Ecosse, morte en 1322. De cette alliance, Arthur eut Jean de Montfort, qui disputa la Bretagne à Charles de Blois ; Jeanne, qui fut mariée à Robert de Flandre, seigneur de Cassel ; Béatrix, qui épousa Gui X, seigneur de Laval ; Alix, femme de Bouchard VI, comte de Vendôme ; Blanche, morte en bas âge ; et Marie, qui fut religieuse de Poissi. Le duc Artur fut enterré aux Carmes de Ploërmel ; Yolande, sa femme, le suivit au tombeau l'an 1322. Le clergé de Bretagne exerçait depuis long-tems, lorsqu'Artur II parvint au duché, deux prétendus droits, nommés *le tierçage* et *le past nuptial*, que les laïques, et sur-tout la noblesse, lui avaient vivement contestés sous le règne précédent. Le premier de ces droits consistait à prendre le tiers des meubles de tout père de famille après sa mort ; par le second, on se faisait adjuger une certaine somme arbitraire pour le repas des noces. Le duc Jean II s'était vainement entremis pour accommoder ce différent. Son successeur fut plus heureux. Ayant envoyé son fils aîné, avec des conseillers éclairés, à la cour d'Avignon, il obtint, l'an 1309, un jugement contradictoire du pape Clément V, par lequel il fut réglé qu'après le décès de chaque paroissien, le recteur, ou curé, n'aurait que la neuvième partie des meubles, les dettes préalablement déduites ; que ceux qui n'auraient pas la valeur de trente sous en meubles seraient exempts du past nuptial, et que ceux qui en auraient au-delà paieraieut, les uns deux sous, les autres trois, suivant leurs facultés, le tout à la commodité des nouveaux mariés. Le droit de tierçage, ainsi réduit, fut appelé *neume*, et les nobles en furent exempts. D. Morice observe qu'il s'est conservé jusqu'à nos jours (1785) quelques vestiges du droit de *neume* en basse Bretagne, et dans les diocèses de Nantes et de Saint-Malo.

JEAN III, DIT LE BON.

1312. JEAN III, dit LE BON, fils d'Artur et de Marie de Limoges, né à Châteauceaux, le 8 mars 1286, reçoit les hommages des Bretons et des évêques de Bretagne aussitôt après la mort d'Artur II, son père. Vers l'an 1338, il marie sa nièce, Jeanne, fille de Gui, comte de Penthièvre, avec Charles de Blois, fils puîné de Gui de Châtillon, comte de Blois, et de Marguerite de Valois, sœur de Philippe de Valois, roi de France, et désigne Charles pour son successeur. Jeanne avait d'abord été offerte à Philippe, roi de Navarre, pour son fils Charles, surnommé depuis le Mauvais, à condition qu'il prendrait le nom, le cri et les armes de Bretagne. Mais Philippe déclara qu'il ne souffrirait jamais que son fils quittât les fleurs de lis pour les hermines, et aima mieux laisser échapper la Bretagne. Charles de Blois, dès le moment de son mariage, fut regardé comme héritier du duché de Bretagne. Le duc Jean le Bon fut attaché au roi Philippe de Valois. L'an 1339, il suivit ce prince à la tête de huit mille hommes dans son expédition de Flandre. Il tomba malade à Caen, en retournant dans ses états, et mourut en cette ville, le 30 avril 1341, ne laissant qu'un bâtard nommé Jean. Il avait épousé en premières noces, l'an 1297 (n. st.), ISABEAU, fille de Charles de France, comte de Valois, morte l'an 1309, et donna sa main, l'année suivante, à ISABELLE, fille de Sanche IV, roi de Castille et de Léon, décédée le 24 juillet 1328. Enfin il s'allia en troisièmes noces, le 21 mars 1329, à JEANNE, fille d'Edouard, comte de Savoie, morte à Vincennes, le 29 juin 1334, et inhumée aux Cordeliers de Dijon. Jeanne, par son testament, avait légué ses droits ou ses prétentions sur le comté de Savoie et la seigneurie de Beaugé à Philippe, duc d'Orléans, fils du roi Philippe de Valois. Le comte Amédée VI, possesseur de ces domaines, fut obligé, pour les conserver, d'entrer en accommodement avec le roi de France. (Voy *les comtes de Savoie.*) Le duc Jean, après la mort de sa troisième femme, avait pensé à faire l'échange de la Bretagne contre le duché d'Orléans. Mais l'opposition de ses barons ne lui permit pas d'exécuter ce dessein.

Sous le règne du duc Jean le Bon, l'an 1317, Galeran Nicolas, dit de la Grave, originaire de Quimper, fonda le collége de Cornouaille à Paris Un autre breton, Geoffroi du Plessis, d'une maison distinguée au diocèse de Saint-Malo, fonda, l'an 1322, dans la même ville, le collége qui porte son nom, et le dota de fonds pour deux cent quinze bourses, dont il adjugea la collation à l'abbé de Marmoutier. C'est en vertu du testament de Geoffroi du Plessis que les abbés de Marmoutier ont gouverné ce collége pendant plus de trois cents ans. (D. Morice.)

CHARLES DE BLOIS et JEAN DE MONTFORT.

1341. CHARLES DE BLOIS et JEAN DE MONTFORT prétendirent tous deux au duché de Bretagne après la mort de Jean le Bon; le premier, comme époux de la nièce de Jean le Bon, et désigné son successeur; le second, à titre de fils d'Artur II et d'Yolande, sa seconde femme. Jean de Montfort, ayant appris la mort de Jean III, son frère, se rend à Nantes, y est reconnu duc de Bretagne, et en peu de tems il s'empare de presque tout le duché. Charles de Blois en porte ses plaintes au roi de France : Montfort est cité à comparaître; il vient à Paris avec quatre cents gentilshommes, se présente devant le roi, puis se retire avant la décision de son affaire. Les pairs, assemblés à Conflans, rendent, le 7 septembre 1341, un arrêt en faveur de Charles. Le roi, pour faire exécuter ce jugement, envoie une armée en Bretagne, sous la conduite du duc de Normandie, son fils aîné. Après avoir pris Châteauceaux et Carquefou, le duc assiége Nantes; et Montfort, qui s'y était renfermé, se rend prisonnier : ainsi la querelle semblait terminée; mais la fermeté de JEANNE DE FLANDRE, épouse de Montfort, empêcha les fâcheux effets qui devaient naturellement suivre de la captivité de son mari. Cette héroïne, l'une des plus courageuses princesses dont l'histoire fasse mention, rassura les esprits, et soutint un parti qui paraissait abattu. On la vit faire toutes les fonctions du général le plus habile et le plus expérimenté, et du plus brave soldat, marcher en campagne le casque en tête et l'épée à la main, soutenir des siéges, assiéger des villes, combattre sur mer et sur terre.

Vers le même tems une autre héroïne signala sa valeur en Bretagne contre la France. C'était Jeanne de Belleville, veuve d'Olivier de Clisson, que le roi Philippe de Valois, sur des accusations d'intelligences avec le roi d'Angleterre, avait fait décapiter publiquement à Paris, sans aucune forme de procès. (*Voy.* tom. I, pag. 596, col. 2.) Jeanne, dans la résolution de venger la mort de son époux, marche à la tête de 400 hommes vers un château qui tenait pour Charles de Blois. Etant près de la place, elle détache 40 hommes de sa troupe pour l'accompagner, laissant le reste en embuscade. Sur la demande qu'elle fait d'entrer dans le château, le capitaine qui ne savait pas le sort de Clisson, lui fait ouvrir les portes, dans la persuasion qu'elle était en partie de chasse. Mais le son du cor ayant aussitôt averti ceux qui étaient embusqués, ils accourent, se rendent maîtres de la place, et passent tout ce qu'ils rencontrent au fil de l'épée, à l'exception du capitaine qui se sauva. Après ce coup, la dame s'embarque avec sa troupe, court la mer, et immole aux mânes de son mari tous les marchands français qui tombent entre ses mains. Le roi de France, instruit de ces désordres, bannit Jeanne du royaume, et confisque tous ses biens. Elle se retire à Hennebon, auprès de la comtesse de Montfort, emmenant avec elle son fils, Olivier, qui fut depuis connétable de France. (Le Baud, *hist. de Bret.* pag. 193.)

Jean de Montfort s'étant évadé de sa prison, l'an 1345, par l'adresse de quelques pauvres gens qui le déguisèrent en marchand, va d'abord en Angleterre, puis revient en France, et meurt enfin le 26 septembre de la même année, laissant un fils, nommé comme lui, qui fut dans la suite paisible possesseur du duché de Bretagne. La comtesse de Montfort ne fut pas plus déconcertée par la mort de son mari qu'elle l'avait été par sa prison, et avec le secours des Anglais, conduits par Thomas Ageworte, elle fit tête à Charles de Blois, sur lequel elle gagna plusieurs batailles. La plus funeste pour celui-ci fut celle de la Roche-Derien, qu'il perdit le 18 (et non le 20) juin 1347, contre Ageworte, général des Anglais, qui, après avoir été pris deux fois et délivré deux fois, remporta la victoire et fit Charles de Blois prisonnier. Ce prince fut transféré l'année suivante en Angleterre, et renfermé dans la tour de Londres. Jeanne de Penthièvre, femme de Charles, fait alors pendant la captivité de son mari ce qu'avait fait Jeanne de Flandre, épouse de Jean de Montfort, pendant la captivité du sien, et ce qu'elle faisait encore depuis sa mort. Ces deux femmes poussèrent la guerre avec vigueur. L'an 1350, Cahours attaque Ageworte, le tue, et fait main basse sur cent hommes d'armes de sa suite. Les paysans, que les ravages des Anglais avaient réduits au désespoir, s'étant rassemblés sous la conduite de Pierre de Craon et d'autres chevaliers, vont les assiéger dans la Roche-Derien, forcent la place et massacrent la garnison.

On vit l'an 1351, un exemple singulier de l'espèce de fanatisme où l'esprit de chevalerie et de galanterie précipitait les nobles de ce tems-là. Le maréchal de Beaumanoir, attaché au parti de Charles de Blois, et Richard Bembrough, capitaine anglais de Ploërmel, s'étant provoqués, convinrent d'un duel, et se rendirent dans le champ clos qu'ils avaient choisi, accompagnés chacun de trente champions. Avant que d'en venir aux mains, Beaumanoir s'écria que cette journée prouverait *qui est-ce qui avait la plus belle maîtresse*. Les Anglais furent défaits, tués ou faits prisonniers ; et les Bretons acquirent la pleine et ridicule liberté de vanter les attraits de leurs dames. On sait, et on l'a déjà dit ailleurs, que, dans une des charges (car il y en eut plusieurs), Beaumanoir blessé et succombant à la soif, ayant demandé à boire, Geoffroi du Bois, un de ses compagnons, lui cria : *Beaumanoir, bois ton sang* ; et que ce mot est devenu le cri de cette maison. Une ancienne chronique date ce combat du samedi avant le dimanche *Lœtare* (26 mars) de l'an 1350 (finissant à Pâques).

L'an 1352 ou 1353, Charles de Blois, après avoir été traité à Londres pendant plusieurs années aussi durement qu'il eût pu l'être à Maroc, recouvre la liberté par un traité fait avec Edouard III, roi d'Angleterre. Mais le traité ayant été rompu par Edouard, il est obligé de retourner en Angleterre, et ne redevient libre que sur la fin de 1356, en donnant pour ôtages deux de de ses enfans. Les hostilités bientôt après recommencent entre les deux contendants avec un acharnement égal et des succès variés. L'an 1363, comme ils étaient sur le point d'en venir à une bataille rangée dans la lande d'Evran, des évêques les engagent à faire un accommodement par lequel ils partagent entre eux la Bretagne. Le traité fut signé le 12 juillet, malgré Jeanne de Penthièvre, femme de Charles de Blois, laquelle refusa de le ratifier. Elle écrit à son mari qu'elle l'avait prié de défendre son héritage, et qu'étant armé, il ne devait pas en sacrifier une partie. *Je ne suis qu'une femme*, ajoute-t-elle, *mais je perdrais plutôt la vie, et deux si je les avais, que de consentir à une chose si honteuse*. Charles aime mieux violer sa parole que de déplaire à sa femme. Il est donc résolu de terminer le différent par la voie des armes. Enfin, l'an 1364, après une guerre de vingt ans, Charles de Blois, contre l'avis de Bertrand du Guesclin, que le roi Charles V lui avait envoyé, livre, le 29 septembre, la fameuse bataille d'Aurai, dans laquelle il perd la vie, du Guesclin la liberté, et Olivier Clisson qui combattait sous ce général, un œil. Charles de Blois était d'une rare dévotion, vivant au milieu des camps comme dans un cloître. Le jour de la bataille il avait entendu trois messes, s'était confessé et avait communié. On lui trouva une haire sous ses armes avec une ceinture de cordes. Avec tout cela le tort était de son côté, ne fût-ce que pour n'avoir pas voulu, par déférence pour sa femme, dont il était esclave, tenir le traité de partage qu'il avait le jeune Montfort. Il le reconnut en expirant, si les dernières paroles qu'on lui attribue sont vraies. *J'ai long-tems* yé, lui fait-on dire, *contre mon escient*, c'est-à-dire contre ma conscience; aveu terrible en ce moment, et qui jetterait un grand nuage sur ses vertus. Le jeune Montfort vit le cadavre de son et donna des larmes à son sort. *Ah! mon cousin*, s'écria par *votre opiniâtreté, vous avez été cause de beaucoup de m en Bretagne. Dieu vous le pardonne! Je regrette beaucoup que vous estes venu à cette male fin*. Son corps fut inhumé aux cordeliers de Guingamp. Charles laissa trois fils, dont deux étaient prisonniers en Angleterre; Jean et Gui qui y mourut. Henri, le troisième, encore enfant, était auprès de Marie, duchesse d'Anjou, sa sœur. La duchesse Jeanne, femme de Charles, mourut le 10 septembre 1384.

JEAN IV, ou V, dit LE VAILLANT.

1364. JEAN DE MONTFORT, fils de Jean de Montfort et de Jeanne de Flandre, petit fils d'Artur II, devint paisible possesseur du duché de Bretagne, par la mort de Charles de Blois et par le traité conclu à Guerande le 11 Avril, jour du vendredi-saint 1365. (n. st.) Il en fit hommage au roi Charles V, le 13 Décembre suivant; mais le souvenir des obligations qu'il avait aux Anglais, et l'espoir d'en être toujours efficacement secouru dans le besoin, en leur demeurant attaché, ne lui permirent pas de rester fidèle à la France dans la guerre que cette puissance continuait de leur faire. S'étant donc ligué avec eux, il se plongea lui-même et son duché dans de nouveaux malheurs. Poursuivi par les armes victorieuses des Français, il fut souvent obligé de quitter ses états, et d'aller chercher une retraite dans le comté de Richemont en Angleterre. Sa mauvaise foi ruina ses affaires au lieu de les avancer. L'an 1372, Jean renouvelle ses alliances avec les Anglais, et envoie dans le même tems des ambassadeurs au roi de France, pour l'assurer de sa fidélité. Il ne tarda pas à désabuser ce monarque, en faisant venir, l'an 1373, une flotte anglaise à Saint-Malo. Le roi, piqué de cette perfidie, fait marcher en Bretagne une armée commandée par le Connétable Bertrand du Guesclin, qui se rend maître de Rennes, de Vannes, et de la plupart des villes. Cependant le duc de Bretagne, qui s'était retiré en Angleterre, arrive à Calais avec le duc de Lancastre, à la tête d'une nombreuse armée, et ravage la Picardie; il ose même écrire au roi pour le défier. Ce trait d'audace lui aliéna les cœurs de ses sujets. L'an 1374, se voyant haï et abandonné des Bretons, il repasse en Angleterre avec la duchesse son épouse. Charles, en mettant sous sa main les états de ce prince fugitif, ne comptait pas d'abord se les approprier. Mais après avoir vainement attendu l'espace de quatre ans qu'il revînt à résipiscence, il résolut de le pousser à bout, ne voyant plus en lui qu'un irréconciliable ennemi. Dans ce dessein, il le fit citer à la cour des pairs, mais sans observer les formes légales. L'ajournement ne fut point signifié au duc, on ne lui envoya point de sauf-conduit; le roi parla lui-même contre son vassal, et conclut à la confiscation de son duché. L'arrêt, conforme aux conclusions du monarque, fut rendu le 8 décembre 1378 (1). Plusieurs des pairs s'étaient dispensés, sous divers prétextes, d'assister à ce jugement, et ceux qui furent présents n'y souscrivirent qu'à regret. Charles, l'année suivante, envoye une armée en Bretagne pour le faire exécuter, et commence par établir en ce duché la gabelle. Ce coup d'autorité, très déplacé, souleve les Bretons. Ils avaient chassé leur duc, pour éviter le joug Anglais, ils le rappellèrent pour éviter le joug français. Il revient d'Angleterre, et arrive au travers des plus grands dangers, le 20 août, à Rennes, où il est reçu comme en triomphe. L'an 1380, les états se tiennent dans cette ville, et écrivent, le 18 avril, une lettre au roi (c'était encore Charles V), dans laquelle ils témoignent beaucoup d'attachement pour leur duc. Le 15 janvier de l'année suivante, la paix se fait à Guérande entre le nouveau

---

(1) La comtesse de Penthièvre, dit M. Gaillard, forma elle-même opposition, pour elle et pour ses enfants à l'arrêt de confiscation. « Elle y était autorisée; le traité de Guérande, qui avait exigé d'elle
» le sacrifice de ses droits en faveur de la maison de Montfort, les lui
» avait expressément réservés dans le cas où la maison de Montfort
» viendrait à s'éteindre. Ce traité s'était fait sous les yeux et par l'autorité du roi, et la dernière ressource qu'il laissait à la maison de
» Blois-Penthièvre, était un bien faible reste des droits jugés légitimes
» par les rois prédécesseurs de Charles V, et par la cour des pairs.
» Montfort n'avait point d'enfants, et sa personne était proscrite. Le
» cas prévu par le traité de Guérande était donc arrivé. La condamnation et la mort civile de Montfort ne devaient donc point donner
» lieu à la confiscation et à la réunion du fief, au préjudice d'un tiers,
» mais seulement faire renaître les droits de la maison de Penthièvre
« qui n'avaient été que suspendus en faveur de la maison de Montfort
» et pour le bien de la paix. Ces raisons étaient sans réplique; les gens
» du roi n'y opposèrent rien, et l'arrêt réserva expressément les droits
» de la maison de Blois. Mais cette réserve n'était qu'illusoire; on ne
» s'en disposait pas moins à exécuter, dans toute sa rigueur, l'arrêt
» de confiscation, et à consommer la réunion de la Bretagne au domaine de la couronne. On parvint enfin à unir d'intérêt les maisons
» de Blois et de Montfort. »

roi Charles VI et le duc Jean. Celui-ci vint à Paris le 27 septembre, pour demander pardon au roi et lui rendre hommage. Ce devait être un hommage-*lige* qui engageait la personne ainsi que le duché, et qui mettait le vassal dans le cas d'encourir la peine du crime de félonie : mais le duc prétendait que ce ne devait être qu'un hommage *simple*. On se contenta de termes généraux, et l'hommage fut reçu tel *qu'il devait être selon l'usage et le droit ancien*. Le duc envoya, l'an 1382, une ambassade en Angleterre pour redemander sa femme, que le roi Richard, frère de cette princesse retenait prisonnière. Elle lui fut rendue ; mais l'Anglais fut sourd à d'autres propositions que le duc lui fit faire dans le même tems. Le duc Jean, l'an 1383, accompagna le roi dans sa seconde expédition de Flandre. Les Français étant sur le point de prendre d'assaut la ville de Bourbourg, où les Anglais, poussés de poste en poste, s'étaient renfermés, il engage le roi à les laisser retirer *francs et quittes*, après avoir rendu la place. Ce conseil fut taxé de trahison par notre armée, qui s'attendait à faire un riche butin dans cette ville, où les Anglais avaient rassemblé celui qu'ils avaient fait dans la campagne, et qui était considérable. Le siége de Bourbourg fut commencé le 14 septembre, et finit le 17 du même mois. (Meyer.)

Le duc de Bretagne s'attira, l'an 1388, une très-fâcheuse affaire, par une perfidie insigne que la jalousie lui avait inspirée. Depuis trente-six ans le comte de Penthièvre gémissait dans les prisons d'Angleterre, faute de pouvoir fournir la somme de cent vingt mille livres (1) qu'on exigeait pour sa rançon. Le connétable Olivier Clisson s'oblige enfin, l'an 1387, à la payer, et délivre le prisonnier. Cet important service n'était pas absolument gratuit. Le prix que Clisson y avait mis était le mariage de Marguerite, sa fille cadette, avec le comte, qui, ayant accepté la condition, l'exécute l'année suivante. Le duc de Bretagne prend ombrage de cette alliance, qui rendait Clisson, à son gré, trop puissant en Bretagne, et imagine le moyen le plus violent pour en prévenir les suites. Il venait de faire bâtir le château de l'Hermine, près de Vannes. Il y attire le connétable, et, l'ayant conduit d'appartement en

---

(1) En 1387, l'argent monnayé de la meilleure espèce s'appelait gros d'argent, et valait 6 liv. le marc, étant à 11 den. 6 grains de loi ; ainsi, la livre numéraire vaudrait aujourd'hui 8 liv. 7 s. 11/16, par la raison qu'un marc, au titre de 11 den. 6 grains, vaut actuellement 50 liv. 2 s. 4 den. 1/8 : donc 120,000 liv. ou 20,000 marcs, valent 1,002,343 liv. 15 s. de notre monnaie courante (en 1785).

appartement, comme pour lui faire examiner le tout, il l'emmène au donjon, où il le fait enfermer et charger de fers. Le soir même, il ordonne à Bazvalen, un de ses officiers, de le faire mourir dans la nuit. L'ordre, à son insu, n'est point exécuté. Le duc, dont la fureur s'était convertie en frayeur et en remords, apprend le lendemain, avec joie, que le connétable est en vie ; il traite avec lui de son élargissement. Il en coûte au prisonnier dix mille livres (1) pour sa rançon, avec toutes ses places fortes qu'il cède au duc. Remis en liberté, le connétable n'est occupé qu'à se venger de l'affront qu'il a reçu. Ses partisans se déclarent contre le duc et lui enlèvent plusieurs places. Cette guerre dura neuf ans, pendant lesquels on fit plusieurs traités d'accommodement, qui furent presqu'aussitôt violés que conclus. Enfin la médiation du duc de Bourgogne rendit la paix à la Bretagne, par le traité conclu à Aucfer, près de Redon, le 19 octobre 1395. Ce fut dans le cours de cette guerre que Pierre de Craon assassina Clisson dans Paris, l'an 1392, à la tête d'une vingtaine de scélérats. Le connétable n'étant pas mort de ses blessures, poursuivit son assassin réfugié chez le duc de Bretagne, qui lui dit en le recevant : *Vous avez fait deux fautes dans la même journée : la première, d'avoir attaqué le connétable ; la seconde, de l'avoir manqué.*

Le duc Jean avait fort à cœur le recouvrement de Brest, qui était au pouvoir des Anglais. Il l'obtint du roi Richard, le 12 juin 1397 à la demande du roi de France, mais à condition de faire sa paix avec le connétable.

L'an 1399, le duc Jean, après avoir passé la plus grande partie de sa vie dans des guerres qu'il n'eût tenu qu'à lui d'éviter, et dans des alternatives de bonne et de mauvaise fortune, meurt à Nantes, le 1er. novembre, empoisonné, suivant le bruit public. Il fut enterré dans la cathédrale de Nantes.
« Ce prince était extrême en tout, aimant jusqu'à la folie,
» haïssant jusqu'à la fureur, et ne revenant jamais de ses
» préventions. Ce fut lui qui institua l'ordre militaire de
» l'Hermine. Ce qu'il y avait de particulier dans cette cheva-
» lerie, c'est que les dames pouvaient y entrer. La devise était,
» A MA VIE. Deux chaînes formaient le collier, où pendait
» une double couronne. Le duc voulait marquer par la devise
» qu'il avait exposé deux fois sa vie, pour conserver sa dignité ;
» et par les deux couronnes, qu'il avait conquis deux fois
» la Bretagne ». (N. D. H.) Il avait épousé, 1°. MARIE, fille

---

(1) 83528 liv. 12 s. 11 den.

d'Edouard III, roi d'Angleterre ; 2°. JEANNE, fille de Thomas Holland, comte de Kent ; 3°. JEANNE, fille de Charles le Mauvais, roi de Navarre. De cette dernière épouse, qui se remaria avec Henri IV, roi d'Angleterre, il laissa quatre fils : Jean, qui suit ; Artur III ; Gilles ; Richard, et trois filles : Marie, femme de Jean le Sage, duc d'Alençon ; Marguerite et Blanche. (*Voyez* Charles V *et* Charles VI, *parmi les rois de France.*)

JEAN V ou VI, DIT LE BON ET LE SAGE.

1399. JEAN V, né le 24 décembre 1389, succède à son père, Jean de Montfort, sous la tutelle et la régence de la duchesse Jeanne sa mère. L'année suivante, Jeanne traite avec le sire de Clisson, et assure par-là le repos de la Bretagne. Le jeune duc fait, l'an 1401, son entrée solennelle à Rennes, le 22 mars. La duchesse, sa mère, ayant épousé par procureur, le 3 avril 1402, Henri IV, roi d'Angleterre, le duc de Bourgogne vient en Bretagne, et y est déclaré, le 19 octobre, régent du duché et tuteur du jeune duc et de ses frères, par le plus grand nombre des prélats et des barons. Il part de Nantes, le 3 décembre suivant, pour retourner à Paris, emmenant les princes ses pupilles avec lui. La duchesse Jeanne se rend, le 26 du même mois, à Camaret, où la flotte anglaise l'attendait pour la conduire en Angleterre. La guerre s'étant rallumée, l'an 1403, entre la France et l'Angleterre, une escadre anglaise fait une prise considérable sur les côtes de Bretagne. Les Bretons, excités par le connétable de Clisson, grand ennemi des Anglais, mettent en mer une flotte de trente vaisseaux, qui, ayant atteint celle des Anglais dans la Manche, au mois de juillet, l'attaque, lui prend quarante vaisseaux, et fait mille prisonniers, outre cinq cents hommes des ennemis qui furent tués dans le combat. Animés par ce succès, les Bretons font un nouvel armement, avec lequel ils vont piller et brûler Plimouth, et reviennent chargés de butin.

L'an 1404, le duc Jean ayant été déclaré majeur, fait hommage au roi le 7 janvier. Deux ans après, il se brouille avec le nouveau duc de Bourgogne, fils de son tuteur, et prend le parti du duc d'Orléans. Le connétable de Clisson ayant été dépouillé de ses charges par le duc de Bourgogne, sa disgrâce réveilla la haine des ennemis qu'il avait en Bretagne. Retiré dans son château de Josselin, il y tombe malade. Ce fut alors qu'il se vit assigné pour répondre devant le juge de Ploërmel, sur plusieurs crimes et maléfices dont les officiers du duc de Bretagne l'accusaient. Clisson n'ayant point répondu à cet ajourmement, le duc marche avec des troupes pour l'assiéger. Cent mille francs qu'Olivier fait offrir au duc, détournent cet orage. Il meurt le 23 avril, laissant une fille, héritière de ses ressentimens contre la maison régnante, et jalouse de celle de Penthièvre, qu'elle gouvernait absolument.

L'an 1412, Gilles de Bretagne, frère du duc, jeune prince de grande espérance, meurt le 19 juillet à Cosne-sur-Loire. Il est inhumé dans l'église de Saint-Pierre de Nantes. Le duc Jean était plus sincèrement attaché que son père à la France. L'an 1415, il marche au secours des Français, contre les Anglais, avec dix mille hommes ; mais ce secours arrive après la funeste bataille d'Azincourt. Le roi, pour le dédommager de la dépense qu'il avait faite, lui rend la ville de Saint-Malo. Il va, l'an 1416, par ordre de ce monarque, trouver à Lagni, le duc de Bourgogne, pour le sommer de se retirer dans les Pays-Bas, et n'est point écouté. Après avoir séjourné à Paris et dans les environs pendant le cours de l'hiver, il reprend, au printems de l'an 1417, la route de ses états, résolu de passer en Angleterre pour y voir la reine sa mère. En passant à Angers, il conclut le mariage de sa fille Isabelle avec Louis, roi de Sicile. Arrivé à Rennes, il y tient ses états et pourvoit à la sûreté de ses frontières. Voyant la guerre se renouveler entre la France et l'Angleterre, il va trouver le roi Henri V dans la ville d'Alençon, et obtient une trêve de dix mois pour son duché. Il revient à Paris, l'an 1418, pour travailler à la pacification des troubles dont le royaume est agité. La peste qui désolait la capitale l'ayant obligé d'aller se loger à Charenton, il y établit des conférences qui n'ont aucun succès. Etant retourné de là en Bretagne, il reçoit, l'année suivante (1419), deux hérauts du roi d'Angleterre, qui l'invitent à venir le trouver à Rouen, dont il venait de s'emparer. Cette nouvelle entrevue des deux princes devint également inutile pour la paix.

Les Penthièvres étaient toujours les rivaux, tantôt à découvert, tantôt en secret, des ducs de Bretagne. L'an 1420, le 13 février, ils arrêtent le duc Jean, prisonnier avec Richard, son frère, dans le tems qu'il leur témoignait la plus grande confiance ; tous deux sont enfermés dans une tour de Châteauceau, d'où ils sont transférés en diverses places, et en dernier lieu dans celle de Clisson. La duchesse de Bretagne, sœur du dauphin, assemble les états, fait retentir de ses plaintes toutes les cours, et implore leur secours pour venger l'insulte faite à son époux. Toute la Bretagne se met en mouvement, prend les armes, et oblige les Penthièvres à rendre le duc, qui est reçu avec une joie extrême de ses sujets, après cinq mois de captivité. Il lui en coûta plus de 326,000 livres (1), pour recouvrer la liberté, outre plusieurs vœux qu'il accomplit, comme de donner à Notre-Dame de Nantes son pesant d'or, et à Saint-Ived son pesant d'argent (le duc pesait 380 marcs 7 onces) (2). Ce prince, l'an 1421, fait un traité avec le dauphin. Mais peu après, intimidé par le roi d'Angleterre, il en signe un tout contraire, et ratifie celui de Troyes. Le duc de Bretagne tint à peu près la même conduite pendant tout son règne, reconnaissant tantôt Charles VII, tantôt Henri VI, pour roi de France. Par ce moyen, il entretint la paix chez lui et fut assez tranquille.

Gilles de Laval, décoré du bâton de maréchal de France en 1429, et depuis appelé le maréchal de Retz, se déshonorait en Bretagne par des actions infâmes qui excitaient le cri du public contre lui. Le procureur-général de Bretagne l'ayant fait arrêter en 1440, il fut, par jugement, brûlé le 25 octobre de la même année, dans la prairie de Nantes, après avoir donné de grandes marques de pénitence. Ce fut le goût du faste et de la débauche qui le précipita dans tous les malheurs dont il fut si cruellement puni. Il consuma en folles dépenses deux cent mille écus d'or comptant, dont il avait hérité à l'âge de vingt ans, et trente mille livres de rente qu'il possédait, et qui formaient alors un revenu très-considérable. Il ne voyageait point, dit-on, sans traîner à sa suite des troupes de cuisiniers, de musiciens, de danseurs de l'un et l'autre sexe, des meutes de chiens, et deux cents chevaux de main. Malheureusement il avait cru devoir faire entrer dans ce cortége des prétendus devins et magiciens ; ce qui fit qu'on lui imputa des horreurs dont il n'était peut-être point coupable. (*Lect. des Liv. Franc.*, vol. F, p. 221.)

L'an 1442, le duc Jean meurt, le 28 août, au château de la Touche, près de Nantes, justement regretté de ses sujets. C'était le plus beau prince de l'Europe. Magnifique dans ses habits, dans ses meubles et dans sa dépense, honnête dans ses manières, juste et charitable, il ne pécha que par trop

---

(1) Le marc d'argent fin, en 1420, était à 18 liv.; et comme le gros d'argent était à 11 deniers 16 grains de loi, le marc de cette espèce devait valoir au moins 17 liv. 10 s. Ainsi, 326,000 liv., ou 18,628 marcs 20/35, à 51 liv. 19 s. 5 den. 11/18 le marc, produiraient aujourd'hui (1786) 968,189 l. 15 s. 9 d.

(1) Trois cent quatre-vingts marcs sept onces d'or fin, valent actuellement (1786) 315,593 liv. 0 s. 6 den.; et cette même quantité d'argent 20,360 l. 18 s. 10 den.

facilité et de bonté. D... ANNE, son épouse, décédée le
9 septembre 1433, il eut tr... fils : François, comte de Montfort; Pierre, comte de G...ngamp, marié, l'an 1432, avec
Françoise d'Amboise ; Gilles, seigneur de Chantocé ; et Isabeau de Bretagne, mariée à Gui XIV, premier comte de Laval,
qui eut d'elle trois fils et cinq filles. Le corps du duc Jean
fut inhumé dans la cathédrale de Nantes, d'où il fut ensuite
transporté dans celle de Tréguier, où il avait choisi sa sépulture.

FRANÇOIS I.

1442. FRANÇOIS I, fils de Jean V et de Jeanne de France,
né l'an 1410, succède à son père le 28 août. Il attend l'arrivée d'ISABEAU, fille de Jacques I, roi d'Ecosse, pour faire
son entrée solennelle. Après la cérémonie de son mariage avec
cette princesse, célébré le 30 octobre 1442, il prend la route
de Rennes, et descend, le 6 décembre, dans l'abbaye de
Saint-Mélaine. De là il va, le lendemain, à la cathédrale, où
il est couronné par l'évêque et fait en même tems chevalier
par le connétable de Richemont. Il se rend, l'an 1444, aux
états-généraux, où l'on conclut, avec les ambassadeurs d'Angleterre, une trêve, à commencer du 15 mai de cette année,
jusqu'au 15 juin de l'année suivante. Le prince Gilles murmurait cependant de son partage, qu'il croyait trop inégal,
comparé à celui de ses frères. S'étant brouillé avec eux à ce
sujet, il quitte la cour en 1445, et se retire au Guildo. De
là il entretient, avec l'Angleterre, des correspondances pré-
judiciables à l'état. Le connétable s'étant rendu en Bretagne,
travaille à la réconciliation de ses neveux, et y réussit en
apparence. Mais le prince Gilles reprend bientôt ses liaisons
avec l'Anglais. Le duc, son frère, va trouver à Chinon,
l'an 1446, le roi Charles VII, auquel il fait hommage dans
la forme que désirait ce monarque (1). En conséquence d'une

---

(1) Les historiens de Bretagne ont rapporté l'acte de cet hommage,
en termes si différents de la manière dont il est conçu, qu'il est à
propos de le rapporter avec toutes ses circonstances. Le lundi 14 mars
1446 (n. st.), on fit venir au château de Chinon, où était le roi
Charles VII, vers les cinq heures du soir, deux notaires, qu'on introduisit dans *la chambre à parer du roi*, pour dresser acte de ce qui s'y
passerait. Vers le même tems arriva le duc de Bretagne, ayant à sa
suite Artur, comte de Richemont, connétable de France, son oncle,
les évêques de Dol et de Saint-Brieux, le sire de Guingamp, Robert
d'Epinai, Jean l'Abbé, Jean Loisel, sénéchal de Dinan, Ro de la Rivière
René, Rouault, Artur de Montauban, Jean Ruffier, Artur de Ville-

délibération prise dans cette ent[re]v[ue], six cents hommes d[e] troupes du roi vont arrêter, au [G]uildo, le prince Gilles, [et] le conduisent à Dinan. Le duc [fa]it de vains efforts pour le faire condamner en justice réglée. Résolu de s'en défaire, il

---

blanche, et Jean de St.-Paul, tous *conseillers, officiers et serviteurs*. Un moment après, le roi sortit de *sa chambre de retrait* (de son appartement) suivi du dauphin, des comtes de Vendôme et de Foix, du chancelier de France, des comtes de Tancarville et de Laval, de l'archevêque de Vienne et de l'évêque de Maguelone, de MM. de la Trémoille, de Chauvigni, de Châtillon, de Montgascon et de Culant, du maréchal de Jaloignes, de MM. de Précigni, de Blainville, de Lone, de Ville, de Maupas, de Regnault de Drosnoy, de Gilles de Saint-Simon, de maître Guillaume Cousinot, Gui Bernard, Robert Thibaut, Jean Baillet, J. de Bouzy, Jean Barbin, Hélie de Pompadour, Gabriel de Beunes, Robert de Floque, dit Floquet, Charles Chaligaut, Matthieu Beauvarlet, Adam Roland, et Etienne Chevalier. Alors, le duc, debout, sans chaperon, mit ses mains entre celles de Sa Majesté (le roi étant également debout). Messire Pierre de Brézé, chambellan, prenant la parole, dit : « Monseigneur de Brétagne, vous faites foi et
» hommage-lige de la duché de Bretagne et de ses appartenances au
» roi vostre souverain et lige seigneur, par la foy et serment de vostre
» corps, lui promettez foy et loyauté, et le servir et obéir envers tous
» et contre tous vivans et mourans, sans quelconques personnes en
» excepter, et n'avouerez jamais aultre seigneur souverain, fors le roy
» et ses successeurs roys de France, et à ce, le roy vous reçoit, sauf
» son droict et l'aultruy, en vous baisant en la bouche. » Le duc répondit : « Monseigneur, je vous fais hommage de la duché de
» Bretagne, tel que mes prédécesseurs ont accoustumé faire à vos
» prédécesseurs roys de France. » Ensuite le roi le baisa à la bouche, et lui dit : « Beau nepveu, je sais bien que vous avez bon vouloir à
» moi, et du vivant de nostre père même ». A ces paroles obligeantes et flatteuses, le duc répliqua : « Monseigneur, je vous serai bon, vray
» et loyal sujet et parent, et vous serviray envers tous et contre tous ;
» et aurois le cœur bien dur, veu que je suis si prochain vostre parent,
» si aultrement je le faisois » Après avoir fait l'hommage pour le duché de Bretagne, le duc fit ensuite celui du comté de Montfort et de la terre de Néaufle, *ses appartenances et appendances*, dans les mêmes termes que le premier. Après quoi, maître Jean Barbin, conseiller et avocat du roi, requit lesdits notaires, pour le roi, d'en dresser l'acte, ce qui fut exécuté sur-le-champ, *pour servir et valoir audit seigneur ce qu'il appartiendra par raison*. On fit une expédition double de ces foi et hommage. Dom Morice, dans l'Histoire de Bretagne, en a publié une en latin. Celle-ci, tirée du château de Nantes, armoire L, cassette H, cote V, est en français, et au bas est écrit, *Transsumptum cujusdam instrumenti existentis in thesauro chartarum regis Parisius* ; et au bas, *signé Budé avec paraphe*, et est pareillement escript : *Collatio fit* ; et n'est point scellé. Voilà, dans l'exacte vérité, ce qui se passa à la prestation de la foi et hommage du duc François.

prend le parti de le laisser périr en prison. Le roi d'Angleterre intercède pour cet infortuné prince, et n'est pas mieux écouté. Pour se venger de cet affront, il charge François de Surienne, dit l'Aragonnais, d'aller surprendre Fougères; ce qui est exécuté. Les Anglais refusant de rendre cette place, le roi Charles VII leur déclare la guerre. Le duc ayant fait, au mois de juin 1449, un traité avec le roi Charles VII, se jette sur la Normandie, et soumet rapidement le Cotentin. De retour en Bretagne, il achève le siége de Fougères, commencé par le prince Pierre, son frère, et force la garnison à se rendre le 4 novembre de la même année 1449. Surienne alors, prévoyant les suites funestes qu'allait avoir cette guerre pour les Anglais, les abandonne, et embrasse le parti du roi et du duc.

L'an 1450, le duc fait le siége d'Avranches avec le connétable, et s'en rend maître. Ce fut à ce siége qu'il apprit la mort de Gilles de Bretagne, son frère, qu'il retenait depuis quatre années en prison. Ce prince, plus malheureux que coupable, livré à ses plus cruels ennemis, après avoir essuyé de leur part tous les traitements les plus indignes et les plus barbares, mourut encore d'une mort violente (étouffé, selon quelques-uns, entre deux matelas) au château de la Haudinaiet, la nuit du 24 au 25 avril 1450. Un cordelier, qui l'avait confessé, cita, dit-on, de sa part le duc François au jugement de Dieu, pour y comparaître à un certain jour, qu'il lui marqua même par écrit. Quoi qu'il en soit, François mourut cette année 1450, le 17 ou le 19 juillet, et fut enterré dans l'église de l'abbaye de Redon. François, n'ayant point d'enfants mâles, avait institué, avant sa mort, Pierre, son frère, pour lui succéder; et en cas que Pierre ne laissât point d'enfants mâles, le duché de Bretagne devait revenir à Artur de Bretagne, comte de Richemont, connétable de France, puis à ses fils après lui. François avait épousé en premières noces, au mois d'août 1431, YOLANDE, fille de Louis II, duc d'Anjou et roi de Sicile, et veuve de Jean d'Alençon, morte le 17 juillet 1440. Il épousa ensuite, le 30 octobre 1441, ISABEAU STUART, fille de Jacques I, roi d'Ecosse, dont il eut deux filles, Marguerite, mariée à François II, qui viendra ci-après, et Marie, qui épousa Jean II, vicomte de Rohan.

PIERRE II.

1450. PIERRE II DE BRETAGNE succède au duc François, son frère. Après avoir rendu hommage au roi le 3 novembre, il se transporte à Nantes, où il fait travailler au procès des meurtriers de Gilles de Bretagne, son frère. Ils avaient pris la fuite et s'étaient sauvés en France. Les gens du duc, envoyés à leur poursuite, les ayant découverts à Marcoussi, près de Montlhéri, les arrêtent et les emmènent en Bretagne. Le roi de France se formalise de ce coup d'autorité commis dans ses états par le duc de Bretagne. Il réclame les coupables, promettant d'en faire bonne justice. Le duc répond qu'ils sont ses justiciables, étant naturels bretons, et le crime s'étant commis dans ses états. On convient enfin qu'ils seront ramenés à Marcoussi pour être livrés aux officiers du roi, qui les remettra ensuite aux officiers du duc; ce qui fut exécuté. Olivier de Méel, chef des assassins, eut la tête tranchée, le 8 juin 1451, à Vannes, ainsi que ses complices, dont les corps, coupés en quartiers, furent portés en divers lieux, et exposés sur les grands chemins. Artur de Montauban, le plus coupable de tous, parce qu'il avait été l'âme du complot formé contre la vie du prince Gilles, trouva un moyen pour se soustraire à la sévérité de la justice; ce fut de se faire célestin à Marcoussi, et, ce qui est surprenant, il devint archevêque de Bordeaux. (*Gall. Chr. no.*, t. II, col. 844.)

Une affaire qu'on jugeait alors aussi importante qu'elle paraîtrait frivole aujourd'hui, fut portée, l'an 1455, au conseil du duc, et traitée avec toute l'attention qu'on eût donnée à une affaire d'état. C'était le pas aux processions, disputé à l'abbé de Saint-Melaine de Rennes par l'abbesse de Saint-Georges. Le pape Nicolas V, devant qui la contestation avait déjà été portée, s'était expliqué en faveur de l'abbé; mais son jugement était demeuré sans exécution. Celui du duc Pierre II fut le même pour le fond; mais on y mit des modifications dont la principale était qu'avant de prendre le pas, l'abbé l'offrirait *par courtoisie* à l'abbesse, qui le refuserait *par humilité*. (*Hist. de Bret.*, tome II, page 52.)

L'an 1457, Pierre II meurt le 22 (et non le 12) septembre au château de Nantes, après un règne de sept ans. Ce prince avait épousé, l'an 1431, FRANÇOISE D'AMBOISE, fille aînée de Louis d'Amboise, vicomte de Thouars, âgée pour lors de onze ans, laquelle lui avait apporté en dot la terre de Beuaon ou Benon. Pourvue de toutes les qualités du corps et de l'esprit, la jeune princesse était faite pour rendre son mari le plus heureux de tous les hommes: aussi lui fut-il d'abord tendrement attaché. Mais il eut la faiblesse de soupçonner sa vertu; et, dans les accès de sa jalousie, il s'oublia jusqu'à la frapper. Françoise n'opposa que la douceur et la patience à cette brutalité. Son mari reconnut bientôt son innocence, et depuis il vécut constamment avec elle dans la plus parfaite union. C'était en effet une femme non-seulement irréprochable dans sa conduite et dans ses mœurs, mais distinguée par les sentiments les plus éminents de la piété chrétienne. Elle inspira ces mêmes sentiments à son époux, réforma, par son exemple, le luxe des dames de sa cour, et ne fut occupée que de bonnes œuvres et du soulagement des pauvres. Les médecins ne connaissant ni les causes ni la nature de la dernière maladie du duc Pierre, on s'imagina qu'un magicien avait jeté un sort sur lui, et l'on se proposait d'appeler un sorcier pour détruire le charme. Le duc, ainsi que la duchesse, rejeta avec horreur ce projet sacrilége, disant *qu'il aimait mieux mourir de par Dieu que de vivre de par le diable*. Il rendit l'âme entre les bras de son épouse d'une manière très-édifiante. On dit qu'en mourant il déclara qu'il laissait cette princesse telle qu'il l'avait reçue, et que, d'un consentement mutuel, ils avaient vécu dans une continence parfaite : dévotion singulière dans un prince héréditaire et souverain. Il eut néanmoins une fille naturelle, nommée Jeanne, par une faiblesse trop ordinaire aux princes, et dont il est très-rare qu'ils fassent une pénitence aussi sincère et aussi soutenue que celle qu'il fit. Nous verrons ci-après la constance que la duchesse sa veuve opposa aux efforts que l'on fit pour lui faire accepter une nouvelle alliance.

ARTUR III.

1457. ARTUR III, comte de Richemont, connétable de France, fils de Jean IV, succéda à son neveu Pierre II à l'âge de soixante ans. Il conserva sa charge de connétable malgré les remontrances de ses barons, qui prétendaient qu'elle était au-dessous d'un duc de Bretagne. *Je veux*, leur dit-il, *honorer dans ma vieillesse une charge qui m'a fait honneur dans ma jeunesse*. Etant parti de Nantes, il fait son entrée à Rennes, où il avait convoqué les états le 30 octobre 1457. De retour à Nantes, il va joindre à Tours, peu de tems après, le roi Charles VII, qui l'y avait invité pour assister à la demande que les ambassadeurs de Hongrie venaient faire de la princesse Madeleine de France pour le jeune roi, leur maître. Mais il apprit avant son départ la mort de ce prince, et n'en fit pas moins le voyage. Il était depuis un mois à Tours, lorsqu'il demanda à faire hommage au roi pour son duché : mais Charles VII ayant exigé qu'il le rendît lige, il le refusa, prétendant qu'il ne le devait que simple. Pour modifier néanmoins ce refus, il demanda permission au roi d'aller consulter ses états, et partit dans la résolution de ne plus revenir en France.

Le roi, déterminé à faire le procès au duc d'Alençon accusé

de crimes d'état, avait convoqué pour cet objet le parlement avec les pairs à Montargis. Le duc de Bretagne, invité à s'y rendre en qualité de pair, répondit par écrit, le 11 mai 1458, « que de tout tems il avait servi le roi et son royaume; qu'il » était connétable de France; qu'en cette qualité il était tenu » de se rendre aux ordres du roi, et qu'il était disposé à le faire; » mais qu'en qualité de duc il ne dépendait de la couronne que » dans le cas de l'appel du parlement de Bretagne à celui de » Paris, ou dans le cas de déni de justice; que son duché » n'avait jamais fait partie du royaume de France, et qu'il n'en » était pas un démembrement; qu'il était très-déterminé à ne » point violer le serment qu'il avait fait de conserver les pré- » rogatives de son duché; qu'il n'était pas pair de France, et » qu'il ne voulait point comparaître en cette qualité à Mon- » targis ou ailleurs ». Le duc Artur ne persista point dans cette résolution. Il était oncle du duc d'Alençon, et cette considération ne lui permit pas d'abandonner ce prince dans le péril imminent où il se trouvait. Le parlement ayant donc été transféré de Montargis à Vendôme pour s'ouvrir le 15 août de la même année, le duc de Bretagne s'y rendit; mais n'ayant pu empêcher son neveu d'être condamné à mort par jugement du 10 octobre, il se joignit à tous les amis et parents du coupable pour demander au roi sa grâce, et l'obtint. Étant parti de Vendôme après un séjour assez court, il revient à Nantes avec une maladie de langueur qui le conduisit au tombeau le lendemain de Noël 1458. La Bretagne perdit en lui le plus grand prince qu'elle eût jamais eu. Artur réunissait les plus excellentes qualités, la religion, la pureté des mœurs, le zèle pour la justice, la valeur, l'habileté dans le commandement des armées; en un mot, rien de ce qui fait le grand homme ne lui manquait. Ce prince ne laissa point d'enfants, quoiqu'il eût été marié trois fois; 1°. l'an 1423, avec MARGUERITE, sœur de Philippe le Bon, duc de Bourgogne, et veuve du duc de Guienne, morte le 2 février 1441; 2°. l'an 1442, avec JEANNE D'ALBRET, morte l'an 1444; 3°. l'an 1445, avec CATHERINE DE LUXEMBOURG, fille de Pierre I de Luxembourg, comte de Saint-Pol.

FRANÇOIS II.

1458. FRANÇOIS II, fils aîné de Richard, comte d'Etampes, quatrième fils de Jean IV et de Marguerite d'Orléans, dame de Vertus, et fille de Louis, duc d'Orléans, frère du roi Charles VI, successeur de son oncle Artur III, fait son entrée solennelle à Rennes, le 3 février 1459, accompagné de sa mère; et de là, s'étant rendu à Montbazon, où était la cour de France, il y fait au roi, le 28 du même mois, hommage simple du duché de Bretagne, debout, l'épée au côté, sans s'incliner et sans prêter serment; puis il lui fait hommage-lige pour le comté de Montfort et pour la terre de Néaufle-le-Châtel. Le chancelier prétendait qu'il le rendît aussi pour la pairie; mais le duc répondit: *Non, je ne le fais point, et sur ce je n'ai point délibéré à mon conseil.* Il envoie, la même année, une ambassade d'obédience au pape suivant la coutume de ses prédécesseurs. Le saint père la reçut avec distinction; et l'année suivante, il fit expédier une bulle, datée du 4 avril, pour l'érection d'une université à Nantes, conformément à la demande que les ambassadeurs lui en avaient faite de la part de leur maître.

Le roi Louis XI étant venu en Bretagne l'an 1462, le duc va le recevoir à Redon. Ce monarque était en route pour porter du secours au roi d'Aragon attaqué par les Castillans et les Navarrois; de Redon le duc le suivit à Nantes, où il s'arrêta quelques jours. Tandis que le roi séjournait en cette ville, on y vit arriver la duchesse Françoise, veuve du duc Pierre II. Le traitement qu'elle essuya de la part du roi dévoila l'un des motifs qui l'avaient conduit en Bretagne. On avait amené la duchesse pour la contraindre d'épouser le duc de Savoie. Elle résista constamment aux sollicitations et aux menaces de sa famille appuyée du roi pour la faire consentir à cette alliance. On était disposé à l'enlever. Le duc fut indigné qu'on voulût ainsi faire violence à cette princesse sous ses yeux. De la Fosse, où elle était comme captive, l'ayant fait venir dans la ville, il établit des gardes pour veiller à sa sûreté, et fit échouer par là le projet du roi et des vicomtes de Thouars. Louis XI n'était pas de caractère à pardonner au duc une résistance aussi formelle à ses volontés. Il n'eut pas de peine à trouver l'occasion de se venger. Le duc avait un différent, qu'il poussait très-vivement, avec l'évêque de Nantes, Amauri d'Acigné, qui se prétendait exempt de la juridiction ducale. Le roi voulut prendre connaissance de cette affaire en première instance, et nomma, le 26 octobre 1463, le comte du Maine pour entendre ce que le duc avait à dire pour le soutien de ses droits, et prononcer juridiquement sur cette contestation. Le comte, après plusieurs délais accordés au duc, rendit enfin à Chinon, le 29 octobre 1464, un jugement par défaut, portant en substance que le temporel de l'évêché de Nantes, et les fruits depuis la naissance du procès, seraient mis en séquestre entre les mains du roi, avec défense au duc d'empêcher les évêques de porter directement au tribunal de sa majesté les affaires qu'ils auraient avec lui. Le duc, pour se mettre à couvert des chicanes du roi, travaille à mettre dans ses intérêts les princes du sang. Il était déjà en traité d'alliance, dès le 18 juillet 1463, avec le comte de Charolais. La plupart des autres princes et des grands de l'état, mécontents du roi, se montrent disposés à seconder ses vues. Le roi, qui est instruit de ces intrigues, convoque, pour les rompre, l'assemblée des états à Tours pour le 15 décembre 1464. Il y parle avec force contre les perturbateurs du repos public. Les princes parurent touchés de son discours, et lui firent des protestations d'attachement, que bientôt l'événement démentit. Dès le commencement de l'année suivante, le duc de Bretagne reçoit dans ses états le duc de Berri, et mande au duc de Bourgogne qu'il s'est mis à la tête des princes et des grands pour remédier aux abus du gouvernement. Le comte de Charolais, avec la permission de son père, lève des troupes. La guerre éclate sous le spécieux titre *du bien public*. Le duc de Bretagne, s'étant mis en marche à la tête de dix mille hommes pour aller joindre le comte de Charolais, campé dans la plaine de Longjumeau, est arrêté à Châteaudun par l'armée du roi ; ce qui l'empêcha de se trouver à la bataille de Montlhéri, donnée le 16 juillet 1465. Peu de jours après, les deux armées, bretonne et bourguignone, se réunissent. La vue de la première étonne les Bourguignons et leur donne une grande idée de la puissance du duc de Bretagne ; *car toute cette compagnie*, dit Commines, *vivait sur ses coffres*.

Tandis que l'armée des princes tient Paris bloqué, les Bretons s'emparent de Pontoise et font une vaine tentative sur Meulent ; mais, le 8 octobre, ils se rendent maîtres d'Evreux. Le roi était alors en conférence avec les princes pour la paix. Les intérêts du duc de Bretagne étaient peut-être les plus difficiles à manier. Par la composition que le roi fit avec lui, la sentence du comte du Maine, rendue contre le duc, fut cassée, et le roi déclara que la régale des évêchés vacants de Bretagne, la garde des églises, le serment de fidélité des évêques et le ressort de leurs juridictions appartenaient au duc. Les lettres-patentes expédiées à ce sujet furent enregistrées au parlement le 30 octobre. Ainsi finit la guerre du bien public. Par le traité de paix, le frère du roi venait d'être pourvu du duché de Normandie. Le duc de Bretagne, ainsi que plusieurs autres princes, l'accompagnent dans le voyage qu'il fait pour aller prendre possession de ce nouvel apanage. Mais la discorde s'étant mise entre eux, le duc de Bretagne reprend la route de ses états. Louis XI, ayant appris leur désunion à Orléans, va trouver le duc de Bretagne à Caen, et fait avec lui, le 23 décembre, un traité par lequel ils se promettent des secours réciproques contre leurs ennemis. Le duc n'excepta de son côté que le duc de Calabre et le comte de Charolais. Le roi, n'ayant plus rien à craindre du duc de Bretagne, part de Caen pour aller faire le siége de Rouen, dans la résolution d'enlever à son frère la Normandie, qu'il ne lui avait accordée qu'à regret. La place lui ayant été livrée après quelque résistance, il se dispose à faire la conquête de tout ce duché. Monsieur, dépouillé de toutes les villes de son apanage, a recours à la générosité du duc de Bretagne, qui lui ouvre un asile dans ses états. Le roi lui fait défense de garder ce prince. Il dépêcha au monarque pour lui faire savoir le peu de succès des démarches qu'il a faites pour engager Monsieur à sortir de Bretagne. La guerre avec le roi paraissant inévitable au duc, il se met en état de la soutenir par des traités d'alliance avec l'Angleterre, le Danemarck, la Savoie et le duc d'Alençon. Les Bretons, étant entrés dans la Normandie, s'emparent, l'an 1467, de Caen, de Bayeux, et de presque toute la basse Normandie. Mais, l'année suivante, ils perdent toutes leurs conquêtes, à l'exception de Caen. Le 10 septembre 1468, traité d'Ancenis, qui rétabit la paix entre le roi et le duc. Ce dernier perd, le 15 septembre 1469, la duchesse MARGUERITE, fille du duc François Ier, qu'il avait épousée l'an 1455. Elle a sa sépulture aux Carmes de Nantes.

La réconciliation du duc de Bretagne avec le roi de France était plus apparente que sincère; et, semblable à un feu qui couve sous la cendre, leur aversion réciproque était toujours près d'éclater à la première occasion. Le duc manifesta ses dispositions, l'an 1470, par le refus qu'il fit du cordon de Saint-Michel, que le roi, nouvel instituteur de cet ordre, lui avait envoyé. En vain, il voulut colorer ce refus par des prétextes spécieux qu'il déduisit dans un long mémoire : le roi ne fut point la dupe de son artifice, et comprit qu'il avait toujours en lui un ennemi caché. Il en fut pleinement convaincu, l'an 1471, en voyant le duc prendre hautement le parti de Monsieur, irrité de l'échange que le roi l'avait contraint de faire du duché de Normandie contre celui de Guienne. La guerre paraissant alors inévitable, le duc, pour se mettre en état de la soutenir, conclut, l'année suivante, à Châtel-Giron, un traité d'alliance avec les ambassadeurs d'Angleterre. Mais les secours qu'il espérait de cette puissance lui ayant manqué, son courage l'abandonne, et, sur le point de se voir accablé par les forces du roi de France, il lui envoie demander une trêve qui lui est accordée.

Le duc de Bretagne fit preuve de générosité, l'an 1474, par l'accueil favorable qu'il fit aux comtes de Richemont et de Pembrock, tous deux de la maison de Lancastre, qui, pour se soustraire à la fureur d'Edouard IV, usurpateur du trône d'Angleterre, s'enfuyant en France, furent jetés sur les côtes de Bretagne, et abordèrent au Conquet. Edouard les ayant redemandés pour les immoler à son ambition, le duc refusa poliment de les livrer, alléguant qu'il leur avait donné sa foi. Mais, pour calmer Edouard, il lui fit dire de n'avoir aucune inquiétude sur leur compte, qu'il allait les mettre hors d'état de lui nuire, et de rien machiner contre sa personne et son royaume. En effet, le duc les fit arrêter et garder sûrement, le comte de Richemont à Elven, et Pembrock à Josselin, d'où ils furent transférés à Vannes. Quelque envie qu'eût le tyran de les avoir en sa puissance, il fut obligé de dissimuler; et pour engager le duc à ne les jamais relâcher, il lui fit les plus magnifiques promesses. Ce fut en vain que Louis XI, dans la vue de brouiller le duc avec le roi d'Angleterre, revendiqua ces deux seigneurs qui étaient ses parents et ses alliés, et qui de plus étaient venus chercher un asile en France : le duc, qui devina sans peine son intention, lui opposa un refus, dont il se fit un mérite auprès d'Edouard. Les deux comtes ne furent délivrés que long-tems après, et celui de Richemont ne sortit de prison que pour monter sur le trône sous le nom de Henri VII.

Le duc, cependant, entretenait des intelligences très-étroites avec Edouard. Le résultat de leurs négociations, dans lesquelles entra le duc de Bourgogne, fut une ligue entre ces princes contre le roi de France. Louis XI, qui la soupçonnait, en eut depuis la conviction par les lettres du duc de Bretagne, qu'il acheta d'un secrétaire d'Edouard, pour soixante marcs d'argent. Ce fut alors qu'il fit de nouvelles trêves avec le roi d'Angleterre. Le duc, voyant alors que le projet de ligue serait sans effet, fit proposer au roi, par ses ambassadeurs, un traité de paix, qui fut conclu, le 9 octobre 1475, à l'abbaye de la Victoire, près de Senlis. Cette paix ne rétablit pas la confiance entre les deux princes. Le duc, toujours en garde contre la mauvaise foi du monarque, continua ses liaisons avec le roi d'Angleterre, afin d'en obtenir du secours dans le besoin. Louis XI, qui avait des émissaires partout, éclaira toutes ses démarches; et, l'an 1477, Chauvin, chancelier de Bretagne, étant venu assurer le roi de la fidélité de son maître à Arras, il le démentit en lui montrant vingt-deux lettres en original, dont douze étaient signées de la main du duc, et dix autres du roi d'Angleterre, qu'il lui fit lire. Chauvin, qui ne savait rien du mystère, découvrit dans ces lettres le fond d'une intrigue conduite par Landois, premier ministre du duc, et les promesses que faisait le roi d'Angleterre de passer en France, à la première réquisition de ce prince. Chauvin se retira confus, après avoir protesté de son innocence au roi, qui, connaissant sa probité, ajouta foi sans peine à son discours. A son retour, on reconnut que c'était Gourmel, secrétaire de Landois, qui s'était laissé corrompre pour livrer ces lettres. Il fut arrêté, conduit au château d'Aurai, et, peu de tems après, mis dans un sac et jeté dans la rivière. (Morice, *ibid*., pag. 133 et 134.) Jusqu'alors le duc François II, comme descendant de Richard de Bretagne et de Marguerite d'Orléans, prenait le titre de comte d'Etampes sans jouir de ce domaine, dont les revenus étaient en séquestre dans les mains du roi, jusqu'à la fin du procès qu'il avait à ce sujet avec la maison de Bourgogne. Le roi, pour le punir, fit juger définitivement ce procès par arrêt du parlement du 18 mars 1478, qui débouta le duc de sa demande. Le parti de la soumission fut la seule ressource du duc. Mais ses nouveaux serments de fidélité, prononcés sur la croix de Saint-Lo, n'empêchèrent pas le roi de disposer, dans le mois d'août suivant, du comté d'Etampes en faveur de Jean de Foix, vicomte de Narbonne.

L'archiduc Maximilien, par son mariage avec l'héritière de Bourgogne, était devenu l'ennemi irréconciliable de Louis XI. Sur les menaces qu'il faisait d'entrer en France, ce monarque n'oublia rien pour mettre dans ses intérêts tous les princes voisins, par des traités d'alliance. Mais, s'étant adressé, l'an 1479, au duc de Bretagne, il éprouva un refus. Jugeant par-là qu'il était lui-même allié de Maximilien, il cherche à lui donner de l'inquiétude, et y réussit en se faisant céder, par le comte et la comtesse de Penthièvre, leurs droits ou prétentions sur le duché de Bretagne. Le duc, pour se venger des Penthièvres, fait revivre l'ancienne baronnie d'Avaugour comprise dans leur comté, et en investit, du consentement des états, François de Bretagne, son fils naturel, qu'il fit ensuite (l'an 1485), comte de Vertus. Ce fils a été la tige des comtes de Vertus, qui n'ont fini qu'en la personne de Henri-François de Bretagne, mort à Paris, le 27 septembre 1746 (1).

Après la mort de Louis XI, le duc envoie, l'an 1484, une ambassade à Charles VIII, son successeur, pour lui faire des remontrances sur plusieurs griefs, dont il demande réparation. La tranquillité cependant ne régnait pas dans son duché. La tyrannie qu'exerçait son ministre Landois, qui de simple tailleur

---

(1) Henri-François a eu pour héritiers, dans ses biens paternels, le prince de Rohan Soubise, et dans ses biens maternels, le marquis de la Grange-Fouville, et sa sœur, Renée le Lièvre de la Grange, mariée, le 16 janvier 1748, à Guillaume-François-Louis-Joseph Joly de Fleuri, procureur-général au parlement de Paris depuis 1740.

d'habits était parvenu, par degrés, à ce poste éminent, excitait l'indignation des grands et du peuple. L'un des forfaits qu'on pouvait le moins lui pardonner, était la mort du chancelier Chauvin, l'un des hommes les plus vertueux de la Bretagne, qu'il avait fait périr de misère en prison, l'an 1482, sur une fausse accusation. Allant toujours de vexations en vexations envers ceux qui lui faisaient ombrage, ou dont il enviait la fortune, à la fin il poussa à bout la patience des Bretons. S'étant formés en corps d'armée sous la conduite du sire de Guémené et d'autres seigneurs, ils s'emparèrent de plusieurs places. Le duc, à la sollicitation de son ministre, fait dresser contre la ligue des lettres-patentes, que Chrétien, nouveau chancelier, quoique créature de Landois, refuse d'enregistrer. Le peuple de Nantes, où résidait le duc, à cette nouvelle, s'attroupe et court au château. Le comte de Foix, envoyé pour appaiser la sédition, revient et dit au duc : *Monseigneur, je vous jure que j'aimerais mieux être prince d'un million de sangliers que de tel peuple que sont vos Bretons. Il vous faut de nécessité délivrer votre trésorier* (c'était le ministre), *autrement nous sommes tous en danger*. Le chancelier arrive peu de tems après, et déclare au duc qu'il est contraint d'arrêter Landois, et qu'il le supplie de ne pas s'y opposer. Le duc y consentit, sous la promesse que le chancelier lui fit de rendre justice à son favori. Livré à ses juges qui étaient en même tems ses parties, Landois fut condamné, le 19 juillet 1485, à être pendu à l'insu du duc, et fut exécuté le même jour. La mort de Chauvin fut le seul crime dont il s'avoua coupable. Le duc apprend avec un vif regret celle de son ministre. Il assemble les états à Nantes, et y déclare son parlement sédentaire par lettres-patentes du 22 septembre. (Morice, *Mém.*, tom. III, col. 478.)

Le comte de Comminges et le prince d'Orange, principaux auteurs de la chute de Landois, le remplacèrent auprès du duc François II, qui les déclara ses lieutenants-généraux en Bretagne. Ce fut vraisemblablement par leur conseil qu'il assembla, le 8 février 1486, les états à Rennes, pour assurer sa succession à ses deux filles, Anne et Isabelle. L'assemblée applaudit unanimement à ses vues, et promit avec serment d'observer la déclaration qu'il rendit à ce sujet. Mais on ne s'accorda pas également sur l'époux qu'il fallait donner à la princesse Anne : le prince d'Orange était pour le roi des Romains, le comte de Comminges voulait la faire épouser au sire d'Albret, et le maréchal de Rieux la demandait pour le fils du vicomte de Rohan. Personne ne pensait alors au duc d'Orléans, parce qu'il n'était pas libre, ayant en ce moment pour épouse Jeanne, fille de Louis XI. Mécontent de la dame de Beaujeu, régente de France, il entretenait néanmoins des correspondances intimes à la cour de Bretagne. La régente, attentive à suivre ses démarches, ne put les ignorer. Mais le comte de Comminges, qui gouvernait absolument le duc de Bretagne, donna le change à cette princesse, en lui faisant entendre qu'elles n'avaient rien de contraire au service du roi. Comminges trompait la princesse, et disposait le duc de Bretagne à ouvrir un asyle dans ses états au duc d'Orléans. On vit enfin ce prince, l'an 1487, arriver, le 13 janvier, à Nantes. Les seigneurs bretons s'alarmèrent de son arrivée, dans la crainte d'attirer les armes de la France dans leur pays. Mécontents d'ailleurs de leur duc, à cause de la préférence qu'il donnait aux étrangers dans le gouvernement de ses états; ils s'assemblent à Château-Briant, et forment une confédération contre lui : ils se liguent ensuite avec le roi de France, à certaines conditions. Charles VIII fait entrer trois armées en Bretagne, et s'avance lui-même jusqu'à Ancenis. Après s'être rendu maître de Ploërmel et de Vannes, il fait assiéger, le 19 juin, Nantes, où le duc s'était renfermé. La place est défendue avec tant de vigueur, que, le 6 août, le roi, désespérant de la prendre, ordonne au seigneur de la Trémoille de lever le siége. Le roi se dédommage de cet échec par la prise de Vitré, de Saint-Aubin du Cormier, et d'Aurai. L'an 1488, les Bretons reprennent Vannes, mais ils perdent Château-Briant et Ancenis. Le 28 juillet, bataille de Saint-Aubin du Cormier, gagnée sur les Bretons par la Trémoille. Le duc d'Orléans et le prince d'Orange y sont faits prisonniers (1). Cette victoire est suivie de la perte de

---

(1) Ce jour même la Trémoille invite à souper le duc d'Orléans, le prince d'Orange, et les principaux officiers de leur armée qui avaient été pris avec eux. Vers la fin du repas, deux cordeliers paraissent, les princes pâlissent d'effroi. La Trémoille s'en aperçoit, et leur dit : « Rassurez-vous, messeigneurs, vous n'avez rien à craindre. Il appartient au roi seul d'ordonner de votre sort. Quant à vous, ajouta-t-il en s'adressant aux autres capitaines, vous qui avez faussé votre serment, mettez ordre à vos consciences. » Prières, larmes, rien ne put émouvoir la Trémoille; et ses victimes furent égorgées. « Nous ne » nions point la vérité de cette anecdocte, disent les éditeurs des » mémoires de Louis de la Trémoille : mais le rédacteur de ces » mémoires n'en fait aucune mention ; mais saint Gelais, cet apologiste zélé de la révolte du duc d'Orléans, n'en parle point ; mais » Jaligni, tout minutieux qu'il est, n'en dit pas un seul mot. Enfin » cette action est si loin de l'idée qu'on se forme d'un *chevalier sans* » *reproche* (c'est ainsi qu'on appelait Louis de la Trémoille), qu'elle » nous paraît invraisemblable. Au surplus, nos recherches nous ont » appris que les modernes qui l'ont recueillie l'avaient puisée dans une » histoire latine de Louis XII, insérée par Godefroi à la suite de celle » de Charles VIII par Jaligni, p. 274. »

Saint-Malo. Le duc alors demande humblement la paix. Elle est signée au Verger, le 21 août, entre les commissaires du roi et les ambassadeurs du duc. Le 9 septembre suivant, le duc François meurt de chagrin à Coiron. Son armée, détruite à la journée de Saint-Aubin, et son pays dévasté, causèrent le désespoir qui termina sa carrière : « car auparavant, dit saint Gelais, son
» peuple estoit riche à merveilles, et n'eussiez sçeu aller en
» maison de laboureur, n'y autre sur le plat pays que n'y eus-
» siez trouvé de la vaisselle d'argent ; mais, depuis lesdites
» guerres commencées, leurs biens se diminuèrent fort ». De sa seconde femme, MARGUERITE, fille de Gaston IV, comte de Foix, qu'il avait épousée à Clisson le 27 juin 1471, morte à Nantes le 15 mai 1486, il laissa deux filles, Anne, qui suit, et Isabelle, décédée en 1490. L'inhumation de ce prince se fit aux Carmes de Nantes, où la duchesse, sa fille aînée, fit ériger, en 1507, un magnifique tombeau, pour lui et sa seconde femme. Outre ses deux filles légitimes, le duc François II eut plusieurs enfants naturels, dont le plus distingué, nommé aussi François, fut gratifié par son père, l'an 1480, des châtellenies de Château-Landon, de Lanvallon et de Pempos, et créé premier baron de Bretagne.

Toute la vie du duc François II se passa dans un cercle de guerres, d'intrigues, d'ambassades et de traités d'alliance. Sans ses maîtresses et ses favoris, dit D. Lobineau, on n'aurait presque rien à lui reprocher que de s'être trop mêlé des affaires étrangères. Ne pourrait-on pas lui reprocher encore le peu de fidélité dans l'exécution des traités? car on sait assez qu'il n'était pas trop esclave de sa parole. Ce prince d'ailleurs avait de l'amour pour son peuple et les manières extrêmement populaires. On raconte qu'ayant établi, du consentement des états, un tribut considérable, il trouva dans la campagne un paysan qui portait une poule, accompagné de sa femme. Lui ayant demandé, sans se faire connaître, où il allait : « Je vais, dit
» le paysan, à la ville me défaire de ces deux bêtes : de celle-
» là, en montrant sa femme, en la mettant au service ; de
» celle-ci, sa poule, en la vendant pour avoir de quoi payer
» l'impôt extraordinaire de notre duc, qui nous en charge plus
» que nous n'en pouvons porter. » Le prince, frappé de cette réponse, cassa le tribut, et ne voulut plus qu'il en entrât rien dans ses coffres. (*Voy.* Charles VIII, *roi de France.*)

ANNE, DUCHESSE DE BRETAGNE.

1488. ANNE, fille aînée du duc François II et de Marguerite de Foix, sa seconde femme, née à Nantes le 26 janvier de l'an 1477 (n. st.), est reconnue duchesse de Bretagne aussitôt après la mort du duc son père. Les commencements de son règne sont très-orageux. La Bretagne, partagée en plusieurs factions, inondée de soldats français, espagnols, anglais, allemands et bretons, est pillée et ravagée impunément. L'usage de conclure les mariages des princes et princesses au berceau, et quelquefois même avant leur naissance, s'était établi en Europe. Anne avait été promise, dès l'an 1481, à Edouard, prince de Galles, fils d'Edouard IV, roi d'Angleterre. Mais la mort violente de ce jeune prince, assassiné, au mois de mai 1483, par Richard, son oncle, à l'âge d'onze ans, rompit ce mariage. Anne fut ensuite recherchée par Alain, sire d'Albret, par Louis, duc d'Orléans, par le roi Charles VIII, et par l'archiduc Maximilien, roi des Romains. La mauvaise mine du premier, son peu d'esprit, son caractère grossier, le firent bientôt rejeter malgré les efforts de la dame de Laval, gouvernante de la princesse, du comte de Comminges et du maréchal de Rieux, pour le faire prévaloir sur ses rivaux. L'inclination d'Anne était pour le duc d'Orléans : mais son conseil, par des raisons d'une fausse politique, la décida pour Maximilien, qui l'épousa effectivement par procureur ; ce qui se fit avec tant de mystère, que les domestiques mêmes de la princesse n'en eurent pour lors aucune connaissance, et que jusqu'à ce jour on n'a pu découvrir la date précise de ce mariage. On sait néanmoins que, pour le mieux assurer, la nouvelle épouse se mit au lit, et que le principal ambassadeur de Maximilien, tenant en main la procuration de son maître, mit une jambe nue dans la couche nuptiale : cérémonie indécente, qui fit tourner en ridicule Maximilien lorsqu'elle fut divulguée, et bien plus encore lorsqu'on vit le mariage manqué ; car il le fut en effet, et, l'an 1491, Anne épousa en personne Charles VIII, roi de France, pour lequel elle avait témoigné d'abord beaucoup d'éloignement. L'année précédente, Isabelle, sœur de la duchesse Anne, était morte à Rennes le 24 août. Anne devint veuve, le 7 avril 1498, du roi Charles, quelle regretta beaucoup, jusques-là qu'elle demeura trois jours sans prendre de nourriture ni de repos, ne disant autre chose à ceux qui venaient la consoler, sinon qu'elle avait résolu de suivre son cher époux au tombeau. Les reines avaient jusqu'alors porté le deuil en blanc ; elle le prit en noir, comme plus propre à nourrir sa douleur. Le duc d'Orléans, devenu le roi Louis XII, qui n'avait point cessé de l'aimer, mais pour lequel elle s'était beaucoup refroidie, vint à bout néanmoins de calmer ses regrets et d'obtenir sa main. Anne épousa ce prince, à Nantes, le 7 ou le 8 janvier 1499, après avoir pris les mesures que son conseil jugea convenables pour perpétuer la souveraineté de la Bretagne. Il était dit, par le contrat de mariage de Charles VIII avec la princesse, que, s'il mourait avant elle, sans enfants mâles, elle serait obligée d'épouser le roi successeur, au cas qu'il fût libre, ou à son défaut le prince le plus proche de la couronne; et cela pour ne pas laisser tomber la Bretagne en des mains étrangères. Anne avait fait une espèce de divorce avec Maximilien pour épouser Charles VIII, et Louis XII en fit un autre plus réel, en répudiant sa femme (Jeanne, fille de Louis XI), pour épouser Anne. Cette princesse fit insérer, dans son contrat de mariage, que si elle donnait plusieurs enfants à son époux, ce serait le second qui hériterait de la Bretagne, et qui relèverait le nom et les armes des anciens ducs, ce qui contredisait son contrat de mariage avec Charles VIII; et que, si elle n'en laissait point, la Bretagne retournerait à ses héritiers.

Louis XII étant tombé malade l'an 1505, la reine pense à se retirer en Bretagne, et dans ce dessein, elle fait emballer ses meubles les plus précieux et ses joyaux, pour les envoyer à Nantes par la Loire: le maréchal de Gié les fait arrêter. La reine, extrêmement piquée de ce procédé, obtient du roi, revenu en santé, que le maréchal soit arrêté, et que son procès lui soit fait. Il est conduit à Toulouse, et, par arrêt rendu le 9 février (1506), il est suspendu de sa charge de maréchal pendant cinq ans. Il se retire alors dans sa maison du Verger, en Anjou. Mais peu de tems avant sa mort, arrivée à Paris le 22 avril 1513, il fut rappelé à la cour et rétabli en grâce.

L'an 1514 (n. st.), la reine Anne meurt à Blois, le 9 janvier, dans sa trente-septième année. Son corps fut porté à Saint-Denis, et son cœur à Nantes, pour être mis dans le tombeau de ses père et mère. De son premier mariage, Anne avait eu quatre enfants, morts tous au berceau. Du second, elle laissa deux filles, Madame Claude, mariée, en 1514, à François, comte d'Angoulême, héritier présomptif de la couronne, et madame Renée, femme d'Hercule, duc de France. « En mourant, dit, parlant d'elle dans ses Mémoires, Louise » de Savoie, sa belle-sœur, mère du roi François I, elle me » laissa l'administration de ses biens, de sa fortune et de ses » filles, mesmement de madame Claude, (depuis) reine de » France, femme de mon fils, laquelle j'ay honnorablement » et amiablement conduite ». Cela prouve que, malgré son aversion pour Louise de Savoie, la reine Anne avait un grand fonds d'estime pour elle.

Anne de Bretagne remplit fidèlement tous ses devoirs envers ses deux maris; mais elle fut plus tendrement aimée du second qu'elle ne l'aima. Fière, impérieuse, toute occupée de son

duché de Bre...   u'elle gouverna toujours en souveraine,
elle affligea so...   par ses contrariétés, le cœur sensible de
Louis XII. il...   pour s'en consoler, qu'il fallait payer la
chasteté des fe...   Attribuant au caractère national l'inflexible
opiniâtreté de...   it de la reine, il la nommait, en plaisantant, *sa Br*...   Ces défauts, il faut l'avouer, étaient rachetés par de g...   qualités, et surtout par celles qui attirent
le plus l'amou...   a vénération des peuples. Anne était magnifique, et fa...   l'usage le plus noble et le plus louable de
ses immenses r...   us. « Elle en employait la meilleure partie,
» dit M. Gar...   , à récompenser les services rendus à l'état,
» ou à soulag...   es malheureux, assignant des gratifications,
» sur son trés...   , à tous les officiers qui s'étaient distingués
» par quelque action d'éclat, ou assurant une retraite à ceux
» que la vieillesse ou des blessures forçaient au repos ; le sur-
» plus servait à l'entretien d'un grand nombre de jeunes filles
» de condition, qu'elle formait dans son palais, qu'elle nom-
» mait ses filles, et qu'elle mariait avantageusement sans qu'il
» en coûtât rien aux parents. » (Tel est le premier établissement des filles d'honneur à la cour. Il subsista jusqu'en 1673,
qu'il fut supprimé pour faire place aux *dames du palais*.) Anne
était petite de taille et un peu boîteuse. C'est la première de
nos reines qui ait joui de la prérogative d'avoir des gardes à
elle, et de donner audience aux ambassadeurs (1).

Louis XII, après la mort de la reine Anne, céda le duché
de Bretagne, le 17 octobre, à madame Claude. Devenue reine
de France, cette princesse transporta au roi François I, son
époux, le don que Louis XII lui avait fait du duché de Bretagne, et le lui donna à titre d'héritage perpétuel, en cas
qu'il lui survécût sans avoir d'enfants d'elle. L'acte de cette
donation est du 20 juin 1515. Après la mort de la reine Claude,
arrivée le 20 juillet 1524, François envoya des commissaires
en Bretagne pour recevoir, en son nom, le serment et les
hommages de la province : ce qui fut exécuté dans l'assemblée
des états, tenue à Rennes le 26 novembre de cette année.

L'an 1532, François I, voulant que le duché fût irrévocablement réuni à la couronne, avant que le dauphin, à qui
la reine Claude avait donné le titre de duc de Bretagne par
son testament, en prît possession, se rendit en Bretagne pour
la tenue des états. La réunion fut demandée par les états, et

---

(1) « Anne de Bretagne, dit l'abbé de Longuerue, fit traduire le
» Nouveau Testament en bas-breton ; c'est un ouvrage rare : je l'ai vu
» rechercher avec grand soin par les Anglais. » (*Longueruana*.)

accordée par le roi, avec les condition
mandaient. Les lettres-patentes de cett
Nantes, en date du mois d'août 1532,
parlement de Paris le 21 septembre, e
tagne le 8 décembre de la même année.
tagne a cessé d'avoir des souverains partic
les VIII et Louis XII, *rois de France*.
marquer au dauphin la satisfaction que lu
et toutes ses belles qualités, lui donna,
sance du duché de Bretagne, sans en rie
et hommage, que le dauphin lui fit à A
de la même année.

L'an 1553 (v. st.), le roi Henri II, par e   it donné à Fontainebleau dans le mois de mars, supprima les grands jours
de Bretagne, et créa un parlement à Rennes. L'un des motifs
exprimés dans le préambule, est que les grands jours ne se
tenaient que trente-six jours par an, depuis le 1er. septembre
jusqu'au 8 octobre, et que d'ailleurs les jugements qui y étaient
rendus étaient sujets à l'appel, qui se portait au parlement
de Paris.

Les états de Bretagne se tenaient autrefois tous les ans : mais
depuis 1630, ils n'ont plus été assemblés que tous les deux
ans, si ce n'est dans des circonstances pressantes où les besoins de l'état ou d'autres affaires importantes ont déterminé à
convoquer des assemblées extraordinaires, comme en 1741, à
l'occasion du dixième ; en 1748, à l'occasion des quatre sous
pour livre de la capitation ; en 1749, relativement au vingtième ;
en 1768, à l'occasion d'un réglement pour le rétablissement de
l'ordre dans les assemblées.

CHRONOLOGIE HISTORIQUE

DES COMTES,

PUIS DUCS DE PENTHIÈVRE.

Le comté, aujourd'hui (1785) duché de Penthièvre (*Penthiveris Pagus*), est une grande terre qui comprend celles de Guingamp, Lamballe, Moncontour, la Roche-Esnard, Lanizu et Jugon.

EUDON, PREMIER COMTE.

Eudon, ou Eudes, deuxième fils de Geoffroi, comte de Rennes et duc de Bretagne, mort en 1008, et d'Havoise, fille de Richard I, duc de Normandie, né l'an 999, demeura comme co-propriétaire de Bretagne, avec Alain, son frère aîné, tant que vécut la duchesse leur mère, qui conserva, même depuis leur majorité, la principale autorité dans le gouvernement de la Bretagne. La mort de cette princesse étant arrivée l'an 1034, les deux frères procédèrent alors à un partage. Eudon eut pour sa part les diocèses de Saint-Brieux et de Tréguier, avec une partie de ceux de Dol et d'Aleth, ou de Saint-Malo. Alain eut le surplus de ces deux diocèses avec ceux de Vannes et de Rennes; mais en récompense il se réserva la propriété des grandes villes qui étaient dans le partage de son frère, et la souveraineté sur tout le reste. Cette réserve rendit les partages à-peu-près égaux, et la condition de l'aîné la meilleure. Eudon, quoique le plus riche en terres, ne fut point content de cet arrangement; il affecta l'indépendance à l'égard de son frère, prit les armes pour s'y maintenir, et commença par s'emparer d'Aleth et de Dol. A la nouvelle de cette invasion, le duc Alain marche contre son frère, lui livre bataille près du château de Lehon, et remporte la victoire après une grande perte de part et d'autre. Les deux frères ensuite, par la médiation de l'évêque de Vannes et du duc de Normandie, font la paix sans qu'il en coûte rien au vaincu. Il paraît même qu'Eudon garde la propriété de la ville de Dol, dont la souveraineté resta au duc son frère. Du reste Eudon et ses descendants, jusqu'au treizième siècle, se qualifièrent comtes de Bretagne, et se comportèrent comme s'ils n'avaient point de supérieur en ce duché.

L'an 1040, après la mort d'Alain, Eudon se rendit maître du gouvernement et de la personne de Conan, son neveu qui n'avait encore qu'un an ou environ. Une conspiration des seigneurs bretons tira Conan, l'an 1047, de l'espèce de prison où son oncle le retenait; et l'année suivante il fut solennellement reconnu duc de Bretagne à Rennes. Eudon néanmoins conserva la régence de la Bretagne pendant la minorité de ce prince. La guerre s'alluma, l'an 1057, entre l'oncle et le neveu. Le premier, tandis qu'il cherche à surprendre la ville de Rennes, est battu et fait prisonnier par le second. Les hostilités ne laissèrent pas d'être continuées pendant cinq ans par Geoffroi, fils d'Eudon. La paix se fit enfin l'an 1062, et depuis ce tems il paraît qu'Eudon demeura tranquille jusqu'à sa mort arrivée à Saint-Brieux l'an 1079. D'ENOGUENT ou INNOGUENT, ou AGNÈS, son épouse, fille d'Alain Cagnart, comte de Cornouaille, il laissa Geoffroi, qui suit; Brient, dont descendent les vicomtes de Château-Briant; Alain le Noir, et Alain le Roux, tous trois successivement comtes de Richemont, en Angleterre, domaine qui fut le prix des services qu'ils avaient rendus à Guillaume le Bâtard pour la conquête de l'Angleterre; Etienne, comte de Penthièvre et Derien, fondateur du château de la Roche-Derien. Il eut aussi d'une concubine deux autres fils établis en Angleterre, et une fille, mariée à Guisand de Pluveno.

GEOFFROI BOTEREL I.

1079. GEOFFROI BOTEREL, fils aîné du comte Eudon, est regardé comme son successeur au comté de Penthièvre, quoiqu'il ait partagé par égales portions avec ses autres frères la succession de ses père et mère; car alors on ne connaissait pas encore en Bretagne la loi qui adjuge à l'aîné les deux parts dans l'héritage et encore sa part dans le troisième lot. La guerre, qu'il soutint pendant cinq ans avec l'aide de Hoël, comte de Nantes, contre Conan II, duc de Bretagne, pour venger l'emprisonnement de son père, fait l'éloge de son cœur. Il y avait trente et un ans qu'elle était terminée par un traité de paix, lorsqu'il fut tué à Dol le 24 août 1093, sans qu'on nous apprenne la cause de cet accident. Il n'avait point été marié; mais il eut un fils naturel, nommé Conan, qui mourut en Syrie la même année que son père.

ETIENNE I.

1093. ETIENNE, cinquième fils du comte Eudon, et comte de Lamballe, succéda à Geoffroi, son frère, dans le comté de Penthièvre, par des arrangements pris avec ses cohéritiers. Il augmenta encore, par la suite, son domaine de ceux de ses deux frères Alain le Roux et Alain le Noir, qui moururent sans enfants. A ces successions, HAVOISE, sa femme, ajouta le comté de Guingamp, dont elle était héritière. Mais Geoffroi Boterel, son fils aîné, s'étant révolté, l'an 1123, contre lui, le dépouilla d'une grande partie de ses terres, et le contraignit, après une guerre de deux ans, de lui céder Lamballe et Penthièvre. D. Morice met la mort d'Etienne en 1138. Outre le fils dont on vient de parler, il eut de son mariage Alain, comte de Richemont en Angleterre, premier époux de Berthe, fille de Conan III, duc de Bretagne; Henri, comte de Tréguier, et de Guingamp, à qui ses frères firent tous trois la guerre : et deux filles; Olive et Agnorie, dont la première épousa, 1°. Henri de Fougères, 2°. Guillaume de Saint-Jean, en Normandie; la seconde fut alliée à Olivier de Dinan, qu'elle fit père de deux fils et d'une fille. Le comte Etienne avait fondé, le 10 novembre 1130, avec sa femme, l'abbaye de Bégar pour des Cisterciens, et, l'an 1135, celle de Sainte-Croix pour des chanoines réguliers, près de Guingamp, toutes deux au diocèse de Tréguier. Il fut inhumé dans la première.

GEOFFROI BOTEREL II.

1125. GEOFFROI BOTEREL, fils aîné du comte Etienne, se mit en possession des comtés de Penthièvre et de Lamballe après avoir contraint son père, par la voie des armes, de lui en faire l'abandon. Il embrassa, l'an 1136, le parti de l'impératrice Mathilde, fille de Henri I, roi d'Angleterre, contre Etienne de Blois, qui lui avait enlevé cette couronne. Alain son frère, suivit le parti contraire; ce qui prouve le peu d'intelligence qui régnait entre eux. Le continuateur de Jean d'Hagulstad, sur l'an 1141, dit que Geffroi Boterel fut d'un grand secours à Mathilde, lorsque la défection des habitants de Londres l'obligea de s'échapper furtivement de cette ville. Poursuivie par ses ennemis dans sa fuite, ce ne fut point sans livrer de combats et sans de grandes difficultés, suivant cet auteur, qu'elle évita le danger d'être prise. Geoffroi Boterel, ajoute-t-il, fut celui qui se distingua le plus dans la défense de cette princesse. S'étant mis à la tête de son arrière-garde, il soutint avec fermeté les attaques des ennemis, et les repoussa vaillamment. (Bouquet, tom. XIII, p. 89.) D. Morice met en 1148 la mort de Geoffroi Boterel, et lui donne un fils, qui suit. Il avait fondé, l'an 1136, l'abbaye Cistercienne de Saint-Aubin-aux-Bois, dans le diocèse de Saint-Brieux.

RIVALLON.

1148. RIVALLON, fils de Geoffroi Boterel II, lui succéda aux comtés de Penthièvre et de Lamballe. L'histoire n'a recueilli aucun trait de sa vie, ni marqué l'année de sa mort. Il laissa deux fils, qui suivent, avec une fille, Edie, femme d'Olivier de Tournemine.

ETIENNE II.

ETIENNE, fils aîné de Rivallon et son successeur, mourut sans postérité l'an 1164. C'est tout ce que l'histoire nous apprend de lui.

GEOFFROI BOTEREL III.

1194. GEOFFROI BOTEREL succéda aux comtés de Penthièvre et de Lamballe à son frère Etienne, dont il avait employé le sceau, n'en ayant point encore de particulier, dans la charte qu'il fit expédier, l'an 1177, pour confirmer les donations que ses prédécesseurs avaient faites à l'abbaye de Saint-Aubin-aux-Bois. L'an 1205, se voyant sans enfants, il fit don, en présence du roi Philippe Auguste, des terres de Penthièvre, de Lamballe, de Quintin et de Moncontour, à son plus proche parent, Alain, fils de son grand oncle Henri, comte de Tréguier.

ALAIN.

1205. ALAIN, né, l'an 1154, de Henri, comte de Tréguier et de Guingamp, et de Mahaut, ou Mathilde, fille de Jean I, comte de Vendôme, était en possession de ces comtés dès l'an 1190, époque de la mort de son père. Sept ans auparavant (l'an 1183) il avait assisté à l'assemblée de Rennes, où l'on dressa le fameux règlement, nommé l'*Assise au comte Geoffroi*, suivant lequel se partagent les fiefs de haubert, et son nom se trouve parmi les souscriptions. Ce même comte ou duc Geoffroi, ayant laissé en mourant, l'an 1186, un fils en bas-âge, nommé Artur, sous la régence de Constance sa femme; cette fonction tenta l'ambition de Richard, oncle du jeune prince, lorsqu'il fut parvenu au trône d'Angleterre. Mais Alain fut un de ceux qui travaillèrent le plus efficacement à faire rejeter la demande qu'il fit de la régence aux états de Bretagne. On ne peut guerre douter qu'après la mort de Richard il n'ait appuyé avec zèle les justes prétentions d'Artur au trône d'Angleterre contre le prince Jean son oncle, qui s'en était emparé. Ce qui est encore plus certain, c'est que, cet usurpateur ayant consommé son crime par la mort de son neveu, l'an 1203, Alain se joignit aux autres barons de Bretagne pour demander justice de ce parricide au roi de France. La cour des pairs ayant fait droit de cette demande et dépouillé Jean des terres qu'il possédait en-deçà de la mer, Alain en succédant, l'an 1205, aux comtés de Penthièvre et de Lamballe, devint vassal immédiat du roi de France. Ce comte mourut, suivant D. Lobineau, le 29 décembre de l'an 1212, et fut enterré à l'abbaye de Beauport, ordre de Prémontré, qu'il avait fondée dans son comté de Goello, qui faisait partie de celui de Lamballe. De quatre femmes qu'il avait eues, il ne laissa que deux fils, Henri, qui suit, et Geffroi qui fit la branche des seigneurs de Quintin, laquelle finit au quinzième siècle dans la personne de Geoffroi V, dont la sœur, nommée Pleson, porta la seigneurie de Quintin à Geoffroi, sire du Perrier, son époux.

HENRI, SURNOMMÉ D'AVAUGOUR.

1212. HENRI, fils aîné d'Alain, né le 16 juin 1205, lui succéda l'an 1212, au comté de Penthièvre. Il fut d'abord nommé comte de Goello et ensuite d'Avaugour, du nom d'un château qu'il fit bâtir ou que ses prédécesseurs avaient élevé aux extrémités des paroisses de Ploesedi et de Bourgbriac. Dès l'an 1209, par contrat du 7 décembre, passé à Paris en présence du roi Philippe Auguste, il avait été accordé avec Alix, fille aînée de Gui de Thouars, duc de Bretagne, et de Constance. Mais le monarque, ayant ensuite changé d'avis, fit rompre ce traité l'an 1212, et donna la princesse à Pierre de Dreux, dit Mauclerc, son parent. Ce changement fut un trait de sa politique. La puissance de la maison de Penthièvre lui donnait de l'ombrage; et l'indépendance qu'elle avait affectée jusqu'alors, était un motif pour lui de chercher à l'abaisser.

Il n'en demeura point là; Olivier de Tournemine, fils d'Edie de Penthièvre, cousin germain d'Alain, père de Henri, formait sur le Penthièvre des prétentions, au nom de sa mère, pour supplément de sa dot. Le roi vint à son appui, et le duc Pierre, à son instigation, fit démembrer d'autorité, certaines terres des domaines de Henri, qu'il adjugea au sire de Tournemine. Henri étant encore trop riche à son gré, il le déposséda, quelques années après, des terres de Guingamp, de Lamballe, de Tréguier et de Saint-Brieux. Le comte, ainsi maltraité, fit éclater son ressentiment en se mettant à la tête de la ligue que les barons firent, l'an 1230, avec le roi saint Louis, contre le duc. Mais le zèle avec lequel il servit ce monarque ne lui procura point la restitution de ses terres. Le duc Pierre, après avoir fait sa paix avec le roi, donna les comtés de Penthièvre et de Porhoet à sa fille, en la mariant avec le comte de la Marche. (Lobineau, liv. 7, n. 6.) Henri, depuis son dépouillement, prit le titre de sire d'Avaugour. C'était la principale terre qui lui restait, et ses descendants s'appelèrent de même. Il vécut jusqu'à un âge très-avancé. Voulant sanctifier les dernières années de sa vie, il se fit cordelier, en 1278, au couvent de Dinan, qu'il avait fondé; il y mourut le 6 octobre 1281, laissant de MARGUERITE DE MAYENNE, sa femme, Alain, qui lui succéda dans la terre d'Avaugour.

HUGUES DE LUSIGNAN.

1235. HUGUES, onzième du nom de Lusignan, surnommé LE BRUN, fils de Hugues X, comte de la Marche et d'Angoulême, devint comte de Penthièvre et de Porhoet par le mariage qu'il contracta, au mois de janvier 1235, avec YOLANDE, fille de Pierre Mauclerc, duc de Bretagne. Il succéda, l'an 1249, à son père aux comtés de la Marche et d'Angoulême. Il était alors en Egypte, où son père, après l'avoir associé au comté de la Marche, l'avait fait partir à la suite de saint Louis. L'abbé Velly, d'après le P. Daniel, dit « qu'il fut le seul
» seigneur de marque qui périt de la main des ennemis. Il
» avait, ajoute-t-il, cherché la mort en aventurier; il expira
» percé de mille coups. » Puis, le confondant avec son père:
« Heureux, s'écrie-t-il, s'il eut en vue de donner son sang
» pour la foi, et d'effacer aux yeux de Dieu des fautes
» que la postérité, qui ne sait point pardonner, reprochera
» éternellement à sa mémoire! » (tom. II, in-4°, p. 468.)
Or voici ce que nous apprend là-dessus un témoin oculaire, le chevalier Gui, de la maison de Melun, dans une relation

de cette action, adressée en forme de lettre à B. de Chartres, son frère utérin, étudiant alors à Paris. *Le roi*, dit-il, *entra dans la place vers la neuvième heure du jour* (trois heures après midi) *sans effusion de sang, sans cliquetis des armes, sans même éprouver aucune opposition ; et de tous ceux qui entrèrent avec lui, il n'y eut de blessé grièvement que Hugues le Brun, comte de la Marche, qui, ayant perdu beaucoup de sang, ne put, à ce qu'on croit, échapper à la mort; car les insultes qu'il essuyait* (de la part des nôtres) *ne lui permettant pas de ménager sa vie, il se jeta témérairement au milieu des ennemis ; ce qui lui était d'autant plus facile, qu'on l'avait placé dans la première ligne, parce qu'il était suspect.* (Math. Paris, *additam.* page 109, col. 2.) Voilà sur quoi l'on se fonde pour faire mourir Hugues le Brun à la prise de Damiette, ou peu de tems après. Mais il est certain qu'il guérit de ses blessures, revint en France, mourut, l'an 1260, à l'âge de quatre-vingts ans, et fut enterré à l'abbaye de la Couronne, en Angoumois, comme le témoigne le nécrologe de cette maison. (Anselme, tom. III, pag. 79.) Du vivant de son père, il signait, *Hugo Brun, Hugonis comitis Marchiæ filius, dominus Lamballiæ* ; et depuis, *Hugo le Brun comes Engolismæ, Marchiæ et Lamballiæ.* Don Lobineau (*Hist. de Bret.* tom. II, vers la fin) a fait graver le sceau de Hugues et celui d'Yolande de Dreux, sa femme, fille de Pierre Mauclerc, duc de Bretagne, qu'il avait épousée l'an 1238, morte à Bouteville le 10 octobre 1272, et enterrée à l'abbaye de Villeneuve, près de Nantes. Le premier représente un homme à cheval ayant un chien en croupe, sur lequel il appuie la main droite; au contrescel, un écu burelé d'argent et d'azur, avec un orle de six lions. Le second représente sa femme, tenant un oiseau dans sa main droite, avec la légende, *S. Yolendis uxoris domini Hugonis Bruni* ; au contrescel les mêmes armes que ci-dessus avec la légende, *Secretum Dominæ Yolendis.* Elle était dame de Fère, en Tardenois, de Chilli, de Longjumeau, et comtesse de Porhoet. Les enfants qu'elle laissa ne succédèrent point au comté de Penthièvre. (Voy. *les comtes de la Marche.*)

JEAN I, DUC DE BRETAGNE.

1272. JEAN I, duc de Bretagne, s'empara des comtés de Penthièvre et de Guingamp, après la mort d'Yolande, sa sœur, ne laissant à ses neveux, de la succession de leur mère, que le comté de Porhoet. Il mourut le 8 octobre 1286. (Voyez *les ducs de Bretagne.*)

JEAN II, DUC DE BRETAGNE.

1286. JEAN II, fils aîné de Jean I, fut son successeur aux comtés de Penthièvre et de Guingamp, comme au duché de Bretagne. Il mourut le 18 novembre de l'an 1305. (*Voyez les ducs de Bretagne.*)

ARTUR, DUC DE BRETAGNE.

1305. ARTUR, fils aîné de Jean II, hérita de lui les comtés de Penthièvre et de Guingamp, avec le duché de Bretagne, et finit ses jours le 27 août 1312. (*Voyez* Artur II, *duc de Bretagne.*)

JEAN III, DUC DE BRETAGNE.

1312. JEAN III, fils aîné d'Artur, duc de Bretagne, et son successeur, après avoir joui des comtés de Penthièvre et de Guingamp, l'espace de cinq ans, les donna, l'an 1317, à Gui, son frère, qui suit.

GUI DE BRETAGNE.

1317. GUI DE BRETAGNE, deuxième fils du duc Artur, né l'an 1287, ayant reçu du duc Jean, son frère, les comtés de Penthièvre et de Guingamp, avec les terres de Pontrieu, de Minibriac et de la Roche-Derien, et les Salines de Saint-Gildas, épousa, l'an 1318, JEANNE, fille aînée et principale héritière de Henri IV, sire d'Avaugour, de Mayenne et Goello, dont il eut une fille, qui suit, avec un fils mort dans l'enfance. Elle mourut le 28 juillet ou août 1327, et fut enterrée aux Cordeliers de Guingamp, qu'elle avait fondés. Son mari termina sa carrière à Nigeon, près de Paris, le 26 mars 1331, et eut sa sépulture aux Cordeliers de Guingamp.

JEANNE, DITE LA BOITEUSE, ET CHARLES DE BLOIS.

1331. JEANNE, fille et héritière de Gui de Bretagne et de Jeanne d'Avaugour, née l'an 1319, succéda, l'an 1331, à ses père et mère, sous la tutelle de Jean III, duc de Bretagne, son oncle. Quoique boiteuse, l'opulence de son patrimoine, jointe à l'espérance qu'elle avait de succéder au duché de Bretagne, la rendit l'objet de la recherche de plusieurs princes, et en même tems celui de l'attention du roi Philippe de Valois. Ce monarque, dans la crainte qu'elle ne prît alliance avec un de ses ennemis, la maria lui-même par contrat du 4 juin 1337, avec Charles de Châtillon, dit de Blois, fils puîné de Gui de Châtillon, comte de Blois. Le duc Jean III étant mort le 30 avril 1341, sans lignée, Charles de Blois, au nom de sa femme, se mit en devoir de lui succéder, à l'exclusion de Jean de Montfort, frère puîné de Gui, père de cette princesse. Il avait pour lui le droit de représentation, qui avait lieu dans la Bretagne. Mais Jean de Montfort, avec les trésors du feu duc, dont il s'était emparé, se fit un parti considérable, leva des troupes, et commença une guerre de vingt-quatre ans, dont l'issue, après des succès très-variés, rendit enfin Jean, son fils, maître du duché de Bretagne. Ce fut, comme on l'a dit ailleurs, la bataille d'Aurai, où Charles de Blois périt le 29 septembre 1364, qui décida la querelle. Jeanne, sa veuve, qui, pendant tout le cours de la guerre, avait donné des preuves d'un courage héroïque, abandonna des prétentions qu'elle ne pouvait plus défendre, en souscrivant au traité de Guérande, conclu le 12 avril 1365. (Voyez *les ducs de Bretagne.*) Elle mourut le 10 septembre 1384, et fut enterrée aux Codeliers de Guingamp, laissant de son mariage Jean, qui suit; Gui, mort en Angleterre après une longue prison; Henri, mort en décembre 1400; Marguerite, femme de Charles d'Espagne, connétable de France; Marie, alliée à Louis, duc d'Anjou, deuxième fils du roi Jean (Voyez *les vicomtes de Limoges.*)

JEAN DE BLOIS.

1384. JEAN DE BLOIS, dit aussi de CHATILLON, successeur de Jeanne, sa mère, au comté de Penthièvre, ainsi qu'à la vicomté de Limoges, apprit sa mort en Angleterre, où, depuis l'an 1351, il avait été mené en ôtage, avec Gui, son frère, pour la rançon de leur père. Il n'eût tenu qu'à eux de recouvrer, sans frais, leur liberté, s'ils l'eussent voulu préférer à leur devoir. En effet, le roi d'Angleterre, irrité de l'accommodement que Jean le Vaillant, duc de Bretagne, avait fait, l'an 1381, avec la cour de France, leur offrit, non-seulement de les renvoyer quittes de toute rançon, mais encore de les rétablir dans le duché de Bretagne, s'ils voulaient promettre de lui en faire hommage. La tentation était d'autant plus délicate, que Jean d'Auberticourt, en la garde duquel ils étaient, les traitait avec assez peu de ménagement. Ils eurent néanmoins la générosité de rejeter ces offres, protestant que rien ne serait capable de les départir de la fidélité qu'ils devaient au roi de France, leur légitime souverain. On peut juger qu'une telle réponse ne servit point à adoucir leur captivité. Gui mourut quelque tems après sa mère. Cet événement, en réduisant le comte Jean à la solitude, aggrava le poids de ses liens. Enfin, l'an 1387, un illustre breton, Olivier de Clisson, connétable de France, vint les rompre en payant la somme de 120,000 livres, à laquelle était taxée sa rançon. Cet acte de générosité fut l'effet de la haine que Clisson portait au duc Jean le Vaillant, son suzerain. Ce fut par le même principe, qu'il fit épouser au comte Jean MARGUERITE, sa fille, afin d'avoir un gendre en Bretagne qui pût le seconder dans ses démêlés avec le duc. Le mariage se fit, le 20 janvier 1388, à Moncontour, en présence d'un grand nombre de seigneurs bretons, dont les principaux, sans parler de Clisson, furent les sires de Laval, de Léon, de Rochefort, de Derval, de Beaumanoir, et de Rostrenen. Le comte Jean ne trompa point les espérances de son beau-père ; il le servit de son bras dans toutes les occasions où il eut à combattre, soit en attaquant, soit en se défendant contre le duc de Bretagne. Ces hostilités furent arrêtées par le traité que les princes de la maison de France ménagèrent, le 26 janvier 1392, entre Clisson et la maison de Penthièvre, d'une part, et le duc de Bretagne de l'autre. Jean de Blois fit hommage-lige au duc, qui lui rendit les terres du comté de Penthièvre, qu'il retenait, et ne s'en réserva que la souveraineté. Mais la retraite qu'il donna, cette même année, à Pierre de Craon, assassin du connétable, qui survécut à son accident, fit revivre la haine du beau-père et du gendre contre ce prince, et replongea la Bretagne dans les horreurs de la guerre civile. Sa durée fut encore de trois ans, au bout desquels on fit, par la médiation du duc de Bourgogne, un accommodement solide, qu'Olivier de Clisson jura et scella, le 20 octobre 1395, à Rieux, et Jean de Penthièvre, cinq jours après, à Guingamp. Mais la mort du duc Jean IV, arrivée l'an 1399, réveilla l'ambition de Marguerite de Clisson. Le duc, par son testament, avait donné la tutelle de ses enfants et le gouvernement de la Bretagne au sire de Clisson, conjointement avec le duc de Bourgogne. Marguerite était au château de Josselin, avec son père, lorsqu'elle apprit la mort du duc. A cette nouvelle, étant entrée dans la chambre de Clisson, elle lui dit : *Monseigneur mon père, or ne tiendra-t-il plus qu'à vous si mon mari ne recouvre son héritage. Nous avons de si beaux enfans ; monseigneur je vous supplie que vous m'y aidiez.* Clisson lui ayant demandé comment elle s'imaginait que cela pût se faire, *il n'y a*, répondit-elle, *qu'à faire mourir les enfans du feu duc, avant que le duc de Bourgogne vienne en Bretagne.* — *Ah ! cruelle et perverse femme*, lui répliqua son père, *si tu vis longuement, tu seras cause de détruire tes enfans d'honneur et de biens.* En même tems il saisit un épieu, dont il l'eût tuée, si elle n'eût pris la fuite. Elle le fit avec tant de précipitation, qu'elle se rompit une cuisse dont elle demeura boiteuse le reste de sa vie. (Morice, t. I, p. 428.) Le comte Jean, son époux, éloigné d'elle pour lors, n'eut point de part à ce détestable projet. Il montra même des dispositions entièrement opposées à celles de sa femme envers la duchesse de Bretagne et ses enfants. S'étant rendu au château de Blein, il y signa, le 10 janvier 1400, avec le vicomte de Rohan, son beau-frère, et Clisson, leur beau-père, un traité, dont un des principaux articles portait que tout ce qui s'était passé sous le feu duc, serait mis en oubli, et que le comte de Penthièvre, le vicomte de Rohan et Clisson, obéiraient dorénavant à la duchesse, leur souveraine dame. Jean de Penthièvre demeura fidèle à cet engagement, jusqu'à sa mort arrivée le 16 janvier 1404 (n. st.). Son corps fut inhumé aux cordeliers de Guingamp. De son mariage il eut Olivier, qui suit; Jean, seigneur de l'Aigle; Charles, seigneur d'Avaugour; Guillaume, vicomte de Limoges; et Jeanne, mariée successivement à Jean Harpedane, seigneur de Montague, et à Robert de Dinan, baron de Château-Briant. (Voy. *les vicomtes de Limoges*.)

OLIVIER DE BLOIS.

1404. OLIVIER, fils aîné de Jean de Blois, lui succéda dans le comté de Pentihèvre et la vicomté de Limoges. En suivant son caractère il eût coulé des jours heureux au sein du repos; mais l'ambition de sa mère, qu'il écouta trop docilement, lui en fila de malheureux, en réveillant dans son cœur les prétentions de sa maison sur le duché de Bretagne. Pour se procurer un allié capable de les faire valoir, elle lui fit épouser, l'an 1406, ISABELLE, quatrième fille de Jean-sans-Peur, duc de Bourgogne. Fière de cet appui, elle profita, l'année suivante, de l'absence de Jean le Sage, duc de Bretagne, que le roi et la reine avaient appelé à Paris, pour faire plusieurs entreprises qui dérogeaient à son autorité. Le duc, à son retour, assembla les barons et les prélats pour aviser aux moyens de réprimer la comtesse et son fils. Le résultat de l'assemblée fut de leur faire une députation pour les engager à traiter amiablement avec le duc. Le jeune comte, en conséquence, s'étant rendu à Ploermel, y signa un projet d'accommodement qui fut réglé par des arbitres : mais la comtesse, à qui il fut ensuite envoyé, le rejeta avec hauteur. Les choses s'aigrirent au point que le duc, ayant pris les armes, enleva rapidement au comte de Penthièvre, la Roche-Derien, Guingamp, Châteaulin et l'île de Brehat. Il eût poussé plus loin ses conquêtes, sans les murmures de ses barons, qu'un procédé si violent commençait à indisposer. Le roi se mêla d'accommoder les parties. Sur l'invitation qui leur fut faite de sa part, elles se rendirent à Paris. On nomma des arbitres ; c'étaient les rois de Navarre et de Sicile, le duc de Bourbon et le duc de Berri. S'étant assemblés à Gien l'an 1410, ils y prononcèrent leur jugement. Mais le duc, le trouvant trop peu favorable à ses intérêts, refusa de s'y soumettre. Le duc de Bourgogne fut plus heureux dans sa négociation. Après avoir conclu, le 18 juillet de la même année, un traité d'alliance avec le duc de Bretagne, il le fit consentir à rendre au comte de Penthièvre et à sa mère, les places qu'il leur avait prises, à condition qu'ils lui en feraient hommage, et à leur payer deux milles livres de rente pour celle de Moncontour, dont il avait disposé en faveur du comte de Richemont. Cet accord, signé le 8 août 1410, eut son exécution ; mais il ne réconcilia pas sincèrement la comtesse et ses fils avec le duc. On ne voit pas néanmoins que leur ressentiment ait éclaté pendant les deux années qui suivirent. L'occasion sans doute leur manqua : la suite le fit bien voir. Le duc, jugeant de leurs dispositions par les siennes, était sans défiance à leur égard. Le comte, par de feintes démonstrations d'attachement, l'entretenait dans cette sécurité. Enfin le tems arriva de lever le masque. Le dauphin, qui fut depuis le roi Charles VII, ne pouvant attirer dans son parti le duc de Bretagne depuis l'assassinat du duc de Bourgogne, complote avec la comtesse de Penthièvre et son fils pour se rendre maître de sa personne. Le comte, s'étant chargé de l'exécution du projet, va trouver le duc à Nantes et l'invite, après lui avoir fait les plus belles protestations d'attachement et de soumission, à une fête qu'il lui préparait, disait-il, à Châteauceaux. Le duc part, le 12 février 1420 (n. st.), avec Richard, son frère, et une suite peu nombreuse. Mais sur la route, ils tombent dans une embuscade que le comte et Charles de Blois, son frère, leur avaient préparée au pont de la Troubarde (et non Troubade), sur la Divette, et sont emmenés prisonniers à Châteauceaux. La duchesse de Bretagne arme pour la délivrance de son époux ; et ses généraux, après avoir enlevé diverses places aux Penthièvres, viennent mettre le siège devant Châteauceaux. Le duc n'y était plus. Transféré successivement en divers châteaux par le comte de Penthièvre, il avait été en dernier lieu enfermé dans celui de Clisson. Tandis que la comtesse mère défendait Châteauceaux, le comte rassemblait des troupes pour faire lever le siège. Ayant formé une petite armée en Normandie, il en donna le commandement à Jean de l'Aigle son frère. Mais ce général ayant été repoussé par les assiégeants, et la place étant réduite aux abois, il fallut parler de capitulation. La liberté du duc en fut la première condition, et la reddition de la place la seconde. Le duc ayant été amené, le 5 juillet, au camp des assiégeants par le sire de l'Aigle, on permit à la comtesse, à ses enfants, et à ses gens, de sortir du château, qui fut ensuite rasé par ordre du duc. Il fut question après cela de la réparation de l'attentat commis par les Penthièvres. Le comte et Charles son frère promirent de faire satisfaction au duc dans les prochains états, et donnèrent pour ôtage Guillaume leur frère. Mais, ayant manqué de parole, ils furent proscrits ; leurs biens situés en Bretagne furent confisqués, par jugement de l'assemblée, au profit du duc, qui en fit part à son frère et à ses plus fidèles sujets. Mais il fallut prendre les armes pour les mettre en possession. La résistance des Penthièvres échoua presque par-tout. Le comte, obligé de fuir, se retira d'abord dans sa vicomté de Limoges, de-là il passa à Genève, et enfin se rendit à sa terre d'Avênes dans le Hainaut. Il y fut arrêté par ordre du marquis de Bade, irrité d'un vol qu'on avait fait dans ce pays à quelques uns de ses gens. Ce fut en vain le duc de Bretagne fit offrir au marquis des sommes considérables pour lui livrer son prisonnier. Loin de se rendre à cette proposition, il traita avec le comte lui-même de sa liberté, qu'il lui vendit pour la somme de trente mille écus d'or. Le comte, pendant sa demeure en Hainaut, épousa, en secondes noces, JEANNE DE LALAIN, dame de Quiévrain. (Nous n'avons trouvé nulle part la date du décès de sa première femme.) Il mourut sans laisser d'enfants de ses deux mariages, le 28 septembre 1433. (Voy. les vicomtes de Limoges.)

JEAN DE BLOIS, DIT DE BRETAGNE.

1433. JEAN DE BLOIS, seigneur de l'Aigle, recueillit, après la mort d'Olivier, son frère, les terres qui lui étaient restées en Bretagne, ainsi que la vicomté de Limoges. Malgré la décadence de sa maison, il fut assez bon économe pour être en état d'acquérir, l'an 1437, de Charles d'Orléans, petit-fils du roi Charles V, par Louis, son père, des terres en Périgord, pour la somme de seize mille écus d'or. Il fit aussi des démarches auprès de Jean le Sage, duc de Bretagne, pour rentrer dans le comté de Penthièvre ; mais elles furent inutiles. Il attendit le règne d'un autre duc, et continua de servir dans les troupes de

France, comme il avait fait jusqu'alors. Enfin, l'an 1448, le connétable Artur de Bretagne, dont il avait gagné l'estime par ses belles qualités, et l'amitié par son assiduité à lui faire sa cour, touché de ses prières, voulut bien se rendre médiateur entre lui et François I, successeur de Jean le Sage. Dans ce dessein, il le conduisit à Nantes, et le présenta lui-même au duc son neveu. Quelque indisposé que fût ce prince contre les Penthièvres, il se laissa fléchir aux larmes de Jean de Blois et aux prières du connétable. On fit, le 25 juin, à Nantes, un traité par lequel le duc restituait aux Penthièvres une partie des biens qui avaient été confisqués sur cette maison. Guillaume de Penthièvre, en vertu de cet accommodement, sortit de prison après vingt-huit ans de captivité, pendant lesquels il avait presque perdu la vue à force de pleurer.

Quoique le roi Charles VII, malgré les services que les Penthièvres lui avaient rendus, n'eût en rien contribué à leur rétablissement, le comte Jean ne laissa point de le servir toujours avec le même zèle. Son mérite le fit élever au grade de lieutenant-général. La guerre s'étant renouvelée entre la France et l'Angleterre, il accompagna le maréchal de Culan, et fit sous ses ordres le siége de Bergerac, qui se rendit vers la fin de septembre 1450. De-là il alla faire avec le grand-écuyer, Poton de Saintrailles, celui de Gensac, près de la Dordogne, qui fut emporté d'assaut. Ces deux généraux ayant ensuite partagé leur armée, le comte de Penthièvre conduisit ses troupes devant Montferrand, où s'étaient renfermés les seigneurs de Montferrand et de Langoiran. Il retint prisonnier le premier, après l'avoir contraint de rendre la place. Saintrailles assiégeait cependent la ville de Sainte-Foi, dans l'Agénois. Le comte vint le rejoindre à cette expédition; et ce fut lui qui, peu de jours après son arrivée, reçut les clefs de la place, que les habitants lui rendirent. Il acheva ensuite avec les comtes de Dunois, de Foix et d'Armagnac, la conquête des autres places situées sur la Dordogne, dont la principale était Castillon; après quoi la ville de Bordeaux leur ouvrit ses portes. Les Anglais étant rentrés peu de tems après dans Bordeaux et dans la plupart des autres places de Guienne et du Périgord, le comte de Penthièvre fut du nombre des généraux qui les réduisirent de nouveau, l'an 1453, sous le joug de la France. Le comte Jean mourut l'année suivante, au mois de novembre, sans laisser de postérité de MARGUERITE, son épouse, fille du seigneur de Chauvigni, en Berri, veuve en premières noces de Béraud III, dauphin d'Auvergne, morte le 23 juillet 1473. (Baluze, *Hist. de la M. d'Auv.*, tom. I, page 209.)

NICOLE DE BLOIS et JEAN I DE BROSSE.

1454. NICOLE, fille de Charles de Blois et d'Isabelle de Vivonne, succéda, en vertu du droit de représentation, à Jean, son oncle paternel, dans le comté de Penthièvre et ses autres domaines, avec JEAN DE BROSSE, vicomte de Bridier, seigneur de Sainte-Sévère et de Boussac, qu'elle avait épousé par contrat du 18 juin 1437. L'un et l'autre firent conjointement hommage du comté de Penthièvre à trois ducs consécutifs, Pierre II, Artur III et François II. Jean de Brosse rendit à la guerre des services considérables au roi Charles VII, qui le fit son conseiller et son chambellan, en 1449, et en 1453 (n. st.), par lettres du mois de mars, lieutenant-général de ses armées. Il ne témoigna pas moins de fidélité au roi Louis XI, dans les troubles qui s'élevèrent au commencement de son règne. Le duc de Bretagne, François II, ayant convoqué ses états, l'an 1465, pour y faire approuver la ligue du *bien public*, dont il était un des chefs, Jean de Brosse refusa, quoique sommé dans les formes, de s'y trouver, il refusa pareillement de suivre ce prince dans la guerre que cette ligue occasiona. Le duc, en conséquence de ces refus, saisit et mit en sa main, le 7 juin de la même année, le comté de Penthièvre. Le traité de Saint-Maur, conclu le 29 octobre suivant, après la bataille de Montlhéri, rétablissait dans leurs biens tous ceux qui, à l'occasion de la guerre, en avaient été dépouillés. Mais Jean de Brosse et sa femme se donnèrent d'inutiles mouvements, pour rentrer à la faveur de ce traité dans le comté de Penthièvre. Le duc François II éluda toujours cette restitution. Ce prince n'ayant qu'une fille, Louis XI engagea, l'an 1479, le comte et la comtesse de Penthièvre, à lui céder à lui-même leurs droits sur le duché de Bretagne, pour les faire valoir en cas d'événement. Le prix de la vente fut une somme de trente-cinq mille livres qu'il s'obligea de payer au comte de Nevers, Jean de Bourgogne, leur gendre, et une autre de quinze mille livres, dont il se chargea envers Isabeau de la Tour, leur créancière. Le roi, de plus, s'obligea de rendre à Nicole, ou à ses héritiers, dès qu'il serait en possession de la Bretagne, toutes les terres et seigneuries qui avaient formé, sous Marguerite de Clisson, le comté de Penthièvre. (Voyez *les ducs de Bretagne*.) Le comte de Penthièvre mourut en 1485, et Nicole, sa femme ratifia, le 20 octobre de la même année, la cession qu'elle avait faite à Louis XI de tous ses droits sur la Bretagne. On ignore l'année de la mort de Nicole, qui survécut à son époux. En mourant ils laissèrent deux fils et quatre filles, savoir : Jean, qui suit; Antoine, chevalier de Rhodes ; Paule, femme de Jean II de Bourgogne, comte de Nevers ; Bernardine, alliée à Guillaume Paléologue, V⁰. du nom, marquis de Montferrat; et Hélène, première femme de Boniface V, marquis de Montferrat, frère de Guillaume.

JEAN II DE BROSSE, DIT DE BRETAGNE.

1485. JEAN II DE BROSSE, fils aîné de Jean I de Brosse et de Nicole de Penthièvre, poursuivit toute sa vie avec aussi peu de succès que son père, la restitution de ses terres de Bretagne. Le roi Charles VIII ayant épousé l'héritière de Bretagne, le tems d'exécuter la promesse stipulée dans le traité fait entre Louis XI et les comte et comtesse de Penthièvre semblait être arrivé. Mais Jean II fit à ce sujet de vaines représentations. Charles, qu'il suivit dans toutes ses guerres, se contenta de le gratifier d'une pension de douze cents livres sur son trésor. La reine Anne de Bretagne, son épouse ne contribuait pas à le rendre favorable aux Penthièvres. Son aversion pour cette maison éclata sous le règne de Louis XII, son second époux, au nom duquel elle la fit sommer de quitter le nom et les armes de Bretagne. Quelque précis que fût cet ordre, il paraît qu'il ne fut pas totalement exécuté. Jean de Brosse, il est vrai, répondit que pour obéir au roi, il consentait à ne prendre plus le nom de Bretagne; mais René, son fils, représenta qu'il avait jusques-là porté le nom et les armes de Bretagne, parce que ses ancêtres les avaient portés, et que son aïeul en avait eu la permission expresse du duc François, en 1448; que d'ailleurs la bordure de gueules suffisait pour distinguer les armes de Bretagne d'avec celle de Penthièvre. La dame d'Avaugour, sœur de René, fils de Jean, fit la même réponse, et ajouta qu'elle n'était pas dans la disposition de changer. Le maréchal de Rieux, le seigneur et la dame de Pont-l'Abbé, furent les seuls qui promirent d'obéir au roi, et de faire ôter les hermines de leurs armes et de leurs maisons. (Morice, *Hist. de Bret.*, tom. II; pag. 231.) Jean de Brosse mourut en 1502, à Boussac, où il faisait sa résidence. De LOUISE, son épouse, fille de Gui XIII du nom, dit XIV, comte de Laval, il laissa René, qui suit; Madeleine, femme, 1°., de Jean de Savoie, comte de Genève, 2°., de François de Bretagne, comte de Vertus et baron d'Avaugour, fils naturel de François II, duc de Bretagne; Isabelle, femme de Jean IV, sire de Rieux; et deux autres filles.

RENÉ DE BRETAGNE.

1502. RENÉ DE BRETAGNE, seigneur de l'Aigle, fils aîné de Jean de Brosse, lui succéda au titre de comte de Penthièvre et dans la vicomté de Bridier, de même qu'aux seigneuries de Boussac, de Sainte-Sévère, etc. Il continua les poursuites de son père et de son aïeul, pour le recouvrement de ses terres héréditaires de Bretagne, dont même il fit hommage, le 20 janvier de l'an 1503 (v. st.), au roi Louis XII, dans la ville de Lyon. Ce monarque le paya de belles paroles qui furent sans effet, par l'opposition secrète de la reine Anne. Le roi François I, auprès duquel il renouvela ses instances, lui fut encore moins favorable. Le déplaisir qu'il ressentit de ce déni de justice, le porta à quitter la France et à passer au service de l'empereur. Il suivit le connétable de Bourbon dans sa désertion, et combattit, le 24 février 1525, à la bataille de Pavie, où il fut tué. Il avait épousé, 1°, l'an 1504 (n. st.), JEANNE, fille du célèbre Philippe de Commines (morte le 19 mai 1513); 2°., JEANNE DE COMPEYS, dite de GOUFFY, dame de Paluau, de Bourg-Charente, et d'autres lieux. Du premier mariage il laissa un fils, qui suit, et deux filles; Charlotte, femme de François de Luxembourg, deuxième du nom, vicomte de Martigues; et Jeanne, mariée à René de Laval, seigneur de Bressuire. Du second mariage sortit Françoise, mariée à Claude Gouffier, duc de Roannais, grand-écuyer de France.

JEAN III DE BRETAGNE.

1524. JEAN DE BROSSE, fils de René, ne recueillit que des titres après la mort de son père, dont tous les biens avaient été confisqués pour le punir de sa désertion. Après en avoir inutilement sollicité le recouvrement pendant plusieurs années, il prit enfin le parti, l'an 1530 (et non 1536), d'accepter la main d'ANNE DE PISSELEU, comtesse d'Etampes, que le roi François I, dont elle était maîtresse, lui fit offrir avec toutes les espérances qui pouvaient le flatter. Elles ne furent point vaines. En effet le monarque, l'année suivante, en attendant qu'on pût discuter à loisir ses prétentions, le nomma lieutenant-général de Bretagne, érigea, l'an 1536, le comté d'Etampes, et l'an 1545, la terre de Chevreuse, en duchés, pour sa vie et celle de sa femme.

L'an 1552, le comte-duc Jean accompagna le duc de Vendôme en Picardie, avec des troupes, qu'il lui avait amenées de Bretagne, et l'aida à reprendre Hesdin, avec plusieurs autres places. Il défendit avec le duc de Bouillon, l'année suivante, la ville de Terrouenne, assiégée par le duc de Savoie, au nom de l'empereur Charles-Quint. La valeur, la constance et l'habileté, que ces deux commandants firent paraître dans cette défense, ne servirent qu'à retarder la reddition de la place, et furent cause de sa ruine totale. Charles-Quint, pour se venger de la peine qu'elle lui avait coûtée à prendre, la fit entièrement disparaître de dessus la terre : vengeance plus digne d'un sultan, que d'un prince chrétien. Le comte-duc Jean, peu de tems après cette expédition, perdit son duché d'Etampes, que le roi Henri II, sur des soupçons ou plutôt des preuves d'intelligence de sa femme, avec l'ennemi (1), lui retira pour le donner à Diane de Poitiers, sa maîtresse. On lui conserva néanmoins sa lieutenance de Bretagne, où il se retira; et nous voyons qu'en 1558, après le siége de Calais, il défendit le pays contre une descente des Anglais, qu'il contraignit de retourner en désordre à leurs vaisseaux. L'an 1562, accompagné du vicomte de Martigues, son neveu, il amena, par ordre du roi Charles IX, des troupes en Basse-Normandie, où il fit rentrer sous l'obéissance du roi la plupart des villes, dont les Huguenots s'étaient emparés. De-là il alla joindre l'armée royale au siége de Rouen. L'année suivante, il se trouva à celui d'Orléans, dont les opérations roulèrent en grande partie sur lui, après l'assassinat du duc de Guise. La paix s'étant faite le 12 mars, il retourna en Bretagne, où il mourut, le 27 janvier de l'an 1565 (n. st.), dans son château de Lamballe, sans laisser de postérité. Son corps fut inhumé aux cordeliers de Guingamp, dans le tombeau des comtes de Penthièvre. Sa femme vivait encore en 1575. Elle fut protectrice des sciences et des arts, et protectrice éclairée. On l'appelait *la plus savante des belles.* (Voy. *les ducs d'Etampes.*)

---

(1) Il est certain que, dans les dernières années de la vie du roi, Anne de Pisseleu le trahissait et avait des intelligence avec l'empereur. Il est prouvé qu'elle força le brave de Bueil, comte de Sancerre, à rendre Saint-Dizier, en lui en faisant parvenir l'ordre par une lettre de la part du duc de Guise, scellée de son sceau qu'elle lui avait fait dérober. Sans cette trahison, jamais l'empereur n'eût forcé Saint-Dizier. Elle avait envie de se faire un appui de ce prince à la mort du roi, qu'elle voyait bien ne pouvoir pas tarder. Son confident, et le ministre de ses trahisons, était le comte de Bossu de Longueval. Il fut impliqué dans le procès du comte de Vervins, sous le règne de Henri II, et il ne lui en coûta pas, comme à lui, la tête, mais sa belle terre de Marchais, près de Laon, qu'il abandonna au cardinal de Lorraine, alors tout puissant. Moyennant ce sacrifice on le laissa tranquille.

SÉBASTIEN DE LUXEMBOURG,

PREMIER DUC DE PENTHIÈVRE.

1565. SÉBASTIEN DE LUXEMBOURG, fils de François de Luxembourg, vicomte de Martigues, seigneur de Baugé, tué au siége de Terrouenne, et de Charlotte de Brosse, sœur de Jean III de Bretagne, succéda à son oncle maternel dans le comté de Penthièvre, de même qu'il avait succédé à son père dans la vicomté de Martigues. Il remplaça encore le premier dans la charge de lieutenant-général de Bretagne, dont il s'était montré digne par divers exploits, où ses talents et sa prudence avaient autant brillé que sa valeur. Il avait été l'un des défenseurs de Terrouenne, et s'était signalé aux siéges de Calais, de Rouen, d'Orléans. L'an 1559, il avait mené du secours, en Ecosse, à la reine régente contre les Protestants rebelles de ses états et les Anglais qui voulaient envahir l'Ecosse à la faveur des troubles domestiques. Nommé colonel-général d'infanterie après la mort du comte de Randan, il contribua beaucoup au gain des batailles de Dreux, de Jarnac et de Moncontour. Le roi Charles IX, dont il était également aimé et estimé, pour couronner les services qu'il avait rendus à l'état, érigea, l'an 1569, en duché-pairie le comté de Penthièvre par ses lettres-patentes du 15 septembre, où il fait un éloge pompeux *de la force et prouesse, fidélité et magnanimité* du vicomte de Martigues. Ce qu'il y a de singulier dans ces lettres, c'est qu'il y est dit que *avenant que nostredit cousin n'eust non plus qu'il a à présent, aucuns enfants mâles nés et procréés en loyal mariage, les enfants mâles qui seront procréés de ses filles, et les plus capables d'iceux, tiennent et jouissent ledict duché et pairie tout ainsi que s'ils étoient nés et procréés de nostredit cousin ou d'un sien enfant mâle en loyal mariage, comme dit est. Et aussi qu'en défaut que les enfants mâles et femelles...... qui pourront être procréés de nostredit cousin en loyal mariage, n'ayent aucuns héritiers mâles, ou les mâles descendants d'iceux enfants n'ayent aussi à l'avenir aucuns enfants mâles tellement que la ligne masculine vienne à défaillir, la dignité de pair et duc demeurera éteinte et supprimée, et retournera la terre et seigneurie de Penthièvre en son premier état de comté, tout ainsi que si ladite création de duché et pairie n'avoit été faite.* Ensuite le roi déroge à l'édit de juillet 1566, suivant lequel les terres, dorénavant érigées en duchés, marquisats et comtés, devaient être réunies au domaine faute d'hoirs mâles. C'est la première exception; et Charles IX la fit en considération de la grandeur, de la naissance et du mérite personnel de

Sébastien de Luxembourg, déclarant que l'intention de cet édit était plus pour exclure et empêcher ceux qui, par importunité et sans mérite, voudraient aspirer à tel honneur, que pour autre intention. Sébastien de Luxembourg jouit à peine de cette récompense. Ayant accompagné le duc d'Anjou au siége de Saint-Jean-d'Angéli, il y reçut, le 29 novembre de la même année, un coup d'arquebuse dont il mourut quelques heures après en héros chrétien. Son corps fut porté aux Cordeliers de Guingamp. Il avait épousé MARIE, fille de Jean de Beaucaire, sénéchal de Poitou, dont il ne laissa qu'une fille, qui suit.

MARIE DE LUXEMBOURG et PHILIPPE-EMMANUEL DE LORRAINE.

1569. MARIE, fille de Sébastien de Luxembourg et de Marie de Beaucaire, née à Lamballe, le 15 février 1562, succéda à son père dans le duché de Penthièvre, la vicomté de Martigues et la seigneurie de Baugé, sous la tutelle de sa mère. L'an 1576 (et non 1579), le roi Henri III lui fit épouser, le 15 juillet, PHILIPPE-EMMANUEL DE LORRAINE, son beau-frère, duc de Mercœur, né le 9 septembre 1558, de Nicolas de Lorraine, comte de Vaudemont, créé duc de Mercœur le 15 février 1575, et de Marguerite d'Egmont. Héritier de la valeur de ses ancêtres, Philippe-Emmanuel s'endurcit de bonne heure aux travaux de la guerre. Mais son ambition tourna ses talents militaires au détriment de la France et à la perte du monarque qui l'avait comblé de bienfaits. Le mariage avantageux que Henri III lui avait procuré, loin d'exciter sa reconnaissance, lui servit de moyen pour travailler à soustraire à ce prince une des plus grandes provinces de la France. Marie de Luxembourg, sa femme, était petite-fille de Charlotte, héritière de la maison de Penthièvre. Il entreprit de faire revivre les droits de cette maison sur le duché de Bretagne, et ce fut dans cette vue qu'il traita du gouvernement de cette province avec le duc de Montpensier et le prince de Dombes. Le roi, trop facile, et à son ordinaire aveuglé par l'amitié, donna les mains, en 1582, à ce dangereux traité sans en prévoir les suites. Le duc de Mercœur entra dans la Bretagne comme dans un pays dont il se proposait de faire la conquête. Pendant neuf ans, à compter depuis la mort du duc de Guise, arrivée le 23 décembre 1588, cette malheureuse province fut un théâtre de meurtres, de trahisons, de massacres, dont il était l'auteur. On ne peut surtout lire sans horreur le récit des cruautés que ses troupes exercèrent sur les habitants de Blavet, aujourd'hui Port-Louis, après l'avoir emporté d'assaut le 11 juin 1590. Sa perfidie ne parut pas moins en livrant cette place, comme il fit dans le mois d'octobre suivant, aux Espagnols avec lesquels il était en traité depuis quelque tems, pour leur servir de place de sûreté. C'est ainsi, qu'en feignant d'agir pour l'intérêt commun de la ligue, il travaillait à l'établissement de sa propre fortune. Les plus clairvoyants n'y furent pas trompés. Un conseiller au parlement de Rennes lui disait un jour : *Est-ce que vous songez à vous faire duc de Bretage ? — Je ne sais pas*, répondit-il, *si c'est un songe; mais il me dure depuis dix ans*. On assure même qu'il porta ses vues plus loin, et qu'aux états de la ligue il osa se mettre sur les rangs pour être élu roi. Mais Henri IV fit évanouir ses chimériques prétentions. Après avoir soumis toutes les autres parties de son royaume, il s'approcha enfin, l'an 1598, des frontières de la Bretagne. L'épouvante saisit le duc de Mercœur. Au lieu de penser à se défendre, il envoie promptement sa mère et sa femme au-devant du monarque, pour tâcher de le fléchir. Elles trouvèrent la cour à Angers, et s'adressèrent d'abord à Gabrielle d'Estrées, qui jusqu'alors avait été l'objet de leur mépris. Ce fut un triomphe bien flatteur pour cette favorite de voir à ses genoux ces deux fières princesses, fondant en larmes et la priant d'agréer le mariage de mademoiselle de Mercœur, la plus riche héritière du royaume, avec César, duc de Vendôme, qu'elle avait eu de Henri IV (1). Elles furent exaucées. Le duc de Mercœur vint ensuite, parut devant le roi avec un air déconcerté, et s'en retourna avec son pardon et le mépris de la cour. Bientôt après, il prit le parti de s'absenter

―――――――

(1) Comme alors César de Vendôme n'avait que quatre ans, et mademoiselle de Mercœur que six, on se contenta de les fiancer. Mais, l'an 1609, lorsqu'il fallut procéder au mariage, la mère et la grand'mère de la jeune princesse, douairières l'une et l'autre de Mercœur, témoignèrent qu'elles aimeraient mieux donner leur fille et petite-fille au prince de Condé qu'à un fils légitimé du roi. Elles inspirèrent même à celle-ci une si grande répugnance pour le duc de Vendôme, qu'elle ne pouvait en entendre parler. Henri IV, qui avait extrêmement à cœur cette alliance, fut très-piqué de ce changement de dispositions. Il menaça ; et, voyant que les menaces n'opéraient rien, il négocia, par le moyen du P Cotton, fort habile dans l'art de manier les consciences. Le confesseur triompha de la vieille douairière. Mais pour convertir la seconde et sa fille, il fallut faire venir de Verdun le pieux évêque Eric de Vaudemont, prélat fort attaché au roi. Ses semonces eurent l'effet qu'on espérait, et le mariage fut célébré à Fontainebleau, dans le mois de juillet 1609, avec beaucoup de magnificence. Henri IV y parut tout brillant de pierreries, courut la bague, et l'emporta presque toujours.

du royaume, où il se voyait sans nulle considération. Les Turcs faisant alors la guerre à l'empereur en Hongrie, il y mena douze cents gentilshommes à ses frais, et s'y distingua non-seulement par des actions courageuses, mais par des opérations dont les plus habiles capitaines se seraient fait honneur. (Saint-Foix.) Il mourut à Nuremberg, en revenant en France, d'une fièvre pourprée, le 19 février 1602, à l'âge de quarante-trois ans. Henri IV, qui estimait sa valeur, lui fit faire un service, le 27 avril suivant, à N. D. de Paris, au milieu duquel saint François de Sales, alors coadjuteur de Genève, prononça son oraison funèbre avec beaucoup de discrétion, ne louant que ce qui était vraiment digne d'éloges dans la vie du duc de Mercœur. Outre la fille dont nous venons de parler, il avait eu de son mariage un fils, mort à onze ans, l'an 1590. Sa femme termina ses jours au château d'Anet, le 6 septembre 1623, âgée de soixante et un ans, et fut enterrée aux Capucines de Paris.

FRANÇOISE DE MERCŒUR ET CÉSAR DE VENDOME.

1623. FRANÇOISE DE LORRAINE, née l'an 1592, fille unique de Philippe-Emmanuel, duc de Mercœur, et de Marie de Luxembourg, alliée en 1609, par deux contrats de mariage, passés, l'un en 1598, l'autre en 1608, à CÉSAR, fils naturel de Henri IV et de Gabriel d'Estrées, duc de Vendôme, succéda avec son mari, l'an 1623, à sa mère dans le duché-pairie de Penthièvre, comme elle avait succédé à son père en 1602, dans le duché de Mercœur et autres domaines de ce prince. Cependant, le duché-pairie de Penthièvre, aux termes des lettres d'érection, devait être éteint à la mort de sa mère, puisqu'elle n'avait point laissé d'enfants mâles. Il faut donc qu'il y ait eu quelque dérogation à ces lettres. Mais on ne trouve aucun acte où elle soit énoncée. On pourrait dire que la donation du duché-pairie de Penthièvre, faite à Françoise de Lorraine et à César de Vendôme, dans les deux contrats dont on vient de parler, fut agréée par le roi Henri IV, en présence et par la volonté duquel ces actes furent passés, sa majesté ayant voulu que la duchesse de Vendôme jouît de la terre de Penthièvre à titre de duché-pairie, comme avait fait sa mère, et ayant par conséquent étendu à la petite-fille de Sébastien de Luxembourg, la grace que les lettres d'érection de 1569, attribuent à sa fille. Mais dans la suite, les duc et duchesse de Vendôme ayant plusieurs enfants et petits-enfants, furent bien aises qu'il ne restât aucun doute sur la qualité de duché et pairie attachée à la terre de Penthièvre, qui pouvait devenir le partage de quelque puîné ; et l'on voit par les lettres de 1658 et de 1659, qu'ils eurent soin de faire confirmer ce titre à la terre de Penthièvre, conformément aux lettres de 1569, et sans déroger à l'ancienneté d'érection ni au rang de séance, avec la clause néanmoins d'extinction de duché-pairie, faute d'hoirs mâles. C'est ainsi qu'ils tâchèrent de rectifier ce défaut d'exécution des conditions des lettres de 1569, suivant lesquelles le duché-pairie devait être éteint, si la fille de Sébastien de Luxembourg n'avait point d'enfants mâles. Devenue veuve en 1665, la duchesse françoise termina ses jours le 8 septembre 1669, un mois après la mort de Louis de Vendôme, son fils aîné. (Voy. *les ducs de Vendôme*.)

LOUIS-JOSEPH DE VENDOME.

1669. LOUIS-JOSEPH, fils aîné de Louis, duc de Vendôme, et de Laure Mancini, né le 30 juin 1654, devint le successeur de son aïeule paternelle au duché de Penthièvre. Mais, l'an 1687, ce duché fut adjugé par décret sur lui, le 10 décembre, à ANNE-MARIE DE BOURBON, princesse de Conti. (Voy. *les ducs de Vendôme*.)

FRANÇOIS-LOUIS DE BOURBON.

1696. FRANÇOIS-LOUIS DE BOURBON, prince de Conti, vendit le duché de Penthièvre au comte de Toulouse, dans la maison duquel il a subsisté jusqu'à la révolution.

CHRONOLOGIE HISTORIQUE

DES

BARONS DE FOUGÈRES (*).

Le Fougerais est un canton de la haute Bretagne, sur les confins du Maine et de la Normandie, divisé en trois territoires dits le Désert, le Coglais et le Vandelais ; il a pour chef-lieu la ville de Fougères, en latin du moyen âge, *Filgerium*, ou *Filiceriœ*, et dans son enclave et dépendance les villes d'Antrain, *Entramium*, et de Bazouges, *Basilica*. Le Fougerais fait partie du pays dont César désigne les habitants sous le nom de *Diablintes*, ou *Diaulitœ*.

La baronnie de Fougères est l'une des premières et des plus anciennes de Bretagne, et de la même dignité que les anciens comtés et vicomtés de cette province, les unes et les autres de ces terres étant également l'apanage donné à des puînés des anciens souverains de Bretagne.

La préséance sur le baron de Vitré avait été reconnue, par Alain Fergent et par les états, appartenir à ceux de Fougères ; et le duc Pierre, en accordant, en 1451, l'alternative aux barons de Léon et de Vitré, et réservant les droits de ceux d'Avaugour et de Fougères, donnait en effet le premier rang parmi les pairs de Bretagne à ces deux derniers barons. (Morice, *Hist. de Bret. pr.* coll. 25-39.)

(*) Cet article a été dressé par M. de Pommereul, lieutenant-colonel d'artillerie.

MÉEN I.

Méen I, fils puîné de Juhel Bérenger, comte de Rennes, frère de Conan le Tort, comte de Bretagne, tué à la bataille de Conquéreux, et neveu de Wicohen, archevêque de Dol, eut en apanage la baronnie de Fougères vers 972. Suivant cette filiation avouée par les historiens de Bretagne, ce prince descendait, par les rois Noménoé, Erispoé et Judicaël, du roi Hoël II, assassiné en 547. Ce dernier, selon les conjectures les plus vraisemblables, pouvait être issu de Conan I, qui, de la Grande-Bretagne, était passé avec le tyran Maxime dans l'Armorique, à la tête d'un corps nombreux de Bretons insulaires, qui s'y établirent en 423.

Méen I se réunit au duc de Bretagne Alain III, et le servit dans la guerre qu'il faisait à son frère, le comte Eudon de Penthièvre, au sujet de leurs prétentions réciproques sur les territoires de Dol et de Saint-Malo. Il finit ses jours vers 1020, laissant un fils, qui suit. (Morice, *Hist. de Bret.*, tom. I, pag. 10 et 11 de *la préf.* et 17 de l'*Hist.*)

ALFRED I.

Alfred I, fils et successeur de Méen, fonda, vers l'an 1024, un collége de chanoines dans l'église de Saint-Pierre de Rillé, et fit, en 1034, le siége de Lehon, sous les ordres du duc Alain III. Il mourut en 1048, laissant un fils, qui suit, et deux filles, Enoguent, mariée à Tristan, baron de Vitré, auquel elle porta en dot le Vandelais, et N., qui se fit religieuse avec la princesse Adèle, sœur du duc Alain III, à l'abbaye de Saint-Georges, qu'Adèle venait de fonder à Rennes. (Morice, *Hist. de Bret.*, tom. I, pag. 68, 70.)

MÉEN II.

Méen II, successeur d'Alfred, son père, confirma, en 1050, la donation faite par l'évêque de Rennes des églises de Poilley et de Villamée à l'abbaye du mont Saint-Michel. Il donna lui-même à l'abbaye de Marmoutier, en 1060, celle de Louvigni, et mourut, avant l'an 1084 (1), après avoir eu de sa femme

---

(1) L'ancienne édition porte qu'il donna, en 1090, à l'abbaye de Marmoutier, celle de Savigni, avec la collégiale de Fougères. Mais la fondation du prieuré de Fougères a précédé l'an 1084 (D. Martenne,

Adélaïde, trois fils, Juthaël, Eudon et Raoul, dont les deux premiers moururent avant lui sans postérité, et sont enterrés ainsi que leurs père et mère, à Saint-Sauveur-des-Landes, dont Méen avait donné, en 1049, l'église à Marmoutier. (Morice, *pr. de l'Hist. de Bret.*, tom. I, coll. 394, 398, 410, 470.)

RAOUL I.

Raoul I, long-tems avant de succéder à Méen II, son père, avait fait ses preuves de valeur en suivant Guillaume, duc de Normandie, à la conquête de l'Angleterre. Il y fut mis par ce prince en possession de très-grands biens dont il fit depuis différentes donations à l'abbaye de Rillé et à celle de Savigni qu'il fonda en 1112. Il confirma la fondation du prieuré de la Trinité, faite par Adélaïde, sa mère, et donna ce prieuré, ainsi que l'église de Saint-Sulpice de Fougères, à Marmoutier. Par ce dernier acte, il se soumit, ainsi que les gens de sa maison et les habitants de son château, à recevoir le baptême et la sépulture dans l'église de Saint-Sulpice, en se réservant le droit de faire dire la messe pour lui et les siens dans la chapelle orientale de son château. Raoul fit un voyage à Rome, et en passant à Marmoutier il confirma à cette abbaye tous les dons qu'il lui avait précédemment faits. Il mourut, en 1124, ayant eu de sa femme, Avoye de Bienfait, sept enfants, Méen, Henri, Gauthier, Robert, Guillaume, Avelon et Béatrix. (Morice, *pr. de l'Hist. de Bret.*, tom. I, coll. 423, 488, 525.)

MÉEN III.

Méen III, fils et successeur de Raoul I, ouvrit un asyle à Robert, baron de Vitré, vaincu et poursuivi par Conan, duc de Bretagne. Ce prince l'engagea à violer l'hospitalité qu'il avait accordée à Robert son parent; mais la fuite de ce dernier, qui se retira chez le sire de Mayenne, épargna un crime à Méen. Le duc de Bretagne récompensa l'attachement ou plutôt la trahison et la mauvaise foi de Méen, par le don qu'il lui fit de Gahard, et d'une partie de la forêt de Rennes. Méen termina sa carrière en 1138, sans laisser de postérité. (Morice, *hist. de Bret.* tom. I, pag. 94.)

Hist. de Marmoutier; MM. de Saint-Marthe, etc.), et la mort de Méen II a précédé cette fondation. (D. Morice, *Mémoir. pour servir de preuves à l'Hist. de Bret.*, tom. I, coll. 423.)

HENRI I.

HENRI I, frère puîné de Méen III, auquel il succéda, n'est guère connu que par ses donations faites aux abbayes de Savigni, de Rillé et de Saint-Florent. Il introduisit des chanoines réguliers dans l'église collégiale de Fougères, et se retira, en 1154, à l'abbaye de Savigni, où il prit l'habit de moine de Cîteaux, et mourut la même année. De son mariage avec OLIVE DE BRETAGNE, fille du comte Etienne, et sœur d'Alain le Noir, comte de Richemont, il avait eu trois fils, Raoul, Frangal et Guillaume, avec trois filles. Alix, mariée à Robert, baron de Vitré; Anne alliée à Robert de Montfort, seigneur de Hédé, et N., mariée à Robert Giffart. (*Pr. de l'Hist. de Bret.* Tom. I, pag. 579, 580, 583, 585, 605.)

RAOUL II.

RAOUL II, succéda en 1154, à son père Henri I, et s'intitula dans ses actes, Raoul, *par la grâce de Dieu*, baron de Fougères. La possession de la Bretagne excita une violente division entre le comte Eudon et Conan son beau-fils. Celui ci demandait à son beau-père la jouissance du duché, comme héritier de Berthe, duchesse de Bretagne, sa mère, à laquelle il appartenait. Sur le refus d'Eudon, la guerre fut déclarée. Raoul embrassa le parti d'Eudon, et Conan défait, se réfugia à la cour d'Angleterre. Ce prince repassa bientôt en Bretagne; et Raoul II, devenu alors le soutien de sa cause, poursuivit le comte Eudon, et le fit prisonnier. Celui-ci vint à bout de séduire son vainqueur, qui, au lieu de le livrer à Conan, son nouvel allié, lui facilita les moyens de se retirer à la cour de France, et rentra dans son parti. Raoul se saisit en conséquence de Dol et de Combourg, en 1162, et les fortifia. Mais Conan ayant intéressé à son sort la reine d'Angleterre, Eléonore d'Aquitaine, en avait obtenu la promesse d'un secours. En vain Raoul se croise pour la Terre-Sainte, en 1163, pour se mettre sous la protection de l'église. Henri, roi d'Angleterre, descend en Bretagne l'année suivante, et au lieu de partir pour la croisade, Raoul ne s'occupe plus que du soin de défendre Fougères. Henri II en forme le siége. Il fut long et meurtrier, prouva le courage et l'habileté de Raoul, et cependant la ville et le château furent pris, pillés et rasés en 1166. Cette destruction pouvait suffire à exciter le ressentiment de Raoul; mais un nouveau motif l'anima encore à la vengeance. Constance, fille unique de Conan, et héritière de la Bretagne, venait de la faire passer sous le joug des Anglais, en épousant Geoffroi, fils de Henri II. Un étranger, appelé à la succession de la Bretagne, et préféré aux princes de la maison souveraine de ce duché, de laquelle descendait le belliqueux Raoul, lui fournissait assez de prétextes plausibles pour former une ligue de seigneurs opposés au parti anglais. Raoul y réussit, se présente devant Saint-James et le Tilleul, défendus par des Brabançons, amenés par Henri II, enlève ces places, les livre au pillage et les fait brûler. Il relève les ruines de Fougères, et fait construire, en 1173, dans la forêt voisine, de vastes souterrains, pour y renfermer les femmes, les vieillards, les enfants, ses richesses et celles de ses sujets, et les dérober ainsi à ses ennemis. Ces souterrains se voient encore dans la forêt de Fougères, et se nomment les Celliers de Landan. Tant de précautions pour opposer une vigoureuse défense devinrent inutiles. Le convoi qui devait peupler et habiter ces souterrains s'acheminait pour s'y rendre, lorsque les Anglais parurent et le pillèrent. En vain Raoul accourt pour le défendre. Les Anglais, satisfaits d'avoir ainsi rompu ses mesures, s'enfuirent. N'ayant pu les joindre, Raoul marche sur Dol et Combourg, leur reprend ces deux villes, entre en campagne, et livre une bataille où il perd presque tous les seigneurs ligués avec lui. Il n'a, pour échapper lui-même, que le tems de se jeter dans Dol où il est investi. Henri II accourt de Rouen, met le siége devant Dol, et force Raoul à se rendre prisonnier avec toute sa garnison. Afin d'obtenir son élargissement, Raoul donne pour otages ses deux fils, Guillaume et Juhel, à Henri II; mais, toujours son irréconciliable ennemi, il n'use de sa liberté que pour continuer la guerre. Henri lui donne enfin la paix, et lui rend ses enfants. Alors, Raoul assiste, en 1185, à l'assise du comte Geoffroi, et est nommé sénéchal de Bretagne. C'était la première dignité de ce pays, et Raoul la méritait par sa haute naissance et sa rare valeur.

Henri II meurt. Richard son fils lui succède au trône d'Angleterre, et veut, après la mort du comte Geoffroi, son frère, obtenir la tutelle et la garde de son neveu Artur, duc de Bretagne. Les états de la province s'y opposent : et Raoul, pour seconder leur opposition, forme une nouvelle ligue qui fait échouer, en 1189, tous les projets de Richard. Raoul part l'année suivante pour la croisade, et meurt, en 1196, dans cette expédition. Il avait, de ses deux mariages successifs avec N. GIFFARD et JEANNE DE DOL, quatre fils, Geoffroi, Juhel, Guillaume, Henri : et quatre filles; Mabille, mariée à Alain IV, vicomte de Rohan; Constance, mariée à Hugues, comte de Chester; Marguerite, alliée à Galeran, comte de Meulan; et N., mariée à Payen, seigneur de Saint-Brice. (Morice, *Hist. de Bretagne*, tom. I, pag. 102, 103, 106, 111, 117, 120, 125, et *pr.* tom. I, pag. 588, 606, 623, 627, 631, 635, 643, 650.)

GEOFFROI I.

GEOFFROI I se montra, comme son père Raoul II, aussi attaché aux intérêts de son pays que l'ennemi des Anglais qui voulaient l'envahir. Devenu, par son mariage avec MATHILDE, fille aînée et principale héritière du comte de Porhoet, issu, comme Geoffroi, des princes de Bretagne, l'un des plus riches et des plus puissants seigneurs du duché, il marcha contre les Cottereaux, troupes de brigands à la solde de Richard, roi d'Angleterre, qui désolaient la province, et les défit. Richard se vit forcé de consentir à la paix en 1197. Le jeune Artur, duc de Bretagne, sortit alors du château de Brest, où les seigneurs bretons le retenaient, dans la crainte qu'il ne tombât dans les mains des Anglais, qui, ayant ci-devant enlevé la duchesse Constance, sa mère, n'avaient plus que ce seul obstacle à lever pour s'emparer de la Bretagne. Jean-sans-Terre, en succédant à Richard, suivit tous ses projets, et parvint enfin à s'emparer du duc Artur, qu'il fit assassiner. Après cet attentat, ne pouvant pardonner à Geoffroi I d'avoir si long-tems conservé la vie au duc Artur, en s'opposant aux projets sanguinaires que les rois d'Angleterre n'avaient cessé de méditer contre lui, et connaissant les liaisons que Geoffroi entretenait avec la cour de France, il entra en armes sur les terres de la baronnie de Fougères. Jean-sans-Terre y trouva une résistance qu'il n'attendait pas. En effet, Geoffroi avait hérité des talents militaires de Raoul II, et Guillaume de Fougères, son oncle, que depuis il envoya à la tête de ses troupes, en 1205, aider le roi de France au siége de Loches, s'étant réuni à lui, les troupes de Jean-sans-Terre se retirèrent après avoir ravagé, en brigands, les environs de Fougères, qu'elles craignirent d'attaquer. Geoffroi mourut en 1222, laissant un fils Raoul, qui suit, et une fille mariée à Foulques Paynel. (Morice, *Hist. de Bretagne*, tom. I, pag. 122, 131, 134, et *pr.* tom. I, pag. 797, 798, 810, 819.)

RAOUL III.

RAOUL III s'unit au duc de Bretagne, Pierre Mauclerc, et défit le parti des seigneurs bretons ligués contre leur prince en 1222. Mais le duc Pierre, quoiqu'issu de la maison royale de France, ayant, en 1229, appelé les Anglais en Bretagne, et ayant été condamné pour ce crime de félonie, par le roi et la cour des Pairs, à perdre son duché, Raoul III, à l'exemple de ses aïeux, l'éternel ennemi des Anglais, quitta le parti du duc

Pierre, et rendit hommage, en 1230, au roi de France, Louis IX. Le duc Pierre, irrité de cette défection, forme cette même année le siége de Fougères, et prend cette ville, que les troupes du roi de France lui enlevèrent sur le champ pour la rendre à Raoul III. Par deux actes successifs de 1237 et 1239, Jean le Roux, duc de Bretagne, exempte la baronnie de Fougères des droits de bail et de rachat, auxquels était soumise toute la province, donne à Raoul toute autorité sur les Juifs établis dans ses terres, permet qu'il fortifie Marcellié, et lui promet prompte justice contre ses co-héritiers, dans la succession des comtes de Porhoet (tige originaire de la maison de Rohan actuelle.) Raoul s'engage alors à lui rendre hommage dès que le roi de France le lui aura permis. Cette permission lui ayant été donnée, Raoul rentre sous l'obéissance des ducs de Bretagne. Le roi de France, méditant de nouvelles croisades, et voulant pendant son absence assurer la paix intérieure de ses états, exige, en 1239, un acte, par lequel le duc de Bretagne s'engage à ne lui faire la guerre pendant sa vie, ni directement ni indirectement, et veut que Raoul III soit le garant de ce traité. Dans le cas où le duc de Bretagne y aurait manqué, il était stipulé que Raoul ne connaîtrait d'autre suzerain de ses terres que le roi de France. Raoul meurt en 1256, laissant de son mariage avec ISABELLE DE CRAON une fille unique, Jeanne. (Morice, *hist. de Bretagne*, t. I, pag. 150, 151, 160, 163, 166, 167, 170, 173, 174, et t. II, pag. 869, 872, 881, 890, 891, 901, 906, 907, 910, 911, 912, 914, 916, 917.)

JEANNE.

JEANNE, fille et héritière de Raoul III, avait épousé, l'an 1253, Hugues XII de Lusignan, comte de la Marche et d'Angoulême. Elle mourut en 1269, et laissa deux fils, Hugues et Gui, avec quatre filles : Yolande, dont il sera parlé ci-après; Marie, qui épousa Étienne II, comte de Sancerre; Isabelle, mariée à Hélie Rudel, sire de Pons; et N. (Morice, *pr.* tom. I, pag. 968.)

HUGUES XIII.

HUGUES XIII DE LUSIGNAN succéda à sa mère, Jeanne de Fougères, et mourut sans enfans en 1303. (*Voyez la chronol. hist. des comtes de la Marche.*)

GUI.

GUI, frère et héritier de Hugues XIII, s'étant allié avec les

Anglais, fut condamné par la cour des pairs à la confiscation de ses biens, en 1307. Le roi de France à cette époque laissa la jouissance de la baronie de Fougères à Yolande, sœur de Gui. Yolande étant morte en 1314, le duc de Bretagne se saisit de Fougères. Philippe le Bel, roi de France le cita aussitôt à comparaître à sa cour, et le duc se hâta de restituer Fougères, dont le roi investit, en 1307, Charles de France son fils. Ce prince, devenu roi de France, donne Fougères, à Philippe de France, comte de Valois, lequel, en 1322, le céde à son fils Jean, qui, lorsque son père fut parvenu à la couronne, le donna, en 1328, à son oncle Charles de France, comte de Valois et d'Alençon. (*Ibid.* pag. 1350, 1351, 1353.) Ce prince ayant eu de son mariage avec Marie d'Espagne quatre fils, Charles, Pilippe, Pierre et Robert, les deux premières possédèrent successivement Fougères depuis 1346 jusqu'en 1361, mais étant devenus, l'un archevêque de Lyon, l'autre cardinal, ils cédèrent leurs droits à leur frère Pierre, qui étant mort en 1404, eut pour successeur son fils Jean II, duc d'Alençon, qui mourut en 1415. Jean III, son fils, lui succéda : mais ayant été fait prisonnier à la bataille de Verneuil, pour payer sa rançon, il vendit Fougères à Jean V, duc de Bretagne, qui réunit cette baronnie au domaine du duché. Les ducs de Bretagne l'ont depuis possédée sans interruption jusqu'à la réunion de cette province à la couronne. Fougères par cette réunion s'est trouvé incorporé au domaine du roi, dont il n'a pas cessé de faire partie jusqu'à ce jour.

Le roi François Ier. donna cette baronnie, le 2 février 1524, étant au camp devant Pavie, au maréchal de Montejan ; pour en jouir seulement durant sa vie et sous la clause de réversion à la couronne, à la mort dudit maréchal.

Henri II la donna depuis au même titre, le 14 avril 1547, à la célèbre Diane de Poitiers, duchesse de Valentinois.

Le duc de Mercœur, pendant les troubles de la ligue, s'empara de Fougères, le 28 mars 1588, et en fit l'une de ses places d'armes en Bretagne. Elle rentra sous l'obéissance du roi par le traité d'Angers, le 20 mars 1598.

Louis XV aliéna le domaine utile de cette baronnie, à titre d'engagement, en 1753, à son altesse monseigneur le duc de Penthièvre.

Louis XVI, enfin, aliéna à perpétuité, à titre d'*affeugement*, par arrêt du conseil du 20 juillet et lettres-patentes, du 8 août 1784, le château de Fougères, son parc, moulins, et autres dépendances, à M. de Pommereul, lieutenant-colonel d'artillerie, chevalier de l'ordre de Saint-Louis.

Les droits seigneuriaux, tels que la juridiction et même une partie des droits utiles, sont malgré ces aliénations, toujours restés dépendants du domaine du roi.

Il n'est peut-être pas hors de propos de développer, au sujet de la baronnie de Fougères, un fait qui a échappé à presque tous nos historiens ; c'est que la prise de la ville de ce nom a entraîné le plus grand événement de nos annales, l'expulsion totale des Anglais hors du royaume.

La France et l'Angleterre avaient signé, le 20 mai, 1444, une trêve dans laquelle était comprise la Bretagne, et qui ne devait finir que le premier juin 1449. François I, duc de Bretagne, sous le prétexte, vrai ou faux, que le prince Gilles, son frère, entretenait des correspondances avec les Anglais, l'avait fait renfermer dans la tour de la Hunaudaye. Les Anglais sollicitèrent vivement sa liberté, et sur le refus du duc, essayèrent de le forcer d'acquiescer à leur demande, en relevant les fortifications de Saint-James et de Pontorson, et en faisant des courses sur les terres de Bretagne. François I s'étant plaint de ces infractions au roi de France, des plénipotentiaires anglais et français s'assemblèrent à Louviers pour terminer ces différends. Pendant cette négociation, le roi d'Angleterre jeta les yeux sur François de Surienne, déjà fameux par la prise de trente-deux villes, et le chargea de s'emparer de Fougères. Surienne, après avoir fait reconnaître la place, promet de s'en rendre maître. Le roi d'Angleterre, pour l'encourager à cette entreprise, lui donna l'ordre de la jarretière, la seigneurie de Vorcester, le gouvernement de Verneuil et de Condé-sur-Noireau, et y joint mille livres de pension, trois cents nobles de rente, et la charge de conseiller du roi. Surienne assemble ses troupes à Condé-sur-Noireau, en part le 19 mars 1448, et arrive sous les murs de Fougères, la nuit du 23 au 24 ; il se glisse dans les fossés, dresse des échelles, escalade le château, surprend et égorge la garnison, met la ville au pillage, et y fait un butin estimé plus de deux millions de notre monnaie. François I, indigné de cette trahison, envoie Michel de Partenai vers Surienne, pour savoir par quel ordre il avait pris Fougères. « Ne m'enquerez plus avant, lui répondit Surienne ; ne voyez-
» vous pas que je suis de l'ordre de la jarretière? — Mais, reprit
» Parthenai, on dit que vous avez pris Fougères pour ravoir
» monseigneur Gilles ; qui vous le rendrait avec un pot de
» vin, seriez-vous content ? — J'ai pouvoir de prendre et non
» de rendre, » répliqua Surienne. Le duc, convaincu alors que Surienne n'a fait qu'exécuter les ordres du roi d'Angleterre, envoie un héraut au duc de Sommerset, pour le sommer de restituer Fougères et de réparer les dommages qu'y avaient faits les Anglais. Sommerset se contente de désavouer Surienne,

sans promettre satisfaction. Alors François envoie vers le roi de France, le chancelier de Guéménée et l'évêque de Rennes. Le roi promet secours, et veut tenter d'abord les voies de négociation; des conférences s'ouvrent au port Saint-Ouen. Le roi d'Angleterre désavoue Surienne, traîne l'affaire en longueur, et ne promet ni restitution ni indemnité. Révolté de cette mauvaise foi, le roi de France s'empare de Pont-de-l'Arche, de Conches et de Gerberoi, et propose leur restitution en échange de Fougères. Les Anglais refusent. Alors le roi de France s'engage, par un traité avec le duc de Bretagne, à lui faire rendre Fougères ou à déclarer la guerre aux Anglais. Sur un nouveau refus de leur cour, les armées de France et de Bretagne s'assemblent. le siège de Fougères est résolu et confié à messire Pierre, frère du duc. La place, en bon état, était défendue par Surienne et une nombreuse garnison. Pendant le siège, le duc de Bretagne s'emparait, de Saint-James, Mortain, Coutances, Saint-Lo, Carentan, Valognes, etc. et le roi de France soumettait Verneuil, Pont-Audemer, Lisieux, Mantes, Joigny, Vernon, Gournai, Harcourt, Fécamp. Messire Pierre avait amené au siège de Fougères, les seigneurs de Guingamp, de Rieux, de Montauban, de Combourg, de Derval, et de Villeblanche, et fait bâtir deux forts pour s'opposer aux sorties des Anglais. Le duc, après ses conquêtes, revint, avec le connétable de Richemont, au siège de Fougères. Surienne se défendait avec autant d'intelligence que de courage; des maladies contagieuses infestaient le camp des assiégeants; on murmurait de la longueur du siège, et quelques seigneurs s'en étaient déjà retirés. Le duc, forcé par les murmures et la crainte d'une plus grande désertion, profita d'une nouvelle demande de capitulation des assiégés, et leur permit de sortir vies et bagues sauves, le 4 novembre 1449. Les vivres manquaient à la garnison, la place était délabrée, et Surienne, qui l'avait si vaillamment défendue, quitta le service de l'Angleterre, et passa à celui de France. La guerre continua l'année suivante, et les Français enlevèrent toute la Normandie aux Anglais, et successivement toutes les provinces qu'ils possédaient depuis long-tems en France, et les réduisirent enfin à n'y avoir plus que la seule ville de Calais, qu'ils perdirent dans le siècle suivant.

CHRONOLOGIE HISTORIQUE

DES

COMTES DE FLANDRE.

La Flandre, portion considérable de l'ancienne Belgique, s'étend sur les contrées autrefois habitées par les Morins, une partie des Nerviens, les Atuatiques et les Ménapiens. Les premiers occupaient les côtes de la mer entre la Somme et l'Escaut; les seconds, les terres situées entre l'Escaut et la Sambre; les troisièmes, le pays de Namur; les derniers, les bords du Rhin. Le nom de Flandre, employé pour la première fois dans la vie de saint Eloi, écrite au septième siècle par saint Ouen, ne désignait alors que le territoire de Bruges, *Municipium Flandrense*, *Municipium Brugense*; deux expressions synonymes en ce tems-là. La Flandre était encore renfermée dans des bornes étroites, sous Charles le Chauve, en 853. Le territoire de Courtrai n'y était pas même compris. Les historiens flamands prétendent que dès le tems de Charlemagne, et long-tems même auparavant, la Flandre était possédée par des seigneurs qui la gouvernaient sous le titre de forestiers, titre qu'on leur donnait à cause des forêts dont il était rempli. Ils décorent successivement de cette qualité Lideric, établi, disent-ils, par Charlemagne, vers l'an 792, Inghelrand, ou Enguerand, son fils, et Odacre, son petit-fils. Mais il n'y a aucune preuve que ces seigneurs (en les supposant des êtres réels) aient gouverné la Flandre, ni même qu'ils y aient habité. Tous les anciens écrivains s'accordent à reconnaître, pour le premier comte de ce pays, Baudouin, qui suit. Le cri de guerre des Flamands fut dans la suite *Arras*.

BAUDOUIN I, DIT BRAS-DE-FER.

L'an 862, BAUDOUIN, surnommé BRAS-DE-FER, à cause de sa force extraordinaire, fils d'Odacre et arrière-petit-fils, par son père, et Enguerand son aïeul, de Lideric, suivant d'anciennes généalogies qui nous sont à la vérité fort suspectes, enlève JUDITH, fille du roi Charles le Chauve et veuve d'Etelwolphe, roi d'Angleterre, de concert avec Louis, frère de la princesse. C'était le second amant dans les bras duquel elle passait depuis la mort de son époux. Adhelbald ou Ethelbad, son beau-fils, l'avait déjà prise pour épouse au commencement de son veuvage par un inceste dont son aveugle passion dérobait à ses yeux l'énormité. Renvoyée depuis en France, soit par ce prince revenu de son égarement, soit après son décès, par son frère Ethelbert qui lui survécut, elle se retira par ordre de son père dans le palais de Senlis. Ce fut là que l'enlèvement se fit. Baudouin l'ayant en son pouvoir, s'enfuit avec elle en Lorraine pour se soustraire au ressentiment de Charles le Chauve. Le monarque, irrité de cet attentat, fit excommunier, la même année, le ravisseur dans un concile tenu à Soissons. Baudouin ne vit point alors de meilleur parti à prendre que d'aller se jeter aux pieds du pape. C'était Nicolas I, dont la sagesse était, pour ceux qui se trouvaient dans la peine, un grand motif de recourir à lui. S'étant rendu à Rome, Baudouin réussit à le mettre dans ses intérêts, en lui exposant que Judith s'étant donnée volontairement à lui, il ne pouvait être qu'injustement accusé du crime de rapt. Le pontife écrivit, le 23 novembre 862, en faveur des deux coupables, au roi et à la reine Hermentrude, et chargea de sa lettre deux légats qu'il envoya pour ce sujet en France. Il revint à la charge l'année suivante par deux autres lettres, l'une au roi, l'autre au concile de Soissons. (Bouq., tom. VII, pag. 391-397.) Elles produisirent leur effet; et sur la fin de la même année, Baudouin épousa Judith à Auxerre, en présence des envoyés de Charles, qui bientôt après lui rendit *suos honores*, comme s'exprime Hincmar, écrivant au pape. (*Ibid*. p. 214.) Mais il ne paraît pas qu'il ait alors rien ajouté à ce qu'avait Baudouin avant d'encourir la disgrâce du roi. C'est ce qu'insinue une lettre du même, écrite au roi l'an 866, par laquelle, en lui rendant grâces d'avoir pardonné à Baudouin, il le prie de consommer cette faveur par des effets marqués de sa libéralité. (*Ibid*. p. 416.)

L'an 879, suivant les Annales de Saint-Waast et Ipérius, Baudouin meurt à Arras, quoi qu'il n'en fût pas encore maître. Il fut inhumé dans l'abbaye de Saint-Bertin. L'auteur de la vie

de saint Winoc, écrivain du onzième siècle, parle ainsi de Baudouin : *Vir cujus ingenio et militiâ nil in viris clarissimis gloriosius unquam habuit Flandria..... milite enim multo et militiâ de hostibus triumphare non parum erat strenuus*. (*Ibid.* p. 379.) Il laissa deux fils, Baudouin, son successeur, et Raoul, comte de Cambrai, avec une fille, Winidilde, épouse de Wifred le Velu, comte de Barcelonne. « Dans le comté de Baudouin,
» ou de Flandre, dit Lambert d'Aschaffembourg (*ad ann.* 1071),
» c'est une coutume immémoriale que le père transmette en
» héritage son nom et le comté à celui de ses fils qu'il lui plaît
» de choisir; et la condition des frères de celui-ci est telle
» qu'ils sont réduits à mener une vie obscure en lui demeurant
» assujettis, ou à s'expatrier pour aller acquérir de la gloire par
» leurs propres exploits, plutôt que de se consoler dans la pa-
» resse et l'indigence par le souvenir des beaux faits de leurs
» ancêtres. La raison de cet établissement est d'empêcher que,
» la province étant divisée en plusieurs portions, la pauvreté ne
» ternisse la splendeur de cette illustre famille ». Ce récit de Lambert n'est nullement exact, puisqu'on vient de voir Raoul propriétaire du comté de Cambrai, quoique fils puîné de Baudouin. On verra dans la suite d'autres exemples qui prouvent que la condition des cadets, dans la maison des comtes de Flandre, n'était pas aussi déplorable que Lambert le veut faire entendre.

« Après que Charles le Chauve, roi de France, eut érigé la
» Flandre en comté, en faveur du mariage de sa fille Judith
» avec Baudouin BRAS-DE-FER, ce comte, voulant affermir
» et donner du lustre à son état, y créa divers officiers hérédi-
» taires, à guise des rois ses voisins, dont le premier estoit
» l'évesque de Tournay, et après luy le prévost de Saint-Donat
» de Bruges fut faict héréditaire. Il ordonna de plus douze
» pairs des premiers seigneurs de son pays, et les honora tous
» du titre de comtes, dont ceux qui avoient séance, à droite
» du comte Baudouin, estoient les comtes de Gand, d'Har-
» lebeke, de Therrouenne, de Tournay, d'Hesdin et de
» Guise ; et à gauche les comtes de Blangis, de Bruges,
» d'Arras, de Boulogne, de Saint-Pol et de Messines ». (Franc. Vinchant, *Annal. de Hainaut*, pag. 8.) Sans vouloir garantir la haute antiquité qu'on donne ici à cette institution, nous dirons que les pairs de Flandre n'ont pas toujours été les mêmes, et que la pairie a été appliquée tantôt à un fief, tantôt à un autre.

BAUDOUIN II, DIT LE CHAUVE.

879. BAUDOUIN II, dit LE CHAUVE, non qu'il le fût,

mais pour faire revivre la mémoire de son aïeul maternel, succéda à Baudouin 1, son père, dans le comté de Flandre, à l'exception du comté de Cambrai, qui fut donné, comme on l'a dit, à Raoul, son frère. Toute sa conduite fait voir qu'elle avait l'intérêt pour unique mobile. L'an 892, sur le refus que fait le roi Eudes de lui donner l'abbaye de Saint-Waast d'Arras, il se révolte contre ce prince, et se tourne du côté de Charles le Simple. Eudes, après l'avoir fait excommunier pour ce sujet par les évêques, suivant les Annales de St.-Waast, se met en marche pour les réduire. Baudouin le prévient les armes à la main, et l'oblige à s'en retourner sans avoir rien fait. Les évêques du concile de Reims écrivent, l'an 893, à Baudouin, pour se plaindre des déprédations qu'il exerçait sur les biens ecclésiastiques, et le menacent d'une nouvelle excommunication. L'an 895, il se réconcilie avec le roi Eudes, et abandonne son rival. Irrités de sa défection, les partisans du roi Charles viennent, l'an 896, faire le dégât sur ses terres. Il use de représailles : mais le comte Raoul son frère est tué par Herbert, comte de Vermandois, comme il revenait du pillage de l'abbaye de Saint-Quentin. Brouillé de nouveau avec Eudes, le comte Baudouin lui enlève, l'an 897, la ville d'Arras et le fort de Saint Waast. L'an 898, après la mort de ce prince, il promet fidélité au roi Charles, parce qu'il ne voit plus de concurrent qui lui dispute la couronne. Mais son caractère était trop violent pour en faire un vassal soumis. Dès l'année suivante, il oblige Charles à reprendre les armes contre lui; et perd le château de Saint-Waast d'Arras, dont le monarque s'empare ainsi que de l'abbaye de ce nom qu'il donne à Foulques, archevêque de Reims. Celui-ci l'échangea presque aussitôt pour l'abbaye de Saint-Médard de Soissons avec le comte Altmar, à qui Charles avait donné le château d'Arras. (Bouquet, tom. VIII, pag. 93.)

Baudouin était l'irréconciliable ennemi de ceux dont les intérêts croisaient les siens. L'an 900, il fait assassiner Foulques, archevêque de Reims, le 17 juin, pour se venger de ce que le roi lui avait ôté l'abbaye de Saint-Waast d'Arras pour la donner à ce prélat. Il exerça deux ans après la même vengeance contre le comte de Vermandois, auteur de la mort de Raoul, son frère. Charles lui ayant retiré, l'an 912, la ville d'Amiens pour la donner au comte Altmar, Baudouin par ressentiment embrasse le parti d'Herbert II, comte de Vermandois, fils de celui qu'il avait fait assassiner, et le plus fatal ennemi du roi Charles. Enfin, l'an 918 (n. st.), le 2 janvier, Baudouin meurt après avoir gouverné la Flandre trente-neuf ans. La chronique de Saint-Bertin met sa mort en 917, parce qu'elle commence l'année au 25 mars. Son corps fut inhumé dans l'abbaye de Saint-Bertin, qu'il possédait depuis dix-sept ans; mais sa femme ELSTRUDE, fille d'Alfred, roi d'Angleterre, le fit transporter deux ans après à l'abbaye de Blandigni, ou de Saint-Pierre de Gand, où elle fut elle-même enterrée le 7 juin 929. (Meier.) Il laissa deux fils, Arnoul, son successeur, et Adalolphe, ou Adolphe, comte de Boulogne et de Terrouenne.

L'abbaye de Berg-Saint-Winoc rapporte à Baudouin le Chauve sa fondation. Ce fut aussi lui qui, l'an 903, entoura de murs les villes d'Ypres et de Bruges, et acheva le fort de Saint-Omer, commencé par Foulques, archevêque de Reims.

ARNOUL I, DIT LE VIEUX ET LE GRAND, ET BAUDOUIN III, DIT LE JEUNE.

918. ARNOUL I., dit LE VIEUX et LE GRAND, fils de Baudouin le Chauve et d'Elstrude, succède, l'an 918, à son père. L'an 932, il augmenta ses domaines du château d'Arras, dont il se rendit maître par la force des armes. A cette usurpation il ajouta, vers l'an 942, celle du château de Montreuil, qu'il enleva à Herluin II, comte de Ponthieu. Guillaume Longue-épée, duc de Normandie, ayant pris la défense d'Herluin, marche à Montreuil avec un corps de troupes, reprend la place et la remet au légitime propriétaire. Arnoul ne pardonna pas au duc cet acte de justice. L'ayant invité à venir le voir, il le fait assassiner, le 17 décembre 943, près de Pequigni sur la Somme, au sortir de la conférence qu'il avait eue avec lui (1). Cet attentat fut la source de grands malheurs. Le roi Louis d'Outremer en ayant témoigné son indignation, Arnoul tente de lui persuader qu'il n'y a eu aucune part, et lui fait passer dix mille livres d'or pour l'apaiser. Le comte Hugues le Grand parle en sa faveur, et parvient à le réconcilier avec le roi, qu'il accompagna ensuite avec ses troupes dans son expédition de Normandie. Arnoul, ayant répandu la terreur dans le pays par la conquête du château d'Arques qu'il emporta d'assaut, disposa par là les habitants de Rouen à ouvrir leurs portes au roi dès qu'il se présenta. Louis étant maître de la personne du jeune duc Richard, Arnoul veut l'engager à lui faire brûler les jarrets et à charger les Normands

---

(1) Meier dit que cet assassinat fut la suite d'une ligue qu'Arnoul avait faite avec le roi Louis d'Outremer contre le duc de Normandie. Cette ligue était inconnue aux auteurs contemporains, qui ne donnent pas même lieu de la soupçonner. (Voyez-les dans D. Bouquet, t. VIII.)

d'impôts : conseil affreux que le monarque semble avoir approuvé. Toujours fidèle néanmoins à sa haine, Arnoul, l'an 946, entre dans la ligue du roi de France et du roi de Germanie contre Richard, et vient avec eux faire le siége de Rouen que ce dernier avait recouvré ; mais ils échouent dans cette expédition. On accuse Arnoul d'avoir décampé le premier sans mot dire.

Arnoul avait toujours des vues sur le Ponthieu. Ayant échoué, l'an 947, à l'attaque de Montreuil, quoiqu'aidé par le roi de France, il revient l'année suivante devant cette place, l'emporte, et se rend maître ensuite de presque tout le comté ; ce qui l'occupa l'espace d'environ trois ans. (Frodoard, *ad an.* 951.) (Voy. *les comtes de Ponthieu*.) .

Arnoul reçoit, l'an 953, une visite funeste à laquelle il ne s'attendait pas. Les Hongrois commandés par Bulgion leur roi, étant venus fondre sur la Flandre, pillent le Cambresis, et se retirent avec un immense butin. L'an 958, Arnoul, dans un âge qui demandait du repos, s'associe BAUDOUIN, son fils ; mais la petite vérole, suivant la chronique de Saint-Bertin, lui enlève ce collègue le 1 janvier 962 (n. st.). De MATHILDE, son épouse, fille de Conrad le Pacifique, roi d'Arles, suivant la généalogie de saint Arnoul, ou d'Herman Billing, duc de Saxe, selon d'autres écrivains plus anciens, Baudouin laissa un fils nommé Arnoul, qui viendra ci-après, et une fille appelée Berthe, qui donna sa main à Aimar Ier. comte de Genève. Mathilde se remaria à Godefroi, comte de Verdun. Ce qui avait déterminé le comte Arnoul à se donner un collègue, c'était sans doute l'incommodité de la pierre dont il était tourmenté. Les chirurgiens voulurent l'engager à souffrir l'opération de la taille ; et comme il la craignait extrêmement, ils la firent en sa présence sur dix-huit personnes attaquées de la même maladie, qui toutes, à l'exception d'une seule, en furent guéries en assez peu de tems. Le comte, malgré ce succès, ne put se résoudre à se faire tailler. Les douleurs à la fin étant devenues excessives, il fit venir saint Gérard, abbé de Brogne, et le pria de demander à Dieu sa guérison. Gérard, après l'avoir efficacement exhorté à réparer le mal qu'il avait fait et à mener une nouvelle vie, célébra la messe devant lui, le communia, et le renvoya guéri. C'est ce qu'atteste l'auteur presque contemporain de la vie de saint Gérard. (Surius, *octobre*, pag. 516, et Bolland. *ad diem* 3 *octobris*, pag. 316.) Cette anecdote dément ceux de nos historiens modernes qui rapportent au tems de Louis XI la première opération de la taille en France. Arnoul mourut le 27 mars 965 (D. Bouquet), dans la 49e année de son gouvernement et la 92e de son âge. Il fut enterré dans l'abbaye de Blandigni ou de Gand, qu'il avait rétablie. D'ALIX ou ATHELE, fille d'Herbert II, comte de Vermandois, qu'il avait épousée l'an 934, il eut cinq enfants qui moururent tous avant lui, à l'exception d'Elstrude, femme de Sifrid le Danois, comte de Guines. Zélé pour le bon ordre depuis sa conversion, il établit la réforme dans les monastères de ses états, par le ministère de saint Gérard ou Géraud. C'est le plus bel endroit de sa vie, et peut-être le seul qui lui mérita le surnom de Grand qu'il prenait lui-même dans ses diplômes.

ARNOUL II, DIT LE JEUNE.

965. ARNOUL II, dit LE JEUNE, fils de Baudouin et de Mathilde de Bourgogne, et petit-fils d'Arnoul le Vieux, reconnu souverain de Flandre du vivant et à la demande de son aïeul, lui succéda le 27 mars de l'an 965. Le roi Lothaire, profitant de la minorité d'Arnoul, se jeta sur la Flandre, y fit le dégât, conquit Arras, et reprit Douai qui avait été enlevé par Arnoul le Vieux, au roi Louis d'Outremer. Guillaume, comte de Ponthieu, qui était de cette expédition, non-seulement recouvra tout ce qu'Arnoul I lui avait pris, mais fut mis en possession du Boulonnais par le roi de France. Les tuteurs d'Arnoul ne se trouvant pas en forces pour résister à de si puissants ennemis, appelèrent les Danois à leur secours. (Voy. *les comtes de Ponthieu.*)

L'an 987, sur le refus qu'Arnoul fit de reconnaître Hugues Capet, roi de France, celui-ci porta la guerre en Flandre, s'empara d'une partie du pays, et obligea le comte à se réfugier auprès de Richard, duc de Normandie. Le duc reçut généreusement le petit-fils du meurtrier de son père, vint trouver le roi de France, et fit la paix du comte avec lui. L'an 988 (n. st.), le 23 mars, Arnoul meurt dans la vingt-quatrième année d'un gouvernement faible et mou, suivant l'expression d'un ancien auteur. De SUSANNE, fille de Bérenger, roi d'Italie, appelée ROSALIE par l'auteur de la vie de saint Bertulfe, il laissa un fils, qui lui succéda. (Bouquet, tom. X, pag. 165.)

BAUDOUIN IV, DIT LE BARBU.

989. BAUDOUIN IV, surnommé LE BARBU, en latin *honesta barba*, comme il signait lui-même, fils d'Arnoul le Jeune et de Susanne, succéda en bas âge à son père. Un ancien auteur remarque que, pendant sa minorité, ceux qui avaient des domaines en bénéfices du comte Arnoul se les approprièrent et les rendirent héréditaires dans leurs maisons. (Bouquet, t. X, pag. 365.) L'an 1006, Baudouin ayant pour allié entr'autres

le comte de Louvain, beau-frère d'Otton, duc de la basse Lorraine, s'empara de Valenciennes sur le comte Arnoul avec lequel il était brouillé depuis long-tems. (Bouquet, tom. X, pag. 196.) Meier ajoute à cette conquête ou usurpation celle du château d'Einham et de plusieurs autres places appartenantes à Godefroi d'Ardennes, duc de la basse Lorraine après Otton. Le roi de Germanie, Henri II, l'ayant fait citer plusieurs fois inutilement à ce sujet, prend les armes contre lui. Le roi de France et Richard, duc de Normandie, s'étant venus joindre à Henri, ils font ensemble le siége de Valenciennes, où ils échouent par la valeur de Baudouin. (D. Bouquet, tom. X, pag. 197, 290, 295, 320.) Le roi de Germanie n'était pas disposé à demeurer sur ses pertes. Mais Baudouin l'étant venu trouver à Aix-la-Chapelle, fit sa paix avec lui en lui remettant Valenciennes et lui prêtant serment de fidélité. Henri, dans la suite, ayant besoin du secours de Baudouin, lui abandonne Valenciennes à titre de fief avec le château de Gand. A ce don il ajouta encore, l'an 1012, les îles de Walcheren et toute la Zéelande en-deçà de l'Escaut ; d'où naquit une longue querelle entre les Flamands et les Hollandais.

L'an 1027, Baudouin, fils de notre comte, qui l'avait marié, l'année précédente, avec Adélaïde, fille du roi Robert, se révolte contre son père, le chasse de ses états, et le contraint d'aller chercher une retraite auprès de Robert, duc de Normandie. Ce prince ayant assemblé des troupes, les amène en Flandre, oblige le fils rebelle à demander grâce à son père, qui était présent, et s'en retourne, l'an 1030, après les avoir réconciliés. (*Will. Gemmet.*) L'an 1036, le comte Baudouin meurt à Gand, le 30 mai, suivant Meier. Son corps fut inhumé dans l'abbaye de Blandigni. Il laissa d'OGIVE, fille de Frédéric, comte de Luxembourg, sa première femme (morte le 21 février 1030), Baudouin, qui suit, et Hermengarde, femme d'Adalbert, comte de Gand. (Duchêne, *Généalog. de la maison de Gand.*, pag. 1112.) ÉLÉONORE, fille de Richard II, duc de Normandie, sa seconde femme, ne lui donna point d'enfants. Ce prince était grand et bien fait. Il fit environner Lille de murs et de fossés. (Bouquet.) Hériman de Tournai (*De restaur. S. Mart. Tornac.*) nous apprend une anecdote remarquable sur ce prince. Hardouin, évêque de Noyon, ayant fait raser une tour que le roi Robert avait à Noyon, parce que le châtelain, qui en avait la garde, voulait dominer dans la ville, encourut par-là l'indignation du monarque, qui le fit condamner par sa cour au bannissement. L'évêque, pour l'apaiser, eut recours au comte de Flandre, promettant de lui donner en fief, pour trois générations, douze autels qu'il possédait en

Flandre. Baudouin réussit en effet à réconcilier Hardouin avec le monarque, et jouit en conséquence des douze autels qu'il sous-inféoda ensuite à ses barons. Ce comte est regardé comme le fondateur du commerce en Flandre. Pour le faciliter, il établit des foires dans plusieurs villes : institution qui fut bientôt imitée par les autres princes de la Belgique.

BAUDOUIN V, dit DE LILLE et LE DÉBONNAIRE.

1036. BAUDOUIN V, fils de Baudouin le Barbu et d'Ogive de Luxembourg, surnommé DE LILLE à cause des embellissements qu'il fit à cette ville (1), et LE DÉBONNAIRE pour la douceur de son gouvernement, fut investi du comté de Flandre après la mort de son père. L'an 1045, sur le refus que Thierri IV, comte de Hollande, fit de reconnaître sa suzeraineté sur une partie de la Zéelande, il fit une invasion dans la Frise, d'où il revint, disent les chroniques, après avoir triomphé partout. Baudouin n'était pas lui-même vassal plus soumis que le comte de Hollande. L'an 1044, il se ligue avec Geoffroi III, duc de basse Lorraine, contre l'empereur Henri III, et s'empare du pays de Waës, du comté d'Alost et du château de Gand. Il aide Godefroi, l'an 1047, à s'emparer de Nimègue et ensuite de Verdun, dont ils réduisirent en cendres la cathédrale après avoir pillé la ville. (Iperius.) Mais l'empereur ayant amené son armée en Flandre, se fait ouvrir les portes de Lille et s'en retourne. A peine eut-il repris la route de Germanie, qu'ils recommencèrent les hostilités. L'an 1049, l'empereur, accompagné du pape Léon IX et du roi de Danemarck, retourne vers les Pays-Bas avec une nombreuse armée pour châtier les rebelles. Effrayé à son approche, le duc Godefroi va le trouver à Aix-la-Chapelle et fait sa paix avec lui. Baudouin persiste dans sa révolte ; mais voyant l'orage près de fondre sur lui, et ne se trouvant pas en état de résister, il a recours à la clémence de l'empereur, et lui donne des otages pour l'assurer de sa soumission. Mais ce ne fut qu'une paix plâtrée. L'an 1053, Baudouin se ligue de nouveau contre l'empereur avec le duc Godefroi. Ils ravagent ensemble les villes situées sur la Moselle.

---

(1) L'origine de cette ville, appelée dans les anciens monuments tantôt *Isla*, tantôt *Illa*, et plus souvent *Insula*, à cause de sa situation dans un terrain marécageux, ne remonte guère au-delà du neuvième siècle. Ce fut Baudouin le Barbu qui commença, ainsi qu'on l'a dit, à l'entourer d'un mur et d'un fossé, qui furent achevés par son successeur.

L'empereur entre, l'année suivante, dans la Flandre, où il fait le dégât à son tour et prend la ville de Tournai, où il fait des prisonniers de marque. L'an 1055, Baudouin et Godefroi assiégent dans Anvers, Frédéric, oncle du premier, qui est délivré par les Lorrains. (Sigebert.) La guerre continue ; et, l'an 1056, Baudouin, attaqué par l'empereur, le met en fuite, le poursuit et va brûler le palais impérial à Nimégue. Cette expédition fut le terme des hostilités. L'an 1056, traité de paix conclu à Cologne entre le nouveau roi de Germanie, Henri IV, ou plutôt Agnès, sa mère, et le comte de Flandre. Ce dernier y gagna le pays situé entre la Dendre et l'Escaut, c'est-à-dire le comté d'Alost, le château de Gand, avec les quatre districts, et rendit hommage du tout à l'empire. (Meier d'après Iperius.) Ce fut pendant le cours de cette guerre que Baudouin, pour mettre son pays à couvert, fit faire ce fameux canal nommé le *Fossé neuf*, qui sépare aujourd'hui l'Artois de la Flandre. Baudouin, malgré ses fréquents démêlés avec l'empereur, était regardé comme le meilleur prince de son tems. L'an 1060, après la mort de Henri I, roi de France, il fut chargé de la tutelle de Philippe, son fils, et de la régence du royaume. C'est l'opinion générale des historiens. Cependant nous avons une preuve de fait que ce roi commença de régner avec sa mère aussitôt après la mort de son père, dans un de ses diplômes, donné l'an 1061 en faveur de l'abbaye de Saint-Germain-des-Prés : *D. verò Henrico obeunte*, y dit ce monarque, *dum ego Philippus, filius ejus, regnum unà cum matre suscepissem*. (Labbe, *Mél. cur.* tom. II, p. 580.) Le roi Philippe assurant que la reine, sa mère, avait pris avec lui les rênes de l'état après avoir perdu son époux, on ne peut récuser ce témoignage. Mais les deux opinions peuvent se concilier en disant que la reine eut d'abord la régence du royaume, et que le comte de Flandre fut sous elle le premier ministre ou le lieutenant-général de l'état ; ce qui dura jusqu'à ce que cette princesse, par quelque dégoût dont on ignore la cause, se retira à Senlis, où, bientôt après, elle épousa le comte de Valois. La régence avec la tutelle du jeune monarque passa pour lors au comte de Flandre. La sagesse avec laquelle il s'acquitta de ces emplois lui mérita les applaudissements de tous les ordres de l'état. C'est ce que disent les chroniqueurs de Flandre. Mais la nation française ne lui pardonnera jamais d'avoir trahi son devoir en secondant sous main l'expédition qui mit la couronne d'Angleterre sur la tête du duc de Normandie, son gendre, et en fit, par cet agrandissement de fortune, le plus redoutable et le plus dangereux vassal de la France. Et en effet, il est constaté que Baudouin, après avoir refusé publiquement à la tête du conseil de son pupille les secours que demandait Guillaume le Bâtard, fit faire pour lui des levées non-seulement en Flandre, mais en divers lieux de la France, et qu'il engagea la noblesse à marcher sous les drapeaux de ce conquérant. Guillaume de Malmesburi dit que le duc de Normandie avait envoyé son blanc-seing au comte de Flandre, qui le remplit d'une obligation de trois cents marcs d'argent de rente, que Guillaume contractait envers lui, et moyennant laquelle Baudouin lui fournit de l'argent, des vaisseaux et des hommes. Ce comte ne survécut pas long-tems à la conquête de son gendre, étant mort, le 1er. septembre 1067, à Lille, où il est enterré dans l'église de Saint-Pierre, qu'il avait commencée en 1055 et dotée pour quarante chanoines. On lui attribue aussi la construction du château de cette ville. Il est plus certain qu'il fonda celui d'Oudenarde après avoir détruit le fort d'Einham, et conquis le Brabant jusqu'à la Dendre. ADÈLE, fille de Robert, roi de France, son épouse, et qu'on appelait la comtesse-reine, lui donna au moins trois fils et deux filles. Les fils sont Baudouin, son successeur; Robert, auquel en mourant, ou, selon d'autres, en le mariant, il donna les comtés d'Alost et de Waës avec la Zéelande occidendale, ce qui le fit surnommé le Frison, parce que ces pays faisaient partie de la Frise; et Henri. Les filles sont Mathilde, femme de Guillaume le Conquérant, et Judith, mariée, 1º. à Toston, frère de Harald, compétiteur de Guillaume le Conquérant pour le royaume d'Angleterre; 2º. à Welphe, duc de Bavière, morte le 4 mars 1094. (Bouquet, tom. XI, pag. 176, 234, 644.) Adèle avait apporté en dot à son époux, la ville de Corbie. Devenue veuve, elle se rendit à Rome, où elle reçut le voile de la religion des mains du pape Alexandre II; après quoi, étant revenue en Flandre, elle se retira dans l'abbaye de Messines, qu'elle avait fondée, l'an 1065, au diocèse d'Ipres. Elle y finit ses jours, non l'an 1079, comme le marque Meier, ni l'an 1099, comme le dit Gazet dans son histoire ecclésiastique des Pays-Bas, mais l'an 1071, suivant le nécrologe de la maison.

BAUDOUIN VI, DIT DE MONS ET LE BON.

1067. BAUDOUIN, fils aîné de Baudouin de Lille et d'Adèle, succède à son père dans les états de Flandre. Il jouissait déjà du Hainaut par son mariage contracté, l'an 1051, avec RICHILDE, héritière de ce comté, du chef de Rainier V, comte de Hainaut, son père, et veuve d'Herman, comte en Ardennes. Robert, son frère n'étant point satisfait de la part qu'il avait à la succession paternelle, alla chercher fortune sur les côtes maritimes d'Espagne, où il fit de grands ravages et amassa un riche butin ; mais les Sarrasins, étant ensuite tombés sur lui, l'obligèrent à s'en retourner en fort mauvais équipage. Il voulut tenter une seconde expédition dans ce pays, et il équipa une flotte dans ce dessein. Mais à peine fut-il en mer, qu'une violente tempête fit périr la plus grande partie de ses vaisseaux. Ces deux expéditions, fondées sur le récit de Lambert d'Aschaffembourg, nous paraissent, il faut l'avouer, un peu tenir du roman, bien qu'adoptées par M. Kluit. (*Cod. Diplom. Holl.*, p. 111, *not.* 3.) Quoi qu'il en soit, Robert, impatient de s'agrandir, se jeta, vers l'an 1062, sur la Hollande, nommée alors la Frise, et gouvernée par la comtesse Gertrude, mère et tutrice de Thierri V. (*Voy. les comtes de Hollande.*) Gertrude, après l'avoir repoussé deux fois, lui offrit sa main pour l'engager à cesser ses hostilités. Baudouin de Lille, père de Robert, ne paraît point avoir pris de part à cette guerre. Le père Daniel, copié par M. Velly, avance, d'après Lambert d'Aschaffembourg, que Robert ayant ensuite tourné ses armes contre Baudouin de Mons, son frère, celui-ci fut défait et tué dans un combat. Il y a là un anachronisme visible. Baudouin de Mons n'était point encore en possession de la Flandre, puisque son père était toujours vivant, et d'ailleurs tous les historiens flamands sont précis et unanimes sur la mort tranquille de Baudouin de Mons, arrivée le 17 juillet 1070 à Oudenarde. Peu de tems auparavant ayant assemblé les grands de ses états, il avait assigné le comté de Flandre à Arnoul, son fils aîné, qui suit, et celui de Hainaut à Baudouin, son second fils, les recommandant l'un et l'autre à Robert, son frère, qui s'engagea par serment à gouverner en bon et fidèle tuteur, ces deux comtés, pendant leur minorité. C'est ce qu'atteste Gilbert de Mons. (Bouquet, tom. XIII, pag. 544.) Mais Hériman de Tournai dit qu'auparavant Baudouin, dans une assemblée tenue à Oudenarde, avait obligé Robert à jurer qu'il n'inquiéterait jamais Arnoul, son neveu, ni les descendants de ce comte, dans la jouissance de la Flandre; après quoi Robert, ajoute-t-il, partit pour la Frise, c'est-à-dire la Hollande. Baudouin avait mérité l'amour de ses sujets par le soin qu'il eut d'entretenir parmi eux une exacte police, et d'assurer par ce moyen leur tranquillité: *Cil quens Bauduins*, dit une ancienne chronique manuscrite, *fu si doubtés que nus ne portoit armes en sa terre par paour d'aultruis ne son huis ne clooit par larrons.* (*Bibl. de Saint-Germain-des-Prés*, n°. 139.) Baudouin de Mons eut sa sépulture dans l'abbaye de Hasnon, qu'il avait rétablie. Il prend le titre de comte palatin dans ses chartes. (*Voy.* les comtes de Hainaut.)

ARNOUL III, DIT LE MALHEUREUX.

1070. ARNOUL, fils aîné de Baudouin de Mons, né l'an 1054, lui succéda au comté de Flandre. Comme il était mineur, Richilde, sa mère, s'empara de sa tutelle et de la régence. Robert, oncle d'Arnoul, revendiqua ces emplois en vertu du testament de Baudouin, son frère. Mais Richilde l'emporta par la protection de Philippe I, roi de France. Le gouvernement tyrannique de cette princesse, gouvernée elle-même par quelques seigneurs mal-intentionnés, lassa bientôt les Flamands. Les états et les villes résolurent de lui faire des remontrances. Elle reçut à Messines celles que lui présentèrent les députés d'Ipres; mais pour réponse, elle leur fit trancher la tête et à leur suite, au nombre de soixante et dix personnes. Les députés de Gand et de Bruges eussent essuyé le même sort, si le châtelain de Lille ne les eût sauvés dans son château. Ces horreurs engagèrent la noblesse du pays à traiter secrètement, par l'entremise du comte de Guines, avec Robert. Il arrive à Gand, où plusieurs prélats, nobles et députés des villes, lui prêtent serment de fidélité. De là s'étant rendu à Lille, où était Richilde, il l'oblige à gagner en diligence la ville d'Amiens. Abandonnée de la plus grande partie de ses sujets, la comtesse envoie son fils Arnoul à Philippe I, roi de France, pour l'engager à venir à son secours. Philippe, gagné par les promesses que lui fait Arnoul, lui amène un corps de troupes ramassées à la hâte, dit Lambert d'Aschaffembourg. Mathilde, reine d'Angleterre, qui séjournait pour lors en Normandie, lui envoie de son côté un nouveau renfort, sous la conduite de Guillaume Osberne, comte d'Héreford, que Richilde épousa pour se l'attacher plus étroitement. Richilde sut aussi mettre dans ses intérêts divers seigneurs, qui vinrent tous, bien acompagnés, grossir son armée. Avec de si grandes forces, Richilde se croyant sûre de la victoire, marche droit à l'ennemi, campé à Bavinchoven, près de Cassel. Le combat s'engage le jour de la chaire de saint Pierre, 22 février de l'an 1071, et devient, de part et d'autre, également opiniâtre et sanglant. Richilde, qui faisait les fonctions de général à la tête de ses troupes de Hainaut, oblige, après bien des efforts, l'aile gauche de Robert à plier, et fait prisonnier (1) ce prince (*Chron. Turon.*), qui

---

(1) Le P. Daniel et l'abbé Velly nient que Robert ait été fait prisonnier dans cette bataille, sur ce que Lambert d'Aschaffembourg, auteur du tems, ne parle point de cette circonstance.

est aussitôt conduit à Saint-Omer par le comte de Boulogne, qui l'avait pris dans sa fuite. (Meier.) Cependant l'aile droite de Robert faisait des merveilles. Le roi de France, qu'elle mit en fuite, se retira promptement à Montreuil. Le jeune Arnoul s'efforce vainement de rétablir le combat. Après avoir eu deux chevaux tués sous lui, ce prince infortuné périt les armes à la main, avec le comte d'Héreford, son beau-père, qui combattait à ses côtés. On prétend que ce fut un de ses chevaliers, nommé Gerbodon, qui lui porta le coup mortel, après l'avoir renversé de cheval. (Meier.) Pour comble de malheur, Richilde tomba entre les mains des ennemis, et fut emmenée à Cassel, où presque aussitôt elle fut échangée avec Robert le Frison (1). Le roi de France, instruit de cet échange, en fut si indigné, qu'ayant surpris la ville de Saint-Omer, le 6 mars, pendant la nuit, il la pilla, la saccagea, puis la livra aux flammes, après quoi il se retira. C'est ce que raconte de la vengeance de Philippe, le commun des historiens français et flamands. Mais une ancienne chronique manuscrite porte qu'il ne prit et brûla que les faubourgs de Saint-Omer, et qu'ayant mis le siège devant la place, un conseil perfide engagea ce prince à le lever: *Li évesque de Paris, dit-elle, qui estoit freres li comte Wistasse de Bouloingne, séjornoit lors à Esperleke. Il envoya à Robert le Frison et li manda que si il voloit li donner la forest d'Esperleke, il feroit le roi lever dou siége et raler en France. Robert li Frison li otroya voulentiers. Donc manda l'Evesque au roi privéement que il estoit traïs se il ne s'en aloit. Li roi, qui cuida que il deist voir, se leva dou siége et s'en ala en France. Robert donna la forest devant dite à l'évesque, et l'évesque la laissa au comte de Bouloingne après son déchief.* (Bibl. de Saint-Germain-des-Prés, n°. 39.) Arnoul fut inhumé à l'abbaye de Saint-Bertin.

ROBERT I, DIT LE FRISON.

1071. ROBERT I, deuxième fils de Baudouin de Lille, après la victoire remportée sur Richilde et la mort d'Arnoul, son neveu, demeura possesseur de la Flandre. Richilde, femme courageuse, lève de nouvelles troupes pour venger la mort de

---

(1) L'ancienne généalogie latine des comtes de Flandre dit (p. 384) que Robert fut délivré de force par ses gens. Mais il n'y a guère d'apparence que Richilde ait été sitôt remise en liberté, si, pour la racheter, elle n'eût plus alors eu Robert en son pouvoir. Il vaut donc mieux s'en tenir aux récits de Sigebert et d'Albéric de Trois-Fontaines, qui attestent l'échange de Richilde et de Robert.

son fils. Bataille de Broqueroie, à une lieue de Mons, gagnée par Robert sur cette princesse, sur le duc de la basse Lorraine, et d'autres princes qui étaient accourus à sa défense. Le carnage y fut si grand, dit Meier, que le champ de bataille s'appelle encore aujourd'hui *les Hayes de la mort*. Le roi d'Angleterre, Guillaume le Conquérant, avait gratifié Baudouin de Lille, son beau-père, d'une pension annuelle de trois cents marcs d'argent, sous la condition de l'hommage, en reconnaissance des secours qu'il lui avait fournis pour la conquête de l'Angleterre. Cette pension continuée à Baudouin de Mons, fut retirée à Robert le Frison, par le même monarque, en punition de la perfidie qu'il avait exercée envers le comte Arnoul. Mais elle fut rétablie par Guillaume le Roux. (*Willem. Malmesb. de Gestis Regum Angl.*, pag. 159.)

L'an 1074 ou environ, le roi de France lui enleva la ville de Corbie, qui avait autrefois été donnée, comme on l'a dit, en dot à la princesse Adèle, femme de Baudouin V. Robert, l'an 1076, après une bataille perdue contre Baudouin, son neveu, frère d'Arnoul et comte de Hainaut, qui lui disputait aussi la Flandre, s'accommode avec lui. Mais la paix entre eux ne fut point durable. (*Voy.* Baudouin II, *comte de Hainaut.*) La Hollande était cependant entre les mains de Godefroi le Bossu, duc de la basse Lorraine, qui, après avoir aidé Guillaume, évêque d'Utrecht, à l'enlever à Thierri, beau-fils de Robert, se l'était fait céder par ce prélat dans l'impuissance où il etait de la conserver. Robert, pour venger Thierri, dont il était tuteur en même tems que beau-père, fait assassiner Godefroi, le 26 février 1076. (Voy. *les ducs de la basse Lorraine.*)

Canut, roi de Danemarck, méditant une irruption en Angleterre, fait part de son dessein au comte de Flandre, dont il avait épousé la fille. Robert, l'an 1085, lui fournit des secours pour cette expédition, qui n'eut point lieu par les précautions que prit Guillaume le Conquérant pour la prévenir. (*Chron. Anglo-Saxon. apud* Bouquet, tom. XIII, pag. 50.) Robert, l'année suivante, part pour la Terre-Sainte, avec un cortége nombreux de seigneurs flamands, laissant l'administration de ses états à Robert, son fils, qu'il s'était associé peu de tems auparavant. Ipérius dit qu'il se signala en Palestine par de grandes et nombreuses victoires, sans pouvoir néanmoins se rendre maître de la cité sainte, parce que la gloire de cette conquête était réservée à son successeur. Mais comment, après ces exploits, lui permit-on l'entrée libre des lieux saints, comme s'il n'eût été qu'un simple pèlerin? Ce qui est plus certain, c'est qu'en s'en retournant il eut à Constantinople, l'an 1088, une entrevue avec l'empereur Alexis Comnène, qui lui fit un accueil très-honorable, mais qui n'était pas sans des vues d'intérêt. Ce prince, voyant Robert accompagné d'une florissante noblesse, comprit qu'il était en état de lui fournir du secours contre les Musulmans. Robert, sur la demande qu'Alexis lui en fit, promit de lui envoyer cinq cents cavaliers, et tint parole. Dès l'année suivante, on vit arriver devant Acre, où l'empereur était alors, ce nombre de braves bien montés, qui amenaient encore cent cinquante beaux chevaux, dont le comte lui faisait présent. Ils vendirent aussi à l'empereur ceux qu'ils avaient de trop dans leurs équipages, et furent employés à la défense de Nicomédie et du pays d'alentour, contre les entreprises du sultant de Nicée. (Le Beau, *Hist. du Bas-Emp.*, tom. XVIII, p. 64.) L'an 1091, Robert, au retour de son voyage de Jérusalem, cède à Baudouin, comte de Hainaut, la ville de Douai, avec ses dépendances, au lieu du comté de Flandre tout entier, qu'il avait promis de lui rendre, comme au légitime héritier. Robert meurt, le 4 octobre 1093, à Cassel, suivant les uns, le 13 octobre, au château de Winendal, selon les autres. La chronique d'Egmond dit que son gouvernement dura vingt-trois ans, XXIII *annis dominatur*; ce qui doit s'entendre d'années incomplètes, et confirme la date de l'an 1071, que nous avons donnée pour celle où Robert devint possesseur du comté de Flandre. De GERTRUDE DE SAXE, sa deuxième épouse, veuve de Florent, comte de Hollande (morte en 1113), il eut deux fils, Robert, son successeur, et Philippe, burgrave d'Ipres, qui se tua en tombant d'une fenêtre, l'an 1104, et laissa un fils naturel, nommé Guillaume, dont il sera parlé dans la suite. Robert eut aussi de son mariage trois filles : Alix ou Adèle, femme, 1°. de saint Canut, quatrième du nom, roi de Danemarck; 2°. de Roger, duc de Pouille; Gertrude, mariée, 1°. à Henri III, comte de Louvain; 2°. à Thierri II, duc de Lorraine; et Ogive ou Marie, abbesse de Messines, près d'Ipres. Robert, durant son règne, était dans l'usage de s'emparer de la dépouille des clercs après leur mort. Le concile de Reims, tenu l'an 1093, l'obligea de renoncer à cette usurpation. Vredius a fait graver, d'après une charte de 1072, le sceau de Robert, où l'on voit l'écu de ses armes, qui sont un lion d'or. Mais D. Mabillon (*de Re. Diplôm.*, liv. II, chap. 18, pag. 3), doute de l'authenticité de ce sceau, et les savants diplomatistes d'Allemagne le regardent aujourd'hui comme faux.

ROBERT II, DIT LE JÉROSOLYMITAIN.

1093. ROBERT, fils aîné de Robert le Frison et son successeur était qualifié comte du vivant de son père, avant qu'il ne lui fût associé dans le gouvernement de la Flandre. Ce qui lui donnait alors ce titre, c'était le comté de Bourbourg, dont Robert le Frison l'avait revêtu six ans au moins avant sa mort. Nous en avons la preuve dans une charte de Reinard, premier abbé de Ribemont, en Picardie, datée du 8 janvier 1087 (v. st.), par laquelle il déclare qu'Anselme, seigneur de Ribemont (*de Monte Ribodonis*), fils d'un autre Anselme, s'est dessaisi d'une bergerie (*Berquaria*) du village de Lohn (Loon), dans le comté de Brotburch (Bourbourg), entre les mains du comte Robert, fils d'un comte de même nom, duquel il la tenait en bénéfice (en fief), pour en investir l'abbaye de Ribemont, et lui en accorder la jouissance en franc-aleu. (*Cartul. de Ribemont*, fol. 25.)

La publication de la première croisade, décernée en 1095, au concile de Clermont, produisit, comme on sait, une incroyable fermentation en Europe. Jamais on n'a vu d'expédition militaire où l'on se soit enrôlé avec plus d'empressement. Le comte de Flandre y prit parti avec d'autant plus de zèle, qu'il y était excité par une lettre très pressante de l'empereur Alexis Comnène (1). Dans la description que ce prince lui fait de l'état déplorable où les Turcs ont réduit l'empire grec, il dit que ces barbares ont étendu leurs conquêtes, depuis Jérusalem jusqu'à la Propontide, qu'ils croisent continuellement dans cette mer avec deux cents navires, par eux enlevés aux grecs, qu'ils menacent Constantinople, et qu'elle est effectivement près de succomber, si les princes latins ne s'arment pour sa défense. « Je fuis, ajoute-t-il, de ville en ville, et je ne reste
» dans chacune que jusqu'à ce que je les voie près d'arriver.
» Certes, j'aime beaucoup mieux être soumis à vous autres
» Latins, que d'être le jouet des Païens. Accourez donc avant
» que Constantinople ne tombe en leur pouvoir, et faites tous
» vos efforts pour les prévenir, et vous rendre maîtres, vous-
» mêmes, de cette capitale, assurés que vous y trouverez une
» ample et incroyable récompense de vos travaux ». Il fait ensuite le détail des principales reliques qui se trouvaient à Constantinople, et des richesses du palais impérial. (Marten.

---

(1) Gilbert de Mons et Ipérius se trompent en disant que cette lettre était adressée à Robert le Frison; car elle fut écrite, suivant la remarque de l'éditeur, dans le même tems qu'Alexis envoyait une ambassade au pape Urbain II, pour implorer par son moyen le secours des princes latins. Or, ce fut au concile de Plaisance, tenu l'an 1095, qu'Urbain reçut cette ambassade.

Thes. Anecd. tom. I, pag. 267.) C'est ainsi qu'Alexis aiguillonnait la dévotion et la cupidité des princes latins. Robert, l'an 1096, se mit en marche, après avoir établi en Flandre un conseil de régence, à la tête duquel il mit la comtesse sa femme. M. Velly se trompe, en disant qu'il *se défit de ses états* pour fournir aux frais de cette expédition. Il emmena avec lui l'élite de la noblesse flamande; et Eustache, comte de Boulogne, qui avait pris les mêmes engagements, préféra, comme vassal de la France, la compagnie de Robert, à celle de Godefroi de Bouillon, son frère. Arrivés en Vermandois, le comte Hugues le Grand, frère du roi, se mit à leur tête. Plus loin, il se joignirent au duc de Normandie et au comte de Blois, avec lesquels ils prirent, au mois de septembre, leur route par l'Italie, où ils aidèrent Urbain II, à terrasser l'anti-pape Guibert. Mais, plus hardi que le duc de Normandie et le comte de Blois, qui n'osèrent pas se hasarder en mer pendant la mauvaise saison, le comte de Flandre s'embarqua tout de suite pour l'Asie, et fit le trajet, dit Guillaume de Malmesburi, avec plus de bonheur que de prudence. Le comte de Vermandois, qui suivit son exemple, porta la peine de sa témérité, comme on le raconte à son article. Le comte de Flandre s'étant rendu, sans avoir éprouvé d'obstacle, à la cour de l'empereur Alexis, y fut reçu avec les mêmes témoignages d'estime et d'amitié que ce prince lui avait donnés, l'année précédente, dans sa lettre. Mais il refusa constamment de lui faire l'hommage anticipé qu'il demandait pour les conquêtes qu'il ferait en Palestine. Les beaux faits d'armes, par lesquels il se distingua dans ce pays, lui méritèrent le surnom de *Jérosolymitain*, et le firent appeler, par les Musulmans, le fils de Saint-Georges. Il revint en ses états dans l'automne de l'an 1100, après avoir refusé la couronne de Jérusalem, qui lui avait été offerte, au refus du duc de Normandie. Le roi d'Angleterre, comme on l'a vu, payait aux comtes de Flandre, trois cents marcs d'argent de pension annuelle, à titre de fief. Robert, à son retour de la Terre-Sainte, en exigea du roi Henri I, les arrérages d'un ton impérieux qui choqua le monarque, et lui attira un refus. L'ayant depuis regagné par ses soumissions, il obtint que sa pension lui serait non-seulement continuée, mais augmentée même, et portée à quatre cents marcs, par lettres du 17 mai de l'an 1101; moyennant quoi il renouvela son hommage au roi d'Angleterre, sauf la foi qu'il avait promise au roi de France; mais cette foi est bien limitée dans le traité. Il renouvela le même engagement, le 10 mars 1103, avec cette différence, qu'au lieu de cinq cents hommes qu'il devait mener au monarque anglais, en tems de guerre, il s'obligeait à lui en condufre le double. (*Willelm. Malmesb.* liv. 5 , pag. 159. Rymer, tom. 1, pag. 2.)

Robert avait des vues sur le Cambresis, qu'il entreprit d'effectuer l'année qui suivit son retour. L'empereur Henri IV, apprenant qu'il fait le dégât dans ce pays, et moleste Gaucher, évêque de Cambrai, charge l'évêque de Liége et le comte de Louvain de marcher au secours du prélat, leur promettant de venir les joindre au plutôt. Il tint parole, et l'an 1102, étant arrivé sur les lieux, dans l'automne, il se rend maître de plusieurs châteaux dans l'Ostrevant. Mais voyant que l'hiver approche, et que l'ennemi évite une bataille, il reprend la route de l'Allemagne. (*Chron. de Cambrai*, Bouquet, tom. XIII, pag. 411, 453, 460, 486, 536, 581.) Robert, l'an 1103, étant venu trouver l'empereur à Liége, fait sa paix avec lui, le 29 juin, après lui avoir fait hommage, et s'être réconcilié avec l'évêque Gaucher. (*Ibid.* pag. 263, 453, 487, 717, 728.) Ce prélat ayant été depuis contraint, par les traverses qu'il essuyait, d'abandonner son siége pour se retirer à Liége, l'empereur adjugea, l'an 1105, à Robert, pour sa vie, les revenus de cette ville, et le chargea de mettre en possession du palais épiscopal, Odon, abbé de Saint-Martin de Tournai, que le concile de Reims avait élu et sacré, le 2 juillet 1105, pour remplacer Gaucher. (*Gall. Chr.*, tom. III, col. 26.) « Adont, » dit la chronique de Cambrai, amena li quens Robers de» dens Cambray, l'évesque Oedon, et le mit el palais; mais » aultre bénéfice n'ot de tout l'evesquiet que l'ostel, et qu'il » célébroit comme évesque ». Robert regrettait toujours la ville de Douai, que son prédécesseur, Robert le Frison, avait abandonnée, comme on l'a vu, l'an 1091, à Baudoin II, comte de Hainaut. Pour l'obtenir sans violence, il propose, vers le même tems, à Baudoin III, son fils et son successeur, de prendre en mariage une des nièces de sa femme (c'était Adélaïde de Savoie, depuis reine de France, épouse de Louis VI); et pour sûreté de sa parole, il exige que le château de Douai lui soit livré. Le comte de Hainaut n'avait pas encore vu la princesse; mais dans la suite, il ne jugea plus à propos de l'épouser, et la ville de Douai fut perdue pour lui. Ce fait est attribué par quelques historiens à Robert le Frison ; mais il s'est passé incontestablement entre Robert II et Baudouin III, comme nous le démontrons dans la préface du tom. XIII, des Historiens de France, pag. lvij. Gaucher cependant revendiquait toujours l'évêché de Cambrai contre Odon, protégé par le comte de Flandre. Ayant réussi à mettre dans ses intérêts le nouvel empereur Henri V, il l'engagea à venir, l'an 1107, en Flandre. Son arrivée répandit une telle frayeur dans le pays, que le

châtelain et les plus notables de Cambrai prirent la fuite. Mais Robert, loin de suivre leur exemple, se mit en état de faire face à l'empereur. S'étant jeté dans Douai, il vit sans crainte arriver l'empereur devant cette place, à laquelle il livra, le troisième jour (ou selon d'autres, au bout de deux mois), un rude assaut; « et li quens merveilles se défendit, si qu'il y ot
» plusieurs des chevaliers occis de la partie l'empereur, et
» ainsi laissierent l'assaut. Dont orent consel tout li grant prince
» de l'ost, l'empereur ensemble ; car ils veoient que riens ne
» profitoit, et que pas ne prendroient le castiel, et li disent
» qu'il rechupt à amour le comte de Flandre, et il li feroit
» hommage et service par sa foi. Lors rechupt li empereur le
» comte de Flandre à homme, et furent bon amis ensemble ; et
» li empereur li donna le castellerie de la cité, et la ville du
» Castiel, en Cambresis, seulement à un terme, de si à tant
» qu'il eust mis propre évesque à Cambray, qui fust en bonne
» pais. » (*Chron. de Cambrai.*) Le continuateur de la chronique de Baudri nous apprend que la réconciliation de Robert avec l'empereur se fit à Mayence dans les fêtes de Noël.

L'an 1110 ou environ, une grande inondation submerge une partie de la Flandre. Obligés d'aller chercher ailleurs de nouvelles habitations, grand nombre de flamands passent en Angleterre, où le roi leur fait un favorable accueil. Les ayant d'abord placés dans les pays ruinés de la province d'Yorck, il les transplanta ensuite dans les provinces conquises du pays de Galles, aux environs de Ross et de Pembrock. La postérité de ces étrangers, dit Rapin de Thoiras, s'est continuée jusqu'à ce jour dans ces quartiers-là, où l'on s'aperçoit encore, à son langage et à quelques coutumes différentes de celles de ses voisins, qu'elle tire son origine d'un autre pays.

Robert, l'an 1111, épouse la querelle du roi Louis le Gros avec Henri I, roi d'Angleterre, au sujet du château de Gisors, que ce dernier refusait de démolir contre la promesse qu'il en avait faite au roi de France. Après avoir aidé le roi de France à mettre en fuite les Anglais devant Gisors, Robert l'accompagna au siége de la ville de Meaux, dont le comte Thibaut était dans le parti de l'Angleterre. Les habitants font une sortie, et sont repoussés dans leurs murs. Mais tandis que Robert les poursuit, son cheval, abattu d'un coup de lance à la porte de la ville, le froisse en tombant, de manière qu'il en meurt au bout de trois jours. C'est ainsi que Meier, d'après les auteurs flamands, raconte cet événement. Ordéric Vital et les auteurs anglais disent au contraire que Robert, fuyant avec les Français devant les troupes du comte de Champagne qui les poursuivaient, tomba de cheval dans un chemin étroit, et fut foulé aux pieds par la cavalerie qui le suivait. Enfin Suge, qui semble plus digne de foi, rapporte que le pont de Meaux, sur lequel Robert combattait, étant effondré, il tomba avec beaucoup d'autres dans la Marne, et se noya. Quoi qu'il en soit, le jour de sa mort est placé, par les uns au 5 octobre, et par les autres au 4 décembre de l'an 1111. Son corps fut porté à Saint-Waast d'Arras, et Louis le Gros accompagna le convoi. De CLÉMENCE, fille de Guillaume le Grand, comte de Bourgogne, et sœur du pape Calliste II, son épouse, Robert laissa un fils, qui lui succéda. Il avait eu de Clémence deux autres fils, Guillaume et Philippe, morts en bas âge avant lui. Cette princesse, après la mort de Robert, se remaria à Godefroi VII, dit le Grand, duc de Lothier. Nous avons deux lettres de saint Anselme à la comtesse Clémence, écrites du vivant de son premier époux, l'une par laquelle il la remercie du bon accueil qu'elle avait fait aux députés qu'il envoyait à Rome lors de leur passage par la Flandre, l'autre pour la féliciter de ce que son époux s'abstenait, conformément à la défense du pape, de donner l'investiture aux abbés de ses états nouvellement élus. Ce prélat écrivit aussi à Robert lui-même pour lui faire compliment sur la conduite qu'il tenait à cet égard. Ce fut Robert qui régla, suivant Ipérius, que le prévôt de Saint-Donatien de Bruges serait à perpétuité son archi-chapelain et grand-chancelier de Flandre. Ce réglement est de 1089. (*Miræi*, *opp*, tome III, page 566.)

BAUDOUIN VII, DIT A LA HACHE ET HAPKIN.

1111. BAUDOUIN VII, fils de Robert II et de Clémence, fut reconnu comte de Flandre après la mort de son père, dans l'assemblée des états du pays, à laquelle présidait le roi Louis le Gros. Il rendit hommage, dans le même tems, au monarque, et reçut ensuite le serment de fidélité des Flamands. Zélé pour la justice, il donna ses soins pour faire exécuter une loi du comte Baudouin V, renouvelée le 7 mai de l'an 1111, par Robert II, son père, contre les voleurs et les assassins. L'impunité dont ils avaient joui jusqu'alors, les avait multipliés au point qu'il n'y avait aucune sûreté en Flandre. La sévérité avec laquelle Baudouin les punit, en purgea le pays et y rétablit l'ordre et la tranquillité. Il fut surnommé *à la Hache*, parce qu'il portait ordinairement cette arme avec lui. On raconte de lui des traits de rigueur qui semblent approcher de la cruauté. Une pauvre femme s'étant venue plaindre à lui d'un chevalier qui lui avait volé deux vaches, Baudouin monte aussitôt à cheval, et, l'ayant atteint, il l'amène, pieds et poings liés, dans Bruges, où il le fait jeter dans une chaudière pleine d'eau bouillante, et destinée pour un faux monnayeur. Dix autres gentilshommes avaient détroussé des marchands qui allaient à la foire de Torholt, près de Bruges. Le comte en étant informé, se met à leur poursuite avec ses gens, et, près de tomber sur eux, les oblige à se réfugier dans une maison isolée, où il les investit. Les parents de ces malheureux étant venu demander grâce pour eux, *donnez-moi le loisir*, dit-il, *de leur parler*. Il entre dans la maison; et adressant la parole aux coupables: *que celui d'entre vous*, leur dit-il, *qui veut avoir la vie sauve, pende au plancher à l'instant ses camarades.* Un de la bande s'étant chargé de ce funeste ministère, le comte, après l'exécution des neuf, lui ordonne de monter sur un banc et de s'attacher lui-même au cou la corde qui avait étranglé les autres. Cela fait, Baudouin renverse le banc d'un coup de pied, et laisse ce misérable ainsi supendu, à deux coudées de terre; après quoi, étant sorti, il dit aux parents: *Vous pouvez entrer présentement et les emmener; mais ayez soin de les avertir de ne plus commettre désormais de semblables désordres dans ma terre;* et tout de suite il remonte à cheval et part. (*Spicil.*, t. XII, p. 380.) Ce fut par de pareils procédés que Baudouin réprima la licence qui régnait avant lui parmi la noblesse de Flandre. Ce comte fut inviolablement attaché aux intérêts du roi Louis le Gros, et le servit avec ardeur contre ses ennemis. Il ne prit pas avec moins de chaleur les intérêts de Guillaume Cliton, son parent, qui s'était retiré auprès de lui, contre Henri I, roi d'Angleterre. Celui-ci ayant menacé Baudouin de le poursuivre jusque dans Bruges, le comte répondit qu'il lui épargnerait la peine du voyage, et qu'il viendrait lui-même bientôt le visiter dans Rouen. Il part en effet à la tête de cinq cents chevaliers, sur la fin d'août 1118, arrive à une des portes de Rouen, et, la trouvant fermée, il y enfonce sa hache pour défier le roi au combat. Henri n'ayant pas jugé à propos de sortir, le comte va faire le siège du château d'Eu. Il y est blessé d'un coup de lance au visage par un gentilhomme nommé Hugues Botterel, et, s'étant fait porter au château d'Aumale, il envenima sa plaie par son intempérance, ou, selon d'autres, son incontinence; de sorte qu'après avoir langui pendant près de dix mois, il mourut, le 17 juin 1119, dans sa trentième année, au château même d'Aumale, suivant Ordéric Vital; à Rousselar, si l'on s'en rapporte à l'archidiacre Gauthier, dans la vie de Charles le Bon; à Saint-Bertin, selon Anselme de Gemblours et d'anciens monuments de Saint-Bertin, qui portent même qu'il y passa les dix derniers mois de sa vie dans l'habit et les exercices monastiques, et qu'il y fut enterré. Ce dernier article est certain, et l'on voyait encore la tombe de ce comte du tems de l'abbé Jean d'Ipres, c'est-à-dire au quatorzième siècle. La comtesse Clémence, sa mère, fit part de sa mort au pape Calixte II, qui fit faire pour lui un service au concile de Reims qu'il tint la même année. (*Order. Vital.*) Il avait épousé AGNÈS ou HAVOISE, fille d'Alain Fergent, duc de Bretagne; mais il en fut ensuite séparé par le pape Pascal II, pour cause de parenté, dont le degré se trouve démontré dans une lettre d'Ives de Chartres au légat Conon. Baudouin à la Hache est le premier comte de Flandre qui ait eu un sceau pendant à ses diplômes. Les sceaux de ses prédécesseurs étaient plaqués sur le parchemin. (*Vredius.*)

CHARLES I, DIT LE BON.

1119. CHARLES I, fils de Canut IV, roi de Danemarck, massacré, l'an 1086, par ses sujets, et d'Adèle, fille de Robert le Frison, élevé à la cour de son aïeul maternel depuis la mort de son père, et régent de la Flandre pendant l'absence de Baudouin VII, est reconnu comte de ce pays par les états, en vertu du testament de Baudouin. Albéric dit qu'il avait déjà les comtés d'Encre et d'Amiens, que Baudouin lui avait donnés en le mariant (l'an 1118 au plus tard), avec MARGUERITE, fille de Renaud II, comte de Clermont en Beauvaisis. Cela n'est pas exact. Il est vrai que Charles prenait, depuis son mariage, parmi ses titres celui de comte d'Amiens, mais c'était au nom de sa femme qui tenait ce comté d'Adélaïde sa mère. (*Voyez* Renaud II, *comte de Clermont.*) A l'égard d'Encre, Baudouin lui en avait fait présent en 1115, après l'avoir enlevé au comte de Saint-Pol. Pendant la maladie du comte Baudouin, Charles amène des troupes au roi de France, occupé alors à faire la guerre en Normandie; mais après sa mort, Guillaume d'Ipres, bâtard de Philippe, deuxième fils de Robert le Frison, appuyé de Baudouin, comte de Hainaut; de Hugues, comte de Saint-Pol, de Thomas de Couci, de Clémence, veuve de Robert II; de Gauthier, comte d'Hesdin, et d'autres seigneurs, fait de vains efforts pour lui disputer le comté de Flandre. Charles ayant levé promptement une armée, marche aux ennemis, les défait en différentes rencontres, les poursuit jusques dans leurs terres, confisque les seigneuries de quelques-uns, entr'autres le comté d'Hesdin, et les oblige tous à demander la paix. L'an 1124, Charles se disposait encore à venir joindre ce monarque à la tête de dix mille hommes, pour l'aider à chasser les Impériaux de la Champagne, où ils avaient pénétré. Mais comme il était prêt à partir, il apprit leur retraite. Il fut, l'an 1125, du nombre des quatre candidats qui furent proposés pour remplir le trône de Germanie, vacant par la mort de l'empereur Henri V. Le notaire Galbert, dans la vie de Charles, nous apprend même que les princes d'Allemagne lui députèrent le comte de Namur et le chancelier de l'archevêque de Cologne pour lui offrir cette dignité; mais que son conseil, dans la crainte de le perdre, l'engagea à la refuser. C'était, dit un auteur contemporain, la seconde couronne qu'il refusait. L'année précédente, Baudouin II, roi de Jerusalem, ayant été fait prisonnier par les Infidèles, les seigneurs du pays, mécontents de ce prince, l'avaient invité à venir le remplacer. Charles leur avait donné des preuves de sa valeur et de sa piété dans un voyage qu'il avait fait, avant d'être comte, à la Terre-Sainte. Mais il pensait trop noblement pour accepter l'offre qu'ils lui firent. L'an 1125 fut pour la Flandre une année de famine, où Charles fit éclater sa charité. Il accompagna, l'an 1126, le roi Louis le Gros dans son expédition d'Auvergne. Charles fit briller dans son gouvernement toutes les vertus qui font le saint et le héros. Son exactitude à rendre la justice, et la recherche qu'il fit parmi ses sujets de ceux qui étaient nés serfs, irritèrent contre lui plusieurs d'entre ceux-ci. Le prévôt Bertulfe, qui était de ce nombre, s'étant mis à leur tête, ils l'assassinèrent dans l'église de Saint-Donatien de Bruges, le 2 mars de l'an 1127. Il mourut sans laisser d'enfants de son épouse, qui se remaria depuis à Hugues II, comte de Saint-Pol, et ensuite à Baudouin d'Encre. L'église honore le comte Charles d'un culte public, le jour de sa mort. Le Mire (*Donat. Belg.*, liv. 2, chap. 35), rapporte un diplôme de ce prince, dans lequel on voit qu'à la mort de chacun de ses vassaux, il prenait la première année du revenu de ses fiefs, preuve de l'antiquité de ce droit.

GUILLAUME CLITON, DIT AUSSI LE NORMAND.

1127. GUILLAUME CLITON, né, l'an 1101, de Robert Courte-Heuse, duc de Normandie, et de Sibylle de Conversano, fut élu comte de Flandre, à la demande du roi Louis le Gros, par les grands du pays (1), et investi dans Arras, le 23 mars 1127, par ce monarque, qui lui retira en même-tems le comté de Vexin, qu'il lui avait donné au mois de janvier précédent. (*Order.*

---

(1) Duchêne, dans ses additions à l'histoire de Béthune, page 393, donne une charte par laquelle on voit que les grands de Flandre, après avoir reçu les ordres de Louis le Gros, avaient élu pour leur comte Guillaume de Normandie. Il n'était pas cependant le plus proche héritier de Charles de Danemarck. C'était Thierri d'Alsace.

Vital., liv. 12, pag. 884.) Le premier exercice que Cliton fit de son pouvoir, fut un acte de reconnaissance envers Hélie de Saint-Saëns, son beau-frère et son gouverneur, qui avait sacrifié pour lui sa fortune, aimant mieux s'expatrier et mener une vie errante avec lui, que de le livrer au roi d'Angleterre, son oncle. Cependant Guillaume d'Ipres, aussitôt après la mort du comte Charles, dont il était complice suivant quelques anciens, avait fait revivre ses prétentions sur la Flandre, et s'était emparé de plusieurs places. Le roi de France va le trouver, le 9 avril, à Winendal, pour l'engager à se désister de ses poursuites, et ne peut rien obtenir. (*Galbert. Vit. Car. Boni*, n°. 90.) Mais le monarque étant venu avec Cliton, l'assiéger dans Ipres, le fait prisonnier, le 26 avril, par la connivence des habitants. (*Ibid.*, n°. 121.) Ordéric Vital se trompe, en disant qu'il fut pris au château de Triel, dans le Vexin, par le seul Cliton, et mis sous la garde d'Amauri de Montfort, mais que bientôt après ses amis, l'ayant réconcilié avec son rival, obtinrent sa délivrance. Galbert, témoin oculaire, dit au contraire, dans la vie de Charles le Bon, que Guillaume d'Ipres fut envoyé au château de Lille, d'où il fut transporté, le 8 septembre, au donjon de Bruges, pour y être gardé avec Thibaut Sorel, son frère, qui, six jours après, en fut tiré pour être mis sous la garde d'un chevalier de Gand, nommé Evrard; qu'à l'égard de Guillaume d'Ipres, il fut ramené, le 8 octobre de la même année 1127, au château de Lille; mais qu'au mois de mars suivant, ayant fait la paix avec Cliton, il fut élargi sous promesse de défendre ses intérêts contre les Flamands révoltés, promesse qu'il ne tint pas. (Bouquet, tom. XIII, pag. 377, 378.) Guillaume Cliton eut encore pour concurrents Arnoul de Danemarck; Baudouin, comte de Hainaut, issu par mâles des comtes de Flandre; Etienne, comte de Boulogne, qui descendait par son aïeule du comte Baudouin le Débonnaire; et Thierri d'Alsace, petit-fils par sa mère de Robert le Frison. Le premier de ces quatre autres rivaux, tous excités par le roi d'Angleterre, ayant été forcé, le 21 mars 1128, dans Saint-Omer, où il s'était renfermé, fut obligé de subir les conditions que lui imposa le vainqueur, et s'en retourna en Danemarck sur le même vaisseau qui l'avait amené. Baudouin et Etienne se liguèrent ensemble, et attirèrent dans leur parti Godefroi, comte de Louvain, et Thomas de Marle. Mais leurs efforts se bornèrent à des ravages qui les rendirent odieux aux Flamands. Thierri d'Alsace sut mieux se ménager l'affection de ceux sur lesquels il voulait dominer. La hauteur et la dureté de Cliton, à l'égard de ses nouveaux sujets, ajoutèrent un nouveau poids aux prétentions de cet émule, qui d'ailleurs était aussi protégé par le roi d'Angleterre. L'an 1128, plusieurs villes de

Flandre se déclarent ouvertement en faveur de Thierri. Cliton, l'ayant défait en bataille rangée, 21 juin, dans la plaine de Hackespol ou de Tiled, le poursuit, et pendant six jours leurs troupes escarmouchent près d'Orcamp. (Bouquet, tom. XIII, pag. 388, 389.) Thierri s'étant réfugié dans Alost, y est assiégé, le 12 juillet, par Godefroi, duc de la Basse-Lorraine, que Cliton avait su mettre dans ses intérêts, et auquel il vint se joindre avec quatre cents chevaliers. Mais, le 27 du même mois, Cliton reçoit devant cette place une blessure, dont il meurt le même jour, et non pas cinq jours après. Il fut inhumé à Saint-Bertin. Ce prince, élevé à la cour de Foulques le Jeune, comte d'Anjou, avait épousé, ou plutôt fiancé, l'an 1122 ou 1123, SIBYLLE, sa seconde fille. Le roi d'Angleterre le traversa encore dans cette rencontre, en faisant opposition à ce mariage pour cause de parenté. Enfin il épousa, au mois de janvier 1127, JEANNE, fille de Rainier, marquis de Montferrat, et sœur utérine d'Adélaïde, femme du roi Louis le Gros, qui lui avait donné pour dot le comté de Mantes. Il ne paraît pas qu'il en ait eu des enfants. (*Voy.* Robert II, *duc de Normandie*, et Foulques le Jeune, *comte d'Anjou.*)

THIERRI D'ALSACE.

1128. THIERRI, seigneur de Bitche, fils de Thierri II, duc de Lorraine, et de Gertrude, fille de Robert le Frison, né vers l'an 1100, suivant Lambert Waterlos, écrivain flamand, fut inauguré, sans opposition, comte de Flandre, dans les principales villes de ce pays, après la mort de Guillaume Cliton. Dès qu'il se vit en paisible possession, il alla trouver successivement le roi de France et le roi d'Angleterre pour leur faire hommage des fiefs qu'il tenait d'eux. (Galbert, n°. 191.) L'an 1137, un terrible désastre désola la Flandre et l'Angleterre. C'est ainsi qu'il est décrit par René Macé, religieux de Vendôme au XVIe. siècle :

> Au tems piteux dans lequel décéda
> Louis le Gros, la mer tant excéda
> En ses bords, qu'au pas d'Angleterre
> Elle engloutit grant part de ferme terre,
> Et maints gros bourgs en Flandre ruina.

Ipérius met cette inondation *en l'année que mourut Henri I, roi d'Angleterre*, c'est-à-dire en 1135. Thierri, l'an 1140, se vit attaqué par le roi Etienne, successeur de Henri, Baudouin, comte de Hainaut, et Hugues, comte de Saint-Pol, confédérés, pour le déposséder et mettre en sa place Guillaume d'Ipres, qui, après la mort de Cliton, s'était rendu maître de l'Ecluse. Thierri fit tête à cette ligue, ravagea les terres de Hainaut et de Saint-Pol, et contraignit Guillaume d'Ipres de vider la Flandre (1). Le roi Etienne ouvrit à celui-ci un asile en Angleterre, où il servit avantageusement ce monarque dans ses guerres contre l'impératrice Mathilde et son fils. Thierri fit quatre fois le voyage de la Terre-Sainte; savoir, en 1138, 1147, 1157 et 1163. Le second voyage de Thierri, en Palestine, fut plus funeste qu'utile aux affaires de la croisade. Etant au siége de Damas, comme il voyait la place sur le point d'être emportée d'assaut, il pria le roi de Jérusalem de vouloir bien lui en accorder la souveraineté. Cette demande souleva les chrétiens de Syrie. Ils engagèrent les croisés à changer leur plan d'attaque, et par-là ils firent manquer l'entreprise. Prêt à retourner pour la troisième fois à la Terre-Sainte, Thierri associa au gouvernement Philippe, son fils, quoiqu'il n'eût pas encore quinze ans. Le jeune prince, l'an 1157, peu de jours après le départ de son père, marcha contre Simon, seigneur d'Oisi, qui refusait de reconnaître le comte de Flandre pour son suzerain. Il attaqua la tour l'Inchi, appartenante à ce rebelle, et s'en rendit maître, le 29 août, après neuf jours de siége. L'année suivante, au mois de mai, Philippe va mettre le siége devant le château d'Oisi. Mais s'étant posté dans un terrein marécageux, les pluies, dont son camp fut inondé, l'obligèrent à se retirer. (*Lambert Waterlos, Chron.*) L'an 1163, Thierri, avant son quatrième voyage d'outre-mer, renouvela, par acte du 19 mars passé à Douvres, le traité, par lequel le comte Robert le Jérosolymitain, s'était reconnu, l'an 1101, vassal du roi d'Angleterre, moyennant une pension de 400 marcs d'argent. (Rymer.) Thierri, de retour

---

(1) Guillaume étant passé, comme on l'a dit, en Angleterre, s'attacha au roi Etienne qu'il servit avec autant de succès que de valeur. Ce prince ayant été pris, l'an 1141, à la bataille de l'Etendard, Guillaume se mit à la tête de ses troupes, et dans une seconde bataille, donnée la même année, fit prisonnier à son tour le comte de Glocester, frère de l'impératrice Mathilde; ce qui procura la délivrance d'Etienne par l'échange qu'on fit des deux captifs. Etienne reconnut cet important service par le don qu'il fit à Guillaume du comté de Kent. Mais quelques années après ce dernier perdit la vue; affliction qui lui devint salutaire par les retours qu'elle lui fit faire sur lui-même. Guillaume n'en fut pas quitte pour cette épreuve. Après la mort d'Etienne, son successeur, Henri II ayant chassé d'Angleterre tous les flamands, Guillaume fut obligé de retourner en Flandre. Il y passa dix années dans les bonnes œuvres, et mourut, l'an 1164, en son château de Loo ou Los, entre Furnes et Dixmude. (Bouquet, t. XIII, pp. 89, 122, 413, 468, 470, 471, 511.)

l'an 1159, après avoir rendu le roi de Jérusalem maître de Césarée, et signalé sa valeur en ce pays par d'autres exploits, prend un nouveau sceau sur lequel il paraissait la tête couronnée de lauriers, et au revers était un arbrisseau chargé de dates. Mais, au bout de quelques mois, dégoûté du monde, il se retira, dit-on, dans l'abbaye de Waten, au diocèse de Saint-Omer, laissant les rênes du gouvernement à Philippe son fils, sans néanmoins abdiquer. Celui-ci, s'étant rendu aux fêtes de Noël 1165, auprès de l'empereur Frédéric à Aix-la-Chapelle, reçut de lui l'investiture de la ville de Cambrai. (Meier.)

Philippe s'étant brouillé avec Florent III, comte de Hollande, porte la guerre, en 1165, chez ce prince, et le fait prisonnier. Dans cette guerre, où Philippe fut secouru par le duc de Brabant et le comte de Boulogne, Florent perdit la partie de la Zélande, comprise entre l'Escaut et Héedensée, qu'il tenait en fief de la Flandre. (M. Kluit, tom. I, part. 2, pag. 203.) Philippe, l'an 1167, se rendit médiateur entre l'archevêque de Reims, Henri de France, et les citoyens de cette ville qui se plaignaient des entreprises de ce prélat sur leurs priviléges. (*Lambert Waterlos.*) L'an 1168 (n. st.), le comte Thierri, devenu aveugle depuis quelque tems, meurt vers l'Epiphanie à Gravelines, suivant le garant qu'on vient de citer, écrivain flamand et contemporain, dans la soixante-neuvième année de son âge. Ipérius place deux ans plus tard cet évènement. Le corps de Thierri fut rapporté à Waten pour y être inhumé. Il avait eu pour première femme SWANECHILDE, que les modernes confondent mal-à-propos, suivant Ducange, avec Marguerite, veuve de Charles le Bon, mais dont on ignore l'extraction. De ce mariage sortit une fille nommée Laurence ou Laurette, alliée, 1°. à Ivain, comte d'Alost; 2°. à Raoul le Vaillant, comte de Vermandois; 3°. à Henri III, comte de Limbourg; 4°. à Henri, comte de Namur. Thierri épousa en secondes noces, l'an 1134 ou l'année suivante (et non pas 1139), SIBYLLE, nommée aussi MABIRIE dans la chronique de Normandie, fille de Foulques V, comte d'Anjou, puis roi de Jérusalem, la même que Guillaume Cliton, après l'avoir fiancée, comme on l'a dit ci-devant, fut obligé d'abandonner. Thierri laissa d'elle Philippe, son successeur; Mathieu, comte de Boulogne; Pierre, d'abord clerc, élu, l'an 1167, évêque de Cambrai, puis époux de Mahaut, comtesse de Nevers, mort, suivant Robert du Mont, en 1177 : et quatre filles; Gertrude, mariée, 1°. à Humbert III, comte de Savoie; 2°. après avoir été séparée de cet époux, à Hugues IV, sire d'Oisi, dont ayant été pareillement séparée, elle se fit religieuse à Messines; Marguerite, femme de Raoul, comte de Vermandois, dit le Lépreux, puis de Baudouin V, comte de Hainaut ; N., religieuse de Fontevrault ; et Elisabeth, abbesse de Messines, suivant Meier, en 1199. A ces enfants légitimes, Duchêne ajoute (*maison de Béthune*, pr. pag. 40), un bâtard nommé Conon, et Meier y joint un autre fils naturel nommé Gérard, prévôt de Saint-Donatien à Bruges, et chancelier de Flandre, mort le 23 janvier 1206. Thierri d'Alsace fut un prince recommandable par sa valeur, sa sagesse et sa bonté. Avant d'entreprendre son quatrième voyage de la Terre-Sainte, il fit enfermer de murs le bourg de Saint-Willebrord, et creuser un canal pour lui servir de port, d'où lui est venu le nom de Nieuport. Le port de Gravelines fut entrepris, ou plutôt réparé et agrandi par ses ordres dans le même tems. Sibylle, seconde femme de Thierri, l'ayant accompagné dans son troisième voyage de la Terre-Sainte, obtint de lui, non sans peine, la permission de s'y consacrer au service des pauvres dans l'hôpital de Saint-Jean, desservi par des religieuses de l'ordre de Saint-Lazare, dont elle devint abbesse. (Ipérius.) Lambert Waterlos met sa mort en 1163, et l'*Auctarium Aquicinct.* en 1167. C'était une femme courageuse. Le trait suivant en fournit la preuve. L'an 1148, après le départ de son mari pour la Terre-Sainte, tandis qu'elle est en couches, le comte de Hainaut, au mépris de la paix qu'il avait faite avec Thierri, se jette tout-à-coup sur la Flandre, où il répand la désolation. Indignée de cette perfidie, la comtesse Sibylle, aussitôt qu'elle est relevée, se met à la tête de ses troupes, chasse de la Flandre le comte de Hainaut, le poursuit dans son pays, et lui rend au double le mal qu'il lui avait fait ; après quoi elle revient triomphante d'un ennemi qu'elle avait couvert de conusion. (Waterlos.)

PHILIPPE D'ALSACE.

1168. PHILIPPE, fils de Thierri d'Alsace et de Sibylle d'Anjou, né vers 1143, associé, comme on l'a dit, au gouvernement de Flandre, dès l'an 1157, comte d'Amiens et de Vermandois, en vertu de son mariage contracté, l'an 1155 (suivant Meier), à Beauvais, avec ISABELLE, sœur et héritière du comte Raoul le Lépreux, succéda à son père l'an 1168. La même année, le mardi après le dimanche *reminiscere*, 27 février il termina, par un traité de paix conclu à Bruges, la longue guerre que la concurrence du commerce des Flamands et des Hollandais avait fait naître entre lui et Florent, comte de Hollande. Les médiateurs de cette paix furent Mathieu, comte de Boulogne, frère de Philippe, le comte de Gueldre et le comte de Clèves. Florent reconnaît dans l'acte, que c'est par sa faute que cette guerre s'est élevée, *ex culpa Florentii comitis Hollandiæ orta est discordia*, et il se soumet en conséquence à plusieurs conditions dures, que le comte de Flandre lui impose pour faire lever la confiscation que Philippe avait faite de la Zélande occidentale, comme suzerain, par le jugement de ses barons. Philippe était ami de saint Thomas de Cantorbéri. Il lui donna, l'an 1170, une dernière preuve de son attachement, suivant Ipérius, en l'accompagnant à son retour en Angleterre.

L'an 1172, le comte de Flandre fait un voyage à Saint-Jacques, et à son retour, il s'entremet avec succès pour faire la paix entre le roi de France et Henri, roi d'Angleterre. (Bouq. t. XIII, p. 212.) Philippe, cependant, se déclara, l'an 1173, pour le jeune Henri, révolté contre son père. Mathieu, comte de Boulogne et frère de Philippe, étant entré dans le même parti, ils vont ensemble avec leurs troupes assiéger le château d'Aumale, qu'ils prennent avec le seigneur du lieu, qui s'entendait avec eux; puis, ayant joint le fils rebelle, ils l'accompagnent au siége de Driencourt dont ils se rendent maîtres par trahison. Mathieu, peu de jours après, périt d'un coup de flèche qui lui fut tiré sur la route d'Arques. L'an 1174, le comte Philippe étant à Paris, jure sur les saintes reliques, en présence du roi de France et de sa cour, que dans la quinzaine après la Saint-Jean prochaine, il ira faire une descente en Angleterre, et soumettre ce royaume au jeune Henri. Ce prince, comptant sur cette promesse, s'avance, le 4 juin, jusqu'au port de Witsand, d'où il dépêche en Angleterre, Raoul de la Haye, avec des troupes. De son côté, le comte de Flandre fait embarquer trois cent dix-huit chevaliers d'élite, sous la conduite de Hugues du Puiset, comte de Bar-sur-Seine, lesquels, ayant débarqué le 14 juin au port d'Airewell, prennent et pillent Norwich le 18 du même mois. Mais le vieux Henri, ayant repassé promptement la mer, les contraint de s'en retourner après un rude échec qu'ils reçurent à Saint-Edmond. Le monarque victorieux revient en Normandie pour secourir la ville de Rouen, dont le roi de France, le jeune Henri et le comte de Flandre, avaient commencé le siége le 22 juillet. Son arrivée releva le courage des assiégés. Les sorties heureuses qu'il fit sur les assiégeants, et la disette qu'il mit dans leur camp par l'enlèvement de leurs convois, procurèrent, le 14 août, la délivrance de la place. (*Radulfus de Diceto.*) Philippe, comme on l'a déjà dit, avait un frère nommé Pierre, qui, dès son enfance destiné à la cléricature, fut élu, l'an 1167, évêque de Cambrai. Mais Philippe, se voyant sans enfants, engagea son frère à quitter le clergé, et l'arma lui-même chevalier en 1174. Robert, chartrain de naissance, prevôt de la collégiale d'Aire et chancelier de Philippe, dont il était le bras droit, suivant l'expression de Raoul *de Diceto*, homme d'ailleurs ambitieux et simoniaque, parvint, par ses intrigues, à se faire substituer à Pierre, par le clergé de Cambrai. Il était pourvu de l'évêché d'Arras depuis 1173, sans qu'il se fût mis en peine de prendre possession de son église, vivant dans le luxe et la dissipation ; ce qui lui attira, de la part du fameux Pierre de Blois, une lettre de reproches sur sa conduite et ce délai. (C'est la quarante-deuxième des lettres de cet auteur.) De plus, il vivait alors dans une inimitié mortelle avec Jacques d'Avênes, l'un des plus puissants seigneurs de Hainaut. Ayant obtenu du comte de Hainaut un sauf-conduit pour traverser son pays, il se hasarda de partir pour se rendre à une terre de son évêché située en Brabant, sous la conduite de Louis de France. Mais Jacques d'Avênes, son ennemi, lui ayant dressé une embuscade sur la route, le fit tuer par ses gens, le 4 octobre de la même année, sur le pont de Condé. Les comtes de Flandre et de Hainaut, également irrités de ce meurtre, se mirent en devoir d'en tirer vengeance. Le premier se jeta à main armée sur Guise et sur tout ce qui appartenait à Jacques d'Avênes dans le Vermandois ; le second lui enleva Condé. Mais il trouva moyen de faire la paix avec eux, et vint à bout aussi d'obtenir son absolution de l'archevêque de Reims, en se purgeant tellement quellement, dit Meier, du crime dont il était accusé.

Le comte de Flandre ayant assisté, l'an 1174, à la conférence, où le jeune Henri fit la paix avec son père, en présence du roi de France et d'un grand nombre de seigneurs et de prélats, eut la générosité de renoncer aux conquêtes qu'il avait faites pendant la guerre. L'année suivante, après avoir pris la croix le vendredi-saint, étant revenu trouver les rois d'Angleterre père et fils, à Caen, le mardi *post Pascha clausum* (22 avril), il remet au jeune prince le traité qu'ils avaient fait ensemble, le déclarant libre des engagements qu'il avait pris avec lui, et se rend leur vassal moyennant une pension de mille marcs d'argent. (*Jean Bromton.*) De retour en Flandre, il surprend à Saint Omer, Gauthier des Fontaines, gentilhomme flamand, dans l'appartement de la comtesse sa femme, et l'accuse d'avoir eu commerce avec elle. Gauthier le nie, et s'offre de prouver son innocence de telle manière qu'on voudra. Le comte, sans l'écouter, le fait saisir par ses gens, et après une rude fustigation qu'il lui fit essuyer, il le fit pendre par les pieds dans un cloaque infect, où il expira le 11 août. C'est ainsi que Benoît de Péterborough et Roger de Hoveden, racontent le supplice de Gauthier. Raoul *de Diceto* dit qu'il fut assommé à coup de massue, et ensuite, pendu par les pieds aux fourches patibulaires. Les fils, les parents et les amis de ce malheureux, ayant pris les armes pour venger sa mort, obligèrent le comte à leur faire satisfaction, en réhabilitant sa mémoire. Philippe, l'an 1176, se dispose à partir pour la Terre Sainte, dans l'espérance, dit Benoît de Peterborough, de succéder à Baudouin IV, roi de Jérusalem, dont les infirmités semblaient annoncer une mort prochaine. Mais, avant d'entreprendre ce voyage, il se rend, vers la mi-janvier 1177, au tombeau de saint Thomas de Cantorberi, où le roi d'Angleterre l'étant venu trouver, lui donna cinq cents marcs d'argent pour les frais de son expédition, sous la promesse que le comte lui fit de ne point marier ses deux nièces, filles de Mathieu, comte de Boulogne, sans son consentement : promesse qu'il ne tint pas, comme la suite le fit voir. (Voyez *les comtes de Boulogne.*) S'étant rembarqué pour la Flandre, il y attendit la fin de la quinzaine de Pâques, après quoi il se mit en route pour la Palestine, avec un nombreux cortège, dont Guillaume de Mandeville, depuis comte d'Aumale, faisait partie. Il aborda, suivant Guillaume de Tyr (l. 21, p. 1005), vers le 1er. août, au port d'Acre. Le roi Baudouin, informé de son arrivée, envoya au devant de lui des seigneurs qui l'amenèrent à Jérusalem. L'intention de ce monarque, dont les infirmités augmentaient de jour en jour, était, après en avoir conféré avec les grands, ecclésiastiques et laïques, de lui confier l'administration du royaume. Le comte, sur la proposition qui lui en fut faite, répondit qu'il n'était pas venu à la Terre-Sainte pour y exercer aucun commandement, mais pour s'y livrer au service de la religion ; que loin de vouloir accepter une administration qui le fixerait en Palestine, son intention était de pouvoir librement s'en retourner lorsque ses affaires le rappelleraient en Flandre ; et qu'ainsi, le roi pouvait disposer de la régence en faveur de tel autre que bon lui semblerait. Baudouin le fit prier ensuite d'accepter au moins le commandement de l'armée qu'il était prêt à faire marcher en Égypte. Philippe s'en excusa de même. On le fit enfin consentir à passer dans la principauté d'Antioche, où s'étant joint au prince Boémond et au comte de Tripoli, il forma le siége de Harenc, à la demande de ce dernier. Mais, au lieu de presser vigoureusement l'exécution de cette entreprise, les princes et les autres chefs de l'armée passaient leur tems à se divertir, faisant de fréquents voyages à Antioche, par l'attrait du plaisir. Il arriva de là qu'au bout de six mois on fut obligé de lever honteusement le siége. Le comte de Flandre s'étant rendu ensuite à Jérusalem, y célébra la fête de Pâques, après quoi il alla joindre les vaisseaux qu'il avait fait équiper au port de Laodicée pour son retour, ne laissant nullement sa mémoire en bénédiction dans le pays, dit Guillaume de Tyr : *In nulla re relinquens post se in benedictione memoriam*. De retour chez lui au mois d'octobre 1178, il châtia rudement les villes de Saint-Quentin et de Péronne, qui s'étaient révoltées pendant son absence. Il ôta le droit de commune à la ville d'Hesdin, qui était dans le même cas, et le transporta à celle d'Aire. (*Chr. Andr.*) L'an 1179, après avoir accompagné le roi Louis le Jeune au tombeau de saint Thomas de Cantorberi, il assista, le 1er. novembre, au sacre du jeune roi Philippe Auguste, son filleul (1), où il eut l'honneur, dit Raoul *de Diceto*, de porter l'épée royale devant sa majesté par le droit qu'il tenait de son père, et de servir les mets au festin royal par le droit que lui avait apporté sa femme : *Philippus itaque rex in coronatione sua, tam in gladio præferendo, quàm in regiis dapibus apponendis, Philippum Flandriæ Comitem privilegiatum habuit ministerialem, utentem duplici jure, paterno videlicet et uxorio.* L'année suivante, il devint régent du royaume en vertu du testament du roi Louis le Jeune. La reine-mère, appuyée des princes de Champagne, lui disputa ce titre. Mais le comte l'emporta par le crédit de la jeune reine sa nièce, et la mère du roi se retira de la cour. Ce triomphe du comte ne fut pas néanmoins de longue durée. Le roi d'Angleterre ayant eu, le 27 avril 1181, une entrevue avec le monarque français, au gué de Saint-Remi, près de Nonancourt, il y fut arrêté que la reine-mère retournerait à la cour avec titre de tutrice de son fils, et que le comte garderait celui de régent. Ce dernier commença dèslors à déchoir dans l'esprit du roi, par les insinuations du comte de Clermont et du sire de Couci, qui vinrent bientôt

---

(1) C'est Guillaume le Breton, auteur contemporain, qui atteste que le comte de Flandre fut le parrain de Philippe Auguste, et lui donna son nom. (*Philippid.*, l. 2)

Flandrensis Comes. . . . .
. . . .
Qui Regem puerum sacro de fonte levarat,
Unde suum nomen, sicut mos exigit, illi
Indiderat

Cependant le continuateur d'Aimoin ne donne pour parrains à Philippe Auguste que trois abbés, savoir : Eudes de Saint-Germain-des-Prés, Hervé de Saint-Victor, et Eudes de Sainte-Geneviève, qui eurent pour commères, dit-il, Constance, sœur de Louis le Jeune, comtesse de Toulouse, et deux veuves. Mais c'est une omission dans cet écrivain de n'avoir pas nommé ici Philippe d'Alsace.

à bout de le faire éloigner de la cour. L'an 1182 (n. st.), il perd sa femme Isabelle, morte sans enfans, le 26 mars, et prétend conserver les comtés d'Amiens et de Vermandois, en vertu d'une donation qu'elle lui avait faite. Philippe Auguste, excité de nouveau par sa mère, ainsi que par le comte de Clermont et le sire de Couci, dont le comte Philippe avait ravagé les terres, répète ces deux comtés à titre de suzerain, comme fief vacants par défaut d'hoirs en ligne directe, et comme cessionnaire d'Isabelle. Le comte de Flandre allègue de son côté qu'il en avait joui sans opposition du vivant du feu roi. Ne pouvant s'accorder, on en vint aux armes. Les Flamands prennent chaudement la défense de leur comte, et lui fournissent une armée nombreuse, avec laquelle il vient d'abord se présenter devant Corbie. Il emporte d'assaut le faubourg; mais, n'ayant pu se rendre maître de la ville, il s'avance jusqu'à Bétisi, entre Senlis et Compiègne, dont il fait le siége. Le roi vient à sa poursuite, et l'oblige à rebrousser chemin. Dans le dessein de conquérir l'Amiénois, Philippe Auguste assiége le château de Boves, place forte à une lieue et demie d'Amiens. Le seigneur de Boves, s'y étant renfermé, se défend avec valeur, et donne le tems au comte de Flandre de venir à son secours. Philippe d'Alsace n'y manqua pas. Déjà les assiégeants étaient au pied du donjon lorsqu'il parut. Il envoie aussitôt défier le roi à la bataille. Le cardinal de Champagne empêche le monarque de répondre sur-le-champ à ce défi. Il ménage une trève pendant laquelle il négocie, et obtient que le comte viendra faire ses soumissions au roi, et lui remettra le Vermandois avec l'Amiénois et le pays de Santerre, à l'exception de Péronne et de Saint-Quentin, qui lui seront laissés pour sa vie. La paix est faite à ces conditions, et confirmée, le 10 mars 1186, entre Senlis et Crépi. C'est ainsi que Guillaume le Breton et un anonyme, racontent cette expédition. Les autres historiens ne s'accordent pas avec eux sur l'année où se fit la paix. (*Voyez* Éléonore, *comtesse de Valois*.) Nous ne devons point omettre que dans cette guerre, le comte de Flandre eut pour alliés le duc de Bourgogne et les comtes de Champagne et de Blois. C'est ce qu'on apprend d'une note qui se lit à la fin d'un manuscrit de l'histoire scholastique de Pierre Comestor, conservé dans l'abbaye d'Arouaise : *Annoverbi incarnati* MCLXXXIII, porte-t-elle, *scriptus est liber iste a Johanne Monoculo, quo rex Francorum Philippus filius Ludovici regis passus est horribilem guerram a comite Flandrensi Ph. et comite Theobaldo et comitissa Campaniensi et duce Burgundiæ et Stephano comite Blesensi.* (Martenne, 2ᵉ. *Voy. litt.*, p. 61.)

L'an 1184, le comte de Flandre envoie demander en mariage Thérèse (nommée depuis Mathilde), fille d'Alfonse, roi de Portugal, qui lui est accordée sans difficulté. (Gilbert de Mons.) La princesse s'étant embarquée pour venir en Flandre, est surprise dans le trajet par des pirates normands qui lui enlèvent tous ses joyaux. Philippe, à cette nouvelle, suivant un moderne, envoie contre ces brigands une flotte, qui les prend et les emmène en Flandre. Le comte les fait pendre au nombre de quatre-vingts. (*Abr. Chr. de l'Hist. de Fland.*) Au mois d'août de la même année, il célèbre ses noces à Bruges avec une magnificence royale. (Meier.) Benoît de Péterborough met ce mariage en 1183, et dit qu'il fut célébré à Poix, en Picardie : deux points sur lesquels il est contredit par les historiens flamands.

C'était, sans la participation du roi des Romains, Henri, fils de l'empereur Frédéric, que le comte de Flandre avait fait la paix avec le roi de France. Henri, lorsqu'elle se conclut, était sur le point d'amener un secours considérable au comte. Celui-ci, l'étant venu trouver en Allemagne, lui fit ses excuses, et lui fournit en même tems une nouvelle matière d'exercer sa haine contre Philippe Auguste, en lui faisant part d'un nouveau sujet de plainte qu'il avait contre ce monarque. Ce qui l'occasionait, c'était le château de Belcasne que le comte venait d'élever sur les frontières de Picardie. Philippe Auguste vint lui-même en Flandre pour l'engager à lui remettre cette place, disant qu'elle appartenait, par sa situation, au comté d'Amiens. Le comte prétendait au contraire qu'elle était dans le pays d'Artois. Comme on ne pouvait s'accorder, le roi donna jour au comte pour une conférence, d'abord à Compiègne, et ensuite à Paris. Le comte fit défaut dans l'attente du secours que le roi des Romains lui avait promis. Henri, pressé par le comte de Flandre, par le duc de Louvain et par l'archevêque de Cologne, arriva dans l'automne à Liége, où le comte de Hainaut vint aussi le trouver. Mais Henri n'ayant pu déterminer ce dernier à déclarer la guerre au roi de France, ni même à permettre aux troupes impériales le passage libre sur ses terres pour entrer en France, le comte de Flandre, se voyant frustré de ses espérances, prit le parti de conclure une trêve avec le roi de France sans consulter le roi des Romains. (Gilbert de Mons, pag. 153, 154.)

L'an 1188, au mois de janvier, Philippe, présent à la conférence tenue entre les rois de France et d'Angleterre, près de Gisors, pour faire la paix et aviser aux moyens de secourir la Terre-Sainte, y prend la croix avec les seigneurs de sa suite. En conséquence de cet engagement, il part de nouveau, l'an 1190, pour la Palestine. Ce fut sa dernière expédition. Il mourut de la peste au siége d'Acre le 1er. juin de l'an 1191. Roger de Hoveden dit que le roi de France s'empara de tous ses trésors, dont, ajoute-t-il, le roi Richard lui demanda en vain la moitié. Son corps, rapporté en France, fut inhumé à l'abbaye de Clairvaux. Tous les historiens s'accordent à dire que Philippe d'Alsace n'eut point d'enfants de ses deux mariages. Mathilde, seconde femme du comte Philippe, lui survécut jusqu'au 6 mars 1219. (*Voy.* Eudes III, *duc de Bourgogne.*) Ducange, d'après Villehardouin, lui donne un fils naturel nommé Thierri, qui se distingua, dit-il, à la prise de Constantinople.

MARGUERITE D'ALSACE et BAUDOUIN VIII.

1191. MARGUERITE, fille de Thierri d'Alsace et femme de BAUDOUIN V, comte de Hainaut, qu'elle avait épousé, l'an 1169, ayant appris la mort du comte Philippe, son frère, se met en possession du comté de Flandre, dont il lui avait fait faire hommage éventuel par ses vassaux, ainsi qu'à son époux, suivant Gilbert de Mons (p. 93), dans une grande assemblée tenue à Lille l'an 1177, en partant pour la croisade. Mathilde, veuve de Philippe, réclame son douaire; la France répète l'Artois les armes à la main comme la dot d'Isabelle, femme de Philippe Auguste; et Henri, duc de Brabant, la Flandre entière au nom de Mathilde son épouse, fille de Mathieu d'Alsace, comte de Boulogne. Mais Baudouin, au moyen d'une somme d'argent, écarta bientôt ce dernier. L'an 1191, au mois d'octobre, traité ou jugement arbitral d'Arras, par lequel on adjuge Arras, Bapaume, Aire, Saint-Omer, Hesdin, Lens, les hommages de Boulogne, de Guines, de Saint-Pol et d'Ardres, à Louis, fils du roi de France ; Gand, Ipres, Courtrai, Bruges et Oudenarde, à Marguerite ; Lille, Orchies, Douai, Furnes, Nieuport, etc. à Mathilde pour sa vie. (Gilbert de Mons.) Le roi Philippe Auguste étant revenu de la Terre-Sainte au mois de janvier 1192, Baudouin va le trouver à Paris pour lui rendre hommage. Gagné par les promesses et les présents de Mathilde, douairière de Philippe d'Alsace, le monarque refuse d'admettre cet hommage, et veut que toute la Flandre soit laissée en douaire à cette princesse, qui prenait le titre de comtesse-reine, parce qu'elle était fille de roi. Le comte demande que sa cause soit jugée; mais le roi, loin de lui rendre justice, forme le dessein de le faire arrêter. Baudouin, averti par ses amis, prend la fuite accompagné d'un chevalier et de deux domestiques. Philippe Auguste, irrité de cette retraite, menace le comte de lui faire la guerre. Les Flamands le rassurent en lui promettant de l'aider de toutes leurs forces. Le roi change de résolution, et fait savoir au comte qu'il peut venir en toute liberté le trouver. Leur entrevue se fit à Péronne, où Baudouin s'engagea de payer en deux termes pour le droit de relief la somme de cinq mille marcs au poids de Troyes: *Cùm juris sit*, porte le texte de Gilbert de Mons (p. 233), *sed non amoris in Francia, ut quilibet homo pro relevio feodi sui ligii tantum det domino suo quantum ipsum feodum intra annum valeat.* L'hommage de Baudouin ne souffrit plus alors de difficulté, et fut rendu au roi dans la ville d'Arras par ce comte, et Marguerite, sa femme, le dimanche *Reminiscère* (1er. mars 1192.)

Baudouin, l'an 1193, alla joindre, avec ses troupes, le roi de France au siége de Rouen. Ce fut là que, par le conseil du monarque, il conclut un double mariage d'Yolande sa fille avec Pierre de Courtenai, comte de Nevers, et de Philippe son fils avec Mahaut, fille du même comte, âgée pour lors de cinq ans. (*Idem*, p. 243.) Le premier de ces deux mariages s'accomplit la même année; mais le dernier n'eut point lieu. (Voy. *les comtes d'Auxerre.*) L'an 1194, Baudouin, tandis qu'il se croit assuré d'une paix solide et durable, se voit attaqué par Thierri de Bevern, châtelain de Dixmude, qui lui redemande la terre d'Alost, qu'il prétendait lui appartenir, on ne dit pas sur quel fondement. Le comte lui ayant en vain offert de lui rendre une pleine justice en établissant son droit, la guerre est ouverte entre eux. Elle dura pendant le carême de la même année, et fut suspendue pendant la quinzaine de Pâques par une trêve qu'on prolongea jusqu'à l'Assomption. Ce fut l'empereur qui, étant venu à Saint-Tron, obtint cet armistice. Mais avant que le terme expirât, Thierri, appuyé du duc de Limbourg, du comte de Luxembourg et d'autres princes, recommence les hostilités. Baudouin marche contre eux, et, leur ayant livré bataille le 2 août à Neuville, il les met en déroute. (*Idem*, pag. 246, 251.) Cette action fut suivie d'une entrevue que Baudouin eut pendant trois jours à Hall avec le duc de Brabant, partisan de Thierri, au secours duquel il était près de venir. La paix y fut conclue entre les princes belligérants; mais Thierri en fut exclus. Il se retira dans les îles de Zéelande, d'où il infesta le pays de Waës. Mais Baudouin le mit hors de mesures en lui enlevant le château de Bevern. (*Idem*, p. 253.) La comtesse Marguerite mourut le 15 novembre suivant, laissant de son époux quatre fils et trois filles. Son corps fut inhumé à Saint-Donatien de

Bruges. Le comte Baudouin la suivit l'année d'après au tombeau. (*Voy.* Baudouin V, *comte de Hainaut.*)

BAUDOUIN IX, DIT DE CONSTANTINOPLE.

1194. BAUDOUIN IX, fils de Baudouin V, comte de Hainaut, et de Marguerite d'Alsace, né au mois de juillet 1171, succède à sa mère dans le comté de Flandre, et par-là, dit la chronique d'André, le comté de Flandre, possédé injustement depuis cent vingt-quatre ans par Robert le Frison et ses successeurs, revint au légitime héritier. A cette succession Baudouin, l'année suivante, ajouta le Hainaut, qui lui fut dévolu par la mort de son père. Mais la portion qui avait été adjugée, comme on l'a vu, l'an 1191, au fils aîné du roi Philippe Auguste, manquait à l'arrondissement de ses états. Déterminé à faire tous ses efforts pour la recouvrer, Baudouin se ligue avec Richard, roi d'Angleterre, contre la France, et, l'an 1196, il s'empare des villes d'Aire et de Saint-Omer. Il ne réussit pas de même au siége d'Arras, qu'il fut obligé de lever. Il avait aussi des vues sur Tournai qui s'était donné volontairement à la France; mais, désespérant de pouvoir réduire cette ville sous ses lois, il fit, l'an 1197, avec elle un traité de neutralité. (Marten. *Thes. Anecd.*, tom. I, col. 667.) Cependant il était occupé à multiplier ses alliances, et, l'an 1198, il les grossit de toutes celles du roi d'Angleterre, composées des comtes de Toulouse, de Blois, du Perche, de Boulogne, de Guines, et du marquis de Namur, qui, en se déclarant pour ce monarque contre la France, embrassèrent en même-tems le parti du comte de Flandre. Ce grand orage néanmoins s'évanouit presque aussitôt qu'il fut formé; car, avant la fin de l'année, Baudouin ménagea entre la France et l'Angleterre une trêve dans laquelle il eut soin de se faire comprendre. Elle ne fut pas de longue durée. Richard étant mort au mois d'avril de l'année suivante, Jean, son successeur, résolu de recommencer la guerre avec la France, fit à la Roche-d'Andeli, le 18 août, une ligue avec Baudouin et grand nombre de seigneurs flamands et normands contre le roi Philippe Auguste. (Martenne, *Thes. Anecd.*, tom. I, col. 771.) Les premiers actes d'hostilité n'ayant pas été heureux pour les confédérés, Baudouin se détacha de la ligue et vint trouver le roi de France pour traiter d'accommodement. Philippe Auguste le reçut favorablement, et, pour gage de ses dispositions pacifiques, il lui remit tous les prisonniers qu'il avait faits sur lui. On convint d'une conférence à Péronne pour le mois de février (et non pas les fêtes de Noël) de l'an 1200. Le comte y amena sa femme, et l'on y régla les limites de la Flandre qui faisaient le sujet de la querelle. Les fiefs de Guines et d'Ardres avec les villes d'Aire et de Saint-Omer furent cédés au comte, et le reste de l'Artois avec le Boulonnais demeura dans la main du roi. Ce traité, suivant le style du tems, est daté de l'an 1199, *mense Januario*, et non pas 1099, comme on le voit dans le *Codex Diplom.* de Leibnitz. La même année, Baudouin ayant assemblé les états de Flandre et de Hainaut à Mons, y publia, le 28 juillet, deux ordonnances, la première contre les meurtres, la seconde touchant les successions et autres matières civiles. (Martenne, *ibid.* col. 766, 772.) Vers le même tems il voulut revenir contre le traité fait par son père, l'an 1192, avec Mathilde, veuve du comte Philippe d'Alsace. Mathilde s'étant pourvue devant le pape Innocent III, ce pontife commit les abbés de Clairvaux, d'Auberive et de Mores, par son bref du 8 décembre de la troisième année de son pontificat (1201 de J. C.) pour contraindre Baudouin par les voies de droit à tenir les conventions contre lesquelles il réclamait. (*Innoc. III Regest. liv.* 3, *Ep.* 38, *ined.*)

La même année 1201, au commencement du carême, le jour même des cendres, suivant Villehardouin, le comte Baudouin prend la croix dans l'église de Saint-Donatien de Bruges avec la comtesse, sa femme, et un grand nombre de seigneurs flamands. Quelque tems après, il indique un grand tournoi, pendant lequel il exhorte les braves qui s'y étaient rendus et les engage à le suivre à la croisade. (Ipérius.) Cependant il faisait équiper dans les ports de Flandre une grande flotte pour son expédition. Lorsqu'elle fut en état, il en confia le commandement à Jean de Nêle, châtelain de Bruges, et lui donna ses meilleurs soldats avec un nombre de chevaliers distingués. Mais, s'étant mise en route pour entrer dans la Méditerranée par le détroit de Gibraltar, elle fut entièrement dissipée par les tempêtes, et nul de ses vaisseaux ne parvint à Venise, où elle devait se rendre. Prêt à partir, l'an 1202, Baudouin nomme, pour gouverner ses états en son absence, Guillaume, son oncle, Philippe, son frère, et Bouchard d'Avênes. Il confie le soin de sa fille à Mathilde, comtesse-douairière de Flandre, et permet à sa femme de venir le joindre en Syrie après ses couches. Il part enfin avec Henri et Eustache, ses frères, dans le mois d'avril, pour se rendre à Venise, où l'armée des croisés l'avait devancé. Après avoir fait avec elle le siége de Zara, en Dalmatie, il est d'avis, comme les autres chefs, d'aller au secours du jeune Alexis Comnène pour le mettre en possession de l'empire grec, usurpé par le tyran Murzuphle. L'an 1204, le 16 mai, Baudouin est couronné lui-même empereur de Constantinople. Attaqué, l'an 1205, le 15 avril, devant Andrinople, dont il faisait le siége, par l'armée de Joannice, roi des Bulgares, il est fait prisonnier, et meurt l'année suivante dans les fers. (*Voy.* Baudouin, *empereur de Constantinople.*) Baudouin avait épousé, l'an 1185, MARIE, fille de Henri le Libéral, comte de Champagne, laquelle s'étant rendue à la Terre-Sainte dans l'espérance d'y trouver son époux, apprit, en débarquant à Saint-Jean-d'Acre, qu'il était empereur de Constantinople, et mourut, le 29 août 1204, comme elle se disposait à se rembarquer pour aller le rejoindre. Marie laissa de ce prince Jeanne et Marguerite, qui lui succédèrent au comté de Flandre. (*Voyez* Baudouin VI, *comte de Hainaut*, et Baudouin I, *comte de Namur.*)

JEANNE AVEC FERRAND, PUIS AVEC THOMAS, SES ÉPOUX.

1206. JEANNE et Marguerite, filles de Baudouin IX, étaient sous la tutelle de Philippe, comte de Namur, lorsqu'on débita en France la nouvelle de la mort de leur père. Il était dès-lors établi qu'un vassal ne laissant en mourant que des filles, elles devaient passer sous la garde-noble du suzerain, que la loi féodale chargeait de les élever et de leur procurer des époux. En conséquence de cet usage, le roi Philippe Auguste fait amener à Paris les deux princesses, déclare l'aînée comtesse de Flandre et de Hainaut, à l'exclusion de la cadette (parce que les grandes seigneuries, dit M. d'Aguesseau, sont impartables de leur nature), et, l'an 1211, la marie à Ferrand ou Ferdinand, fils de Sanche I, roi de Portugal et neveu de Mathilde, veuve du comte Philippe d'Alsace. Mais, pour prix de cette alliance, le monarque oblige Ferrand à céder, par traité du jour de Saint-Mathias (24 février), Aire et Saint-Omer au prince Louis, son fils, comme faisant partie de la dot de sa mère. (Du Mont, tom. I, *part.* 1, pag. 142.) Les noces se célébrèrent à Paris aux dépens de la Flandre et du Hainaut. A leur départ pour la Flandre, le prince Louis accompagna les deux époux jusqu'à Péronne, où il les laissa sous bonne garde pour aller prendre possession des deux villes que Ferrand devait lui livrer. Les Flamands accusent Philippe Auguste d'avoir vendu la comtesse en la mariant à Ferrand. On refuse à ce dernier l'entrée de la ville de Gand. Jeanne et Mathilde s'y rendent. On écoute leurs propositions, et la paix est conclue.

L'an 1212, Philippe Auguste convoque une grande assemblée à Soissons, pour avoir des forces capables de résister au roi d'Angleterre. Ferrand s'y trouve, et refuse hautement les secours qu'on lui demande (1), à moins qu'on ne lui rende les villes d'Aire et de Saint-Omer. Le roi lui offre en vain un dédommagement. Il se retire et va s'allier avec les ennemis de l'état. Philippe Auguste, l'an 1113, tourne contre la Flandre les préparatifs qu'il avait faits contre l'Angleterre. Plusieurs villes se rendent, ou sont emportées de force. L'empereur Otton IV vient, l'année suivante, au secours de Ferrand, avec une armée de plus de cent mille hommes. Bataille de Bouvines, près de Tournai, gagnée le 27 juillet par le roi sur l'empereur et le comte de Flandre. Ce dernier, pris, avec le comte de Boulogne, par Hugues et Jean de Mareuil, est emmené en triomphe à Paris et renfermé dans la tour du Louvre. *Nul ne porroit dire ne deviser la grant joye que ceulx de Paris firent au roi Phelippe, leur seigneur, après celle victoire, lequel emmenoit Ferrant avecque luy en une litiere que portoient deus chevaus pommelée. Si crioit le peuple quand Ferrant passoit, par maniere de gober et mocquer, que deus ferrans* (chevaux arabes) *portoient Ferrant, mais Ferrant estoit enferrez.* (Chron. manuscrite.) La comtesse Jeanne obtint la permission de retourner dans ses états et de les gouverner elle-même, sous la seule condition de consentir à la démolition des fortifications d'Ipres, de Cassel, de Valenciennes et d'Oudenarde.

C'était une des lois féodales que, lorsque le seigneur suzerain refusait de faire juger en sa cour un procès qui était entre lui et son vassal, ou entre deux de ses vassaux, dans les quarante jours qui en était requis, ce qui s'appelait *faire defaute de droit*, celui qui se croyait lésé pouvait en appeler au suzerain de son suzerain. Jean, sire de Nêle, prétendant être dans ce cas vis-à-vis la comtesse de Flandre, dans un différent qu'il avait avec elle, se pourvut, par appel, l'an 1224, à la cour du roi. Là-dessus la comtesse fut citée à la cour du roi par deux chevaliers. Jeanne comparut; mais elle protesta de

---

(1) Voici une petite anecdote qu'un ancien auteur rapporte sur l'une des causes de la rupture de Ferrand avec le roi Philippe Auguste. *Erat*, dit-il, *quidam Comes in Flandria, Ferrandus nomine, qui uxorem suam quæ Regis Franciæ consobrina erat, quam pro ludo scaccorum quo cum ipsa uxor sæpe mataverat, ipsam verberaverat et inhonestè tractaverat. Quæ irata hæc regi Franciæ indicavit, qui Comiti Ferrando duriter comminatus est, improperans ei quòd non ideo Comitatum Flandrensem et cognatam dedisset ut eam sic dehonestaret. Comes verò minas Regis ægrè ferens, assumpto sibi comite Boloniensi cum aliis pluribus, abiit ad Othonem Imperatorem.* (*Ex Chronico Senoniensi Richerii apud Labbeum*, Mélanges curieux, tome II, page 638.)

nullité contre cet ajournement, qui, suivant elle, aurait dû lui être signifié par ses pairs, et non par de simples chevaliers. La cour décida, au contraire, qu'elle avait été légalement ajournée, attendu qu'il ne s'agissait pas de la faire déchoir de sa pairie, mais de juger un procès qui était entre elle et son vassal. Passant ensuite à l'appel de Jean de Nêle, Jeanne prétendit qu'il était mal fondé, et revendiqua la cause. Mais il fut encore décidé que le sire de Nêle n'était point tenu de retourner à la cour de la comtesse, et qu'il devait être jugé à celle du roi. (Brussel, pag. 237, 340.)

L'an 1225, l'un des plus singuliers événements jette le trouble dans la Flandre. Un imposteur, nommé Bertrand de Rains, se donne pour Baudouin IX, père de la comtesse de Flandre. Il se fit un grand parti dans la noblesse et parmi le peuple. Son imposture, l'an 1226, est découverte à Péronne, en présence du roi Louis VIII. Il prend la fuite et se sauve en Bourgogne, où il est arrêté à Châtenai, dans le diocèse de Besançon, par Archambaud de Chappes; ramené en Flandre, promené par tout le pays, et pendu ensuite à Lille, par jugement des pairs de Flandre. Tel est le récit des auteurs flamands et d'Albéric de Trois-Fontaines, sur ce personnage, que Mathieu Paris n'hésite pas à donner pour le véritable Baudouin. Mais il est certain, par le témoignage de ce même roi des Bulgares, qui avait fait prisonnier Baudouin, qu'il mourut dans sa prison, comme il le manda au pape Innocent III, qui lui avait écrit pour lui demander son élargissement. (*Gesta Innocentii III*, pag. 117.) La comtesse Jeanne assista, pendant la captivité de son époux (le 29 novembre 1226), au sacre du roi saint Louis, où elle disputa à la comtesse de Champagne, dont le mari était aussi absent, l'honneur de porter l'épée à cette cérémonie devant le roi. Pour accorder les deux comtesses, on les fit consentir que le comte de Boulogne, oncle du roi, fît cette fonction sans préjudice de leurs droits, ou plutôt de celui de leurs maris qu'elles représentaient. La même année, peu de jours avant Noël, suivant la Chronique de Tours, le jour même de Noël, selon Baudouin de Ninove, ou le 6 janvier de l'année suivante, selon Meier, Ferrand est élargi par la reine Blanche, après une captivité de douze ans cinq mois et quelques jours. Son épouse, qui ne l'aimait pas, avait toujours différé, dit-on, de payer sa rançon, taxée à quarante mille livres parisis. Cependant nous voyons les lettres obligatoires de cette princesse, datées de l'an 1221, par lesquelles elle déclare avoir emprunté, à vingt pour cent, d'un juif, qui est dénommé, la somme de vingt-neuf mille livres, pour être employée à la rançon de son mari. (Martenne, *Thes. Anecd.*

tome I, col. 886.) La reine, pour s'attacher Ferrand, lui remit la moitié de la somme à laquelle sa délivrance avait été taxée, et pour sureté du paiement elle reçut la citadelle de Douai. Sensible à cette grâce, le comte ne se départit jamais depuis de la fidélité qu'il devait au roi de France. Un déni de justice le compromit, l'an 1230, avec une de ses principales villes. Le feu ayant pris aux halles de Bruges, en consuma les archives. Pour réparer la perte de leurs priviléges, les habitants prièrent Ferrand de les renouveler. Il éluda cette demande, et sur son refus, ils se révoltèrent. Pour les apaiser, il fallut leur accorder ce qu'ils désiraient et ce que la justice exigeait. Ferrand, dans ses dernières années, fut tourmenté de la pierre, dont les douleurs l'emportèrent le 27 juillet 1233. (Meier.) De Noyon, où il mourut sans laisser d'enfants, son corps fut porté à l'abbaye de la Marquette, près de Lille, que sa femme avait fondée. Cette comtesse se remaria, l'an 1237, avec Thomas de Savoie, oncle de Marguerite, femme de saint Louis, et mourut le 5 décembre 1244, à la Marquette, où elle fut inhumée auprès de son premier époux. Après sa mort, Thomas de Savoie, qui n'avait point d'enfants d'elle, quitta la Flandre et retourna dans son pays, où il épousa, en deuxièmes noces, Béatrix de Fiesque, dont il eut des enfants. (Voyez *les comtes de Hainaut.*)

MARGUERITE II, DITE DE CONSTANTINOPLE ET LA NOIRE.

1244. MARGUERITE II, fille puînée de Baudouin IX, née l'an 1202, succéda, dans les comtés de Flandre et de Hainaut, à Jeanne, sa sœur. L'un de ses premiers soins fut de se rendre à Paris pour faire hommage de la Flandre au roi saint Louis. Mais ce monarque refusa de recevoir cet acte, à moins qu'elle n'y comprît Rupelmonde et le pays de Waës. Marguerite, n'ayant pas voulu y consentir, alla trouver, l'année suivante 1245, l'empereur Frédéric II, qui lui donna l'investiture du pays contentieux, ainsi que des autres fiefs qu'elle tenait de l'empire. (Kluit, *Hist. crit. Holl.*, tome I, part. 2, p. 212.) Cette comtesse avait d'abord épousé, l'an 1213, Bouchard d'Avênes, archidiacre de Laon et chanoine de Saint-Pierre de Lille, qui lui avait été donné pour tuteur. Ce mariage ayant été dissous, après avoir produit deux enfants mâles, Jean et Baudouin d'Avênes, Marguerite avait donné sa main, l'an 1218, après le mois d'avril, à Guillaume de Dampierre, deuxième fils de Gui II de Dampierre et de Mathilde, héritière de Bourbon, dont elle eut trois fils et deux filles. Elle était veuve de ce second époux depuis trois ans, lorsqu'elle devint comtesse. La naissance de ses enfants du premier lit était encore équivoque. Le pape Grégoire IX les avait déclarés illégitimes, par son rescrit adressé, l'an 1236, aux évêques de Cambrai et de Tournai. (*Inv. des Ch. de Hainant*, fol. CCLIII.) Mais l'empereur Frédéric II, par ses lettres du mois de mars 1242 (et non 1243, comme porte l'imprimé, indiction XV), les avait réhabilités, à leur demande, en ce qu'il pouvait y avoir de défectueux dans leur naissance: *Dudum petitione Johannis et Balduini...... ut si quis esset in eis defectus natalium, legitimationis beneficio dignaremur prosequi et supplere.* (Marten., *Thes. Anecd.*, tome 1, col. 1021.) Ces enfants étant entrés en querelle, l'an 1246, avec ceux du deuxième lit, touchant la part qui devait leur revenir dans la succession de leur mère, après sa mort, on fit là-dessus un compromis entre les mains du roi saint Louis et du légat Odon. La décision de ces arbitres, donnée au mois de juillet 1246, portait qu'après la mort de Marguerite, le Hainaut appartiendrait à Jean d'Avênes, sous l'obligation d'en donner une part à Baudouin, son frère, et que la Flandre reviendrait à Guillaume de Dampierre, à la charge d'apanager ses deux autres frères. (*Ibid.*, col. 1092.) Les deux parties approuvèrent cet accord et promirent de l'observer. Peu de tems après, Jean d'Avênes obtint la main d'Adélaïde, fille du comte de Hollande. Encouragés par cette alliance, les d'Avênes réclament les îles de Zéelande, la terre d'Alost, le pays de Waës, et les quatre offices ou métiers, sous prétexte que ces districts étant dans la mouvance de l'empire, le roi de France ni le légat n'avaient pas été en droit d'en disposer. Jean d'Avênes va trouver l'évêque de Liége, au mois d'octobre 1247, reçoit de lui, comme suzerain du Hainaut, l'investiture de ce comté, avec des lettres qui ordonnent à ses vassaux de le reconnaître pour leur maître. (*Ibid.* col. 1030.) Ce fut alors que la querelle sur la légitimité des d'Avênes se renouvela: ce qui les engagea, l'an 1248, à demander au Pape Innocent IV, qui était à Lyon, des commissaires pour informer à ce sujet. L'évêque de Châlons-sur-Marne et l'abbé de Liessies, chargés de cette commission, rendirent leur sentence favorable aux d'Avênes, l'an 1249, 6e. férie après l'octave de Saint-Martin d'hiver (19 novembre), ce que le pape confirma le 17 avril 1251. (*Miræi. Op. Diplom.*, tom. I, pag. 205.) Guillaume de Dampierre était de retour alors de la croisade, où il avait accompagné saint Louis, et reçu des blessures dangereuses au combat de la Massoure. Mais un malheur plus grand l'attendait en Flandre. Il périt, le 6 juin 1251, à Trasegnies, dans une course de chevaux, sans laisser d'enfants de sa femme Béatrix, fille de Henri II, duc de

Brabant. Tandis qu'il était outre-mer, Marguerite, sa mère, avait désarmé les d'Avênes en leur offrant soixante mille écus d'or; au moyen de quoi ils déclarèrent, par acte du mois de janvier 1248 (v. st.), qu'ils abandonnaient à leurs frères Guillaume, Gui et Jean de Dampierre, les terres de Walcheren, de Subeveland, de Nordbeveland, de Bersèle, et toutes les îles de Zéelande, avec le district des quatre métiers, le pays de Waës, la terre d'Alost, et généralement tout ce que les comtes de Flandre tenaient en mouvance de l'empire. (Marten., *Thes. Anecd.*, tom. I, col. 1094.)

Le comté de Hollande renfermait des fiefs mouvants du Hainaut, et la comtesse Marguerite se croyait en droit par-là d'exiger l'hommage de Guillaume, roi des Romains, en sa qualité de comte de Hollande. Mais Guillaume prétendait que son titre de roi des Romains le dispensait de cet acte de soumission; et, en vertu de ce même titre, il demandait à Marguerite l'hommage des terres qu'elle possédait dans la mouvance de l'empire. Ne pouvant l'y faire acquiescer après différentes sommations, il assembla la diète de Ratisbonne, dans laquelle, après avoir pris les avis de ceux qui la composaient, il adjugea la Zéelande, la terre d'Alost et celle de Waës, avec le district des quatre métiers, à Jean d'Avênes, son beau-frère. L'acte de ce jugement est daté du 11 juillet de l'an 1252. (Mieris, *Cod. Diplom.*, part. *I*, col. 268.) Marguerite, pour mettre en défaut le roi des Romains et son protégé, se transporte à Paris, et fait donation du Hainaut à Charles d'Anjou pour l'engager dans ses intérêts. Mais Charles ne peut alors marcher à son secours. Le roi des Romains travaillait cependant à faire exécuter son jugement par la voie des armes.

L'an 1253, le 4 juillet, Gui et Jean de Dampierre sont faits prisonniers à la bataille de Walcheren ou de Vestkapel, par Florent, frère du roi des Romains. Leur captivité fut de trois ans. Marguerite, pendant l'absence de saint Louis, renouvelle à Charles d'Anjou, l'an 1254, la donation du Hainaut. Ce prince, résolu d'en profiter, envoie dans ce comté un corps de troupes qui s'empare de Valenciennes. A la nouvelle de cette conquête, il se met en marche lui-même à la tête de cinquante mille hommes, accompagné des ducs de Bourgogne et de Lorraine, des comtes de Savoie, de Blois, de Vendôme, de Saint-Pol, d'Etampes, et du sire de Couci. Tout plie devant cette armée formidable, à l'exception de Bouchain, où la femme de Jean d'Avênes étoit en couches, et d'Enghien, qui fut vaillamment défendu par Siger et Gauthier, seigneurs de la ville. Le roi des Romains vient au secours de la place. Il offre la bataille à Charles qui l'accepte sans hésiter. Mais les princes de l'armée française, craignant l'événement, s'y opposent. On convient d'une trêve, après quoi Charles s'en revient en France. Enfin la nécessité fait ce que devait faire la nature. Les d'Avênes s'en remettent de nouveau, l'an 1256, au jugement de saint Louis; Charles, son frère, y condescend. On ratifie, par la sentence arbitrale du 24 septembre, rendue à Péronne, le jugement porté par le roi saint Louis et le légat, en 1246; le Hainaut est assuré à Jean d'Avênes après la mort de sa mère, et les Dampierre recouvrent leur liberté. (Nangis.) La même année 1256, le samedi après la Saint-Luc (21 octobre), par la médiation du même monarque, du duc de Brabant, du comte de Gueldre, et d'autres grands personnages, Gui de Dampierre termine, à Bruxelles, l'ancienne querelle que sa mère avait avec le comte de Hollande, touchant la mouvance de la Zéelande. Par le traité, cette province est cédée au comte Florent V, alors régnant, en considération du mariage qu'il doit contracter, lorsqu'il aura l'âge compétent, avec Béatrix, fille de Gui. (Martenne, *Anecd.*, tome I, col. 1074.)

L'an 1279, le 11 septembre, Marguerite fait prêter serment de fidélité à Gui, son fils, par toutes les villes et la noblesse de Flandre. Elle meurt le 10 février de l'an 1280 (n. st.), et son corps est inhumé à l'abbaye de Flines, près de Douai. Ses enfants du second lit étaient Guillaume, mort, comme on l'a dit, l'an 1251; Gui, successeur de sa mère au comté de Flandre; Jean de Dampierre, tige d'une branche des seigneurs de ce nom: les filles, Jeanne, mariée, en 1245, à Thibaut II, comte de Bar; et Marie, abbesse de Flines. « La » comtesse Marguerite, dit Ipérius, était douée de quatre émi- » nentes qualités: car, 1° elle surpassait en noblesse toutes » les dames les plus nobles de France; 2° elle était extrême- » ment riche non-seulement en domaines, mais en meubles, » en joyaux et en argent; 3° ce qui n'est pas ordinaire aux » femmes, elle était très-libérale et très-somptueuse, tant dans » ses largesses que dans ses repas et toute sa manière de vivre, » de sorte qu'elle tenait l'état plutôt d'une reine que d'une » comtesse ». L'auteur ne nomme point la quatrième qualité de Marguerite. Bouchard, son premier mari, était mort en 1243, deux ans après le second. (Voyez *les comtes de Hainaut.*)

GUI DE DAMPIERRE.

1280. GUI, fils de Guillaume de Dampierre et de Marguerite de Flandre, comte de Namur depuis l'an 1263, associé par sa mère au gouvernement de la Flandre, dès l'an 1251, lui succède, l'an 1280, après sa mort. L'une de ses premières opérations fut de créer des chevaliers. Mais ayant admis à cet honneur des hommes nouveaux, il fut déféré au parlement, qui, par son arrêt de l'an 1280, prononça qu'il *ne pouvoit ni neis devoit faire chevalier un villain*, c'est-à-dire, un roturier *sans l'autorité du roi*. (Daniel, *Mil. franc.*, tom. 1, pag. 98.) L'an 1288, excité par la noblesse de Zéelande, ennemie de Florent V, son souverain, Gui entreprend de faire valoir ses anciennes prétentions sur quelques îles à l'ouest de l'Escaut, et fait une descente dans celle de Walcheren, dont il assiége la capitale. Florent accourt au secours de la place. Le duc de Brabant se rend médiateur, et obtient une conférence entre les deux comtes. Gui a la lâcheté d'y faire arrêter prisonnier le comte de Hollande, qui était son gendre. Le duc ne put obtenir la liberté de Florent, qu'en se mettant en sa place; et le comte de Flandre insensible à cette générosité, ne relâche le duc qu'après avoir tiré de lui une somme exorbitante. L'an 1294, Gui traite du mariage de Philippe, sa fille, avec le prince Édouard, fils aîné du roi d'Angleterre. Cette alliance déplaît à Philippe le Bel, roi de France. Il attire à sa cour le comte et sa femme, l'année suivante, les fait arrêter, et les envoie prisonniers à la tour du Louvre. Gui ne peut obtenir sa liberté, qu'en donnant sa fille en ôtage. De retour en ses états, il redemande sa fille, et interpose l'autorité du pape Boniface VIII, pour la ravoir. Philippe le Bel, malgré les menaces du pontife, s'obstine à la retenir dans la crainte qu'elle n'épouse le fils du roi d'Angleterre. Le comte de Flandre, ne voyant plus alors d'autre voie que celle des armes pour se faire justice, déclare la guerre à la France. Philippe le Bel passe en Flandre, l'an 1297, à la tête de soixante mille hommes. Son arrivée répand l'effroi dans le pays. Ses troupes, commandées par Robert, comte d'Artois, gagnent une bataille sur les Flamands, le 13 août, à Furnes. Philippe, après s'être rendu maître d'un grand nombre de villes, accorde aux Flamands une trêve de deux ans, qui fut ensuite prolongée jusqu'à l'Epiphanie de l'an 1300 (n. st.). Philippe, après l'expiration de la trêve, fait partir une armée sous la conduite du comte de Valois, pour la Flandre. Le comte Gui charge Robert, son fils de faire tête à l'ennemi. Mais la valeur du jeune prince ne put arrêter les progrès des armes françaises. Gui enfermé dans la ville de Gand, dont les bourgeois étaient disposés à se rendre au comte de Valois, prend le parti d'aller trouver ce prince à Roden, en Brabant, au commencement de mai. Le comte à la générosité duquel il se remet, lui déclare qu'il n'a pas d'autre moyen d'obtenir sa grâce, que d'aller à Paris, avec ses deux fils, Robert et Guillaume, la demander au roi ; promettant que s'il ne peut faire la paix dans l'espace d'un an, il aura la liberté de revenir en Flandre. Gui consent à tout ; et s'étant laissé conduire au roi, il lui demande, prosterné à ses pieds, pardon de tout le passé. Le roi ne veut point tenir l'accord fait par son frère. Il retient Gui prisonnier, avec ses deux fils et quarante seigneurs qui l'avaient accompagné, fait conduire le comte à Compiègne, envoie Robert, l'aîné de ses deux fils, à Chinon, et l'autre, dans une citadelle d'Auvergne, confisque enfin la Flandre, qu'il réunit à la couronne, et en donne le gouvernement à Raoul de Nêle, auquel fut substitué ensuite Jacques de Châtillon, oncle de la reine. (Meier, fol. 88, r°.) La Flandre étant pacifiée, le monarque s'y rend avec la reine, son épouse, l'an 1301. (*Ibid.*) Toutes les villes qui se rencontrent sur leur passage, se disputent la gloire de leur faire la meilleure réception. Celle de Bruges l'emporte sur les autres. La reine voit avec une surprise mêlée de chagrin, les brugeoises, marchandes pour la plupart, étaler à ses yeux des habits et des ajustements, dont les siens égalaient à peine l'éclat et la beauté. Ce n'était qu'étoffes d'or et pierreries. « On n'aperçoit, dit-elle, » que des reines à Bruges. Je croyais qu'il n'y avait que moi » qui dût représenter cet état ». Philippe le Bel entra dans le dépit de la reine, avec d'autant plus d'inclination, qu'en punissant de leur faste les Brugeois, il se procurait un moyen de satisfaire son avarice. Ce monarque fit sur eux des exactions, qui leur apprirent à ne plus faire ostentation de leurs richesses aux yeux d'un prince capable de les leur enlever.

L'an 1302, les Flamands se soulèvent à l'occasion des impôts onéreux, que le gouverneur, Jacques de Châtillon, levait sur eux, et de la manière barbare dont il les traitait. Un tisserand, nommé Pierre le Roi, à peine échappé au supplice que cet homme féroce lui destinait, fut l'auteur de la révolution. Les opprimés se vengent des cruautés qu'on avait exercées contre eux par des cruautés encore plus grandes, surtout à Bruges, où l'on renouvela les vêpres siciliennes. Les Flamands appellent à leurs secours, Jean, comte de Namur. Bataille de Courtrai, donnée le 11 juillet de cette année. Les Français, au nombre de cinquante mille hommes bien aguerris, y combattent avec autant de perte que de déshonneur contre vingt-cinq mille artisans rassemblés à la hâte, mal armés et mal disciplinés. Le mépris du général Robert, comte d'Artois, envers les Flamands, qu'il traitait de canaille, contribua à sa défaite. Par une aveugle présomption, dédaignant la prévoyance, il marcha contre eux au galop, sans les faire reconnaître, s'imaginant que la fuite la plus prompte les déroberait à son épée. Cette arrogance fut punie. La poussière épaisse qu'élevait la cavalerie, l'empêcha de voir un canal marécageux qui était sous ses yeux. La plupart tombèrent dans ce gouffre. Les escadrons qui suivaient ne pouvant plus ralentir leur course, se trouvaient pressés par d'autres escadrons ; le désordre fut épouvantable : le canal, dans un instant, fut comblé de morts. Les Flamands passèrent sur un pont d'hommes et de chevaux entassés, chargèrent l'infanterie, et en tuèrent près de la moitié. Vingt mille Français périrent dans cette journée. Le comte d'Artois et le comte de Saint-Pol y perdirent la vie. Quatre mille paires d'éperons dorés des vaincus furent suspendues aux voûtes des temples flamands. La prise de Gand, de Lille, de Courtrai, et du reste de la Flandre, fut la suite de cette victoire. Philippe le Bel marche en Flandre à la tête de quatre-vingt mille hommes, pour venger cet affront, et revient sans avoir rien fait. De retour, il relâche le comte de Flandre, l'année suivante, à condition qu'il amenera les Flamands à un accommodement. Le comte n'ayant pu y réussir, retourne à l'âge de soixante et dix-huit ans, comme un autre Régulus, au mois d'avril, en sa prison de Compiègne, et Philippe le Bel en Flandre. L'an 1304, la flotte française, commandée par Rainier Grimaldi, génois, défait celle des Flamands. Le 18 août de la même année, Philippe le Bel gagne sur eux la bataille de Mons-en-Puelle, où de leur part il demeura six mille hommes sur la place (1). Les Flamands, loin d'être abattus par ces pertes, reviennent au nombre de soixante mille hommes pour traiter ou pour combattre. Philippe était alors occupé au siége de Lille, qui déjà demandait à capituler. Surpris qu'après le sanglant échec qu'ils venaient d'essuyer, ils aient pu rassembler une armée si nombreuse : *N'aurons-nous jamais fait?* s'écria-t-il ; *je crois qu'il pleut des Flamands.* Mais sa surprise augmenta lorsque leurs hérauts vinrent se présenter à lui, pour demander la bataille ou une paix honorable. Il choisit ce dernier parti. On convient d'abord d'une trêve, et l'année suivante, au mois de juin, les articles de la paix sont réglés. Dans ces entrefaites, le 7 mars 1305 (n. st.), le comte Gui meurt à l'âge de quatre-vingts ans, dans sa prison de Pontoise, où il avait été transféré. Son corps fut porté à l'abbaye de Flines, dont il était fondateur, où il fut inhumé près de sa mère. On y voit encore leurs tombeaux, et l'on montre dans le trésor son bouclier et les heures de Marguerite (1785). Gui avait eu deux femmes, MATHILDE,

---

(1) On a dit ci-dessus, en parlant de la bataille de Mons-en-Puelle, qu'après l'avoir perdue, les Flamands furent réduits à demander la paix. Corrigez cela par ce qui est dit ici des suites de cette bataille.

fille de Robert, seigneur de Béthune et de Tenremonde, morte le 8 novembre 1264, et enterrée à l'abbaye de Flines. et ISABELLE, fille de Henri II, comte de Luxembourg, fondatrice du couvent de Sainte-Claire de Peteghem, où elle fut inhumée l'an 1298. Les enfants du premier lit, sont : Robert, qui suit; Guillaume, qui fait la branche des seigneurs de Tenremonde, vicomtes de Châteaudun; Baudouin; Jean, évêque de Metz, puis de Liége; Philippe, mort sans lignée; Béatrix, femme, comme on l'a dit, de Florent V, comte de Hollande; Marguerite, femme de Jean I, duc de Brabant; Marie, dite Jeanne, mariée, 1°. à Guillaume, fils aîné de Guillaume IV, comte de Juliers, qui en eut deux fils de son nom; 2°. à Simon de Château-Villain. Les enfants du second lit, sont : Jean, comte de Namur; Gui de Richebourg, comte de Zéelande jusqu'en 1310, qu'il céda ce comté à Guillaume III, comte de Hollande (Kluit, partie 2, pages 380-381); Henri, comte de Lods ou Loddes; Marguerite, mariée, 1°. à Alexandre, prince d'Ecosse; 2°. à Renaud I, comte de Gueldre; Jeanne, religieuse; Béatrix, femme de Hugues de Châtillon, comte de Blois et de Saint-Pol; Philippe, promise au prince de Galles, en 1294, morte en 1304, ou 1306, selon Meier; Isabelle, mariée, en 1307, à Jean de Fiennes. Le comte Gui, avec un fonds de bonté qu'on eût admiré dans un particulier, ne put jamais parvenir à se faire aimer des Flamands. Tous les maux dont la Flandre fut accablée de son tems, ils les imputaient à son imprudence, et non sans raison. Accoutumés d'ailleurs à la magnificence de la comtesse Marguerite, ils ne pouvaient voir sans mépris l'air bourgeois et mesquin qui regnait à la cour de son fils. En effet Gui aimait l'argent, et montrait en toutes les occasions une extrême envie d'en amasser. Jamais prince n'accorda à ses sujets plus de priviléges, et ne les leur fit mieux payer. Les villes de Flandre, avides de ces sortes de grâces, qu'elles firent bien valoir dans la suite, fournissaient des sommes immenses pour les obtenir. Ce produit, joint à une grande économie, mit le comte Gui en état de faire lui seul plus d'acquisitions, que n'en avaient fait tous ses prédécesseurs. Par là, sans toucher aux revenus de l'état, il enrichit sa nombreuse famille, et attira à son service beaucoup de seigneurs étrangers, en leur faisant des pensions connues alors sous le nom de *fiefs de bourse*. Ces pensions soumettaient ceux à qui on les payait à l'hommage simple, et en faisaient autant de vassaux obligés à servir durant la guerre avec plus ou moins de gens armés, à proportion de la somme qu'ils recevaient.

ROBERT III, DIT DE BÉTHUNE.

1305. ROBERT III, dit DE BÉTHUNE, du surnom de Mathilde de Béthune, sa mère, né en 1239, était prisonnier à Paris lorsque Gui, son père, mourut. Il fut élargi, au mois de juin 1305, par le traité d'Archies (*Archiacum*), que les Flamands ne voulurent point d'abord ratifier. (Meier.) Robert, l'an 1309, re rend à Paris avec les députés de Flandre. Le traité d'Archies y est confirmé, dans le mois de mai, au moyen de quelques modifications que la France y appose. (*Idem.*) L'amitié qui régnait entre Henri VII, roi de Germanie, et le comte Robert, porta celui-ci à fournir à l'autre un corps de troupes sous la conduite de trois de ses frères et de Robert, son fils, pour son expédition d'Italie, qui commença l'an 1310. (Meier, *ad. an.* 1310, fol. 114, v°.) Le jeune Robert (et non pas son père, comme le marque Muratori) assista, le 29 juin 1312, au couronnement impérial de Henri, qui se fit à Rome. Cependant le comte Robert, l'an 1310, porte la guerre dans le Hainaut, contre Guillaume, comte de ce pays et de Hollande. La paix se fit, avant qu'on en vînt aux mains, entre ces deux princes, à l'avantage du premier. Guillaume reconnut la suzeraineté du comte de Flandre sur la Zéelande occidentale.

L'an 1311, Robert se laisse persuader de céder à la France Lille, Orchies et Douai pour le reste de sa rançon. La cession se fit par traité fait à Pontoise le 11 juin de l'année suivante. Bientôt le comte s'en repent. L'an 1313, Philippe le Bel le fait citer à venir lui rendre hommage, à Paris, pour la Flandre, à l'exception de Douai, de Lille et d'Orchies. Sur son refus, il fait confisquer le comté de Flandre. L'archevêque de Reims s'étant rendu à Saint-Omer, met tout le pays en interdit. Le roi passe en Flandre et rassemble, aux environs d'Orchies, son armée, qu'il divise ensuite en trois corps. Le cardinal Joscerand, légat, obtient une trève d'un an, qui fut signée, le 24 juillet, à Courtrai.

La guerre recommença, l'an 1315, sous Louis Hutin, héritier du ressentiment de Philippe le Bel contre la Flandre. Elle continua sous Philippe le Long, successeur de Hutin, et finit l'an 1320, par un traité conclu à Paris le 5 mai. Le comte y perdit la Flandre française. Le 2 juin suivant, il donne Cassel et d'autres terres en apanage à Robert, son second fils, pour l'engager à renoncer à ses prétentions sur le comté de Flandre, en cas de mort de Louis, son aîné. Ce même jour, fut signé le contrat de mariage de Louis, son petit-fils, avec Margueguerite, fille du roi Philippe le Long. L'an 1322, le 17 septembre, un vendredi, le comte Robert meurt à Ipres à l'âge d'environ quatre-vingt-deux ans. Sa sépulture est à la cathédrale de cette ville. Il avait épousé en premières noces CATHERINE ou BLANCHE, fille de Charles I d'Anjou, roi de Sicile, dont il eut un fils nommé Charles, mort à l'âge de onze ans. Cette princesse, dont la sépulture est à Flines, étant morte en 1271, il eut pour seconde femme YOLANDE DE BOURGOGNE, comtesse de Nevers, veuve de Jean Tristan, fils de saint Louis. Les enfants qu'elle lui donna sont Louis, comte de Nevers et de Réthel, mort à Paris le 22 juillet 1322; Robert, dit de Cassel, mort en 1331; Jeanne, mariée à Enguerand de Couci; Yolande, femme de Gauthier d'Enghien; Mathilde, femme de Mathieu de Lorraine, sire de Florines. Yolande, mère de ces princes et princesses, fut étranglée, suivant le bruit public, par son mari, le 2 juin de l'an 1280, avec une bride de cheval, pour avoir empoisonné Charles, enfant du premier lit. (*Voy.* Louis I, *comte de Nevers.*)

LOUIS I, DIT DE NEVERS ET DE CRÉCI.

1322. LOUIS I, petit-fils de Robert de Béthune, et fils de Louis I, comte de Nevers et de Réthel, et de Jeanne, fille unique et héritière de Hugues, comte de Réthel, se met en devoir, à l'âge d'environ dix-huit ans, de recueillir la succession du premier en vertu de son contrat de mariage avec MARGUERITE DE FRANCE, dont une des clauses portait qu'il succéderait aux comtés de Flandre, de Nevers et de Réthel, quand même son père mourrait avant son aïeul. Mais Robert de Cassel, son oncle, quoiqu'il eût consenti à cette clause, et Mathilde, sa tante, femme de Mathieu de Lorraine, lui contestèrent, chacun de son côté, cet héritage, alléguant en commun que la représentation n'avait point lieu en Flandre. Mathilde prétendait exclure Robert aussi-bien que Louis, parce qu'il avait ratifié la substitution faite en faveur de ce dernier, et par-là renoncé à son droit. Robert se défendit en disant que cette ratification ne pouvait tirer à conséquence, n'étant que l'effet d'une déférence aveugle et forcée aux volontés de son père. Bientôt on en vint aux armes; et Robert, s'étant mis le premier en campagne, s'empara de plusieurs forteresses. M. Velli dit qu'il était secondé par le comte de Namur. C'est tout le contraire. Jean I, comte ou marquis de Namur, prit hautement les intérêts de Louis, et lui amena du secours. (De Marne.) Sur ces entrefaites, le roi Charles le Bel évoqua l'affaire à sa cour, avec défense aux contendants de se porter pour comtes de Flandre jusqu'à ce qu'elle eût prononcé. Mais les communes de Flandre, à l'instigation du marquis de Namur, se déclarèrent pour Louis, et menacèrent, dans une députation qu'elles firent au souverain, de se former en république si on leur donnait un autre comte. Le jeune prince, enivré de cette faveur du peuple, ne douta point qu'il ne l'emportât sur ses rivaux ; et, sans attendre le consentement du roi, il reçut les hommages de ses nouveaux sujets. Charles le Bel, irrité de cette audace, mande Louis à Paris, où il est enfermé dans la tour du Louvre ; mais, par jugement des pairs, rendu le 29 janvier, il est maintenu dans le comté de Flandre et renvoyé dans ses états, après avoir renoncé à la Flandre gallicane. Le roi de France termina, l'année suivante, un ancien différent qui s'était renouvelé, dès l'an 1314, entre les comtes de Hollande et ceux de Flandre touchant la propriété de Zéelande, des terres d'Alost, de Waës, et des quatres métiers. Par le jugement de ce monarque, auquel acquiescèrent les parties, Louis I, comte de Flandre (et non pas Robert, comme le marque un habile moderne), céda à Guillaume III, comte de Hollande, la propriété de la Zéelande pour ne plus la tenir, comme auparavant, en fief de la Flandre, et Guillaume lui abandonna les autres terres qu'il répétait. Ce traité, passé à la mi-carême 1322 (v. st.), fut solide et mit fin pour toujours aux querelles qui en étaient l'objet. (Meier, Kluit.)

Louis, par reconnaissance pour les services que le marquis de Namur lui avait rendus, avait cédé, l'an 1322, à ce prince, non la propriété de la ville de l'Ecluse (nommée alors Lamminsvliet), qu'il possédait déjà à titre d'hérédité, mais le port de cette place, ou le *Dominium aquæ*, comme s'exprime l'ancien généalogiste des comtes de Flandre. Les Brugeois, craignant que cette donation n'entraînât la ruine de leur commerce, prennent les armes pour détruire l'Ecluse, et forcent le comte de Flandre qui était accouru pour calmer leur courroux, de les accompagner dans cette expédition. Le marquis de Namur, étant venu à leur rencontre, leur livre un combat où il a d'abord l'avantage ; mais, battu ensuite et poursuivi jusques dans la ville, il y est pris et renfermé dans une étroite prison. (Meier, fol. 125, r°.) Le comte Louis, craignant la fureur du peuple, se rend à Paris pour se plaindre au roi du soulèvement des Brugeois. Le marquis de Namur de son côté, pour regagner les Brugeois, leur envoie des lettres datées du mercredi, veille de Saint-Simon (1322), par lesquelles il leur pardonne l'outrage qu'ils lui ont fait. C'est Meier qui témoigne avoir vu ces lettres. Elles ne firent aucune impression sur les rebelles. Déterminés à la ruine de l'Ecluse, ils la livrent aux flammes, vers la Saint-Jean-Baptiste 1303. (*Ibid.*) Li marquis de Namur était toujours prisonnier à Bruges. Tandis que ses parents et ses amis traitent de sa délivrance à Saint-Omer avec les Brugeois, on apprend, vers le 1er octobre 1323, qu'il s'est évadé, vers la Saint-Michel, par l'adresse de Jean de l'Epine. Cette nouvelle rendit les Brugeois plus disposés à la paix. Leurs députés viennent trouver à Gand le comte Louis qui revenait de France, et obtiennent le pardon du passé, moyennant soixante mille écus qu'ils lui paient. Cette somme fut bientôt dissipée par ce prince, libéral jusqu'à la prodigalité. Louis, se disposant à partir pour son comté de Nevers, demande aux Flamands un subside volontaire, qui lui est accordé par forme de don gratuit. Il part ; mais, pendant son absence, des collecteurs, nommés pour lever en Flandre des sommes considérables qui étaient dues au roi de France par d'anciens traités, soulèvent le peuple par leurs concussions, et mettent dans leurs intérêts les nobles en les ménageant. De retour en Flandre, vers la Purification 1324, le comte parvient à étouffer l'émeute. S'étant remis en route pour Nevers sur la fin de juin suivant, il est rappelé bientôt en Flandre par la sédition qui s'y renouvela avec la plus grande fureur. De Courtrai, où il s'arrête, il fait des menaces qui ne servent qu'à rendre les rebelles plus audacieux. Obligé de leur faire la guerre, il punit par divers supplices tous ceux qui tombent entre ses mains. Le feu de la révolte, attisé par Nicolas Zanequin de Bruges et deux autres chefs, n'en devient que plus violent. Une victoire, remportée par le comte et les Gantais sur ceux de Bruges, amène une espèce de convention qui se fit vers le dimanche de la Passion de l'an 1325 ; après quoi chacun se retire. Mais, le 11 juin suivant, nouvelle émeute. Six députés des Brugeois étant venus à Courtrai pour attirer cette ville dans leur parti, le comte les y fait arrêter. Cinq mille hommes sont envoyés pour les délivrer. Le comte se prépare à soutenir un siége, et commence à mettre le feu à un des fauxbourgs pour empêcher les ennemis de s'y loger. Mais les flammes s'étant portées au-delà des murs et de la Lys, font dans la ville un ravage qui met les bourgeois en fureur. Hommes et femmes, armés de bâtons et de maillets, se jettent sur la noblesse qu'ils croient favorable au comte, et en massacrent une grande partie. Louis veut s'échapp[e] est pris avec six nobles qui l'accompagnaient et qu'on [met à] mort le lendemain en sa présence malgré les instantes pri[ères] qu'il fait pour leur sauver la vie. Pour lui, on le met en p[ri]son jusqu'au lendemain 22 juin, qu'il est livré aux Brugeo[is.] Ceux-ci, maîtres de sa personne, l'emmenent lié et garo[tté] sur un petit cheval dans leur ville, où il reste prisonnier j[us]qu'aux quatre tems de Noël suivant. Les Gantais, s'ét[ant] armés pour la défense de leur comte, battent les Brug[eois] et les obligent à s'humilier aux pieds de Louis après l'a[voir] relâché. Congrès d'Arques près de Saint-Omer. La paix y [est] conclue la veille de Noël 1326, et Bruges y est taxée à soixan[te] mille florins par forme de dédommagement envers le comte.

L'an 1328, nouveau soulèvement des Brugeois. Philippe de Valois, roi de France, vient au secours du comte avec une florissante armée. Celle des rebelles, commandée par Zanequin, s'était retranchée sur une hauteur près de Cassel. Fiers de leur position, ils avaient placé à la tête de leurs retranchements une figure de coq avec ces mots : *Quand ce coq chanté aura, le roi Cassel conquétera.* Zanequin vient en plein jour à la tête de seize mille hommes pour surprendre le camp des Français, où la veille il avait remarqué de la négligence. Les Français, malgré la surprise se défendent avec valeur ; et Philippe, après un long et opiniâtre combat, où il risque d'être pris, met les Flamands en déroute. Cette victoire, qui est du 23 août, fut suivie de la prise de Cassel, et toute la Flandre se soumit à son souverain après l'exécution d'un grand nombre de rebelles. Le roi de France en se retirant dit au comte : *Soyez plus prudent et plus humain, et vous aurez moins de rebelles.* Mais Louis, au lieu de suivre ce conseil, ne pensa qu'à se venger des outrages que ses sujets lui avaient faits. Robert de Cassel meurt le 26 mai 1331. Il était depuis long-tems réconcilié avec le comte son neveu, contre lequel il avait auparavant protégé les rebelles.

L'an 1333, Louis acquiert de l'évêque de Liége la seigneurie de Malines et du comte de Gueldre l'avouerie de la même seigneurie ; mais il s'engage par-là dans une guerre avec le duc de Brabant, qui avait des prétentions sur ce domaine. Le plus grand nombre des princes et seigneurs des Pays-Bas se rangent du côté de Louis ; et, ayant réuni leurs forces, ils entrent, au mois de janvier 1334, dans le Brabant, où ils trouvent le duc si bien préparé à les recevoir, qu'ils n'osent lui présenter la bataille. La même année, les parties étant convenues d'une trêve, choisissent le roi Philippe de Valois pour arbitre de leurs différents. La vente de Malines n'en était pas le seul objet. Ils avaient chacun divers intérêts à démêler avec le duc de Brabant. Le monarque régla tout par son jugement rendu le 17 août dans la ville d'Amiens, excepté l'article de la vente de Malines qu'il retint sous sa garde jusqu'à un plus ample examen. Mais las d'attendre la décision de ce prince, le duc de Brabant et le comte de Flandre s'accordèrent, par traité du 31 mars 1336 (v. st.), à posséder en commun la seigneurie de Malines, comme en avaient joui les évêques de Liége. L'an 1337, les Brugeois obligent leur comte à quitter la Flandre pour avoir fait trancher la tête à Siger de Courtrai, convaincu d'intelligence avec Edouard III, roi d'Angleterre, contre les intérêts de la France. Mais il y avait à Gand un homme plus dangereux et non moins ennemi que Siger de la France, qui, dès l'an 1335, s'était engagé à faire passer la Flandre sous la domination de l'Angleterre. C'était Jacques Artevelle, doyen des brasseurs de bière. Irrité du supplice de Siger, il ne garde plus de mesures; et, après avoir disposé les Gantais à se révolter, il traite en leur nom avec le roi d'Angleterre. Le comte, de retour au mois d'avril 1338, fait de vains efforts pour détacher ses sujets de cette alliance. L'avantage qu'ils s'en promettaient était trop considérable, surtout en ce qu'elle leur permettait la traite des laines d'Angleterre sans payer de droits. Artevelle, le 17 février 1339, oblige Louis d'abandonner de nouveau ses états et d'aller chercher un asile à Paris (Meier.) Le roi d'Angleterre, loin de prendre les intérêts du comte fugitif, accorde aux Flamands divers priviléges relatifs à leur commerce. Il met, quelque tems après, le comble à ses faveurs en faisant passer en Flandre une grande quantité de laines d'Angleterre. Ce monarque avait ses vues d'intérêts dans ses libéralités. Il faisait, dans le même tems, solliciter les villes de Flandre de s'allier avec lui contre la France. Mais un scrupule arrêtait les Flamands. C'était la promesse qu'ils avaient faite par les derniers traités de rester fidèles à la France. Pour lever cet obstacle, Artevelle suggéra au roi d'Angleterre de joindre au titre de roi de France, qu'il prenait dès l'an 1337 (1), comme on l'a dit à son article, les armoiries de cette puissance. Edouard, au commencement de l'an 1340, suit ce conseil, qui produisit l'effet

---

(1) Nous avons dit ci-devant, d'après les modernes, qu'Edouard arbora les armes de France, accolées à celles d'Angleterre, en 1339. Mais Hocsem, chanoine de Liége et auteur contemporain, atteste, L. 2, c. 25, que ce fut au commencement de 1340.

qu'il désirait. Les Flamands, réunis aux Anglais, pillent Armentières, et sont battus près de la Marquette. Siége de Tournai formé par Edouard après avoir battu, le 23 juin, la flotte française qui l'attendait à l'Ecluse. Une trève, ménagée par Jeanne de Valois, belle-mère d'Edouard et sœur du roi de France, suspend les hostilités entre les deux monarques (cette princesse était alors abbesse de Fontenelle près de Valenciennes.) L'an 1342, le comte Louis est reçu en Flandre; mais bientôt les tisserands l'obligent à se retirer. Artevelle étant venu trouver, l'an 1345, Edouard à l'Ecluse, ce prince lui propose d'engager les Flamands à déshériter le fils de leur comte et à reconnaître à sa place le prince de Galles pour l'héritier de la Flandre. Artevelle, à son retour à Gand, veut faire valoir la demande du roi d'Angleterre. Le peuple entre en fureur à cette proposition. On assiége ce scélérat dans sa maison que l'on force, et où il est mis à mort un dimanche, 17 juillet. (Meier.) Le roi d'Angleterre s'étant mis en colère à ce sujet, les Flamands l'apaisent en promettant de ne recevoir leur comte qu'à condition de reconnaître Edouard pour roi de France.

L'an 1346, le comte Louis vend au duc de Brabant la seigneurie de Malines pour quatre-vingt-six mille cinq cents réaux d'or. (Butkens, pag. 434.) Il est tué, la même année, le 26 août, à la fameuse bataille de Créci, en Ponthieu. Il avait célébré, l'an 1320, le 22 juillet, son mariage avec MARGUERITE, fille du roi Philippe le Long, depuis comtesse d'Artois et de Bourgogne, princesse vertueuse, dont il eut le fils qui lui succéda. Marguerite mourut, le 9 mai 1382, et fut enterrée à Saint-Denis. (*Voyez* Marguerite, *comtesse de Bourgogne*.) Le comte Louis I laissa neufs bâtards, tant mâles que femelles.

LOUIS II, DIT DE MALE.

1346. LOUIS II, dit DE MALE ou DE MARLE, lieu de sa naissance, près de Bruges, né le 25 novembre 1330 (*Généal. Comit. Flandr. apud Marten.*, tom. III, *Anecd.* pag. 435), succéda, l'an 1346, au comte Louis I, son père, à côté duquel il avait combattu à la journée de Créci. Etant revenu blessé en Flandre, il prit possession de ce comté au commencement de novembre, et reçut l'hommage de ses sujets le 7 novembre 1346. (*Ibid.*) Il n'était pas encore marié. L'an 1347, au mois de janvier, les Gantais le retiennent comme prisonnier, et le forcent de célébrer ses fiançailles avec Isabelle, fille du roi d'Angleterre, dans l'abbaye de Berg Saint-Vinoc, le 14 mars 1347. (*Ibid.*) Il s'échappe le 28 du même mois, et passe en

France. Grands tumultes à Gand et dans les autres villes de Flandre après son départ. Il épouse, le 1er. juillet suivant, MARGUERITE, fille de Jean III, duc de Brabant. (*Ibid.* pag. 439.) L'an 1348, le comte repasse en Flandre à la prière de ses sujets. Congrès de Dunkerque, où la paix se conclut entre le comte et le roi d'Angleterre. L'acte en fut signé par ce monarque dans la tour de Londres, le 10 décembre 1348. (Du Mont, tom. I, part. 2, pag. 249.) L'an 1356, Louis entre en guerre avec Jeanne, duchesse de Brabant, sa belle-sœur. Le sujet de leur querelle était la seigneurie de Malines que Louis I avait acquise de l'évêque de Liége, en 1333, et qu'il avait ensuite cédée, comme on l'a dit, à Jean III, duc de Brabant. Mais comme il s'était réservé la faculté de rachat, son fils prétendait l'exercer, et avait repris Malines à la mort du duc Jean III. Cette guerre, dont les succès furent variés, finit par un jugement arbitral du comte de Hainaut, prononcé le 3 juin 1357; jugement qui annula la dernière vente et adjugea Malines au comte de Flandre. (*Voy.* Jeanne, *duchesse de Brabant.*)

Le 1er. juillet de la même année, Louis donne Marguerite, sa fille unique, âgée de 7 ans, en mariage à Philippe de Rouvre, duc de Bourgogne. Devenue veuve, en 1361, il la remaria, l'an 1369, à Philippe le Hardi, duc de Bourgogne, fils de Jean II, roi de France. Edouard III, roi d'Angleterre, avait demandé la princesse pour le comte de Cambridge, son fils. Mais, comme il fallait une dispense à cause de la parenté, le pape Urbain V, par les intrigues du roi de France, la refusa constamment, et fit par-là manquer l'affaire. Les noces de Philippe et de Marguerite se célébrèrent à Gand le 19 juin. Le roi Charles V, en considération de cette alliance, et pour acquitter des dettes et rentes contractées par la France envers les comtes de Flandre, cède Lille, Douai, Béthune, Hesdin, Orchies et d'autres villes, au comte Louis avec deux cent mille écus d'or qu'il lui fait compter, et comble de présents la noblesse de Flandre. (Meier, fol. 163, v°.) Charles, en achetant si cher la main de Marguerite pour son frère, comptait par-là rendre la paix à la Flandre et l'attacher aux intérêts de la France. L'événement le détrompa.

L'an 1377, le 16 novembre, rupture des digues et grande inondation qui submerge une partie de la ville de Bervliet et dix-sept villages des environs. Ce désastre ne modère pas la passion de Louis pour les fêtes, les festins et les jeux. Pour suffire aux dépenses que ces vains amusements entraînaient, il s'avise de mettre des impôts extraordinaires sur ses sujets; le magistrat de Gand s'y oppose, et un gantais ose lui dire en plein marché que ses compatriotes sont résolus de ne plus contribuer à ses plaisirs. Un canal que Louis permet aux Brugeois de faire, achève de mettre en fureur les Gantais. Le soulèvement commença l'an 1379. Ce fut la plus obstinée et la plus funeste de toutes les séditions des Flamands. On vit une seule ville soutenir pendant sept ans toutes les forces de la Flandre réunies contre elle. Hions ou Heinsius, chef des nautonniers, dépouillé de son emploi par le comte, se met à la tête des rebelles, qui prirent pour uniforme des chaperons blancs. Il meurt (de poison, suivant le bruit public), la même année. Jean Prunel, ouvrier en draps, lui succède, avec trois autres que les Gantais lui joignirent. Vers la mi-octobre, siége d'Oudenarde formé par les rebelles, et levé, le 3 décembre, par un accord que le duc de Bourgogne ménagea entre eux et le comte. Prunel, irrité des mauvais traitements faits à quelques nautonniers dans Oudenarde, par des nobles, pour venger le meurtre d'un de leurs parents, rassemble cinq mille rebelles en chaperons blancs, et à leur tête, sans être autorisé par le magistrat, il va surprendre Oudenarde, au mois de février 1380. Douze jours après, Oudenarde est rendue au comte par le magistrat, et Prunel, banni, expie bientôt après, par ordre du comte, son crime sur la roue : *rotœ insertus est*, dit Meier. D'autres factieux sont décapités à Ipres. Ces exécutions occasionent un nouveau soulèvement, à la persuasion de Pierre du Bois et de cinq autres. Les nobles ayant à leur tête Louis Hasé, bâtard du comte, s'arment contre les Gantais. Le comte apprenant que Bruges est disposée à se joindre aux Gantais, se rend en cette ville, au mois d'avril, et y fait trancher la tête à cinq cents séditieux. Cet acte de sévérité contient les Brugeois. Le 19 juin de la même année, la paix est faite ; mais elle est rompue le 6 août suivant. Les hostilités recommencent avec une nouvelle fureur. Le comte remporte, le 27 du même mois, une grande victoire sur les rebelles, près de Dixmude. Après des succès variés, on fait, le 11 novembre, un nouveau traité de paix qui ne fut pas mieux observé que le précédent. Tout était en combustion de nouveau, vers la fin de février 1381, par la faute des Brugeois, qui, secondés par les officiers du comte, avaient employé les voies de fait pour recouvrer les effets que les Gantais leur avaient enlevés quelque tems auparavant et vendus à l'encan. Le 13 mai, bataille de Nivelle, dont à peine échappèrent trois cents rebelles. Les comtes de Hainaut et de Hollande proposent un accommodement ; mais on ne peut s'accorder sur les conditions. Pierre du Bois, voyant les Gantais mécontents de leurs chefs, les engage à mettre à leur tête, le 24 janvier 1382, Philippe Artevelle. Ce nouveau tribun se distingue en plusieurs combats ou rencontres.

Cependant la famine avait réduit la ville de Gand à l'extrémité. Congrès de Tournai, ménagé par la duchesse de Brabant, l'évêque de Liége et le comte de Hainaut. Il se tient le 13 avril. Le député du comte Louis exige que les Gantais se rendent à discrétion. Artevelle, qui n'espérait point de pardon pour lui, détermine les Gantais à mourir plutôt les armes à la main. Bataille de Beverholt, près de Bruges, livrée par le comte à la demande des Brugeois. Battu et mis en déroute, il se sauve dans la cabane d'une pauvre femme, où, caché dans le lit de ses enfants, il a le bonheur d'échapper aux recherches de ceux qui le poursuivent. Son palais et la ville sont brûlés, et tous les Brugeois qui refusent de se ranger sous les drapeaux des vainqueurs, passés au fil de l'épée. Artevelle prend alors le titre de régent de Flandre. Pressé néanmoins par ses amis, il fait supplier le roi Charles VI, de se rendre médiateur pour la paix. Loin d'admettre sa demande, le roi se met en route, à la tête de sa principale noblesse, pour aller au secours du comte de Flandre. Bataille de Rosbecque, entre Lille et Douai, donnée le 27 novembre. Les Français la gagnent, et Artevelle est trouvé parmi les morts, dont le nombre allait au-delà de vingt mille. Tout l'honneur de cette journée fut pour le roi, et l'avantage pour le duc de Bourgogne qui l'accompagnait. Les partisans d'Artevelle lui donnent pour successeur François Agricola, nommé en flamand Ackerman. (Meier.)

L'an 1383, les Anglais, appelés par les Gantais, arrivent en corps d'armée en Flandre, vers le mois d'avril, sous la conduite de l'évêque de Nortwick, établi chef de la croisade, publiée par Urbain, contre les partisans de Clément VII. Fiers de ce renfort, les Gantais se proposent d'aller brûler la flotte que le roi de France équipait pour tenter une descente en Angleterre. Le complot étant découvert, le duc de Bourgogne s'autorise de cette perfidie, pour achever la ruine des rebelles. L'évêque de Nortwick, harcelé avec son armée fanatique, se trouve fort heureux d'obtenir une trève d'un an. Le comte Louis n'en vit pas la fin. L'an 1384, le 6 janvier, Jean, duc de Berri, et comte de Boulogne, par sa femme, ayant pris querelle avec lui, à Saint-Omer, pour l'hommage de Boulogne que ce dernier exigeait, en qualité de comte d'Artois, lui porte à la poitrine un coup de poignard, dont il meurt trois jours après. C'est ainsi que Meier raconte la mort du comte Louis, d'après quelques chroniques du XVe. Mais Froissart, auteur contemporain, nous donne cet événement comme l'effet d'une maladie naturelle. Il est certain d'ailleurs, que Jean, duc de Berri, n'épousa qu'en 1389 Jeanne, fille et héritière de Jean II, comte d'Auvergne et de Boulogne (1). Le comte Louis fut inhumé à Saint-Pierre de Lille, auprès de son épouse, morte en 1368. Le duc Philippe le Bon, son arrière-petit fils, lui fit ériger, en 1455, le mausolée qu'on voit aujourd'hui à Lille, dans la chapelle de N. D. de la Treille. Ce prince ne laissa qu'une fille légitime, qui suit, mariée, comme on l'a dit, 1°. à Philippe de Rouvre, duc de Bourgogne, mort en 1361; 2°. à Philippe le Hardi. Mais Louis eut beaucoup d'enfants naturels, dont les principaux sont Louis, dit le Hazé, lequel, après avoir servi le roi de France dans les guerres de Flandre, accompagna le comte de Nevers en Hongrie, fut fait prisonnier avec lui, à la bataille de Nicopoli, et donna pour sa rançon, suivant Locrius, au sultan Mahomet, une pièce de tapisserie de haute-lisse de la manufacture d'Arras; d'autres disent qu'ils fut tué à cette bataille; un autre Louis, tige des seigneurs de Praet; Jean, dit *Sans-terre*, tige des seigneurs de Drinckan; et Victor d'Urselle, chevalier très-renommé. L'indolence, la prodigalité, les débauches et l'imprudence de Louis de Male, furent les causes de ses malheurs. Comte de Flandre, de Nevers, de Réthel, d'Artois et de Bourgogne, il fut l'un des plus puissants princes de l'Europe; et faute de savoir gouverner ces vastes domaines, il fut l'un des plus faibles et des plus méprisés. Il ne manquait pas néanmoins de sens, ni même d'un certain amour pour le bon ordre. Il fut l'instituteur de l'*Audience de Flandre*, créée pour informer des malversations commises par les officiers des juridictions inférieures. La neutralité qu'il eut soin de garder entre la France et l'Angleterre, malgré les mauvais procédés de cette dernière puissance à son égard, fut la source de l'opulence des Flamands. Ce fut sous sous son règne que furent frappées les premières monnaies d'or en Flandre.

MARGUERITE et PHILIPPE LE HARDI.

1384. MARGUERITE, fille du comte Louis de Male et femme de PHILIPPE LE HARDI, duc de Bourgogne, née en avril 1350,

---

(1) D'autres disent, avec aussi peu de vraisemblance, que ce fut Jean II, comte d'Auvergne et de Boulogne, beau-père du duc de Berri, qui, ayant pris querelle avec le comte de Flandre au sujet de l'hommage de Boulogne, le poussa contre la muraille avec tant de violence, qu'il lui froissa le corps, ce qui fut cause de sa mort.

succède à son père dans les états de Flandre. Elle est inaugurée à Bruges avec son époux, le 26 avril. Les Gantais persévèrent dans leur révolte, toujours soutenus par l'Angleterre. Le 25 mai de la même année, un mercredi, fête de Saint-Urbain, Arnoul, sieur Descornais, reprend sur les Gantais, après un rude combat, la ville de Oudenarde, que François Ackerman, leur capitaine, avait prise de nuit et d'emblée, le 17 septembre de l'année précédente. Furieux de cette perte, le peuple de Gand ne garde plus de mesures. Au mois de juillet, il met en pièces le seigneur d'Herselle, accusé par Ackerman d'avoir travaillé à faire chasser les tisserands de la ville. Il crée, dans le mois de juillet, un nouveau capitaine dans la personne de Baudouin, dit le Riche (en flamand de Riscke), grand ennemi de la noblesse. Baudouin lui-même choisit de nouveaux magistrats, et traîne en prison les anciens, qu'il oblige à racheter leur liberté par de fortes rançons. Mais ayant manqué une expédition sur Oudenarde, il est cassé de son office et Ackerman rétabli avant le 9 octobre. Vers le commencement de janvier 1385, on vit arriver d'Angleterre en Flandre un chevalier expérimenté, nommé par le Roi Richard II pour commander les Gantais et leurs confédérés, de concert avec Ackerman. Le duc Philippe, voulant affamer Gand, prend différentes mesures pour lui couper les vivres. Les habitants des villes voisines font des courses jusqu'à ses portes, au mépris de la trève, et la noblesse se signale dans ces actes d'hostilité. Mais les Gantais, appuyés des Anglais, ne laissèrent pas de remporter divers avantages, dont le plus remarquable, qui est du 17 juillet, fut la prise de Damme, où l'on fit un butin considérable. Le roi Charles VI, apprenant les progrès de la rébellion des Gantais, et les secours qu'ils recevaient des Anglais, fait une nouvelle descente en Flandre, à la tête de quatre-vingt mille hommes, ou de cent mille, suivant Meier. Après avoir repris Damme, le 30 août, au bout d'un siége de six semaines, il se porte dans le pays des quatre offices ou métiers, qu'il ravage. S'étant approché de Gand, il menace d'en faire le siége; mais il ne le fit pas, et Meier l'assure positivement. Sachant, dit-il, que la ville était approvisionnée pour six mois, et voyant la mauvaise saison approcher, le monarque ramena son armée en France.

Le duc Philippe, touché de compassion pour la malheureuse ville de Gand, cherche à la ramener au parti de la soumission par les voies de douceur. Il emploie à cet effet le chevalier Jean Heila, personnage également agréable au peuple et à la noblesse. Gagnés par ses insinuations, les Gantais commencent à prendre des sentiments plus modérés. Enfin, le 18 décembre de la même année 1385, leurs députés signèrent à Tournai un traité de paix avec Marguerite, son époux et le roi de France. La Flandre, par la sage conduite de Philippe, demeura tranquille jusqu'à sa mort, arrivée à Hall le 27 avril 1404. (D. Plancher; Meier dit le 26 avril.) Marguerite le suivit au tombeau le 16 mars de l'an 1405, à l'âge de cinquante-cinq ans. Elle mourut subitement à Arras, et fut enterrée à Saint-Pierre de Lille. Philippe est le seul comte de Flandre qui ait pris le titre de *pair de France*, qu'on lit sur son sceau dans un diplôme de 1387. Ce titre appartenait à Philippe, et en qualité de comte de Flandre, et en qualité de duc de Bourgogne. Ce prince avait établi, le 5 février 1385, à Lille, une chambre des comptes sur le modèle de celle de France. Pour mettre plus d'ordre dans ce tribunal, il y fit entrer des hommes experts et versés dans la pratique, qu'il avait tirés des chambres des comptes de Paris et de Dijon. (*Voy.* Philippe le Hardi, *duc de Bourgogne.*)

On a ci-devant attribué, d'après l'opinion unanime des modernes, l'invention de la peinture à l'huile à Jean Van-Eyk, connu sous le nom de Jean de Bruges, parce qu'il était de cette ville. Ce peintre, qui vivait au commencement du XVe. siècle, présenta, dit-on, le premier tableau peint de cette façon à Alfonse, roi de Naples. Antonello de Messine ayant appris le secret de Jean de Bruges, le communiqua aux Italiens. Mais ce secret merveilleux, auquel nous sommes redevables de la conservation de tant de chefs-d'œuvres, était connu des Allemands long-tems auparavant; car on a trouvé, il y a quelques années, plusieurs tableaux plus anciens que Van-Eyk, peints à l'huile sur bois, dans un monastère de Bohême. Ils font partie de la superbe collection que sa majesté impériale a rassemblée au palais de Belvédère à Vienne, et l'on en distingue un particulièrement qui porte cette inscription : *Gemalt in oel oder von Thomas von Mutina oder von Muttersdorff in Boehmen*, 1297, c'est-à-dire, *peint à l'huile par Thomas de Mutina ou de Muttersdorff en Bohême*, 1297. (Cette note est tirée du tom. III, pag. 63, 65 de l'*Essai sur l'histoire de l'ordre Teutonique, par un chevalier de l'ordre.*) (M. le baron de Wal.)

JEAN, DIT SANS PEUR.

1405. JEAN, duc de Bourgogne, fils aîné de Philippe le Hardi et de Marguerite, reconnu comte de Flandre après leur mort, fut inauguré à Gand, le 21 avril 1405. Les Anglais, sans lui avoir déclaré la guerre, font une descente en Flandre, le 22 mai, assiégent l'Ecluse, et cinq jours après regagnent avec précipitation leurs vaisseaux. L'an 1408, le duc marche au secours de Jean de Bavière, évêque de Liége, à qui les Liégeois refusaient d'obéir, parce qu'il ne voulait point, disaient-ils, se faire ordonner. Il remporte sur eux une victoire signalée, le 25 septembre. L'an 1419, il est massacré, le 10 septembre, à Montereau. Ce prince avait épousé, comme on l'a dit à son article parmi les ducs de Bourgogne, MARGUERITE, fille d'Albert de Bavière, comte de Hollande et de Hainaut, le 9 avril 1385, et le même jour Guillaume, fils du même Albert, avait épousé Marguerite, fille de Philippe le Hardi : double mariage qui fut célébré à Cambrai par l'évêque de cette ville, en présence du roi Charles VI. On vit en cette occasion, chose rare, dit Meier, deux épouses du nom de Marguerite, accompagnées de deux autres Marguerites, leurs mères. (*Voy.* Jean-sans-Peur, *duc de Bourgogne.*)

PHILIPPE III, DIT LE BON, SOUVERAIN DES PAYS-BAS.

1419. PHILIPPE III, dit LE BON, comte de Charolais, succède au comté de Flandre, ainsi qu'aux autres états de Jean, son père. Il était à Gand lorsqu'il apprit le meurtre de ce prince. Aussitôt il prit la résolution d'en tirer vengeance ; et se tournant du côté des seigneurs qui étaient en assez grand nombre auprès de lui, *mes amis*, leur dit-il, *il faut m'aider à punir le meurtrier de mon père.* Puis, étant passé dans l'appartement de sa femme, il lui dit : *Madame Michelle, votre frère* (le Dauphin) *a tué mon père.* Mais la haine qu'il conçut pour le frère ne passa pas jusqu'à la sœur; car ils vécurent dans une tendre union jusqu'à la mort de cette princesse, qui arriva le 8 juillet 1422. Philippe fit célébrer les obsèques du duc Jean dans l'église de Saint-Waast d'Arras, où assistèrent cinq évêques et vingt-quatre abbés. Le P. Fleur, dominicain, chargé de faire l'oraison funèbre, ayant pris pour texte ces paroles de l'écriture, *Laisse-moi la vengeance et je te rendrai justice*, usa de toute la liberté que lui donnait son ministère, pour engager Philippe à faire le sacrifice de son ressentiment. Mais la plaie était trop récente et trop profonde pour se fermer si promptement. Les courtisans qui environnaient ce prince, et qui avaient d'autres maximes que l'orateur, fortifièrent sa première résolution. Ce qui l'y affermit encore davantage, ce furent les dispositions qu'il trouva du côté de la cour et du royaume de France pour l'exécuter. Le roi, par faiblesse d'esprit, la reine par ressentiment personnel, se déclarèrent hautement contre le dauphin, et leur exemple entraîna le gros de la nation. Une députation faite à Philippe au nom du monarque, et des principales villes du royaume, vint se présenter à lui dans la ville d'Arras; elle y dresse, le 17 octobre 1419, un traité portant en substance, que le roi d'Angleterre épousera Catherine, fille de Charles VI, qu'il aura la régence du royaume pendant la maladie du roi son beau-père, avec assurance de lui succéder, et qu'il emploiera ses forces pour réduire les rebelles (c'est ainsi qu'on nommait les partisans du dauphin.) Le roi, pour lors en démence, ratifia ce traité en plein conseil, le 21 mai 1420, à Troyes, où la cour résidait depuis un an, et le parlement de Paris l'enregistra. Le duc Philippe, aveuglé sur ses propres intérêts, par le désir de la vengeance, seconde avec ardeur, pendant quatorze ans, les efforts de l'Anglais, pour enlever la couronne de France au légitime héritier et à toute sa maison.

Philippe, en trahissant les intérêts de son sang et ceux de la nation, n'en était pas moins attentif à profiter des occasions d'agrandir ses états, ni moins curieux d'étaler sa magnificence. Il acquit, l'an 1421, le comté de Namur du comte Jean III, par traité du 23 avril. L'an 1429 (v. st.), le 10 de janvier, jour de son mariage avec ELISABETH DE PORTUGAL, sa troisième femme, il institue à Bruges l'ordre des chevaliers de la Toison d'or, *à la gloire de Dieu, en révérence de sa glorieuse Mère, en l'honneur de monseigneur saint Andrieu, à l'exaltation de la foi de la sainte église.* Cet ordre, qui s'est toujours soutenu avec éclat, et qui est encore aujourd'hui l'un des trois grands ordres de l'Europe, ne devait être composé que de trente chevaliers, tous issus d'ancienne noblesse, prouvée par quatre générations paternelles et maternelles. Philippe ne créa d'abord que vingt-quatre chevaliers, réservant les six autres places pour des princes qui les reçurent avec plaisir et se firent honneur d'en porter les marques. Philippe devint, l'an 1433, comte de Hollande et de Hainaut, par la cession que lui en fit la comtesse Jacqueline de Bavière.

Enfin, l'an 1435, las de servir l'ambition des Anglais, et touché des maux qu'elle causait à la France, Philippe se détache totalement de leur parti. Charles, duc de Bourbon, Louis, comte de Vendôme, le chancelier, le connétable, l'archevêque de Reims, le premier président du parlement de Paris, viennent se jeter à ses genoux dans l'église de Saint-Waast d'Arras, lui demandent pardon du meurtre de son père, protestant que leur maître n'y a pris part que par le conseil de quelques scélérats. Le duc, ému jusqu'aux larmes, accorde le pardon le 21 septembre, et par là fut conclue la paix d'Arras. (Voy. *les ducs de Bourgogne*.) L'an 1437, il assiège Calais avec une armée nombreuse, pour se venger des Anglais, qui ne cessaient, depuis qu'il avait quitté leur parti, d'exciter contre lui ses sujets de Flandre, ennemis naturels des Français, et attachés aux Anglais, à raison de leur commerce. Philippe échoue dans son entreprise par la trahison des Flamands, qui prirent la fuite. Mais les Flamands, pour couvrir leur lâcheté, s'en prennent à Jean de Hornes, seigneur de Montcornet, qu'ils accusent et mettent en pièces. (*Guaguin*, l. 10.) Philippe, de retour en Flandre, pensa périr lui-même à Bruges, dans une sédition des habitants. L'Isle-Adam, et plusieurs de ses gens y perdirent la vie. Charles, fils de Philippe, par contrat du 30 septembre 1438, devint l'époux de CATHERINE, fille du roi Charles VII, qui lui fut amenée par l'archevêque de Reims, le duc de Vendôme et d'autres seigneurs. L'an 1451, les Gantais se soulevèrent contre Philippe à l'occasion de la gabelle qu'il voulait établir en Flandre. Philippe ne put les réduire qu'après plusieurs batailles gagnées sur eux. Les deux dernières furent celle de Rupelmonde, donnée en mai 1452 (Corneille de Bourgogne, l'aîné des quinze bâtards de Philippe y périt), et celle de Gavre, livrée le 15 juillet 1453. Les Gantais perdirent en cette occasion 20,000 hommes. Philippe, ayant atterré les Gantais par ces deux victoires, signale envers eux sa clémence en leur faisant miséricorde. Il célèbre en même tems son triomphe par un tournoi singulier, à la suite duquel il donna un superbe repas aux grands de ses états, dans son palais de Lille; on vit à ce banquet les services descendre sur les tables dans des chariots qui sortaient du plafond entr'ouvert. Un clerc, monté sur un dromadaire, prêcha les convives, et les toucha jusqu'aux larmes. Ce sermon avait pour objet de les exciter à se croiser pour retirer Constantinople des mains du Turc qui venait de s'en emparer. Tous y consentirent, et firent vœu, l'un après l'autre, sur un faisan rôti, de marcher contre Mahomet II; c'est le nom du conquérant de l'empire grec. La formule particulière dont chacun se servit pour exprimer cet engagement, est rapportée par Olivier de la Marche, à l'exception de celle du duc, qu'il a omise; mais elle se retrouve dans les additions faites à cet historien. La voici: *Je voue aux dames et au faisan que avant que il soit six semaines je porteray une empreinse en intention de faire armes à pied et à cheval, laquelle je porteray par jour, et la plus partie du temps, et ne la lairray pour chose qu'il m'en vienne, si le roy ne me le commande, ou si armée se face aller sur les*

Infidèles par le roy en sa personne par son commandement ou autrement. Si c'est le bon plaisir du roy, j'iray en ladicte armée de très-bon cœur pour faire service à la chrétienté, et mesteray peine au plaisir de Dieu d'estre des premiers qui assembleront avec les Infidèles. Le duc, fidèle à sa parole, fit le voyage d'Allemagne à dessein de conférer avec l'empereur Frédéric, sur les moyens de porter la guerre en Orient. Mais il ne put parvenir à voir ce prince avare, qui prétexta une maladie pour éviter la dépense qu'exigerait la réception d'un pareil hôte. De retour chez lui, Philippe y trouva des affaires, qui, jointes au mauvais succès de son voyage, lui firent perdre de vue le projet de la croisade. L'an 1458, pressé par les Gantais d'honorer leur ville de sa présence, il s'y rend le 25 avril, et y fait la plus superbe entrée dont jamais on eût ouï parler. Il faudrait, dit Meier, un livre entier pour décrire tous les honneurs qu'on lui rendit. La ville de Gand étala toute son opulence et toute son industrie dans cette occasion, jusque-là qu'un bourgeois fit couvrir de lames d'argent le toit de sa maison.

L'an 1459, le bruit se répand tout-à-coup dans l'Artois, que le pays est rempli de vaudois ou sorciers; car ces deux noms étaient alors synonymes. Les juges d'Arras se mettent aussitôt en mouvement pour faire la recherche de ceux qu'on accuse d'être de ce nombre. Plusieurs sont mis à la torture, et, sur les aveux qu'on leur arrache, livrés aux flammes. Il semble que ce tribunal s'attachait de préférence à ceux qui étaient pourvus d'une meilleure fortune; et comme leurs biens étaient confisqués au profit du duc de Bourgogne, on soupçonna, mais injustement, ce prince de favoriser les procédures irrégulières de cette espèce d'inquisition, et d'approuver les jugements iniques et cruels qu'ils rendaient. Enfin le sieur de Beaufort ayant été arrêté sur la fin de 1460, ses enfants interjetèrent appel des poursuites au parlement de Paris, lequel, ayant examiné l'affaire et les procès intentés ci-devant aux prétendus vaudois, déclara, par son arrêt du 20 mai 1461, publié dans la ville d'Arras, le 18 juillet suivant, qu'il y avait abus dans les procédures, réhabilita la mémoire des suppliciés, condamna les juges à une amende, et ordonna qu'il serait pris sur leurs biens une somme de quinze cents livres, à l'effet de fonder une messe pour le repos des âmes de ceux qu'ils avaient fait exécuter. (*Chron. manuscrite* de Jacques de Clerq.)

L'an 1467, Philippe meurt d'une esquinancie à Bruges, le 15 juin, à l'âge de 71 ans. Son corps, exposé pendant deux jours, fut visité par tous les habitants, et ensuite déposé à Saint-Donatien de Bruges, d'où il fut transporté, l'an 1473, aux chartreux de Dijon. A ses funérailles *il y eut*, dit Paradin, *plus de larmes que de paroles ; car il sembloit que chascun eust enterré son père*. Ce prince faisait sa résidence ordinaire en Flandre, et ne visita que de tems en tems la Bourgogne. La protection qu'il accorda aux arts et au commerce, les fit fleurir dans les Pays-Bas. (*Voyez* Philippe le Bon, *duc de Bourgogne*.)

CHARLES LE HARDI, ou LE TÉMÉRAIRE.

1467. CHARLES, fils de Philippe le Bon, et son successeur dans tous ses domaines, est inauguré comte de Flandre, à Gand, le 28 juin, 1467. Les Gantais lui redemandent leurs priviléges, que Philippe le Bon leur avait enlevés. Ils excitent une sédition à ce sujet. Charles est obligé de leur accorder leurs demandes pour les apaiser. Il sort de Gand rempli de colère, et révoque tout ce que les Gantais lui avaient extorqué. Ceux-ci ayant recommencé à se mutiner, le duc, au retour de son expédition contre les Liégeois, fait mourir les chefs de la rébellion, condamne les Gantais à une amende considérable, les oblige à lui apporter leurs étendards à Bruxelles, restreint leurs priviléges, et fait ensuite dans leur ville une entrée pompeuse.

L'an 1468, Sigismond, duc d'Autriche, dans le besoin où il est d'argent pour payer les frais de la guerre qu'il venait de terminer avec les Suisses, se rend en Flandre, et vend au duc Charles les comtés de Ferrette, Brisach et Rhinfeld, pour quatre-vingt mille écus d'or. L'an 1472, Charles ayant acheté d'Arnoul d'Egmond le duché de Gueldre et le comté de Zutphen, va trouver l'empereur à Trèves pour en recevoir de lui l'investiture. Cette cérémonie se fait avec le plus grand appareil. Le but de Charles était de demander à l'empereur le titre de roi de Bourgogne et de vicaire de l'Empire, avec promesse de donner sa fille en mariage au fils de l'empereur. Louis XI écrit à celui-ci pour le détourner d'accepter ses offres, et il y réussit. (*Pontus Heuterus*.) L'an 1477, Charles périt, le 5 janvier, devant Nanci. (*Voy.* Charles, *duc de Bourgogne.*)

MARIE.

1477. MARIE, fille unique de Charles le Hardi et d'Isabelle de Bourbon, née à Bruxelle le 13 février 1457 (n. st.), se porta pour héritière universelle de son père, après la mort de ce prince. Mais Louis XI, roi de France, ne tarda pas à lui enlever le duché de Bourgogne. Ce monarque n'en demeura pas là, il voulut envahir toute la succession de Charles. Le prince d'Orange le rendit maître d'une partie du comté de Flandre. Louis s'empare des villes de Picardie cédées au feu duc, et s'avança ensuite dans l'Artois. Marie, se voyant d'un côté maîtrisée par les Gantais qui la retenaient comme en captivité, de l'autre sur le point d'être entièrement dépouillée par le roi de France, envoie à ce prince une ambassade, à la tête de laquelle étaient Hugonet, son chancelier, et le seigneur d'Imbercourt. Louis reçoit ces ambassadeurs avec une apparence de bonté. Il entre en matière avec eux, et leur fait entendre que l'Artois étant un fief de sa couronne, il a le droit de le *mettre en sa main*, jusqu'à ce que la princesse lui en ait fait hommage. Le résultat de la conférence fut que, moyennant toute suspension d'armes, la cité d'Arras, distinguée alors de la ville, serait remise à ce prince, le 3 mars de cette année 1477. La cité fut en effet livrée aux troupes du roi ce jour-là, et Louis y entra sur les trois heures après midi. Maître de cette partie d'Arras, il le fut bientôt de l'autre. Le reste de la province suivit l'exemple de la capitale. A la nouvelle des progrès du roi de France, Marie assemble à Gand les états de Flandre, leur expose ses embarras, et promet de se gouverner par leurs conseils. Députation des états à Louis pour lui notifier les dispositions de leur souveraine. Louis, pour les désabuser, montre aux députés des lettres de Marie, par lesquelles elle lui marquait qu'Hugonet et Imbercourt étaient ses hommes de confiance, le suppliant de ne s'adresser qu'à eux pour toutes les affaires qu'il voudrait traiter avec elle. Ces lettres étaient celles qui avaient été remises au roi par les ambassadeurs de Marie. Furieux de se voir joués, les députés reviennent en diligence à Gand, assemblent le conseil de la ville, y font comparaître Hugonet et d'Imbercourt, les accusent de trahison, et les font condamner à perdre la tête. (Harduin.) Ce jugement fut exécuté le jeudi-saint, 3 avril, à la vue de la princesse, qui vainement employa les prières et les larmes pour délivrer ces deux infortunés. Louis, profitant de la confusion qui règne parmi les Flamands, pousse ses conquêtes dans le Pays-Bas. Les Flamands, pour l'arrêter, font venir Adolphe, duc de Gueldre, et le mettent à leur tête. Adolphe est tué dans un combat, le 22 juin. Alors ils prennent le parti d'appeler l'archiduc Maximilien, fils de l'empereur Frédéric, et lui font épouser la princesse, le 18, ou, selon d'autres, le 20 août 1477. Maximilien soutint les droits de son épouse, et fit revenir une partie de ce que la France lui avait enlevé. L'an 1478, il oblige, à la tête de seize mille hommes, le roi Louis XI de lever le siége de

Saint-Omer, reprend Cambrai, Bouchain, le Quesnoi, Condé, Mortagne, Tournai, et conclut avec lui une trève à Leuze, le 18 septembre. Les Flamands, cependant, murmuraient de voir les Bourguignons et les Allemands occuper chez eux la plupart des charges et dignités. Ils éclatent, l'an 1479, et crient qu'il faut renvoyer l'archiduc. A Gand, les artisans prennent les armes contre les magistrats à l'occasion d'un impôt sur la bière. Le but de cette conjuration était de faire main-basse sur les chefs de l'état civil et du corps ecclésiastique. A peine est-elle assoupie, que la guerre se rallume avec la France. Bataille de Guinegate, livrée le 7 août, par l'archiduc, aux Français, qui étaient accourus au secours de Terrouenne, qu'il assiégeait. La perte y fut à-peu-près égale de part et d'autre; mais le siége ne fut point repris. L'an 1480, le 1er. janvier, nouveau soulèvement des Gantais, excité par le seigneur de Dudzelle. Ils imposent des lois à Maximilien, lui taxent les frais de sa dépense, et lui tracent un plan de gouvernement. Ce prince, indigné, transfère sa cour à Malines, et de là se rend à Roterdam, où une maladie le conduit aux portes de la mort. Il en revint; mais deux ans à peine s'étaient écoulés, qu'un accident funeste lui enleva l'archiduchesse, son épouse, à l'âge de 25 ans; elle était sortie avec une suite nombreuse pour prendre le plaisir de la chasse à l'oiseau. Etant tombée de cheval, elle se fit une blessure dangereuse, qu'une excessive pudeur l'empêcha de découvrir, même à son mari. La plaie devint incurable, et trois semaines après cet accident, la princesse mourut, le 27 mars 1482, à Bruges. Son corps y fut inhumé dans l'église collégiale de Notre-Dame, sous un magnifique mausolée de cuivre, à côté de celui de son père. Louis XV, roi de France, après la prise de Bruges, en 1745, considérant ces deux monuments, dit en montrant le tombeau de Marie: *Voilà le berceau de toutes nos guerres.* Cette princesse laissa de son mariage un fils, qui suit, et une fille, Marguerite, née le 1er. janvier 1480, fiancée, en 1483, au dauphin, depuis Charles VIII, roi de France, mariée en 1498 à Jean, fils et héritier présomptif de Ferdinand, roi d'Aragon, et d'Isabelle, reine de Castille, veuve dès la même année, remariée en 1501, à Philibert II, duc de Savoie, veuve pour la seconde fois en 1504, gouvernante des Pays-Bas, morte le 1er. décembre 1530.

PHILIPPE IV, DIT LE BEAU.

1482. PHILIPPE, fils aîné de Maximilien d'Autriche et de Marie de Bourgogne, né à Bruges, le 22 juillet 1478, succède à sa mère dans la souveraineté des Pays-Bas et les comtés de Bourgogne, de Mâcon, d'Auxerre et d'Artois. Les Gantais disputent à Maximilien la tutelle de son fils et de sa fille, et se rendent maîtres de leurs personnes. La même année, ils le contraignent de faire la paix avec la France, par le traité d'Arras, où l'on conclut, le 23 décembre, le mariage de Marguerite, sa fille, âgée de deux ans, avec le dauphin. On assigna pour dot à la princesse, les comtés d'Artois, de Bourgogne, d'Auxerre, de Mâcon, avec les seigneuries de Noyers et de Salins; après quoi elle fut remise au seigneur des Querdes, et emmenée à la cour de France, pour y être élevée en attendant l'âge convenable pour consommer son mariage. L'an 1484, Maximilien fait sommer les Flamands de le reconnaître pour tuteur de son fils et administrateur de ses états, et, sur leur refus, il leur déclare la guerre. Les Gantais alarmés des progrès de Maximilien, consentent, l'an 1485, à lui remettre son fils et à lui accorder la régence de ses états. L'an 1488, nouveau soulèvement des Gantais contre Maximilien, roi des Romains, depuis environ deux ans. Il est investi dans son palais à Bruges, le 1er. février, fait prisonnier le 4 du même mois, conduit le 8 (un vendredi) dans la maison d'un droguiste dont on fit griller les fenêtres, et autour de laquelle on mit des corps-de-garde. Le 12, on lui fit l'outrage de le placer sur une pierre où l'on interrogeait les criminels; le 26 (toujours de février), il est transféré à l'hôtel de Ravestein. Cependant tous ses domestiques, à l'exception de deux qu'on lui laissa pour le servir, furent emprisonnés. On coupa la tête à plusieurs personnes de sa suite, entr'autres aux seigneurs de Ghistelles et de Dudzelle. Enfin, il est remis en liberté, le 17 mai (le samedi avant le dimanche *Exaudi*), à trois heures du matin, sous la promesse qu'il fait de congédier toutes les troupes étrangères qui sont dans le pays et de pardonner le passé. Ce qui avait déterminé les rebelles à le relâcher, ce fut l'arrivée de quelques princes allemands devant Bruges, et l'approche de l'empereur qui venait avec une armée au secours de son fils. (*Raimundi duellii Miscellan*. l. 1, pp. 249-255.) Outré de l'affront qu'il avait reçu, Maximilien s'en retourne en Allemagne, après avoir nommé Albert, duc de Saxe, gouverneur des Pays-Bas et gardien de son fils qu'il faisait élever à Malines. Mais Albert eut bien des contradictions à essuyer dans sa régence, après que l'empereur, dans une assemblée tenue à Malines, eut déclaré nulles les promesses forcées que Maximilien avait faites aux Gantais.

Philippe, devenu majeur, épouse, à Lières en Brabant, le

21 octobre 1496, JEANNE, fille et héritière de Ferdinand le Catholique, roi d'Aragon, et d'Isabelle, reine de Castille. Il monte, l'an 1504, sur le trône de ce dernier royaume, et meurt, le 25 septembre 1506. Il eut pour successeur dans le gouvernement des Pays Bas, Charles, son fils aîné, dans la suite roi de toute l'Espagne et empereur sous le nom de Charles-Quint. Les Pays-Bas, depuis ce tems, ont fait partie de la monarchie espagnole, jusqu'à la paix d'Utrecht de 1713, qu'ils ont passé à la branche autrichienne d'Allemagne. Il faut en excepter la Hollande ou les sept Provinces-Unies, qui, vers la fin du quatorzième siècle, se formèrent en république.

CHRONOLOGIE HISTORIQUE

DES

COMTES DE HAINAUT.

LE Hainaut, ancien domicile des Nerviens, borné au septentrion par le Brabant et la Flandre, au midi par la Picardie, au levant par le comté de Namur, au couchant par la Flandre et le Cambresis, renferme un terrain de vingt lieues de longueur, sur environ seize de largeur. Son nom, qui n'est connu que depuis le huitième siècle, se tire de la rivière de Haine, qui le traverse. La ville de Mons (*Mons Hannoniæ*, et en flamand *Berghen in Henegow*), située partie sur une montagne, partie dans une plaine marécageuse, est la capitale de ce comté, dont les premiers possesseurs s'appelaient comtes de Mons. Remarquez encore que dans les anciens monuments, la ville de Mons est aussi appellée *Castrilucium*, et par corruption *Castrilocus*. (Valois, *Not. Gall.* p. 133.) De même que la France, le Hainaut avait ses douze pairs, qui composaient le tribunal du comte et rendaient la justice avec lui. On les appelle encore aujourd'hui dans les causes importantes qui intéressent la province. Ce sont les seigneurs d'Avènes, de Chimai, de Silli, de Longeville, de Baudour, de Barbanzon, de Chièvres, de Lens, de Rœux, de Robaix, de Walincourt et de Quevy. Tel est l'ordre dans lequel ils sont nommés par Aubert le Mire. (*Notit. Eccles. Belg.* c. 144, p. 392.)

Les chronologistes modernes donnent pour premier comte de Hainaut, Giselbert, qui enleva, l'an 846, Ermengarde, fille de l'empereur Lothaire. Mais comme il est très-douteux, suivant la remarque du P. Labbe, qu'il ait gouverné le Hainaut, nous commencerons par le suivant.

RAINIER I.

RAINIER, surnommé au *Long-cou*, dont on ignore l'origine, est le premier comte de Hainaut dont nous soyons certains. Il possédait, outre cela, en propriété, les comtés de Mansuari dans le voisinage de Diest et de Darnau, vers Gemblours, avec une partie considérable de l'Hasbaye. L'an 875 ou environ, suivant Dudon, il alla se joindre à Ratbod, duc de Frise, pour déloger de l'île de Walcheren, en Zélande, Rollon, chef des Normands, qui s'en était emparé. Les deux alliés furent battus, et obligés de se retirer. Rollon, l'année suivante, étant entré dans le Hainaut, remporta divers avantages sur Rainier, qu'il fit à la fin prisonnier dans une embuscade que celui-ci avait dressée lui-même à l'ennemi. ALBERADE, sa femme, qui ne lui cédait pas en courage, députa douze seigneurs à Rollon, pour redemander son mari. Elle l'obtint par échange de douze capitaines normands qu'elle avait en son pouvoir, et en portant elle-même tout l'or et l'argent qu'elle avait pu ramasser à Rollon, qui eut la générosité de lui en rendre une partie. Zuentibolde tenait le sceptre de Lorraine. Rainier, s'étant brouillé avec lui, fut destitué l'an 898, et contraint de se retirer en France. Il engagea le roi Charles à tenter la conquête du royaume de Lorraine. Charles ayant fait la paix avec Zuentibolde, celui-ci continua de poursuivre Rainier et le comte Odacre, son allié. L'an 899, il les assiégea pour la seconde fois, mais sans succès, dans le fort de Durfos, sur la Meuse, dont ils s'étaient emparés. Pour se venger, il les fait excommunier par les évêques. (*Ann. mett.*) La mort de Zuentibolde rétablit les affaires de Rainier. Il recouvra non-seulement ses domaines, mais encore ses dignités, et les augmenta même du gouvernement ou duché de Lorraine, dont le roi Charles le gratifia, l'an 911, après avoir fait la conquête de ce pays avec son secours. Rainier mourut l'an 916, laissant de son mariage, Giselbert, qui lui succéda au duché de Lorraine, et Rainier, qui suit, avec une fille, N., qui épousa Bérenger, comte de Lomme ou de Namur.

RAINIER II.

916. RAINIER II, successeur de Rainier I, son père, vécut en bonne intelligence, à ce qu'il paraît, avec le duc Giselbert, son frère, pendant les huit ou neuf premières années de son

gouvernement. Giselbert ayant été fait prisonnier, l'an 924, par Bérenger, le comte Rainier obtint sa délivrance en donnant pour ôtages deux de ses fils. Mais il ne fut pas plutôt mis en liberté, dit Frodoard, qu'il se mit à ravager les terres de Bérenger, de Rainier, son libérateur, et d'Isaac, comte de Cambrai ; Rainier lui rendit bientôt la pareille ; mais il y a bien de l'apparence qu'ils étaient réconciliés ensemble, lorsqu'en 925, Giselbert et le comte Otton, firent la paix avec le roi de France, par la médiation d'Herbert, comte de Vermandois, et du comte Hugues le Grand. De nouvelles difficultés brouillèrent encore Rainier et Giselbert, en 928. Mais la querelle fut courte, et finit la même année par l'intervention de Henri I, roi de Germanie. (Frodoard.) Rainier II, depuis ce tems, disparaît dans l'histoire. On doute cependant qu'il soit mort avant l'an 932. Sa femme, ALIX ou ADÉLAÏDE, fille, si l'on en croit du Bouchet, de Richard I, duc de Bourgogne, lui donna trois fils, Rainier, qui suit, Liétard, et Rodolfe, comte de Hasbaye, et tige, suivant Mentelius, des comtes de Loss. A ces enfants, du Bouchet ajoute, sans preuve Amauri, tige des comtes de Montfort.

RAINIER III.

932 au plutôt. RAINIER III, successeur de Rainier II, son père, s'étant jeté dans le parti de Louis d'Outremer, roi de France, avec Rodolfe, son frère, contre Otton I, roi de Germanie, celui-ci envoya, l'an 944, pour les réduire, Herman, duc de Suabe. Trop faible pour résister à ce monarque, ils implorent sa clémence, et sont reçus en grâce à Aix-la-Chapelle. (Frodoard.) Rainier eut ensuite avec Conrad, duc de Lorraine, des contestations dont on ignore le sujet. Ce dernier, ayant levé l'étendard de la révolte, sur la fin de l'an 952, Rainier assiégea, l'année suivante, un de ses châteaux, au secours duquel il vola. Mais, après un combat très-opiniâtre, il fut obligé de laisser à Rainier le champ de bataille. (Frodoard.)

La paix ayant été rendue à la Lorraine par la soumission de Conrad, suivie de sa destitution, Rainier ne tarda pas lui-même à la troubler par divers actes de violence, qu'il exerça dans cette province, jusqu'à oser enlever à la reine Gerberge, veuve de Louis d'Outremer, les terres qu'elle y possédait à titre de douaire. Le roi Lothaire, fils de cette princesse, ne laissa pas impuni cet attentat, et força l'usurpateur, en 956, de restituer à sa mère ce qu'il lui avait pris. (*Idem.*)

Rainier, ennemi du repos, entreprit, l'année suivante, la guerre contre le duc Brunon, son suzerain, archevêque de

Cologne et frère du roi Otton. Il se trouva mal de cette levée de boucliers, et fut bientôt réduit à se soumettre au jugement du prélat. Mais, sur le refus qu'il fit de donner des ôtages, Brunon le déposa cette même année, ou dans les premiers mois de l'an 958. Envoyé aussitôt en exil, il y finit ses jours, non l'an 960, comme quelques-uns l'ont avancé, mais après l'an 971. Un habile moderne lui donne pour femme, mais sans preuve suffisante, ALIX, fille de Hugon, comte de Dagsbourg et d'Egisheim. Ce qui est certain, c'est qu'il laissa deux fils légitimes, Lambert et Rainier, dont le second fut un de ses successeurs, et l'autre, dit le Barbu, fut comte de Louvain.

RICHER.

958. RICHER, dont on ignore l'origine, fut établi comte de Hainaut par Brunon, après l'exil de Rainier. On ne sait combien de tems il posséda ce comté.

GARNIER ET RENAUD.

GARNIER et RENAUD, suivant la chronique de Balderic, furent substitués par Brunon à Richer, dans le comté de Hainaut. Ils gouvernèrent ce pays sans contradiction jusqu'en 973. Cette année, après la mort d'Otton I, Rainier et Lambert, fils de Rainier III, revinrent de la cour de France, où ils s'étaient retirés, attaquèrent les deux comtes, et gagnèrent sur eux, dans la plaine de Binche, près du village de Péronne, en Flandre, une bataille où les deux comtes périrent. (Sigebert.)

GODEFROI LE VIEUX ET ARNOUL.

973. GODEFROI, dit LE VIEUX, comte en Ardennes et de Verdun, fils de Gozelin et de Voda, et petit-fils, par son père, de Wigeric, comte du palais sous le roi Charles le Simple, fut établi comte de Mons, avec un seigneur, nommé Arnoul, que Leuwarde dit fils d'Isaac, comte de Cambrai, par l'empereur Otton II, après la mort de Garnier et de Renaud. (*Chron. Camerac.*, l. 3, c. 94.) Mais ils ne furent pas plus tranquilles dans ce poste que l'avaient été ceux qu'ils remplaçaient. Rainier et Lambert s'étant fortifiés dans le château de Boussoit, de *Buxeide*, sur la rivière de Haine, faisaient de là des courses funestes dans tout le pays. L'empereur vint au secours de ses protégés, emporta d'assaut la forteresse et la fit raser. Mais à peine eut-il repris la route d'Allemagne, que Rainier et Lam-

bert reparurent dans le Hainaut, avec de nouvelles forces que leur avaient fournies Charles de France, frère du roi Lothaire, et Otton, fils d'Albert, comte de Vermandois. Otton, en prenant le parti de ces deux proscrits, n'avait d'autre but, suivant Baldéric dans sa chronique de Cambrai, que de s'enrichir par le pillage. L'an 976, après diverses excursions, Rainier et Lambert, avec leurs confédérés viennent assiéger leurs rivaux dans Châteaulieu ou Mons. Ceux-ci, dans une sortie, fondent sur le camp des assiégeants, et, après un sanglant combat donné le mercredi de la semaine sainte (19 avril), les obligent à se retirer. Mais Godefroi, dans l'action, reçut une blessure dangereuse, dont il ne put jamais guérir. Cette victoire semblait devoir ruiner les affaires de Rainier et de Lambert; mais ils trouvèrent moyen de se maintenir encore dans une partie du Hainaut. Arnoul et Godefroi s'attachèrent à Charles de France, lorsqu'il eut obtenu la Lorraine, et s'en firent un appui. Nous voyons dans la chronique de Cambrai, l. 1, c. 100, que ces deux comtes s'adressèrent au duc Charles, pour l'engager à joindre ses troupes aux leurs, dans le dessein où ils étaient de mettre la ville de Cambrai à l'abri de toute insulte de la part du roi de France. C'était vraisemblablement Rainier et Lambert qui menaçaient d'envahir cette ville au nom du monarque français. On ne voit point qu'ils aient exécuté leur dessein ; mais ils continuèrent de faire la guerre à leurs rivaux, pour se rendre maîtres entièrement du Hainaut. Godefroi fut celui qui disputa le terrein avec le plus d'obstination. Ce ne fut qu'en 998 qu'il lâcha entièrement prise, après que Rainier lui eut enlevé la capitale du Hainaut. *Comes Raginerus*, dit Albéric sur cette année, *abstulit montem Castri comiti Godefrido*. Lambert, frère de Rainier, était alors en possession du comté de Louvain depuis environ quatre ans. (Voyez *les comtes de Louvain*.)

RAINIER IV, PREMIER COMTE PROPRIÉTAIRE.

998. RAINIER IV, fils aîné de Rainier III, demeura possesseur tranquille du Hainaut, après s'être rendu maître de la ville de Mons. On ne voit point qu'il ait eu d'ennemis à combattre depuis ce tems-là. Il mourut l'an 1013, suivant Albéric, qui lui donne deux femmes, dont la première, qu'il ne nomme point, fut mère, selon lui, de Rainier V, qui suit. Mais Olbert, abbé de Gemblours, auteur du tems et ami de Rainier V, dit positivement, qu'il était *Roberto regi Francorum ex sorore nepos*, c'est-à-dire, fils de Hedwige, fille de Hugues Capet et sœur du roi Robert. Du mariage de Rainier et d'Hedwige, sortit encore, suivant Albéric, une fille, nommée Béatrix, femme

d'Ebles I, comte de Rouci. Hedwige se remaria, après la mort de Rainier, à Hugues III, comte de Dagsbourg.

RAINIER. V.

1013. RAINIER V, fils de Rainier IV, devint comte de Hainaut, après la mort de son père. Il suivit le parti de Lambert, comte de Louvain, son oncle, dans le différent qu'il eut avec Godefroi, duc de Lothier. Le succès de leurs armes ne fut point heureux. Le 12 septembre 1015, ils perdirent contre Godefroi la bataille de Florenes, où Lambert périt. Rainier dans la suite se réconcilia, par la médiation des évêques de Verdun et de Cambrai, avec Godefroi, dont il épousa la nièce, MATHILDE, fille d'Herman, vicomte de Verdun. (*Chron. Camerac.*) Il mourut, non l'an 1036 ou 1037, comme le prétend, sans preuve, le père de Lewarde, mais environ l'an 1030. De MATHILDE, son épouse, il eut une fille unique, qui suit.

RICHILDE, HERMAN, ET BAUDOUIN I, DIT DE MONS.

1030 ou environ. RICHILDE succéda à Rainier, son père, dans le comté de Hainaut. Elle était mariée pour lors au comte HERMAN, avec lequel elle acquit, dit Gilbert de Mons, le comté de Valenciennes. Richilde, était nièce à la mode de Bretagne du pape Léon IX. Ce pontife, après le concile qu'il tint à Reims l'an 1049, s'étant mis en route pour la venir voir, elle s'avança au-devant de lui jusqu'à Beaumont, avec son époux, et l'amena dans son château de Mons. Herman, étant mort l'année suivante, laissa d'elle un fils et une fille, tous deux en bas âge, et le fils, ajoute Gilbert, était, dit-on, boiteux. Richilde, tant en vertu de sa dot, que comme tutrice de ses enfants, prit en main le gouvernement du Hainaut. Elle n'en jouit pas long-tems en paix. Baudouin, surnommé de Lille, comte de Flandre, lui fit la guerre pour la contraindre d'épouser BAUDOUIN, son fils, et il y réussit. Mais ce jeune Baudouin, surnommé depuis LE BON et DE MONS, étant parent de Richilde au troisième degré, l'évêque de Cambrai l'excommunia, comme ayant fait un mariage illicite. Les deux époux appelèrent de cette sentence au pape Léon IX, *qui rasolt le mariage*, dit Baudouin d'Avênes, *et leur défendit le lit*. Il y a bien de l'apparence que cette défense fut levée dans la suite, et le mariage réhabilité; car nous voyons que Richilde ne cessa d'habiter avec Baudouin, et que les enfants qui sortirent de cette alliance, passèrent pour légitimes, sans contradiction. L'an 1056, l'empereur Henri IV, ou plutôt sa mère, par le traité de paix fait avec Baudouin de Lille, l'investit de Valenciennes, des îles de Walcheren et de la Flandre impériale. Baudouin de Mons eut l'honneur d'armer chevalier le roi Philippe I. C'est son successeur qui l'atteste dans une charte de l'an 1087, en ces termes : *Ego Balduinus Valentianorum comes, filius Balduini junioris qui Philippum regem regalibus insignivit militiœ armis.* (Le Mire, *Diplom. Belg.*, tom. I, pag. 515.) Baudouin de Mons ayant fini ses jours, le 17 juillet 1070, à Oudenarde, fut inhumé à l'abbaye d'Hasnon. Richilde, sa veuve, épousa, dit-on, en troisièmes noces, Guillaume Osbern, comte de Hereford, en Angleterre. Celui-ci fut tué, le 20 février 1071, à la bataille de Cassel, et Richilde lui survécut quinze à seize ans. Les deux enfants qu'elle avait eus de son premier époux, sont Roger, qui fut évêque de Châlons-sur-Marne, et Gertrude, qu'elle fit religieuse. Elle donna au second, deux fils, Arnoul, qui fut comte de Flandre, et Baudouin, qui suit. (*Voy.* Baudouin de Mons, Arnoul et Robert le Frison, *comtes de Flandre.*)

BAUDOUIN II, DIT DE JÉRUSALEM.

1070. BAUDOUIN II, second fils de Baudouin de Mons et de Richilde, étant mineur à la mort de son père, lui succéda, l'an 1070, dans le Hainaut, sous la tutelle de sa mère. Cette princesse le mena, l'année suivante, à la bataille de Cassel, qu'elle perdit avec Arnoul, son fils aîné, contre Robert le Frison, compétiteur de l'un et de l'autre. Le vainqueur étant devenu, par là, maître de la Flandre, Richilde et Baudouin prirent le parti de mettre le Hainaut sous la mouvance de Théodouin, évêque de Liége, pour avoir sa protection. Voici, d'après une ancienne chronique qui n'a pas encore vu le jour, qu'elles furent les charges auxquelles le prélat et le comte s'obligèrent l'un envers l'autre. « Li quens de Hainaut doit servir li
» évesque de Liege à ses besoins de toute sa force aux dépens
» de l'évesque.... Se li quens va à l'évesque pour relever son
» fief, li évesque li doit ses dépens, puis qu'il sera issus de
» Haynaut. Encore li évesque li doit ses dépens quand il le
» semont à sa cort ou à parlement. Et si aucun voloit grever
» la comté de Hainaut, li évesque le doit aydier à grant force
» au coust de l'évesque.... Avec l'ommaige le comte doit
» avoir li évesque l'ommaige de chastelain de Mons et le chas-
» telain de Biaumont et le chastelain de Valenciennes. Li
» évesque doit au comte, à chascun Noël, trois paires de
» robbes, de quoi chascune doit valoir six marcs au marc de
» Liége ; et à chascun chastelain une robbe de six marcs....
» Ceste couvenance fut faicte à Fosse en la présence de Gode-

» froi de Bouillon, le comte Aubert de Namur, le comte de
» Chini, le comte de Montagu en Ardennes, et plusieurs
» aultres » (1). (*Bibl. de St.-Germ.-des-Prés*, n°. 139.) L'empereur
Henri IV confirma cette transaction par ses lettres données, le
11 mai 1071, à Liége, où il s'était transporté à ce sujet. Les princes
dénommés dans cet acte, comme présents, firent sommer Robert
de restituer la Flandre au légitime héritier; et sur son refus,
ils se mirent en marche avec une armée pour l'y contraindre.
Mais, apprenant sur la route que Robert avait fait alliance avec
le roi de France, ils revinrent sur leurs pas, n'osant, avec
raison, mesurer leurs forces avec celles d'un si puissant monarque. Voilà ce que raconte Lambert d'Aschaffembourg. Gilbert
de Mons dit au contraire, et Meier d'après lui, que les deux
armées s'étant rencontrées dans la plaine de Broqueroie, à une
lieue de Mons, il y eut un combat d'où Robert sortit victorieux
après un carnage si grand, que le champ de bataille a retenu le
nom de *haie des morts*. Ce combat ne fut pas le seul que Baudouin et Robert se livrèrent. Le premier fut vainqueur à son
tour, du second, l'an 1076, dans les champs de Denain.

Richilde, revenant de Rome, avec Baudouin, l'an 1084,
apprend, comme elle approche d'une de ses terres, qu'Arnoul,
comte de Chini, se dispose à l'enlever. Elle se détourne et va
se réfugier à Saint-Hubert, dont l'abbé Thierri engage le comte
de Namur à la reconduire en sûreté chez elle. (*Hist. Andagin.*)
Baudouin, l'an 1087 (n. st.), perd sa mère, décédée le 15 mars,
à l'abbaye de Messines, près d'Ipres, où elle s'était retirée
depuis deux ans. Gilbert de Mons nous apprend que cette princesse, de concert avec Baudouin, son fils, avait rendu héréditaires à la cour de Hainaut, les offices d'échanson, de panetier, de queux, de chambrier, de portier; qu'elle en avait
donné quelques-uns à des flamands, qui s'étaient retirés en
Hainaut, après quelle eut perdu la Flandre, et qu'elle avait dédommagé par divers bénéfices, tous les flamands qui s'étaient
expatriés pour elle. (*Bouquet*, tom. XIII, pag. 545.)

L'an 1091, Robert le Frison, au retour de la Terre-Sainte,
rend à Baudouin, par ordre de son confesseur, la châtellenie de
Douai, au lieu de la Flandre entière, qu'il s'était engagé à lui
restituer, suivant Ipérius et André de Marchiennes.

Baudouin, l'an 1096, se croisa pour la Terre-Sainte. Mais
les fonds lui manquant pour cette expédition, il vendit ou
hypothéqua, pour se les procurer, son château de Couvin, par

---

(1) Ces décharges réciproques se trouvent aussi dans Baudouin
d'Avênes.

acte du 14 juin 1096, à l'évêque de Liége. L'an 1098, après la prise d'Antioche, où il signala sa valeur, il fut député avec Hugues le Grand, pour aller annoncer cette nouvelle à l'empereur Alexis Comnène, et l'inviter à venir se joindre aux croisés, pour la conquête de Jérusalem. Sur la route, ils tombèrent près de Nicée, suivant Gilbert de Mons, dans une embuscade de Turcs, où Baudouin fut pris avec une partie de ceux qui l'accompagnaient (on n'a jamais su depuis ce qu'il était devenu). Hugues le Grand fut du nombre de ceux qui eurent le bonheur de s'échapper.

Baudouin avait épousé, l'an 1084, IDE ou ALIX, fille de Henri II, comte de Louvain. Cette princesse s'étant rendue à Rome, l'an 1099, pour apprendre des nouvelles de son époux, le pape ne put lui en rien dire de certain, et la renvoya, après avoir fait de son mieux pour la consoler, dans le Hainaut, où elle mourut en 1139. Elle eut de son mariage, Baudouin, qui suit; Arnoul, seigneur de Rœux, en Hainaut, par sa femme, fille et héritière de Gauthier de Rœux; Ide, mariée, 1°., dit-on, à Gui, seigneur de Chièvres, 2°., à Thomas de Marle; Richilde, femme d'Amauri IV de Montfort; et Alix, femme de Hugues de Rumigni, en Thiérache, tige de plusieurs maisons de Hainaut.

BAUDOUIN III.

1099. BAUDOUIN III, fils aîné de Baudouin II, fut reconnu comte de Hainaut après le retour du voyage que sa mère fit à Rome. Robert le Jeune, comte de Flandre, étant revenu de la croisade, voyait avec peine que son père eût rendu aux comtes de Hainaut le château de Douai avec ses dépendances. N'osant tenter d'y rentrer de force, il eut recours au stratagême. Il proposa à Baudouin de lui donner en mariage une nièce de sa femme (c'était Adélaïde de Savoie, depuis reine de France, épouse de Louis le Gros, comme il a été dit plus haut), et exigea pour sûreté de sa parole qu'il lui livrât le château de Douai. Baudouin, flatté d'une pareille alliance, engagea sa parole avant qu'il eût vu la princesse: mais lorsqu'elle lui fut présentée, il la trouva trop difforme à son gré; et, n'ayant pas voulu l'épouser, Douai et ses dépendances furent perdus pour lui. Les auteurs varient sur l'époque de cet événement. Plusieurs disent qu'il s'est passé entre Robert le Frison et Baudouin le Jérosolymitain. Mais Heriman de Tournai, plus ancien que tous les autres, attribue cette négociation à Clémence de Bourgogne, femme de Robert II; et quoiqu'il se trompe pour le tems, il est au fond celui qui mérite le plus de croyance. (Voy.

ce que nous en avons dit dans la préface du t. XIII du Recueil des Historiens de France, page lvij.) Ce qu'il y a de certain, c'est qu'en 1107 l'empereur Henri V vint en forces au secours de Baudouin pour reprendre Douai; mais il ne put faire entr'eux qu'une paix simulée. (*Sigebert et Chr. de Cambrai.*) Baudouin ayant fait revivre, l'an 1119, les justes prétentions de ses ancêtres sur le comté de Flandre, fut battu par Charles le Bon. Il mourut l'an 1120, suivant Albéric, et fut enterré à Sainte-Vaudru de Mons. D'YOLANDE, son épouse, fille de Gérard de Wassemberg, comte de Gueldre, il laissa Baudouin, son successeur; Gérard, seigneur de Dodoweert et de Dalem, en Gueldre; Yolande, femme de Gérard de Créqui; Gertrude, mariée à Roger de Toëni; Richilde, femme d'Evrard, châtelain de Tournai, tige des seigneurs de Mortagne. (Anselme.) Baudouin d'Avênes, dans sa chronique, et Gilbert de Mons, ne donnent au comte Baudouin que deux fils et deux filles. Yolande, sa femme, se remaria, suivant l'ancienne généalogie des comtes de Hainaut (*Spicil.*, tome VII), à Godefroi de Bouchain, son vassal, châtelain de Valenciennes et seigneur de Ribemont, dont elle eut un fils, Godefroi, seigneur de Bouchain, et une fille, Berthe, mariée, 1°. au comte de Duras, 2°. à Gilles de Saint-Aubert, sénéchal de Hainaut.

BAUDOUIN IV, DIT LE BATISSEUR.

1120. BAUDOUIN IV succéda en bas âge à Baudouin III, son père, sous la tutelle d'Yolande sa mère. Cette princesse s'étant remariée, comme on l'a dit, à Godefroi de Bouchain, l'an 1127, le jeune Baudouin prit alors en main les rênes de son comté. Baudouin, la même année, après la mort de Charles, comte de Flandre, se mit sur les rangs pour lui succéder, comme étant issu de Baudouin VI, comte de Flandre, après la mort duquel Robert le Frison avait envahi ce comté. Apprenant que Louis le Gros amenait Guillaume Cliton pour l'en investir, il vint, accompagné de sa noblesse et de son conseil, trouver ce monarque à Arras pour lui représenter son droit, qu'il s'offrit de prouver par le duel, suivant l'usage du tems. Louis écouta ses remontrances avec bonté. Mais l'engagement qu'il avait pris avec Cliton prévalut sur les raisons de Baudouin, et Louis renvoya celui-ci comblé de caresses sans avoir rien obtenu. Baudouin, qui ne se payait pas de cette monnaie, veut se faire justice par la voie des armes. Ligué avec Etienne, comte de Boulogne, Godefroi de Namur et Guillaume d'Ipres, il se jette sur Oudenarde dont il se rend maître. Baudouin d'Alost et

Razon de Gavre étant venus avec les Gantais l'assiéger dans cette place, il les met en fuite et fait ensuite la conquête de Ninove. (Bouquet, tome XIII, pag. 374.) Le roi de France arrive, le 1er. mai, devant Oudenarde, précédé de Cliton, qui, la veille, avait brûlé le faubourg de la place avec l'église, où 1300 personnes s'étaient réfugiées. C'est ce que raconte Galbert dans la vie de Charles le Bon, sans dire si le roi s'empara d'Oudenarde; ce qui est néanmoins très-vraisemblable. Baudouin alors s'allie avec le roi d'Angleterre pour empêcher les progrès de Cliton. Celui-ci ayant été tué l'année suivante, eut pour successeur Thierri d'Alsace, à qui Baudouin disputa également, mais avec aussi peu de succès, la Flandre.

Gérard de Saint-Aubert étant entré en guerre, l'an 1135, contre Liétard, évêque de Cambrai, Baudouin marche au secours du premier et brûle Cateau-Cambresis avec les églises qu'il renfermait. Excommunié pour ce sujet, il se réconcilie, la même année, avec le prélat, et obtient son absolution en se rendant caution de la paix qu'il avait faite avec Gérard. (Lambert Waterlos, *ad hunc an.*) Nicolas, successeur de l'évêque Liétard, s'étant brouillé, l'an 1138, avec les citoyens de Cambrai, Baudouin se joint à ces derniers pour faire la guerre à ce prélat et à Simon d'Oisi, son allié. Il attaque avec eux, sans succès, le château de Saint-Aubert, et se venge de cet échec en brûlant les environs de Cambrai. (*Idem.*) La même année, il marche à la défense de Roger de Toéni, son beau-frère, attaqué dans la Normandie par les comtes de Meulent et de Leycester. (Gilbert de Mons.) Il s'allie, en 1140, avec Etienne, roi d'Angleterre, et Hugues, comte de Saint-Pol, pour enlever à Thierri d'Alsace le comté de Flandre et le faire passer à Guillaume d'Ipres. (Waterlos *ad hunc an.*) Mais il paraît que cette ligue n'eut aucun effet. C'était une loi dans le Hainaut, le Brabant et l'Ostrevant, que quiconque y possédait d'ancienneté ou avait lui-même construit, soit dans l'alleu, soit dans le fief d'autrui, une forteresse, en devait l'hommage au comte de Hainaut avant tout autre suzerain, à la charge de la lui remettre toutes les fois qu'il en serait sommé. Gauthier d'Avênes, surnommé Pelukel, cité pour ce sujet, l'an 1147, à la cour de Baudouin, s'émut tellement dans ses défenses, qu'il en mourut la nuit suivante. (Gilbert de Mons et Heriman.)

Baudouin, après avoir été plusieurs années en état de guerre avec Tierri d'Alsace, avait fait avec lui un traité de paix. Mais le voyant parti, l'an 1147, pour la croisade, il se jeta, l'année suivante, sur la Flandre, qu'il ravagea sans égard pour la situation de la comtesse Sibylle qui, étant en couches, lui faisait demander la paix avec instance. Mais Sibylle, délivrée, lui rendit avec usure le mal qu'il lui avait fait. (Bouquet, t. XIII, page 737.) Thierri, son époux, étant de retour l'an 1150, se prepare à continuer la guerre contre Baudouin. Samson, archevêque de Reims, étant venu dans le pays avec plusieurs de ses comprovinciaux, assemble les deux comtes au lieu dit la Guérite de Saint-Remi, *Specula Sancti-Remigii*, et travaille à les amener à un traité de paix dans la semaine de la Pentecôte. Mais une sédition du peuple ayant troublé la négociation, on reprend les armes de part et d'autre. Baudouin, fortifié de l'alliance de Henri I, comte de Namur, son beau-père, et des évêques de Liége et de Cambrai, marche contre Thierri pour l'empêcher de fortifier son château de Cauhortim, situé au pied du mont Saint-Remi, et s'en revient avec la honte d'avoir été défait. (Waterlos et *Annal. Aquicin.*) Le château de Raucourt incommodait fort celui de Douai, où personne, sans le congé du seigneur, ne pouvait arriver en sûreté, et d'où il était également difficile de sortir contre son gré. Le comte de Flandre, l'ayant fait investir, réduisit bientôt la garnison à la disette. Baudouin vole à son secours et trouve moyen de faire entrer des vivres dans la place en l'absence de Thierri. Celui-ci, à son retour, ayant ranimé le courage des siens, met en fuite l'ennemi au mois de septembre 1150, suivant Lambert Waterlos. Mais la chronique, non imprimée, de Saint-Bavon, dont monseigneur l'évêque d'Anvers possède un exemplaire, met cette expédition en 1151.

L'année 1163 fut heureuse pour Baudouin, en ce qu'elle lui assura, ou plutôt à son fils, la succession de Henri I, son beau-frère, comte de Namur, de Luxembourg, de la Roche et de Durbui, par la donation qu'il lui en fit comme à son plus proche héritier, n'ayant point d'enfants de Laurette sa femme. (Gilbert de Mons.)

La mort de Nicolas, évêque de Cambrai, arrivée l'an 1167, occasiona un schisme en cette église, par la double élection de Pierre, fils de Tierri d'Alsace, et de l'archidiacre Alard. La première l'emporta, l'an 1168, par la protection de l'empereur, malgré les efforts de Baudouin pour la faire casser.

Baudouin était un grand bâtisseur, et le surnom lui en resta. Il entoura de murs la ville de Binche, fortifia la ville d'Ath, en Brabant, qu'il avait acquise de Gilles de Traségnies, répara le Quênoi, y bâtit un château, et en fit autant à Bouchain. Braine-la-Villote, nommée depuis Braine-le-Comte, dans le Hainaut, se trouva bien aussi d'être tombée sous sa puissance, au moyen d'un échange qu'il fit avec le chapitre de

Saint-Vaudru. Mais la ville qu'il s'occupa le plus à embellir fut celle de Valenciennes, qu'il avait achetée, l'an 1160, de Godefroi, son frère utérin, avec la châtellenie et plusieurs fonds situés dans l'Ostrevant. Ce fut dans cette ville qu'il arma chevalier, le samedi-saint 1168, Baudouin, son fils, alors l'aîné. Mais pendant les fêtes suivantes, comme il était monté sur un échafaud pour montrer à des seigneurs étrangers les nouveaux édifices qu'il faisait à Valenciennes, dans son palais nommé *la Salle-le-Comte*, la machine effondra sous le poids de la compagnie. Le comte, en tombant, se cassa la cuisse et eut avec Baudouin, son fils, et beaucoup d'autres, tout le corps froissé. La comtesse ALIX, sa femme, dite aussi ERMESSINDE, fille de Godefroi, comte de Namur, fut si frappée de cet accident, qu'elle en prit la fièvre qui l'emporta en peu de jours. (Lewarde.) Son époux, néanmoins, rétabli de sa chute, marcha, dans l'automne de l'année suivante, accompagné de Baudouin, son fils, au secours de Henri, son beau frère, comte de Namur, contre Godefroi, duc de Louvain, qu'il obligea, dit Gilbert de Mons, de faire une paix honnête avec Henri. Il mourut, suivant le même auteur, le 8 novembre 1171, *septimâ die a festo omnium Sanctorum*, et fut inhumé à Sainte-Vaudru auprès de sa femme, dont il eut Baudouin, mort en bas âge; Geoffroi, comte d'Ostrevant, mort, l'an 1163, âgé de seize ans; un autre Baudouin, qui suit; Henri, seigneur de Sébourg; Yolande, mariée, 1°. à Yves de Nêle, comte de Soissons, 2°. à Hugues de Champ-d'Avênes, comte de Saint-Pol; Agnès, dite *la Boiteuse*, femme de Raoul de Couci; et Laurence, mariée, 1°. à Thierri, sire d'Alost, 2°. à Bouchard V, baron de Montmorenci.

BAUDOUIN V, DIT LE COURAGEUX.

1171. BAUDOUIN, né l'an 1150, devint le successeur de Baudouin IV, son père, après avoir gouverné le Hainaut avec lui, mais dans une parfaite soumission, dit Gilbert de Mons, depuis qu'il l'eut fait chevalier. Le Hainaut était alors rempli d'ennemis domestiques, qui se permettaient impunément les vols et les brigandages. Le jeune Baudouin, dès qu'il eut le pouvoir en main, entreprit de les réprimer, et, les ayant poursuivis les armes à la main, il exerça, suivant le même auteur, la plus grande sévérité contre ceux qui tombèrent entre ses mains, sans égard pour la noblesse de la plupart d'entr'eux. Par ses ordres plusieurs furent pendus, d'autres noyés, quelques-uns brûlés, et il y en eut même qui furent enterrés vifs,

Passionné pour les tournois, Baudouin était parti, l'an 1170, au mois d'août, pour une de ces fêtes militaires indiquée à Traségnies, par le seigneur du lieu. Mais il rencontra, sur sa route, Godefroi, duc de Louvain, son ennemi, qui l'attendait avec mille hommes, tant de pied que de cavalerie. Baudouin, malgré l'inégalité de la partie, se mit en état de défense, et combattit avec tant de valeur et de succès, qu'il marcha sur le ventre à l'ennemi, et continua sa route. L'an 1172, il eut encore une aventure en allant au tournoi de Rougomont, en Bourgogne, avec environ cent chevaliers de Hainaut. « Quand il
» approcha de Rougemont, (dit une ancienne chronique ma-
» nuscrite) li Quens de Nevers défendi que on ne l'hebergeast
» pas ; pour ce ne laissa mie à héberger : de quoy li Quens de
» Nevers fu si courouçié, que il assembla contre li, et ot en sa
» compaignie li duc Henri de Bourgoigne. Li Quens Bauduin
» s'appareilla de bien défendre ; mais li Quens de Nevers ne
» parfit mie l'entreprise; si s'en parti li Quens Bauduin dou
» pays sans damaige, et vint à un tournoiment à Retest
» (Réthel) ; de là revint en son pays : » ce qui est confirmé par Gilbert de Mons. S'étant brouillé, la même année, pour la défense du comte de Namur, avec le duc de Limbourg, il assiégea, dans l'automne, son château d'Arlon, et le contraignit à demander la paix. Ce n'était pas sans intérêt personnel que Baudouin prenait si chaudement les intérêts de Henri, son oncle. Ce comte, n'ayant point d'enfants et n'en espérant point, avait institué son héritier, comme on l'a dit, dès l'an 1163, Baudouin IV. L'an 1184 (n. st.), pour s'assurer cette succession qui n'était point encore ouverte, Baudouin V vint dans le Carême, avec des lettres de recommandation de son oncle, en demander la confirmation à l'empereur Frédéric I, qui tenait alors sa cour à Haguenau. Frédéric ne fit aucune difficulté sur sa demande ; mais pour lui accorder cette faveur d'une manière plus solennelle, il le renvoya à la diète qu'il se proposait de tenir, l'année suivante, à Mayence. (Gilbert de Mons.) Le roi Philippe Auguste, gendre du comte de Hainaut, était alors en guerre avec Philippe d'Alsace, comte de Flandre, pour le Vermandois. Irrité des secours que son beau-père fournissait à son ennemi dont il était l'allié, le vassal et le beau-frère, il pensait à décharger son ressentiment sur la reine, sa femme, en la répudiant. Les princes de la maison de Champagne y exhortaient le monarque : mais les plus sages prélats du royaume s'opposèrent à cet avis et empêchèrent qu'il ne fût suivi.

Le roi d'Angleterre s'étant rendu médiateur entre le roi de

France et le comte de Flandre, Baudouin accompagna le second à la conférence qui se tint près de Rouen, dans le tems pascal de l'an 1184, sur le débat des parties. Nullement rebuté par le peu de succès qu'elle eut, il alla trouver le roi, son gendre, à Bétisi, et de là se rendit à Pontoise auprès de la reine, sa fille. La reine, dit Gilbert de Mons que nous copions, supplia son père, les larmes aux yeux, d'avoir pitié d'elle et de lui-même, en cessant de favoriser le comte de Flandre ; ce qui fournissait, contre elle, des armes aux jaloux. Baudouin répondit à sa fille et au roi qu'il ferait pour leur complaire tout ce qui dépendrait de lui, sauf la fidélité qu'il devait à son allié, et s'en tint là. Il se rendit ensuite, à la tête de dix-sept cents chevaliers, à la cour plénière que l'empereur avait indiquée, comme on l'a dit, pour la fête de la Pentecôte, à Mayence. Elle fut si nombreuse, qu'on y compta soixante-dix mille chevaliers, sans parler d'une foule prodigieuse d'ecclésiastiques et d'autres personnes de tout état. La cour se tint sous des tentes dressées dans une prairie vis-à-vis de Mayence, au-delà du Rhin. Le comte de Hainaut eut l'honneur, par préférence à plusieurs concurrents, d'y porter l'épée impériale, le jour de la fête, devant l'empereur. Il obtint ce que Frédéric lui avait fait espérer l'année précédente, savoir, un diplôme confirmatif de la donation que Henri, son oncle, lui avait faite. Baudouin quitta la cour impériale le vendredi de la semaine de la Pentecôte pour retourner dans ses états. Pendant son absence, le comte de Flandre eut, avec le roi de France, une entrevue entre Compiègne et Chauni, dans laquelle ils conclurent une trêve pour eux et leurs alliés. Philippe Auguste y comprit, par adresse, parmi les siens, le comte de Hainaut, sans qu'il en eût connaissance, et cela dans la vue de le rendre suspect au comte de Flandre et de le détacher de son parti. L'artifice produisit son effet, et brouilla le comte de Flandre avec celui de Hainaut. Une trêve que Baudouin avait faite avec le duc de Brabant, par rapport au château de Lambeck, qu'il avait fait élever sur les frontières du Brabant et de Hainaut, était près d'expirer. Baudouin, voyant le duc lever une armée pour recommencer la guerre, va trouver le comte de Flandre, le 26 juin, pour l'engager à lui fournir les secours qu'il lui devait par leur traité d'alliance. Il en fut mal accueilli, et n'en reçut, pour toute réponse, qu'une exhortation à conclure une nouvelle trêve avec le duc de Brabant. Assuré par-là que le comte de Flandre était d'intelligence avec le duc de Brabant, il va rejoindre, le jour de saint Pierre, son armée campée à Tubise. Il députa aussitôt Jacques d'Avênes, son homme-lige, au duc, pour l'engager à suspendre les hostilités. Mais pendant ce pourparler, un détachement de l'armée du duc va brûler le château de Lambeck. Baudouin, ne pouvant regagner le comte de Flandre, va trouver le roi Philippe Auguste à Paris, et de là se rend, comme ils en étaient convenus, au parlement de Soissons, où il conclut, avec ce monarque, un traité d'alliance, dans l'abbaye de Saint-Médard. (Gilbert de Mons.) Le comte de Flandre, informé de ce traité, déclare la guerre à son beau-frère, et se ligue avec plusieurs princes et seigneurs pour la faire à toute outrance. Jacques d'Avênes entra lui-même dans cette confédération, et y attira l'archevêque de Cologne. Le comte de Hainaut se voit tout-à-coup assailli par une armée de soixante mille hommes, tant à pied qu'à cheval, sans compter dix-sept cents chevaliers, dont treize cents avaient été amenés par l'archevêque de Cologne. Baudouin, ne pouvant tenir la campagne contre des forces si supérieures aux siennes, se borne à mettre ses places en état de défense, et laisse les ennemis saccager et brûler les lieux où ils passent. « Li quens Bauduin, » dit une ancienne Chronique manuscrite, seoit un jour à » une fenestre à Mons, et pensoit. Messire Ustaisses dou Rues » (de Rœux) s'en persut, si li dist : Sire que pensez-vous ? » Ne vous en esmayés pas se vous véés vostre terre ardoir; » mais reconfortez-vous à vos prudhommes qui ci sont. Li » quens regarda, et dist : Saichiés, Ustaisses, que je ne m'es- » maie mie; car je sai bien que les seigneurs qui sont entrés en » ma terre en ont bien le pooir, ni ce n'est pas mes hontes si » je ne combats pas à eux. Mais je vous dirai que je pensoie. Je » vois le comte Philippon de Flandre, qui est mes voisins : de » celui me cuidé-je bien venger; car je puis entrer de ma terre » en la soie. Autre tel puis-je faire au duc de Louvaing. De » monseigneur Jacques d'Avesnes je ne fais force ; car ce est » un povre homme : de celui me vengerai legierement. Mais » je pensoie à ce prestre de Couloigne comme je m'en pusse » vengier; car il maint (demeure) si loing de moy, que je » n'ay pas encore treuvé la voie par quoi je i puisse aler ; et à » ce pensoie-je orendroit. » (*Bibl. de Saint-Germain-des-Prés*, n° 139.) Après avoir ainsi ravagé le Hainaut sans pouvoir prendre aucune place, les confédérés s'étant mis par là hors d'état d'y subsister, prirent le parti de l'abandonner. Baudouin se jeta sur les terres de Jacques d'Avênes, et lui enleva Condé. On fit ensuite une trêve qui, après avoir été plusieurs fois prolongée, se termina par le traité de paix que le roi de France conclut, en 1185, avec le comte de Flandre, et dans lequel fut compris le comte de Hainaut. Immédiatement après, Baudouin s'étant mis en marche, avec trente mille hommes, pour secourir Henri, comte de Namur, son oncle, attaqué par le duc de Brabant, il prend et réduit en cendres la ville et l'abbaye de Gemblours, le mont Saint-Wibert, et d'autres lieux. Le roi des Romains, Henri VI, sur les plaintes du comte de Flandre, le fait venir à Liége où il tenait une diète, et veut l'engager à rompre son alliance avec le roi de France pour se joindre au Flamand. Baudouin s'en défend, et laisse, en se retirant, le prince fort mécontent de lui. (*Ibid.*)

La naissance d'une fille qu'eut le comte de Namur en 1186, changea ses dispositions envers le comte de Hainaut, son neveu. Résolu de faire passer sa succession à cette fille, il la fiança, l'année suivante, à Henri, comte de Champagne, avec assurance de ses états pour la dot. Baudouin, à cette nouvelle, député le chevalier Goswin de Thulen et Gilbert de Mons, son chancelier (le même dont la Chronique est un de nos guides), à l'empereur, qui tenait cour plénière à Worms, le jour de l'Assomption, pour le prier de maintenir le diplôme par lequel il avait confirmé la donation à lui faite du comté de Namur. Les députés du comte de Champagne étant arrivés en mêmetems à Worms, l'empereur, après avoir entendu les uns et les autres, déclara qu'il voulait, pour se décider, attendre l'arrivée du roi des Romains, son fils, pour lors absent, parce qu'il avait confirmé avec lui la donation faite à Baudouin. Le jeune roi, mandé par son père à Schelestadt l'an 1188, ratifia le diplôme qu'ils avaient précédemment accordé à Baudouin. (*Auctar. Aquicin.*) Muni de cette ratification, le comte de Hainaut va trouver le comte, son oncle, et l'engage à révoquer les nouvelles dispositions qu'il avait faites à son préjudice, et à déclarer valable et hors d'atteinte la donation qu'il lui avait faite. Mais ce vieillard faible, séduit bientôt après par les ennemis du comte, son neveu, rétracte ce qu'il venait de faire, et l'oblige à sortir de ses états, dont il lui avait confié la régence. Baudouin alors a recours aux armes, et se rend maître d'une partie du comté de son oncle. (*Voyez* Henri l'Aveugle, comte de Namur.)

Baudouin n'éprouva pas les mêmes difficultés pour le comté de Flandre, qui lui fut dévolu, l'an 1191, par la mort du comte Philippe d'Alsace, en vertu de son mariage, contracté, au mois d'avril 1169, avec MARGUERITE, sœur de celui-ci, décédé sans enfants, et veuve de Raoul II, comte de Vermandois. Ayant alors fait rompre son sceau, qui portait dans l'inscription, dit Gilbert de Mons, BALDUINI COMITIS HANNONIENSIS, il en substitua un autre, dont l'inscription était :

BALDUINI COMITIS FLANDRIÆ ET HANNONIÆ ET MARCHIONIS NAMURCENSIS. Cette dernière qualité lui avait été donnée, suivant le P. de Lewarde, par le nouvel empereur Henri VI, dans une diète tenue à Hall, où Baudouin avait député son chancelier Gilbert. Cet écrivain ajoute que l'empereur, dans la même assemblée, le déclara prince de l'empire. On n'a point, il est vrai, le diplôme où ces titres lui sont accordés. Mais Baudouin lui-même atteste, dans une charte de l'an 1192, que l'empereur Henri VI, avec le consentement des grands officiers, l'avait élevé à la dignité de marquis de Namur et de prince de l'empire : *Quòd.... me marchionem et principem imperii, præeunte principum suorum judicio..... fecisset.* (Miræi , Op. Diplom., tome I, p. 294.)

Le comte Henri, son oncle, était bien éloigné de souscrire à ces titres. Toujours animé par les ennemis de son neveu, la prospérité de celui-ci ne le rendait que plus déterminé à le frustrer de sa succession. Pour vaincre son obstination, il fallut donc en venir à une bataille. Elle se donna le premier août, *fête de saint Pierre aux liens, un lundi* de l'an 1194, à Neuville, près de Namur. Quoiqu'inférieur en forces, Baudouin en sortit victorieux. Le P. de Lewarde, d'après Gilbert de Mons, dit qu'il y fit prisonnier le duc de Limbourg avec son fils et cent huit gentilshommes, et n'eut qu'un seul homme de tué. Cette victoire fut suivie d'un accommodement solide entre l'oncle et le neveu, qui en dicta les conditions. Mais le premier survécut au second, qui mourut l'année suivante 1195, à Mons, le 17 décembre selon le P. Anselme, le 21 du même mois suivant le P. de Lewarde, et fut inhumé à Saint-Vaudru. Marguerite, sa femme, décédée, le 15 novembre 1194, à Bruges, et enterrée à Saint-Donatien, dans la même ville, le fit père de sept enfants, savoir : Baudouin, qui suit; Philippe, comte de Namur; Henri, successeur de Baudouin, son frère, dans l'empire de Constantinople ; Eustache, mort en Orient ; Isabelle, mariée au roi Philippe Auguste; Yolande, femme de Pierre de Courtenai, empereur de Constantinople ; et Sybille, mariée à Guichard IV, sire de Beaujeu. (*Voy.* Henri l'Aveugle, *comte de Namur.*)

BAUDOUIN VI.

1195. BAUDOUIN VI, né à Valenciennes au mois de juillet 1171, succéda, l'an 1195, dans les comtés de Flandre et de Hainaut, à Baudouin V, son père, avec lequel il avait combattu à la journée de Neuville. L'année suivante, au mois de février, il alla faire hommage à l'évêque de Liége. L'an 1200, le 28 juillet, il publia, dans une grande assemblée de ses vassaux, parmi lesquels se trouva le marquis de Namur, des lois contre l'homicide et touchant la succession des fiefs. (Marten., *Anecd.*, tome I, col. 765 *et seq.*) Etant parti, l'an 1202, pour la croisade, après avoir laissé le gouvernement de ses états à Guillaume, son oncle, il devint empereur de Constantinople, et mourut l'an 1206. (*Voy.* Baudouin IX, *comte de Flandre.*)

JEANNE.

1206. JEANNE, fille aînée de Baudouin VI, lui succéda dans les comtés de Hainaut et de Flandre, regardés l'un et l'autre comme fiefs féminins. Elle mourut sans enfants, le 5 décembre 1244, après avoir été mariée, 1° à Ferrand de Portugal, 2°. à Thomas de Savoie. (*Voy.* Jeanne, *comtesse de Flandre.*)

MARGUERITE.

1244. MARGUERITE, seconde fille de Baudouin VI, succéda à Jeanne, sa sœur, dans tous ses états. L'an 1256, par une charte du mois d'octobre, elle assura le comté de Hainaut à Jean d'Avênes, son fils aîné du premier lit. (Martene, *Anecd.*, tome I, col. 1078.) Elle mourut le 10 février 1280 (n. st.), ayant été mariée deux fois, 1° l'an 1213, à Bouchard d'Avênes, 2° à Guillaume de Dampierre. (*Voy.* Marguerite II, *comtesse de Flandre.*)

JEAN D'AVÊNES.

1280. JEAN, petit-fils de Bouchard d'Avênes et de Marguerite de Flandre, succéda à son aïeule dans le Hainaut. Son père, aussi nommé Jean, avait été déclaré héritier du comté de Hainaut, par jugement des pairs de France, rendu l'an 1246; ce qui fut confirmé par les barons de Hainaut, au commencement de l'an 1254, et ensuite par Henri, évêque de Liége, en sa qualité de suzerain, le samedi après l'octave de la Chandeleur de la même année. (Martene, *Anecd.*, tom. I, col. 1051.) Mais il n'entra point en jouissance de cet héritage, étant mort avant sa mère le 24 décembre 1256, deux mois après que Marguerite elle-même l'avait reconnu, par acte authentique, pour son héritier dans le Hainaut, et que Baudouin, son frère, avait renoncé, en sa faveur, à ses droits sur ce comté. (*Voy.* leurs lettres dans Martene, *Thes. anecd.*, tome I, pp. 1078,

1080.) Le comte Jean, l'an 1291, eut, avec les habitants de Valenciennes, un fâcheux démêlé par rapport aux priviléges de leur commune, qu'il entreprit d'abolir ou du moins de modifier après les avoir confirmés à son avénement au comté de Hainaut. Les habitants s'étant soulevés à cette occasion, le comte eut recours à l'empereur Rodolphe, et ensuite à son successeur Adolphe de Nassau, qui prirent l'un et l'autre sa défense, et ordonnèrent à la ville de Valenciennes de lui faire satisfaction. Mais dans le même tems il réclamait la protection du roi Philippe le Bel, comme suzerain de l'Ostrevant, dont Valenciennes faisait partie. Philippe, instruit par les habitants de cette espèce de duplicité, prit leur parti et fit avancer, l'an 1292, une armée considérable dans le Hainaut, sous les ordres de Charles de Valois, son frère. Le comte, abandonné de l'empereur, s'empressa d'aller au-devant de Charles, non pour lui résister, mais pour demander grâce, ayant un fil de soie autour du cou *en guise de hart*. Le comte de Valois le conduisit à Paris, d'où il fut envoyé prisonnier à la tour de Montlhéri. On commença aussitôt à instruire son procès au parlement. Mais, pendant que les juges y travaillaient, il obtint du roi la permission d'aller en sa terre de Hainaut, à condition de venir se remettre en prison à l'octave de saint André de cette année 1292. Il tint parole, et revint à Paris se constituer prisonnier au Louvre, où il resta jusqu'au 15 février 1293. Ce fut alors que son jugement fut prononcé au parlement de la Toussaint, qui durait encore. Voici le précis de l'arrêt : condamné, 1° à réparer tous les dommages causés par lui ou par ses gens aux sujets du roi et des églises qui étaient en sa garde ; 2° à faire abattre les portes de Bouchain ; 3° à payer au roi quarante mille livres tournois (1) ; 4° à envoyer son bailli et ses sergents prisonniers au Châtelet, pour y être punis à la volonté du roi. Le comte de Hainaut s'étant soumis entièrement aux ordres du monarque, il régna depuis une paix parfaite entre eux. (Bonami, *Mem. de l'Acad. des Belles-Lettres*, tome XXXVII, pag. 461.)

Le comte Jean étant venu, l'an 1293, avec sa femme et toute sa maison à Maubeuge, y occasiona une sédition violente par la demande qu'il fit d'une imposition extraordinaire pour des besoins pressants. Obligé de sortir de la ville, il se

---

(1) Le marc d'argent monnayé valait 58 sous, et était à 11 deniers 12 grains d'aloi ; ainsi 40,000 livres d'alors reviendraient aujourd'hui à 706,633 livres 2 sous 8 deniers.

proposait d'y revenir en force, pour châtier l'insolence des habitants : mais ils le prévinrent et le désarmèrent par leur soumission. Étant rentré dans Maubeuge en esprit de paix, il fit avec eux un traité, par lequel, après lui avoir demandé pardon du passé, ils reconnaissaient ne pouvoir *faire oswart, taille ne assise, se ce n'est par sa volontiet ou de ses hoirs comtes ou comtesses de Haynaut*, s'obligeaient à lui payer, tous les samedis de l'année, une maille par chaque ouvrier et ouvrière, et taxaient les drapiers, envers lui, à trois deniers par chaque pièce de grand drap, à deux deniers pour les petits draps, et à un denier pour les demi-draps. Cet acte est du mardi avant Noël (22 décembre) de l'an 1293. (Martene, *Anecd.*, tome I, col. 1257.)

L'an 1297, au mois de mai, le comte Jean étant venu trouver le roi Philippe le Bel à Pont-Sainte-Maxence, fit avec lui une ligue, par laquelle il s'engageait à secourir la France contre ses ennemis, à l'exception de l'évêque de Liége et de l'empereur, ses suzerains. Il devait fournir quinze cents hommes d'armes, que le roi s'obligeait de soudoyer, et qui seraient tenus de le servir jusqu'à la Seine sans pouvoir être contraints d'aller au-delà. Philippe le Bel de son côté promettait de garder à ses dépens les places de Hainaut, et de ne faire ni paix ni trève sans y comprendre le comte. (*Ibid.* col. 1284.) Par un écrit particulier, Philippe accorda de grands priviléges aux Hainuyers pour le commerce. (*Ibid.* p. 1293.) Le comte de Hainaut hérita, l'an 1299, du comté de Hollande par la mort du comte Jean, son cousin, pendant la minorité duquel il avait eu la régence du Pays. Il mourut lui-même le 22 août 1304 (Dujardin et Cérisier), et fut enterré chez les Franciscains à Valenciennes. La ville de Mons fut l'objet principal de ses soins. Il agrandit son enceinte, et la fortifia par des murs, des fossés et des tours. PHILIPPINE, son épouse, fille de Henri II, comte de Luxembourg, qu'un moderne confond mal-à-propos avec l'empereur Henri VII (morte en 1311, et enterrée auprès de son mari), lui donna Jean, tué à la bataille de Courtrai l'an 1302; Guillaume, qui suit; Jean, comte de Soissons; Waleran, prince de Morée; Marguerite, troisième femme de Robert II d'Artois; Isabelle, seconde femme de Raoul de Clermont, connétable de France; Alix, mariée, 1°. à Guillaume, comte de Pembrock, 2°. à Roger, comte de Norfolck; Marie, femme de Louis I, duc de Bourbon; et d'autres enfants. (*Voyez* Jean II, *comte de Hollande.*)

GUILLAUME I, DIT LE BON.

1304. GUILLAUME I succéda, l'an 1304, à Jean, son père, dans ses états de Hollande et de Hainaut. Il mourut, le 7 juin 1337, à Valenciennes, où il fut enterré près de son père. JEANNE DE VALOIS, sœur du roi Philippe de Valois, et fille de Charles de Valois, qu'il avait épousée par traité du 19 mai 1305, le fit père de Jean et Louis, morts jeunes; de Guillaume, qui lui succéda; de Marguerite, qui remplaça Guillaume; de Jeanne, mariée à Guillaume V, duc de Juliers; de Philippe, femme d'Edouard III, roi d'Angleterre; et d'Elisabeth, mariée à Robert de Namur. La comtesse Jeanne, après la mort de son époux, se retira au monastère de Fontenelles, près de Valenciennes, où elle prit l'habit de Saint-François le 2 novembre 1337. Sa retraite ne l'empêcha pas de se rendre médiatrice de la trève qui fut conclue à Tournai le 2 septembre 1340, entre le roi de France son frère et celui d'Angleterre son gendre, prêts à se livrer bataille, ni d'aller l'année suivante en Bavière pour y faire la paix de l'empereur Louis V, son autre gendre, avec le roi Philippe de Valois; à quoi elle réussit. La mort de cette princesse arriva, non l'an 1400, comme le porte son épitaphe, dressée long-tems après sa mort, mais l'an 1342. (Voy. *les comtes de Hollande.*)

GUILLAUME II.

1337. GUILLAUME II succéda, l'an 1337, à Guillaume I, son père, dans ses états de Hainaut et de Hollande. On lui attribue un voyage en Espagne pour mener du secours aux Chrétiens contre les Maures, et un autre en Palestine: mais ce fut Jean de Hainaut, son oncle, comte de Soissons, qui fit le premier de ces deux voyages en 1331; on n'a point de preuve du deuxième. Il entra malgré lui, l'an 1338, dans la ligue formée par Edouard III, roi d'Angleterre, son beau-frère, contre la France. Ce monarque s'étant fait donner le titre de vicaire de l'empire, il ne put s'empêcher, comme vassal de l'empire, de l'accompagner au siége de Cambrai, où il échoua. Mais lorsqu'il le vit entrer sur les terres de France, il le quitta et vint avec cinq cents lances trouver le roi Philippe de Valois, son oncle, au camp de Vironfosse, en Picardie. Edouard vint à bout de le ramener à son parti, et les Français contribuèrent à ce retour par les ravages qu'ils exercèrent dans le Hainaut en représailles de ceux que Jean de Hainaut, oncle de Guillaume, faisait dans le Cambresis. Le comte Guillaume fit plusieurs excursions sur les limites de la France, tandis que le duc de Normandie achevait de désoler son pays. La trève, publiée le 2 septembre de l'an 1340, entre la France et l'Angleterre, ayant suspendu les hostilités, Guillaume mit bas les armes pour ne plus les reprendre contre la première de ces deux puissances. Sur la fin de l'an 1344, il marcha au secours des chevaliers Teutoniques à la tête de quatre cents cavaliers. L'an 1345, étant en guerre contre les Frisons, il périt, le 26 ou 27 septembre, dans une embuscade qu'ils lui dressèrent près de Staveren. Son corps ne fut trouvé que dix jours après et fut inhumé à Bolswaard. Il avait épousé, l'an 1334, JEANNE, fille de Jean III, duc de Brabant, dont il ne laissa point d'enfants. Cette princesse lui survécut et épousa en secondes noces Wenceslas, comte de Luxembourg, fils de Jean, roi de Bohême. (*Voyez* Guillaume IV, *comte de Hollande*.)

MARGUERITE.

1345. MARGUERITE, fille de Guillaume I, succéda à Guillaume II, son frère, dans les comtés de Hainaut et de Hollande, et mourut le 23 juin 1355. Elle avait épousé, l'an 1324, l'empereur Louis de Bavière, dont elle laissa Louis, dit le Romain, électeur de Brandebourg; Guillaume, qui suit; Albert, qui remplaça Guillaume; Otton, marquis de Brandebourg; Anne, religieuse; Isabelle, femme de Mastin d'Escale, seigneur de Vérone. (*Voy.* Marguerite, *comtesse de Hollande*.)

GUILLAUME III, DIT L'INSENSÉ.

1355. GUILLAUME III, fils de l'empereur Louis de Bavière, et de Marguerite, fut le successeur de sa mère dans le comté de Hainaut, dont il prit possession le 26 février 1356 (v. st.) Ce prince étant tombé, l'année suivante, en démence, Albert, son frère, fut chargé du gouvernement de ses états. Albert, instruit des pratiques sourdes qu'Engilbert, sire d'Enghien, machinait contre le Hainaut, le surprend de nuit, l'an 1364, dans un de ses châteaux, à trois lieues de Valenciennes, et lui fait trancher la tête sans forme de procès: ce qui jeta la consternation dans le pays, par la crainte qu'on eut des suites de cette exécution; car Engilbert, suivant le Continuateur de

Nangis, tenait à plusieurs grandes maisons. Et en effet, le successeur d'Engilbert prit les armes pour venger sa mort, après s'être fortifié de l'alliance du comte de Flandre. « Albert, dit
» le même auteur, pour subvenir aux frais de cette guerre,
» voulut, à la manière de la France, établir des gabelles sur
» les vins et sur les autres marchandises dans le Hainaut. Mais
» la ville de Valenciennes, et à son exemple toutes les autres
» villes du Hainaut s'opposèrent à cet établissement. Car elles
» disaient : Si nous nous conformons en ceci à l'exemple de
» Paris et de toute la France, nous voilà devenus esclaves, et
» notre commerce sera bientôt ruiné par la désertion de nos
» ouvriers en laine, que ces exactions obligeront à quitter le
» pays; d'ailleurs, qui sait si elles ne seront point perpétuelles? »
Notre auteur, dont la chronique finit en 1368, dit qu'on ne savait pas encore alors quelle serait l'issue de cette querelle. Le comte Guillaume n'eut point d'enfants de MAHAUT, son épouse, fille de Henri II, comte de Lancastre. Le P. de Lewarde met, d'après Aventin, la mort de Guillaume en 1378, et se trompe. Ce comte ne finit ses jours qu'en 1389. (Dujardin.) Il fut inhumé à Valenciennes. (*Voy.* Guillaume V, *comte de Hollande.*)

ALBERT.

1389. ALBERT DE BAVIÈRE succéda, dans le comté de Hainaut, ainsi que dans celui de Hollande, à Guillaume, son frère, pendant la démence duquel il avait été régent de ces principautés. Ce fut durant cette régence qu'il obtint de Charles V, roi de France, par lettres du mois de février 1365 (v. st.), une pension de quatre mille livres (1) à titre de fief, laquelle fut continuée à son successeur par lettres du roi Charles VI, datées du mois d'août 1406. (*Rec.* de Colbert, vol. 47, fol. 141, v°.) Albert mourut, le 13 décembre 1404, à la Haye, où il fut inhumé. (*Voy.* Albert, *comte de Hollande.*)

GUILLAUME IV.

1404. GUILLAUME IV, fils d'Albert et de Marguerite, succéda, l'an 1404, à son père dans les comtés de Hainaut et de Hollande. L'un des premiers traits de son gouvernement fut le

---

(1) Cette somme revient aujourd'hui à celle de 39.733 livres 1 sou 4 deniers.

consentement qu'il donna, l'an 1405, à un duel entre deux gentilshommes du Hainaut, Bournecte et Bernaige, dont le premier accusait l'autre d'avoir tué un de ses parents. Le comte, après avoir inutilement tenté de les réconcilier, leur assigna le champ clos à un jour fixe dans la ville du Quesnoi. Les deux champions y arrivent accompagnés de leurs amis. Un héraut leur crie de commencer, après avoir fait défense à tout homme présent de mettre obstacle au combat. Sortis de leur pavillon, ils avancent aussitôt l'un contre l'autre et combattent à coups de lance sans pouvoir se blesser. Mais, ayant ensuite tiré leurs épées, Bernaige fut renversé et contraint de s'avouer vaincu. Le comte le fit décapiter, et Bournecte fut reconduit honorablement à son hôtel. (Monstrelet, vol. 1, pag. 19.)

Guillaume fut le médiateur, en 1408, de la paix fourrée qui fut conclue à Chartres, entre le duc de Bourgogne et les princes d'Orléans, dont le duc avait assassiné le père. Il marcha, la même année, au secours de Jean de Bavière, son frère, évêque de Liége, dont les diocésains s'étaient révoltés. (Voy. *les évêques de Liége.*) La guerre s'étant renouvelée entre les factions d'Orléans et de Bourgogne, Guillaume ressentit le contre-coup de leurs hostilités sans y prendre part. Les premiers, en effet, ayant pris le dessus en 1414, et mis le roi Charles VI de leur côté, poursuivirent leurs ennemis dans les Pays-Bas jusques dans le Hainaut, où ils commirent d'affreux dégâts. Le comte Guillaume s'en plaignit au roi, qui, par ses lettres du mois de janvier 1414 (v. st.), lui accorda une somme de cent mille écus (1) pour dédommagement. (*Arch. de Mons.*) L'an 1416, il entra dans le traité que l'empereur Sigismond venait de conclure avec l'Angleterre contre la France. C'est un des derniers traits connus de sa vie. Guillaume mourut, le 31 mai 1417, à Bouchain, laissant de MARGUERITE DE BOURGOGNE, sa femme, une fille, qui suit. (*Voy.* Guillaume VI, *comte de Hollande.*)

JACQUELINE.

1417. JACQUELINE, fille unique de Guillaume IV, fut son héritière aux comtés de Hainaut et de Hollande. Elle épousa, comme on le dira sur les comtes de Hollande, 1°. le dauphin

---

(1) Les écus étaient au titre de 23 carats 11/28 et de la taille de 72 au marc : donc cent mille écus pesaient 1388 marcs 7 onces 2 deniers 16 grains, qui, à raison de 807 liv. 12 sous 9 deniers le marc, produiraient de notre monnaie actuelle, 1,121,718 l. 15 s.

Jean; 2°. Jean IV, duc de Brabant; 3°. du vivant de celui-ci, le duc de Glocester. Ce dernier mariage ayant été cassé par le pape Martin V, le duc de Glocester fut obligé d'abandonner Jacqueline; mais Jean IV, son second époux, étant mort sans postérité, le 17 avril 1427, Philippe le Bon, duc de Bourgogne, se fit reconnaître, la même année, comte de Hainaut par les états du pays. Jacqueline, après avoir fait de vains efforts pour se maintenir contre ce prince, fut obligée de lui céder ses états et de se contenter des seigneuries de Voorn, de Zuidbeveland et de Tholen, qu'il voulut bien lui laisser pour sa vie, avec les péages de Hollande et de Zéelande. Jacqueline ne servécut que trois ans à cette cession, étant morte le 8 octobre 1436. (*Voy.* Jacqueline, *comtesse de Hollande*, Jean IV, *duc de Brabant, et*, pour la suite des comtes de Hainaut, *les ducs de Bourgogne.*)

CHRONOLOGIE HISTORIQUE

DES

ROIS ET DUCS DE LORRAINE.

L'AN 855, Lothaire, second fils de l'empereur Lothaire, obtint, six jours avant la mort de son père, c'est-à-dire le 22 septembre, cette partie du royaume d'Austrasie, qui s'étend d'un côté depuis Cologne jusqu'à l'Océan, et de l'autre jusqu'au Mont-Jura. Ce nouveau royaume, qui fut appelé de son nom *Lothierregne*, ou *Lorraine*, comprenait le Valais, le Génevois, les cantons de Fribourg, de Soleure et de Berne, le diocèse de Bâle, le comté de Bourgogne, l'Alsace, le Palatinat en-deçà du Rhin, les électorats de Trèves et de Cologne, le Liégeois, les duchés de Lorraine, de Bar, de Luxembourg, de Limbourg, de Juliers, de Clèves en partie, de Brabant et de Gueldre, les comtés de Hainaut, de Namur, de Zéelande et de Hollande, et le diocèse d'Utrecht, comme nous appelons aujourd'hui tous ces pays. L'inauguration de Lothaire se fit à Francfort, sur la fin de l'an 855, du consentement de Louis le Germanique, son frère. Il épousa, l'an 856, THIETBERGE, ou THEUTBERGE, fille de Théodebert, petit-fils, par Nivelon son père, de Childebrand, frère de Charles Martel. Dégoûté de cette princesse, après environ deux ans de mariage, il la répudie pour épouser VALDRADE. L'an 858, il convoque une assemblée où Thietberge, accusée par lui d'inceste avec le clerc Hubert, son frère, se purge de ce crime par l'épreuve de l'eau bouillante, qu'un homme fit pour elle par ordre des seigneurs, et dont il sortit sain et sauf. Lothaire, par-là, se vit obligé de la reprendre : à quoi il consentit. Mais ses dégoûts ayant repris le dessus, il se détermine à recommencer les procédures contre sa femme. Ce prince ayant mis dans ses intérêts Gonthier, archevêque de Cologne, sous la promesse d'épouser une de ses nièces, celui-ci gagne Theutgaud, archevêque de Trèves, homme simple et facile à séduire. Les deux prélats, de concert, tiennent, le 9 janvier 860, à Aix-la-Chapelle, une nouvelle assemblée, où Thietberge, s'étant avouée coupable du crime dont on l'accusait, est condamnée à faire pénitence publique, et à être renfermée dans un monastère. En étant sortie la même année, elle a recours au pape Nicolas I, par ses députés, et réclame contre sa confession, disant qu'elle ne l'a faite que pour se soustraire aux mauvais traitements du roi. Thietberge était pour lors retirée en France à la cour de Charles le Chauve. Dans ces entrefaites, on tient, à la mi-février de la même année, à Aix-la Chapelle, un second concile par ordre, dit Hincmar, des rois Charles, Louis et Lothaire, *decernentibus gloriosis regibus Carolo, Hludovico et Hlothario*, dans lequel on confirme le jugement du premier. Il s'en assemble un troisième dans la même ville, le 29 (et non le 8), avril 862, où le divorce de Lothaire étant approuvé, ce prince est autorisé à contracter un nouveau mariage. En conséquence il épouse solennellement Valdrade, qu'il entretenait à titre de concubine, et la fait couronner reine. (*Annal. Bertin.*) Thietberge ayant appelé de ce jugement au pape, deux légats, Rodoalde, évêque de Porto, et Jean, évêque de Ficocle (aujourd'hui Cervia), envoyés par Nicolas I, tiennent à Metz, dans le mois de juin 863, un concile, où le dernier d'Aix-la-Chapelle est confirmé. Le pape casse les actes du concile de Metz, et dépose les légats qui s'étaient laissés corrompre par argent, ainsi que les archevêques de Trèves et de Cologne. (*Annal. Bertin.*) Le légat Arsène, envoyé en France, engage, le 3 août 865, Lothaire à reprendre Thietberge ; mais, la même année, ce prince ayant rappelé Valdrade, l'un et l'autre sont excommuniés par le pape. (*Otto Frising. Chr.* liv. 6, chap. 7.)

L'abbé Hubert, frère de Thietberge, que Lothaire avait fait duc du pays, situé entre le Mont-Jura et le Mont-Joui, ne vit pas d'un œil indifférent l'outrage fait à sa sœur. Il prit les armes pour la venger, et ravagea les terres de Lorraine, voisines de son duché. Mais le comte Conrad, envoyé contre lui, l'attaqua, et le mit à mort près d'Orbe en Suisse. Délivré de ce rebelle, dont les courses lui avaient donné de l'inquiétude, Lothaire se livre avec plus de passion à sa concubine. L'an 866, il envoie des troupes en Italie pour secourir l'empereur Louis son frère, occupé à faire la guerre aux Sarrasins : c'était l'objet apparent de son voyage ; mais l'affaire de son divorce en était le principal motif. L'an 869, il va trouver au Mont-Cassin, suivant les Annales de Saint-Bertin, le pape Adrien II, auquel il assure par serment, avec toute sa suite, qu'il a fidèlement exécuté tout ce que le pape Nicolas lui avait prescrit par rapport à son mariage. Adrien, sur cette affirmation, lui administre l'Eucharistie, ainsi qu'à ceux qui l'accompagnaient. Il suit le pape dans son retour à Rome, où il est froidement accueilli des Romains. S'étant rendu ensuite à Lucques, il y est attaqué de la fièvre, et se fait transporter à Plaisance, où il meurt, le 8 août, d'une apoplexie, qui dura deux jours. On l'enterra dans un petit monastère voisin de la ville. La plupart de ses gens l'avaient précédé au tombeau par une mort aussi prompte. Thietberge, après la mort de son époux, se retira au monastère de Sainte-Glossinde à Metz, dont elle fut abbesse. (Bouquet, tom. VII, pag. 332.) Elle vivait encore en 876. (Pérard, *Monum. Burgund.*, pag. 25.) Valdrade suivit l'exemple de Thietberge, en se retirant à Remiremont. (Bouquet, *ibid.*, pag. 334.) Lothaire laissa d'elle un fils nommé Hugues, à qui il avait donné l'Alsace, dont il ne jouit pas. (Voy. *les ducs d'Alsace.*), et deux filles ; Gisle, mariée, l'an 882, à Godefroi le Danois, duc de Frise ; et Berthe, alliée, 1°. au comte Thibaut, père de Hugues, comte de Provence ; 2°. à Adalbert, marquis d'Ivrée. Lothaire avait hérité, l'an 863, par la mort de Charles, roi de Provence, son frère, du duché de Lyon, du Viennois, du Vivarais et de l'Usége, ou pays d'Uzès. (Bouquet, tom. VIII, *Préf.* pag. 39.)

L'an 869, CHARLES LE CHAUVE, roi de France, s'empara du royaume de Lorraine, après la mort de Lothaire, son neveu, au préjudice de l'empereur Louis II, frère de Lothaire, et se fit couronner roi de Lorraine à Metz, le 9 septembre. (*Annal. Mett.*) Cette usurpation fut aisée à faire par l'éloignement de l'empereur, toujours occupé en Italie à combattre les Sarrasins. Toutefois, l'année suivante, LOUIS LE GERMANIQUE, frère aîné de Charles le Chauve, étant venu en Lorraine, le força de partager ce royaume avec lui : c'étaient deux usurpateurs pour un. Ce partage se fit par une transaction conclue entre les deux frères, sur les rives de la Meuse, au pays de Liége. Louis eut pour sa part Cologne, Trèves, Utrecht, Strasbourg, Bâle, Metz, et deux parts dans la Frise. Les pays de Toul, de Verdun et de Bar, le Lyonnais, le Viennois, le Cambresis, quatre comtés du Brabant, et un tiers de la Frise, formèrent le lot de Charles. L'empereur, hors d'état de faire tête à ses deux oncles, se plaignit inutilement du tort qu'ils lui faisaient : ni les ambassadeurs qu'il leur envoya, ni les légats du pape, qui prit sa défense, ne furent écoutés.

L'an 876, après la mort de Louis le Germanique, arrivée le 28 août, Louis, roi de Saxe, son second fils, se mit en possession de la portion de la Lorraine, qui avait appartenu à ce prince. Mais à peine en est-il possesseur, que Charles le Chauve, son oncle, accourt pour la lui enlever. Louis marche à sa rencontre, et le défait, le 8 octobre, à Meyenfeld (*in pago Meginensi*), près d'Andernach.

L'an 877, Louis le Bègue ayant succédé à Charles le Chauve, son père, entra en jouissance de ce que Charles possédait en Lorraine, et confirma par le traité de Foron, en 878, le partage du royaume de Lorraine, fait en 870. Ce prince fut remplacé, l'an 879, par ses deux fils, Louis et Carloman; mais Louis de Saxe leur contesta leur légitimité, et, sous ce prétexte, voulut envahir tous les états de leur père. Les deux jeunes princes, pour le gagner, lui abandonnèrent toute la Lorraine. Mais Hugues, bâtard de Lothaire et Valdrade, qui prétendait à ce royaume, ne lui permit pas d'en jouir paisiblement. (Voy. *les rois de Germanie.*)

L'an 882, Charles le Gros, empereur, étant devenu l'héritier du roi Louis de Saxe, son frère, est reconnu roi de Lorraine. Hugues le bâtard, appuyé de Godefroi le Danois, duc de Frise, et son beau-frère, redouble ses efforts pour s'emparer, l'an 883, de ce royaume. Charles se défait de Godefroi en le faisant assassiner, et met Hugues hors de combat en lui faisant crever les yeux, après l'avoir attiré à Gondreville. Ceci est de l'an 885, suivant les Annales de Metz, et non de l'an 884.

Ce fut le duc Henri, originaire de Franconie, qui tua Godefroi le Danois, et qui, ayant donné le conseil à l'empereur de faire crever les yeux à Hugues, fit lui-même l'opération, suivant les Annales de Metz; ce qui lui mérita, suivant M. Eckard, le gouvernement de la Lorraine. Il est qualifié *dux Austrasiorum* dans les Annales de Saint-Waast.

L'an 887, après que Charles eût été déposé de l'empire, la Lorraine passa, ainsi que la Germanie, à son neveu Arnoul.

L'an 895, Arnoul donna la Lorraine à titre de royaume, dans l'assemblée de Worms, tenue avant le mois de juin, à ZUENTIBOLDE, son fils naturel. Ce pays avait alors pour duc bénéficiaire ou amovible RAINIER ou RAGINAIRE. Il fut en même-tems comte de Mons. (*Voy.* Rainier I, *comte de Hainaut.*) Zuentibolde s'étant brouillé avec lui, l'an 898, le destitua. Rainier se retira en France auprès du roi Charles le Simple, qu'il excita à tenter la conquête de la Lorraine. Charles vint effectivement en ce pays à la tête d'une armée; mais Zuentibolde trouva moyen de l'engager à se retirer.

L'an 900, les Lorrains, irrités de la conduite de Zuentibolde, appelèrent LOUIS, roi de Germanie, son frère, et le proclamèrent roi de Lorraine à Thionville. Irrité de cet affront, Zuentibolde parcourt la Lorraine le sabre et la torche à la main, pille, saccage et brûle tout ce qu'il rencontre. Mais, le 13 août de la même année, il périt dans une bataille qu'il avait livrée près de la Meuse, aux comtes Étienne, Gerhard et Matfrid, généraux de son frère. (Reginon.) Il fut enterré à l'abbaye de Susteren, au pays de Juliers. On voit encore dans les archives de Saint-Denis, en France, le sceau de ce prince, avec son nom, sa figure, et sa qualité de roi. Il avait épousé, à ce qu'on prétend, ODA, fille d'Otton, duc de Saxe. Son corps fut inhumé à l'abbaye de Susteren, où trois de ses filles embrassèrent la vie religieuse. Il est bien étonnant que le bollandiste Sollier (*Acta sanctorum*, tom. III, *Aug.* pag. 138), se soit avisé de mettre ce prince au nombre des saints, honorés le 13 août. De prétendus miracles opérés avec une dent de Zuentibolde, suivant le témoignage d'un allemand nommé Hertzworm, écrivain de la fin du dernier siècle, qui ne prouve nullement son récit, et la donation, ou plutôt la restitution de quelques morceaux de terre faite à l'abbaye de Saint-Maximin, sont tout le fondement de cette étrange canonisation.

L'an 911, les Lorrains, ayant perdu leur roi Louis, se donnent à Charles le Simple, roi de France. Ce fut pour ce prince, comme on l'a dit ailleurs, une nouvelle époque, qu'il marquait ainsi dans ses diplômes : *A largiori indepta hœreditate*. Mais cet accroissement d'héritage ne le rendit ni plus puissant au-dedans, ni plus redoutable au-dehors. Son règne, en Lorraine, fut une véritable anarchie. Le duc Rainier, rétabli par Charles le Simple, mourut l'an 916, laissant deux fils, Gislebert, qui suit, et Rainier.

916. GISLEBERT ou GISELBERT, fils aîné de Rainier, lui succéda au duché de Lorraine par la faveur du roi Charles le Simple. Mécontent de ce prince, qui lui contesta depuis le droit de nommer à l'évêché de Liége, il oublie ses bienfaits, et se joint à ses ennemis pour le faire déposer. Charles étant venu l'attaquer, il est abandonné des Lorrains, et obligé d'aller se renfermer dans Harbourg, sur la Meuse. Le roi le poursuit dans cette retraite, qu'il assiége par terre et par eau. Gislebert se sauve à la nage, et va se réfugier chez Henri, duc de Saxe, qui le réconcilia avec Charles. Mais Henri, devenu roi de Germanie en 918, dispute à Charles, par le conseil de Gislebert, le royaume de Lorraine. L'an 921, après diverses hostilités, les deux rois font au château de Bonn, le 4° novembre, un traité, par lequel Henri cède ce royaume à Charles (1). Mais, deux ans après, Charles, déposé par les intrigues de Hugues le Grand, est remplacé sur le trône par Raoul, duc de Bourgogne. En butte aux deux couronnes, les occupations qu'elles ont chez elles laissent néanmoins Gislebert en possession de son duché. Ricuin, son oncle, ayant été poignardé, l'an 923, dans son lit par Boson, frère de Raoul, roi de France, Gislebert se joignit à Otton, fils de Ricuin, pour venger la mort de son père. Mais, dans la guerre qu'il fit au meurtrier, il eut pour ennemis Rainier, comte de Hainaut, son frère, et Bérenger, comte de Namur, son beau-frère, que Boson avait su mettre dans ses intérêts. Gislebert, dans une bataille, fut pris par Bérenger, qui le relâcha ensuite à la prière de Rainier. Remis en liberté, Gislebert essaya de détacher les deux comtes du parti de Boson, et, ne pouvant y réussir, il revint faire le dégât sur leurs terres avec Otton. Le monarque français s'avançait cependant vers la Meuse, accompagné de Boson. Rainier et Bérenger, après avoir repoussé Gislebert, vont au-devant de lui. Gislebert, craignant d'être accablé par leurs forces réunies, va trouver aussi Raoul, et, par la médiation d'Herbert, comte de Vermandois, il fait avec lui sa paix, le reconnaît pour son souverain en lui rendant hommage, et se réconcilie avec ses autres ennemis. Ceci est de l'an 925. (Frodoard.) Mais, au retour de cette entrevue, Gislebert est arrêté, en trahison, par un de

---

(1) Nous avons dit ci-devant que Charles le Simple, dans sa détresse, s'étant réfugié auprès de Henri I, roi de Germanie, lui abandonna la Lorraine pour obtenir son secours. Mais le silence de Frodoard et des auteurs français du tems les plus accrédités nous fait regarder cet abandon comme supposé par des écrivains allemands.

ses vassaux, nommé Chrétien, qui l'envoie prisonnier au roi de Germanie. Gislebert, par la souplesse de son esprit, vint à bout de recouvrer les bonnes grâces de Henri, et s'y insinua si avant, que, non content de le confirmer dans le duché de Lorraine, ce monarque lui donna, l'an 929, Gerberge, sa fille, en mariage. (Bouquet, tome VIII.) Otton, fils de Henri, lui ayant succédé l'an 936, Gislebert demeura fidèle à ce prince pendant cette année et la suivante. Nous voyons même qu'au couronnement de ce prince, il fit les fonctions de grand-chambellan. Mais, l'an 938, il se ligue contre lui avec Eberhard, duc de la France rhénane ; et Tancmar, frère d'Otton, entre dans cette confédération. Elle n'eut point de suite, par la diligence que fit Otton pour l'étouffer. (*Chron. Saxo.*) L'an 939, nouvelle défection de Gislebert, concertée avec ce même Eberhard, et Henri, autre frère d'Otton. Ils engagent le roi Louis d'Outremer à venir s'emparer de l'Alsace. Cette expédition lui réussit. Mais, rappelé en France par la trahison de l'évêque de Laon, qui était près de livrer cette ville au comte de Vermandois, ennemi du monarque, il abandonne sa conquête, qui, bientôt après, retourne au roi de Germanie. Eberhard et Gislebert, étant venus attaquer les comtes Udon et Conrad, qui faisaient le siège d'Andernach, périrent, l'un dans le combat, l'autre dans le Rhin, où il se noya en fuyant. (Bouquet, tom. IX, pag. 38.) De GERBERGE, sa femme, remariée, en 939, au roi Louis d'Outremer, Gislebert laissa un fils, qui suit, et une fille, Wiltrude, qui épousa Berthold, duc de Bavière, suivant l'Annaliste saxon. D. Mabillon (*Annal. Ben.*, l. 48, n°. 43) dit qu'après la mort de son époux, elle se fit religieuse à l'abbaye de Berg, qu'elle avait fondée.

Otton substitua, l'an 940, à Gislebert, son frère HENRI, après lui avoir pardonné. Mais les Lorrains, mécontents de la conduite de ce duc, l'obligèrent bientôt à se retirer. Le jeune Henri, fils de Gislebert, fut mis à sa place sous la direction d'Otton, fils de Ricuin, suivant Witikind. Le tuteur et le pupille moururent en 944.

CONRAD dit LE ROUX, duc de la France rhénane, fils de Werner, comte de Spire et de Worms, fut nommé, l'an 944, duc de Lorraine, après la mort de Henri. Il est qualifié par Witikind (p. 649) *Adolescens acer et fortis, domi militiæque optimus, commilitonibus suis carus.* Sa prudence et sa dextérité dans le maniement des affaires lui méritèrent, suivant Luitprand (l. 4, c. 16), le surnom de SAGE. Otton I, roi de

Germanie, qui lui avait donné le duché, ajouta, l'an 947, à ce don une nouvelle faveur en lui faisant épouser LUITGARDE, sa fille. (*Chron. Saxo.*) Il mena, l'année suivante, par ordre de son beau-père, une armée de Lorrains au secours du roi Louis d'Outremer, contre le duc Hugues le Grand et ses confédérés. (Frodoard, pag. 203.) Après l'avoir aidé à se rendre maître du château de Montaigu, il s'en retourne. Louis ayant recouvré, l'an 949, par surprise la ville de Laon, appelle encore le duc Conrad pour faire ensemble le siége de la citadelle. Hugues, après avoir pourvu à la sûreté de la place, vient à la rencontre de Conrad. Mais, au lieu d'engager un combat, ils confèrent amiablement ensemble, et Conrad se retire après avoir établi une trève entre Hugues et le roi. (Bouquet t. VIII, pag. 174, 206.) Ce Conrad était père d'Otton, dont le troisième fils, nommé Cunon ou Conrad, eut pour troisième fils Herman, qu'on regarde comme la souche des comtes de Hohenlohe, principauté située en Franconie sur le Tauber, le Jaxt et le Kocher. (Hanselmann.) L'an 950, Conrad, après avoir établi une paix solide entre le roi de France et Hugues le Grand, marche contre Rainier III, comte de Hainaut, et quelques autres seigneurs lorrains, dont il détruit les forteresses. (Frodoard, pag. 207.) Il accompagna, la même année, en Italie, le roi Otton. De Pavie, où ce monarque l'avait laissé, il vint joindre le duc Hugues le Grand, et l'aida à se rendre maître du château de Mareuil. (*Idem*, pag. 208.) Conrad étant entré, l'an 953, dans la conspiration du prince Ludolfe contre le roi Otton, son père, les Lorrains, qui ne l'avaient jamais aimé, parce qu'il n'était pas de leur choix, s'arment contre lui. (Bouquet, tom. VIII, pag. 219.) Il livra au comte de Hainaut, sur les bords de la Meuse, une bataille dont le sort resta indécis. Le roi Otton l'ayant dépouillé, peu de tems après, du duché de Lorraine, il appelle dans ce pays, l'an 924, pour se venger, les Hongrois, avec lesquels il fait des courses qu'il continue deux mois après leur départ. Mais, la même année, au mois de juin, ayant fait la paix avec Otton, il aide le marquis Géron à remporter une victoire sur les Slaves. (Witikind, pag. 655.) Il eut part, le 10 août de l'année suivante, au gain de la célèbre bataille donnée près d'Augsbourg contre les Hongrois : mais il y perdit la vie.

L'an 953, le roi Otton, après avoir destitué Conrad, avait donné le duché de Lorraine, vers la fin d'août, à son frère Brunon, archevêque de Cologne, qui remplit avec sagesse ces deux emplois. Brunon purgea le pays de voleurs et y rétablit l'ordre. La sévérité avec laquelle il réprima les violences que se permettaient la plupart des grands, les souleva contre lui. Brunon, après les avoir fait rentrer dans le devoir, partagea la Lorraine en deux provinces, dont la première fut appelée haute Lorraine ou Mosellane, parce que la Moselle la traverse; et l'autre, qui se nomme basse Lorraine ou Lothier, renfermait le Brabant, le Cambresis, l'évêché de Liege et la Gueldre. Brunon mit à la tête de chacun de ces deux gouvernements un duc particulier, et prit pour lui-même le titre d'archiduc, pour montrer la juridiction qu'il conservait sur l'un et l'autre duchés. Il est cependant à remarquer que, dans le commencement, tous les petits états ou comtés qui composaient les deux Lorraines, relevaient immédiatement de l'empire; ce qui n'empêchait pas que le duc n'eût quelque supériorité sur les seigneurs particuliers. C'était sur-tout un devoir pour eux de se ranger sous ses étendards toutes les fois qu'il les convoquait pour le service de l'empereur. Dans les villes épiscopales, les empereurs conservèrent long-tems des comtés, même depuis que les évêques eurent commencé à jouir de la supériorité territoriale à certains égards. Une autre remarque à faire, c'est que les territoires de Trèves, de Metz, de Toul et de Verdun, à la division de la Lorraine, en furent démembrés et ne reconnurent plus dans l'ordre féodal d'autre supérieur que le chef de l'empire.

DUCS DE LA LORRAINE SUPÉRIEURE,

OU MOSELLANE.

FRÉDÉRIC I.

L'an 959, Frédéric I, comte de Bar, fut établi duc de la haute Lorraine par l'archiduc Brunon. Il avait épousé, suivant Frodoard, l'an 954, BÉATRIX, nièce de ce prélat et fille de Hugues le Grand, père de Hugues Capet. Frédéric, mourut l'an 984, laissant de son mariage Thierri, qui suit; Adalbéron, évêque de Verdun, puis de Metz, mort en 1005; et Henri, comte de Voivre; avec une fille, Ide, mariée à Radeboton, comte d'Altembourg, en Argaw, et père de Werner le Pieux, premier comte de Habsbourg. (Voy. *les comtes de Bar.*)

THIERRI.

L'an 984, THIERRI, fils de Frédéric, lui succéda dans le duché de Lorraine et le comté de Bar, sous la tutelle de Béatrix, sa mère, qui voulut, suivant Jean de Bayon, perpétuer sa régence. Mais Thierri, dit cet auteur, à la fin se lassa d'une domination qui ne pesait pas moins à ses sujets qu'à lui-même; et, ayant fait arrêter, l'an 1011, Béatrix, il se saisit du gouvernement. En accordant à Jean de Bayon la réalité de la régence de Béatrix, dont on ne trouve pas de vestiges ailleurs, nous ne pouvons convenir avec lui de sa durée. On voit, en effet, par les lettres de Gerbert, qu'en 984 ou 985, Thierri se mêlait déjà des troubles qui agitaient l'état, et qu'en la dernière de ces deux années il s'empara de Stenai. (Bouq., tom. IX, pag. 291.)

Après la mort de l'empereur Otton III, le duc Thierri se rendit, l'an 1002, à la diète de Mayence pour l'élection d'un nouveau chef de l'empire. Son inclination était pour Herman, duc de Souabe : mais, voyant que la pluralité des électeurs portait Henri duc de Bavière, il n'osa s'opposer à son élection, et feignit d'y concourir. Cette dissimulation ne dura pas long-tems; car, l'année suivante, s'étant concerté avec Herman, ils firent ensemble des incursions sur les terres des seigneurs qui montraient le plus d'attachement pour le nouveau roi de Germanie. Henri, informé de ces hostilités par Frédéric, comte de Luxembourg, son beau-frère, prit des mesures pour les faire cesser, et obligea les rebelles à rentrer dans le devoir. Adalbéron, évêque de Metz, frère de Thierri, étant mort l'an 1005, celui-ci trouva moyen de procurer à son fils, quoiqu'en bas âge, nommé aussi Adalbéron, le siége vacant, et d'engager le roi Henri à nommer pour administrateur de l'évêché, pendant sa minorité, Théodoric, frère de la reine et fils de Sigefroi, comte de Luxembourg. Mais Théodoric supplanta celui qu'il devait protéger. Il offensa par-là également le roi son beau-frère et le duc de Lorraine. Henri, pour venger cette usurpation, vint, l'an 1007, faire le siége de Metz, qui fut long et très-funeste au pays. La mort du jeune Adalbéron, arrivée pendant qu'il durait encore, le fit lever; mais elle ne réconcilia Théodoric ni avec le roi ni avec le duc. Celui-ci, l'an 1011, revenant de la diète de Mayence avec l'évêque de Verdun, fut attaqué inopinément par Théodoric et ses frères, qui le firent prisonnier après lui avoir tué beaucoup de monde. (Dithmar.) Il était libre en 1017, et peut-être long-tems auparavant. Cette année il eut en tête d'autres ennemis que ceux de la maison de Luxembourg. C'était Widric, comte de Clermont, en Argonne, et Amauri son frère, archidiacre de Langres, qui, sans qu'on marque le sujet de leurs hostilités, dévastaient les terres de Lorraine voisines de Clermont. Thierri, les ayant poursuivis, leur livra, près du château de Bar, un combat où il fut grièvement blessé. Mais, devenu plus furieux par cet accident, il tua le comte de sa main et fit un grand carnage de ses gens. (*Hist.*

Mediani Monast. pag. 237, 238.) Thierri mourut le 2 janvier de l'an 1026 (et non 1029, comme le marque Jean de Bayon) avec la réputation d'un prince généreux et vaillant. De RICHILDE, sa femme, il laissa un fils, qui suit, et Adèle, femme de Waleran le Vieux, comte d'Arlon.

FRÉDÉRIC II.

L'an 1026, FRÉDÉRIC II, fils de Thierri et de Richilde, devint le successeur de son père dans le duché de Lorraine et dans le comté de Bar. Dès l'an 1025, il s'était ligué avec plusieurs seigneurs pour enlever la couronne d'Allemagne à Conrad II, et la faire tomber sur la tête de Conrad, duc de Carinthie, cousin-germain de celui-ci, et beau-fils de Frédéric. La ligue échoua, et Frédéric mourut, non l'an 1036, comme le prétend M. de Saint-Marc, mais l'an 1027, un an après son père, suivant Wippon. De MATHILDE, son épouse, fille d'Herman, duc de Suabe, et veuve de Conrad le Vieux, duc de Franconie ou de la France rhénane, il laissa deux filles, Béatrix, femme de Boniface, marquis de Toscane, et mère de la célèbre comtesse Mathilde, et Sophie, mariée à Louis, comte de Montbéliard.

GOTHELON I.

GOTHELON I, duc de la basse Lorraine, ayant été chargé de la tutelle des filles de Frédéric II, devint duc de la haute, en 1033, suivant Sigebert. La réunion de ces deux provinces sur sa tête le rendit un des plus puissants princes de son tems. Eudes, comte de Champagne, s'étant rendu maître, l'an 1037, de Bar-le-Duc, menaçait la Lorraine. Gothelon vint à sa rencontre, et le défit dans une bataille où le comte périt. Gothelon mourut l'an 1043, suivant Albéric. (*Voy.* Gothelon, *duc de la basse Lorraine.*)

GOTHELON II.

L'an 1043, GOTHELON II, surnommé LE FAINÉANT, second fils de Gothelon I, lui fut donné par l'empereur Henri III, pour successeur dans le duché de la haute Lorraine, au grand regret de Godefroi le Barbu, son frère aîné, duc de la basse; qui prétendait recueillir la succession entière de son père, dont il avait été le collègue durant plusieurs années dans le gouvernement des deux duchés. Il prit les armes pour soutenir cette prétention que l'incapacité de son frère semblait autoriser; mais bientôt il fut obligé de les mettre bas. Gothelon II mourut en 1046 sans laisser de postérité. (*Voy.* Godefroi le Barbu, *duc de la basse Lorraine.*)

ALBERT D'ALSACE.

L'an 1046, ALBERT D'ALSACE, petit-fils d'Adalbert, frère de Hugues, fut établi duc de la haute-Lorraine, par l'empereur Henri III, après la mort de Gothelon II. Godefroi le Barbu, qui avait de nouveau sollicité ce duché, ne garda plus de mesures, en se voyant une seconde fois rejeté. Il fit une ligue avec les comtes de Flandre et de Hollande, parcourut la Lorraine, le fer et la flamme à la main, et l'an 1048, ayant surpris Albert dans le tems que ses troupes étaient débandées, lui livra un combat où il périt avec tous ceux de sa suite, sans laisser de postérité. (*Voy. les ducs de la basse-Lorraine.*)

DUCS HÉRÉDITAIRES DE LORRAINE.

GÉRARD D'ALSACE.

1048. GÉRARD, comte en Alsace, deuxième du nom, frère puîné du duc Albert, dont on vient de parler, petit-fils d'Albert ou Adalbert, fondateur de Bouzonville, et arrière-petit-fils, par ce dernier, d'Eberhard IV, parent au huitième degré du côté paternel de Gontran le Riche, comte en Argaw, vers l'an 950, et tige de la maison d'Autriche, fut créé duc de Lorraine, à l'âge de dix ans dans la même diète de Worms, où Brunon, évêque de Toul, son cousin, fut nommé pape, et prit le nom de Léon IX. Son élévation piqua encore de jalousie Godefroi le Barbu, qui s'étant saisi de sa personne, le retint prisonnier l'espace d'un an. Le pape Léon IX étant à Aix-la-Chapelle, s'entremit pour sa délivrance, et l'obtint en faisant la paix de Godefroi avec l'empereur. Le duc Gérard eut dans la suite avec Godefroi des guerres où il montra de la valeur et de l'habileté. Il en eut aussi avec les seigeurs de son duché pour la défense de son peuple, qu'ils étaient dans la funeste habitude de vexer et de piller impunément. Le succès de ses armes répondit à la justice de sa cause. Mais il succomba par une autre voie à la haine de ses ennemis. L'an 1070, ils le firent périr, le 6 mars, par le poison, dans la ville de Remiremont, où il fut inhumé. De HADWIGE, ou HATVIDE, son épouse, fille d'Albert IV, comte de Namur, et petite-fille, par Ermengarde, sa mère, de Charles, frère de Lothaire, roi de France, il laissa trois fils : Thierri, son successeur; Gérard, premier comte de Vaudemont ; Bertrice, abbé de Moyenmoutier ; et Béatrix, femme d'Étienne, dit *Tête-Hardie*, comte de Mâcon. Le duc Gérard faisait sa résidence ordinaire au château de Châtenoi, dans le diocèse de Toul, où sa femme, l'an 1070, fonda un prieuré. Il avait un frère, nommé Odalric, dont la postérité subsiste encore de nos jours dans la maison de Lenoncourt.

THIERRI II, DIT LE VAILLANT.

1070. THIERRI II., fils de Gérard, lui succéda en bas-âge, sous la régence de Hadwige, sa mère. Gérard, son frère, prince inquiet et remuant, étant devenu majeur, lui fit la guerre pour n'avoir pas eu de la succession de leur père tout ce qu'il en pouvait espérer. Cette guerre fut très-à charge au pays, et ne fut terminée que par l'autorité de l'empereur. Gérard eut pour son partage Vaudemont avec quelques châteaux, et l'empereur le créa comte de Vaudemont. (Voyez *les comtes de Vaudemont*.) L'an 1075, il eut part à la victoire que l'empereur remporta sur les Saxons, et l'année suivante, il fut du complot que forma ce prince à Worms, pour déposer le pape Grégoire VII. Excommunié pour ce sujet, il ne fut délié que l'an 1077. Ce duc, recommandable par sa valeur et son équité, mourut le 23 janvier de l'an 1115, et fut inhumé dans le cloître du prieuré de Châtenoi. Il avait épousé en premières noces HEDWIGE, fille de Frédéric, comte de Formbach, veuve de Gebhard, ou Gerhard, comte de Supplenbourg, tué, l'an 1075, dans un combat livré contre les Saxons, sur les bords de l'Onstrut, dont elle avait un fils, nommé Lothaire, qui devint empereur. Hedwige fit le duc Thierri, son second mari, père 1°. de Simon, qui suit ; 2°. d'Ode, femme de Segehard, comte en Bavière ; et 3°. de Gertrude, dite aussi Pétronille, femme de Florent II, comte de Hollande. (Kluit, *hist. crit. comit. Holland. et Zeeland.*, tom. I, pag. 70, 72). GERTRUDE, fille de Robert le Frison, comte de Flandre, deuxième femme de Thierri, lui donna 1°. Thierri, seigneur de Bitche, puis comte de Flandre ; 2°. Henri, évêque de Toul ; 3°. Hava, abbesse de Bouxières ; 4°. Fronica, abbesse de Remiremont ; 5°. Simon d'Alsace (*bis*), landgrave d'Alsace, comte d'Engisheim, qui épousa Marguerite, dame et héritière des comtés d'Hénin-Liétard et de Cuvilliers, laquelle était elle-même issue de la maison d'Alsace. C'est de Thierri II qu'on a le premier sceau des ducs de Lorraine, qui soit véritable.

SIMON, ou SIGISMOND.

1115. SIMON, ou SIGISMOND, fils aîné du comte Thierri, et

frère utérin de Lothaire, qui parvint à la couronne impériale, devint le successeur de son père dans le duché de Lorraine. Il fut lié d'amitié avec saint Bernard et saint Norbert, dont il favorisa les disciples. Il eut de grands démêlés avec Adalbéron, archevêque de Trèves, qui fit entrer dans son parti Godefroi, duc de Brabant, Renaud, comte de Bar, Etienne, évêque de Metz, avec lesquels il vint faire le dégât dans la Lorraine. Simon fut appuyé par le duc de Bavière, le comte Palatin du Rhin et le comte de Salm. Après quelques hostilités réciproques, on fit un traité de paix, que Simon viola presque aussitôt. Geoffroi de Fauquemont, neveu d'Adalbéron, battit le duc de Lorraine, l'assiégea dans Nanci, se retira ensuite, et fut chassé par les troupes de l'empereur Lothaire, envoyées à Simon. Ce duc accompagna, l'an 1137, Lothaire dans son expédition d'Italie, et mourut en Lorraine, le 19 avril 1139 (n. st.). Il fut inhumé dans le cloître de l'abbaye de Stutzelbronn, près de Bitche, qu'il avait fondée en 1135. ADÉLAÏDE ou BERTHE, son épouse, que le P. Benoît et D. Calmet font mal-à-propos sœur de l'empereur Lothaire, avait été convertie par saint Bernard, après avoir mené une vie fort mondaine. Après la mort de Simon, elle se fit religieuse dans l'abbaye du Tard, près de Dijon. Cette princesse lui avait donné douze enfants, dont les principaux sont, Mathieu, qui suit; Robert, tige de la maison de Florenge; Adeline, femme de Hugues I, comte de Vaudémont; et Agathe, femme de Renaud III, comte de Bourgogne.

MATHIEU I.

1139. MATHIEU I, fils aîné du duc Simon, fut reconnu pour son successeur. Ce fut un prince fort avide de s'agrandir, et peu délicat sur les moyens de satisfaire cette passion. L'an 1148, il profita de l'absence des seigneurs de son voisinage, qui étaient à la croisade, pour empiéter sur leurs terres. Suger, régent du royaume France, en porta ses plaintes au pape Eugène III, qui frappa le duc d'excommunication. Mais l'empereur Conrad à son retour accommoda les parties, et procura l'absolution de Mathieu. Celui-ci n'était rien moins que converti. Il le prouva bientôt après, par les usurpations qu'il fit sur les domaines de l'abbaye de Remiremont. Elles lui attirèrent de la part du même pontife une nouvelle excommunication, avec un interdit sur ses états. L'archevêque de Trèves tint à ce sujet une assemblée, l'an 1152, où le duc promit de réparer les torts qu'il avait faits, et obtint la levée des censures à cette condition. L'an 1153, il fut attaqué par Etienne de Bar, évêque de Metz, qui lui redemandait les forteresses de Hombourg et de Lutzelbourg, dont il s'était emparé après la mort de Hugues, fils de Folmar, comte de Metz. L'évêque, aidé de ses parents et de ses amis, reprit ces deux places, et fit d'autres conquêtes sur le duc, qui, de son côté, ravagea plusieurs de ses terres. Renaud, comte de Bar, frère du premier, vint avec lui faire le siége du château de Préni, qui était le boulevard des états du duc de Lorraine du côté de Metz. La brèche était faite, et l'on était près de donner l'assaut : mais le comte de Bar, aima mieux, dit D. Calmet, procurer la paix entre le duc et son frère, que de leur laisser continuer une guerre qui ne pouvait qu'être ruineuse aux deux partis. On entra donc en négociation, et la paix fut conclue. Le prélat et le duc, après leur réconciliation, marchèrent ensemble contre le comte de Harverden, leur ennemi commun, le prirent dans son château, qu'ils firent raser, et l'envoyèrent prisonnier à Lutzelbourg. Ils attaquèrent ensuite le château d'Epinal, dont le seigneur ou voué s'était rendu maître, et refusait de rendre hommage à l'évêque de Metz. La place fut emportée, et le prélat en donna l'avouerie au duc. Ce prince, inviolablement attaché à l'empereur Frédéric Barberousse, le suivit dans toutes ses expéditions, et eut part à toutes ses affaires. L'an 1155, il acquit de Drogon, chef de la maison, dite alors de Nanci, puis de Lenoncourt, la ville de Nanci, par échange de Rosières-aux-Salines. Mathieu finit ses jours le 13 mai (jour de l'Ascension) 1176, dans l'abbaye de Clairlieu, qu'il avait fondée, laissant de BERTHE son épouse (nommée JUDITH par Otton de Frisingue son cousin), sœur de Frédéric Barberousse, morte en 1195, Simon, son successeur; Ferri, qui remplaça son frère; Mathieu, comte de Toul; Thierri, évêque de Metz; Alix, femme de Hugues III, duc de Bourgogne; Judith, mariée à Etienne I, comte d'Auxonne; Berthe, femme d'Hermann IV, margrave de Bade; et Sophie, femme de Henri IV, comte de Limbourg.

SIMON II.

1176. SIMON II, succéda au duc Mathieu, son père. La duchesse sa mère eut beaucoup de part au gouvernement pendant les premières années de son règne, et lui inspira de grands sentiments de religion. Il eut avec Ferri, son frère, de vifs et sanglants démêlés, qui se terminèrent, l'an 1179, par un supplément d'apanage, que le duc lui fit. Simon, vers le même tems, mena du secours à Mathieu, comte de Toul, son autre frère, à qui les chanoines disputaient, les armes à la main, certains droits qu'il prétendait exercer dans la ville, à l'exemple de ses prédécesseurs. La partie n'étant plus alors égale, les chanoines changèrent de batteries. Ils quittèrent le casque et l'épée, et y substituèrent les armes spirituelles, c'est-à-dire l'excommunication, qu'ils renouvelaient chaque jour contre le comte, au son des cloches. Mathieu les laissait sonner, et ravageait leurs terres. Enfin l'évêque interposa sa médiation et réconcilia les deux partis. L'an 1181, le duc Simon, à la prière d'Arnoul, évêque de Verdun, alla faire avec lui le siége de Sainte-Menehould, d'où le seigneur, Albert Pichot, escorté d'une troupe de brigands qu'il recelait dans son château, faisait des courses fréquentes sur les terres de cet évêché. Le succès ne couronna point cette expédition. Le prélat ayant été tué d'une flèche lancée du haut des murailles, la veille de l'Assomption, les assiégeants, consternés de ce revers, levèrent le siége et s'en retournèrent. (*Laurent. Hist. Léod.*) Simon eut plus de bonheur dans une autre affaire qui le regardait directement. Les Messins lui ayant déclaré la guerre, vers l'an 1198, il gagna sur eux une bataille près de Boulai, et alla enlever le reste de leurs troupes dans Freistrof. Telles furent les principales affaires qui entraînèrent Simon hors de son duché. Sa plus grande occupation au dedans, fut d'y établir une exacte police. Les nobles de Lorraine étaient dans l'usage de se déclarer ennemis à tout venant. Il réprima cette licence atroce, en défendant le port d'armes, hors le cas d'une guerre légitime. Il fit des lois très-sévères contre les blasphémateurs. Il chassa les Juifs pour des railleries qu'ils avaient faites des cérémonies de notre religion. Il traita de même les farceurs qui tenaient école d'infamie. Il protégea les églises et les pauvres contre la violence des hommes puissants. Enfin, l'an 1205, dégoûté du monde, il se retira dans l'abbaye de Stutzelbronn, où il mourut le 14 janvier de l'an 1207, sans laisser de postérité. Il avait épousé IDE, fille de Gérard ou Girard, comte de Vienne et de Mâcon, veuve de Humbert II, sire de Coligni, morte en 1224, et enterrée à l'abbaye de Goyle, près de Salins, où elle avait élu sa sépulture, avec Gaucher de Salins, son frère, l'an 1219. (Du Bouchet, *Généal. de Coligni*, p. 41.)

FERRI I, DIT DE BITCHE.

1205. FERRI I, ou FRÉDÉRIC, comte de Bitche, frère du duc Simon, lui succéda après sa retraite, suivant plusieurs chartes qui lui donnent le titre de duc. Mais il ne garda pas long-tems le duché : il le céda, l'an 1206, à Ferri, son fils aîné, qu'il avait eu de LUDOMILLE, fille de Micislas le Vieux, roi de Pologne, son épouse. On lui donne six autres enfants nés du même mariage, savoir : Thierri d'Enfer, ou Thierri le Diable, qui établit sa demeure au Châtelet, près de Neufchâteau, et épousa Gertrude, fille de Mathieu de Montmorenci, connétable de France, dont il eut Ferri du Châtelet, tige des maisons du Chasteler et du Châtelet, fécondes en grands hommes; Henri, dit le Lombard, seigneur de Bayon; Philippe, sire de Gebweiler; Mathieu, évêque de Toul; Agathe, abbesse de Remiremont; et Judith, épouse du comte de Salm. Le duc Ferri de Bitche mourut l'an 1207.

FERRI II.

1206. FERRI II, fils de Ferri de Bitche, commença son règne en Lorraine, du vivant du duc Simon, son oncle. L'an 1207, il se ligua avec Bertram, évêque de Metz, contre Thibaut, comte de Bar, son beau-père. Cette guerre ne fut pas heureuse pour Ferri. L'an 1208, il fut surpris, le 3 février, et fait prisonnier par Thibaut, avec deux de ses frères. Leur prison fut de sept mois, et le comte ne les relâcha qu'après avoir imposé au duc les conditions qu'il voulut. Ferri épousa les intérêts de Frédéric II, contre Otton IV, son compétiteur pour la couronne de Germanie, et les défendit avec plus de succès que les siens propres. Il soumit la ville d'Haguenau en Alsace, à Frédéric, qui lui donna en récompense celle de Rosheim dans la même province. Son règne fut d'environ sept ans. Il mourut à Nanci le 10 octobre de l'an 1213, et fut enterré à l'abbaye de Stutzelbronn. Il laissa d'AGNÈS, ou THOMASSETTE, sa femme, fille de Thibaut I, comte de Bar (morte en 1226, et inhumée à Beaupré), Thibaut, son successeur; Mathieu qui remplaça Thibaut; Renaud, seigneur de Bitche, qui devint seigneur de Castres, *de Castris*, sur la Blise, aujourd'hui Blicastel, par son mariage avec Elisabeth, héritière du comte Henri, son père; Jacques, évêque de Metz; Aelis, femme du comte de Kibourg; et Laurette, mariée à Simon de Saarbruck, ou Sarrebruche.

THIBAUT I.

1213. THIBAUT I, succéda au duc Ferri II, son père. Albéric dit qu'il était le plus bel homme et le plus robuste de ses états. S'étant brouillé avec Frédéric II, roi de Germanie, il embrassa le parti d'Otton IV, et se trouva dans l'armée de ce prince à la bataille de Bouvines. L'an 1217, il tua de sa propre main, son oncle, Mathieu de Lorraine, évêque déposé de Toul, pour avoir fait assassiner Renaud de Senlis, qui lui avait été substitué. C'était venger un crime par un autre. Thibaut était vassal, pour certaines terres, du comte de Champagne. Ayant secoué le joug de cette dépendance, il se déclara pour Érard de Brienne et Philippe, sa femme, qui disputait le comté de Champagne à la comtesse Blanche et à Thibaut, son fils. Vers le même tems, il forma le dessein de reprendre la ville de Rosheim, sur les frontières de l'Alsace, que l'empereur Frédéric II avait réunie à son domaine, après la mort du duc Ferri. Lambyrm d'Ourches, général de ses troupes, qu'il avait chargé de cette expédition, se rend maître de la place. Mais les vainqueurs, s'étant enivrés en la pillant, sont égorgés par les habitants qui rentrent sous la domination de l'empereur. Thibaut, irrité du carnage des siens, va faire le dégât en Alsace, après avoir fait vainement une seconde tentative sur Rosheim. L'empereur vient à son tour en Lorraine; et ayant mis le siège devant le château d'Amance, où Thibaut s'était renfermé, il bat si vivement la place, que le duc, près de s'y voir forcé, prend le parti de la rendre et de se remettre à la discrétion de l'empereur. Alors Frédéric ayant fait venir la comtesse Blanche avec son fils, oblige le duc à lui faire satisfaction. Nous avons le diplôme de l'empereur, daté de ce château, le 1er. juin 1218, par lequel il atteste que le duc Thibaut est rentré dans la féodalité de la comtesse de Champagne et de son fils; qu'il a promis de leur rendre tous les devoirs auxquels ses prédécesseurs étaient tenus envers eux ; que pour sûreté de sa parole, il a remis entre les mains de la comtesse, les fiefs que tenait de lui le comte de Bar-le-Duc, et entre celles du duc de Bourgogne (qui était présent) son château de Châtenoi. (*Cartul. de Champ.*, fol. 175.) Le duc de Lorraine n'en fut pas quitte pour ces soumissions : Frédéric l'emmena prisonnier avec lui en Allemagne, où il le retint jusqu'au mois de mai de l'année suivante. Thibaut, ayant alors obtenu sa liberté moyennant une forte rançon, reprit la route de Lorraine. Mais lorsqu'il eut passé le Rhin, une courtisane, nommée *Sodaria*, qu'il avait connue en Allemagne, étant venue le joindre, comme ne pouvant se séparer de sa personne, lui fit avaler un poison lent, après quoi elle disparut : (quelques anciens disent que ce crime fut commis à l'instigation de l'empereur.) Depuis ce moment, il ne fit que languir jusqu'à sa mort arrivée dans le mois de mars de l'an 1220. L'église de Stutzelbronn fut le lieu de sa sépulture. Il avait épousé, l'an 1206, GERTRUDE, fille et héritière d'Albert, comte de Dagsbourg et de Metz, dont il ne laissa point de postérité. Cette princesse fit avec Thibaut, comte de Champagne, un second mariage qui fut cassé pour cause de parenté. Elle en contracta ensuite un troisième avec Frédéric, comte de Linange, et mourut enfin l'an 1225. Par sa mort, le comté de Metz, héréditaire dans sa maison, fut éteint, ce qui augmenta beaucoup l'autorité de la noblesse et des échevins de cette ville. (*Nouv. Hist. de Metz*, t. II, pp. 427 et suiv.)

MATHIEU II.

1220, MATHIEU, ou MAHERUS, fils de Ferri II, succéda, l'an 1220, au duc Thibaut son frère. Au mois de juin de la même année, il obligea la duchesse, Agnès, sa mère, à lui remettre en échange de Stenai, la ville de Nanci et ses dépendances, qui lui avaient été laissées pour son douaire. Mais il s'en dessaisit aussitôt en présence de Blanche, comtesse de Champagne, pour en investir Thibaut son fils. (Marten. *Anecd.*, t. I, col. 885.) Très peu de tems après, si ce n'est pas le même jour, il fit avec cette comtesse, un traité par lequel il s'engageait, 1°. à la défendre, elle et son fils, contre Érard de Brienne, et contre tout autre qui s'aviserait de les attaquer, excepté l'empereur : 2°. à donner en douaire, pour sa vie seulement, à la duchesse Gertrude, sa belle-sœur (recherchée alors par la comtesse de Champagne, pour son fils), les villes et châtellenies de Nanci et de Gondreville ; 3°. à remettre à ladite Gertrude, toutes les lettres des empereurs Otton IV et Frédéric II, concernant les comtés de Dagsbourg et de Metz. (*Cartul. de Champ.*, fol. 176.) Le 30 du mois de juillet suivant, il reprit en fief de la même comtesse Blanche et de Thibaut son fils, les bourg et châtellenie de Neufchâteau en Lorraine, qui étaient auparavant de son aleu, comme il le dit lui-même, avec promesse de les leur remettre toutes les fois qu'il en serait requis pour y mettre de leurs gens à volonté ; mais à condition qu'eux réciproquement, dès qu'ils seraient délivrés de la guerre qu'ils soutenaient alors, ils lui rendraient ces mêmes bourg et châtellenie, dans le même état qu'ils leur auraient été livrés. (Marten. *ibid.* col. 886.) Egalement belliqueux et politique, il eut part à tous les grands événements de son tems. L'an 1229, il fut attaqué par Henri II, comte de Bar, pour avoir pris le parti de Thibaut IV, comte de Champagne, contre lui. Thibaut s'était brouillé avec le comte de Bar, parce que le premier ayant fait prisonnier en trahison, Robert, archevêque de Lyon, comme il passait sur ses terres, le second l'avait délivré. Plusieurs princes s'intéressèrent dans cette querelle, les uns pour le comte de Champagne, les autres pour le comte de Bar. (Albéric.) Celui-ci ayant ravagé la Lorraine, le duc usa de représailles dans le Barrois. L'an 1231, Mathieu parut à la diète de Worms, et l'an 1245, à celle de Wurtemberg, où l'on élut pour roi de Germanie, Henri, landgrave de Thuringe.

L'an 1248, il se déclara pour Guillaume, comte de Hollande, substitué à Henri dans la même dignité. C'était une des conditions que le légat du pape lui imposa, en le dispensant du vœu qu'il avait fait d'aller à la croisade. (Calmet.) Il la remplit avec ardeur, et fut un des grands ennemis de l'empereur Frédéric II. Mathieu finit ses jours à Nanci, le 24 juin 1251, suivant le Nécrologe de Beaupré, et fut inhumé à Stutzelbronn. Il avait épousé, au mois de septembre 1225, CATHERINE, fille de Waleran III, duc de Limbourg et comte de Luxembourg, morte au mois de juillet 1255, et enterrée à l'abbaye de Beaupré. De ce mariage sortirent Ferri, qui suit; Lorre, femme de Jean de Dampierre, et ensuite de Guillaume de Vergi, sire de Mirebeau en Bourgogne (c'est l'héroïne du roman de *la comtesse de Vergi*); Catherine, mariée à Richard de Montbéliard; Bouchard, évêque de Metz; et Isabelle, femme, 1°. de Guillaume de Vienne; 2°. de Jean de Châlon, II°. du nom.

Ce fut Mathieu II, qui le premier ordonna qu'en Lorraine, les actes publics seraient écrits en langue vulgaire, c'est-à-dire, en français, dans le *romain-pays*, et en allemand, dans la Lorraine allemande. On créa des tabellions ou notaires, *ki seront chesis des plus idoines, notables et gronts personnuiges oudit duchié*. Le droit de scel est réglé par la même ordonnance, à quatre gros par cent francs. (Bexon.)

FERRI III.

1251. FERRI III succéda au duc Mathieu son père, à l'âge d'environ douze ans, sous la tutelle et régence de Catherine, sa mère. L'an 1257 (et non la même année), ayant été député vers Alfonse le Sage, roi de Castille, par les princes d'Allemagne, qui l'avaient élu roi des Romains, il reçut de lui, par cinq étendards, l'investiture des cinq fiefs ou dignités qu'il possédait ou prétendait lui appartenir dans l'Empire. A son retour, il fit ses premières armes contre des aventuriers qui ravageaient le pays de Toul, les battit et les dissipa. L'an 1261, il remit le comté de Toul, moyennant une grosse somme, à l'évêque diocésain, qui le réunit à sa crosse. Ce prince, ligué avec le comte de Bar, fut presque continuellement en guerre, avec Laurent, évêque de Metz, qu'ils firent prisonnier en 1273, dans un combat près de Marsal. (*Voy*. Thibaut II, *comte de Bar*.) L'an 1280, les Messins, attaqués de nouveau par le duc, gagnèrent la bataille de Moresberg, et firent prisonnier Jean de Choiseul, général de ses troupes, qu'il racheta pour deux mille marcs d'argent. L'an 1303, il souscrivit, comme arrière-vassal de la France, pour quelques-uns de ses fiefs mouvants du comté de Champagne, la lettre que trente et un barons de France adressèrent, dans le mois d'avril, au collége des cardinaux, en leur propre nom, et en celui de la noblesse française, touchant le différent du roi Philippe le Bel, avec Boniface VIII. Ce qu'il y a de plus remarquable dans sa souscription, c'est qu'elle vient immédiatement après celles des princes du sang royal, et avant celles des autres seigneurs qui possédaient des fiefs titrés, tels que n'étaient pas ceux qui attachaient le duc de Lorraine à la France : preuve évidente que même, suivant les usages du gouvernement féodal, le corps de la noblesse mettait au nombre de ses membres, les princes étrangers qui tenaient quelques fiefs du royaume, et qu'ils y avaient rang selon leur souveraineté, et non pas selon la dignité des fiefs qu'ils possédaient dans la mouvance du royaume. Cette même année, Ferri mourut le 31 décembre, âgé de soixante-trois ans, et fut enterré à l'abbaye de Beaupré, auprès de la duchesse Catherine, sa mère, décédée en 1258. Il avait épousé, l'an 1255, MARGUERITE, fille de Thibaut VI, comte de Champagne et roi de Navarre, dont il eut Thibaut, qui suit; Mathieu, sire de Belrouart, qui se noya, l'an 1282, sans laisser de postérité; Ferri, évêque d'Orléans; un second Ferri, seigneur de Bremoncourt et de Plombières; Jean, comte de Toul, mort le 3 septembre 1306; Isabelle, mariée, 1°. l'an 1288, à Louis de Bavière; 2°. à Henri III, comte de Vaudemont, et non pas à Jean de Châlons, comte d'Auxerre, comme le marque M. le Bœuf; Catherine, femme de Conrad II, comte de Fribourg; et Agnès, religieuse (1).

THIBAUT II.

1304. THIBAUT II succéda, l'an 1304, à Ferri III, son père. Il avait déjà fait preuve de sa bravoure en deux fameuses batailles, à celle de Spire, dans l'armée d'Albert d'Autriche, où l'empereur Adolphe fut tué le 2 juillet, 1298, et à celle de Courtrai, dans l'armée de France, où il fut fait prisonnier, l'an 1302, en voulant dégager le comte d'Artois, qui fut tué à ses côtés. (Les Allemands lui firent payer six mille livres pour sa rençon.) A peine fut-il en possession de son duché, qu'il entreprit de réduire les priviléges de la noblesse, trop multipliés, sous le règne précédent. Révolte à cette occasion. Le duc attaqua les rebelles, les battit près de Lunéville, et les

---

(1) Les Bénédictins ont suivi, pour Agnès, le sentiment de Baleycourt, Paradin et Vignier; mais la Roque et le P. Anselme la disent mariée à Jean II, sire d'Harcourt, maréchal et amiral de France.

punit les uns par l'exil, les autres par la destruction de leurs châteaux, et tous par le retranchement de ce qu'il y avait d'excessif dans les priviléges qu'ils avaient obtenus de son père. La même année, il combattit pour le roi Philippe le Bel, à la bataille de Mons-en-Puelle, donnée le 18 août. L'an 1306, au mois d'août, assemblée des grands de Lorraine, où l'on déclare que la coutume au duché de Lorraine, est telle de tems immémorial, que le fils aîné du duc venant à mourir avant son père, ses enfants légitimes, mâles ou femelles, doivent succéder au duché, préférablement à tous autres héritiers. (*Mss. de Brienne*, vol. 122, fol. 9.) Ainsi la représentation avait toujours eu lieu, suivant cette déclaration, pour l'un et pour l'autre sexes, dans la maison ducale de Lorraine. Mais le droit des filles a été vivement contesté dans la suite. Thibaut, l'an 1309, ayant été chargé par le pape de lever des subsides dans tous ses états, il est traversé par l'évêque de Metz, qui lui déclare la guerre à ce sujet. On en vient, la même année, à une bataille où le duc fait prisonniers les comtes de Bar et Salm, alliés du prélat. (Le continuateur de Nangis, met par erreur, cette expédition en 1313). L'an 1310, Thibaut accompagna l'empereur Henri VII en Italie. Il en rapporta une maladie de langueur qui le conduisit au tombeau, le 13 mai de l'an 1312. Vers la fin de sa vie, ses officiers lui attirèrent une fâcheuse affaire, par les atteintes qu'ils donnèrent aux priviléges des villes de Neufchâteau, de Châtenoi et d'autres villes de la Lorraine, qui étaient en la garde du prince Louis, fils aîné du roi Philippe le Bel, et roi lui-même, alors de Navarre, et comte de Champagne. Les violences de ces officiers avaient été jusqu'à mettre en prison les habitants de ces villes, sans égard pour la protection de leur gardien qu'ils réclamaient ; sur quoi le duc et son fils aîné furent cités au Louvre. La mort du premier arriva dans ces entrefaites à Nanci. Ce prince avait épousé, l'an 1281, ELISABETH DE RUMIGNI, fille de Hugues I, seigneur de Rumigni, dont il eut Ferri, qui suit ; Mathieu, marié à Mathilde, fille de Robert de Béthune, comte de Flandre ; Hugues II, seigneur de Rumigni ; Marie, femme de Gui de Châtillon, et trois autres enfants. Sa veuve se remaria à Gaucher de Châtillon, connétable de France. Thibaut avait de la valeur, et savait la récompenser dans les autres. A la bataille de Courtrai, ayant aperçu un soldat français qui s'était dégagé d'une petite troupe de Flamands qui l'avaient fait prisonnier, et avait ensuite tué deux ou trois des ennemis, avec leurs propres armes, ce prince descendit de cheval, l'embrassa, et lui donna l'agrafe, garnie de rubis, qui servait à attacher son armure.

FERRI IV, dit LE LUITTEUR.

1312. FERRI IV, né le 15 avril 1282 à Gondreville, succéda au duc Thibaut son père. Son premier soin fut de conjurer l'orage près de fondre sur lui du côté de la France pour venger l'outrage fait par le duc Thibaut au prince Louis dans la personne des Lorrains qui étaient sous sa garde. S'étant rendu à cet effet à Paris, il se soumit *haut et bas* à la volonté du prince, avec promesse de réparer, comme il l'ordonnerait, les torts et dommages faits aux complaignants. L'acte de cette soumission, daté du mois de juin 1312, se conserve au trésor des chartres, registre 61, acte 46. Ferri était déja un prince expérimenté à la mort de son père. Il l'avait accompagné dans la plupart de ses expéditions. Dès la première année de son règne, il entra en guerre avec Jean, comte de Dagsbourg, et Louis, comte de Richecourt, les battit, et les contraignit de venir lui rendre l'hommage qu'ils lui contestaient. L'an 1314, il se déclare pour l'empereur Frédéric III, rival de l'empereur Louis de Bavière. Il est fait prisonnier par ce dernier à la bataille de Muhldorf, donnée le 28 septembre 1322. Charles le Bel, roi de France, obtint sa liberté; service qui l'attacha étroitement aux intérêts de cette couronne. Ferri, l'an 1325, entra dans la ligue du roi de Bohême, de l'archevêque de Trèves et du comte de Bar, contre la ville de Metz, devant laquelle ils se présentèrent jusqu'à trois fois dans le cours de cette année sans oser en faire le siége, se contentant d'en ravager les environs. On ignore le motif de cette confédération et l'intérêt que Ferri put avoir d'y entrer. L'an 1328, il fut tué à la bataille de Cassel, le 23 août, en combattant pour le roi Philippe de Valois. L'habileté de ce prince à la guerre, et sa force extraordinaire, lui avaient fait donner le surnom de LUITTEUR. Son corps fut rapporté en Lorraine et enterré à Beaupré. D'ISABELLE D'AUTRICHE, fille de l'empereur Albert, qu'il avait épousée en 1308, morte en 1352, (1), il eut Raoul, qui suit; Frédéric, comte de Lunéville; Agnès,

---

(1) Et non 1332, comme porte l'édition des Bénédictins. On voit en effet (Dom Calmet, tome II, page 523), qu'en 1342, Isabelle gouvernait la Lorraine en l'absence de Raoul, devenu majeur alors, mais parti pour la Flandre, où il avait été grossir l'armée de Philippe de Valois. Ce fut la duchesse Isabelle qui soutint à cette époque la guerre contre Adémar, évêque de Metz.

femme de Louis de Gonzague, seigneur de Mantoue ; et d'autres enfants.

RAOUL.

1328. RAOUL succéda en bas âge au duc Ferri son père sous la régence de la duchesse sa mère, qu'il perdit en 1352. L'an 1337, il eut une guerre assez vive avec Henri IV, comte de Bar, qui lui refusait l'hommage pour des terres mouvantes de son duché. Le roi Philippe de Valois la termina par un arrangement qu'il ménagea entre les parties. Raoul, l'an 1340, passe en Espagne pour secourir Alfonse XI, roi de Castille, attaqué par les Maures. Le gain de la fameuse bataille de Salado, livrée par ces infidèles, le 30 octobre de la même année, fut en partie le fruit de sa valeur. Un moderne lui fait aussi honneur de la prise d'Algezire. Mais cette place ne se rendit qu'en 1344, après un siège de trois ans, et Raoul était de retour chez lui avant que ce siège fût commencé. En effet, nous le voyons accompagner, en 1341, le roi Philippe de Valois dans la guerre de Bretagne. Adémar, évêque de Metz, profita de son absence pour assiéger Château-Salins, place que la duchesse Isabelle, mère de Raoul, avait fait élever. Mais le prélat échoua dans cette expédition, et donna occasion à la guerre que le duc lui déclara à son retour. Elle dura plusieurs années, et finit, l'an 1345, par la médiation de Jean de Luxembourg, qui obligea l'évêque à souscrire aux conditions qu'il plut au duc de lui imposer. Cependant elle ne fut point entièrement éteinte, et on la vit se rallumer sous le successeur de Raoul avec beaucoup de violence. Ce prince n'avait pas recueilli sans opposition la succession de son père. Marie, sa tante, fille du duc Thibaut II, et femme de Gui de Châtillon, seigneur de la Fère, prétendit (on ne sait pas sur quel fondement) avoir le tiers de la Lorraine. On fit entre elle et Raoul un traité par lequel celui-ci s'obligea de lui payer pour ses prétentions une somme de treize mille livres, monnaie de Tours, pour lesquelles il hypothéqua les terres de Passavant et de Val-Roicourt. (Ce dernier lieu nous est inconnu.) Mais Raoul négligeant d'acquitter cette dette, Marie et son époux l'attaquèrent au parlement de Paris, où ils obtinrent, le 10 juillet 1344, un arrêt qui condamnait le duc à leur payer la rente annuelle de deux mille livres jusqu'au remboursement du capital. (*Mss. de Brienne*, vol. 122, fol. 17.) La guerre se faisait alors avec une ardeur réciproque entre l'Angleterre et la France. L'an 1346, Raoul va joindre le roi Philippe de Valois, et mène avec lui l'élite de la noblesse. Cette campagne lui fut aussi funeste que glorieuse. Il fut tué le 26 août à la bataille de Créci, après y avoir combattu en héros. Son corps fut apporté à l'abbaye de Beaupré, où il fut inhumé. Il avait épousé en premières noces, l'an 1329, ÉLÉONORE, fille d'Édouard I, comte de Bar, morte sans enfants en 1332, et en secondes noces, vers l'an 1334, MARIE DE BLOIS, fille de Gui de Châtillon I, comte de Blois. Celle-ci lui apporta en dot plusieurs terres considérables, dont la principale était le comté de Guise, qui devint l'apanage des cadets de Lorraine. Raoul ne laissa d'elle qu'un fils, qui suit. Mais il eut un bâtard qu'on nomma le petit Albert. L'église de Saint-Georges de Nanci reconnaît ce duc pour son fondateur.

JEAN I.

1346. JEAN I succéda, l'an 1346, à Raoul, son père, dans le duché de Lorraine. Il n'avait alors que six mois, suivant D. Calmet ; il avait sept ans, suivant le père Benoît : ce que la suite des événements rend plus vraisemblable. La duchesse Marie, sa mère, eut, pendant sa minorité, la régence avec Frédéric, comte de Linange, qu'elle épousa en secondes noces. Cette princesse, courageuse et entreprenante, plongea la Lorraine dans de longues et ruineuses guerres, surtout contre l'évêque de Metz, qui se rendit maître à la fin de Château-Salins, qu'elle avait réfusé de lui vendre. Le roi Jean accorda, l'an 1354, au duc Jean, une dispense d'âge pour gouverner ses états (Vignier.) L'an 1356, il combattit à la bataille de Poitiers pour la France, contre les Anglais. Il y fit des prodiges de valeur ; et après avoir eu deux chevaux tués sous lui, il fut pris et emmené prisonnier en Angleterre. D. Calmet nie ces prouesses, dans la supposition que le duc Jean n'était pas encore dans sa douzième année. Mais des auteurs contemporains les attestent, et D. Calmet se trompe dans son calcul. Ce prince fut de nouveau fait prisonnier, l'an 1364, à la bataille d'Aurai, en Bretagne, où Charles de Blois, dont il était parent et allié, perdit la vie. Sa captivité ne fut pas de longue durée. L'an 1365, il se rendit à la tête d'un corps de troupes dans la Prusse ducale, pour secourir les chevaliers Teutoniques, contre Olgerde, duc de Lithuanie. Il eut la plus grande part à la victoire remportée sur ce prince, dans la plaine d'Hazéland, près de Thorn. Le duc Jean eut ensuite la guerre avec divers seigneurs de ses états, qu'il réduisit. L'an 1382, il fit nouvelle preuve de valeur et d'attachement pour la France, à la bataille de Rosebecque, donnée le 17 novembre. Apprenant, l'an 1388, que le roi Charles VI était en marche avec son armée, pour punir le duc de Gueldre d'un défi qu'il avait osé lui donner, il vint le joindre avec le comte de Bar, à Grand-Pré. Mais il arrêta l'effet de la vengeance du monarque, en déterminant le duc de Gueldre au parti de la soumission. Ayant accompagné Charles VI à son retour, il découvre une conspiration formée contre lui-même en son absence, par les habitants de Neufchâteau, qui joignirent l'insulte la plus marquée à la révolte. Il revient en diligence, et fait pendre trente des principaux rebelles. Mais ce châtiment, loin de faire rentrer les autres dans le devoir, ne fit que les rendre plus indociles et plus mutins. S'étant pourvus au parlement de Paris, ils obtinrent différents arrêts contre le duc, et réussirent, par leurs accusations, à le noircir dans l'esprit du roi. L'effet de la calomnie ne fut que momentané. Charles reconnut bientôt l'innocence du duc à son égard. Il lui rendit non-seulement ses bonnes grâces, mais encore l'hommage de Neufchâteau, qu'il lui avait retiré. Les habitants de ce lieu, désespérés de se voir remis sous sa domination, réussirent à s'en affranchir, si l'on en croit quelques écrivains, en se défaisant de lui par le poison. Ce fut, dit-on, son secrétaire qui se laissa corrompre pour commettre ce crime. Mais cette assertion nous paraît trop hasardée. Dans le vrai, l'on n'est assuré ni des circonstances, ni de la date de sa mort. Tout ce qu'il y a de certain, c'est qu'il mourut à Paris, entre le mois d'août 1390 et le mois de mars de l'année suivante. Le corps du duc Jean fut rapporté à Nanci, et enterré avec grande pompe dans l'église de Saint-Georges, qu'il avait achevée. A ses obsèques, on conduisit en offrandes à l'église, comme il l'avait ordonné, trois chevaux, l'un en harnais de guerre, l'autre en harnais de joute, et le troisième en parement de tournoi, *en signe que tout doit retourner à Dieu*. Il avait épousé, vers l'an 1361, SOPHIE, fille d'Eberhard III, comte de Wurtemberg (morte en 1369), dont il eut Charles, qui suit; Ferri, comte de Vaudemont, tige de la seconde branche des comtes de ce nom et Elisabeth, mariée, 1°. à Enguerand de Couci; 2°. à Etienne, duc de Bavière. MARGUERITE DE CHINI, sa deuxième femme (décédée le premier octobre 1372), ne lui donna point d'enfants. Elle est inhumée à l'abbaye d'Orval. Les premiers anoblissements en Lorraine, datent du règne du duc Jean I.

CHARLES I ou II, DIT LE HARDI.

1391 au plus tard. CHARLES, fils aîné du duc Jean I, devint son successeur à l'âge de vingt-cinq ans. Peu de mois après sa proclamation, il partit pour l'Afrique, avec le duc de Bourbon, à la prière des Génois. Ces deux princes, agissant de concert, mirent le siége devant Tunis, dont ils ne purent se rendre maîtres, battirent ensuite l'armée des infidèles, et revinrent après avoir délivré tous les esclaves chrétiens. L'an 1399, Charles alla au secours des chevaliers Teutoniques. Cette expédition, où il prit en bataille rangée le duc de Lithuanie, qu'il envoya prisonnier au château de Marienbourg, dura près de quatre ans. Il remporta, l'an 1407, une grande victoire sur les troupes luxembourgeoises de Louis, duc d'Orléans, frère du roi, jointes à celles des ducs de Bar, de Juliers, de Berg, des comtes de Nassau, de Salm, de Sarwerden, de Saarbruck, qui étaient venues l'attaquer entre Champigneul et Nanci. Son attachement pour l'empereur Robert, son beau-père, lui avait attiré cette guerre. Vers le même tems, il fut cité au parlement de Paris, pour répondre sur les plaintes qui furent portées contre lui, par les habitants de Neufchâteau, non moins ennemis de ce prince, qu'ils l'avaient été de son père. Charles ayant refusé de comparaître, la saisie fut ordonnée, et en conséquence, des officiers furent envoyés pour arborer les panonceaux du roi sur les portes de la ville, en signe de main-mise. Le duc les ayant fait arracher, porte l'insolence jusqu'à les attacher à la queue de son cheval, se faisant honneur de les traîner dans la poussière. Arrêt du parlement qui le condamne à mort, avec ses complices. Ce jugement, par la protection du duc de Bourgogne, dont le duc de Lorraine était partisan, n'eut aucun effet pour lors. Edouard, duc de Bar, ayant fait, l'an 1412, une invasion dans la Lorraine, Charles le repousse avec le secours de Bernhart, marquis de Bade. (Schoepflin, *Hist. Zaringho-Bad.*, tom. II, pag. 96.) Le duc Charles accompagna, la même année, le roi de France au siége de Bourges. Au retour de cette expédition, il se rend à Paris. Jean Juvenal des Ursins, avocat du roi, l'aperçoit, comme il est présenté au monarque par le duc de Bourgogne. Il élève la voix, et demande qu'il soit livré au parlement, pour en faire justice. Le duc de Lorraine, étonné de cette fermeté, tombe aux genoux du roi, et le supplie, la larme à l'œil, de lui pardonner. Sa grâce lui est accordée, et le parlement l'entérine. (Pasquier.) L'an 1418, après la mort du connétable Bernard (1) d'Armagnac, il est revêtu de cette dignité par la reine Isabelle de Bavière. Mais, l'an 1424, il en est dépouillé par le roi Charles VII, pour n'avoir pas été légitimement institué. L'an 1431 (n. st.), le duc Charles meurt le 25 janvier, et est enterré à Saint-Georges de Nanci. Il eut de MARGUERITE DE BAVIÈRE, fille de l'empereur

---

(1) Et non pas Charles, comme porte l'édition des Bénédictins.

Robert, qu'il avait épousée l'an 1393, deux fils, morts en bas âge, et deux filles, Isabelle, mariée, l'an 1420, à René d'Anjou, qui suit; et Catherine, femme de Jacques, marquis de Bade. C'est de ce mariage que sortent les deux branches de Bade-Baden, et de Bade-Dourlach, toutes deux issues des anciens comtes de Zeringhen. Le duc Charles eut encore d'une maîtresse, nommée Alix du Mai, trois fils et deux filles. *La pauvre malheureuse Alison*, dit une ancienne chronique, *elle faisoit du duc ce qu'elle vouloit; mort il fut, incontinent elle fut prinse et mise sur une charette: par touz les quarts-forts de la ville fut menée; on lui jettoit de l'ordure au visage, secrètement on la feit mourir.* A l'égard de la duchesse Marguerite, elle mourut en odeur de sainteté, l'an 1434. Charles le Hardi, se voyant sans enfants mâles légitimes, avait fait un testament par lequel il déclarait héritière de ses états, Isabelle, sa fille aînée; et au cas qu'elle ne laissât point d'enfants, Catherine, sa seconde fille. Pour assurer l'effet de cette disposition, il avait assemblé l'ancienne chevalerie, au nombre de quatre-vingt-trois personnes, qui déclarèrent, par un acte authentique, signé le 13 décembre 1425, qu'au défaut de mâles, les femelles pouvaient hériter *du duché et seigneurie de Lorraine*, et qu'en conséquence après la mort de Charles, ils reconnaîtraient pour souveraine Isabelle, sa fille aînée, laquelle, venant à mourir sans postérité, serait remplacée par sa sœur cadette.

RENÉ I D'ANJOU, dit LE BON.

1431. RENÉ I D'ANJOU, duc de Bar, fils de Louis II, duc d'Anjou et roi de Naples, fut reconnu, du chef de sa femme, duc de Lorraine par les états, après la mort et en vertu du testament de Charles I, son beau-père. Antoine de Vaudemont, fils de Ferri et neveu de Charles, lui contesta cette succession, prétendant que la Lorraine était un fief masculin, ce que niait son rival, et sur quoi les jurisconsultes étaient partagés. La même incertitude régnait alors dans presque tous les états de l'Europe, sur le droit de succéder au trône: chose étonnante! on était neuf à cet égard, comme si ces états ne faisaient que de naître; et les peuples étaient les victimes de l'ignorance de ceux qui devaient les éclairer, et de l'ambition des grands qui en abusaient pour entreprendre de les subjuguer. Tel fut le malheur de la Lorraine dans la querelle du comte de Vaudemont et du duc de Bar. Ils ne tardèrent pas d'en venir aux armes, pour défendre leurs droits équivoques. Le premier ayant mis dans ses intérêts Philippe le Bon, duc de Bourgogne, ce prince lui envoya le maréchal de Toulongeon, qui joignit à son armée de Bourguignons, l'elite de ces compagnies d'aventuriers, dont le royaume était alors infesté. De son côté, le duc René obtint du roi Charles VII, son beau-frère, un corps de troupes, commandé par le brave Arnaud-Guillaume de Barbazan, lieutenant-général de Champagne et de Brie. Avec ce renfort, il ravage le comté de Vaudemont, dont il assiége ensuite la capitale. Mais, apprenant que l'ennemi vient au secours de la place, il interrompt, malgré les représentations de Barbazan, cette entreprise, pour aller au-devant de lui. Les deux armées s'étant rencontrées près de Bullegnéville, sur la Meuse, le 2 juillet 1431 (1), René, encore contre l'avis de Barbazan, fait sonner la charge et engage le combat. L'événement ne démentit pas et surpassa même le sinistre pressentiment du général français. Une batterie masquée, manœuvre inconnue jusqu'alors, que l'armée ennemie, en s'ouvrant, laissa jouer, termina l'action dans l'espace d'un quart d'heure. Tout ce qu'elle n'écrasa point prit la fuite, à un petit nombre près. Barbazan remporta, du champ de bataille, des blessures, dont il mourut quelques heures après. Son corps fut porté à Saint-Denis, en France, où l'on voit son tombeau. Le duc René, fait prisonnier après avoir été blessé au visage, fut envoyé au duc de Bourgogne, qui le fit conduire au château de Brâcon-sur-Salins, d'où il fut, la même année, transféré à Dijon, et enfermé dans la tour du château ducal, qu'on voit encore aujourd'hui, et qu'on nomme la tour de Bar ou la tour du roi René. (1785.) Le comte de Vaudemont ne sut pas profiter de sa victoire : au lieu d'entrer les armes à la main dans la Lorraine, il convint avec la duchesse Isabelle, femme de René, d'une trêve qui fut prolongée à diverses reprises. Pendant qu'elle dura, la Lorraine fut administrée par six chevaliers de l'ancienne chevalerie. On voulut s'en rapporter à leur arbitrage, touchant les prétentions réciproques des deux princes ; et sur

---

(1) La date de cet événement et la position du champ de bataille sont marquées par les vers suivants :

> L'an mil quatre cent trente et un,
> Deux jours après le mois de juin,
> Entre Sassuri et Beaufrémont,
> Antoine, comte de Vaudemont,
> Et le maréchal de Bourgogne,
> Gagnèrent la dure besogne
> Où le bon duc René fut pris
> Avec plusieurs de ses amis.

(*Hist. de Bourg.*, tome IV, page 151.)

leur refus d'en connaître, l'affaire fut portée au concile de Bâle et devant l'empereur Sigismond. La décision de ces nouveaux arbitres fut en faveur de René, mais elle ne changea rien à son sort. Il avait obtenu, le premier mai 1432, son élargissement en donnant deux de ses fils pour otages, à condition de revenir dans sa prison, si dans le délai d'un an, il ne s'accommodait pas avec son rival. L'accommodement n'eut point lieu, et tout le fruit que René retira de son voyage de Lorraine, fut le mariage convenu d'Yolande, sa fille, avec Ferri, fils du comte de Vaudemont; mariage qui dans la suite, comme on le verra, fit passer le duché de Lorraine dans cette maison. Fidèle à sa parole, René revint au terme marqué, se constituer de nouveau prisonnier. Il l'était encore, lorsqu'en 1435, le royaume de Naples lui échut par la mort de la reine Jeanne, qui l'avait institué son héritier. Cette fortune ne servit qu'à faire hausser le prix de sa liberté. Isabelle, sa femme alla prendre possession pour lui de ce royaume, où il eut encore un compétiteur dans la personne d'Alfonse, roi d'Aragon. Enfin, l'an 1436, René obtient son élargissement vers la mi-novembre, moyennant une rançon de deux cent mille écus. (*Voy.* Philippe le Bon, *duc de Bourgogne.*) L'année suivante, après avoir établi un conseil de régence pour la Lorraine, il part pour Naples, où de nouvelles disgrâces l'attendaient. Pendant son absence, le comte de Vaudemont fait des excursions dans le Barrois et la Lorraine, pour se venger du délai que René apportait à la célébration du mariage d'Yolande, sa fille, avec Ferri, fils du comte. René quitta Naples, l'an 1442, pour revenir en Lorraine, où il séjourna l'espace de trois ans. C'est dans cet intervalle qu'il reçut, l'an 1444, la visite du roi Charles VII, et de son fils, le dauphin Louis, qui se rencontrèrent à sa cour, avec les plénipotentiaires du roi d'Angleterre, Henri VI, et de Guillaume de Saxe. On y agita plusieurs affaires importantes, dont la première fut l'accomplissement du mariage d'Yolande, avec Ferri. La chose réussit, enfin, par les soins du monarque français, ce qui réconcilia les deux beaux-pères. Les Anglais traitèrent ensuite de l'alliance de Marguerite, seconde fille de René, avec leur souverain; après quoi on conclut des ligues contre le duc de Bourgogne, dans lesquelles entra Guillaume de Saxe, qui avait des prétentions sur le duché de Luxembourg. Enfin, Charles VII, à la prière de René, s'obligea de l'aider à réduire la ville de Metz, qui se prétendait indépendante des ducs de Lorraine. En conséquence ils allèrent ensemble mettre le siège devant cette ville. L'événement de cette expédition fut que la ville resta dans son indépendance, moyennant la somme de deux cent mille écus, qu'elle paya au roi de France, pour les frais de la guerre, et une quittance qu'elle donna à René, de cent mille florins, qu'elle lui avait prêtés. De là le monarque et le duc se rendirent à Châlons-sur-Marne, où la duchesse de Bourgogne vint de son côté, dans le même tems, avec l'évêque de Verdun, pour demander au roi l'exécution de plusieurs articles du traité d'Arras, auxquels on avait donné atteinte. Ayant obtenu la satisfaction qu'elle désirait, elle accorda, par une espèce de retour, la remise qu'on lui demanda pour René, de l'excessive rançon, que le duc, son époux, avait attaché à la liberté de ce prince. Mais elle mit deux conditions à cette grâce, dont la première fut que René céderait au duc de Bourgogne, ses prétentions sur Cassel, en Flandre, et l'autre, que le roi de France retirerait de Montbéliard sa garnison, qui, sous la conduite de Jacques Rouhaut, faisait des courses funestes sur les terres de Bourgogne. Telles furent les opérations de la conférence de Châlons, dont l'époque est de l'an 1445. René quitta cette année la Lorraine, pour ne plus y reparaître, ou du moins que très-rarement. Son séjour, depuis ce tems, fut partagé entre Paris, Angers et Aix en Provence. L'an 1453, il remet, le 26 mars, le duché de Lorraine entre les mains de Jean, duc de Calabre, son fils aîné. René mourut le 10 juillet 1480, à Aix, d'où son corps fut transporté à Angers. Il avait épousé en premières noces, le 24 octobre 1420, ISABELLE, fille du duc Charles, morte le 27 février 1453 (n. st.), dont il eut Jean, duquel on vient de parler; Louis, marquis de Pont-à-Mousson, mort à l'âge de vingt ans, sans alliance; deux autres fils, décédés en bas âge; Yolande, mariée, comme on l'a dit, à Ferri de Vaudemont; Marguerite, femme de Henri VI, roi d'Angleterre. JEANNE DE LAVAL, fille de Gui XIV, sa seconde femme, qu'il épousa le 10 septembre de l'an 1454, ne lui donna point d'enfants: elle mourut en 1498. (*Voy.* René, *duc d'Anjou;* René, *comte de Provence; et* René, *roi de Naples.*) Ce fut René qui mit sur les monnaies de Lorraine la croix à double traverse, qu'on nomme *croix de Lorraine.*

JEAN II.

1453. JEAN II, duc de Calabre, fils aîné du duc René d'Anjou, et d'Isabelle de Lorraine, né le 2 août 1424, prit possession du duché de Lorraine, et fit son entrée à Nanci le 22 mai 1453. Il était lieutenant-général de ce pays depuis 1442. L'an 1455, il marche au secours des Florentins, contre Alfonse V, roi d'Aragon, qui leur faisait la guerre. Il arrive heureusement en Toscane, et force l'ennemi à se retirer. Il fut nommé, l'an 1458, gouverneur de Gênes par le roi Charles VII, à qui cette

ville s'était donnée. De là il s'embarqua, l'année suivante, pour aller tenter leur recouvrement du royaume de Naples, dont le sort des armes avait dépouillé sa maison. Cette expédition heureusement commencée lui ayant à la fin mal réussi, il revint en Provence dans les premiers mois de l'an 1464, et de là en Lorraine. La même année, il prit parti dans la ligue des princes français, qui fut nommée *du bien public*. Il était mécontent du roi, parce qu'il ne lui avait pas fourni, disait-il, des secours suffisants pour lui assurer la conquête et la possession du royaume de Naples. Il joignit l'armée confédérée avec un corps de cinq cents Suisses, la première troupe de cette nation guerrière qui avait paru en France, et mille hommes d'armes : ces hommes, ainsi que leurs chevaux, étaient bardés de fer. En vain Louis fit-il faire au duc les plus belles offres pour le détacher de la ligue. *Je sais assez*, répondit-il, *ce que valent les promesses du roi pour ne m'y fier jamais. Je puis avec gloire être son ennemi, n'étant point son vassal.* Cependant, après la bataille de Montlhéry, le duc Jean reconnut qu'il s'était jeté dans un parti de mal-intentionnés qui couvraient leur révolte d'un faux prétexte. *Je pensais*, disait-il dans la suite, *cette assemblée être pour le bien public ; mais j'aperçois, en effet, que c'était pour le bien particulier.* L'an 1468, après avoir déclaré son fils, le prince Nicolas, son lieutenant en Lorraine et dans le Barrois, il marche à la tête d'une armée contre Jean II, roi d'Aragon. C'étaient les Catalans qui l'avaient invité à la conquête de ce royaume sur lequel il avait des droits incontestables du chef d'Yolande d'Aragon, son aïeule. Après s'être rendu maître de la Catalogne, et sur le point de se voir maître de l'Aragon, il meurt à Barcelonne, le 13 décembre 1470, d'une fièvre chaude suivant les uns, du poison suivant les autres, à l'âge de quarante-cinq ans. « Ce prince, dit D. Calmet, avait toutes les belles qualités
» d'un héros, et il ne lui manqua qu'une meilleure fortune,
» des amis plus fidèles, de plus grandes forces pour faire valoir
» ses prétentions et exécuter ses vastes desseins. » Les Barcelonnais le regrettèrent comme s'il eût été leur compatriote, comme s'il eût été leur père. Il laissa de MARIE, son épouse, fille de Charles I, duc de Bourbon, un fils qui lui succéda. (*Voy.* Jean, *roi de Naples.*)

NICOLAS.

1470. NICOLAS, né de Jean, duc de Lorraine, et de Marie de Bourbon, l'an 1448, hérita de son père du duché de Lorraine avec celui de Bar, et les droits qu'il avait sur d'autres états. Il arriva de Paris, le 1er. août 1471, à Nanci, où il fit son entrée solennelle. L'an 1472, il se ligue avec Charles, duc de Bourgogne, contre le roi Louis XI, dont il avait à se plaindre, parce que, faute de secours, il lui avait fait manquer la couronne d'Aragon. Il fut de toutes les expéditions de Charles, durant cette année, en Picardie, en Champagne et en Normandie. Mais, l'an 1473, trois jours de maladie l'enlèvent à Nanci, le 24 juillet, et non le 12 août, comme quelques-uns le prétendent. Son corps fut inhumé à Saint-Georges de la même ville, au milieu des larmes et des sanglots de ses sujets, dont il avait captivé les cœurs par ses grandes qualités. Il n'était pas encore marié. Anne, fille de Louis XI, lui avait été promise dès le berceau, et il en avait touché deux fois la dot; mais les sujets de mécontentement que lui donna dans la suite le monarque français, le firent renoncer à cette alliance. Le duc de Bourgogne ne contribua pas peu à l'en détacher, en lui promettant sa fille. C'était un leurre que Charles lui présentait, comme à tous les princes qu'il voulait attacher à son parti. Après l'avoir amusé pendant un an, le duc de Bourgogne retira sa parole, et révoqua l'engagement qu'il avait donné par écrit.

YOLANDE ET RENÉ II.

1473. RENÉ II, fils de Ferri II, comte de Vaudemont, et d'Yolande d'Anjou, fille de René I, succéda, l'an 1473, au duc Nicolas, à l'âge de vingt-deux ans, par la cession que sa mère lui fit de ses droits, sous la réserve de l'usufruit durant sa vie. C'est ainsi, dit M. l'abbé Garnier, que le duché de Lorraine, qui était tombé par un mariage dans la maison d'Anjou, rentra par un autre mariage dans la maison de Lorraine. René prit possession de la Lorraine le 4 août 1473. Presque aussitôt Charles, duc de Bourgogne, qui ambitionnait cette principauté, fit enlever le jeune duc avec sa mère à Joinville. La duchesse implora le secours de Louis XI, et ne le fit pas en vain. Ce monarque envoya promptement une armée sur les frontières de la Lorraine, et par-là fit échouer les desseins ambitieux du duc de Bourgogne. René fut relâché, mais ce ne fut qu'après avoir été contraint de faire une alliance offensive et défensive avec le duc de Bourgogne contre le roi de France. Le ressentiment l'emporta bientôt sur cet engagement forcé. René se ligua, l'année suivante, avec Louis XI et l'empereur Frédéric III, contre le duc de Bourgogne, et lui déclara la guerre. L'an 1475, Charles entre par le Luxembourg dans la Lorraine avec une armée formidable, prend toutes les villes sur la route, et, le 25 octobre, met le siège devant Nanci, qu'il force, le

27 novembre, à se rendre. Après y avoir tenu les états comme souverain, il en part, le 11 janvier 1476, et marche en Suisse où il est battu, le 3 mars, à la journée de Granson, si funeste aux Bourguignons. René, à la nouvelle de cet événement, quitte Lyon, où il était auprès de Louis XI, traverse la Lorraine avec un corps de troupes, et va se mettre à la tête des Suisses. Le 22 juin, il gagne sur le duc de Bourgogne la bataille de Morat. Dès que cette victoire fut annoncée en Lorraine, les villes à l'envi chassèrent les garnisons bourguignonnes. René, à son retour, fut néanmoins obligé de faire le siége de Nanci, et n'y entra, le 5 octobre, que par capitulation. Le duc de Bourgogne, malgré sa défaite, revint presque aussitôt en Lorraine. Dès le 25 du même mois, il arrive devant Nanci, dont il fait de nouveau le siége. René, à son approche, en était parti pour aller solliciter du secours en Suisse. Il en ramena une bonne armée, avec laquelle il livra, sous les murs de sa capitale, le 5 janvier 1477, cette furieuse bataille où son terrible rival perdit la vie. René, depuis ce tems, demeura paisible possesseur de ses états. On remarque qu'aux obsèques de Charles, René parut avec une barbe d'or, à la manière des anciens preux. Il fit ensuite élever une croix à l'endroit où le duc de Bourgogne avait été tué. On y lit encore aujourd'hui cette inscription (1785) :

> Ici l'an de l'Incarnation
> Mil quatre cent septante-six (v. st.),
> Veille de l'apparition,
> Fut le duc de Bourgogne occis,
> Et en bataille ici transis;
> Une croix fut mise pour mémoire,
> René, duc des Lorraines, merci
> Rendant à Dieu pour sa victoire.

Les corps des ennemis restés sur le champ de bataille furent enterrés dans une chapelle faite exprès par les ordres de René, sous le titre de *chapelle des Bourguignons*. C'est ce qu'on appelle aujourd'hui *Notre-Dame de Bon-Secours*, monastère de minimes. (*Abrég. de l'Hist. de Lorr.*) René perdit, l'an 1482, Yolande, sa mère, décédée le 21 février à Nanci, d'où il la fit transporter à Joinville, pour être inhumée auprès de son époux. La même année, il alla au secours des Vénitiens contre le duc de Ferrare, battit les Ferrarois devant Adria, et revint en Lorraine. L'an 1484, il réclama aux états de Tours le comté de Provence et le duché de Bar, dont le feu roi Louis XI s'était emparé. Mais sur le premier article, il fut reconnu que le comté de Provence devait rester à la France en vertu du testament de Charles d'Anjou, fait en faveur de Louis XI. A l'égard du duché de Bar, le roi Charles VIII ne fit aucune difficulté de le lui rendre. L'an 1486, la noblesse napolitaine, soulevée contre le roi Ferdinand, appela René II, duc de Lorraine, offrant de se soumettre à lui. Le conseil de France, loin de s'opposer à la fortune de ce prince, lui fournit des secours pour cette expédition. Il part; mais sur ce qu'on apprend qu'il trame des intrigues en Provence pour recouvrer ce comté, le roi lui retire ses bienfaits, et lui défend de songer à une conquête qu'il veut lui-même entreprendre. René, qui n'était encore qu'à Lyon, s'en retourne confus. Quoiqu'il eût perdu dès lors toute espérance à la succession qu'il réclamait, il n'y renonça cependant pas. René continua de porter les titres de roi de Sicile et de comte de Provence, et les ducs de Lorraine, issus de lui, ont toujours écartelé de Jérusalem et de Sicile : mais ce ne fut qu'un vain titre. La même année, Charles VIII, par ses lettres-patentes du mois d'octobre, réunit, ou, pour mieux dire, annexe à perpétuité la Provence à sa couronne. Irrité de ce coup, le duc de Lorraine se jette dans le parti des princes français contre la cour. Il mourut d'apoplexie à Fains, près de Bar-le-Duc, le 10 décembre 1508, à l'âge de cinquante-sept ans, et fut enterré aux Cordeliers de Nanci. René avait épousé en premières noces, l'an 1471, JEANNE D'HARCOURT, morte en novembre 1488, dont il se sépara, l'an 1485, pour cause de stérilité. M. le président Hénaut reproche à René d'avoir engagé Jeanne d'Harcourt, avant de la répudier, à lui faire donation de tous les biens de la branche de Tancarville dont elle était héritière. C'est une accusation qui n'a pas l'ombre de vraisemblance, quoique tirée de la harangue de la Renaudie aux conjurés d'Amboise, telle que la rapporte M. de Thou dans le récit de cette conjuration. Il est en effet certain, par les monuments historiques du tems et les actes les plus authentiques, que Jeanne d'Harcourt, la veille de sa mort, en 1488, disposa par testament du comté de Tancarville et de tous les autres biens dont elle était héritière, en faveur de son cousin germain, François d'Orléans, comte de Longueville, dont la maison les a depuis constamment possédés jusqu'à son extinction. A la vérité, la maison de Lorraine a hérité des domaines considérables venant de la maison d'Harcourt, *mais de la branche aînée* : les uns à cause de l'alliance de Marie, fille de Guillaume VII, comte d'Harcourt, avec Antoine de Lorraine, comte de Vaudemont, aïeul du duc René II ; les autres à cause du mariage de René de Lorraine, marquis d'Elbœuf, avec une héritière de la maison de Rieux, dans laquelle ces biens étaient tombés aussi par alliance :

mais jamais la maison de Lorraine n'a possédé aucun des biens de Jeanne d'Harcourt-Tancarville, première femme du duc René II. PHILIPPINE DE GUELDRE, sa seconde femme, fille d'Adolfe d'Egmond, duc de Gueldre, qu'il épousa le 1er. décembre 1485 (morte le 26 février 1547, à Pont-à-Mousson, dans l'état de religieuse de Sainte-Claire, qu'elle avait embrassé l'an 1520), lui donna, entr'autres enfants, Antoine, qui suit; Claude, comte, puis duc de Guise, tige des princes de Lorraine établis en France; Jean, cardinal, célèbre sous le nom de cardinal de Lorraine. (Il fut ministre d'état sous les rois François I et Henri II, et réunissait tant d'évêchés et d'abbayes sur sa tête, qu'on disait qu'il rassemblait dans lui seul un concile. Du reste, il était extrêmement libéral et aumônier. Etant à Rome un jour, il mit une poignée de pièces d'or dans la main d'un aveugle qui lui demandait l'aumône. Celui-ci, dans son étonnement, s'écria : *O tu sei il Christo, o il cardinale de Lorrena* : où tu es le Christ, ou le cardinal de Lorraine.) Il mourut en 1550. Les autres enfants de René et de Philippine, sont : Louis, comte de Vandemont, mort au voyage de Naples en 1528; François, comte de Lambesc, tué, l'an 1525, à la bataille de Pavie. On supprime les enfants morts en bas âge. Il est le premier duc de Lorraine qui ait orné son écusson des couronnes de Hongrie, Naples, Jérusalem et Aragon, comme héritier des prétentions d'Yolande, sa mère, à ces quatre royaumes.

ANTOINE, DIT LE BON.

1508. ANTOINE, né à Bar, le 4 juin 1489, succéda au duc René, son père, à l'âge de dix-neuf ans. Il était à la cour de France, depuis l'an 1501. Le 14 février 1509, il fit son entrée solennelle à Nanci. S'étant ensuite rendu à l'armée du roi Louis XII en Italie, il eut part à la victoire d'Agnadel, que ce prince remporta sur les Vénitiens, le 14 mai de la même année. L'an 1515, il épouse, le 15 mai, dans le château d'Amboise, RENÉE, fille de Gilbert de Bourbon, comte de Montpensier, en présence du roi François I, qui fit les frais de la noce. Entre les divertissements que ce monarque donna aux dames à cette occasion, on rapporte qu'il fit prendre dans la forêt un sanglier vif, et que l'ayant fait amener dans la cour du château, il en fit fermer toutes les avenues. L'animal, agacé par des torches allumées de paille qu'on lui jetait des fenêtres, entre en fureur, va droit à la porte du grand escalier, et la pousse avec tant d'impétuosité, qu'elle s'ouvre. Ne trouvant plus de barrières, il monte les degrés, et entre dans l'appartement des dames. Le roi, qui n'avait alors que vingt et un ans, le voyant venir à lui, défend à ses officiers d'en approcher ; et s'étant détourné deux pas pour éviter la première fougue de la bête, il la perce de part en part, de sorte que, renversée sans pouvoir se relever, elle mourut deux heures après. (Carreau, *Hist. manuscrite de Tour.*) Le duc Antoine accompagna, la même année, le roi dans son expédition du Milanès. Il combattit, suivant D. Calmet, avec une valeur extraordinaire, à la bataille de Marignan, gagnée par les Français, le 13 octobre (il fallait dire le 13 et le 14 septembre, car elle dura deux jours). Le duc de Guise, son frère, y reçut vingt-deux blessures, dont aucune ne fut mortelle. Antoine, en 1525, fit la guerre avec Claude, comte de Guise, son frère, aux paysans révoltés d'Alsace, connus sous le nom de Rustauds, qui menaçaient ses états, les défit à Loupstein et à Chenonville, les força d'évacuer Saverne dont ils s'étaient emparés, et revint à Nanci après les avoir dissipés. C'étaient des sectaires luthériens, anabaptistes, vaudois, qui séduisaient les peuples par le double appât de la liberté de religion et de l'affranchissement de la servitude féodale. (*Voyez* Claude de Lorraine, *comte d'Aumale.*) Après la mort de Charles d'Egmond, duc de Gueldre, il se présenta, l'an 1538, comme plus proche parent pour lui succéder ; mais il fut rejeté. Il passa, le 26 août 1542, à Nuremberg, avec le roi Ferdinand et le corps germanique, une transaction qui déclarait la Lorraine souveraineté libre et indépendante. Le duc Antoine joignait à la valeur la prudence et l'amour de ses peuples. La position de la Lorraine ne lui permettant pas de prendre part aux démêlés de François I et de Charles-Quint, il eut la dextérité de faire approuver aux deux monarques l'exacte neutralité où l'engageait la nécessité. Il ne sortit de son duché que pour travailler à les accorder, et peu s'en fallut qu'il n'y réussît. Le principal fruit qu'il recueillit de la tranquillité qu'il fit régner en Lorraine, fut de pouvoir s'occuper du bonheur de ses sujets. Il y réussit, et sa bienfaisance lui mérita le surnom de *Bon*, préférable à celui de conquérant. On ne peut exprimer le deuil où sa mort, arrivée à Bar-le-Duc, le 14 juin 1544, plongea la Lorraine : on eût dit qu'un ange exterminateur eût frappé du même coup le père de chaque famille. Le spectacle attendrissant de cette désolation générale, fit impression sur les âmes les moins accessibles à la pitié. Les troupes de Charles-Quint traversaient alors la Lorraine et le Barrois pour se rendre au siège de Saint-Dizier. Le soldat, quoique dans ce tems-là aussi féroce que mal discipliné, en fut touché au point de respecter la douleur de ce peuple consterné : pour ne point ajouter de nouvelles peines à l'affliction publique, il n'osait demander ce que dans d'autres tems il eût exigé avec rigueur. Le corps de cet excellent prince fut transporté aux Cordeliers de Nanci. Antoine laissa de son épouse, morte en 1539, François, qui suit; Nicolas, évêque de Verdun et de Metz, puis en 1548, comte de Vaudemont, tige de la branche de Mercœur; et Anne, mariée à René de Châlons, prince d'Orange.

FRANÇOIS I.

1544. FRANÇOIS I, marquis de Pont-à-Mousson, né le 15 février 1517, élevé à la cour de François I, son parrain, et très-estimé de ce monarque, succéda, l'an 1544, au duc Antoine, son père. La même année, tandis que Charles-Quint assiégeait la ville de Saint-Dizier, il alla trouver ce monarque et le roi François I, pour les engager à faire la paix. Il avançait dans sa négociation lorsqu'il fut surpris d'une attaque d'apoplexie qui l'obligea de se faire transporter à Bar-le-Duc. Il mourut, le 12 juin de l'année suivante, à Remiremont, fort regretté de ses sujets, qui fondaient de grandes espérances sur son règne. Ses entrailles restèrent à Remiremont, et son corps fut inhumé, le 18 août 1545, aux Cordeliers de Nanci. Il eut de CHRISTINE, fille de Christiern II, roi de Danemarck, et veuve de François-Marie Sforce, duc de Milan, qu'il avait épousée l'an 1540, ou, selon Pontanus, l'année suivante, Charles, son successeur; Renée, femme de Guillaume II, duc de Bavière, et Dorothée, mariée à Eric, duc de Brunswick. (D. Calmet.)

CHARLES II OU III, DIT LE GRAND.

1545. CHARLES, né à Nanci, le 18 février 1543, succéda au duc François, son père, sous la régence de Christine, sa mère, et du prince Nicolas, son oncle. Henri II, roi de France, arrive, le 14 avril 1552, à Nanci, pour s'assurer de la Lorraine contre l'empereur Charles-Quint. Dans cette vue, il dépouille de la régence la duchessee Christine, nièce de l'empereur, fait prêter serment au jeune duc, et l'emmène avec lui pour être élevé à sa cour. Charles revint, l'an 1559, en Lorraine, après le sacre du roi François II, auquel il avait assisté. Ce monarque, dont il avait épousé la sœur, les accompagna jusqu'à Bar. Le duc Charles termina, l'an 1571, avec le roi Charles IX, les difficultés qui concernaient le Barrois mouvant, par traité passé, le 25 janvier, à Boulogne-lez-Paris. Le monarque, par cet acte, confirme au duc la jouissance des droits régaliens sur cette partie du Barrois, se réservant néanmoins l'hommage et le ressort, à l'égard duquel il est dit que les moindres causes seront portées par appel au bailliage de Sens, et par suite à celui de Châlons, et les grandes immédiatement au parlement de Paris. Peu de tems après, le duc Charles réunit le comté de Bitche au duché de Lorraine, sur le refus que Philippe le Jeune, comte de Hanau, fit de lui en rendre hommage. L'an 1572, selon D. Calmet, ou 1580, suivant Baleicourt, le duc Charles fonde l'université de Pont-à-Mousson. Le célèbre Guillaume Barklai, gentilhomme écossais et disciple de Cujas, fut choisi pour y enseigner le droit. Charles entra, l'an 1588, au mois de mai, dans la ligue, pour venger la mort du duc de Guise. Il reprit, l'an 1593, au milieu d'un rigoureux hiver, Stenai, Dun et Beaumont, que le duc de Bouillon lui avait enlevés; et l'année suivante, il conclut, le 31 juillet, par l'entremise de Bassompierre, un traité de paix avec le roi Henri IV, se réservant, par le second article, ses prétentions sur le duché d'Anjou, le comté de Provence et la terre de Couci. Il érigea, l'an 1601, une église primatiale à Nanci, après avoir inutilement essayé d'y établir un évêché. Il mourut en cette ville, le 14 mai 1608, dans la 65e. année de son âge, et fut enterré aux Cordeliers de Nanci. Ce prince eut de CLAUDE, fille du roi Henri II, qu'il avait épousée le 15 février 1559 (n. st.), Henri, qui suit; Charles, cardinal de Lorraine, évêque de Strasbourg, mort le 24 novembre 1607, et enterré dans la primatiale de Nanci; François, comte de Vaudemont, Christine, mariée à Ferdinand, grand-duc de Toscane; Antoinette, femme de Jean-Guillaume, duc de Juliers et de Clèves; Elisabeth, mariée à Maximilien, duc de Bavière. Dom Calmet fait un portrait magnifique du duc Charles le Grand. La Lorraine, en effet, lui doit beaucoup. Il réforma sa coutume, fit des ordonnances très-sages pour l'utilité publique, favorisa les arts et les sciences, forma lui-même ses soldats, chérit son peuple, auquel il donnait audience six heures par jour, et respecta les priviléges de la noblesse. Voici un trait d'équité que l'histoire ne doit pas omettre. Il avait fixé en 1573 l'intérêt de l'argent à sept pour cent. Ses ministres, dans la suite, le voyant accablé de dettes, lui conseillèrent de réduire cet intérêt à cinq pour cent. Le duc, sur les représentations du marquis de Beauvau, rejeta cet expédient, persuadé que les conventions étant des chaînes respectables qui lient les souverains comme les autres hommes, il ne pouvait se dispenser de remplir à la lettre les engagements contractés avec ses créanciers; que de réduire les intérêts de leurs contrats, ce serait abuser de leur bonne foi et anéantir la confiance entre le prince et les particuliers. Son économie lui fournit une meilleure ressource, au moyen de laquelle il vint à bout de liquider ses dettes. C'est à ce prince que la Lorraine est redevable des traités qui règlent les limites et les prétentions de tous ses voisins à son égard.

HENRI II, DIT LE BON.

1608. HENRI II, né le 20 novembre 1563, ou le 8 de ce mois, suivant Baleicourt et le père Benoît, appelé le duc de Bar du vivant de Charles, son père, lui succéda au duché de Lorraine. Il signala ses premières armes par la poursuite et la défaite des troupes allemandes qui étaient restées en Lorraine et en France pour le secours des Protestants. L'an 1621, il marie à Charles, son neveu, Nicole, sa fille aînée, après avoir fait insérer dans le contrat de mariage, que le duché, faute d'enfants mâles, appartenait à cette princesse. Charles et son frère protestent en secret contre cette clause, prétendant que la Lorraine leur était dévolue de plein droit après la mort de Henri, comme fief masculin. L'an 1624, Henri meurt à Nanci, le 31 juillet. Son corps fut enterré dans l'église de Saint-Georges, d'où il fut transporté, en 1723, avec celui de sa femme, aux Cordeliers. Il avait épousé en premières noces, le 29 ou le 31 janvier 1599, CATHERINE DE BOURBON, sœur du roi Henri IV, zélée protestante (1), qui mourut sans enfants, le 13 février 1604, à l'âge de quarante-cinq ans. Cette princesse, petite et boiteuse, était fort spirituelle. On sait le bon mot qu'elle dit à la Varenne, qui, de son cuisinier, était devenu le favori de Henri IV, et un homme très-opulent en servant les amours de ce prince, *La Varenne*, lui dit-elle, *tu as plus gagné à porter les poulets de mon frère, qu'à piquer les miens* (2). Elle avait d'abord été

---

(1) Le duc son mari faisait tenir devant elle des conférences par des théologiens catholiques, à dessein de la convertir. Elle s'en moquait, et manda un jour à du Plessis-Mornai qu'elle irait à la messe quand il serait pape. C'est ce qui a fait dire à Henri IV, qui connaissait l'obstination de sa sœur: *Les Lorrains se vantent d'être la cause que j'aye été à la messe: je m'en trouve bien. En donnant ma sœur au duc de Lorraine, elle les fera peut-être aller au prêche, et je ne sais comment ils s'en trouveront*

(2) Le roi voyant un jour le fils de la Varenne accompagné d'un homme d'un certain âge, demanda au père quel était cet homme. *C'est*, dit la Varenne, *un gentilhomme que j'ai donné à mon fils*. — *Tu te trompes*, lui dit le roi, *tu veux dire un gentilhomme auquel tu as donné ton fils*.

Après la mort d'Henri IV, la Varenne s'étant retiré au collège de la Flèche, qu'il avait procuré aux Jésuites, s'y exerçait souvent à tirer au

promise par ce monarque, n'étant encore que roi de Navarre, à Charles de Bourbon, comte de Soissons : mais au moment qu'on croyait qu'il allait les unir, il rétracta sa promesse sur des préventions qu'on lui inspira contre ce jeune prince. Plusieurs prétendent qu'il ne voulait point marier sa sœur, et que, dans les conjonctures embarassantes où il se trouvait, il la regardait politiquement comme un appât qu'il présentait, tantôt à un prince, tantôt à un autre, pour les attirer ou les engager plus fortement dans ses intérêts. Il est certain que cette princesse disait quelquefois en plaisantant que *son frère l'aimait si fort, qu'il ne voulait point se défaire d'elle*. Le duc Henri prit en secondes noces, l'an 1606, MARGUERITE DE GONZAGUE, fille de Vincent I, duc de Mantoue, qui lui donna deux filles, Nicole, dont on vient de parler, et Claude, mariée au prince Nicolas-François, qui viendra ci-après.

FRANÇOIS II.

1624. FRANÇOIS, fils puîné du duc Charles II, né le 27 février 1572, comte de Vaudemont, se fit reconnaître duc de Lorraine après la mort de Henri II, son frère. Mais, au bout de quelques mois, il abdiqua en faveur de son fils Charles, qui suit (le 26 novembre). Ce prince mourut en 1632, laissant de CHRISTINE, fille unique de Paul, comte de Salm, qu'il avait épousée, le 12 mars 1591, Charles, dont on vient de parler; Nicolas-François, qui suit; Henriette, femme, 1°. du prince de Phalzbourg, 2°. de Charles de Guasco, 3°. de Christophe de Moura, 4°. de François Grimaldi; et Marguerite, mariée en 1631, à Gaston de France, duc d'Orléans, morte en 1672. Le duc François II, pendant le peu de tems qu'il régna, sut si bien profiter de son pouvoir, qu'il vint à bout d'acquitter les dettes que son frère lui avait laissées. On voit encore des monnaies de lui qui ont pour légende : *Bene numerat qui nihil debet.*

CHARLES III ou IV, ET NICOLAS-FRANÇOIS.

1624. CHARLES, fils de François, comte de Vaudemont, frère du duc Henri II et de Christine de Salm, né le 5 avril

---

vol. Un jour, il aperçut sur un arbre une pie, qu'il voulut faire partir pour la tirer, lorsque la pie se mit à crier : *maquereau*. Croyant que c'était le diable qui lui reprochait son ancien métier, il tomba en faiblesse, la fièvre le saisit, et il mourut au bout de trois jours, sans qu'on pût lui persuader que c'était un oiseau domestique échappé de chez quelque voisin, où il avait appris à parler ainsi.

1604, prit possession de la Lorraine, avec la duchesse NICOLE, sa femme, après l'abdication du duc François, son père. L'an 1631, Gaston, frère de Louis XIII, arrive pour la seconde fois au mois de mars en Lorraine (il y était déjà venu en 1629), et épouse à Nanci, le 3 janvier de l'an 1632, Marguerite, sœur de Charles. Le roi Louis XIII, s'étant transporté à Metz avec sa cour, s'empare de Vic, et fait assiéger Moyenvic, qui se rend au bout de quinze jours. Le duc de Lorraine vient à Metz pour traiter avec le roi. Les conditions que le monarque exigea de lui, furent qu'il renoncerait à toutes les alliances qu'il avait contractées avec les ennemis de la France, qu'il n'en ferait aucune désormais sans le consentement du roi, qu'il ne permettrait aucune levée de gens de guerre dans ses états contre le service de sa majesté, et qu'il lui livrerait Marsal pour trois ans. Charles se soumet à ces conditions; et le traité, conclu à Metz le 11 décembre, est signé à Vic le 6 janvier suivant. Charles fait avec le roi, le 26 juin, un nouveau traité à Liverdun; mais presque aussitôt il le viole, en faisant passer des troupes en Allemagne au secours des Impériaux. La guerre, après cela, ne tarda pas à lui être déclarée par la France. Elle fut courte. Nanci, assiégé par le roi, lui ouvre ses portes le 24 septembre 1633, par traité fait à Neufville, entre ce monarque et le duc. Le roi fait dire au fameux graveur Callot, né sujet du duc, de graver ce siège. *Je me couperais plutôt le pouce*, répond ce généreux citoyen. Louis XIII le loue de son affection pour son prince. L'an 1634, Charles fait, le 19 janvier, la démission de ses états en faveur du cardinal NICOLAS-FRANÇOIS, son frère, puis se retire avec son armée en Allemagne. Le nouveau duc épouse, à Lunéville, CLAUDE, sa belle-sœur et sa cousine, fille du duc Henri II et sœur de la duchesse Nicole. Le maréchal de la Force, averti de ce mariage qui contrariait les vues du cardinal de Richelieu, investit Lunéville, et s'assure des deux époux qu'il fait conduire avec la princesse de Phalzbourg, sœur de Charles, à Nanci, où ils sont gardés à vue. Ils trouvent cependant moyen de s'échapper le 1er avril, déguisés, le duc François en paysan, la duchesse Claude et la princesse de Phalzbourg en pauvres femmes, portant une hotte chacune sur le dos. Ayant trouvé des chevaux à une demi-lieue de Nanci, ils se rendent auprès du duc Charles à Besançon. De là, François et son épouse se retirent à Florence, auprès de la grande duchesse, leur tante. Charles en même tems va se joindre à Ferdinand, roi de Hongrie, occupé contre les Suédois. Il commande en chef les troupes de la ligue catholique, et gagne, le 6 septembre, la bataille de Nortlingue contre Weimar. L'an 1635, il rentre en Lorraine, où il fait des progrès qui attirent Louis XIII en personne dans ce pays. Il passe, l'an 1636, à Bruxelles, d'où il est envoyé contre le prince de Condé qui assiégeait Dôle. Condé, le 16 août, lève le siége à l'arrivée du duc. Charles ne fut pas également heureux au siége de Saint-Jean-de-Losne, qu'il entreprit sur la fin du mois suivant avec le comte de Galas. Cette mauvaise place, où Rantzau s'était jeté pour la défendre, fit une résistance si vigoureuse, que les deux généraux, après un assaut où ils perdirent beaucoup de monde, furent obligés, le 3 novembre, de se retirer. Charles bat, l'an 1638, le duc de Longueville près de Poligni. L'an 1640, il fait des prodiges de valeur pour forcer les Français à lever le siége d'Arras; il emporte le fort de Rantzau, qu'il est obligé ensuite d'abandonner faute de secours de la part des Espagnols. On lui demandait depuis, qui l'avait soutenu dans cette occasion périlleuse. *La terre*, répondit-il. L'an 1649, il délivre la ville de Cambrai, assiégée par les Français. Il arrive à Paris, le 2 juin 1652, pour se joindre aux princes soulevés contre la cour. Le 6 du même mois, il signe un accommodement avec la reine, par lequel ses états lui sont rendus à certaines conditions. Il part pour s'y rendre; mais sur le refus que la garnison française de Bar-le Duc fait de lui en ouvrir les portes, il reprend la route de Flandre. Là, il renoue ses liaisons avec la fronde et l'Espagne, et revient à Paris le 6 septembre suivant. Il en sort, le 15 octobre, pour se retirer aux Pays-Bas, et prend Vervins sur sa route. L'an 1654, il est arrêté, le 26 février, à Bruxelles par le comte de Fuensaldagne, avec lequel il s'était brouillé. (Désespéré de cet affront, il écrit au comte de Ligneville, qui commandait son armée, un billet caché dans un pain. Ce billet finissait par ces mots : *Quittez promptement les Espagnols, tuez tout, brûlez tout; et souvenez vous de Charles de Lorraine.*) Le duc est conduit à Anvers, et de-là à Tolède, où il demeura prisonnier l'espace de cinq ans. Le duc François, son frère, continuait cependant de servir l'Espagne en Flandre. Le 18 décembre 1655, il passe au service de la France avec ses troupes.

Charles obtient son élargissement l'an 1659, et se trouve aux conférences pour la paix des Pyrénées. A son arrivée, on avait déjà réglé son article. La Lorraine lui était rendue, et le Barrois demeurait à la France. L'an 1661, le 28 janvier, il obtient du cardinal de Mazarin la restitution du Barrois. Il part alors pour ses états, et arrive à Bar le 14 avril. Séduit par les insinuations du marquis de Lionne, qui lui avait inspiré des défiances contre le prince Charles son neveu, il cède à la France ses états, après sa mort, par traité signé, le 6 février 1662, à Montmartre. Cette étonnante cession avait pour condition que les princes lorrains seraient déclarés habiles à succéder à la couronne au défaut des princes de Bourbon. Le prince Charles, neveu du duc, fait ses protestations contre ce traité le 7 mars, et passe en Allemagne.

Louis XIV ayant fait demander Marsal au duc Charles, sur le refus qu'il fait de s'en dessaisir, se rend à Metz l'an 1663, pour aller de-là faire le siège de la place, déjà investie par ses troupes. Charles vient le trouver, et s'oblige à livrer Marsal dans trois jours, par un traité signé le 31 août. La place fut en effet livrée, mais Charles n'en demeura pas moins ennemi de la France. Le roi, l'an 1670, instruit des mouvements qu'il se donnait pour rompre la paix, envoie M. de Créqui à la tête de vingt-cinq mille hommes pour s'emparer de la Lorraine. Charles se retire à Cologne. Il propose, l'an 1673, et fait conclure une alliance entre l'empereur, l'Espagne et la Hollande, contre la France. L'an 1674, il commande, avec le comte Caprara, l'armée des confédérés à la bataille de Sintzeim, donnée le 16 juin. Le champ de bataille resta aux Français, commandés par M. de Turenne, mais tout couvert de leurs morts, suivant les partisans des alliés. L'an 1675, Charles et le duc de Lunebourg ayant mis le siége devant Trèves, le maréchal de Créqui vient au secours de la place. Battu, le 11 août, à Consarbrick par les Allemands et les Lorrains, commandés par les ducs de Brunswick, de Zell et de Holstein, et le général Chauvel, il va se renfermer dans Trèves. Charles étant venu l'assiéger dans cette place, le fait prisonnier le 6 septembre, et l'envoie à Coblentz. Le 18 du même mois fut le terme des jours de ce prince. Il mourut à Larback, dans le pays de Birkenfeld, appartenant à l'électeur de Trèves, à l'âge de soixante et onze ans cinq mois et quatorze jours. Son corps fut déposé dans l'église des Capucins de Coblentz, d'où il fut porté, le 20 mai 1717, à la Chartreuse de Bocerville, qu'il avait fondée près de Nanci. Charles, avec des qualités de héros, mena la vie d'un aventurier. Son inquiétude, son imprudence et son indiscrétion, furent la source de ses malheurs, et entraînèrent la ruine de sa maison. Il n'eut point d'enfants de NICOLE, qu'il avait épousée le 23 mai 1621, et qu'il répudia, l'an 1637, pour donner sa main à BÉATRIX DE CUSANCE, veuve du prince de Cantecroix. Ce second mariage, contracté sur l'avis du P. Cheminot, jésuite, qui prétendait que le premier, dans son principe, était nul par défaut de liberté, fut cassé, l'an 1639, par le pape Urbain VIII. Le duc, que sa passion aveuglait, n'en demeura pas moins attaché à sa nouvelle épouse. Elle l'accompagnait souvent dans ses voyages, et partout où les occasions de la guerre l'appelaient ; ce qui la fit surnommer sa *femme de campagne*. Il eut d'elle deux enfants, Henri, comte de Vaudemont, né le 17 avril 1642, mort le 14 janvier 1723, et Anne, née le 23 août 1639, mariée à Jules, prince de Lillebonne. Charles, après la mort de Béatrix, arrivée le 5 juin 1663, épousa, le 17 juillet 1665, LOUISE MARGUERITE, fille de Charles, comte d'Apremont-Nanteuil, dont il n'eut point d'enfants. Le duc Nicolas-François, frère de Charles IV, et bien différent de lui pour le caractère, l'avait précédé de cinq ans au tombeau, étant mort à Nanci, le 25 janvier 1670, à l'âge d'environ soixante ans. (Il était né le 6 décembre 1609.) De CLAUDE, son épouse (morte le 2 août 1648), il eut Ferdinand, né le 30 novembre 1639, et mort le 1er. avril 1659; Anne, décédée au berceau ; Marie-Anne, abbesse de Remiremont, morte à Paris, le 17 juin 1661, à l'âge de treize ans; et Charles, qui suit.

CHARLES IV ou V.

1675. CHARLES IV ou V, fils du duc Nicolas-François, et de Claude de Lorraine, né à Vienne le 3 avril 1643, prit le titre de duc de Lorraine et de Bar après la mort de Charles IV, son oncle. Il était déjà célèbre par plusieurs exploits militaires. L'an 1664, il s'était signalé à la bataille de Saint-Gothard, gagnée par les Impériaux contre les Turcs, le 1er. août. Il avait fait la campagne de Hongrie en 1671, sous le général Sporck, qui le chargea du siége de Murau, dont il se rendit maître : il avait commandé la cavalerie impériale dans la campagne de 1672, sous le général Montécuculli. Il combattit l'épée à la main, le 11 août 1674, à la bataille de Sénef, en Flandre, et y reçut une blessure à la tête. L'an 1676, chargé du commandement de l'armée impériale après la retraite de Montécuculli, il couvrit le siége de Philisbourg, qui fut pris le 17 septembre par le prince de Bade, à la vue d'une armée de quarante-cinq mille français, commandée par le maréchal de Luxembourg. Se trouvant, l'an 1677, à la tête de soixante mille hommes, il se flatte de rentrer en possession de ses états; et dans cette persuasion, il fait mettre sur ses étendards ces mots latins : *Aut nunc, aut nunquam*. Mais le maréchal de Créqui, avec trente mille combattants, fit évanouir des espérances qui paraissaient si bien fondées, et contraignit le prince de repasser le Rhin à Coblentz. Nommé, l'an 1683, généralissime de l'armée impériale destinée contre les Turcs, Charles marcha au secours de Vienne, assiégée par ces infidèles, avec une armée de deux cent quarante

mille hommes, les harcela par des courses continuelles; et, à l'arrivée du roi de Pologne, ayant attaqué leur camp, de concert avec ce prince, il les obligea de prendre la fuite, et délivra la place. La même année, et les deux suivantes, il fit plusieurs conquêtes en Hongrie, et battit les Turcs en diverses rencontres. L'an 1686, le 2 septembre, il prend Bude à la vue du grand-visir, après quarante-cinq jours de siége. L'an 1687, le 12 août, il remporte une victoire complète sur les Turcs, à la tête du pont d'Esseck. Voyant l'empereur disposé, l'an 1688, à recommencer la guerre contre la France, il s'oppose généreusement à ce dessein, quoique ce fût l'unique moyen pour lui d'être rétabli dans ses états. « Ce grand homme représenta fortement, » dit le maréchal de Berwick, qu'il fallait préférer le bien géné-
» ral de la chrétienté à des inimitiés particulières, et que, si » l'on voulait employer toutes ses forces en Hongrie, il oserait » presque répondre de chasser les Turcs de l'Europe en peu de » campagnes. Cet avis, ajoute le maréchal, ne fut pas suivi; » mais il n'en était pas moins louable ». Charles, envoyé, l'an 1689, sur le Rhin, se rend maître de Mayence le 8, et non le 11 septembre, après cinquante-deux jours de siége. L'an 1690, étant parti d'Inspruck, dont il était gouverneur, pour se rendre à Vienne, il tombe malade à Weltz, le 17 avril, et y meurt le lendemain dans sa quarante-huitième année. Ce prince, digne par ses vertus militaires, politiques et chrétiennes, d'occuper le premier trône de l'Univers, ne jouit jamais de ses états. À la paix de Nimègue, ils lui furent offerts par la France, mais à des conditions qu'il ne voulut jamais accepter. Louis XIV dit, en apprenant sa mort, que c'était le plus grand, le plus sage et le plus généreux de ses ennemis. Il avait épousé, le 6 février 1678, Éléonore, sœur de l'empereur Léopold (1), et veuve de Michel Wiecnowiecki, roi de Pologne, avec lequel et après la mort duquel il concourut, mais sans succès, pour cette couronne. Éléonore (morte le 11 décembre 1697), lui donna Léopold, qui suit; Charles, électeur de Trèves, mort en 1715; Joseph, tué à la bataille de Cassano, le 15 août 1705; et François, abbé de Stavelo.

LÉOPOLD.

1690. LÉOPOLD, fils du duc Charles V et d'Éléonore d'Autriche, né le 11 septembre 1679, succède au titre de duc

---

(1) Et non sa fille, comme porte l'édition des Bénédictins. Elle était fille de Ferdinand III, roi de Bohême.

de Lorraine après la mort de son père. Rétabli, l'an 1697, dans ses états par le traité de paix de Riswick, il arrive, le 17 août 1698, à Nanci, et va faire hommage au roi, le 25 novembre 1699, dans Versailles, pour la mouvance du Barrois. L'an 1707, par traité passé à Metz entre les commissaires respectifs, le roi de France restitue au duc de Lorraine la souveraineté de Commerci. Léopold en fait présent, le 31 décembre suivant, à Charles-Henri, comte de Vaudemont. Le prétendant, Jacques III, roi d'Angleterre, obligé par un des articles de la paix d'Utrecht de sortir de France, s'étant retiré en Lorraine, arrive le 21 février 1713 à Bar-le-Duc, où Léopold, quelques jours après, vient le saluer. Le prince fugitif quitta cette retraite au mois d'octobre 1715 pour se rendre en Ecosse.

L'an 1729, le 27 mars, Léopold meurt à Lunéville dans la cinquantième année de son âge. Son corps fut porté dans le tombeau de ses ancêtres, aux Cordeliers de Nanci. Ce prince mit toute son application, pendant son règne, à faire du bien à ses sujets. Il trouva la Lorraine désolée et déserte, dit un moderne ; il la repeupla, il l'enrichit, il la conserva toujours en paix, pendant que le reste de l'Europe était ravagé par la guerre. Il eut la prudence d'être toujours bien avec la France et de se faire aimer de l'empire. Léopold cultivait les sciences et les protégeait. Il établit à Lunéville une école où la jeune noblesse de Lorraine et d'Allemagne venait se former. On y apprenait les sciences utiles à la société, et la physique y était démontrée aux yeux par des machines admirables. Enfin il fit consister son bonheur à faire celui de son peuple, et regarda la bienfaisance comme la vertu la plus glorieuse pour les princes et la plus essentielle à la souveraineté. « Je quitte-» rais mon duché, disait-il, si je ne pouvais faire du bien. » Aussi goûta-t-il le plaisir d'être aimé ; et long-tems après sa mort, on ne prononçait en Lorraine son nom qu'en versant des larmes. Il avait épousé, par procureur, à Fontainebleau, le 13 octobre 1698, ELISABETH-CHARLOTTE, fille de Monsieur, frère du roi, morte à Commerci le 23 décembre 1744, emportant au tombeau les mêmes regrets que son époux. Léopold laissa de cette princesse, François-Etienne, qui suit ; Elisabeth-Thérèse, née le 16 octobre 1711, mariée, le 9 mars 1737, à Charles-Emmanuel, roi de Sardaigne, morte le 3 juillet 1741 ; Charles, prince de Lorraine, né le 12 décembre 1712, gouverneur des Pays-Bas, marié à Marie-Anne-Eléonore d'Autriche, morte le 16 décembre 1744 ; Anne-Charlotte, née le 17 mai 1714, abbesse de Remiremont, morte le 7 décembre 1773.

FRANÇOIS-ETIENNE.

1729. FRANÇOIS-ETIENNE, fils aîné du duc Léopold et d'Elisabeth-Charlotte d'Orléans, né le 8 décembre 1708, fut reconnu duc de Lorraine après la mort de son père, le 27 mars 1729. Il était alors à la cour de Vienne, d'où il arriva en Lorraine le 9 novembre de la même année. S'étant transporté, l'an 1730, à Versailles, il y rend la foi et hommage au roi de France, le 1er. février, pour le duché de Bar. Il part de Lunéville, le 25 avril 1731, pour Bruxelles, d'où, après avoir parcouru la Flandre autrichienne, il passe en Hollande, de là en Angleterre. Etant repassé, à son retour, par la Hollande pour se rendre en Allemagne, il parcourt les états d'Hanovre, de Wolffenbuttel, de Prusse, et arrive, le 26 mars 1732, à Breslaw. Le 28 du même mois, pendant son séjour en cette ville, il est nommé par l'empereur vice-roi de Hongrie. Il arrive, le 14 avril suivant, à Vienne. Par le traité conclu, le 3 octobre 1735, entre l'empereur et le roi de France, il était dit que le duc François-Etienne céderait à Stanislas, roi de Pologne, les duchés de Lorraine et de Bar pour la Toscane qu'on lui donnerait en échange. François-Etienne acquiesça à ce traité pour le bien de la paix. L'an 1736, il épouse, le 12 février, à Vienne, MARIE THÉRÈSE, fille aînée de l'empereur, et, le 13 décembre suivant, il ratifie les conventions de l'empereur et du roi de France, portant que Stanislas serait mis dès-lors en possession des duchés de Lorraine et de Bar, pour être après lui réunis à la couronne de France; que, cependant, le duc François-Etienne n'entrerait en possession de la Toscane qu'après la mort du grand-duc régnant. (Voy. *les empereurs et les grands-ducs de Toscane.*)

STANISLAS, DIT LE BIENFAISANT.

1737. STANISLAS LECZINSKI, roi titulaire de Pologne, est reconnu duc de Lorraine et de Bar l'an 1737, en vertu du traité fait, le 3 octobre 1735, entre l'empereur et le roi de France. Le baron de Méchec prend possession du duché de Bar, au nom de ce prince, le 8 février 1737, et du duché de Lorraine, le 21 mars suivant. Le 3 avril, Stanislas arrive à Lunéville avec la reine, son épouse, et y établit son séjour. Ce prince, durant l'espace de 29 ans qu'il a gouverné la Lorraine, a été comme un astre bienfaisant qui ne cesse de répandre ses douces influences sur les terres soumises à son aspect. Il a protégé l'agriculture, animé le commerce, encouragé les arts; son économie lui a fourni des ressources pour faire, chaque année, un ou plusieurs établissements utiles. L'un des plus glorieux à la mémoire de Stanislas, est celui de l'académie de Nanci, qui fut érigée le 28 septembre 1750. Stanislas y parut moins en fondateur qu'en académicien. Plus d'une fois il y paya le tribut de ses talents. Enfin ce prince, éprouvé par tant de revers, et si digne néanmoins de la plus constante prospérité, termina ses jours par un accident des plus funestes. Le 5 février 1766, comme il était seul le matin dans sa chambre, s'étant approché de sa cheminée, le feu prit à sa robe de chambre, et fit un progrès si rapide, qu'avant qu'on pût y apporter du secours, il avait affecté tout le côté gauche du roi. On le mit en hâte au lit. Les plaies, pendant dix jours, parurent répondre aux désirs des médecins. Mais, le 21, il tomba dans un assoupissement qui dura jusqu'au 23, qu'il expira sur le soir, dans la quatre-vingt-neuvième année de son âge, étant né l'an 1677. Stanislas avait épousé, en 1698, CATHERINE DE BUIN-OPALINSKA, morte à Lunéville, âgée de 66 ans, le 19 mars 1747. Ce mariage ne produisit que deux filles : N....., morte dans le célibat à Wissembourg, âgée de seize ans, et Marie-Charlotte-Félicité, femme de Louis XV, roi de France, morte le 24 juin 1768. (Voy. *les rois de Pologne.*)

CHRONOLOGIE HISTORIQUE

DES COMTES,

PUIS DUCS DE BAR.

LE duché, autrefois comté de Bar, situé entre la Lorraine et la Champagne, ayant le Luxembourg au nord et la Franche-Comté au midi, enclave plusieurs portions des provinces de Lorraine, de Champagne, du Verdunois et du Toulois. Les bailliages de Bar et de la Marche sont dans le ressort du parlement de Paris; c'est ce qu'on appelle *le Barrois mouvant* : le surplus du Barrois est du parlement de Nanci; c'est *le Barrois non mouvant*. Dans cette dernière partie est le bailliage de Pont-à-Mousson, que l'empereur Charles IV érigea en marquisat l'an 1354. La capitale du Barrois est la ville de Bar-le-Duc. Elle est ancienne : on prétend qu'elle existait déjà au cinquième siècle, et que Viomad vint jusques-là au-devant de Childéric, fils de Mérovée, lorsque ses sujets le rappelèrent. Le Barrois, compris originairement dans le pays des Leuquois, était connu sous ce nom dès le commencement du huitième siècle. Ceux qui le possédaient se qualifièrent ducs depuis 958 jusques vers 1034, qu'ils prirent le titre de comtes. En 1355, ils reprirent la qualité de ducs et n'en changèrent plus. (Tous ces détails se rapportent aux années antérieures à 1785.)

FRÉDÉRIC.

951. FRÉDÉRIC, ou FERRI I, fils de Wigeric, comte du palais, sous le roi Charles le Simple, était en possession du comté de Bar dès l'an 951. Il paraît qu'il lui fut conféré par Otton I, roi de Germanie, en faveur de son mariage avec BÉATRIX, nièce de ce prince et sœur de Hugues Capet. Le

P. Picard prétend qu'il était, dès l'an 950, pourvu du comté de Voivre, nom que l'on donne aujourd'hui (1785) à cette partie du Barrois qui renferme les bailliages d'Étain, Briei, Longuyon et Villers-la-Montagne. Frédéric avait pour le moins quatre frères, savoir : 1º Adalbéron, évêque de Metz, qui atteste lui-même ce degré de consanguinité, en se disant fils de Wigeric, dans ses lettres de 945, pour le rétablissement de l'abbaye de Sainte-Glossinde de Metz; 2º Gozelin, comte dans les Ardennes, qui est nommé frère germain du même évêque, dans la vie du bienheureux Jean, abbé de Gorze; 3º et 4º Sigefroi et Gislebert, rappelés comme frères de Gozelin dans une charte de 943. Le château de Bar, qui domine toute la ville basse de ce nom (1785), fut l'ouvrage de Frédéric. Il le fit rebâtir, en 964, pour servir aux Lorrains de boulevard contre les excursions des Champenois : *Propter frequentes Campanorum in Lotharingiam excursiones, in confinio Campaniæ et Lotharingiæ castrum extruxit*, dit l'auteur de la chronique de Saint-Mihiel. Frédéric fut créé, en 959, duc de la haute Lorraine, dite Mosellane. Il conserva cette dignité jusqu'à sa mort, arrivée en 984. (Voy. *les ducs de la haute Lorraine.*)

THIERRI I.

984. THIERRI I, fils de Frédéric, lui succéda dans le duché de Bar, ainsi que dans le duché de Lorraine. Il fit enfermer Béatrix, sa mère, parce qu'elle voulait retenir et conserver l'autorité. En réparation de cet attentat, il fonda, en 992, la collégiale de Saint-Maxe, au château de Bar. Il mourut le 2 janvier 1026. (Voy. *les ducs de la haute Lorraine.*)

FRÉDÉRIC II.

1024. FRÉDÉRIC II, ou FERRI, fils de Thierri, fut également duc de Lorraine et de Bar. (Voyez *les ducs de la haute Lorraine.*) On place sa mort à l'an 1027.

SOPHIE.

1027. SOPHIE, fille aînée de Frédéric II, lui succéda dans le comté de Bar; elle avait épousé, avant la mort de son père, Louis, comte de Mouson et de Montbéliard. Eudes, comte de Champagne, assiégea, en 1037, le château de Bar, et l'emporta d'assaut; mais bientôt après, ce comte ayant été tué dans une bataille contre le duc Gothelon, la place fut rendue à ses maîtres légitimes. Sophie fonda le prieuré de

Notre-Dame de Bar, qu'elle donna à l'abbaye de Saint-Mihiel, où elle voulut être inhumée auprès de son époux. La ville de Bar n'occupait alors que le terrein qui environnait l'église de ce prieuré, située à la droite de la rivière d'Ornei, sur une chaussée romaine. On la continua ensuite sur l'autre bord de la rivière : c'est ce qu'on appelle la ville basse. On bâtit depuis la ville haute autour du château. Sophie fit aussi construire, en 1085, le château dont on voit encore les restes sur une montagne située près de la ville de Saint-Mihiel. Elle mourut en 1093, suivant Berthold de Constance, et survécut au comte Louis, son mari, qui vivait encore en 1065. De son mariage elle eut sept enfants, Brunon, Thierri, Louis, Frédéric, Mathilde, Sophie et Béatrix. (Voy. à leur sujet *les comtes de Montbéliard et de Ferrette.*)

THIERRI II.

1093. THIERRI II, rappelé avec Louis, son père, dans une charte du monastère de Saint-Gengoul de l'an 1065, lui succéda peu après dans les comtés de Mouson et de Montbéliard; mais il n'obtint celui de Bar qu'en 1093, à la mort de Sophie, sa mère. Il est le premier qui porta sur ses sceaux deux bars adossées. Il fonda le prieuré d'Amange, aujourd'hui Insming, situé en Lorraine, dans le bailliage de Dieuze, et l'accorda en 1102, à l'abbaye de Saint-Mihiel. Cette donation fut confirmée, en 1152, par son fils Etienne, évêque de Metz. Thierri mourut peu après cette donation. Il fut enterré dans l'église cathédrale d'Autun, avec ERMENTRUDE, ou ERMENSON, sa femme, qu'il avait épousée en 1076, et qui lui survécut. Elle était fille de Guillaume II, comte de Bourgogne. Thierri eut de ce mariage neuf enfants. (Voy. *les comtes de Montbéliard et de Ferrette.*) Frédéric, comte de Montbéliard et de Ferrette, son fils aîné, fut auteur de la maison de Ferrette. Thierri, son second fils, continua celle de Montbéliard. Renaud, qui était le sixième, forma la suite des comtes de Bar.

THIERRI III.

Vers 1104, THIERRI, second fils de Thierri II, lui succéda dans les comtés de Montbéliard et de Bar. Mais s'étant rendu odieux aux sujets de ce dernier comté, il fut obligé de le céder, peu de tems après, à Renaud, son frère, et de se contenter de celui de Montbéliard.

RENAUD I, DIT LE BORGNE.

RENAUD I, dit LE BORGNE, devenu comte de Bar par l'abdication forcée de son frère, ne fut guère plus soigneux que lui de se ménager l'affection des Barrois. Richer, évêque de Verdun, qui avait conféré, en 1096, le comté de sa ville épiscopale à Thierri, son père, l'ôta, en 1111, à Renaud, son fils, pour avoir laissé prendre le château de Dieulouard, par les Messins, et conféra cette dignité à Guillaume, comte de Luxembourg. Renaud, pour se venger, porta le fer et le feu dans le Verdunois. Mais l'évêque et Guillaume, ayant réuni leurs forces, le chassèrent, le poursuivirent, détruisirent ses châteaux, et prirent d'assaut la ville de Saint-Mihiel, dont il était avoué. L'empereur Henri V, étant venu les renforcer, l'an 1113, assiégea Renaud dans le château de Bar, dont il se rendit maître, et où il le fit prisonnier. De là, ayant été se présenter devant celui de Mouson, il fit sommer la garnison de se rendre, avec menace de faire pendre le comte, qu'il avait avec lui, en cas de refus. Les assiégés demandent un jour pour délibérer. Or, il arriva, dit Otton de Frisingue, que la nuit suivante, la comtesse accoucha d'un fils qui fut nommé Hugues. Les habitants, s'étant assemblés autour du nouveau né, lui prêtèrent à l'envi serment de fidélité, après quoi ils mandèrent à l'empereur, que pour sauver la vie à leur comte, ils ne se rendraient pas, attendu qu'il avait un fils pour le remplacer. L'empereur, furieux de cette réponse, ordonne que le comte soit attaché au gibet à la vue de la place. Mais les seigneurs qui l'environnaient, à force de remontrances et de prières, obtinrent la révocation de l'ordre. Le siége fut continué, à la honte de l'empereur, qui, après avoir fait les plus grands efforts, fut obligé de le lever. Il retourna en Allemagne, emmenant avec lui son prisonnier, qu'il renvoya au bout de quelque tems, après l'avoir obligé de lui rendre hommage, outre une grosse somme d'argent qu'il tira de lui pour sa rançon. L'an 1114, le comte de Luxembourg ayant remis à Renaud le comté de Verdun, celui-ci s'achemina pour aller se mettre en possession de la ville. Mais les habitants lui en fermèrent les portes. Cet affront fut suivi d'une bataille où le comte de Bar reçut une blessure dangereuse, qui l'obligea à se retirer. L'an 1118, suivant Albéric, ou l'an 1120, selon l'historien moderne de Verdun, Henri, nouvel évêque de cette ville, se voyant rejeté par le clergé et le peuple, se ligua avec Renaud, pour forcer les Verdunois à les recevoir l'un et l'autre. Ils y réussirent en prenant la ville, qu'ils saccagèrent par le fer et le feu. L'empereur, à cette nouvelle, envoya ordre de chasser l'évêque, et donna le comté de Verdun à Henri de Grand-Pré. Guerre entre les deux concurrents. Elle finit, l'an 1124, par un traité où Renaud fut confirmé dans la dignité qui lui était contestée.

L'an 1132, Albéron, nouvel évêque de Verdun, entreprit de faire cesser les brigandages que la garnison, placée par le comte de Bar dans la tour de Courverlouse, près de cette ville, exerçait sur tous ceux qui entraient dans la ville ou qui en sortaient. Pour cela, il concerta avec Albert de Merci, princier de son église, de se saisir de la place, et ils y réussirent à l'aide d'un soldat de la garnison qu'ils avaient gagné. Pour se venger, le comte, ayant assemblé des troupes, vint se présenter devant Verdun, la deuxième fête de la Pentecôte, et provoqua les habitants à un combat que l'évêque les empêcha d'accepter. Ne pouvant les attirer hors de leurs murs, Renaud cantonna ses troupes dans trois châteaux voisins pour empêcher les vivres d'entrer dans la ville et faire le dégât dans les environs. L'évêque, à la tête de ses diocésains, vint attaquer le principal de ces trois châteaux, nommé Rosat, le prit, et fit le commandant prisonnier. Renaud, craignant le même sort pour ses autres forteresses et pour sa propre personne, appela à son secours le duc de la haute Lorraine et d'autres seigneurs. Ils vinrent le joindre; mais, frappés d'épouvante, dit Laurent de Liége, à la vue de la cathédrale de Verdun, dédiée à la mère de Dieu, ils suspendirent la marche de leurs troupes, déclarèrent à Renaud qu'ils n'osaient attaquer cet édifice ni faire le siège de la ville, et s'en retournèrent, laissant le comte à ses propres forces. Renaud, désespérant de pouvoir dompter les Verdunois par la voie des armes, employa celle de la négociation pour rentrer dans la tour de Courverlouse. Adalbéron, archevêque de Trèves, et Etienne, évêque de Metz, qui était frère de Renaud, furent choisis pour médiateurs. Mais, tandis qu'on négociait, l'évêque Albéron, pour couper le nœud de la querelle, fit raser la tour. Le comte, atterré par ce coup, se hâta de faire sa paix avec le prélat, qui consentit à lui céder le haut domaine de Clermont-en-Argonne, de Ham et de Vienne, près de Sainte-Menehould, au moyen de quoi le comte renonça à ses prétentions sur la ville et le comté de Verdun, dont il ne conserva que le seul titre d'avoué. L'an 1134, suivant Albéric, il s'empara du château de Bouillon, sur l'évêque de Liége, prétendant qu'il lui appartenait, comme héritier de la comtesse Mathilde. Mais, sept ans après, il fut obligé de le rendre. (*Voy.* Albéron, *évêque de Liége.*) La conduite de Renaud envers l'abbaye de Saint-Mihiel, dont il était avoué, fut des plus tyranniques. Mais il en témoigna du repentir sur la fin de ses jours. L'an 1147, il accompagna le roi Louis le Jeune à la croisade, et mourut l'an 1149 ou 1150, peu de jours après son retour au château de Monçon. Son corps fut inhumé au prieuré de Monçon, qu'il avait fondé. De GISÈLE, sa première femme, fille de Gérard I, comte de Vaudemont, et d'Hadoide, comtesse d'Egisheim, il eut Hugues, qui mourut dans les plus affreuses convulsions, l'an 1141, en défendant le château de Bouillon, suivant l'auteur contemporain du *Triomphe de Saint-Lambert au siège de cette place*, loin d'avoir succédé à son père, comme le prétendent Wassebourg et D. Calmet, dont le premier met sa mort en 1150, et le second en 1155. Ses autres enfants sont Renaud, qui suit; Thierri, princier de l'église de Metz; N. femme de N.; Wildgrave; Étiennette, mariée à Hugues de Broyes, sire de Château-Villain; Clémence, femme 1°. de Renaud II, comte de Clermont-en-Beauvaisis; 2°. d'Albéric I, comte de Dammartin; 3°. de Thibaut III, seigneur de Nanteuil-Haudouin; et Agnès, femme d'Albert, comte de Chini. Albéric donne pour seconde femme au comte Renaud, la mère de Frédéric, comte de Toul, dont il ne paraît pas qu'il ait eu des enfants. Renaud sema son écu de croix d'or recroisetées au pied fixé. Il fonda, en 1124, du consentement de Gisèle, sa femme, et d'Etienne, son frère, évêque de Metz, l'abbaye de Riéval, ordre de Prémontré.

RENAUD II, dit LE JEUNE.

1149 ou 1150. RENAUD II devint le successeur de Renaud I, son père, au comté de Bar et dans l'avouerie de Saint-Mihiel. Il abusa, comme lui, et d'une manière encore plus criante, de ce dernier titre, malgré les ordres qu'il lui avait donnés en mourant de réparer le mal qu'il avait fait à l'abbaye et aux habitants de Saint-Mihiel. Les religieux de cette maison, poussés à bout par sa tyrannie, en portèrent leurs plaintes à l'archevêque de Trèves (Adalbéron) et au pape Eugène III, par deux lettres dont la première a été publiée par Baluze (*Miscell.*, t. IV, pag. 461), et l'autre par Wassebourg (*Ant. Belg.*, fol. 303). Le pape, touché de ces plaintes, chargea les évêques de Toul et de Verdun d'avertir le comte de mettre fin à ses vexations, sous peine des censures ecclésiastiques. On ignore l'effet que fit cette monition. Renaud, dans le même tems, faisait sentir l'incommodité de son voisinage à la ville de Metz, dont il ravageait le territoire avec d'autres seigneurs. Fatigués de ces incursions, les Messins prirent les armes, l'an 1153, et marchèrent contre le comte de Bar et ses confédérés, qu'ils atteignirent à Thirei, près de Pont-à-Mousson. Aussitôt le combat s'engage; mais les Messins, quoique supérieurs en nombre, furent battus avec perte de deux mille hommes, tués ou noyés dans la Moselle. Cette défaite, loin de leur abattre le courage, ne servit qu'à les irriter. Ils rassemblèrent de nouvelles forces, et firent tous les préparatifs nécessaires pour tirer une vengeance éclatante de leurs ennemis. L'aveugle fureur dont ils étaient animés excita la compassion d'Hilin, archevêque de Trèves. Prévoyant les maux infinis près de fondre sur toute la province, il alla trouver à Clairvaux, saint Bernard, pour le conjurer de venir y rétablir le calme. Le saint abbé, malgré la faiblesse qu'une grande maladie, dont il relevait, lui avait laissée, suivit le prélat, et se rendit avec lui à Metz. Il eut besoin de toute son éloquence et du don des miracles dont Dieu l'avait favorisé, pour ramener à des sentiments de paix les deux partis. Il y réussit enfin; mais cette paix ne fut point durable. Nous voyons en effet, peu de tems après, Étienne de Bar, évêque de Metz, employer le crédit de Wibaud, abbé de Stavelo, pour obtenir le secours de l'empereur contre les attaques de ses voisins. On peut néanmoins douter que le comte de Bar, neveu du prélat, ait été de ce nombre, puisque peu après, s'étant ligués contre Mathieu, duc de Lorraine, ils vinrent ensemble assiéger son château de Préni, qu'ils emportèrent. Le comte Renaud mourut le 10 août 1170. D'AGNÈS, fille de Thibaut IV, comte de Champagne, son épouse, qui lui apporta en dot la châtellenie de Ligni, que Charles V, roi de France, érigea en comté l'an 1367, il laissa Henri et Thibaut, qui suivent; Hugues, et Renaud, évêque de Chartres.

HENRI I.

1170. HENRI I, fils aîné de Renaud II, lui succéda en bas âge, sous la tutelle d'Agnès, sa mère. L'évêque de Verdun lui ayant retiré l'administration du comté de Verdun, il prit les armes, à la sollicitation de sa mère, pour la retenir. Excommunication à ce sujet. Henri se réconcilia, l'an 1179, avec le prélat. L'an 1189, il partit avec le roi Philippe Auguste, pour la Terre-Sainte. Il y mourut, l'an 1191, au siège d'Acre, où il s'était distingué.

THIBAUT I.

1191. THIBAUT I succéda, au comte Henri, son frère, mort sans postérité. L'an 1193, il épousa en troisièmes noces ERMENSON, ou HERMANSETTE, fille de Henri l'*Aveugle*, comte de Namur et de Luxembourg, âgée de sept ou huit ans. Cette princesse lui apporta ses prétentions sur ces deux comtés; mais elles furent contestées par Baudouin V, comte de Hainaut, et son fils, à qui le comte Henri en avait fait donation avant la naissance de sa fille.

Thibaut fit la guerre, avec son beau-père, au comte de Hainaut, et perdit la bataille donnée le 1er. août 1194, à Neuville, près de Namur. Il fit ensuite, avec aussi peu de succès, le siége de Namur. Enfin la paix se conclut entre lui et les enfants du comte de Hainaut, par traité passé à Dinant, le 29 juillet 1199. Ferri II, duc de Lorraine, gendre de Thibaut, lui ayant déclaré la guerre, l'an 1207, Thibaut surprit le duc avec deux de ses frères, le 3 février de l'année suivante, les fit prisonniers, et ne relâcha Ferri qu'au bout de sept mois, après lui avoir imposé les conditions qu'il voulut. L'an 1211, il se croisa avec son fils aîné et plusieurs autres princes pour aller en Languedoc faire la guerre aux Albigeois. Un ancien auteur (Pierre de Vaucernai) ne fait pas l'éloge de la conduite qu'il tint dans cette expédition. C'est à sa négligence ou à son défaut de valeur qu'il impute divers échecs que les croisés reçurent, et surtout la levée honteuse du premier siége de Toulouse. Mais cet écrivain est trop partial pour mériter une entière créance. Il veut pallier toutes les fautes de son héros, Simon de Montfort, chef de cette croisade, et les rejette sur les autres seigneurs qui agissaient sous ses ordres. Thibaut mourut le 2 février de l'an 1214, et fut enterré à Saint-Mihiel, près de son père. Il eut de LORRETTE, fille de Louis, comte de Loss, sa première épouse, Agnès, dite aussi Thomassette, femme de Ferri II, duc de Lorraine. ISABELLE, fille de Gui, comte de Bar-sur-Seine, sa seconde femme, lui donna Henri, qui suit; N. de Bar, mariée à Hugues de Châtillon, comte de Saint-Pol. D'ERMENSON de Luxembourg, sa troisième femme, dite aussi HELISENDE, fille de Henri, comte de Luxembourg, il eut Isabelle, mariée à Waleran de Limbourg, surnommé le Long, à qui elle porta le comté de Luxembourg. (Voy. *les comtes de Luxembourg.*)

Thibaut I fonda, en 1197, avec la comtesse Agnès, sa mère, la collégiale de Ligni. Il prit, en 1204, le château de Clermont, et unit le Clermontois au Barrois. Ermenson, après la mort de Thibaut, épousa en secondes noces Waleran III, comte de Luxembourg et de Limbourg.

HENRI II.

1214. HENRI II, fils de Thibaut et d'Isabelle, succéda dans le comté de Bar, à son père. Le 27 juillet de la même année, il se trouva dans l'armée de Philippe Auguste à la bataille de Bouvines, et fut sur le point de faire prisonnier l'empereur Otton, qu'il avait déjà saisi par le cou, et qui ne lui échappa que par la vivacité de son cheval. Albéric, parlant de lui à cette occasion, l'appelle *vir juvenis œtate, animo senex, virtute et formâ venustus.* L'an 1218, il fortifia le château de Foug, sur une montagne près de Toul, et sur les ruines du palais de Savonnières que nos rois de la seconde race avaient eu dans ce lieu. Il fit, en 1220, la paix, à la suite d'une guerre dont on ignore le détail, avec Mathieu II, duc de Lorraine, son neveu, qui s'engagea à lui payer la somme de trois mille livres, monnaie de Metz, dont il donna pour cautions Blanche, comtesse de Champagne, et le comte Thibaut, son fils. (Martenne, *Anecd.*, tom. I, col. 887.) L'an 1225, au mois de décembre, suivant le même auteur, il fut fait prisonnier en Bourgogne, dans une guerre qu'il eut avec Jean de Châlon, fils du comte Étienne, et Henri de Vienne, pour la défense d'Otton II, comte de Bourgogne. Sa liberté, qu'il ne recouvra qu'à la Pentecôte de l'année suivante, lui coûta seize mille livres, avec promesse, qu'il ne tint pas, de bien vivre avec les auteurs de son emprisonnement. L'auteur anonyme d'une chronique de France en vers français, écrite vers la fin du treizième siècle, et publiée par M. Le Beuf (*Dissert. sur l'Hist. de Paris*, t. II, p. cxlvj), parle d'un second emprisonnement du comte Henri, à l'occasion de la guerre que les barons de France firent, l'an 1229 (n. st.), à Thibaut, comte de Champagne :

> L'an MCC et XXVIII (v. st.),
> Si com je pent et com je cuit,
> Fu la grand allé (1) des barons,
> Dont est encore li renoms.
> Li Cuens de Bar n'en revint pas,
> Qu'il y fut pris ce n'est pas gas (2).
> Puis lors ença a esté Quens
> Thibaut ses fieis, chevalier buens.

L'éditeur prétend que ce fut au siége mis devant Bar-sur-Seine par les confédérés, que le comte Henri fut pris, et semble dire avec l'auteur qu'il mourut dans sa prison. Mais la suite des exploits de ce comte dément absolument ce dernier article, et prouve aussi que sa captivité, même en la supposant réelle, fut de très-courte durée. En effet, nous voyons que, cette même année 1229, il délivra Robert d'Auvergne, archevêque de Lyon, que le comte de Champagne avait fait arrêter et mettre en prison, comme il passait sur ses terres, pour avoir favorisé à son préjudice le mariage d'Yolande de Dreux avec Hugues, duc de Bourgogne. La même année encore, il eut une nouvelle guerre avec Mathieu II, duc de Lorraine, dont il ravagea les états. Les hostilités furent suspendues par une trève conclue au mois d'août. L'an 1231, le duc et le comte réunirent leurs armes pour secourir Jean d'Apremont, évêque de Metz, contre la bour-

---

(1) Armée.
(2) Tromperie.

geoisie révoltée de cette ville. Tandis qu'ils en pressent le siége, le comte, gagné par les rebelles, fait échouer l'entreprise en se retirant tout-à-coup, et va se jeter sur les terres de Lorraine. Le duc, pour se venger de cette perfidie, étant entré dans le Barrois, livre aux flammes la petite ville de Pont-à-Mousson, et va faire le siége du château de Foug. Mais Henri étant survenu, met en fuite son neveu, le poursuit, et l'investit dans Gondreville, où il s'était retiré. La paix se fit entre eux à Melun, dans le mois d'août 1233, et non 1236, par la médiation du duc de Bourgogne. (Calmet.) Henri, l'an 1239, s'embarque pour la Terre-Sainte avec ce dernier, le roi de Navarre et divers seigneurs, et reçoit, en passant à Rome, la croix des mains du pape Grégoire IX. Cette expédition ne fut point heureuse. Il fut fait prisonnier le 15 novembre, non de la même année, dans un combat livré aux Infidèles, comme le marque Albéric, mais de la suivante, près de Gaza, après avoir reçu une blessure, dont il mourut peu de jours après. Marin Sanut (liv. 3, part. 2, chap. 15), dit qu'il fut tué dans le combat. De PHILIPPINE, fille de Robert II, comte de Dreux, qu'il avait épousée en 1219 (vivante encore en 1240), il laissa Thibaut, qui suit; Renaud, sire de Pierrepont; Marguerite, épouse de Henri le Blond, comte de Luxembourg, et N., femme, 1°. de Henri de Salm; 2°. de Louis de Chini. Henri et son épouse fondèrent, en 1229, l'abbaye des filles de Sainte-Hoïlde, ou Sainte-Houx, ordre de Cîteaux. Il fonda aussi, en 1239, le couvent des Trinitaires dans la ville de la Marche, en Barrois. Il donna la châtellenie de Ligni à Marguerite, sa fille, lorsqu'elle épousa Henri, comte de Luxembourg. Henri II bâtit aussi une ville à la droite de la Moselle, au pied de la montagne de Mouson; c'est ce qu'on nomme aujourd'hui la ville haute de Pont-à-Mousson.

THIBAUT II.

1240. THIBAUT II succéda au comte Henri, son père. L'an 1253, il se déclara pour Marguerite, comtesse de Flandre, et son fils, Gui de Dampierre, contre Guillaume II, comte de Hollande, leur mena des troupes, perdit un œil, et fut fait prisonnier à la bataille de Westkappel, gagnée par Guillaume le 4 juillet de la même année. Il entra en guerre, l'an 1265, avec Henri, comte de Luxembourg, son beau-frère. Après trois années d'hostilités, saint Louis, choisi pour médiateur entre les parties, les réconcilia par une sentence qu'il rendit l'an 1268. Thibaut se ligua, l'an 1273, avec Ferri III, duc de Lorraine, contre Laurent, évêque de Metz, qu'il fit prisonnier près de Marsal, et l'emmena, l'année suivante, au concile de Lyon, où le pape Grégoire X termina leurs différents. Il acquit, l'an 1292, du même Ferri, la châtellenie de Longwi. Ce prince mourut, suivant D. Calmet, l'an 1296 ou 1297. Il avait épousé, en premières noces, JEANNE DE FLANDRE, fille de Guillaume de Dampierre, et de Marguerite, comtesse de Flandre, dont il n'eut point d'enfants; et en secondes noces JEANNE DE TOCI, qui lui donna Henri, qui suit; Thibaut, nommé à l'évêché de Liége, l'an 1302; et dix autres enfants. Thibaut II reçut, en 1240, l'hommage du comte de Chini. Ce fut lui qui commença la ville neuve de Pont-à-Mousson, à la gauche de la Moselle, et y fonda, en 1260, la collégiale de Sainte-Croix. Il établit aussi, en 1259, le chapitre de Saint-Hilairemont dans la ville de la Mothe.

HENRI III.

1296 ou 1297. HENRI III fut le successeur de Thibaut son père. Il était déclaré dès-lors pour Edouard I, roi d'Angleterre, son beau-père, contre la France. Il servit ce prince avec zèle. L'an 1297, il fit une irruption dans la Champagne, sur laquelle il formait des prétentions contre la reine Jeanne, femme du roi Philippe le Bel. Cette princesse marcha contre lui, accompagnée de Gautier de Créci ou de Châtillon, connétable de France, le battit près de Commines, le fit prisonnier, et l'envoya chargé de fers à Paris, d'où le roi le fit transférer à Bourges. Il obtint, l'an 1301, son élargissement, par un traité du 3 juin, en vertu duquel il rendit hommage au roi de France, *du comté de Bar, avec sa châtellenie et tout ce qu'il y tenait en franc-aleu par deçà la Meuse*. Philippe le Bel se réserva en outre le ressort par appel, des jugements qui seraient rendus par les bailliages de Bar et de Bassigni, et ce ressort fut ensuite attribué par le roi au parlement de Paris. Telle est l'origine de la distinction du Barrois mouvant et du Barrois non mouvant de la couronne de France. On assure que peu de tems après la conclusion de ce traité, la noblesse du Barrois s'assembla, et protesta contre ce que le comte avait fait, prétendant qu'il n'était pas en son pouvoir d'aliéner sa souveraineté, qui de tout tems avait été indépendante. Mais les rois de France n'ont point eu égard à cette prétention vraie ou fausse. La même année (1301), vers les fêtes de Noël, Henri s'embarqua pour aller au secours du royaume de Chypre, attaqué par le sultan d'Egypte. Il y remporta quelques avantages sur les Infidè'es; mais il mourut l'année suivante, en revenant, et fut enterré dans la cathédrale de Naples. D'ELÉONORE, ou AMÉNOR, fille d'Edouard I, roi d'Angleterre, qu'il avait épousée à Bristol, sur la fin de septembre 1293, il eut Edouard, qui suit, et Jeanne, femme de Jean de Varennes, comte de Sussex.

EDOUARD I.

1302. Edouard I succéda en bas âge au comte Henri, son père, sous la garde et régence de Jean de Puisaye, son oncle. L'an 1309, le 6 novembre, il fut fait prisonnier devant le château de Frouart, en combattant pour Renaud, son oncle, évêque de Metz, contre Thibaut, duc de Lorraine. Il sortit de prison, l'an 1314, au moyen d'un traité passé avec le duc de Lorraine, le 21 juin, par la médiation du roi de Navarre. Ce traité fixait la rançon d'Edouard, et des prisonniers de sa suite, à quatre-vingt mille livres, somme pour laquelle il engagea au duc la mouvance du comté de Vaudemont, avec plusieurs terres qui devaient demeurer au dernier, faute de paiement, dans un terme convenu. Il paya à l'échéance, et l'aliénation cessa. Edouard se trouva, l'an 1328, avec le roi Philippe de Valois, à la bataille de Cassel. S'étant embarqué, l'an 1337, pour aller enlever aux Sarrasins la ville d'Athènes, les vents le jetèrent dans l'île de Chypre, où il mourut à Famagouste. Il avait épousé MARIE, fille de Robert II, duc de Bourgogne, et petite-fille de saint Louis, laquelle fut enterrée dans l'église collégiale de Saint-Maxe de Bar, où l'on voit son tombeau. Il eut d'elle, Henri, qui suit; N., mort jeune; Eléonore, mariée à Raoul, duc de Lorraine. Edouard confirma, en 1315, la fondation du chapitre de Saint-Pierre de Bar, faite par Anselme de Joinville, et soixante autres gentilshommes.

HENRI IV.

1337. Henri IV succéda au comte Edouard, son père. La même année, il entra en guerre avec Raoul, duc de Lorraine, sur le refus qu'il faisait de rendre hommage à ce dernier, pour des terres mouvantes de son duché. Le roi Philippe de Valois se rendit arbitre de leur différent, et les réconcilia. L'an 1344, Adémar, évêque de Metz, l'engagea dans une nouvelle guerre contre la Lorraine. Elle durait encore, lorsque Henri mourut à Paris, la veille de Noël 1344. (M. Bonami, dit au mois de septembre.) D'YOLANDE DE FLANDRE, son épouse, fille et héritière de Robert, seigneur de Cassel, il eut Edouard et Robert, qui suivent, tous deux mineurs à la mort de leur père. Yolande, qu'il avait épousée l'an 1340, lui ayant survécu, se remaria, l'an 1353, à Philippe de Navarre, comte de Longueville, et mourut à Metz, le 12 décembre 1395. Les tombeaux du comte Henri, mort à Paris, et d'Yolande sa femme, morte à Metz, sont dans l'église collégiale de Saint-Maxe de Bar.

EDOUARD II.

1344. EDOUARD II succéda en bas âge au comte Henri, sous la régence d'Yolande, sa mère. L'an 1345, au mois d'avril, le roi Philippe de Valois lui assura la paix avec le duc de Lorraine, par un traité qu'il dicta à Saint-Germain-en-Laye, entre ce dernier et la comtesse régente. (*Rec. de Colbert*, vol. 17, pag. 309.) Yolande reconnut mal le service que le monarque lui avait rendu. Le bailli de Sens étant venu, l'an 1349, à Bar, pour y faire exécuter certaines ordonnances royales, cette princesse ne se contenta pas de lui faire fermer les portes de la ville, elle excita même, ou du moins autorisa les habitants à courir sur lui et sur ses gens, et à les maltraiter de paroles et de coups. Philippe de Valois, instruit de cette rebellion, condamna les Barrois à une grosse amende, et se disposa à châtier sévèrement Yolande, quoique sa nièce. Elle prévint le coup, en venant demander pardon au roi. Cette démarche ne fut pas vaine, comme on le voit par les lettres de grâce que Philippe lui fit expédier à Saint-Léger, dans la forêt d'Iveline, le 22 octobre 1349. (*Rec. de Fontanieu*, vol. 77.) Le comte Edouard ne vit pas la fin de sa minorité, étant mort sans alliance, non l'an 1351, comme le marque D. Calmet, en confondant l'ancien style avec le nouveau, mais l'an 1352, entre le mois de février et la fête de Pâques. Nous avons la preuve qu'Edouard vivait encore en 1352, dans un traité fait entre Adémar, évêque de Metz, Yolande, comtesse de Bar, son fils Edouard, *cuens de Bar*, d'une part, et Marie de Blois, duchesse de *Loherrenne*, et Marchise Mainbourg, *et gouvernante de ladite duchiée*, Jean, duc de *Loherrenne*, son fils, et autres seigneurs, d'autre part, pour entretenir la paix entre leurs sujets respectifs, en date de *l'an de grâce de notre Seigneur mil trois cent cinquante et sept, le lundi après les Bures, li vingt-septieme jour de février*. La date de l'année est fautive, et se corrige par les autres qui se rapportent à l'an 1352. (Bonami, *Mém. de l'Acd. des B. L.*, t. XX, p. 488.)

ROBERT.

1352. ROBERT devint le successeur d'Edouard, son frère, avant sa majorité. La même année, le roi Jean lui accorda des lettres de bénéfice d'âge pour terminer les contestations qui étaient entre Yolande, sa mère, et Jeanne de Varennes pour la régence. L'empereur Charles IV érigea, l'an 1354, en marquisat, la seigneurie de Pont-à-Mousson. L'an 1355, dans les premiers jours de février au plus tard, le roi de France,

Jean II, érige de son côté le comté de Bar en duché. Les auteurs allemands et lorrains se trompent en rapportant cette érection à l'empereur Charles IV. (Bonami, *ibid.* pag. 475.) Il est cependant vrai que cet empereur la compta d'abord pour nulle, comme on le voit par ses lettres-patentes expédiées, le 21 décembre 1356, pour la confirmation des priviléges du marquisat de Pont-à-Mousson ; diplôme où il ne traite Robert de Bar que de comte et de marquis. Mais, dans la suite, Robert fit passer son titre de duc à la cour impériale, soit par des lettres que nous n'avons plus, soit par un consentement tacite. L'an 1364 (n. st.), pendant que le roi Jean était en Angleterre, le duc Robert, voyageant en France, est arrêté près de Laon, avec sa suite, par le sénéchal de Hainaut, et emmené dans ce comté, où l'on exigea de lui et de ses gens plusieurs sermens et traités contraires à la fidélité qu'ils devaient au roi de France. Nous ignorons ce qui donna lieu à cet attentat. Mais bientôt après, le sénéchal, craignant la juste vengeance du monarque français, rendit la liberté au duc et à sa suite, avec remise des engagemens qu'il leur avait extorqués. N'étant point encore rassuré par-là, il alla trouver le comte de Flandre, et le pria d'écrire au roi pour lui obtenir son pardon. C'est ce que fit le comte avec succès, comme le témoignent les lettres de rémission, que le roi Jean fit expédier de Londres dans le mois de mai de la même année en faveur du sénéchal. (*Mss. de Colbert*, vol. 30, fol. 985.) L'an 1368, le 4 avril, Robert fut encore fait prisonnier dans un combat contre les Messins, donné près de Ligni, en Barrois, et conduit à Metz, d'où il ne sortit que le 9 août 1370, moyennant une grosse rançon. Yolande, sa mère, vivait encore alors, comme on l'a vu ci-dessus, et était veuve de son second mari. Nous avons rencontré au sujet de cette comtesse, dans le trente-troisième recueil de Colbert, fol. 367, une pièce intéressante qui a échappé, comme celle du roi Jean dont on vient de rendre compte, à la connaissance de tous nos historiens modernes. Ce sont des lettres-patentes du roi Charles V, en date du 24 novembre 1374, dans lesquelles il s'explique ainsi : « Comme pour cer-
» taines causes notre très chiere et amée cousine Yolande,
» comtesse de Bar, de notre voulenté et commandement eut
» pieça été prinse en un des châteaux de notre très chier frere
» le duc de Bar, son fils, et amenée en nos prisons, esquelles
» elle a été retenue longuement, nous, aujourd'hui, à la
» supplication d'elle et de son dit fils, l'avons pleinement dé-
» livrée. Notre dit frère, son fils, lequel avoit entendu que
» elle étoit mal contente de luy, tant pour ce qu'elle fut prinse
» en l'un de ses châteaux, comme dit est, pourquoy elle cui-

» doit qu'il l'eust fait prendre ou qu'il eust été coupable ou
» cause de sa prinse, comme pour ce qu'elle avoit été en-
» fermée, qu'il n'avoit pas été assez diligent de pourchasser
» sa délivrance comme il devoit, li supplia très humblement
» de nous et de notre conseil, que pour quelconques occasions,
» couleurs ou causes elle eust été, ne fust en rien mal-contente
» de luy, elle luy vouloist tout remettre et pardonner, et le
» recevoir en sa grace et s'amour : et nous aussi l'en priasmes
» le plus de cuer que nous peusmes ; laquelle à nostre prière
» et à la supplication de son dit fils li rimit et pardonna tout
» de bon cuer et de bonne voulenté; et à perpétuelle mémoire
» nous avons faict mettre notre scel à ces lettres. Donné en
» nostre chastel du bois de Vincennes, etc. » Incapables de
suppléer au silence de nos historiens, nous aurions besoin
d'un Œdipe pour nous apprendre la cause, la durée et le lieu
de l'emprisonnement de la comtesse Yolande. Ce qu'il y a de
certain, c'est qu'elle était libre en 1375. Nous voyons, en
effet, qu'elle était alors en procès avec Marie d'Espagne,
veuve de Charles II de Valois, comte d'Alençon, qui, jouissant
en douaire des fiefs et arrière-fiefs de Nogent-le-Rotrou,
exigeait d'elle la foi et hommage, les rachats et obéissance
féodale, ce que ladite Yolande refusait, alléguant que la terre
de Nogent relevait non du château de Bellême, mais du comté
de Chartres ; sur quoi intervint, le 24 mars 1387 (v. st.),
arrêt définitif du parlement de Paris, qui déclarait bonne et
valable la saisie féodale faite par Marie, et condamnait la dame
de Bar à restituer les fruits, et aux dépens. (La Clergerie, pag.
294, 301.)

Revenons au duc, fils d'Yolande. L'an 1377, il défit en
bataille rangée Gobert d'Aprémont, qui lui avait imprudem-
ment déclaré la guerre, le fit prisonnier, et l'obligea à lui
céder la châtellenie de Dun pour prix de sa liberté. (Gobert,
peu de tems auparavant, avait obtenu de l'empereur les droits
régaliens pour lui et les aînés de sa maison.) L'an 1386,
le duc de Bar et le duc de Lorraine accompagnèrent, à la
tête de leurs troupes, le roi Charles VI dans son expédition
contre le duc de Gueldre. Robert, l'an 1407, entra dans la
ligue que le duc d'Orléans, engagiste du duché de Luxembourg, fit, avec plusieurs princes voisins de ce duché, contre
Charles II, duc de Lorraine. Il est mis en fuite par ce dernier,
la même année, à la bataille de Champigneule sur la Meurthe,
près de Nanci. Le duc Robert mourut l'an 1411, suivant
Monstrelet. De son mariage avec MARIE DE FRANCE, fille
du roi Jean, qui fut conclu le 4 juin 1364, il eut Henri,
tué en Hongrie, l'an 1396, à la bataille de Nicopoli ; Phi-

lippe, tué à la même journée; Edouard, qui suit; Louis, cardinal et duc de Bar; Charles, seigneur de Nogent-le-Rotrou; Jean, tué à la bataille d'Azincourt; Yolande, mariée à Jean, roi d'Aragon; Marie, femme de Guillaume II, comte de Namur; Bonne, mariée à Waleran, comte de Saint-Pol, connétable de France, à laquelle son père donna, l'an 1402, en avancement d'hoirie, la terre de Nogent-le-Rotrou (*Mss. de Coislin*, n°. 155); Jeanne, épouse de Théodore II Paléologue, marquis de Montferrat; et Yolande la Jeune, femme d'Adolfe, duc de Berg et de Juliers. Le premier acte d'anoblissement dans le Barrois date de l'an 1362. Robert, au sacre de Charles V, roi de France, représenta le comte de Toulouse. Ce fut pour l'amusement de Marie, son épouse, que Jean d'Arras composa le roman de Melusine. (*Bibli. univ. des romans*, juillet 1775.) Robert et Marie fondèrent, en 1371, le monastère des Augustins dans la ville basse de Bar, qu'ils firent aussi fermer de murs. Robert fut, en 1378, du festin que le roi Charles V donna à l'empereur Charles IV. (Saint-Foix, *Histoire de l'ordre du Saint-Esprit*.)

EDOUARD III.

1411. EDOUARD III succéda au duché de Bar, au marquisat de Pont-à-Mousson et à la seigneurie de Casal, après la mort de Robert, son père, qui l'avait préféré, par son testament, à Robert, fils de Henri, son fils aîné. Il avait déja fait ses preuves de valeur, en 1408, à la bataille d'Othei, où il combattit avec succès pour l'évêque de Liége contre les sujets révoltés de ce prélat. S'étant brouillé avec Charles le Hardi, duc de Lorraine, il fait irruption, l'an 1412, dans ce duché, d'où il est ensuite repoussé avec perte. L'an 1413, le 21 avril, il est arrêté à Paris par la faction des Cabochens, et mis en prison au Louvre; le dauphin le fit élargir au mois d'août suivant. L'an 1415, le 25 octobre, il est tué avec Jean, son frère, à la bataille d'Azincourt. Il avait épousé BLANCHE DE NAVARRE, dont il n'eut point de postérité; mais il eut deux enfants naturels, Bonne, mariée à Jean de Saint-Loup, et Henri, seigneur de Rozières-en-Heys et de Pierre-Pont, qui vivait en 1435 et 1438.

LOUIS.

1415. LOUIS, cardinal-évêque de Châlons-sur-Marne, et frère d'Edouard, lui succéda dans le duché de Bar et ses dépendances. Mais Yolande sa tante, reine d'Aragon, revendiqua cette succession, et lui intenta procès à ce sujet au parlement de Paris. Une provision de mille livres de rente qu'elle y obtint fit craindre au cardinal une honteuse destitution. Pour la prévenir, l'an 1419, le 13 août, dans une assemblée des états, tenue à Saint-Mihiel, il se démit de cette principauté en faveur de René d'Anjou, son petit-neveu. Ce prélat passa la même année à l'évêché de Verdun, et mourut, le 23 juin 1430, à Varennes dans le Clermontois. Il était savant, et il fut beaucoup employé dans les affaires de l'église et de l'état.

RENÉ D'ANJOU.

1419. RENÉ, comte de Guise, fils de Louis II, duc d'Anjou et roi de Naples, et d'Yolande, fille d'Yolande de Bar et de Jean, roi d'Aragon, obtint le duché de Bar par la cession que le cardinal de Bar, son grand-oncle, lui en fit, en lui faisant épouser, l'an 1419, ISABELLE, fille aînée de Charles, duc de Lorraine, pour réunir sur sa tête les duchés de Bar et de Lorraine. Adolfe IX, duc de Berg, réclama contre cette cession au nom d'Yolande sa femme, sœur du cardinal Louis, et prit les armes pour faire valoir ses prétentions sur le duché de Bar. Mais, après quelques succès, il fut pris et jeté dans une prison d'où il ne sortit au bout de deux ans qu'en promettant de laisser son rival en paisible possession du duché contentieux, et de lui payer en outre seize mille florins d'or pour sa rançon. L'an 1431, la réunion projetée des duchés de Bar et de Lorraine sur la tête de René s'effectua par la mort de Charles II. (Voy. *les ducs de Lorraine.*) René ne fut reconnu et ne gouverna par lui-même le Barrois qu'après la mort du cardinal Louis.

CHRONOLOGIE HISTORIQUE

DES

COMTES ET VICOMTES DE VERDUN.

Verdun, dont le nom s'exprime de quatre manières différentes en latin, *Viredienum*, *Viredunum*, *Viridunum* et *Virdunum*, capitale du Verdunois et ville épiscopale, située sur la Meuse, qui la traverse, ne doit point être confondu, comme a fait M. de Valois, avec le *Vironum* de la Table théodosienne, qui est Vervins, sur la route de Reims à Bavai. L'itinéraire d'Antonin est le plus ancien monument où il soit fait mention de Verdun. Cette ville, avec le canton qui en dépendait, et qui forme aujourd'hui (1785) son diocèse, était comprise dans la première Belgique, et, par cette raison, a toujours été de la métropole de Trèves. Lorsque les Francs eurent fait la conquête des Gaules, Verdun, avec la province dans laquelle il était enclavé, fut attribué au royaume d'Austrasie. Dans le neuvième siècle, Verdun fit partie du royaume de Lothaire, fils du premier empereur de ce nom, qu'on appela depuis le royaume de Lorraine, et auquel il demeura toujours attaché. Dans la suite, Verdun et toute la Lorraine passèrent sous la domination des rois de Germanie. Le roi Otton 1 donna, vers l'an 950, un comte à Verdun ; ce fut :

GODEFROI LE VIEUX.

Godefroi, fils de Gozilon et de Voda, et petit-fils, par son père, de Wigeric, comte du palais, sous le règne du roi

Charles le Simple, et tige de la maison d'Ardennes, approuva par sa signature, en qualité de comte de Verdun, l'acte de la fondation du monastère de Saint-Vanne, faite par Bérenger, évêque de cette ville. (*Spicil.*, t. XII, p. 262.) C'est le plus ancien monument de l'autorité que ce comte exerça dans Verdun. L'an 973, après la mort de Garnier et de Renaud, comtes de Hainaut, Godefroi fut nommé avec Arnoul, par l'empereur Otton II, pour les remplacer. Mais, l'an 977, Charles de France, duc de la basse Lorraine, les destitua. Godefroi, n'ayant pu obtenir d'Otton II, justice de ce traitement, se retira dans son comté de Verdun. Il n'en demeura cependant pas moins attaché à ce prince. L'an 978, il l'accompagna dans l'expédition qu'il fit en France, pour se venger de la surprise que le roi Lothaire avait faite d'Aix-la-Chapelle, tandis qu'il était près de se mettre à table, et du risque qu'il avait couru d'être fait prisonnier. Ce fut lui qui, au retour de l'armée impériale, sur la fin de novembre, donna le conseil à l'empereur, de lui faire passer la rivière d'Aisne, et épargna par-là une grande effusion sang, qu'une bataille avec les troupes de Lothaire, qui parurent le lendemain, aurait occasionée de part et d'autre. (*Chron. Camerac.*, l. I, chap. 96.) Peu de tems après, Godefroi, joint au comte Arnoul, détruisit, dans une matinée, un château qu'Otton, fils d'Albert, comte de Vermandois, faisait élever à Vinchi dans le Cambresis, malgré Rothard, évêque de Cambrai, et dans le dessein de lui nuire. Après la mort de l'empereur Otton II, arrivée l'an 983, le roi Lothaire voulut profiter des troubles que la minorité de son fils, Otton III, occasiona dans l'empire, pour recouvrer la Lorraine. Dans ce dessein, il entra subitement dans ce pays, l'an 984, sous prétexte de punir quelques seigneurs des rapines qu'ils avaient exercées sur les frontières de France. S'étant présenté devant Verdun, il en forma le siège, que Godefroi, par sa brave défense, l'obligea de lever. Pour se dédommager de cet échec, Lothaire fait le dégât dans le pays. Godefroi marche à sa poursuite, accompagné de Sigefroi, son oncle, comte de Luxembourg. Ayant atteint l'armée française, il lui livre bataille; mais il est battu et fait prisonnier avec son oncle et d'autres personnes de distinction. Consternée de ce revers, la ville de Verdun députe au vainqueur, un seigneur nommé Gober, pour lui en présenter les clefs, espérant que cette soumission lui fera rendre ses citoyens captifs. Lothaire entre dans la ville, et délivre quelques prisonniers; mais il retient Godefroi et Sigefroi, qu'il envoie, l'un et l'autre, dans un château sur la Marne, pour y être renfermés sous la garde d'Otton, comte de Bourgogne, et d'Herbert, comte de Troyes. (Bouq., t. VIII, pp. 284-297-316; t. IX, pp. 54-82; *Spicil.*, in-fol. t. II, p. 238.) Godefroi, pendant sa prison, essuya l'un des plus vifs chagrins, par la défense que Lothaire fit à la ville de Verdun de recevoir Adalbéron, fils de ce comte, qu'elle élut pour évêque à la fin de cette année, ou au commencement de la suivante. (Bouquet, t. IX, pp. 67-136.) Ce prince fit rejaillir son ressentiment sur Adalbéron, archevêque de Reims, frère du comte et oncle du prélat élu, pour lui avoir donné les ordres sacrés, et l'avoir envoyé demander à l'empereur la confirmation de son élection. N'ayant pu le contraindre à excommunier son neveu, Lothaire le fit arrêter et mettre en prison, menaçant même de lui ôter la vie. (Gerbert, *Epist.* 40-52-58, pp. 266-283-284.) Cépendant, le jeune empereur Otton III, sollicité par les parents de Godefroi, pressait le monarque français de rendre Verdun, et de relâcher le comte. Lothaire y consentit, mais à trois conditions : 1°. que Godefroi rendît la ville de Mons, avec les autres places qu'il retenait du Hainaut, au comte Rainier; 2°. qu'il obligeât son fils à renoncer à l'évêché de Verdun, et se dépouillât lui-même du comté de cette ville; 3°. qu'il lui fît hommage des autres terres qu'il possédait dans les Ardennes. Godefroi, dont les sentiments étaient élevés, ne voulut point acheter sa liberté à des conditions si humiliantes. Il engagea même le fameux Gerbert, d'écrire à la comtesse MATHILDE, sa femme, pour l'exhorter à ne point s'abandonner à la tristesse, pour l'amour de lui, à demeurer fidèle à l'impératrice Théophanie, mère et tutrice d'Otton III, à ne faire aucun traité avec la France, ni sous prétexte de lui procurer la liberté, ni dans l'espérance de le garantir de la mort, lui et Frédéric, leur fils, et à bien garder ses forteresses. C'est ce qu'exécuta Gerbert par sa lettre du 22 mars 985. (Bouquet, t. IX, p. 283.) Gerbert, dans une autre lettre, marqua les mêmes choses à-peu-près aux fils de Godefroi et de Sigefroi, par ordre de leur père. Entre les places qu'il leur recommande de garder avec soin, il nomme Scarponne (c'est aujourd'hui le village de Charpaigne, sur la Moselle, vis-à-vis de Dieulouard), et un lieu nommé Haidon-Châtel, *Haidonis-Castellum*. Gerbert les exhorte à ramasser des troupes, à combattre pour la patrie, et à faire voir aux ennemis qu'après s'être saisis de la personne de Godefroi, ils ne l'avaient pas tout entier en leur pouvoir : *Sentiant in vobis hostes non se totum cepisse Godefridum*. Enfin, il leur conseille de s'attacher à Hugues Capet, duc de France, en les assurant qu'avec la protection de ce prince, ils n'ont rien à craindre de la part des autres princes français. (*Ibid.*) Ce fut sans doute par la médiation de ce duc, que Sigefroi fut remis en liberté, avant le 19 mai 985, on ne sait à quelles conditions. Mais Godefroi resta dans les liens jusqu'à la mort de Lothaire, arrivée le 2 mars 986. Alors, le nouveau roi Louis V, se montra plus traitable sur l'article de l'élargissement de ce comte. Cependant il ne sortit de prison que le 17 mai suivant, après avoir été forcé d'abandonner certaines places de l'évêché de Verdun, avec le consentement de l'évêque, son fils. L'archevêque de Reims, son frère, se récria contre ce traité, par une lettre qu'il écrivit à l'impératrice Théophanie, pour l'engager à ne pas permettre qu'il subsistât, comme tendant à la ruine des églises et au détriment de la maison impériale. (*Ibid.* p. 290.) On ignore quel fut l'effet de ces remontrances : mais la paix se fit, le 17 juin 986, entre l'empire et la France. Verdun fut rendu à l'empire, comme le témoigne Gerbert, qui eut grande part à cet ouvrage salutaire, et auquel on doit ajouter plus de foi qu'aux chroniques de Sigebert, de Baudri, de Nangis, et d'autres, où il est dit que le roi Lothaire rendit lui-même Verdun et Godefroi au jeune Otton III. Godefroi, remis en liberté et en possession de son comté, en fit sa démission quelque tems après en faveur de Frédéric, son quatrième fils, et conserva l'administration de ses autres domaines. L'an 1004, il bâtit le château d'Einham, près d'Oudenarde sur l'Escaut. C'était l'héritage de Mathilde, sa femme. (*Sigeb. ad. ann.* 1005, *edit. Mirœi.*) Ce lieu jusqu'alors était peu considérable. Il le devint beaucoup par le soin que Godefroi et sa femme prirent d'y faire fleurir le commerce, en y établissant un port, des foires, une tolte et une abbaye près de son enceinte. C'est ici le dernier trait connu de la vie de Godefroi. Il ne paraît pas qu'il ait vécu fort long-tems depuis. L'épitaphe que sa femme lui fit dresser dans l'église de Saint-Pierre de Gand, porte qu'il mourut le 4 septembre, et lui donne le titre de duc. Hugues de Flavigni fait de lui en peu de mots un éloge complet. *Vir probitate*, dit-il, *gratiâ, divitiis et honoribus inter magnates nominatissimus.* Mathilde, sa femme, décédée le 24 juillet 1009, et enterrée à l'abbaye de Saint Vanne de Verdun, était fille, non de Conrad le Pacifique, roi d'Arles, comme porte la généalogie de saint Arnoul, mais d'Herman Billing, duc de Saxe, suivant l'annaliste saxon, et l'auteur de la généalogie de Flandre. (*apud* Martenne, *Anecd.* t. III, p. 280.) Elle avait épousé en premières noces Baudouin III, comte de Flandre. De son second mariage, elle eut cinq fils, dont les deux premiers, Godefroi et Gothelon, ou Gozelon, furent successivement ducs de la basse Lorraine ; Adalbéron, le troisième, fut, comme on l'a dit, évêque de Verdun, mort le 18 avril 988, en revenant de Salerne, où il avait été consulter, sur la faiblesse de sa santé, les docteurs de cette fameuse école de médecine; Frédéric, qui suit, et Herman, qui viendra ci-après, furent les deux derniers.

FRÉDÉRIC.

988 ou environ. FRÉDÉRIC, quatrième fils de Godefroi l'Ancien et de Mathilde, devint comte de Verdun du vivant de son père, par la démission qu'il lui en fit, et gouverna ce comté avec beaucoup de sagesse et de piété. L'an 997, il entreprit un pèlerinage à Jérusalem, au retour duquel, voulant renoncer au monde, il fit donation de son comté à l'évêque Heimon et à ses successeurs dans l'église de Verdun. Cette donation, qui fut ratifiée par l'empereur Otton III, se trouve rappelée dans un diplôme de l'empereur Frédéric I, de l'an 1156, publié par D. Calmet. (*Hist. de Lorr*. t. II, *pr*. p. 350.) Le comte Frédéric se retira ensuite dans l'abbaye de Saint-Vanne, où il passa saintement le reste de ses jours, qu'il termina l'an 1022.

HERMAN.

HERMAN, dit aussi HEZELON, ou HENRI, cinquième fils de Godefroi l'Ancien, fut nommé vicomte de Verdun par l'évêque Heimon, lorsque ce prélat fut mis en possession du comté de cette ville. Mais il eut toujours le titre de comte, à cause de sa naissance. C'était un des plus riches seigneurs de Lorraine. Il jouissait, outre les domaines que lui avait légués son père, de la terre d'Einham, et MATHILDE, son épouse, fille de Louis, comte de Dagsbourg lui avait apporté en dot ce comté. (Albéric.) La prudence et la valeur allaient en lui de pair avec l'opulence. Il faisait aussi profession de piété. Le monastère de Saint-Laurent de Liége le regardait comme un de ses principaux fondateurs. Il défendit Godefroi, son frère, duc de la basse Lorraine, contre Lambert, comte de Louvain, et Albert, comte de Namur, qui lui disputaient ce duché. L'an 1013, il marcha au secours de Baldric, évêque de Liége, attaqué par Lambert, à l'occasion du château d'Hugarde, qu'il avait élevé dans la vue de favoriser le parti de Godefroi. On en vint, le 10 octobre, à un combat près de Florènes, où les Liégeois furent battus. Le comte Herman fit des prodiges de valeur dans l'action, et après la déroute des

Liégeois, s'étant retranché dans une église, il s'y défendit avec une poignée d'hommes, jusqu'à ce qu'accablé par le nombre, il fut obligé de se rendre. Mais la comtesse Ermengarde, mère du comte de Namur, à la garde de laquelle Lambert avait confié ce prisonnier, chercha à réconcilier son fils avec l'empereur, tout dévoué à la maison d'Ardennes, promettant, à cette condition, de relâcher Herman, à l'insu du comte de Louvain. L'empereur y consentit par la médiation des évêques de Liége et de Cambrai, qui l'en avaient requis à Coblentz. (*Chron. Camera.*, liv. III, c. 5 et 7; *Albéric*, *ad ann.* 1005; *Ægid. Aureæ Val.*, pag. 226-228.) Herman, remis en liberté, n'abandonna pas les intérêts de son frère. Mais on ignore le détail de ses actions depuis ce tems jusqu'à sa mort, que l'historien moderne de l'église de Verdun met en 1028. Mais une charte rapportée par D. Martenne (*Amplis. Coll.*, tome IV, col. 1166), prouve qu'il vivait encore le 3 novembre 1034. Meier prétend qu'il finit ses jours à l'abbaye de Saint-Vanne, où il s'était retiré. De son mariage il eut plusieurs enfants, dont la plupart moururent en bas âge. Aucun de ses fils ne lui survécut. Deux d'entre eux, ayant pris querelle, s'entretuèrent à coups de broches dans la cuisine de leur père, suivant l'historien de Saint-Laurent de Liége. Odile, fille aînée d'Herman, fut abbesse de Sainte-Odile, en Alsace; Mathilde, la seconde, fut mariée à Rainier IV, comte de Hainaut; Bertile, la troisième, mourut avant l'âge de puberté.

GOZELON, ou GOTHELON.

1028. GOZELON, ou GOTHELON, fils de Godefroi l'Ancien, et duc de la basse Lorraine, fut le successeur d'Herman, son frère, dans la vicomté de Verdun. Mais, non content de ce titre, il voulut revenir contre la donation faite par Frédéric, son frère, à l'église de Verdun, et se pourvut au conseil impérial pour la faire casser. Le jugement de ce tribunal ne lui ayant pas été favorable, il employa la voie des armes pour se mettre en possession du comté de Verdun. Après avoir fait le dégât dans les terres de cette église, il prit Verdun, y tua frauduleusement, sur la montagne de Saint Vanne, Louis de Chini, que l'évêque Raimbert avait récemment institué son vicomte, et livra aux flammes la maison épiscopale. (*Mabil. Ann. B. ad ann.* 1025, n°. 61.) L'historien moderne de Verdun dit que l'empereur Conrad le Salique, par le conseil de l'archidiacre Hermenfroi, termina cette contestation en donnant à Gothelon le duché de la haute Lorraine. Mais l'ancienne histoire abrégée des évêques de Verdun garde le silence là-dessus. Ce qui est certain, c'est que Gothelon ne parvint qu'en 1034 au duché de la haute Lorraine. Il n'est pas moins constant qu'il continua d'exercer son autorité dans Verdun, soit à titre de comte, soit à titre de vicomte, jusqu'à sa mort, arrivée l'an 1043. (*Voyez* les ducs de Lorraine.)

Nous terminerons ici la suite des comtes et vicomtes de Verdun, parce que notre intention, en la donnant, n'a été que de faire connaître l'origine de la maison d'Ardennes, maison illustre qui doit sa dénomination, non à un comté d'Ardennes proprement dit, qui n'a jamais existé, mais aux grands domaines qu'elle possédait dans ce pays.

CHRONOLOGIE HISTORIQUE

DES

COMTES DE VAUDEMONT.

VAUDEMONT, *Vadani-Mons*, *Vademontium*, ville située entre Toul et Nanci, à égale distance de l'un et de l'autre, ne consistait originairement qu'en un château placé sur une montagne isolée, dont il ne reste (1785) qu'une grosse tour carrée, et dans les ruines duquel on a trouvé des médailles, des armures, des tombeaux, des boulets de pierre, des urnes, qui prouvent que cette forteresse existait du tems des Romains. Vaudemont faisait partie du duché de Lorraine sous le duc Gérard d'Alsace. Il en fut séparé, en quelque sorte, après lui, par le partage que ses enfants firent de sa succession.

GÉRARD I.

1070. GÉRARD, second fils de Gérard d'Alsace, était mineur, ainsi que Thierri, son frère aîné, à la mort de leur père. Devenus majeurs, les deux frères eurent querelle pour le partage de la succession paternelle, et se firent une guerre assez vive. L'empereur Henri IV, s'étant rendu médiateur, adjugea la terre de Vaudemont, avec une grande partie du Saintois (nommé en latin *Pagus Santensis*), à Gérard, et érigea le tout en comté, par des lettres qui n'existent plus, mais qui doivent être postérieures à l'an 1071, qu'on donne pour époque de cette érection. Il est cependant vrai que le Saintois avait un comte avant l'érection du comté de Vaudemont. Nous en avons la preuve dans une charte manuscrite, par laquelle un nommé

Ricuin donne à l'abbaye de Cluni, gouvernée alors par saint Odillon (mort en 1049), un aleu situé à Dombasle, dans le Saintois, *in Pago Santensi, in villa Dumbasilla*. (*Archiv. de Cluni*.) Mais, comme on vient de le dire, le comté de Vaudemont ne renfermait qu'une partie du Saintois, dont il était un démembrement, et par conséquent faisait un comté séparé. Enorgueilli du titre de comte, Gérard se regarda comme souverain indépendant, et voulut même s'assujettir ses voisins, dont il pilla les terres. Louis, fils de Sophie, comtesse de Bar, et de Louis, comte de Montbéliard, étant venu avec des troupes pour s'opposer à ses courses, Gérard le fit prisonnier dans un combat, et ne le relâcha qu'après lui avoir fait essuyer une longue et dure captivité, à laquelle il survécut très-peu de tems. Les églises et les monastères ressentirent aussi les funestes effets de sa tyrannie. Gérard enfin trouva son maître dans Heincbert, ou Humbert, que la Chronique de Moyenmoutier qualifie duc des Bourguignons. Gérard, dit-elle, l'ayant attaqué, fut pris dans un combat qu'ils se livrèrent, et traité d'autant plus rigoureusement par le vainqueur, qu'il avait à se venger de l'usurpation que le duc Gérard, père du prisonnier, avait faite du château de Suniac (Savigni) sur Wautier et Louis, ses aïeux. Reste maintenant à savoir quel est ce duc Humbert. On le chercherait inutilement, à ce qu'il nous semble, dans la Bourgogne Cisjurane; et nous ne voyons de seigneur de ce nom, contemporain du comte Gérard, dans la Transjurane, que Humbert III, dit *aux blanches mains*, comte de Maurienne. Quoi qu'il en soit, Thierri, duc de Lorraine, sensible au malheur de son frère, s'intéressa pour sa délivrance, qu'il obtint, l'an 1089, moyennant une grosse somme d'argent et la terre de Châtel-sur-Moselle, qu'il donna en échange de celle de Savigni. La disgrâce de Gérard lui fut utile : elle amortit ce grand feu de jeunesse, qui l'avait porté à tant d'entreprises aussi téméraires qu'injustes. Un vénérable solitaire, nommé Hugues, retiré dans la forêt de Terne, dont Gérard était propriétaire, ne contribua pas peu à le fortifier dans ses bonnes dispositions. Gérard y fonda, pour cet homme de Dieu, l'an 1107, dans la vallée de Belleval, une celle ou prieuré, sous la dépendance de l'abbaye de Moyenmoutier, dont Hugues était profès. L'époque de la mort de Gérard ne se rencontre dans aucun ancien monument. Parmi les modernes, les uns, comme M. Schoepflin, la mettent en 1168, les autres douze ans plus tard. Il fut inhumé à Belleval, ainsi que sa femme HADVIDE, fille de Gérard (et non pas de Hugues), comte d'Egisheim, et nièce du pape Léon IX, qui survécut plusieurs années à son époux. Il laissa d'elle Hugues, qui suit; Ulric, comte d'Egisheim, mort vers l'an 1146; Etienne, fondateur de la commanderie de Stéphansfelden; Stéphanie, mariée à Frédéric, comte de Ferrette, morte vers l'an 1144; et Gisèle, femme de Renaud I, comte de Bar-le-Duc, et non de Geoffroi, sire de Joinville, comme le marque D. Calmet.

HUGUES I.

1108 ou 1120. HUGUES, fils de Gérard I, son successeur au comté de Vaudemont, acheva l'église de Belleval commencée par son père, et en fit faire la dédicace en 1134. L'an 1147, il accompagna le roi Louis le Jeune à la croisade avec Henri de Lorraine, évêque de Toul. (*Chron. Senon.*) L'année de sa mort est incertaine. On met, sans preuve, cet événement en 1165. Il fut enterré à Belleval. Sa femme, ADELINE, ou ANGELINE, fille de Simon I, duc de Lorraine, lui donna Gérard, qui suit, et Ulric, qui devint seigneur de Deuilli par son mariage avec l'héritière de cette terre, et mourut sans postérité : mais Deuilli resta dans la maison de Vaudemont, dont les cadets eurent par la suite cette terre pour apanage ; et Otton ou Oddon, qui fut évêque de Toul depuis 1193 jusqu'en 1197.

GÉRARD II.

GÉRARD, fils aîné de Hugues I, lui succéda au comté de Vaudemont. ALEIDE, sa femme, dit aussi GERTRUDE, fille de Geoffroi III, sire de Joinville, qu'on fait dame de Nogent, l'accompagna, l'an 1188, dans un pèlerinage qu'il fit à Saint-Jacques, en Galice. Il mourut, dit-on, en 1190, laissant trois fils, Hugues, qui suit; Geoffroi, seigneur de Deuilli ; et Gérard, évêque de Toul, mort en 1219.

HUGUES II.

1190. HUGUES, fils aîné de Gérard II et son successeur, étant parti du vivant de son père pour la Terre-Sainte, combattit, en 1187, à la funeste journée de Tibériade, et fut apparemment du nombre des prisonniers. Ce qui est certain, c'est qu'il échappa du combat, et revint en sa patrie. Ce fut lui, et non Hugues III, son fils, comme le marque un moderne, qui fit hommage, l'an 1216, du château de Foug à Henri II, comte de Bar. L'an 1232, il marcha au secours de son suzerain contre le duc de Lorraine, qui lui faisait la guerre. Le duc vint assiéger le château de Foug, que les deux comtes défendirent avec succès. L'an 1235, le jour de la Pentecôte, le comte de Vaudemont fit, en présence de ce même comte de Bar, Henri II, son testament, par lequel il partagea ses états entre ses trois fils, Hugues, Geoffroi et Gérard, qu'il avait eus de sa femme HELVIDE, fille de Simon I, comte de Sarbruck. Il mourut cette année ou la suivante.

HUGUES III.

1235 ou 1236. HUGUES III, successeur de Hugues II, son père, au comté de Vaudemont, accorda, par une charte de l'an 1237, à l'abbaye de Morimond, le libre passage, c'est-à-dire l'exemption de péage sur tous les ponts qu'il avait sur la Moselle. Il se disposait alors au voyage d'outremer pour lequel il partit, non la même année, mais la suivante, avec les comtes de Bar et de Montfort. S'étant arrêtés à Lyon, où était le rendez-vous de tous les croisés, ils n'en partirent que dans l'été de l'an 1239, et arrivèrent au commencement de l'année suivante au port de Saint-Jean-d'Acre. Une entreprise qu'ils tentèrent à l'imitation de Pierre Mauclerc, duc de Bretagne, qui venait d'enlever un gros convoi des Infidèles, leur réussit fort mal. Ils furent surpris, le 15 novembre, par la garnison de Gaza qui tomba sur eux et les fit prisonniers. Mais le comte de Vaudemont se défendit avec tant de valeur, dit D. Calmet, qu'il se tira des mains de l'ennemi et rejoignit ceux de la troupe, qui fuyaient. Il demeura encore quelque tems, ajoute cet historien, en Palestine, puis revint en Lorraine. A son retour, il entreprit de bâtir une nouvelle ville à Saulxerote, et lui donna les coutumes de celle de Beaumont, en Argonne, que Guillaume de Champagne, archevêque de Reims, avait construite, en 1182, entre Mouson et Stenai, à l'occident de la Meuse. Pour attirer dans celle-ci des habitants, le prélat leur avait fait la condition meilleure que n'était ordinairement celle du peuple. Il leur avait accordé des franchises avec des priviléges du nombre desquels était le droit de se créer des magistrats. Tout cela fut nommé *la loi de Beaumont*. Le comte Hugues mourut au plus tard en 1246, laissant de MARGUERITE, sa femme, dont on ignore la maison, un fils, qui suit.

HENRI I.

1246 au plus tard. HENRI, fils de Hugues III, auquel il succéda, partit, l'an 1248, suivant M. Bexon, avec les comtes de Bar, de Salm et de Linanges, pour accompagner le roi saint Louis à la croisade. On ignore les exploits qu'il fit dans cette expédition. Il est certain qu'il avait de la valeur ; mais son caractère ambitieux et remuant le rendit odieux à ses voisins,

Ses principales querelles furent avec le duc de Lorraine. Henri lui contesta le droit exclusif dont il était en possession d'assigner le champ clos et de juger les duels entre la Meuse et le Rhin. D'autres sujets de brouilleries leur mirent les armes à la main. Le comte de Vaudemont, après deux défaites, voyant son pays ruiné par le duc, s'enfuit au royaume de Naples, s'y forma un petit état, et épousa N. DE VILLEHARDOUIN, fille du duc d'Athènes. L'an 1270, il fut du nombre des seigneurs qui s'embarquèrent avec le roi Charles d'Anjou pour seconder l'expédition du roi saint Louis en Afrique. Mais le monarque expirait lorsqu'ils arrivèrent. Henri étant revenu avec le roi de Sicile, continua de le servir, comme il avait fait auparavant, dans ses guerres, et fut tué, l'an 1279, au siège de Lucera, dans la Capitanate. De son mariage il eut quatre fils : Henri, mentionné dans un traité que fit son père avec Pierre III, duc de Lorraine, en 1276, et mort avant l'an 1279 ; Henri, Jacques et Gui. (*Chron. Mediani Mon.*)

HENRI II.

1279. HENRI II, fils et successeur de Henri I, ayant recouvré ses états héréditaires, manqua de prudence pour les conserver. Il imita les violences qui les avaient fait perdre à son père, et fut obligé comme lui de les abandonner. Etant de retour en Sicile, il périt en mer, l'an 1299, dans une rencontre avec des vaisseaux aragonais. D'HÉLISENDE DE VERGI, sa femme, il eut un fils, qui suit, et trois filles, dont l'aînée épousa, 1°. Jean Boutefeu, qui mourut avant elle sans laisser d'enfants ; 2°. le seigneur de Nanteuil, qu'elle quitta ensuite par dégoût pour sa vieillesse et ses infirmités. Les deux autres filles de Henri II furent, l'une abbesse de Remiremont, l'autre religieuse à Notre-Dame de Soissons. (*Chron. Mediani Mon.*)

HENRI III.

1299. HENRI III profita de l'exemple de Henri II, son père, et de celui de son aïeul pour vivre paisible dans son comté de Vaudemont que le duc de Lorraine, Ferri III, lui restitua. Il épousa, l'an 1306, dit la chronique de Moyenmoutier, dans un âge encore tendre, *adolescens*, ISABELLE, fille de ce duc, beaucoup plus âgée que lui, *ætate maturam*, qui long-tems auparavant avait été fiancée au fils du duc de Bavière. Ils vécurent ensemble dans une grande union, et fondèrent de concert, en 1325, à Vaudemont, un chapitre qui ne subsiste plus. Henri veilla soigneusement à l'administration de la justice, et établit en quelques lieux de ses domaines ce que les titres du tems, dit M. Bexon, nomment *la grande féauté*; c'était, ajoute-t-il, des *justes et fidèles réformateurs*. Le comte Henri finit ses jours en 1339 (et non 1332, comme dit M. Bexon), laissant un fils, qui suit, et une fille, nommée Marguerite, qui devait épouser, dit Jean de Bayon, Charles, second fils de Louis de France, comte d'Evreux, et qui fut mariée, vers l'an 1322, par les instances et sur les menaces d'Edouard, comte de Bar, avec Anseau, sire de Joinville.

HENRI IV.

1339. HENRI IV, successeur de Henri III, son père, épousa MARIE, fille de Jean de Luxembourg, roi de Bohême, et non de l'empereur Charles IV. Attaché, comme son beau-père, à la France, il vint avec lui au secours du roi Philippe de Valois contre les Anglais, et tous deux périrent, le 26 août 1346, à la bataille de Créci.

MARGUERITE et ANSEAU DE JOINVILLE.

1346. MARGUERITE, sœur de Henri IV, mort sans enfants, lui succéda au comté de Vaudemont avec ANSEAU, sire de Joinville, son époux, qui finit ses jours en 1351, laissant d'elle Henri, qui suit, avec d'autres enfants. (*Voyez* Anseau, *sire de Joinville.*)

HENRI V.

1351. HENRI, fils d'Anseau, sire de Joinville, et de Marguerite de Vaudemont, hérita de l'une et de l'autre seigneuries. L'an 1352, il alla servir en Bretagne avec quatre chevaliers-bacheliers et 35 écuyers, dans la guerre des deux Jeannes pour la succession de ce duché. Quatre ans après, il fut fait prisonnier à la bataille de Poitiers en combattant pour le roi Jean. Il était passé, l'an 1354, de la mouvance du comte de Bar dans celle du duc de Lorraine, par le traité que fit Edouard, comte de Bar, pour sa délivrance avec le duc Ferri IV. L'an 1364, il prit les armes, pour un sujet que l'histoire n'explique pas, contre le duc Jean I, successeur de Ferri, et porta le ravage dans la Lorraine. Le duc s'étant ligué avec celui de Bar, les évêques de Toul et de Verdun, et les bourgeois de Metz, lui rendit la pareille avec usure, et mit tout à feu et à sang dans le comté de Vaudemont. Henri, poussé à bout, prit à sa solde une partie de ces grandes compagnies, amas de brigands anglais, bretons, normands, gascons, picards, qui désolaient la France, et courut avec eux la Lorraine, où il commit une infinité de désordres. Le duc Jean, sensible au désastre de son pays, rassembla toutes ses forces, et livra bataille au comte près de Saint-Belin, sur la frontière de Champagne. La victoire, long-tems disputée, demeura au duc, qui tua deux mille hommes, outre quatre cents prisonniers qu'il fit. Ce revers n'atterra point le comte. Il était bien résolu de prendre sa revanche, si le roi Charles V ne se fût entremis pour faire la paix entre le duc et lui. Le monarque y réussit par un traité qu'il leur fit conclure. Mais cet accommodement ne fit pas sortir du pays les aventuriers qui l'infestaient. Ils continuèrent d'y faire le dégât en se louant à divers petits seigneurs qui se faisaient la guerre. Le comte Henri V finit ses jours au commencement de 1374, laissant de sa femme, MARIE DE LUXEMBOURG, fille de Gui de Luxembourg, comte de Ligni et de Saint-Pol, deux filles, Marguerite et Alix, dont la dernière épousa Thibaut, seigneur de Neufchâteau. (*Voyez* Henri I, *sire de Joinville.*)

MARGUERITE, PIERRE DE GENÈVE ET FERRI DE RUMIGNI.

1374. MARGUERITE, fille aînée de Henri V, lui succéda au comté de Vaudemont et à la sirerie de Joinville. Veuve pour lors de Jean de Bourgogne-Comté, elle épousa, l'année même de la mort de son père, par contrat du 25 mai, Pierre, comte de Genève, que la mort lui ravit en 1393. Peu de tems après, elle contracta un troisième mariage avec FERRI, seigneur de Rumigni, en Thiérache, second fils de Jean, duc de Lorraine. Depuis l'an 1390, il portait le surnom de *Lorraine*, et il fut le premier des cadets de sa maison qui le prit. « La suite, dit
» le P. Barre, nous donne lieu de croire, que ce seigneur,
» homme sage et avisé, avait ses vues lorsqu'il introduisit ce
» changement dans l'ancien usage : mais ni lui ni ses descen-
» dants n'ont pris la qualité de prince jusqu'à François, duc de
» Guise, pour lequel Henri II, roi de France, érigea la sei-
» gneurie de Joinville en principauté. Les seigneurs cadets de
» la maison de Lorraine-Vaudemont, qui sont venus depuis,
» l'ont imité. Au titre de Lorraine qu'ils avaient déjà pris,
» ils ajoutèrent celui de prince ; aussi l'attribution de cette
» qualité, faite à des cadets, parut extraordinaire en 1560. »
(*Dissert. qui est à la fin du sixième volume de l'Hist. d'All.*, pag. 2.) Ferri, sur la fin de l'an 1394, rendit hommage à Robert, duc de Bar, sous la mouvance duquel le comté de Vaudemont était rentré. Le comte Ferri se rendit célèbre par sa valeur qu'il employa principalement au service de Philippe

le Hardi, duc de Bourgogne, et de Jean sans Peur, son fils.
Il périt à la bataille d'Azincourt, donnée le 25 octobre 1415,
laissant de sa femme (morte en 1416), Antoine, qui suit;
Ferri, seigneur de Rumigni; Charles, seigneur de Bovines;
Jean-Antoine, seigneur de Florenes; Isabelle, mariée; 1°. à
Philippe, comte de Nassau-Saarbruck, mort le 2 juillet 1429,
2°. vers l'an 1430, à Henri IV, comte de Blamont, mort le
24 avril 1441; Marguerite, alliée à Guillaume de Vienne,
seigneur de Saint-Georges; et Jeanne, mariée en 1420, à
Jean III de Salm.

ANTOINE DE LORRAINE.

1416. ANTOINE, fils aîné de Ferri et de Marguerite, fut leur
successeur à Vaudemont et à Joinville. L'an 1431, après la mort
de Charles II, duc de Lorraine, il disputa ce duché à René
d'Anjou et à Isabelle, sa femme, que Charles, père de cette
princesse, avait instituée son héritière. Antoine fondait sa prétention sur ce que la Lorraine était, selon lui, un fief masculin, et René soutenait le contraire. C'était par les faits que
devait se décider la question, aucun fief n'étant de sa nature
ni masculin ni féminin. Mais on ne les connaissait de part ni
d'autre, tant l'histoire du pays était étrangère aux deux princes
rivaux et à leurs conseils. Il fallut vider la querelle par la voie
des armes. René, soutenu des forces que le célèbre Arnaud
de Barbazan lui avait amenées par ordre du roi Charles VII, son
beau-frère, va faire le siège de Vaudemont. Antoine accourt
suivi des troupes que lui avaient amenées le duc de Savoie, le
prince d'Orange, le comte de Saint-Pol, et reçoit sur la route
un nouveau renfort que lui amène Toulongeon, maréchal de
Bourgogne. Mais la difficulté des chemins retarde sa marche et
l'oblige de camper dans la plaine de Bullegnéville, à sept lieues
de Vaudemont. René, contre l'avis de Barbazan, quitte le
siége pour venir au-devant de lui. Les deux armées étant en
présence, Antoine demande une conférence qu'il obtient. Elle
ne fit qu'accroître l'animosité des deux princes. Barbazan insiste
pour ne point engager le combat. La jeune noblesse qui environne René l'exhorte à mépriser ce conseil, qu'un d'entre eux
ose qualifier le conseil d'un lâche. *Jeune homme*, lui répond ce
brave et franc chevalier, *le cœur se voit au combat et la prudence au conseil*. René, quelques moments après, fait sonner
la charge. Dans l'espace d'un quart d'heure, son armée, foudroyée par le canon de l'ennemi, est mise en déroute. Il est pris
en fuyant et emmené prisonnier en Bourgogne. Le comte de
Vaudemont se bornant à sa victoire, néglige d'en recueillir le

fruit. Au lieu de co...   son armée en Lorraine, il consent
à une trêve. On chi...   omme auparavant sur le droit, on
entame différentes n...   tions sans succès. Enfin, au mois de
décembre 1432, le...   de Bourgogne, ayant attiré les deux
princes rivaux à Bru...   , les fait consentir au mariage d'Yolande, fille de René...   ec Ferri, fils aîné du comte de Vaudemont. Mais l'âge...   a princesse qui n'avait pas encore cinq
ans, et celui de Fer...   qui à peine en avait huit, firent suspendre l'accomplisse...   nt de cette alliance jusqu'en 1444. Trois
ans après (l'an 1447), le comte de Vaudemont termine le cours
de sa vie. MARIE D'HARCOURT, fille de Jean VII, comte d'Harcourt et d'Aumale, qu'il avait épousée en 1417 (morte le 19
avril 1476), lui donna, outre Ferri, dont on vient de parler,
Henri, mort évêque de Metz, le 20 octobre 1505; Philippe,
mort jeune; Jean, comte d'Harcourt, qui signala son courage, en 1449, à la conquête de la Normandie; Marguerite,
dame d'Arschot, femme d'Antoine, sire de Croï et de Renti;
Marie, seconde femme d'Alain IX, vicomte de Rohan; et
deux religieuses.

FERRI II.

1447. FERRI, successeur d'Antoine, son père, au comté de
Vaudemont, était déjà comte de Guise par son mariage contracté, l'an 1444, avec YOLANDE, fille de René I, duc de Lorraine. L'an 1459, son beau-père, empêché par une maladie de
se rendre au royaume de Naples, où la noblesse, mécontente
du roi Ferdinand d'Aragon, l'invitait à venir, le nomme son
lieutenant en ce pays et le fait partir. Ayant joint sur la route,
par mer, son beau-frère, Jean, duc de Calabre et de Lorraine,
il fait la descente avec lui dans le Volturne. Ferri eut grande
part à la victoire du Sarno, que ce prince remporta le 7 juillet
1460 sur Ferdinand, qui s'enfuit à Naples avec vingt chevaux
seulement. Son avis était d'aller sur-le-champ faire le siége de
cette ville; mais le prince de Tarente, gagné, à ce qu'on prétend, par la reine, sa sœur, femme de Ferdinand, fut d'un avis
contraire, et l'emporta. Ce fut le salut de Ferdinand. On prit
à la vérité plusieurs places; mais on reçut ensuite divers échecs
qui obligèrent le duc Jean à quitter ce royaume au commencement de l'an 1464. Quatre ans après (1468), il accompagna le
duc Jean dans son expédition de Catalogne. Il attaqua les Aragonais devant Céréal, dont ils faisaient le siége, les mit en
fuite et les poursuivit jusqu'à Ampurias, dont il se rendit maître.
Etant venu de là rejoindre le duc Jean à Barcelonne, il alla
mettre avec lui le siége devant Gironne, qu'ils emportèrent au

second assaut. Plusieurs autres villes alogne, qu'il se proposait d'attaquer, le prévinrent par l oumissions. Tourille
s'étant révoltée après avoir subi le jou :omte de Vaudemont
y rentra victorieux, et fit pendre dou es bourgeois les plus
mutins au toit de leurs maisons. De la C. ne il porta ses armes,
avec le duc Jean, dans l'Aragon, e)urut en 1472 (1), à
l'âge de quarante-sept ans. La princes olande, sa femme
(morte en 1483, âgée de cinquante-c ans), le fit père de
René, qui suit; de Nicolas et de Pie morts sans alliance;
de Jeanne, femme de Charles d'Anjou, comte du Maine,
IIe. du nom; d'Yolande, mariée à Guillaume II, landgrave de
Hesse, et de Marguerite, femme de René, duc d'Alençon.

RENÉ.

1470. RENÉ, fils aîné de Ferri II, et son successeur aux
comtés de Vaudemont, de Guise et d'Harcourt, parvint au
duché de Lorraine, l'an 1473, après la mort du duc Nicolas,
décédé sans enfants. Le comté de Vaudemont fut par-là réuni
à ce duché. (*Voyez* René II, *duc de Lorraine*, et René, *comte
d'Aumale.*)

---

(1) L'ancienne édition porte que *la mort le surprit en Aragon*, *le* 31
août 1470; mais à cette époque même, les 30 et 31 août 1470, il fit un
testament et un codicille autographes au château de Joinville. Cette
erreur a été copiée par quelques modernes.

CHRONOLOGIE HISTORIQUE

DES

ANCIENS DUCS D'ALSACE ET DE SUABE (*).

L'ANCIEN pays des Triboques ne commença que sous les rois de France à porter le nom d'ALSACE. Soumis auparavant en partie au duc des Sequaniens, et en partie au duc de Mayence, il eut pour capitale la ville d'ARGENTORAT ; celle-ci fut long-tems gouvernée par un comte particulier, et ne prit le nom de STRASBOURG qu'au septième siècle. Frédégaire, qui vivait sous le règne de Dagobert le Grand, est le premier écrivain qui ait employé le mot d'*Alsatia*, en latinisant le nom tudesque d'*Elsass*. Celui-ci tire son origine de la rivière d'Ill, qui arrose une partie de la province, et que les Celtes appelaient *El* ou *Hel*.

L'Alsace, sous les empereurs romains, appartenait à deux provinces différentes. La Basse-Alsace, dite aussi le Nordgaw, faisait partie de la première Germanie ; et la haute, appelée le Sundgaw, renfermée dans la Gaule lyonnaise, était comprise parmi les Sequaniens. Ces deux parties formèrent ensuite deux comtés, dont nous faisons connaître ci-dessous les possesseurs. Ce sont les mêmes qui, dans le traité de partage de l'année 870, sont nommés *Comitatus duo in Elisatio*, et qui échurent à Louis, roi de Germanie.

La SUABE, en latin *Suevia*, fut ainsi nommée des Suèves, peuples de la Germanie septentrionale, qui habitaient les bords

---

(*) Cette article est dressé d'après les Mémoires de M. l'abbé Grandidier.

de la mer Baltique. S'étant avancés vers le Danube, quelques années après la mort de l'empereur Auguste, les Suèves chassèrent les Allemands du pays, et y formèrent un état qui fut gouverné par des rois. Clovis, après la victoire qu'il remporta sur eux en 496, soumit l'Alsace et la Suabe, et n'en fit qu'une province, qui fut quelque tems soumise au duché d'Alemannie. Elle en fut distraite vers le milieu du septième siècle, et eut alors ses ducs particuliers, qui bientôt affectèrent l'indépendance. Le roi Pepin, qui savait combien leur pouvoir avait été dangereux aux Mérovingiens, éteignit la dignité ducale, en conservant toutefois à l'Alsace et à la Suabe le titre de duché. Les comtes du Nordgaw et du Sundgaw commencèrent alors à gouverner l'Alsace sous l'autorité des empereurs et des rois.

Cela dura jusqu'au règne de Conrad I, roi de Germanie. Ce prince ne trouva point d'autre moyen de calmer les troubles de l'empire, que de rétablir le titre ducal en Suabe, auquel le duché d'Alsace fut joint sous Henri, son successeur. Ce titre subsista dans ces deux provinces jusqu'à la mort du malheureux Conradin, dans la personne duquel il s'anéantit pour toujours en 1268. La Suabe fut alors réunie à l'empire, mais l'Alsace réclama sa liberté. L'évêque de Strasbourg, l'abbé de Mourbach, les seigneurs, les nobles et les villes de cette province, profitant de la fatale anarchie de l'interrègne, prétendirent ne plus relever des empereurs, et s'établirent dans cette immédiateté.

DUCS BÉNÉFICIAIRES.

GUNDON.

650. GUNDON est le premier duc d'Alsace qui paraisse dans l'histoire. Il vivait au milieu du septième siècle. Ce fut lui qui accorda à saint Germain l'emplacement nécessaire pour fonder l'abbaye de Grandfels, ou Grandval (*Bobolenus, in vita S. Germani.*) Cette abbaye, située aujourd'hui dans la principauté de l'évêque de Bâle, faisait alors partie du duché d'Alsace. Gundon mourut vers l'an 656.

BONIFACE.

656. BONIFACE remplaça Gundon dans le duché d'Alsace. (*Bobolenus, loc. cit.*) Sous lui, et en 660, fut fondée dans cette province l'abbaye de Munster, au Val de Saint-Grégoire. (*Hist. de l'église de Strasbourg*, tom. I, pag. 197.) Ce fut à ce duc, *Bonifacio duci*, que le roi Childéric II adressa, dans le même

tems, un diplôme, en faveur des religieux de ce monastère. (*Ibid.*, page 19.) Il cessa de vivre ou de gouverner vers l'an 662.

ADALRIC, ou ATHIC.

662. ADALRIC, ou ATHIC, connu sous le nom tudesque d'Ethic, obtint de Childéric II, vers l'an 662, le duché d'Alsace. Ce prince lui adressa, en 663, *Chadicho duce*, un second diplôme de donation pour l'abbaye de Munster. Adalric était, à ce qu'on peut conjecturer de plus vraisemblable, fils de Luthéric, ou Leuthaire, duc d'Alemannie. (*Hist. de l'ég. de Strasb.*, tom. I, pag. 341 et suiv.) Il avait épousé BERCHSINDE, ou BERSWINDE, tante maternelle de saint Léger, évêque d'Autun, dont il eut six enfants : 1°. sainte Odile, qui fut la gloire de son sexe et l'ornement de son siècle (elle fut la première abbesse de Hohenbourg, qu'on appela depuis de son nom, le monastère de Sainte-Odile ; sa mort arriva le 13 décembre, vers l'an 720); 2°. Adelbert, duc d'Alsace, qui suit; 3°. Etichon, qui porta aussi le nom de duc, et dont nous parlerons sous les comtes du Nordgaw; 4°. et 5°. Hugues, comte, qui fut tué par son père, et Battichon, comte, mort avant 726. (Ces deux derniers furent auteurs de deux branches qui s'éteignirent vers la fin du huitième siècle.) Le sixième enfant d'Adalric fut Roswinde, qui mourut en odeur de sainteté, chanoinesse de Hohenbourg, abbaye fondée, vers l'an 680, par le duc Adalric, fondateur aussi de celle d'Obersmünster. Sur la fin de ses jours, il se retira dans la première, avec Berchsinde, sa femme. Il y mourut vers l'an 690, le 20 février : sa femme ne lui survécut que de neuf jours. Les libéralités d'Adalric envers les monastères ne peuvent effacer le souvenir de ses cruautés, ni justifier ceux qui lui ont donné la qualité de saint. On voit encore aujourd'hui (1785) dans une des chapelles de l'église de Hohenbourg, le tombeau de ce fameux duc d'Alsace. C'est un monument respectable, puisqu'il renferme le corps de celui qui a donné tant d'empereurs à l'Allemagne, tant de souverains à l'Autriche et à la Lorraine, et tant de héros à l'Europe. L'ancien auteur de la vie de sainte Odile, lui donne le nom de *Princeps Eticho* : mais il faut préférer celui d'Adalric ; car il est ainsi appelé dans le testament d'Odile, sa fille, et dans les diplômes de Carloman et de Charlemagne, pour l'abbaye d'Obersmünster, de 770 et 810. (*Hist. de l'ég. de Strasb.*, tom. I, p. xlij ; tom. II, p. cij et cliv.)

ADELBERT.

690. ADELBERT, fils aîné d'Adalric et son successeur au

duché d'Alsace, était comte de Nordgaw, du vivant de son père. Il fonda, vers l'an 717, l'abbaye de Saint-Etienne de Strasbourg, et, vers 721, celle de Honau. (*Hist. de l'ég. de Strasb.*, tom. I, pp. 392-398.) Il se qualifie *Adelbertus dux*, dans une charte de 722, pour cette dernière abbaye. (*Ibid.*, tom. I, p. liij.) Il mourut la même année et fut enterré dans le chœur de l'église de Saint-Etienne de Strasbourg, ainsi que ses deux femmes, GERLINDE et BATHILDE, et ses deux filles du second lit, Liutgarde et Savine. (*Ibid.*, pag. 395.) Les enfants d'Adelbert, du premier lit, furent, 1°. Luitfrid, qui suit; 2°. Eberhard, comte du Sundgaw, dont nous parlerons ci-après, et qui se nomme *Eberhardus, filius Adalberti quondam ducis*, dans la charte de fondation de l'abbaye de Mourbach, de 728; 3°. sainte Attale, première abbesse de Saint-Etienne, décédée le 3 décembre vers l'an 741; 4°. sainte Eugénie, seconde abbesse de Hohenbourg, en 723, morte vers l'an 735, le 16 décembre; 5°. Mason, comte, fondateur de l'abbaye de Massevaux (le diplôme de Louis le Débonnaire, de 823, pour ce monastère, le qualifie *princeps vir nobilis Maso, frater ducis Liudfredi et Eberhardi*); 6°. sainte Gundelinde, première abbesse de Nidermunster, vers l'an 720. Le duc Adelbert est regardé comme la souche des maisons de Habsbourg-Autriche, de Zeringen et de Bade.

LUITFRID.

722. LUITFRID, fils d'Adelbert, prend la qualité de duc dans la signature d'une charte de donation, faite en 722, à l'abbaye de Honau. (*Hist. de l'ég. de Strasb.*, tom. I, p. lv.) Thierri IV, roi de France, lui donne le même titre, *Luitfrido duci*, dans un brevet accordé, vers l'an 725, à ce monastère. (*Ibid.*, p. lix.) Ce prince lui adressa aussi, l'an 724, *viro illustri Luthfrido*, le privilége de confirmation de l'abbaye de Marmoutier, en Alsace, dans lequel il le qualifie d'homme illustre. (*Ibid.*, p. lvj.) Il signa comme duc, *signum Leodofredo duce*, la charte de Widegerne, évêque de Strasbourg, pour le monastère de Mourbach, de 728. (*Ibid.*, p. lxvij.) Le comte Eberhard, son frère, l'appelle *germanus meus Leudofreudus dux*, dans l'acte de fondation de cette abbaye, daté de la même année. (Mabillon, *Annal.*, tom. II, *Append.*, p. lxij.) Luitfrid mourut vers le milieu du huitième siècle, avant l'an 769, laissant deux fils, Ruthard et Luitfrid, qui furent tous deux comtes, le premier du Nordgaw, et le second du Sundgaw. La dignité ducale fut éteinte dans le duc Luitfrid, mais le titre de duché resta toujours inhérent à la province d'Alsace, comme

le prouvent trois diplômes pour l'abbaye de Mourbach, deux de Louis le Débonnaire, de l'année 816, et un de Lothaire, de 840, dans lesquels le *ducatus Alsacensis* est rappelé. (Bouquet, tom. VI, pp. 494-495; tom. VIII, p 366.) Ce dernier, dans un autre diplôme de l'année 849, dit que le monastère de Grandfels est situé *in ducatu Helisacensi*. (D'Achery, *Spicil.*, tom. III, p. 339.)

Le duché d'Alsace, *ducatus Helisatiæ*, est nommé par l'annaliste de saint Bertin, dans le dénombrement des provinces échues à Lothaire dans le partage que l'empereur Louis le Débonnaire fit en 839 entre ses enfants. (*Hist. de l'ég. de Strasb.*, tom. II, p. 150.) Lothaire ayant été vaincu, en 841, dans la plaine de Fontenai, l'Alsace se soumit à Louis de Germanie. Mais les trois frères ayant fait, en 843, à Verdun, un second partage de leurs états, cette province revint de nouveau à l'empereur Lothaire. Celui-ci étant mort en 855, l'Alsace, ainsi que la Lorraine, tombèrent sous la domination de Lothaire, son second fils. (*Ibid.*, tom. II, pp. 155-163-164-168-169.)

HUGUES.

867. Lothaire, roi de Lorraine, si connu par les malheurs que lui fit éprouver sa malheureuse passion pour Waldrade, vivait avec elle dans une maison royale d'Alsace, appelée Marley, et il avait eu d'elle un fils, nommé HUGUES. Voulant lui former un état, il rétablit, en sa faveur, le duché d'Alsace (*Ibid.* tom. II, pp. 179-189), et le lui conféra en 867 : *Filio suo de Waldrada Hugoni ducatum Elisatium donat*, dit l'annaliste de saint Bertin. Ce titre ne fut pas vain. Hugues jouit dans cette province, du vivant de son père, d'une puissance supérieure à celle de tous les ducs qui l'avaient précédé. Mais lorsque l'Alsace, à la mort de Lothaire, passa, en 870, à Louis, roi de Germanie, ce dernier ne permit pas à Hugues d'y faire aucun exercice de son titre. Louis étant mort en 876, l'Alsace tomba sous la domination de Charles le Gros. (*Ibid.*, pp. 193-197.) Hugues voulut profiter de la faiblesse du gouvernement de ce prince, pour reprendre son autorité ducale. Mais sa rébellion le plongea dans de nouveaux malheurs. Les ministres de l'empereur l'ayant arrêté à Gondreville, en 885, il eut les yeux crevés et fut enfermé dans l'abbaye de Saint-Gal. (*Ibid.* pp. 221-222.) Ayant été ensuite rappelé, il fut relégué de nouveau, sous Zventibolde, dans le monastère de Prum, où il prit l'habit monastique, et fut rasé des mains de l'abbé Reginon, qui rapporte ce fait dans sa chronique.

Charles le Gros ne donna point de successeur à Hugues dans

le duché d'Alsace ; mais Arnoul, qui régna après lui, conféra, en 895, à Zventibolde, son fils naturel, le royaume de Lorraine, auquel était attaché le duché d'Alsace. (*Ibid.* p. 253.) Le règne de Zventibolde, loin d'être heureux, fut agité de grands troubles. Ce prince, gouverné par les femmes et par les favoris, se fit détester de ses sujets. Les Lorrains et les Alsaciens se soulevèrent contre lui à la mort d'Arnoul, et reconnurent Louis *l'Enfant*, pour roi de Germanie. Les généraux de ce prince livrèrent à Zventibolde, le 13 d'août 900, une bataille où il périt, et son corps fut porté à Susteren, dans le cercle de Westphalie, où il fut inhumé. Malgré ses cruautés et ses débauches, quelques églises honorent la mémoire de Zventibolde d'un culte solennel, et les Bollandistes, comme on l'a déjà dit ci-devant, n'ont pas hésité à le placer au nombre des saints. L'autorité que Zventibolde exerça dans l'Alsace, se prouve par un diplôme, daté de Strasbourg, le 4 janvier 896, en faveur du monastère de Munster. Il prend le nom de *Zventebulchus* dans le diplôme original, que conservent les archives de cette abbaye. La charte de donation d'Hérimuot, en faveur de la même abbaye, de l'année 898, est datée : *Anno tertio regnante Centiboldo rege*.

Louis IV, dit l'Enfant, étant mort en 911, Charles le Simple, roi de France, prit possession du royaume de Lorraine, et vint en Alsace s'y faire reconnaître souverain. Mais Conrad, roi de Germanie, s'en rendit maître sur la fin de la même année. Il ne la conserva cependant que peu de tems, puisque Charles fut rétabli, au milieu de l'année 913, dans la possession de la Lorraine et de l'Alsace. Schoepflin (*Als. illust.*, tom. II, pag. 2) prétend que Conrad conserva alors la souveraineté de la province d'Alsace, et que Charles ne la recouvra plus. Mais l'opinion de cet historien ne peut prévaloir contre les faits rapportés par M. l'abbé Grandidier dans son histoire de l'église de Strasbourg (tom. II, pp. 284 et suiv.), qui prouvent que ce ne fut qu'après la déposition de Charles le Simple, et sous Henri l'Oiseleur, que l'Alsace fut réunie, en 925, au royaume de Germanie.

BURCHARD I.

916. BURCHARD, dont on ignore l'origine, obtint, en 916, de Conrad, roi de Germanie, le duché de Suabe, qui lui fut conféré à Mayence, du consentement des seigneurs du pays. (*Ekkehardus junior.*) Mais, oubliant bientôt ce bienfait, il se joignit, en 918, à ceux qui se révoltèrent contre ce prince. Henri l'Oiseleur, successeur de Conrad, marcha, l'année suivante, contre lui, aussitôt après son élection ; mais Burchard

se soumit à lui, avec toutes les villes et tous les sujets qui dépendaient de lui (*Hermanus Contractus et Witichindus.*) Il réunit, en 925, les duchés d'Alsace à celui de Suabe, et il vint à ce sujet à Worms, en 926, avec Richevin, évêque de Strasbourg, pour y rendre hommage au roi Henri. (*Hist. de l'ég. de Strasb.*, tom. II, p. 305.) Burchard passa la même année en Italie, où il mourut le 2 mai, d'une chute de cheval. (*Chr. S. Galli.*) Le continuateur de Reginon donne à sa femme le nom de Wida. Elle porte celui de Hegenwide, dans une notice de l'abbaye d'Ettenheimmunster, dressée en 926. Il est douteux s'il laissa des enfants; l'opinion commune lui donne, néanmoins, pour fils, Burchard II, qui obtint, en 954, les duchés d'Alsace et de Suabe, et Ruthard, évêque de Strasbourg, en 933, qui mourut le 15 avril 950, et pour fille, Berthe, qui épousa, en 922, Rodolfe II, roi de la Bourgogne Transjurane. Berthe fonda, en 966, l'abbaye de Payerne, et fut mère de l'impératrice sainte Adélaïde.

HERMAN I.

926. Herman, fils de Gérard ou Gebehard, comte de la France orientale, et cousin germain du roi Conrad, obtint, en 926, de Henri l'Oiseleur, les duchés d'Alsace et de Suabe, comme une marque de la reconnaissance que ce prince devait à Conrad, auteur de sa propre élévation. (*Regino et Hermanus Contractus.*) Henri, pour se l'attacher encore plus étroitement, lui fit épouser la veuve du duc Burchard. Herman assista et concourut, en 936, à l'élection du roi Otton I, et il fit, au couronnement de ce prince, l'office de grand-échanson. (*Witichindus.*) Il avait un frère, nommé Udon, comte du Rheingaw, qui fut aussi sincèrement attaché que lui au service d'Otton. (*Luitprandus.*) Ce fut à la valeur de ces deux frères, que ce monarque fut redevable, en 939, de la défaite des ducs Giselbert et Eberhard, deux de ses plus dangereux ennemis. (*Hist. de l'ég. de Strasb.*, tom. II, pp. 318-319.) Herman fut gratifié dans la suite par Otton, du comté de la Rhétie, dont il est qualifié comte dans un diplôme de ce prince, donné, en 948, à l'abbaye de Notre-Dame des Hermites. (Hartman, *Annales Ensidlenses*, pag. 48.) Il mourut, le 10 décembre de l'année suivante, avec la gloire d'avoir été l'un des guerriers les plus sages et les plus prudents de son siècle. (*Regionis continuator.*) Il ne laissa de la veuve de Burchard, qu'une fille, nommée Ida, mariée à Ludolphe, qui suit.

LUDOLPHE.

949. Ludolphe, fils aîné de l'empereur Otton I et d'Edgide,

ou Edithe, princesse d'Angleterre, n'avait que dix-sept ans lorsqu'il fut désigné par son père, en 947, pour remplacer Herman dans les duchés de Suabe et d'Alsace. Il épousa, à cet effet, IDA, fille de ce duc, qui n'avait point d'enfants mâles. (*Luitprandus.*) Il succéda à son beau-père en 949, et reçut l'investiture du duché, à Worms, au mois de février de l'année suivante. (*Hist. de l'ég. de Strasb.*, tom. II, pag. 326.) Une charte de donation faite à l'église de Strasbourg, en 951, est datée de cette ville, *Lutolfo duce*. Un diplôme de l'empereur Otton de l'année 952, pour l'abbaye d'Ensidlen, fait voir que Ludolphe était en même tems comte du Brisgaw. Mais ce jeune prince, chagrin de voir que son père avait épousé Adélaïde, et craignant que les enfants qui en naîtraient ne lui fussent préférés dans le choix qu'Otton ferait de son successeur, se révolta contre lui en 953. Il entraîna, dans son parti, Conrad, duc de Lorraine, Frédéric, archevêque de Mayence, et plusieurs autres seigneurs. Otton, ayant fait marcher une armée contre ce fils rebelle, l'obligea à lui venir demander grâce. Otton renvoya le jugement de sa cause et de celle du duc Conrad, à deux diètes, qui se tinrent en 954. Les deux princes coupables furent condamnés à perdre leurs duchés. Ce fut un avantage pour celui de Ludolphe, qui l'administrait fort mal. (*Hist. de l'ég. de Strasb.*, tom. II, pag. 332.) Ludolphe s'étant depuis réconcilié avec son père, fut envoyé, en 957, contre Bérenger, roi d'Italie, avec promesse de ce royaume, s'il en revenait victorieux. Il s'empara de Pavie, défit le fils de Bérenger, et mourut subitement le 6 septembre de la même année, au milieu des plus brillants succès. (*Frodoardus*, *Ekkehardus et Hermanus Contractus.*) Il laissa d'Ida, sa femme, morte en 986, un fils nommé Otton, dont il sera parlé ci-après.

BURCHARD II.

954. BURCHARD II, qu'on croit avoir été fils de Burchard I, fut pourvu, en 954, des duchés d'Alsace et de Suabe, par l'empereur Otton, qui en avait dépouillé son fils. (*Witichind. et Annal. Saxo.*) Il l'accompagna dans son expédition d'Italie, et défit, en 965, Adelbert, qui s'était emparé du royaume de Lombardie. (*Reginon. Contin. et Herman. Contract.*) Il mourut en 973, sans laisser d'enfants mâles, et fut enterré dans l'abbaye de Richeneau. (*Necrolog. Fuld.*) Un diplôme d'Otton I, de 959, pour l'abbaye d'Ensidlen, dont Burchard fut un des principaux bienfaiteurs, fait voir que ce duc était en même tems comte du Turgaw. (Hergott, *Geneal. Habsburg.*, tome II, num. 134.) Burchard avait épousé, en premières noces, LUIT-

GARDE, sœur de saint Ulric, évêque d'Augsbourg. (*Vita S. Udalr.*) Sa seconde femme fut HADEWIGE, nièce de l'empereur Otton I, et fille de Henri, duc de Bavière. Celle-ci lui survécut, et conserva le reste de sa vie la principale autorité dans la Suabe et l'Alsace. (Boehm, *Dissert. de Hadwige, Suevorum duce, vicaria imperii.*) L'empereur Otton III, dans son diplôme pour le monastère de Waldkirch, de l'année 994, fait mention *bonæ memoriæ Burghardi Alemannorum ducis strenuissimi, suæque contectalis Hadawicgæ.*

OTTON I.

973. OTTON, fils du duc Ludolphe et petit-fils de l'empereur Otton I, fut en 973, à l'âge de dix-neuf ans, nommé, par Otton II, aux duchés de Suabe et d'Alsace. Ce prince y ajouta, en 976, le duché de Bavière dont il avait dépouillé Henri le Querelleur. (*Herman. Contract. et Lamber. Schafnaburg.*) Etant passé, l'an 981, avec l'empereur en Italie, il se trouva, le 15 juillet 982, à la bataille qu'il livra en Calabre aux Grecs et aux Sarrasins : bataille qui fut si fatale à l'armée impériale. Otton n'y fut pas tué comme l'écrit Lambert d'Aschaffembourg. Ditmar dit expressément qu'il se sauva de la mêlée; et le diplôme de l'empereur Otton en faveur de l'église de Spire, donné à Salerne, le 18 août, un mois après la bataille, fut accordé à la prière *dilecti fratruelis nostri Ottonis scilicet Allamannorum et Bajoariorum ducis.* Cependant Otton mourut en Italie la même année 982, et son corps fut transporté à Aschaffembourg. (*Auctor vitæ S. Udalrici.*)

CONRAD I.

982. CONRAD, fils d'Udon, comte du Rhingaw, neveu d'Herman I, duc d'Alsace et de Suabe, frère d'Udon, duc de Franconie, et d'Uthon, évêque de Strasbourg, successeur d'Otton en l'an 982, est le premier qui porta nommément le titre de duc d'Alsace et de Suabe. Il est qualifié *Conradus Alamannorum et Alsaciorum dux gloriosus* dans le diplôme d'Otton III pour l'abbaye de Mourbach de 986. (Martenne, *Thesaur. anecdot.*, tom. I, pag. 100.) Le même prince, dans son diplôme pour celle de Seltz de 993, l'appelle *Cuonradus Alsaciorum et Alemannorum dux atque nepos.* Il lui donne le titre de *nepos* parce que Conrad était cousin germain d'Ida, fille du duc Herman qui avait épousé Ludolphe, oncle d'Otton III. Ditmar nous apprend qu'il exerça l'office d'archi-camérier à la cour de cet empereur. Il mourut subitement le 19 août 997. (*Ditmarus et Necrolog. S. Galli.*)

HERMAN II.

997. HERMAN, fils d'Udon, duc de Franconie, mort en 982, obtint le duché d'Alsace et de Suabe en 997, après la mort de Conrad, son oncle. (*Herman Contract.*) Il épousa GERBERGE, fille de Conrad, roi de Bourgogne, et nièce de l'impératrice sainte Adélaïde. (*Odilo et Wippo.*) A la mort d'Otton III, arrivée en 1002, Herman eut plusieurs voix pour l'empire; mais le parti de Henri II, son compétiteur, prévalut. Ce duc, irrité que Strasbourg, capitale de l'Alsace, se fût, avec Werinhaire, son évêque, déclaré contre lui, vint mettre le siége devant cette ville et s'en rendit maître le 4 avril 1002. Ses troupes la pillèrent et mirent le feu à l'église cathédrale. (*Essais historiq. sur l'église cathédr. de Strasbourg, par M. l'ab. Grandidier*, pag. 13 et suiv.) Mais Herman, se voyant hors d'état de soutenir ses prétentions à la couronne, prit le parti de se soumettre à la clémence du nouveau roi. Celui-ci le reçut en grâce le 1er. octobre, et lui conserva ses duchés à condition qu'il réparerait les torts qu'il avait causés à l'évêque et à la ville de Strasbourg, et qu'il ferait reconstruire son église cathédrale. (*Ditmar. et Adelboldus.*) A cet effet, Herman lui céda l'abbaye de Saint-Etienne, en compensation des dommages qu'elle avait soufferts. Cette cession fut confirmée à l'évêque Werinhaire et à ses successeurs par un diplôme de Henri, roi de Germanie, daté du 25 janvier 1003. (*Gallia Christ*, tom. V, *inst.* pag. 466.) Herman mourut le 4 mai 1004. (*Necrol. Fuld. et Hepidan.*) Le moine Richer, dans sa chronique de Senones, raconte sérieusement qu'il fut étranglé par le diable. Il laissa trois enfants de GERBERGE, sa femme: Herman, qui suit; Gisèle, mariée d'abord à Ernest, duc de Suabe et d'Alsace, et ensuite à Conrad le Salique, qui devint empereur en 1204; et Mathilde, qui épousa en premières noces, Conrad, duc de Carinthie et de la France orientale, et en secondes, Frédéric, duc de Lorraine.

HERMAN III.

1004. HERMAN était encore enfant lorsqu'il succéda, en 1004, à son père, dans le duché d'Alsace et de Suabe. (*Ditmar. et Herman. Contract.*) Le roi Henri le lui conserva en faveur de Gerberge, sa mère, qui était sa cousine. Ce prince étant arrivé, la même année à Zurich, il y tint une diète provinciale, dans laquelle il pourvut à l'administration du duché pendant la minorité d'Herman. Werinhaire, évêque de Strasbourg, donna, en 1004, une charte à l'abbaye de Saint-Etienne, *mediantibus principibus Herimanno duce, Ernesto Palatino*. (La Guille, *Hist. d'Alsace*, pr. p. 24.) Cet Ernest paraît être le même que le beau-frère d'Herman dont nous parlerons ci-après. Le jeune Herman ne parvint point à l'âge fixé par les lois pour gouverner par lui-même; il mourut, le 28 juillet 1012, sans avoir été marié. (*Ditm. et Necrolog. S. Galli.*)

ERNEST I.

1012. ERNEST, fils de Léopold, premier marquis d'Autriche, et frère de Poppon, archevêque de Trèves, fut le successeur d'Herman III dont il avait épousé la sœur. (*Herman. Contract. Ditmar. et Wippo.*) Son règne fut court. Il fut tué à la chasse par la maladresse d'un de ses officiers, nommé Adalbéron, le 31 mai 1015. (*Necrol. Fuld. et Annal. Hildesheim.*) De GISÈLE, son épouse, fille du duc Herman II, il laissa deux fils qui lui succédèrent l'un après l'autre. La veuve se remaria, comme on l'a dit, à Conrad le Salique, depuis empereur.

ERNEST II.

1015. ERNEST II, fils aîné d'Ernest I, lui succéda en bas âge sous la tutelle de Gisèle, sa mère, ensuite sous celle de l'archevêque Poppon, son oncle paternel. (*Ditmar. et Wippo.*) Il ne commença qu'en 1024 à gouverner par lui-même. Mais à peine eut-il en main les rênes du gouvernement, qu'il entra dans une conspiration formée par les ducs de Lorraine et de Franconie contre l'empereur Conrad son beau-père. Les seigneurs de Suabe, qu'il voulut engager dans son parti, lui répliquèrent : « Si nous avions été esclaves du roi et qu'il » nous eût assujettis à vos lois, nous vous suivrions dans toutes » vos entreprises. Mais nous sommes libres, et l'empereur » n'est que le défenseur suprême de notre liberté. Nous la » perdons si nous nous détachons de lui. Ainsi nous userons » de ce privilége pour retourner à l'empereur. » Cette réponse ferme déconcerta la conjuration. L'impératrice Gisèle obtint le pardon de son fils; mais la bonté de Conrad ne changea point le cœur de ce jeune prince. Dès qu'il le vit occupé en Italie, il se mit, en 1027, à la tête d'une nouvelle ligue contre son beau-père. Ayant passé le Rhin avec ses troupes, il ravagea en Alsace toutes les terres des seigneurs qu'il y trouva fidèles à Conrad, mit au pillage et ruina les châteaux de Hugues, comte du Nordgaw; et s'étant ensuite jeté sur la haute Bourgogne, il y fit le dégât, prétendant que ce royaume devait lui revenir du chef de sa mère. Mais en ayant été chassé, il revint en Allemagne, où il pilla plusieurs monastères opulents. Conrad, à son retour, ne laissa pas ces attentats impunis. Il se rendit à Ulm, où il assembla une diète général pour décider du sort d'Ernest. Celui-ci, abandonné de ses partisans, ne trouva d'autres ressources que de se remettre à la discrétion de son souverain, qui l'envoya en Saxe pour y être enfermé dans la forteresse de Gibichenstein, près de Hall. Par considération pour l'impératrice, on ne lui donna point de successeur en Alsace et en Suabe. Conrad, à la prière de cette princesse, lui rendit même la liberté en 1030. Mais Ernest, n'ayant pas voulu accomplir les conditions qu'on lui avait prescrites pour l'obtenir, fut proclamé ennemi public, et mis au ban de l'empire dans la diète d'Ingelheim. (*Wippo.*) Il fut tué le 18 août de la même année, dans un combat singulier, de la main du comte Manegold. Son corps fut enterré dans la cathédrale de Constance. Ernest ne laissa qu'une fille, nommée Ida, de sa femme, qui était sœur du pape saint Léon IX.

HERMAN IV, ET CONRAD II.

1030. Le duché de Suabe fut, cette année, séparé pour quelque tems de celui d'Alsace. Le premier fut accordé à HERMAN, frère d'Ernest, qui, n'étant pas encore en âge de gouverner par lui-même, fut mis sous la tutelle de Warman, évêque de Constance. Il accompagna, en 1038, l'empereur Conrad, époux de sa mère, en Italie, et y mourut le 28 juillet de la même année. Il fut enterré à Trente. (*Wippo et Herman. Contract.*)

Le duché d'Alsace passa entre les mains de CONRAD, duc de la France orientale, fils de Conrad, duc de Carinthie, et de Mathilde, sœur de l'impératrice Gisèle. Une charte, datée de l'an 1035, ne laisse aucun doute sur l'autorité ducale qu'il exerça en Alsace. (*Koenigshovius, in Chron. Alsat.* pag. 1067.) Conrad fonda, en 1031, l'abbaye de Limbourg dans le Palatinat, et mourut en Italie l'an 1039, sans laisser de postérité. (*Herman. Contract.*) Les deux duchés de Suabe et d'Alsace furent alors réunis de nouveau dans la personne de Henri, qui suit.

Ce fut du vivant du duc Conrad qu'il s'éleva dans Strasbourg une contestation dont le détail doit entrer dans un ouvrage destiné à la vérification des anciennes dates. Elle regardait le jour auquel il fallait commencer l'Avent lorsque la fête de Noël tombait un lundi. L'évêque Guillaume et son clergé soutenaient qu'il fallait commencer l'Avent quatre semaines entières auparavant ; et ils célébrèrent en effet le 26 novembre, le premier dimanche de l'Avent l'an 1038, où la veille de Noël se rencontrait un dimanche. L'empereur Conrad, qui se trouvait alors à Strasbourg avec son fils Henri et tous les seigneurs qui l'y avaient accompagné, ne suivirent pas cet exemple : ils attendirent encore une semaine, et ne commencèrent l'Avent que le 3 de décembre. On assembla à cet effet un concile au château de Limbourg, près de Spire, où la cause fut déclarée en faveur du sentiment de l'empereur. Cette décision a depuis prévalu et a servi d'appui à l'usage qu'on suit encore aujourd'hui dans l'église universelle. (*Essais histor. sur l'église cathéd. de Strasb.*, pag. 27, 28.)

HENRI I.

1039. HENRI, fils de l'empereur Conrad II et de Gisèle, fut le successeur d'Herman IV au duché de Suabe, et de Conrad au duché d'Alsace. (*Pfeffinger et Koeler.*) Ce prince devint empereur, sous le nom de Henri III, presque aussitôt qu'il eut succédé au dernier ; mais il ne nomma au duché que six ans après.

OTTON II.

1045. OTTON, fils et successeur d'Erenfroi, ou Ezon, comte palatin du Rhin, et de Mathilde, fille de l'empereur Otton II, et comte palatin lui-même, céda ce comté à Henri, son cousin, pour le duché de Suabe, que Henri III lui conféra en 1045. Il avait mérité cette faveur pour avoir soutenu avec ardeur les intérêts de ce prince dans la sédition dont Godefroi, depuis duc de Lothier, et Baudouin V, comte de Flandre, avaient été les auteurs. Ce fut à Goslar, pendant les fêtes de Pâques, qu'Otton fut revêtu de cette dignité. Il ne la garda pas long-tems, et mourut, fort regretté et sans enfants, le 7 septembre 1047, dans son château de Conabs. (*Monachus Brunviller. et Herman. Contract.*)

OTTON III.

1047. OTTON, fils de Henri, marquis de Schweinfurt, et de Gerberge, fut pourvu, en 1047, des duchés de Suabe et d'Alsace par l'empereur Henri III dans une diète qu'il tint à Ulm. (*Annal. Saxo et Herman. Contract.*) Il gouverna ces deux provinces pendant l'espace de dix ans, et mourut le 28 septembre 1057. Son corps fut inhumé à Schweinfurt, dans le tombeau de ses ancêtres. Il paraît qu'il mourut sans postérité; du moins est-il certain qu'il ne laissa point de fils après sa mort. Les vastes domaines de l'ancienne maison de Bamberg, dont il était le dernier rejeton mâle, furent partagés entre quatre filles; et, après beaucoup de révolutions, ils formèrent la principauté de Bareuth et une grande partie du haut Palatinat. Otton possédait aussi le margraviat de la Bavière septentrionale. Son titre, et le fief principal, composé du comté de Champ, passèrent par alliance dans la maison des seigneurs de Vohbourg, qui les conserva jusqu'à son extinction arrivée en 1210, tems auquel le margraviat fut réuni au duché de Bavière. (*Pfeffel.*)

RODOLFE.

1057. RODOLFE, fils de Cunon, comte de Rhinfelden, fut donné pour successeur à Otton dans les duchés d'Alsace et de Suabe par l'impératrice Agnès, mère et tutrice du jeune Henri IV. Cette promotion excita les plaintes de Berthold, comte de Zeringen, auquel le feu empereur avait assuré ces duchés en 1052, du vivant d'Otton. (*Conrad. Usperg.*) Mais Agnès, qui voulait marier sa fille MATHILDE à Rodolfe, méprisa les murmures de Berthold, auquel, pour l'apaiser, elle donna, trois ans après, le duché de Carinthie. (*Lambert. Schafnab.*) Rodolfe perdit, l'année suivante 1058, Mathilde, son épouse, morte à l'âge de quatorze ans. (*Herm. Contract.*) Il vécut long-tems en bonne intelligence avec l'empereur son beau-frère. L'an 1075, il l'accompagna, avec les troupes de la Suabe, dans la guerre contre les Saxons, et donna des marques de valeur à la bataille que ce prince leur livra. (*Bruno, in Histor. belli Saxon.*) Ce fut à sa prière, *Suevorum ducis Rodolphi precibus*, que Henri confirma, en 1076, la donation de l'église de Rueggisberg, faite à l'abbaye de Cluni. Mais la fameuse querelle qui s'éleva entre le sacerdoce et l'empire changea les dispositions de Rodolfe envers ce prince, et le fit entrer dans le parti de ceux qui se déclarèrent contre lui. Plusieurs prélats et seigneurs de la Germanie s'assemblèrent, le 15 mars 1077, à Forcheim, en Franconie. Henri y fut déposé, et les suffrages se réunirent en faveur du duc Rodolfe. Celui-ci fut aussitôt conduit à Mayence, où il fut couronné le 27 suivant. Berthold, duc de Zeringen et landgrave du Brisgaw, Werner, comte de Habsbourg, Hugues, comte du Nordgaw, et la plus grande partie de l'Alsace, du Brisgaw et de la Suisse, se déclarèrent pour Rodolfe. Mais il avait en tête Werinhaire, évêque de Strasbourg, prélat vaillant et belliqueux, qui resta fidèle à son souverain. Ce prélat se rendit en Italie, où était Henri, pour lui apprendre l'élection du duc de Suabe. Henri quitta aussitôt Rome, et alla ravager les terres des deux ducs, Rodolfe et Berthold. Grégoire VII, dans un concile tenu à Rome le 7 mars 1080, confirma à Rodolfe la couronne royale. Mais Henri fit une irruption en Saxe, où il livra bataille à son compétiteur. Les deux armées se rencontrèrent, le 15 octobre de la même année, à Wolksheim, près de Mersbourg. Le combat fut sanglant: Rodolfe voyait la victoire pencher de son côté lorsqu'il fut tué d'un coup de pique dans le bas ventre. Il eut aussi la main droite coupée; ce qu'on regarda comme une punition pour avoir violé le serment qu'il avait fait à son souverain. Le corps de Rodolfe fut porté à Mersbourg, où il fut enterré. Ce prince laissa une fille nommée Agnès, mariée à Berthold II, duc de Zeringen, et un fils appelé Berthold, auquel il avait donné, en 1077, son duché de Suabe et d'Alsace. Berthold, qui en fut privé à la mort de son père, conserva cependant le titre de duc, et mourut au mois de mai 1090. Le duc Rodolfe fut marié deux fois. MATHILDE, sa première femme, sœur de l'empereur Henri IV, qu'il avait épousée l'an 1057, morte l'année suivante à l'âge de quatorze ans, ne lui donna point d'enfants. D'ADELAÏDE, fille d'Otton, marquis d'Ivrée, sa deuxième femme, veuve d'Amédée I, comte de Savoie, décédée en 1079, et inhumée à l'abbaye de Saint-Blaise, il eut deux fils, Berthold, dont on vient de parler, et Otton; avec deux filles, Adélaïde, femme de saint Ladislas, roi de Hongrie; et Agnès, mariée, comme on l'a dit plus haut, en 1077, à Berthold, duc de Zeringen.

Rodolfe fut le dernier duc bénéficiaire d'Alsace et de Suabe. Après avoir passé dans différentes familles, ce duché va rester dans celle de Hohenstauffen jusqu'à l'extinction de cette illustre maison.

DUCS HÉRÉDITAIRES.

FRÉDÉRIC I.

1080. FRÉDÉRIC DE BUREN, seigneur de Hohenstauffen, château de la Suabe, dont le nom devint celui de sa maison, avait donné à l'empereur Henri des marques particulières de sa valeur et de sa fidélité dans la guerre qu'il eut avec Rodolfe, son rival. Henri, en reconnaissance de ses services, lui accorda en mariage sa fille AGNÈS, et en même-tems, c'est-à-dire en 1080, le duché de Suabe et d'Alsace, dont Berthold de Zeringen s'était mis en possession au nom de Berthold de Rhinfelden, son beau-frère. Frédéric fut obligé de prendre les armes pour s'y maintenir. Le jeune Berthold étant mort en 1090, Berthold de Zeringen fut lui-même nommé duc de Suabe, en 1092, par les pratiques secrètes de Gebhard, évêque de Constance, son frère. Mais Otton, évêque de Strasbourg, qui était frère du duc Frédéric, dissipa entièrement le parti de Berthold, qui ne conserva plus rien dans le duché de Suabe et d'Alsace. Berthold le lui abandonna entièrement, l'an 1098, en se réservant l'advocatie de la ville et du district de Zurich. Frédéric en mourut paisible possesseur, en 1105, et le transmit à ses descendants. Il signa comme duc les deux diplômes de Henri IV, datés de 1085 et 1102, pour les abbayes de Neuvillers et de Weissembourg. Il était fils de Frédéric, qui tirait son origine des anciens comtes de Suabe, et qui habitait le château de Buren, aujourd'hui Waschenburen. Ce Frédéric épousa, l'an 1040, Hildegarde, veuve de Conrad, préfet de Nuremberg. Elle était fille d'Herman, comte de la France orientale, auteur de la maison de Hohenlohe, et d'Adélaïde, comtesse d'Alsace. Hildegarde porta en mariage à Frédéric de Buren, son époux, la terre de Schelestadt, en Alsace, et y fonda, vers l'an 1090, le prieuré de Sainte-Foi, qui fut augmenté par la libéralité de ses enfants. Elle mourut, en 1094, de la peste, qui régnait alors en Alsace. De son mariage, outre le duc Frédéric dont nous venons de parler, elle eut Otton, auquel le roi Henri accorda, en 1082, l'évêché de Strasbourg, et qui mourut le 3 août de l'an 1100 ; Louis, Gauthier, Conrad, et une fille nommée Adélaïde. Tous ces six enfants, et entr'autres, *Suevorum dux Fridericus*, sont nommés comme vivants dans la charte de Hildegarde, leur mère, pour l'église de Sainte-Foi, de 1094. La mortalité enleva, la même année, Conrad et Adélaïde. Louis et Gauthier, qui sont rappelés avec Frédéric, *dux Suevorum*, dans une charte de l'évêque Otton, de 1095, pour la même église, moururent sans postérité. Frédéric I, duc d'Alsace et de Suabe, fonda l'abbaye de Sainte-Walburge, en Alsace, conjointement avec Pierre, comte de Lutzelbourg, comme le prouvent les bulles des papes Pascal II, de 1102, Calixte II, de 1121, et Honorius II, de 1125, dans lesquelles ils sont nommés *religiosi principes Fridericus dux et Petrus*. Frédéric eut d'AGNÈS, son épouse, fille de l'empereur Henri IV, Frédéric II, qui suit, et Conrad, duc de Franconie, depuis élevé à l'empire en 1138. Agnès, qui ne mourut qu'en 1143, se remaria, l'an 1106, à Léopold le Pieux, marquis d'Autriche. (Voy. *les marquis et ducs d'Autriche.*)

FRÉDÉRIC II.

1105. FRÉDÉRIC II, connu dans l'histoire par son surnom de *Borgne*, fils du duc Frédéric I et d'Agnès, né l'an 1090, devint le successeur de son père à l'âge de quinze ans. Il se qualifie *Fridericus dux Suevorum* dans une charte donnée le 21 juillet 1105 au monastère de Sainte-Foi de Schelestadt, par laquelle il confirme la disposition de son père, qui voulait que l'advocatie de cette église n'appartiendrait *nisi ad quem ejus progeniei stoufa ac omnis ducatus spectaret*. Frédéric contribua beaucoup par sa sagesse, sa valeur et son habileté, au bien de l'Alsace et de la Suabe. Sa naissance, ses manières affables, son esprit et ses discours prévenaient les peuples en sa faveur. Il était si libéral, que les soldats accouraient de toutes parts pour s'engager à son service. Comme c'était sur tout dans son duché que se trouvait alors réunie la force de l'empire, il s'y fortifia en élevant des châteaux dans les lieux qu'il croyait les plus propres pour sa défense. Il en fit construire un si grand nombre, qu'on disait de lui, selon Otton de Frisingue, qu'il traînait toujours un château à la queue de son cheval. Le château de Haguenau, bâti en Alsace, vers l'an 1115, lui doit son origine. *Villa quæ dicitur Hagenowe, a nostro quondam patre duce Friderico fundata*, dit l'empereur Frédéric, son fils, dans le diplôme par lequel il l'élève, en 1164, au titre de cité, ou ville impériale. Le duc Frédéric soutint toujours les intérêts de Henri V, son oncle, avec une intrépidité qui le rendit redoutable dans tout l'empire. En 1114, lorsque ce prince se vit abandonné de presque tous les seigneurs de la Germanie, Frédéric et Conrad, son frère, continrent dans le devoir tous les sujets de l'empire, depuis Bâle jusqu'à Mayence. Leur fidélité ne fut point sans récompense. L'empereur ayant formé, des débris de l'ancien margraviat de la Bavière septentrionale, une nouvelle principauté, la conféra à Conrad, sous le titre de duché de Franconie. Le duc Frédéric signa la plupart des diplômes que Henri V accorda aux abbayes d'Alsace. Il est nommé *Friderich dux Allemanniæ* dans celui de ce prince pour l'église de Strasbourg, de 1122. Après la mort de Henri, arrivée l'an 1125, Frédéric eut un parti pour l'élever à l'empire. Mais Adelbert, archevêque de Mayence, soutenu par le pape Honorius II et par Louis le Gros, roi de France, profita de l'absence de ce duc, et fit tomber les suffrages sur Lothaire, qui l'emporta. Celui-ci vint aussitôt à Strasbourg, qui lui ouvrit ses portes au mois de décembre, et où il célébra les fêtes de Noël. Les deux ducs, Frédéric et Conrad, s'étaient approprié plusieurs biens royaux par la condescendance du dernier empereur. Lothaire les répéta ; et sur le refus qu'ils firent de les lui rendre, il les mit au ban de l'empire dans la diète de Goslar. Il fallut avoir recours à la voie des armes pour faire exécuter ce jugement. Mais le duc de Suabe s'étant retiré dans des lieux forts, l'empereur n'osa pas entreprendre de l'y forcer ; il en laissa le soin à Gebehard d'Urach, évêque de Strasbourg. Les armes de ce prélat furent plus heureuses que celles de l'empereur : il défit entièrement le duc, en 1131, près de Gogenheim, à trois lieues de Strasbourg, et s'empara de la plupart des châteaux que ce duc s'était conservés en Alsace. Quelques auteurs ajoutent que Gebehard contraignit même Frédéric de quitter le titre de duc d'Alsace : mais c'est une erreur. L'annaliste saxon, en parlant de lui, le qualifie toujours duc. On peut aussi regarder comme un sentiment hazardé ce qu'avancent des modernes, que l'évêque Gebehard remporta encore, six ans après, sur le même Frédéric, une seconde et plus triomphante victoire. Ils n'auraient pas risqué ce fait, s'ils avaient fait attention que Frédéric et Conrad, son frère, étaient rentrés, dès l'an 1135, dans les bonnes grâces de Lothaire, par l'entremise de saint Bernard. Frédéric fut confirmé dans la possession de ses duchés. Conrad, de son côté, sut gagner l'amitié de Lothaire, qui lui donna beaucoup de part dans le gouvernement de l'empire. Il fut même nommé son successeur, le 22 février 1138, à la mort de cet empereur. L'élection de Conrad était l'ouvrage de la faction des Gibélins. Conrad, duc de Zeringen et comte de Bourgogne, qui était à la tête des Guelfes, était un de ceux qui s'y étaient opposés le plus vivement. Le duc Frédéric, ayant assemblé une armée dans la Suabe et dans l'Alsace, marcha contre lui, et lui enleva toute la préfecture de Zurich avec une partie de la Bourgogne transjurane. De-là il passa dans le Brisgaw, où il se rendit maître du château de Zeringen. Ces victoires rapides obligèrent le duc de Zeringen de se soumettre à la domination de l'empereur Conrad, qui lui rendit, la même année 1138, les terres qu'on lui avait enlevées. Le nom de Frédéric paraît dans la plupart des diplômes de l'empereur Conrad III, son frère. Ce prince l'appelle *frater noster dux Fridericus* dans le diplôme pour l'abbaye de Sainte-Walburge, de 1138, auquel souscrivit en même-tems *Friderici filius ducis Friderici*. Ce duc Frédéric est nommé *dux Alsatiæ* dans le diplôme pour l'abbaye de Zwettalen, de 1139, *dux Alsaciorum et Suevorum* dans celui pour l'hôpital de Strasbourg, de 1144, et *dux Suevorum et Alsatiæ* dans celui pour l'abbaye de Lucelle de la même année. Il finit ses jours au commencement de 1147, dans son château de Haguenau, et fut enterré dans l'abbaye de Sainte-Walburge, qui n'en est éloignée que d'une lieue, et dont son père avait été un des fondateurs. Frédéric II fut lui-même le fondateur de celle de Koenigsbruck, située également en Alsace. *Cenobium beate Marie in Regisponte a patre nostro Friderico fundatum*, dit l'empereur Frédéric, son fils, dans son diplôme de 1187. L'abbaye de Neubourg le compte aussi dans le nombre de ses bienfaiteurs. Il avait épousé JUDITH, fille de Henri le Noir, duc de Bavière, morte en 1126, dont il eut Frédéric III, qui suit; Conrad, comte palatin du Rhin, mort en 1195; Christine, mariée à Uladislas II, roi de Pologne; et Berthe-Judith, qui épousa Mathieu I, duc de Lorraine.

FRÉDÉRIC III.

1147. FRÉDÉRIC, surnommé Barberousse, est appelé *dux Sueviæ et Alsatiæ* dans le diplôme que l'empereur Conrad accorda, au mois de février 1147, à l'abbaye de Corvey, et qui est écrit en lettres d'or sur un parchemin de pourpre. Il avait succédé, au commencement de cette année, aux états et aux dignités du duc son père, et sur tout dans les duchés de Suabe et d'Alsace. Mais cet opulent héritage ne put ébranler la résolution qu'il avait prise de suivre l'expédition d'outre-mer, pour laquelle il s'était engagé à la diète de Spire, tenue le 27 décembre 1145. Il partit pour l'Orient au mois de mai 1147, avec l'empereur, son oncle. Cette croisade, comme l'on sait, fut très-malheureuse. De retour en Allemagne, il signa encore plusieurs diplômes de 1150 et 1151, en prenant le titre de *dux Sueviæ et Alsatiæ*. Conrad étant décédé en 1152, Frédéric, son neveu, fut élu unanimement, le 4 mars, dans la diète de Francfort pour lui succéder. L'empereur, étant au lit de la mort, l'avait désigné son successeur, à condition que les princes de l'empire approuveraient son choix.

FRÉDÉRIC IV.

1152. FRÉDÉRIC IV, surnommé DE ROTHEMBOURG, château de ce nom, situé en Franconie, où il faisait son séjour ordinaire, était fils puîné de l'empereur Conrad et de Gertrude, fille de Bérenger, comte de Sultzbach. Frédéric Barberousse, son cousin, ayant été couronné à Aix-la-Chapelle le 9 mars 1152, il s'y démit en sa faveur des duchés d'Alsace et de Suabe. Il était encore en bas âge lorsqu'il obtint ces duchés : car il est nommé *Fridericus puer*, *dux Suevorum*, *filius beate memorie regis Conradi*, dans un diplôme de l'année 1160. Aussi fut-il mis sous la tutelle de Conrad, comte palatin du Rhin, frère de l'empereur, qui, pour cette raison, est nommé *Cunradus dux de Suevia* dans le diplôme de Frédéric pour l'abbaye de Neubourg de 1156. Devenu majeur, Frédéric vécut toujours dans la plus grande intimité avec l'empereur : il signa, l'an 1163, sous le titre de *dux Suevorum*, le diplôme de ce prince pour le chapitre de saint Thomas de Strasbourg, et l'accompagna dans la plupart de ses expéditions d'Italie. Mais il y trouva son tombeau : il mourut à Rome, le 19 août 1167, de la peste qui ravageait alors l'armée impériale, fort regretté à cause de ses vertus morales et militaires. Son corps fut porté à l'abbaye d'Ebrach, en Franconie, où l'on voit son épitaphe. La branche cadette de la maison d'Hohenstauffen s'éteignit avec Frédéric de Rothembourg : il n'eut point d'enfants de sa femme RICHENZE, fille de Henri, duc de Bavière et de Saxe, qui se remaria avec Canut de Danemarck, fils du roi Waldemar, morte en 1221. Ainsi tous les biens qui composaient son héritage échurent à l'empereur Frédéric, son cousin.

FREDERIC V.

1169. FRÉDÉRIC V était second fils de l'empereur Frédéric Barberousse et de Béatrix, fille et héritière de Renauld III, comte de Bourgogne. Son père lui accorda, dans l'assemblée de Bamberg, du 8 juin 1169, les duchés de Suabe et d'Alsace, vacants depuis deux ans. Mais comme il était encore en bas âge, l'empereur les administra lui-même jusqu'en l'an 1184, qu'il fut créé chevalier dans la diète de Mayence. Cependant, dès l'an 1170, l'empereur rappelle, dans son diplôme pour l'église de Coire, son fils Frédéric, comme duc de Suabe, *filius noster Fredericus dux Suevie*. Celui-ci se qualifie *Fridericus Dei favente clementiâ Elizatii dux, Hohenburgensisque Ecclesiæ Advocatus*, dans une charte qu'il accorda, en 1179, à l'abbaye de Hohembourg. Il prend aussi le titre d'*Elisatie, dux* à la tête d'une autre charte pour la même abbaye de 1181 ; et, en la signant, il se nomme *dux Suevorum*. Le sceau apposé à cette dernière charte représente la figure d'un jeune homme. L'empereur Frédéric fonda, en 1189, l'hôpital de Haguenau, *de consensu et voluntate dilecti filii Friderici Suevorum ducis*. Le duc Frédéric s'engagea pour la croisade, et partit avec son père pour l'Asie, où il le perdit en 1190. Il fut, au décès de l'empereur, chargé du commandement de l'armée. Il donna au siège d'Acre, ou de Ptolémaïde, de grandes marques de valeur ; mais il y fut frappé d'une maladie qui l'enleva, le 20 janvier 1191, à la fleur de son âge, sans avoir été marié. L'empereur Henri VI, son frère, dans son diplôme du 17 avril 1191 pour l'église de Strasbourg, fait mention *dilecti fratris nostri piæ recordationis Friderici illustris Suevorum ducis.*

CONRAD III.

1191. CONRAD, duc de Franconie, troisième fils de l'empereur Frédéric, fut, en 1191, investi à Worms des duchés de Suabe et d'Alsace par l'empereur Henri VI, son frère, qui, dans un diplôme accordé la même année à l'église de Strasbourg, l'appelle *Cunradus dux de Rotenburc, frater noster.* C'était un prince débauché, qui ne manquait cependant pas de valeur. Il mourut à Dourlach en 1196, dans une expédition contre Berthold V, duc de Zeringen, sans avoir été marié.

PHILIPPE.

1196. PHILIPPE, marquis de Toscane, et frère des deux précédents, fut donné, en 1196, pour successeur à Conrad, dans les duchés d'Alsace, de Suabe et de Franconie, par l'empereur Henri VI, son frère, qui lui fit épouser, la même année, IRÈNE, fille d'Isaac l'Ange, empereur d'Orient. A la mort de Henri, arrivée le 28 septembre 1197, Philippe fut élu, le 6 mars suivant, par plusieurs seigneurs de l'empire, pour lui succéder. Mais il eut un compétiteur dans la personne d'Otton de Brunswick, qui fut élevé à la même dignité par le parti des Guelfes. Conrad de Hunnebourg, évêque de Strasbourg, s'étant déclaré pour ce dernier, Philippe ravagea les terres de l'évêché et les environs de Strasbourg; il assiégea même cette ville pendant l'été de 1199, et obligea l'évêque de le reconnaître pour roi. Il revint de nouveau à Strasbourg en 1200, et il y confirma, le 9 avril, la fondation de l'abbaye de Toussaints dans la forêt Noire. Philippe se réconcilia dans la suite avec Otton, auquel il promit Béatrix, sa fille, en mariage, avec la Suabe pour sa dot. Mais cet arrangement n'eut pas lieu par la mort de Philippe, qui fut tué à Bamberg le 23 juin 1208, par la main d'Otton de Wittelsbach. Philippe fut le premier qui commença d'aliéner et de vendre les domaines de ses duchés de Suabe et d'Alsace. La guerre qu'il avait avec Otton le réduisit à cette nécessité. Il laissa quatre filles, dont l'aînée, nommée Béatrix, épousa Ferdinand III, roi de Castille.

FRÉDÉRIC VI.

1208. FRÉDÉRIC VI, fils de l'empereur Henri VI et de Constance de Sicile, n'avait que quatorze ans lorsqu'il succéda à Philippe, son oncle, dans les duchés d'Alsace et de Suabe, ou plutôt qu'il y prétendit par droit d'héritage, comme le dernier rejeton de la maison de Hohenstauffen. Il ne put cependant aussitôt s'en mettre en possession. En effet, nous voyons, par les historiens du tems, que l'Alsace, la Suabe, l'évêque de Strasbourg, et les seigneurs du pays, passèrent dans le parti d'Otton IV, dont il nous reste un grand nombre de diplômes accordés en faveur des abbayes d'Alsace; et ces diplômes prouvent que ce prince faisait son séjour ordinaire dans la ville de Haguenau, où il tenait garnison. Frédéric ayant été lui-même élu empereur, contre Otton, le 13 décembre 1210, commença par la Sicile le recouvrement des vastes domaines de sa maison. Étant revenu triomphant de ce royaume en 1212, il trouva les habitants d'Alsace et de Suabe entièrement disposés à le reconnaître. Quatre lettres, qu'il écrivit dans le mois de février, juin, août et décembre de la même année, au magistrat de Strasbourg, font voir que dès-lors cette ville le regardait comme son souverain. Frédéric, suivant l'exemple de son père et de son aïeul, prit, en 1216, sous sa protection l'abbaye de Neubourg, en Alsace, située dans ses domaines, et dépendante de la chambre ducale de Haguenau : *In prædio nostro situm, utpote Cameram nostram Hagenowa,* dit-il dans le diplôme. Il en donna un autre, en 1219, en faveur de la ville d'Anweiller, dans lequel il fait mention *proavi Friderici quondam inclyti Suevorum ducis.* Frédéric eut de son vivant plusieurs difficultés avec les évêques de Strasbourg, au sujet de différentes terres et de plusieurs droits, dont ceux-ci jouissaient dans l'Alsace et dans le Brisgaw. Elles furent enfin terminées, au mois de mars 1236, par un accommodement passé entre l'empereur Frédéric et l'évêque Berthold, qui accorda en fief, à lui et à ses héritiers mâles, la plupart des endroits et des objets qui étaient en litige : *Et de predicto feudo investivit nos corporaliter, ut est moris, dilectus princeps noster B. venerabilis Argentinensis episcopus,* dit l'empereur dans son diplôme daté de Strasbourg. Les ducs d'Alsace et de Suabe devinrent, en vertu de ce traité, grands camériers, ou chambellans de l'évêché de Strasbourg. Frédéric ne garda pas le duché pendant tout le tems de son long règne : il s'en démit, en 1219, en faveur de Henri son fils, qui suit.

HENRI II.

1219. HENRI, fils de l'empereur Frédéric II, et de Constance, fille d'Alfonse II, roi d'Aragon, obtint de son père les duchés d'Alsace et de Suabe, n'étant âgé que de six ans. Ce fut cet *illustris princeps Heinricus dux Suevie*, qui signa le diplôme de son père, donné à Haguenau le 11 septembre 1219, en faveur de la ville de Strasbourg. Il est nommé *Henricus dux Suevie rectorque Burgundie* dans un autre diplôme du 20 avril de la même année, pour celle de Worms. Henri fut élu roi des Romains à Francfort, en 1221, et couronné, en 1222, à Aix-la-Chapelle, sous le nom de Henri VII ; ce qui fit que depuis ce tems il ne prit plus dans les chartes le titre de duc de Suabe et d'Alsace. Ce jeune prince exerça alors, au nom et comme vicaire de son père, sous la direction d'Engilbert, archevêque de Cologne, et de Louis I, duc de Bavière, ses régents, l'autorité souveraine, avec subordination toutefois à l'empereur, qui réformait ses arrêts quand il le jugeait à propos. Nous remarquerons ici, avec M. Pfeffel, que ce prince est le premier héritier présomptif de l'empereur, qui ait été sacré du vivant de l'empereur régnant, et qui ait porté le titre de roi des Romains. Une charte des comtes de Kibourg pour l'église de Munster en Argaw, de 1223, est ainsi datée : *Friderico imperatore in Sicilia agente, Henrico filio ejus in Alamannia disponente*. En 1224, Henri, se trouvant à Haguenau, accorda un diplôme en faveur de l'abbaye de Hohenbourg, et un autre en faveur de celle de Toussaints. En 1226, il passa un accord avec Berthold, évêque de Strasbourg, à la diète de Wurtzbourg. En 1227, il renouvela à Haguenau les priviléges du monastère de Kœnigsbruck. Il termina, l'an 1228, une contestation qui s'était élevée entre lui et les comtes de Ferrette, au sujet du château d'Egisheim. Il confirma, en 1229, les droits de péage à l'abbé-prince de Mourbach, lequel lui conféra en fief, l'an 1232, la ville de Dèle. En 1233, il prit sous sa protection l'évêque, le chapitre et la ville de Strasbourg. Il renonça, l'an 1234, en faveur de Berthold, évêque et prince de Strasbourg, aux droits qu'il prétendait sur le château de Thann. Toutes ces particularités font voir que Henri exerçait alors l'autorité souveraine en Alsace. Ce jeune prince, guidé par les conseils du duc de Bavière, son régent, eût été heureux s'il n'eût pas suivi son ambition excitée par le pape Grégoire IX, qui, pour le soulever contre son père, se l'attira par l'espérance chimérique d'être proclamé et reconnu roi d'Italie. On prétend que la séduction de Henri commença dans une entrevue qu'il eut avec ce pape, tandis que l'empereur était occupé à la croisade. Frédéric, à son retour, s'aperçut des pernicieuses dispositions de son fils, et, les croyant inspirées par le duc de Bavière, il se défit de celui-ci, l'an 1231, de la manière qu'on le dira à son article. La suite de la conduite de son fils prouva bien qu'il suivait d'autres impressions que celles qu'il avait reçues de son régent. Excité par les ennemis de son père, il cherchait toujours à le détrôner, ou à se faire un état indépendant de lui. Dans cette vue, il accordait des priviléges extraordinaires au clergé d'Allemagne, et il prodiguait aux princes et aux villes des grâces de toute espèce pour se les attacher. Enfin, l'an 1235, il leva l'étendard de la rébellion dans la diète qu'il tint à Boppart, ville située à trois lieues de Coblentz. L'empereur était alors au-delà des monts, occupé à réduire les villes rebelles d'Italie. A la nouvelle de cet événement imprévu, il repassa aussitôt en Allemagne, et déconcerta par son activité les projets de son fils. Henri, se voyant tout-à-coup abandonné de ses partisans, vint se jeter aux pieds de son père dans la diète de Worms, et obtint son pardon. Mais bientôt après, il recommença à cabaler; il conçut même l'horrible dessein d'attenter à la vie de l'auteur de la sienne. L'empereur alors ne garda plus de ménagements. Il fit arrêter ce fils dénaturé, et le fit déposer, au mois d'août de la même année 1235, par la diète de Mayence. Il l'envoya ensuite dans la Pouille, où il finit ses jours en 1242. Il avait épousé, en 1225, MARGUERITE, fille de Léopold, duc d'Autriche, dont il laissa deux fils jumeaux, Frédéric et Henri, qui furent empoisonnés, en 1251, par Mainfroi, leur oncle, roi de Sicile, fils naturel de Frédéric. L'empereur vint en Alsace aussitôt après la diète de Mayence, et passa à Haguenau les mois de septembre et de décembre de l'année 1235.

CONRAD IV.

1235. CONRAD, né en 1228, fils de l'empereur Frédéric II et d'Isabelle ou Yolande, fille de Jean de Brienne, roi de Jérusalem, duc de Suabe et d'Alsace dès l'an 1235, fut, en 1237, reconnu roi des Romains par les princes d'Allemagne, du consentement de son père. *Chunradus divi Augusti imperatoris Frederici filius, Dei gratiâ Romanorum in regem electus semper Augustus et heres regni Jerosolymitani*, se trouvant à Haguenau le premier mars 1238, y accorda un diplôme en faveur de l'abbaye de Neubourg, *auctoritate Domini et patris nostri Romanorum imperatoris*. Dès que Conrad fut en état de porter les armes, il eut occasion d'exercer sa valeur contre l'anti-césar Henri Raspon, landgrave de Thuringe, que les partisans de la cour de Rome avaient élu le 22 mai 1246, pour l'opposer à l'empereur Frédéric, et pour lequel l'évêque et la ville de Strasbourg s'étaient déclarés. Le coup d'essai de Conrad ne fut pas heureux. Ayant ramassé à la hâte quelques troupes, il attaqua, près de Francfort, son ennemi qui était supérieur en forces, perdit la bataille, et fut obligé de se retirer en Bavière. Le vainqueur entra dans la Suabe, et assiégea, mais inutilement la ville d'Ulm. La résistance de cette place donna le tems à Conrad de mettre une nouvelle armée sur pied. Etant revenu en Suabe, il fit rentrer sous son obéissance la plupart des villes qui l'avaient abandonné. Repoussé de toutes parts, Henri Raspon se replia sur Aix-la-Chapelle, dont il se disposa à faire le siége. Conrad le surprit, le défit, et le poursuivit jusqu'au cœur de la Thuringe, où il mourut le 17 février de l'an 1247. Le pape Innocent IV, implacable ennemi de l'empereur Frédéric, ayant fait élire, en 1248, un nouvel anti-césar dans la personne de Guillaume, comte de Hollande, Conrad se mit en devoir de s'opposer à sa nomination. Mais il eut du désavantage dans un combat qu'il lui livra près d'Oppenheim, dans le palatinat du Rhin : il l'empêcha cependant de pénétrer dans la haute Allemagne. Conrad perdit, en 1250, l'empereur Frédéric, son père. Le pape écrivit, l'année suivante, aux seigneurs de la Suabe, qu'il ne permettrait jamais à son fils de posséder le royaume de Germanie, ou la principauté de Suabe : *Nunquam ad Romanum regnum, vel imperium, aut Sueviæ principatum consurget.* Le roi Guillaume fit assembler, en 1254, une diète générale à Francfort, où Conrad fut déclaré déchu de tous ses droits à l'empire et au duché de Suabe : sentence qui fut confirmée par Innocent IV. Conrad, proscrit de l'Allemagne, se retira en Sicile et de là dans le royaume de Naples, où il mourut, à Foggia, le 21 mai de la même année, empoisonné, dit-on, par les ordres de Mainfroi, son frère naturel. Il avait épousé, en 1246, ELISABETH, fille d'Otton, duc de Bavière et comte palatin du Rhin, dont il laissa un fils, qui suit. (*Voy.* Conrad IV, *parmi les empereurs.*)

CONRAD V, ou CONRADIN.

1254. CONRAD V, appelé par les Italiens CONRADIN, fils unique de Conrad IV, et d'Elisabeth de Bavière, né le 25 mars 1252, lui devait succéder dans ses royaumes et duchés héréditaires. Son père, en mourant, avait confié sa tutelle à Berthold, marquis de Stachberg. Mais Berthold eut la faiblesse de la refuser par la crainte du pape Innocent IV, qui s'était emparé de tout le royaume de Sicile, en qualité de tuteur de son jeune vassal. Le bâtard Mainfroi fit valoir, contre le pontife, les droits de la nature, et lui enleva la Sicile qu'il gouverna d'abord sous le nom de son neveu. A l'égard de la Suabe et de l'Alsace, elles tombèrent entre les mains de différents seigneurs, lesquels s'en approprièrent les parties qui se trouvaient à leur bienséance. Depuis long-tems, plusieurs endroits de ces deux provinces ne reconnaissaient plus aucun duc, et étaient immédiatement soumis à l'Empire. Henri de Staleck, évêque de Strasbourg, profita des circonstances et du décret de proscription émané contre Conrad IV, pour réunir au domaine de son église, les biens qu'il avait accordés en fief à l'empereur Frédéric. Haguenau, dépendant autrefois des ducs, s'affranchit entièrement, en 1255, de leur domination, par la faveur du roi Guillaume. Richard, qui lui succéda dans le royaume de Germanie, sollicité d'accorder à Conradin l'investiture de la Suabe et de l'Alsace, la refusa en 1262, sous prétexte que ces duchés n'étaient pas un bien propre, mais une simple administration à la collation de l'empereur. Conradin, ne voyant plus moyen de se soutenir en Alsace et en Suabe, ni dans toute l'Allemagne, tourna ses vues du côté du royaume de Sicile, envahi, l'an 1265, sur Mainfroi, par Charles, comte d'Anjou. Il partit, en 1266, avec Frédéric, margrave de Bade, son cousin, à la tête d'une petite armée, qui, à son arrivée en Italie, fut renforcée par les Gibelins. Mais, après divers succès, il tomba entre les mains de son rival, qui le fit périr sur un échafaud, le 29 octobre 1268, à l'âge de seize ans. Il fut décapité, avec Frédéric, sur la place publique de Naples, et fut enterré avec lui dans la chapelle voisine des saints Eloi et Martin, où l'on voit encore leur épitaphe. C'est ainsi que fut éteinte, par la mort la plus ignominieuse, cette race des princes de Suabe, qui avait produit tant de rois et d'empereurs. Conradin avait été promis en mariage à Brigitte, fille de Thierri, dit le Sage, margrave de Misnie, laquelle épousa ensuite Conrad, duc de Glogaw, puis Conrad I, margrave de Brandebourg. Il prétendait, ainsi que son père, au royaume de Jérusalem. Nous avons plusieurs titres des années 1259, 1260, 1263 et 1267, où il se qualifie *Chunradus secundus, Dei gratiâ, Jeruzalem et Syciliæ rex, dux Suevie*. Il se nomme Conrad second, parce qu'il occupe ce rang dans la liste des rois de Jérusalem et de Sicile.

Conradin avait, dès l'an 1263, disposé de tous ses biens en faveur de Louis le Sévère, duc de Bavière, en cas qu'il mourût sans enfants : disposition qu'il étendit, en 1266, aux descendants de Louis et de Henri, son frère. Mais les duchés d'Alsace, de Suabe et de Franconie finirent avec Conradin, pour ne jamais être rétablis. Ce fut en vain qu'Alfonse, roi de Castille et de Léon, élu empereur par une partie des seigneurs allemands, prétendit à ces duchés, en 1255, du vivant de Conradin, comme petit-fils, par sa mère Béatrix, de l'empereur Philippe. Vingt ans après, en 1275, Alfonse renouvela ses prétentions et demanda l'investiture du duché de Suabe à l'empereur Rodolphe. Cette investiture, malgré les instances du pape Grégoire X, lui fut refusée par Rodolfe, en fondant les motifs de son refus sur le droit d'Allemagne, qui excluait les femmes de la succession aux duchés. D'ailleurs, l'empereur Rodolfe n'était plus alors dans le cas de conférer les duchés d'Alsace et de Suabe, dont les domaines avaient été la plupart démembrés, et étaient passés dans plusieurs mains.

C'est donc une erreur dans le récit des auteurs modernes, que le savant Obrecht a suivi *in prodromo rer. Alsatic.* pag. 251, qui disent que l'empereur Rodolfe fit revivre en Alsace et en Suabe la dignité ducale, en faveur de Rodolfe, son fils cadet, et qu'il l'en revêtit, en 1282, à la diète d'Augsbourg. M. Schoepflin et dom Gerbert, abbé-prince de Saint-Blaise, ont solidement prouvé la fausseté de ce sentiment. Il est vrai que le Dominicain, auteur des Annales de Colmar, en rapportant la mort du jeune Rodolfe, l'appelle *dux Alsatiæ Rudolfus, filius regis Rudolfi*. Mais cet écrivain ne lui donne ce titre qu'improprement. Rodolfe n'a jamais porté que celui de landgrave d'Alsace, comme on le verra dans la liste chronologique des landgraves de la haute Alsace; et ses successeurs ne prirent en aucun tems la qualité de duc de cette province. D'ailleurs, Rodolfe ne retira des débris de l'ancien domaine des Hohenstauffen, que le landgraviat du Turgaw, et le droit de tenir en Suabe les assises provinciales au nom de l'empereur. Léopold II, duc d'Autriche, donna même, en 1360, des lettres-patentes, par lesquelles il avoua que ni lui ni ses ancêtres n'avaient aucuns droits ou prétentions sur l'ancien duché de Suabe. Rodolfe IV, frère de Léopold, prit à la vérité, en 1359 et 1360, dans ses chartes, la qualité de *princeps Sueviæ et Alsatiæ*, et dans ses sceaux, celle de *dux Austriæ, Styriæ, Carinthiæ, Suevie et Alsacie*; mais les états immédiats de la Suabe et de l'Alsace le citèrent, en 1361, à la diète de Nuremberg, où devaient se trouver l'empereur Charles IV et les électeurs, pour y rendre raison de la nouveauté qu'il s'était permise. On ignore ce qui y fut décidé; mais il est certain que le décret de la diète ne lui fut pas favorable, puisqu'il ne prit plus les titres de prince ou de duc de Suabe et d'Alsace, dans les chartes postérieures. Nous avons des lettres de Rodolfe, datées du 5 septembre 1360, par lesquelles il reconnaît avoir pris mal-à-propos les titres de *duc de Suabe et d'Alsace*. Enfin, l'empereur Charles IV, dans son diplôme original du 1er. mars 1358, scellé d'une bulle d'or, dans lequel il reconnaît que les anciens ducs de Suabe étaient camériers perpétuels et héréditaires de l'église et des évêques de Strasbourg, ajoute en même tems : *Dictus ducatus Suevie et ejus utile dominium conjunctum directo a longis retroactis temporibus ad sacrum romanum imperium devolutus noscitur.*

Les terres du duché d'Alsace, dépendantes immédiatement de l'empire, furent, après l'extinction des ducs, administrées par les *landvogts* de cette province, c'est-à-dire par les avoués provinciaux d'Alsace, dont il ne sera pas inutile de donner la liste à la suite de ses anciens ducs.

LANDVOGTS D'ALSACE.

HEZEL, en 1123.

RUDEGER, en 1158 et 1193.

ULRIC, comte de Ferrette, et OTTON D'OCHSENSTEIN, en 1212.

WOLFELIN, en 1215 et 1232.

BERTHOLD DE TANNENRODE, en 1236 et 1238.

GUILLAUME DE WIMPFEN, en 1240 et 1241.

ADOLFE, comte de Waldeck, en 1255.

HENRI DE DICK, surnommé DE STAHLECK, évêque de Strasbourg, nommé landvogt d'Alsace, en 1259, par le roi Richard, mort le 2 mars 1260.

GAUTHIER DE GEROLDSECK, évêque de Strasbourg, mort le 14 février 1263, et HERMAN DE GEROLDSECK, son frère, tué le 8 mars 1262.

FREDERIC DE WINSTEIN, en 1270.

CONRAD WERNHER DE HAPSTATT, landvogt de la haute Alsace, en 1274 et 1278, mort en 1283.

CUNON DE BERGHEIM, landvogt de la basse Alsace, en 1274.

FRÉDÉRIC, comte de Linange, en 1277.

OTTON D'OCHSENSTEIN, neveu de l'empereur Rodolphe, en 1281 et 1292.

THIBAULT, comte de Ferrette, nommé en 1292, par l'empereur Adolfe, jusqu'en 1298.

JEAN DE LICHTEMBERG, nommé, en 1298, par l'empereur Albert, était encore landvogt en 1307.

SIGEBODON DE LICHTEMBERG, frère du précédent, évêque de Spire, en 1308.

JOFFRID, ou GODEFROI, comte de Linange, en 1310 et 1313.

OTTON D'OCHSENSTEIN, en 1315 jusqu'en 1322.

ALBERT HUMEL DE LICHTEMBERG, en 1322.

ULRIC, comte de Werd, landgrave de la basse Alsace, en 1324.

LÉOPOLD, duc d'Autriche, en 1325.

OTTON D'OCHSENSTEIN, pour la seconde fois en 1326 et 1327.

RODOLFE D'OCHSENSTEIN, chanoine de Strasbourg, en 1328.

ALBERT HUMEL DE LICHTEMBERG, pour la seconde fois, en 1330.

ULRIC, comte de Wurtemberg, en 1330.

OTTON, duc d'Autriche, en 1331.

RODOLFE, comte de Hohenberg, en 1332.

HUGUES, comte de Hohenberg, frère du précédent, en 1336 et 1337.

ALBERT, comte de Hohenberg, frère des deux précédents, chanoine de la cathédrale de Strasbourg et chancelier de l'empereur Louis, en 1338 et 1340.

ETIENNE, duc de Bavière, fils de l'empereur Louis, en 1341.

LOUIS ET FRÉDÉRIC, comtes d'Oetingen, landgraves de la basse Alsace, en 1344 et 1345.

GERWIG GUSSE DE GUSSENBERG, en 1346.

JEAN DE LICHTEMBERG, doyen de la cathédrale de Strasbourg, en 1347.

JEAN DE FENESTRANGE, en 1349.

HUGUES, comte de Hohenberg, en 1350 et 1353.

RUPERT, électeur palatin, en 1354.

BURCARD, burgrave de Magdebourg, en 1356.

RODOLFE, archiduc d'Autriche, en 1357 et 1358.

BURCARD, burgrave de Magdebourg, pour la seconde fois, en 1360.

WENCESLAS, duc de Luxembourg, frère de l'empereur Charles IV, en 1365 et 1367.

STISLAS DE WEITENMUHLE, en 1370.

ULRIC DE FENESTRANGE, en 1371.

ALBERT, et LÉOPOLD, son frère, archiducs d'Autriche, en 1371.

RODOLFE DE WALDSÉE, en 1372.

ULRIC DE FENESTRANGE, pour la seconde fois, en 1375 et 1382.

WOLMAR DE WICKERSHEIM, en 1384 et 1386.

STISLAS DE WEITENMUHLE, en 1386.

RODOLFE DE WATTWEILER, abbé de Mourbach, en 1390.

BORZIBOY DE SWINAR, en 1391 et 1393.

JODOQUE, marquis de Moravie, et EMICHON, comte de Linange, en 1394.

SIMON WECKER, comte de Deux-Ponts-Bitsch, en 1395 et 1396.

BORZIBOY DE SWINAR, pour la seconde fois, en 1397.

FRÉDÉRIC, comte de Linange, en 1399 et 1400.

DIETERIC DE WEITENMUHLE, en 1400.

REINHARD DE SICKINGEN, en 1400.

LOUIS LE BARBU, électeur palatin, en 1408.

LOUIS, électeur palatin, fils du précédent, en 1436.

FRÉDÉRIC, électeur palatin, frère de Louis, en 1451.

LOUIS LE NOIR, duc de Deux-Ponts, en 1470.

FRÉDÉRIC, électeur palatin, pour la seconde fois, en 1472.

PHILIPPE L'INGÉNU, électeur palatin, en 1476.

MAXIMILIEN I, archiduc d'Autriche, en 1504.

CHARLES V, archiduc d'Autriche, en 1519.

FERDINAND, archiduc d'Autriche, en 1521.

LOUIS LE PACIFIQUE, électeur palatin, en 1530.

FRÉDÉRIC, électeur palatin, en 1544.

OTTON-HENRI, électeur palatin, en 1556.

FERDINAND I, archiduc d'Autriche, en 1558.

MAXIMILIEN II, archiduc d'Autriche, en 1564.

FERDINAND II, archiduc d'Autriche, en 1566.

RODOLFE II, archiduc d'Autriche, en 1595.

MAXIMILIEN III, archiduc d'Autriche, en 1605.

LÉOPOLD, archiduc d'Autriche et évêque de Strasbourg, en 1620.

HENRI DE LORRAINE, comte d'Harcourt, en 1649.

JULES, cardinal de Mazarin, en 1659.

ARMAND CHARLES, duc de Mazarin, en 1661.

ALEXIS, comte de Châtillon, en 1713.

LOUIS, duc de Châtillon, en 1753.

N......, duc de Choiseul.

FIN DU TOME TREIZE.

TABLE DES MATIÈRES

CONTENUES

DANS CE VOLUME.

Ducs de Normandie. 1
Comtes, puis ducs d'Anjou 40
Ducs de Touraine. 73
Comtes du Maine 83
Sires, puis comtes de Laval 108
Comtes, puis ducs d'Alençon 142
Comtes du Perche. 161, 172
Comtes et ducs du Bretagne 183
Comtes, puis ducs de Penthièvre. 247
Barons de Fougères 270
Comtes de Flandre 281
Comtes de Hainaut. 352
Rois et ducs de Lorraine 378
Comtes, puis ducs de Bar 427
Comtes et vicomtes de Verdun 444
Comtes de Vaudemont 451
Anciens ducs d'Alsace et de Suabe. . . . 461
Landvogts d'Alsace. 488

FIN DE LA TABLE DES MATIÈRES.

www.ingramcontent.com/pod-product-compliance
Lightning Source LLC
Chambersburg PA
CBHW071620230426
43669CB00012B/2006